SİYAM

kış güneşi

Siyam Kış Güneşi
Beyza Aksoy

Genel Yayın Yönetmeni: Aslı Tunç
Editör: Özlem Küçükşahin Kalabalıkoğlu
Kapak Tasarım: İrem Çırak
Sayfa Tasarım: Berna Özbek Keleş

5. Baskı: Ekim 2023
ISBN: 978-625-414-225-3

Baskı ve Cilt:
My Matbaacılık San. ve Tic. Ltd. Şti.
Maltepe Mah. Yılanlı Ayazma Sk. No: 8/F
Zeytinburnu / istanbul
Tel: 0212 674 85 28
mymatbaa34@gmail.com
Sertifika No: 47939

Yayımlayan:
Epsilon Yayınevi Ticaret ve Sanayi A.Ş.
Osmanlı Sok., No: 18/4-5 Taksim/İstanbul
Tel: (212) 252 38 21 Faks: (212) 252 63 98
İnternet Adresi: www.epsilonyayinevi.com
E-posta: epsilon@epsilonyayinevi.com
Sertifika No: 49067

BEYZA AKSOY

SİYAM

kış güneşi

epsilon®

“Efes Sungur” karakterine ilham
veren *Jaron Baker*’ın anısına...

"Cennete giden yol, cehennemden geçer."
Dante Alighieri

SİYAM
Kış Güneşi

Çalma Listesi

Tamer, *Beautiful Crime*
Mabel Matiz & Evgeny Grinko, *Vals*
Dirt Poor Robins, *But Never A Key*
Cihan Mürtezaoğlu, *Sarı Söz*
The Mayan Factor, *Beauty And The Beast*
Dolu Kadehi Ters Tut, *Kaçar Gider*
Dairy of Dreams, *She And Her Darkness*
Seyyan Hanım, *Hasret*
Michael Kiwanuka, *Cold Little Heart*
Nova Norda, *Bakma Bana Öyle*
Nova Norda, *Kim Üzdü Seni*
Missio, *Can I Exist*
Chris Avantgarde & Red Rosamond, *Inside*
Shah, *Lost My Mind*
Nathan Wagner, *Lonely*
April Rain, *Leave Me No Light*
Fikri Karayel, *Morg*
Sezen Aksu, *Aykırı Çiçek*
Sezen Aksu, *Ünzile*

İnsanın
kendi yolunu bulmak için
yola çıkışı,
son nefesinden önce
bunca zaman
bir labirentin içinde kaybolduğunu fark
etmesiyle
son buluyorsa, hayat buysa;
belki de
kaybolduğunun bilincinde dolanıp
durmak yabancı sokaklarda,
o kadar da delilik değildir.

30 Eylül 2020

Gecenin soğuğu açık bulduğu pencereden içeri sızarken genç kız içine çektiği her nefeste biraz daha üşüyordu; verdiği her solukla dudaklarının arasından kaçan duman gözlerinin önünde rüzgârın estiği yöne doğru savruluyordu. Ama kafasının içi, buz tutmuş ellerinin ve soğuktan kızarmış burnunun aksine yangın yeriydi. Çağrının geldiği yerin adını duyduğu an, iki dakika kestirmek için uzandığı boş sedyede bir saniye daha geçirmemişti; koşturmuştu ambulansın içine, ölesiye tırstığı hocasının onun yokluğunu fark ettiğinde işiteceği azar ya da alacağı ceza umurunda olmadan. Tereddütünü gelen çağrıyı duyduğu an yok etmişti, pişmanlığını da birazdan sigarasının ucunda kül edecekti.

Lafını yutuyordu, gitmem dediği yere gidiyordu; bir ambulans hemşiresi ya da ilk yardım görevlisi değildi o, hele de bu saatte nöbetçi olduğu acili bırakıp gidebilecek bir pozisyonda hiç değildi ama gecenin karanlığını bir sis gibi aklına çökerttiği bu bitmez gecede değil teşhiste bulunmak; serum takabileceğini bile zannetmiyordu hiçbir hastaya.

Önlerinde, aracın far ışıklarının gidebildiği kadar ötesini görebildiği yolun sakız gibi uzadıkça uzadığını düşünüyordu sadece; montunu almayı unuttuğundan buz kesmiş ellerinin birazdan bir işe yarayacağı yanılgısıyla kamburu çıkmıştı dik oturduğu koltukta. Ambulans hemen şimdi dursa; kapıyı açıp koşturacaktı, defalarca kez yüksek sesle adımını içeri atacağına bir uçurumdan boşluğa atlamayı tercih edeceğini dile getirdiği mekâna doğru. Bu dürtüyü bastırmak zorundaydı. Kendini böyle yetiştirmemişti. Kendini yıllarca böyle anlar için tımarlamıştı.

Sözünü mü çiğniyordu? Sanmıyordu, öyle inatçıydı ki ruhu, öyle keçiydi ki kendi sözünü çiğneyeceğine cesedini çiğner geçerdi ama bu gece başka bir geceydi. Bu gece, hayatının serildiği demiryolunun üzerinde giden kara trenin girdiği viyadükte kontrolünü kaybedeceği bir geceydi.

Birkaç defa acile sedye taşırken gördüğü, hemen yanına oturmuş, bir eli direksiyonda, diğer eli sonuna kadar açtığı camdan sigarasının ucunu silken yaşlı adama döndüğünde yutkunarak gözlerini kapattı ve sinirlerine hâkim olması gerektiğini hatırlattı kendine. Acil bir ambulans çağırmamışlardı, evet, bunu biliyordu. Bunu araca bindiği ilk an, şoförün gaza basmayışından ve uyuşuk hareketlerinden anlamıştı. Yaşlı adam yorgundu; kimbilir kaç saatlik bir mesaideydi ve kendini uyanık tutmak için iki parmağının arasına sıkıştırdığı tütün ürününe güveniyordu. Onu anlıyordu.

Uzun süredir adamın arada dudaklarına götürüp içine bir nefes çektiği sigaradan gözlerini ayırmadığını fark etmiş olmalı ki, vitesin hemen önündeki karanlığa gömülmüş bölmeye uzandıktan sonra buruşmuş; içinde birkaç dalı kalmış sigara paketini ona doğru tuttu yaşlı adam. Gözlerini yoldan ayırmadan, kızın önünde salladı paketi birkaç defa.

"İstemiyor musun?"

Kalın dudakları aralandı, uzun zamandır kuru ve çatlamış olan dudakları ama bir ses çıkaramadı ağzından. Bazen böyle oluyordu işte; kafasının içindeki gürültü sesini yutuyordu. Düşünceler konuşmasına izin vermiyordu sanki, bir halat gibi boğazına sarılmış; çoğaldıkça çemberini daraltan, katil düşünceler… Düşünmek istemediği hâlde aklından çıkmayan düşünceler. Üstüne toprak atıp derine gömse de bazen yağ gibi çöktüğü suyun üzerine çıkmanın elbet bir yolunu bulan düşünceler.

Bir dal aldı paketin içinden, ardından önlüğünün cebindeki çakmağı çıkartıp dudaklarının arasına sabitlediği sigaranın ucunu yaktı ve adamın açtığı pencereden dışarı çıkardı elini. Belki de çok düşünmemeliydi. Kendi kafasının içinde kaybolup gerçeklikten soyutlandığı günler başına büyük işler gelmişti. Sakin olmalı, yapması gerekeni yapmalı ve terk etmeliydi orayı.

İşi bittiğinde acile dönecek, hocası fark etmişse yokluğunu, ki fark edilmemesi imkânsızdı çünkü günlerdir uykusuz olmasına rağmen nöbetinin ilk saati kıvrılıp uyumaya çalıştığı sedyeden de kalkıp hastane sınırları dışına çıkmıştı, paşa paşa azarını işitip yarın sabah da ilk iş cezasını çekecekti; tabii cezası yalnızca bir günle sınırlı kalırsa. Sonra eve dönecekti, ev arkadaşı Öktem'in yaktığı taş gibi makarnayı midesine indirip uyuyamayacağını bile bile soğuk yatağına devrilecekti.

Herhangi bir günden farklı değildi o gün. Kaos varsa dünyasında, bu yalnızca onu istediği içindi; karmaşa yalnızca o izin verdiği sürece hayatına dahil olabilirdi.

"Adın ne senin?" diye sordu adam, içine çektiği sigara dumanını verirken hafifçe öksürerek. Harika, diye geçirdi içinden genç kız. Yaşlı adam konuşmasa, yalnızca sürse, genç kız da sessizlik içinde kendini yiyip bitirse olmaz mıydı? Yan koltukta kendiyle kanlı bıçaklı ne halt yediğine dair savaştığını göremiyor muydu?

Kırmızı ışıkta durmuşlardı. Durmak istemiyordu, yanındaki bu adam gaza basıp ikisini de bir an önce gidecekleri yere götürsün istiyordu. Olsun bitsin istiyordu. Çoktan kendini sorgulamaya başlamıştı bile, kenara çekmesini isteyip çevireceği bir taksiyle hastaneye dönmeyeceğine dair güvenemiyordu kendine. "Siz diye hitap ederdim ama görüyorsun işte, yaşlılık, ben anlamıyorum pek yeni nesil gençlerin dilinden. Kusura bakma. Alınmıyorsun değil mi kızım?"

Tanımadığı yaşlı adamların ona "kızım" demesinden hiç hoşlanmıyordu ama sırf bu yüzden de sorun çıkartacak değildi. Adam, bir şekilde, ona eskiyi hatırlatmıştı. Eski mahallesini. Cehennemini.

"Karaca," dedi genç kız tok bir sesle, adamı cevaplayarak. "Adım, Karaca."

Böyle yaşlı adamların acil ambulanslarında şoför olarak çalışmalarına izin veriliyor muydu?

Kafasını hafifçe sallayıp mırıldanarak önüne döndü adam, genç kızı neredeyse endişelendirecek kadar nahoş bir tebessüm oluşmuştu yüzünde. "Sen stajyer doktorlardan değil misin? Ne işin var acil olmayan bir vaka için çağrılan bu ambulansın içinde?"

Genç kız da bu sorunun ne zaman geleceğini merak ediyordu ama ön koltuğun kapısını açıp oturduğu andan itibaren o kadar kaybolmuştu ki kendi küçük kafasının içinde, henüz tutarlı bir cevap verebilmiş değildi kendine bile. "Boks maçı," diye mırıldandı kurumuş dudaklarını ıslatarak.

"Ah," dedi adam aydınlanmış bir ifadeyle kafasını sallayarak. Yeşil ışık yandığından lastikler dönüyordu yeniden. "Anlıyorum. Yakışıklı genç boksörler, bu aralar çok popülerler değil mi? Benim kızım da geç saatlerde yatıyor bu aralar, bir bardak su almak için kalkınca bir bakıyorum, hâlâ salonda televizyon başında. Şaşı olacaksın diyorum, bu kadar dibinden dikkatli izleme, arada kalk bir dolaş bari evin içinde diyorum ama dinlemiyor. Sanki bir saniyesini kaçırsa dünyası başına yıkılacak!" Hafifçe güldü.

"Evet," diye mırıldandı kız kafasını sallayarak, halbuki gerçek çoktan bağcıklarını sıkıca bağlamış parkur koşmaya hazırdı. Küçük pembe yalanlar söylemekten hiçbir zaman rahatsız olmamıştı. "Kendi gözlerimle göreyim dedim, fırsat varken."

"Kaç yaşındasın?"

"Yirmi bir."

Adam tekrar tebessüm etti.

"Ne oldu?" diye sordu genç kız, merakına engel olamayarak. "Az önce, adımı söylediğimde de aynı tebessüm yerleşti yüzünüze."

"Yıl 1999," dedi adam seslice nefes vererek, açık camdan dışarı, yanından geçtikleri bir çöp kutusunun içine fırlatmıştı sigara izmaritini. "Bundan tam yirmi bir yıl önce. Memleketimdeyiz. Kaptık tüfekleri devremle, çıktık dağa. Belki bir iki keklik, tavşan avlarız diye düşünüyoruz. Memleketimin taşına toprağına kurban, her yer yemyeşil her yer yuva, kuzusundan kurduna kadar." Kafasını sallarken güldü adam, beyazlamış sakalının altındaki teni kırış kırış olmuştu. Eski bir hatıranın izlerini taşıyordu yüzünde; o kırışıklıkları kazanmak için yıllanmak gerekiyordu, o çukurlar biriken tecrübelerle doluydu.

"Devremle ayrıldık kurduğumuz tavşan tuzaklarını kontrol etmek için. Eğildim baktım ağacın kenarına kurduğuma, içinde bembeyaz bir tavşan, yavru bir tane ama bir görsen ak yüzlü kızıl gözlü, küçücük böyle. Allah Allah dedim şimdi ben bunu salsam mı, çantaya atsam mı?... Bilemedim. Düşünce anında bir sessizlik olur ya hani ama ormanın içindeyim ben kuş sesleri rüzgârda sallanan ağaç dallarının sesleri... O an feleğim şaştı, çok sessizdi etraf. Sonra bir hışırtı geldi arkamdan. Bir döndüm, dünyalar güzeli bir karaca." Döndü, genç kıza baktı adam, "Aynen böyle senin gibi kara gözlü, kara benekli postu böyle," dedi kızın karanlık saçlarını işaret ederek. "Allah biliyor ya, sadece izlemek istedim onu uzaktan. Öyle güzel bir hayvan."

"Ne oldu ki?" Kaşlarını çattı genç kız, merakla hikâyenin devam etmesini beklerken. Ama sormak için açılan dudaklarını ses çıkarmadan kapayamamıştı. Hem bu hikâye aklını dağıtmıştı hem de hemen bitsin istemiyordu sohbetleri. Sohbetleri biterse bu gidecekleri yere vardıkları anlamına gelirdi. "Vurdunuz mu?"

Kafasını salladı adam, şimdi bir pişmanlık vardı yüzünde. Sanki o güne gitmiş, o anı yeniden yaşamış gibi bakıyordu. "O bal sarısı gözleri, o kara postu unutmam. Benim hayranlıkla izlediğim karacayı çoktan gözüne kestiren büyük bir kurt varmış meğerse kayalığın orada, pusu kurmuş karaca için. Tüfeğime davrandım bir içgüdüyle ama kurt da karaca da aynı anda koşunca..."

"Karaca öldü," diye mırıldandı genç kız, yutkunarak.

"İkisi de öldü."

Genç kızın bakışları şaşkınlıkla adama döndü. "İkisi de mi? İkisini de mi vurdunuz?"

"Çok ilginçti," diye mırıldandı adam, hâlâ yaşadığı şeyin gerçekliğini sorguluyormuş gibi. "Ben kurdu nişan almıştım, karaca da öldü. Devrem dönünce fark ettik ki kurşun ilk karacanın postunu delmiş, sonra kurda saplanmış."

Kurşun kurda atıldı ama karacayı deldi.

Adam kurdu nişan almıştı ama karaca vurulmuştu. Kara-

cayı delen kurşun ise kurda saplanmıştı. İlginç bir hikâyeydi. "Yirmi bir yıl önce, öyle mi?" diye sordu genç kız, kaşlarını kaldırarak. "Tesadüf işte..."

"Hâlâ o kurttan aldığım birkaç dişi saklarım, kolye bile yaptım. Postunu da okutmuştuk pazarda. Gençlik işte."

Sonunda ambulans, kapalı otoparkın girişinde smokin giymiş, kablolu kulaklıkları gömleklerinin yakasından taşan adamlar tarafından durdurulduğunda neredeyse bitmiş olan sigara dalı camdan sarkıttığı parmaklarının arasından düştü. Sohbetleri son bulmuştu çünkü yol bitmişti artık. Adamlar camdan ön koltuğa göz attılar, yalnızca şoför ve kendisi vardı; ardından arka kapıyı açıp kontrol ettiler. Temizdi.

Ne gerek vardı buna şimdi, diye düşündü genç kız. Ambulans gelmişti, şüpheli araç değil. Hem başka bir araç olsa bile ne vardı ki?

Geçişlerine izin verildiğinde floresan lambalar gözlerini aldı bir süre. Ardından ambulans, acil olarak işaretlenmiş, normal araçların park edilmesi yasak olan bölgeye, binanın girişine en yakın yere park edildiğinde koltuktan aşağı atladı ve kapıyı sertçe kapattı. Otoparkta yankılanan tok ses göğsünün içinde çıldırmış gibi atan kalbine çok da tezat değildi; bir dakika durup soluklansa, sesini duyabilecekti. Güm. Güm. Güm. Güm.

"Buradan lütfen," diyerek önünden geçen ve otomatik kapıdan girdikten sonra asansörleri işaret eden smokin giymiş kulaklıklı başka bir adam, önlerine geçtiğinde ambulans şoförü aracın önüne yaslanmış, ellerini de ceplerine sokmuş, rahat bir ifadeyle etrafta gezdiriyordu gözlerini.

"Siz gelmiyor musunuz?" diye sordu genç kız, yaşlı adama doğru. Aracın acil istenmediğini biliyordu, ambulansın hazır bir şekilde otoparkta bekletilmesi mantıklı bir hareketti. Adamın gelmeyeceğinin farkındaydı.

"Buraya ilk gelişin, yukarıda dikkatli ol tamam mı?" Kafasını olumsuz anlamda salladı adam, hafifçe öksürerek. "Benim burada hazır beklemem gerekiyor Karaca. Ne olur ne olmaz diye!"

Dönüp otomatik kapıdan içeri girerken krem rengi boyan-

mış duvarlara baktı genç kız, ardından metal renkli büyük asansörde ve onu bekleyen adamın üzerinde gezdirdi gözlerini. Yaşlı adam ambulansın önünde, cevabını bekler gözlerle bakıyordu. Kafasını salladı genç kız. "Adınız ne?"

"Arif," diye cevapladı adam. "Sen bana Arif Abi diyebilirsin. Seni burada bekleyeceğim."

Tekrar kafasını salladı kız, ardından önüne döndü ve korumanın yönlendirdiği şekilde asansöre doğru attı adımlarını. Üst kata çıkarken yalnız olacağını düşünmemişti ama bundan sonra her şeye hazırlamalıydı kendini, değil mi?

Geniş asansör ikinci katta durduğunda, daha kata yaklaşırken duymuştu ıslık, çığlık ve tezahürat seslerini. Arena çok yakın olmalıydı bu koridora. İki elini birden kulaklarına bastırmak istiyordu ama tek yapabildiği korumanın gösterdiği yol boyunca kaskatı adımlarını sürümek olmuştu. Krem rengi duvarlar üzerine üzerine geliyor, dev çatı üstüne çöküyormuş gibi hissediyordu o koridoru adımladığı her an; karnına saplanan ağrı yalnızca belini bükmüyor, aynı zamanda midesini de ağzına getiriyordu.

Kayıplar vermişti. Yıllar geçse de gözünün önünden geçmeyen, geçer gibi olan; gibi olurken bile geçiren, geçirdikçe kan kusturan, içini delik deşik eden bu anılar çocukluğunun son demlerinde kazınmıştı hafızasına. Şimdi ne zaman kazınan yerlerin hatırası kaşınsa, yeniden o karanlık güne dönüyordu. Karanlık bir gündü her ne kadar spot ışıkları üzerine çevrilmiş olsa da çünkü ne kadar aydınlık olursa olsun etraf, içindeki ışık sönmüştü.

"Bu taraftan," diyen gür sesi duyana dek adamın işaret ettiği tarafın tam tersine; binanın çıkışına yürüdüğünün farkında bile değildi. Bunu yalnızca başını kaldırıp kocaman harflerle "ÇIKIŞ" yazan tabelayı gördüğünde algılayabilmişti.

Adımlarını tam tur çevirip adamın işaret ettiği, aydınlatması daha loş olan koridora girdi. Adam hemen önünde, ayakkabılarından yankılanan tok sesin mermerde bıraktığı her bir karbon izine tokat atarmışçasına sert yürüyordu. O ise düz taban beyaz spor ayakkabılarıyla sessizce takip ediyor, bakış-

larını adamın sırtından ayırmamak için çaba sarf ediyordu. Bir an avuçiçi kaşındı, yara izinin olduğu elinin avuçiçiydi; sağlık kitini tutuyordu o eliyle, neredeyse düşürecekti kaşıntıyı hissettiğinde.

İki korumanın ellerini önlerinde birleştirerek keskin gözlerini önlerinden ayırmadıkları koridorun sonundaki beyaz kapılı odadan içeri girdiklerinde, buranın bir revir olduğunun farkındaydı. İki sedye, aralarına yarım çekilmiş beyaz bir perde, koca bir ecza dolabı ve mantar pano vardı içeride. Birçok tıbbi araç gerecin arasında federasyonun armasının resmedildiği koca bir tablo vardı bir de duvarda, Türk bayrağı ve Atatürk portresinin yanında.

Etrafında dönüp odada kimsenin olmadığını fark eden genç kız, ellerini beyaz önlüğünün ceplerine sokarak sorarcasına adama döndü. Dışarıdaki adamlarla aynı renk takım elbise giyen koruma bir parmağını kulağındaki kulaklığa bastırarak bakışlarını, kulaklığı dinlediğini belli edercesine yere çevirdi, ardından tekrar kıza çevirdi gözlerini. "Lütfen burada bekleyin."

"Buranın doktoru nerede?" diye sordu ona, adımları dönmek için geriye atıldığında hareketini durduran bir sesle. Adam dönüp kızın gösterdiği doktor masasına baktı; kalemlik, bilgisayar, not defteri ve bir aile fotoğrafının olduğu masaya. Beyaz duvarda adamın sertifikaları ve diploması asılıydı. Deri kapaklı koca bir ajanda vardı. Bu eşyalar burada çalışan revir doktoruna ait olmalıydı.

Genç kız merak ediyordu. Neden revir boştu? Neden doktorları varken hastaneyi aramışlardı?

"Deniz Bey talihsiz bir kaza yaşadı, bu nedenle hastanenizden görevli talep etmek durumunda kaldık."

İki metre boyunda kas kütlesi adamların yanında çalışan bir doktor olmak zor olmalıydı ama nedense bu talihsiz kazanın, yine bu adamların elinden çıktığını düşünüyordu genç kız. Buz gibi bir ifadeyle tek kaşını kaldırarak gözlerini adamın üzerine çevirdi. "Benim de talihsiz bir kaza yaşamayacağımı garanti edebiliyor musunuz?"

Adam, genç kızın neyi kastettiğini anladığı gibi gerilmişti.

"Lütfen burada bekleyin," dedi yalnızca, tok bir sesle. "İlgilenmeniz gereken kişi birazdan burada olacak."

Adamın adımları kapıya yöneldi, arkasından sert bir rüzgâr esmiş gibi kapandı kapı kızın yüzüne. Cüretkâr sorusu nedense adamı germişti, bu da genç kızın aklına türlü türlü şeyler getiriyordu. Korkuyor muydu? Pek sayılmazdı ama yine de neyle karşılaşacağının bilinmezliği onu karanlık bir köşeye itiyordu. O köşelerde kendine işkence etmeyi çok iyi biliyordu genç kız.

Perdenin bir köşesini açık bıraktığı pencereden içeri sızan sarı ışığa ilişti gözleri, sakin adımlarla kenarına doğru yürüdü ve iki parmağının arasına sıkıştırdığı perdeyi biraz daha ittirdi. Yağmur başlamıştı, gecenin bu vakti bomboş caddeyi aydınlatan sokak lambalarının ışığında görebiliyordu şiddetini. Yoldan aşağı sürüklenen yağmur suyu kanalizasyona doğru akıyordu, asfalt, lambalardan yansıyan ışıkla parlıyordu yine. Neden bilmiyordu o an ama aklına birkaç gün önce bir kafenin televizyonunda izlediği hava durumu haberi geldi; çoğu insan, İstanbul'a birkaç yıldır kar yağmadığı için umudunu kesmişti ama o içinde bir yerde bu kışın sert geçeceğini biliyordu.

Yanlış, diye düşündü. Bu kışın delip geçeceğini biliyordu göğsünü.

"Göğüs kafesi boşluğu," diye mırıldandı kendi kendine. "Hayati organların saklandığı, kaburgalar tarafından korunan bir karadelik. Bir insanın karadeliğini açarsan, negatif basınç yüzünden tüm damarlar patlar."

Modern dünya mezarlığı.

Eğer göğsünü delip geçerse, işte tam da bu yüzden, kurtulma şansı yoktu.

Bir anda menteşelerinden sökülürcesine bir şiddetle açılan kapı genç kızı ürküttü, bakışlarını ıssız caddeden çekti o an ve pencerenin buz kesmiş mermerine dokunarak arkasını döndü. İçeri giren adam bir dev gibiydi; uzansa tavana değebileceğinden hiç şüphesi yoktu. Terden ıslanmış koyu kahve tutamları alnına düşmüş, kalın kaşları ve ela gözlerine kontrast katmıştı. Adamın kaşından aşağı bir damla kan süzülüyordu, kemik suratından akıp boynuna kadar kırmızıya boyamıştı bu damla suratını. Üzerinde sıfır kollu dümdüz siyah bir tişört, altında basketbol şortu vardı yalnızca. Siyah ve kırmızı rengin uyumla göz doldurduğu bir çift Jordan ayakkabı giyiyordu, ellerinde parmaklarının yarısına kadar gelen siyah eldivenler vardı ve öfkeyle sık nefes alıp veriyordu.

Odaya daldığı gibi birkaç adım attı, ardından hiddetle arkasını döndü ve peşinden giren beyaz gömleğinin kollarını sıyırmış kırklarındaki adama çevirdi ateş saçan bakışlarını. Adam kapıyı kapatırken bir yandan da koridordaki korumalara bir şeyler söylüyordu ama hiçbiri anın gerginliği yüzünden anlaşılmadı. "Bak oğlum," dedi adam, karşısındaki dev adama dönerek. "Öfkeni maça sakla. Şimdi sırası değil. Yaralısın ve bu anlaşılırsa başın belaya girer."

Öfkeni maça sakla, diye tekrar etti genç kız içinden. Bu oydu. Abinin rakibi. Maç henüz başlamamıştı bile ve o bir köstebek gibi karşı tarafın inine sızmış gibi hissediyordu o an, savunmasız bir şekilde pencere kenarında dikilirken.

Öktem, ev arkadaşı, gazetecilik bölümünde okuduğu ve büyük gazetelerden birinde stajyer olarak çalıştığı için her sabah kahvaltı hazırlarken gözünün çarptığı gazete kupürlerini düşündü; bu yüzü daha önce ilk sayfada görmüştü. Ama hepsi buydu. Yalnızca yüzü. Her zaman kaskatı bakan gözler, keskin hatları olan bir kemik surat, çıplak, terli ve kaslı göğsü, pozisyon almış yumruk elleri ve ellerinden kollarına giden belirgin damarlar.

O an üzerine dönen iki çift göz hissetti, daldığı yerden çekti bakışlarını ve karşısındaki birbirinden güçlü görünen iki adamın üzerinde gezdirdi. Dev adam, boksör olandı. Karşısındaki yaşlı versiyonu ise antrenörü. Tahmin etmek zor değildi.

"Siz?" diye sordu antrenör. "Deniz Bey'in yerine gelen doktor musunuz?"

Genç kız sonunda yaslandığı duvardan doğruldu ve buz kesmiş parmaklarını soğuk mermerden çekti. "Kalıcı değilim, acilden aradıklarında geldim," dedi buz gibi bir sesle. Nerede olduğu, karşısındaki adamların kimliği hiç önemli değildi; hiç zorlanmadan ne kadar ilgisiz, sakin ve soğuk görünebildiğini biliyordu ve çoğu zaman bunu avantaja çeviriyordu.

"Şu işi halledelim," dedi antrenör, genç boksöre doğru, ellerini belinde birleştirmişken. Sıkıntıyla sakallarını ovaladı ardından, seslice nefes verdi ve genç kıza dönerek başıyla sedyeyi işaret etti.

Genç kızın kara gözleri sedyeden genç boksöre çevrildiğinde karşı taraftan bir hareket bekliyormuşçasına bakıyordu. Adam gayet sağlam görünüyordu, nerede, ne çeşit bir yarası olabilirdi ki?

Çok geçmeden gözlerini kaçırdı ve doktor masasına yürüdü, hemen kenarda bir kutu tıbbi eldiven ve araç gereç vardı. İnce ve uzun parmaklarına eldivenleri geçirirken çıkan plastik ses bile onu germeye yetiyordu, çok çabuk gerilen bir insan oluşundan değildi bu; yalnızca kafası son bir saat içerisinde öyle dolmuştu ki neredeyse etik olması gereken bir işi yaptığını unutarak adamın yarasını iyileştirmek yerine onu daha da yaralayacaktı.

Ama bu bütün doğrularına tersti.

Abisi için yapar mıydı?

"Sedyeye geçip yaranızı gösterir misiniz lütfen?" diye sordu düz bir tonla. Stetoskopu boynundan geçirip arkasını döndü. Genç boksör, antrenörüne bir bakış attıktan sonra sonunda put gibi dikildiği savaşından vazgeçip sedyeye yürümüştü. Oturmadan hemen önce bir elini sırtına attı ve kumaşı kavradı, ardından tişört boynundan saniyeler içinde kurtuldu.

Genç adam gözlerini karşısındaki genç doktorun üzerinde gezdiriyordu o saniyeler içerisinde. Kullanacağı malzemeleri hazırlayan uzun parmaklarına baktı, gözleri genç kızın ince bileğinden beyaz önlüğüne, oradan biraz yukarı çene hattına, yanaklarına, dişlemekten kızarmış kalın dudaklarına, belirgin sus çizgisine, siyah kirpiklerine, zeytin gözlerine, kalın kaşlarına, elmacık kemiğinin üzerindeki ince bene... Gözlerini hiç çekmedi.

Hatırlamak istemediği her şeydi.

Genç kızın dikkati hastasına çevrildi, görünürde herhangi

bir anomali yoktu. Vücudu yaptığı iş dolayısıyla kaslıydı, bir iz ya da morluk dahi yoktu. Sorunu bulmak amacıyla gözlerini adamın vücudunda gezdirirken yüzüne odaklanmış bir çift açık kahve, hatta altın sarısı gözün ağırlığı altında gerilmişti.

"Dalga mı geçiyorsun oğlum sen benimle?" diye sordu antrenör, ellerini kaldırıp gürleyerek. "Maça ne kadar kaldı haberin var mı senin?"

Genç boksör korkmuşa benzemiyordu, gözlerini devirirken derin bir nefes çekti içine. Ardından kendini sedyenin boyuna doğru döndürerek uzandı ve şortunu birkaç santim aşağı sıyırdı, böylelikle adonisinin üzerindeki kanlanmış ince bandaj ortaya çıkmıştı.

Genç kızın şaşkın bakışları adamın gözlerine çevrildi ama o suratındaki çelikten ifadesiyle doğruca kızın omzunun üzerinden arkasını, duvarı izliyordu. Kanayan bir yarayla ringe mi çıkacaktı? Ölmek mi istiyordu? Üstelik kalçasındaki bir yarayla? Bu bölgeye darbe alabileceğinin farkında olmaması imkânsızdı. Hem federasyon buna nasıl izin veriyordu? Haberleri var mıydı?

Kenardaki tekerlekli sandalyeyi ayağıyla sedyeye doğru itti genç doktor, ardından tıbbi gereçle dolu üç katlı metal masayı da. Antrenörün cebinde titreşen telefonun sesi sessiz odaya yayıldığında açılıp kapanan bir kapı sesi duydu arkasından, ardından dikkatlice uzanıp bandajı yerinden söktü.

Dikişler iyi atılmamıştı ya da zorlandığından patlamıştı. Yara, dört santimlik düz bir kesikti, bu da demek oluyordu ki bıçaklanmıştı. "Dikişleriniz patlamış," dedi kanlı bandajı metal kutunun içine bırakırken. "Tekrar dikmemiz gerekecek."

"Ne gerekiyorsa yap işte!"

Ukalalığı karşısında kaşları hafifçe havalandı genç kızın, ardından düz ifadesini takındı ve daha iyi bir görüş için etrafını temizlemeye başladı yaranın. "Kaç gün önce taktılar bu bıçağı sana?"

Yaranın etrafını temizlediği kanlı pamukları metal kutunun içine atarken genç boksörün uzandığı yerde kafasını hafifçe kaldırdığını fark etti, göz göze geldiler. "Sana?" diye sordu genç adam.

Aynı tavırla "Ne gerekiyorsa yap işte?" diye tekrar etti birkaç saniye önceki lafını genç kız, ardından dikişlerini sökmek için lokal bir uyuşturucu olan lidokain uyguladı yaranın olduğu bölgeye. Adam savaşmayı bırakmış, kafasını önceki pozisyonuna geri getirmişti. Artık emindi, bu şekilde maça çıkmasının legal olduğunu düşünmüyordu. "Yarım saat içerisinde maçınız olduğunu göz önünde tutarsak doktorunuz olarak iptal etmenizi öneriyorum. Bölgeye alacağınız herhangi bir darbede dikişler açılır ve yüksek ihtimalle kısa süre içerisinde enfeksiyon kapar ve ateşlenirsiniz. Acıya dayanmanız mümkün değil, doğal olarak rakibiniz kazanır."

"İptal mi?" diye sordu genç adam, dudaklarını ıslattıktan sonra. "Bu maçı iptal edeceğime sahada ölürüm daha iyi. Doktor olman bir şeyi değiştirmez, bazı riskleri alman gerekir."

"İyi," dedi genç kız, bir doktordan beklenmeyecek kararlılıkla. "O zaman öl." Genç adamın bakışlarının ona çevrildiğini fark etti ama odaklanmış bir şekilde işini yapmaya devam etti; yarayı dikiyordu. Bu adamın karşısına geçecek kişinin abisi olacağını biliyordu ve soğukkanlı kalmaya çalışıyordu, öteki türlü işini düzgün yapamayabilirdi ve bu bütün yeminlerine tersti.

Eğer, bu işe karışırsa, annesi onu asla affetmezdi. Bilmesine gerek bile yoktu çünkü öğrense, gözlerinde göreceği hayal kırıklığının hayali bile yeterdi. Abisine karşı ise haklıyken haksız duruma düşerdi. Tanrıcılık oynamaması gerekiyordu, yalnızca işini bitirip gitmesi gerekiyordu. Zaten döndüğünde muhtemelen onu bir sürpriz bekliyor olacaktı hastanede; öfkeli hocası. En az bir haftası cehenneme dönmüştü bile çoktan, hissedebiliyordu. Ve hepsi bu karşısındaki yabancının yarasını dikmek içindi, abisini daha iyi yumruklayabilmesi için.

"Neden bunu yapıyorsun?" diye sordu genç kız, kendine engel olamayarak. Gözlerini odağından, diktiği yaradan çekmemişti. "Neden dövüşüyorsun?" Fakat cevabını alamayacağını hissettiğinde, elleri havada asılı kaldı ve başını kaldırıp bir kolunu başının arkasına yasladığından açıkça kendi yüzünü

görebilen genç adama çevirdi kara gözlerini. Cevabını istiyordu. Cevapsız kalan sorulardan nefret ederdi. Karşı taraf yalan söylüyor olsa bile bir şeyler duymak isterdi.

Adam cevap vermedi, genç kız ise yarayı dikmeyi bitirmişti. Dikişin üzerine bandajı yapıştırırken eldiveninin içindeki buz tutmuş parmak uçları adamın cayır cayır yanan tenine değdiğinde ateşe dokunmuş gibi çekti ellerini. Bu ani hareketi adamın dikkatini çekmişti.

"Bitti," diye mırıldandı genç kız, oturduğu yerden kalkarken. "Ama alnınıza da bakmam gerekiyor. Doğrulur musunuz?" Tekrar resmi diline geri dönmüştü, karşısındaki bu yabancıyla daha fazla iletişim kurmak istemiyordu. Zaten sorusu havada asılı kaldığı için sinirliydi. Bir an önce işini bitirip maç başlamadan buradan çıksa iyi olurdu. Arif Bey'in muhtemelen sabaha kadar ambulans ile birlikte otoparkta hazır beklemesi gerekecekti ama kendisinin gidebileceğini düşünüyordu, sonuçta bu kadar büyük organizasyondaki tek sağlıkçı genç bir intern olamazdı değil mi? Arenada acil müdahale için bekleyenler olmalıydı.

Adam şortunun belini hafifçe yukarı çektikten sonra ayaklarını indirip destek almadan doğruldu. O kadar uzundu ki sedyede oturuyor olmasına rağmen ayaklarını rahatça ileriye, yere uzatabiliyordu. Genç kız alkollü bir pamuk yardımıyla adamın boynundan alnına kadar akmış kanı temizlerken genç adam kafasını hafifçe geriye attı, dudaklarını yaladı ve yutkundu. Işıkta sarıya çalan altın gözleri genç kızın taştan simasına çevrilmişti.

Düşüncelerini anlamak genç kız için zordu. Ona sarkıyor muydu? Hiç öyle durmuyordu. Öyleyse neden çekmiyordu gözlerini yüzünden? Birine mi benzetmişti? Çok mu beğenmişti? Abisini tanıyor muydu yoksa? Ama öyleyse bile, genç kızı nereden görmüş olacaktı ki?

Yarası açık değildi, bu yüzden yalnızca temizleyip küçük bir bant yapıştırdı. Elindekileri metal kutuya bırakırken işinin sonunda bittiğini düşünüyordu. Eldivenlerini çıkartıp çöpe attıktan sonra "Gidebilirsiniz," diye mırıldandı genç kız, arkasını dönmeden. Saat kaçtı? Eğer şimdi bir taksiye atlayıp acile dönerse kaldığı yerden devam edebilir miydi nöbetine? Hocası fark etmiş miydi yoksa çoktan gittiğini?

Genç adam sedyeden kalktı ve siyah tişörtüne uzanıp omzundan aşağı sarkıttı. Kafası karışmış görünüyordu, muhtemelen birazdan çıkacağı maça odaklanmıştı ve onun gerginliğini yaşıyordu. Kaç defa çıkarsa çıksın o ringe, her seferinde aynı duyguları mı hissediyordu? Onun öfkesi kimeydi de yabancıları yumrukluyordu?

Adam kapının koluna uzanıp açtığında, genç kız kara gözlerini onun geniş sırtına çevirdi. Yalnızca gitmesini bekliyordu, hemen ardından o da çıkacak ve kimseyle karşılaşmadan acile geri dönecekti. Bu noktada, ufak kaçışından hocasının haberinin olup olmamasından çok abisi ile karşılaşmamayı umuyordu. O zaman lafını çiğneyip buraya kadar geldiğini itiraf etmiş olurdu ve muhtemelen ölene kadar alay ederdi abisi onunla.

"Boks öfke sporudur derler," dedi genç adam, arkasını dönmeden konuşuyordu. "Ben buna inanmıyorum. Her ne kadar kas gücü önemli olsa da o arenaya çıktığında rakibini aklınla yenersin. Aksini yapıyorsan kazandığın tek şey mağlubiyet olur ve bir noktadan sonra devam edemezsin." Gözleri bir anlığına kızın kara gözleriyle buluştu. "Çünkü öfkenin oturduğu masadan ilk akıl kalkar."

Genç kızın kaşları kalktı, adamın göremeyeceğini bile bile. Bir şiddet adamının ağzından bu cümleleri duymayı beklemiyordu, belki de daha önce bu sporu yapan biriyle, abisiyle bile, oturup da tutkusu hakkında doğru düzgün konuşmadığı içindi; bilmiyordu.

Genç boksör önüne dönerken kapı açıldı, ardından birkaç saniye sonra kapı kapandığında genç kız revirde yalnız kalmıştı.

Cevabını almış mıydı? Evet. Tatmin olmuş muydu peki? Bu soruya hayır cevabını verebilirdi çünkü eğer anlamış olsaydı zaten abisini destekliyor olurdu. O ise o an maça hazırlandığı odayı basıp kolundan tuttuğu gibi eve götürmek istiyordu onu. Az önce tedavi ettiği adam her ne kadar yaralı olsa da bir canavardı ve az önce kurduğu cümleleri duymak endişesini bambaşka boyutlara taşımıştı. Abisinin rakibinin kas gücünün yanında *bir de aklı vardı, duyduğu cümlelere uyarlaması gerekiyorsa da... **Gücün, her iki türlüsünü de barındıran bir adamın yere bastığı adımını kolay kolay titretemezsin.***

Bu abisinde de var mıydı?

O sırada beyaz önlüğünün cebindeki telefon titreşmeye başladı. Sert bir yutkunuşla elini cebine attıktan sonra gözlerini kapattı ve ekranı karşısına getirdi, eğer arayan hastaneden biri veyahut hocasıysa dikildiği yerde altına edebilirdi veyahut bir kürek bulması gerekirdi çünkü bu gece bir mezara ihtiyacı olacaktı.

Ama arayan ev arkadaşı Öktem'di. Aramayı cevaplayıp elini saçlarından geçirirken odada dört dönmeye başladı endişeden. "Efendim Öktem?"

"Karaca, kapı yine bozuldu. Geçen sefer çilingiri arayıp yaptırmamış mıydın sen? Kapanmıyor," dedi uykulu ev arkadaşı hattın diğer ucundan. Seslice, sıkıntıyla nefes vermişti. "Tekme atıp kapatmaya çalışacağım ama bu sefer de sen geldiğinde açılacağından emin değilim. Ne olur ne olmaz diye telefonumun sesini açıp başucuma bırakacağım, gelip de açamazsan ararsın kalkarım."

Önce geçen sefer aradığı çilingirle fiyat üzerinden tartışmaya girdiği için nasıl işi halledemediği aklına düştü genç kızın, alt dudağını dişledi; ardından da ev arkadaşının uykusunun ne kadar ağır olduğu. "Geçen sorun çıktı ya... Çilingir gelmedi o yüzden. Bu gece sabaha kadar nöbetteyim muhtemelen, ben gelene kadar sen çoktan uyanmış olursun. Yine de açamazsam ararım."

"Kızım ne nöbeti ya? Kimi yiyorsun sen?" Kahkahası yankılandı arkadaşının ama yorgun bir kahkahaydı bu, uykuluydu. "Az önce şu numarasını aldığım yakışıklı sınıf arkadaşın mesaj attı, kayıplara karışmışsın acilde. Sizin Gestapo, Hulk gibi yakıp yıkmış yine ortalığı. Zincirleme kaza mı olmuş ne, öyle bir şey söyledi. Mesajlarına bakmıyor musun sen? Gerçi telefonumu açmana bile şaşırdım."

Kalp atışları göğsünü döverken parmaklarının arasında tuttuğu telefonunu kulağından uzaklaştırıp hızlıca bildirimle-

ri kontrol etti kız, arkadaşı konuşmaya devam ediyordu hâlâ. "Nereye gittin doğru söyle? Bensiz nöbeti asıp âlem yapıyorsan darılırım... Her ne kadar yakın olmasak da benimki de can, sıkılıyor evde. Hem muhabbetim o kadar kötü mü yahu?..."

Onlarca mesaj, birkaç cevapsız arama vardı telefonunda. Şaşkınlıkta telefonu tekrar kulağına dayarken koşar adımlarla kapıya ulaştı ve kendini koridora attı. "Öktem, kapatmam lazım."

Yanlarından koşarak geçtiği korumalar arkasından bakakaldılar, o sırada genç kız çoktan koridora ulaşmış hangi yönden geldiğini hatırlamaya çalışıyordu. Telefonu kulağından uzaklaştırıp kapatacağı sırada "Dur, dur," diye seslendiğini duydu ev arkadaşının. "Ne oldu?" diye cevapladı onu, nefes nefese.

"Annenin ilaçları geldi. Buzdolabına mı koymam gerekiyor bunları?"

"Mutfağa bırak. Ev zaten soğuk, sorun olmaz."

"Okey. Hadi ruhuna El Fatiha o zaman Karacacığım."

"Kapa Öktem. Kapa."

Genç kız, arenaya açılan kapıları geçtiği gürültülü koridorun sonuna ulaşmak isterken hâlâ üst tribünlerdeki koltuklarına geçmek için koşuşturan birkaç kişi vardı etrafta. Koşuşturduğu yolun sonunda yan yana dizilmiş üç asansörü fark ettiğinde adımlarını hızlandırdı fakat tanıdık bir yüz, telefon görüşmesini bitirmiş, gözlerini genç kızın üzerine dikmişti o an. Revirde telefonu çalınca dışarı çıkan antrenördü bu, yaşlı olmasına rağmen genç boksör kadar kaslı ve büyük görünüyordu.

Genç kız yanından geçerken selam verircesine kafasını sallıyordu ki adam "Pardon, doktor hanım, bir gelir misiniz buraya? Sormam gereken birkaç soru var," dedi kuru bir sesle.

Adımları durdu. Kafasını sallayarak bu ellilerinin sonundaki antrenörün yanına ilerlerken aklından sorularını çabuk sorması için dua ediyordu çünkü acil karışıksa hocası -çok fazla Doktorlar dizisi izleyen ev arkadaşı Öktem'in deyişiyle Gestapo- kesinlikle yokluğunun farkındaydı ama bir de hastane bu kadar doluyken orada olmadığı için ekstra kızacaktı. O kadın bazen çok acımasız olabiliyordu. Bu yüzden bir an önce acile dönmek istiyordu.

"Biraz acele eder misiniz?" diye sordu genç kız sesini duyurmak istercesine, antrenörün arkasından koridorun sonundaki pencereye doğru ilerlerken. "Acelem var da. Hastaneye dönmem gerekiyor."

Derin bir nefes çektiğini duydu karşısındaki adamın içine, lafını bitirdikten hemen sonra arkasını döndüğü için kız neredeyse çarpacaktı ona. "Durumu nasıl?" diye sordu adam tok bir sesle. "Dikişlerden bahsediyorum. Geceyi çıkartabilecek durumda değil mi?"

"Bölgeye darbe almaması gerekiyor. Önceden atılan dikişler dikkatsizlikten dolayı patlamış, yeniden dikmem gerekti. Maç sırasında tekrar dikişleri patlarsa yaptığım uyuşturucudan dolayı hissetmeyebilir ama kan akışı olacaktır. Enfeksiyon kapabilir. Ateşlenebilir. Belki halüsinasyon bile görebilir." Kurumuş dudaklarını yalayarak derin bir nefes aldı genç kız, ardından gözlerini karşısındaki sert bakışlı adama çevirdi. "Federasyonun bu durumdan haberi var mı acaba? Bu şekilde maça çıkması doğru mu?"

"Umarım ağzın sıkıdır evlat," diye mırıldandı adam, tekrar çalan telefonunun ekranına bakarak aramayı reddederken.

"Ona şüpheniz olmasın." Genç kız ağzında geveledi lafı ama adam duymuştu.

"Neden?"

Yutkunarak bakışlarını kaldırdı. "Rakibi," dedi kuru bir sesle. "Benim abim."

Surat ifadesi hiç değişmeyecekmiş gibi sert duran bu yetişkin antrenörün bakışlarını bir anda şaşkınlık esir aldığında genç kız birkaç adım geriye atmıştı bile. Adamın bir şey söylemesine fırsat vermeden dönüp hızlı adımlarla asansöre yöneldiğinde arkasında çalan telefonun sesini ve agresifçe aramayı cevaplayan adamı duydu ama o sırada çoktan bindiği asansörün kapıları kapanıyordu.

Kapılar kapanırken tam karşıdan gelen tanıdık yüzü gördü; bu sefer abisiydi, üzerinde kiremit rengi bir eşofman takımı vardı ve esnediği belli oluyordu. Hemen yanında antrenörü, arkasında takım arkadaşları vardı. Genç kız, kalbi gümbür gümbür atarken abisinin karşıdan kendinden emin adımlarla gelişinin üzerine kapanan asansör kapılarına bakakaldı bir süre; ne yapmalıydı? Yukarı çıkıp ona iyi şanslar dilemeli miydi? Rakibinin kalçasında yarası olduğundan bahsetmeli miydi? Ne yapmalıydı?

Belki mesaj atsa bile yeterdi, illaki konuşmasına gerek yoktu. Ama bu bilgiye nereden sahip olduğunu sorarsa nasıl bir açıklama yapacaktı ki? Bilmiyordu.

O an, o binadan çıkana kadar mantığıyla savaşmış; kafasının içinde kan revan bitirdiği bu savaşta etik değerleri kazanmıştı. Ne olursa olsun ettiği yemine karşı gelemezdi, o bir doktordu ve hastasının durumundan yararlanamazdı. Ona bu şekilde öğretilmemişti. Abisi de bu bilgiyi duysa, kız kardeşine çok kızardı biliyordu. Hatta en çok o kızardı.

Genç kız, böyle bir yükün altından kalkamazdı.

Bu yüzden o gece, o yükün altında kaldı.[*]

---

* Siyam: *Bir karış,* demek.

1

YOKUŞ AŞAĞI HAYATLAR

Verdiğim en büyük savaş kendimeydi.

Soğuktan donarken düşmanının yolu aydınlanmasın diye ateş yakmayan o kızdım ben. Açlıktan ölse gururundan gıkını çıkarmayan, kan midesini kaldırdığında korkusunun üzerine giderek tıp kazanan, lüzumsuz muhabbet kurmayan ama gerek olduğunda da bülbül gibi şakıyan, nerede dur nerede hayır diyeceğini bilen, fikirlerini sonuna kadar savunan, idealleri ve kendi doğruları olan, o sessiz, bir rüzgâr esse uçacak gibi duran ama ayakları yere sağlam basan kızdım ben.

Şimdi bir üfleyişte duman olup kaybolacak mıydım?

Buraya kadar mıydı hayatım, bitmiş miydi?

Bütün dünya üzerine yıkılır gibi olur demişlerdi, yıkılmış mıydı?

Kalmış mıydım ben o enkazın altında?

Yoksa enkaz ben miydim şimdi?

"Karaca," diye fısıldadığını duydum, yanımda oturan arkadaşım Öktem'in. Siyah bir minibüsün içindeydik federasyonun sağladığı, baştan aşağı simsiyah giymiştik herhangi bir gün gibi ama değildi işte, bugün farklıydı. Omuzlarıma dökülen siyah saçlarıma baktım, ardından başımdan kayacakmış gibi duran siyah eşarba; avuçlarımı açtım, titreyen avuçlarımı; ardından kafamı kaldırdım ve dudaklarımı birbirine bastırarak gözlerimi kapattım.

Karaca. Adım buydu benim.

Çok karaca gelirmiş annemin memleketindeki evine o gençken, korkarmış babası çıkacak da tüfekle vuracak diye, toplarmış eteğini yağmur çamur demeden kovalarmış karacayı uzağa bir yerlere. Bir gün bir tanesi sinirlenmiş, bir takılmış peşine; köyün aşağısına, çeşmeye kadar kovalamış annemi. Babam gelmiş o sırada, yoldan geçen, su içmek için duran bir yabancıymış, öyle diyor yani annem ben tanımıyorum babamı. Hiç tanımadım. İşte o karacanın inadı annemle babamı bir araya getirmiş ya, annemin aklı kalmış hep o günden sonra terk ettiği köyünün güzel karacalarında. Abimin ismini dedem koymuş belki ama annem beni görünce ısrar etmiş, *"Kara gözlümün adı Karaca olsun,"* demiş. *"Gözü kara, bahtı aydın olsun."*

Yolumu aydınlatan tek ışık bu şimdi benim çünkü kimsesizim. Bugün daha bir kimsesizim.

Abimden de tırtıkladığım birkaç kıyafetin arasında, boyuma kollarıma uzun gelen oduncu gömleklerinin içinde kayboldu çocukluğum. Sessizce büyüdüm ben ya da ben büyüdüm onlar çocukluğumu susturdular. Evin bütün gürültüsü abimdi; öyle hırgür çıkaran bir adamdı ki daha eve girerken kapıyı kapatışından anlıyorduk onun geldiğini. Benim masasında çalıştığım, annemin karşımda dolma doldurduğu mutfağa daha girmeden koridordan yemeği sorar, buzdolabını karıştırır, bir dünya atıştırmalık doldururdu kollarına, daha sonra odasına gider akşama kadar çıkmazdı bir daha meydana.

"Senin o kollarındaki bütün Afrika kıtasının tek günlük yemek ihtiyacı," derdim arkasından.

Hiç yürüyüşünü bozmadan odasına ilerlerdi dönmeden cevap verirken. *"Benim bu kollarımdaki senin haftalık güvenlik mazotun."*

Her hafta şikâyetten bir polis memuru dikilirdi kapımıza. Mahallede kavga etmediği çocuk yoktu, bana asılanları özellikle yavaş yavaş dövüyordu. Adım çıkmıştı *mavi kapılı evdeki Karaca dokunulmazdır,* diye. Herkes abimden korkardı çünkü, selam vermeye bile dilleri varmazdı okulda. Bir keresinde ortaokulda, sevgililer gününde bir çocuk masama bahçeden kopardığı kırmızı bir gülü bıraktı diye dikenleriyle yedirmişti çocuğa, karşısına geçip acı içinde çiğneyişini izletmişti hatta herkese. Ruh hastasının tekiydi. Ona göre herkes bana asılıyordu, ona göre evin önünden geçen her adam potansiyel hırsızdı, ona göre kıraathanedeki evli boşanmış demeden bütün adamlar annemi kendilerine almaya çalışıyordu.

Belki yaşadığımız yer ve gittiğimiz lise pek tekin bir yer değildi ama her zaman abarttığını düşünürdüm. *Eskiden.*

"Anne," demişti bir akşam televizyonun karşısında annemin soyduğu elmalardan yerken, her hafta heyecanla izlediği bir dizinin önemli sahnelerinden biriydi. *"Ben dövüşeceğim,"* demişti gözlerini dikmiş tepkisini beklerken. Üniversite sınavı vardı ertesi sabah, o geceydi. Annem elindeki meyve soyduğu kabı masanın üzerine bırakmış, odasına gitmişti hiçbir şey söylemeden.

"Ona yapmamasını söyledim," diye mırıldandım kendi kendime, gözlerimi bembeyaz, buz gibi olmuş ellerimden çekemiyordum.

"Efendim?" diye sordu Öktem, hafifçe bana doğru çevirmişti kendini arabada, yüzüme bakabilmek için biraz eğilmişti. "Ne dedin, Karaca?"

Ona yapmamasını söylemiştim. Sabahki sınava girip okuması, üniversiteyi kazanması gerektiğini söylemiştim. Gittiği spor salonunda boks eğitimi alan gençleri görüp kafayı takmıştı buna, biliyordum. Kendi de lisenin başından beri deli gibi spor yapıyordu ve dev gibiydi, koca bir kas kütlesiydi ama ne olursa olsun bunu yapmaması gerekiyordu. Okuyup meslek sahibi olmalı ve maaşlı bir işte çalışmalıydı, en azından annemin bizden istediği tek şey buydu. *"Siz okuyup kendi ayaklarınızın üzerinde dik duracaksınız. Özgür olacaksınız, kararlarınız kimsenin eline bakmayacak,"* derdi hep. Yapması gereken tek şey buydu.

O sabah evden çıktı ama bir daha dönmedi.

Seçimlerimiz attığımız adımlar, saptığımız yollardır, derler. Seçimlerimiz kaybolduğumuz karanlık sokaklar, çıktığımız ıssız yokuşlardır; seçimlerimiz nefes alışımızın tonunu, kalp atışımızın rengini belirler. Seçimlerimiz oturduğumuz sandalyede dik duran postürümüz ya da kambur sırtımızdır. Seçimlerimiz her şeyimizdir. Seçimlerimiz bizi var eder.

Bunca zaman dümdüz yürüdüğüm yolun ikiye ayrıldığını gördüğüm gece, başımı kaldırıp da bakmaya korktuğum gökyüzü üzerime yıkıldı. Bağdaş kurup oturdum soğuk ve ıslak bir kaldırımın üzerine, bir seçim yapmak istemedim.

Yapmak istemediğim seçimin bile, aslında bir seçim olduğunu fark ettiğim gece, göğsümde biten dikenli çalının dalları göğüs kafesime dolandı. *Kalbi atmayan bedeni mezarlık çeker derler.* Ben her gün morg kapısının önünden ayaklarım yere sağlam basarken geçiyorum; bir gün oraya üzerimde beyaz bir örtüyle sedye üzerinde taşınacağımı biliyorum ama buz gibi bir kalple bile yaşanabiliyormuş hayat, yaşayabiliyormuş insan; bu yaşımda, bunca şeyin ardından anca fark edebiliyorum.

Okul kitapları yazmıyor bunları.

Aldığın eğitim hazırlamıyor seni hayata, sen kendini hazırlıyorsun yaşadıklarınla. Her yaşanmışlık bir tecrübe tohumu ekiyor zihnine, şansın varsa sulayabildiğin. Benim bahçemi yaktılar. Toprağım küstü mahsul vermedi. Annemin göğsünden emdiğim süt şuramda bir yerlerde, genzimde uyanıyorum her sabah, sabah olduğuna şaşıp kalıyorum; dünyanın döndüğüne, hayatın devam ettiğine hayret ediyorum.

Kayıplarına göre biçilmiyor ömrün. Keşke biçilse. O zaman ilk küreği ben vururdum mezar toprağıma.

Sıcak, zarif bir çift elin ellerime uzandığını fark ettim; sol elinin işaret parmağının üzerinde ölen köpeğinin dövmesi vardı bu ellerin sahibinin. Öktem'di. "Karaca," dedi fısıldar gibi bir sesle. "Artık dışarı çıkmamız gerekiyor, biliyorsun değil mi? Defin işlemi gerçekleşecek. Seni bekliyorlar."

Birçok ölüm görmüştüm, izlediğim ameliyatlarda masada kalanlar olmuştu; koridorun sonunda dikilirken ellerim beyaz önlüğümün cebinde, profesörlerimin hasta yakınına acı haberi verişini gözümü bile kırpmadan izlemiştim defalarca kez. Hiçbirinde hiçbir şey hissetmemiştim. Gözlerinin içine bakmıştım, çaresizlik içinde gözyaşlarıyla dizlerinin üzerine çöken insanların; tek yaptığım da bu olmuştu.

Şimdi ben zihnimin içinde bir yerlerde çökmüştüm dizlerimin üzerine. *Bak*, diyordu bana hayat bir kez daha. *Yine sevdiğin birini aldım elinden. Belki daha da alacağım. Sen o depremde çürük raporu alan binasın, yıkılacak mısın?*

Yutkunarak "Yanında ağrı kesici var mı?" diye sordum kısılmış sesimle.

Öktem elini çantasına attı, bir süre içindekileri karıştırdıktan sonra umutsuz bir ifadeyle bana dönmüştü. Kalın kaşlarını çattı, ardından surat ifadesi aydınlandı. "Sanırım senin çantanda var," dedi kuru bir sesle, siyah çantama uzanırken. Fermuarını açtı ve elini içine attı. "Annenin ilaçlarını içine atmıştım dün gece unutursun diye. Sanırım ağrı kesici de vardı aralarında." Etiketli ilaçların arasından kahverengi cam şişeyi çıkardı, içindeki hapların birbirine çarparken çıkardığı tok ses, sessiz aracın içinde yankılanmıştı.

Soğuk cam şişeyi alıp üzerinde yazanlarda gezdirdim gözlerimi. Morfin barındıran kırmızı reçeteli bir ağrı kesiciydi bu, her ne kadar kullanmamam gerektiğini bilsem de o an başımdaki ağrıyı götürebilecek başka bir şey olmadığını biliyordum bu yüzden kapağı açıp yarısı beyaz yarısı sarı kapsüllerden birini dilimin üzerine bıraktım ve yuttum.

Bugünü atlatırsam hayatımın daha da kötüye gidemeyeceğini düşünüyordum ama bu yalnızca bir sanrıydı.

Öktem'e bakmadan uzanıp minibüsün kapısını açtım, sonbahar daha bir sert geçiyordu bu yıl. İnsanın gözündeki yaşını buz sarkıtına çevirecek rüzgâr bir tokat gibi yüzüme çarparken oturduğum yerden kalkıp dışarı çıktım. Saçlarım ve başımın üzerindeki tül eşarp geriye doğru savruluyordu. Hemen arkamdan inen Öktem soğuktan burnunu çekip önümde dikilerek kayan eşarbı düzeltti ve saçından çıkardığı bir tel tokayla kafama sabitledi. "Düşürme olur mu? Yerler ıslak. Dün geceki fırtınada bir kafamızın üzerindeki çatının uçmadığı kaldı."

Kafamı salladım hafifçe, ardından elimin tersiyle akan burnumu sildim ve gözlerimi etrafta gezdirdim. Mezarlığın aşağısından insan sesleri geliyordu ama iyi duyamadığımdan umursamıyordum, birkaç adım arabadan uzaklaşarak Hilmi Bey'i görmeye çalıştım, abimin antrenörünü. İleride, rüzgârda dalları savrulan ağaçların ve beyaz mermer taşlarının arasında bir hocanın önderliğinde kalabalık yapan tanımadığım birkaç kişiyi daha görüyordum; muhtemelen abimin takımından arkadaşlarıydı.

Ardından tozlu yolun üzerine bırakılmış üç çelenk gördüm; üçü de kocamandı ve üzerlerinde federasyonun gönderdiğini beyan eden taziye dilekleri yazılıydı. Bir ateş yükseldi boğazımdan yukarı, bu ayazın ortasında alev aldım. Öktem aracın kapısını kapatırken dönüp adımlarımı çelenklere doğru attım. Bu araba, bu mezarlığın kapısına yanaşana kadar bilmiyordum aracı gönderenlerin de federasyondan olduğunu. Dışarıda gazeteciler vardı tek tük. Hepsi yapacakları haberler için fotoğraf toplamaya gelmişti, federasyondakiler de ikiyüzlülük yapıyordu yanımda görünmek, medyanın öfkesini dindirmek için. Hatta onlar göndermişti medyayı mezarlık kapısına. Biliyordum.

İki çelengi ellerimle devirirken diğerine de bir tekme savurdum dişlerimi gıcırdatarak. İleride, abimin yeni evinin, soğuk bir çukurun etrafına toplanmış insanların şaşkınlık nidaları eşliğinde bu tarafa döndüklerini biliyordum ama bu umurumda değildi.

"Karaca yapma," dedi Öktem kolumdan tutup ezdiğim çiçeklerin üzerinden geri çekerek beni. Önüme geçip kabanımın üzerinden omuzlarıma koydu ellerini. "Yapma, boş ver. Değmez."

"Değeceğinden yapmıyorum ki Öktem," diye fısıldadım kuru bir sesle, aklımın içinde kaybolmuş bir şekilde. "Ne değdi ki zaten? Neye değdi ki?" Ellerinden kurtulup yanından geçtim o an, çelenklerden kopmuş çiçekler etrafa dağılmıştı. Bir tekme daha savurdum çelenge, tahtası ayağımın ucunu acıttı. "Kimi koruyabildim ki ben bu dünyada!"

"Karaca, ne olursun yapma..."

"Neyi yapmayayım Öktem?"

"Kendini de onunla birlikte sokma toprağın altına."

Saçlarım, tenime çarpan buz gibi rüzgârla birlikte uçuştu yüzüme doğru, görüşüm kapandı o an; dünyam karardı. Kurumuş dudaklarımı ıslatıp yutkunmak istedim ama ayaklarım bile bedenimi taşıyamayacak kadar yorgunken nefes alasım bile gelmiyordu.

"Gel," dedi Öktem elini uzatarak bana doğru. "Gel, bitirelim şu işi. Bizi bekliyorlar. Seni bekliyorlar Karaca. Hadi." Bir adım attı bana doğru. "Hadi, tut elimi."

Eline baktım, ardından *bitirelim şu işi* diyen gözlerine; bitirmek istemiyordum ki ben bu işi. Bitiremeyecektim ki hiç içimde. Öktem neyden bahsediyordu? Kim bekliyordu ki beni bu yolun sonunda? Birlikte yürümek istediğim herkesi kaybetmiştim ben bu hayatta. Tutmak istediğim hiçbir el yoktu.

Bir yaş süzüldü gözümden aşağı, sıcak bir damla yaş; soğuktan buz tutmuş, kurumuş tenimden aşağı süzüldü içime doğru. Tuzu tenimi yaktı, suyu da göğsümü. "Kızım gel buraya ya," diye homurdandı Öktem ağlamaklı bir sesle elime uzanıp beni kendisine doğru çekerken. Benim kollarım iki yanımda asılı kaldı kırık dallar gibi ama onunkiler şefkatle bana sarılmıştı. "Bak biz daha yeni yeni tanıyoruz birbirimizi ama birlikte bir yola çıktık, değil mi Karaca? Birlikte bir eve çıktık. Ben sarılmayı sevmem, sen de sevmezsin biliyorum ama bu kollar bundan sonra sana hep açık olacak. İstediğin zaman ahtapot gibi yapışıp bütün *sweatshirt*lerimi salya sümük edebilirsin. Söz kızmayacağım."

Sertçe nefes verdim gülercesine ama gülmekle yakından uzaktan alakası yoktu ifademin. Öktem de benim gibi sert bir kızdı, baharatlı parfüm kokardı ne zaman yanımdan geçse. Bir süredir aynı evde yaşıyor olmamıza rağmen birbirimiz hakkında hiçbir şey konuşmamıştık oturup da bu yüzden benimle buraya gelip destek olması çok şey ifade ediyordu.

Kimse yokken yanında olan insanlar çok şey ifade ediyordu.

Kafamı sallayarak geri çekildim, çıktım kollarının arasından, burnumu çekerken başımı eğip derin bir nefesle kaldırdım ardından. "Tamam," dedim ona kısık bir sesle, ne zaman kısıldığını bilmediğim sesimle. Bir kolunu omzuma sardı Öktem yan yana yürürken, yolun kaldırımından çıkıp mezarlığın içine girdik ve taş yolda yürümeye başladık. Dökülmüş yapraklar ayaklarımızın altında çatırdıyordu, sanki acımasızca vakti geldiğinde giden insanları hatırlatmak için vardı Sonbahar bize. Bir küfür gibiydi yaşadığım şu güne.

Vakti geldiğinde mi? Hayır. Benim abimin vakti gelmemişti. Onu göndermişlerdi. Onu koparmışlardı. Onu yok etmişlerdi. Onu *öldürmüşlerdi.*

"Gel kızım, gel," dedi Hilmi Bey, diğerlerinin arasından geçmem için bana yer açarken. Boş tabutun yanında, çukurun hemen önünde bir hoca dikiliyordu ve beyazlar içerisindeydi. Başında kavuk, elinde bir kitap vardı.

Korkudan titreyen gözlerimi yavaşça indirdim ayaklarımın önündeki çukurun dibine; beyaz bir kefen vardı tahtaların altında, görebiliyordum. Bana göstermemişlerdi. Ben görmek istememiştim ya da hatırlamıyordum. Lanet sabahı hatırlamıyordum. Adımı bile hatırlamıyordum.

"Dev gibi adamdı benim abim, sığmaz bu dar çukura," dedim titreyen sesimle, gözlerimi aşağıdan çekmeden. "Yanlış adamı gömüyorsunuz siz."

Beni rahatlatmaya çalışarak elini sırtımda gezdiren Öktem'i kolundan ittirdiğimde bakışlarım hoca efendiye, ardından Hilmi Bey'e çıktı. Etrafımızdaki takım arkadaşları yere bakıyordu yalnızca. "Ona neden söylemediniz?" diye sordum cevaplarımı istercesine, haykırmak istercesine ama yalnızca kısık bir sesle. "Ona neden eve dönmesini söylemediniz?"

Hilmi Bey'in burun delikleri genişledi, gözlerini üzerimden çekerek yere çevirdi o da. "Bana bakın," dedim sert ama titreyen bir sesle. "Ne olursunuz bana bakın," diye mırıldandım. "Neden pes etmesini söylemediniz?"

"Abin gururlu bir adamdı," dedi Hilmi Bey, ellerini önünde

kavuşturarak. "Maçı yarıda bırakmak istemedi, bunu bir leke olarak görecekti."

"Hilmi Bey," diyerek araya girdi Öktem. "Bunlar burada konuşulacak şeyler değil."

"Lütfen sen karışma Öktem." Sesim bir çivi gibiydi, o an bulabildiğim en büyük çekiçle çoktan birçok noktasından çatlamış duvarıma çaktığım.

"Ne bekliyorsunuz?" diye sordum takım arkadaşlarına dönerek, ikisinin elinde kürek vardı ve bir toprak yığınının yanında dikiliyorlardı. "Siz öldürmediniz mi abimi? Neden şimdi gömmüyorsunuz?"

"Karaca Hanım," dedi Hilmi Bey lafını bastırarak. "O nasıl söz? Onların bir suçu varsa eğer bu da yalnızca sonuna kadar abinize destek olmaktı."

"Sonunda ne oldu peki?" Gözlerimi Hilmi Bey'den, kürek tutan arkadaşlarına çevirdim keskin bir öfkeyle. Burnumdan soluyordum. "Destek olduğunuz tek şey ne oldu sonunda? Omuzlarınızda taşıdığınız tabutu mu?"

Bakışlarını yerden çekmeyen arkadaşlarının birinin gözlerini kapatarak yutkunduğunu gördüm o an, aralanan ağzından içeri ekim soğuğunu çekti ve "Biz, ilk toprağı siz atmak istersiniz diye beklemiştik," dedi kuru bir sesle. Gözlerime bakmıyordu.

Suçlamalarımın ağır olduğunu ve abimin riski göze alarak bu mesleği yaptığını biliyordum ama sağlıklı düşünebilmek o kadar zordu ki!

Kendimi toparlamak istercesine gözlerimi kırpıştırdım ve başımı çevirerek derin bir nefes aldım o an. Bunu yapabilecek miydim? Yapabilir miydim? Ellerim titriyordu, yumruklarımı sıkıp açarken uzun ve sivri tırnaklarımı avuçlarıma batırdım odaklanmak istercesine. Alt dudağımı dişledim titreyen çeneme rağmen, kanın metalik tadı kaçtı genzime.

Uzat dercesine elimi kaldırdım havaya, tahta sopasını tuttum küreğin. *Bana bunu yaptırdın,* diye fısıldadım içimden. *Bana bunu yaptırdınız.*

Islak toprak tahtaların üzerine yağarken çıkan ses kulaklarımdan içeri zihnimde yankılandı. Bir yaz akşamı salondaki masada ders çalışırken pencereye vuran yağmurun sesini hatırlattı bana... Annem her salı pazara giderken mutfaktaki ocağın üzerinde yemeği bırakır, sonra bana emanet edip öyle çıkardı. Ben de itinayla yakardım o yemeği. Abim anlardı yanık tadından annemin yine yanlış kişiye güvendiğini, dalaşırdı benimle akşam sofranın ortasında.

"Ben sana ders çalışma demiyorum ki Karaca, sen yine dersine çalış ama x'in karekökünü bulana kadar bir yemeğe de bak yani..."

"Ben annemin evden çıkışını bile duymuyorum ki, nereden hatırlayacağım yemeğin altını kapatmayı ya?"

"Eee kızım ben sana mutfakta çalış dersini demedim mi?" derdi annem o zaman.

"Salondaki masa daha geniş," derdim.

Toprakla kapandı abimin mezarı. Birkaç gül, birkaç karanfil atıldı üstüne. Dualar okundu, ardından birer birer eksildiler kalabalıktan. Takım arkadaşları mezarlık yoluna doğru yürüdüler, yanımdan geçerken bir şeyler söylediler ama yalnızca mırıldanışlarını duymuştum sanki. İç içe geçmiş kelimeler ne okunuyor ne duyuluyordu ben kafamın içinde kaybolmuşken, hiçbir değeri yoktu o an sarf ettikleri sözlerin.

Hilmi Bey önümde durduğunda başı eğikti. Elini omzuma koydu bir durakta soluklanır gibi, sakalını sıvazladı ardından, seslice sıkıntılı bir nefes verdi ciğerlerinden kaçan. Dudakları oynadı, gözlerime baktı, dinledim onu ama hiçbir şey duyamadım. Sanki yakınımda bir bomba patlamıştı ve kulaklarım zarar görmüştü yüksek desibelden, yalnızca bir uğultu vardı o an.

Öktem'le yalnız kaldığımızı fark ettiğimde bakışlarım toprağın üzerine bırakılmış çiçeklerde geziniyordu.

"Abini tanımıyordum Karaca ama tanışsaydık eminim senin gibi başı dik, asi, sert biri olduğunu düşünürdüm. Eh, senin kadar güzel bir kardeşe sahip olduğuna göre kendi de yakışıklıydı." Öktem hemen yanımda, belki bir adım gerimdeydi ve eli omzumdaydı. Sözlerini dinlerken yutkunarak gözlerimi topraktan kaçırmıştım. Yağmur atıştırmaya başlamıştı.

"O, senin bana uygun bir arkadaş olmadığını söylerdi," diye mırıldandım derince bir nefesi kurumuş dudaklarımdan dışarı bırakarak. "Önce dış görünüşüne göre yargılardı seni istemsizce, sürekli saçlarını boyadığın ve bir sürü piercing ve dövmeye sahip olduğun için farklı şekilde yetiştirildiğimizi ve başıma iş açacağını düşünürdü. Benim içimde, kendi pisliğimde boğulduğumu bilmeden. Sonra zamanla hatasını anlar, ısınırdı sana."

"Sahi Karaca," dedi Öktem, kuru bir sesle. "Abinden hiç bahsetmemiştin. Hele boks maçlarının önemli isimlerinden biri olduğunu asla bilmiyordum."

"Uzun zamandır birbirimizle iletişim kurmamıştık." Başımı hafifçe Öktem'e doğru çevirdiğimde omzumdaki eli kaydı, bir adım atıp karşıma geçti. Suratında ağır bir ifade vardı, sürekli dudaklarını birbirine bastırıyordu; bu da ne yapacağını ne söyleyeceğini bilmediği anlamına geliyordu.

Cebindeki telefonun çalmaya başladığını duyduğumuzda ikimiz de bakışlarımızı onun montunun cebine çevirdik. "Özür dilerim," dedi hızlıca, elini cebine atıp telefonunu çıkartırken. "Kapatmam gerekirdi. Kusura bakma..." Aramayı sonlandırmak için telefonun kenardaki kapa tuşuna basacağı sırada gözleri ekrana sabitlenmişti.

Açması gerektiğini fark etmiştim. "Aç istersen," dedim yutkunarak.

"Açamam," diye mırıldandı. "Kafenin müdürü arıyor. Açarsam kesin beni işe çağıracak, ek mesai yaptıracak."

"Açmazsan kovmaz mı?"

"Kovsun," dedi Öktem tok bir sesle, sertçe. "Şu an olmam gereken yer burası."

"Öktem..." Sözlerimi toparlamaya çalışarak bakışlarımı etraftan çektim ve çiseleyen yağmurun altında toprak kokusunu çektim ciğerlerime. "Sen git. Ben biraz daha burada, yalnız kalmak istiyorum abimle. Daha sonra bir taksiye biner eve dönerim. Akşam görüşürüz."

"Ama Karaca..."

"Kiramızı ödememiz gerekiyor ve her seferinde geciktiriyoruz, böyle giderse kışı sokaklarda geçireceğiz." Telefonu hâlâ çalıyordu, başımla ekranı işaret ettim. "Senin burada yapabileceğin bir şey kalmadı."

Öktem'in şaşkın ve mahcup bakışları gözlerimdeydi. Her ne kadar kafası karışık olsa da lafımı dinlemeli ve gitmeliydi, söylediklerim dürüst hislerimdi, burada yapabileceği hiçbir şey yoktu ve eğer evden atılırsak başımız belaya girecekti.

"Tamam," dedi Öktem son anda aramayı cevaplayarak. "Sakın hava kararana kadar kalma, bu gece sıcaklıklar sıfırın altına düşüyor. Hasta olursun. Taksiyi de çağır mezarlığın içine gelsin, dışarıda gazeteciler var."

Kafamı salladım. Ardından Öktem telefonu "Efendim Ekrem Bey?" diye cevapladı adımları taş basamakların üzerinde ilerlerken, arkasını dönmüştü ve sık dikilmiş uzun ağaçların arasındaki geniş yola ilerliyordu. Federasyonun aracı hâlâ oradaydı ama asla tekrar binmeyecektim o minibüse. Her ne kadar herkes gitmiş olsa da şoförün içeride gazete okuduğunu görebiliyordum, orta yaşlı kel bir adamdı.

Gözlerim bir süre etrafta gezindi, ileride, metrelerce ileride başka birinin gömüldüğünü görebiliyordum bu mesafeden. Bir sabah gelip akşama kadar dolansam burada kaç insanın defnedildiğini izleyecektim? O kadar sık mı doluyordu açılan mezarlar? Birkaç metre ileride toprak bir arazi ve terk edilmiş iş makineleri vardı, muhtemelen yemek molasına çıkmıştı işçiler. Onların daha bugün açtığı çukurlar, ben haftaya geldiğimde şu an yaşayan insanların soğumuş cesetleriyle mi dolmuş olacaktı?

Alçalan gözkapaklarımla birlikte toprağın üzerinde abimin gömüldüğü tepeliğe döndüğümde yağmur kirpiklerime yağıyordu. Başımı kaldırdım karşımda dikilen siyah silüete doğru, bakışlarım buz kesti.

Katil.

Acıyan gözlerimi kırpıştırmadan, sanki bir el boğazıma yapışmış ve soluk borumu tıkamış gibi ihtiyaçla aralanan dudaklarımın arasından nefes almaya çalıştım ama alev almış ciğerlerime çektiğim oksijen değil benzindi sanki. Benzin soluyordum. İçim yanıyordu ama aynı zamanda çok üşüyordum.

Baştan aşağı simsiyahtı, yalnızca neredeyse altın rengine çalan ela gözleri bir renk barındırıyordu üzerinde. Çamur olmuş botlar, pantolon, uzunca bir kaban... Saçları dağılmıştı. Gözleri kızarmıştı. Dudakları kurumuştu. Bakışları o geceden çok daha cansız, durgun ve sessizdi.

"Sen ne hakla geldin buraya?" diye sordum buz gibi bir sesle, donmuş parmaklarımı avuçiçime kıvırarak; yumruklarımı öyle bir sıkıyordum ki tırnaklarım avuçiçimi kesiyordu. "Senin burada ne işin var?" Çatılan kaşlarım kara gözlerimin üzerinde bir bıçak gibi keskinleşmişti.

Adımlarım mezarın etrafından dolandı, yağmurda sulanmış bir çamur batağına bastım ama şaşmadan ona doğru ilerledim. Bir saniye olsun bir santim bile hareket etmemişti. "Katil," dedim nefes alışlarım sıklaşırken. Gözlerini kırpmadı bile, çekmedi gözlerimden. Göğsünden ittirdim onu. "Katilsin sen," diye fısıldadım, gözkapakları kapandılar; duymak istemiyor muydu yoksa öfkeli miydi? Öfkesini mi sakinleştiriyordu? O mu öfkeliydi? O mu?

"Niye geldin buraya?" diye sordum bu kez daha sert ittirirken, bir adım gerilemişti. O geriledikçe ben üzerine gidiyor, daha da ittiriyordum onu. "Vicdanını mı rahatlatacaksın? Niye? Yine çıkıp o arenada başkalarını da yumruklarınla öldürmek için mi? Başka evlere de ateş düşürmek için mi?"

Bir şey yapmıyordu. Hiçbir şey yapmıyordu. O maçta abimin kaya gibi sert yumruklarıyla bir santim kımıldatamadığı adam şimdi ben ittirdiğimde karton bir maketmiş gibi sarsılarak geriye adımlıyordu. "Allah kahretsin seni!" diye bağırdım son bir güçle tekrar iterek onu, bu sefer birkaç adım sarsılmıştı geriye. *Ellerim kopsaydı da dikmeseydim yaranı. Dilim kesilseydi de yine de gidip şikâyet etseydim seni federasyona. Sessiz kalmasaydım.*

Seni ben öldürseydim o gece ama sen abimi öldürmeseydin.

Boğazımdan yukarı tırmanan acı boylu boyuna çizmişti içimi, gözlerimin yalnızca yanmadığını; ağladığımı ne ben fark edebilirdim ne de o ayırt edebilirdi yüzüme vuran yağmur damlalarından. "Ne olacak şimdi?" diye sordum çöken omuzlarımla birlikte öfkeyle, nefretle bakan gözlerime gizlediğim bir çaresizlikle yüzüne bakarken. Defalarca kez vurdum yumruklarımı göğsüne. "Ne olacak şimdi söyle? Söyle bana, bir şey söyle, konuş hadi! Konuş, aç ağzını lanet olası!"

Kaşları çatılmıştı. Alnına düşmüş saç tutamlarından, kirpiklerinden, burnunun ucundan, çenesinden aşağı süzülüyordu yağmur damlaları ama o ne sıktığı çenesini açtı ne de tek kelime çıkardı ağzından. Ait olduğu yer parmaklıkların ardıydı ama o burada dikiliyordu. Adalet yalnızca güçsüzlere mi işliyordu? "Hangi cüretle geldin sen buraya?" diye sordum burnumu çektikten sonra, alt dudağımı ağzımın içine yuvarlarken. "Git."

Bir adım attım ona doğru gözümü bile kırpmadan, arkasındaki bayır yolu gösterdim mezarlığın çıkışına doğru. "Git!"

"Gidemem," dedi kuru bir sesle, yutkunmuş ve gözlerini kapatmıştı o an. Şaşkınlıkla dudaklarından çıkan kelimeye baktım nabzım hızlanırken, sanki izini yüzünde görebilecekmişim gibi. Sesi hatırladığım gibiydi, kalın ve tok. Fakat o gece duyduğumda bende merak uyandırırken şimdi yalnızca midemi bulandırıyordu.

"Özür dilerim," lafını duydu kulaklarım, şok içerisinde öfkeyle kaşlarımı çattım. Sert bir tokat sesi yağmurun kaldırımlarda yankılanan sesine katıldığında ne ara arayı kapatıp ne ara elimi kaldırdığımı bile hatırlayamamıştım ama çarpmıştı elim yanağına. Bir refleks gibi. Yine olsa, daha sert atardım, bu sefer elimi koparırcasına.

Tokadın şiddetiyle yana dönmüş suratına baktım, kızarmaya başlayan beyaz teni yağmur sularıyla ıslanmıştı. Gözlerini sertçe kapattı, dudaklarını ıslatırken yanakları içe göçmüştü.

"Senin bu lafı kullanmaya hakkın yok," diye mırıldandım burun deliklerim gözlerimden akan yaşlara sebep genişlerken, hafifçe salladım kafamı iki yana. "Sana maçı iptal et demiştim." Söylemiştim. Farklı bir nedenden de olsa, bir doktor olarak hastama hitap ediyor olsam da o an bunu söylemiştim. "İptal edeceğime ölürüm daha iyi demiştin," diye devam ettim kısılmış sesimle, hiddetle gözlerinin içine bakarken. Bir karış vardı aramızda. "O zaman öl demiştim." Yutkundum, fısıldarcasına sordum ona. "Neden ölmedin?"

Gözleri aşağı çevrildi, ardından önüne, bana doğru döndü ve nihayet gözlerimin içine baktı. Harelerinde hiçbir duygu taşımıyordu, gözlerine bakmak bana dümdüz bir duvara konuşuyor hissi veriyordu ve bu da göğsümde yanan öfke ateşini harlıyordu. Ona tokadı bastığım elim karıncalanmaya başlamıştı.

Kalın dudakları aralandı, bir nefes çektiğini hissettim içine. Kaşları gergindi. "İkimizin de sağ çıkması gerekiyordu o geceden."

"Ama o öldü," diye bağırdım boğazımdan yükselen öfkeyle, çenem kasılmaktan uyuşmuştu ve boynumdaki damar patlayacakmışçasına bir nabızla atıyordu. "Sen neden ölmedin?"

Bakışları hiç değişmiyordu, ela gözlerinin üstüne konuşlanmış kalın kaşları yalnızca çatılıyor ve çene hatları kasılıyordu ama hepsi buydu. "Ölmedim," dedi tok bir sesle.

"Öldürdün," diye mırıldandım sert bir yutkunuşla, yüzümdeki yağmur damlalarını elimin tersiyle silerken. Sildiğim gözyaşlarım mıydı yoksa yağmur damlaları mıydı bilmiyordum. "Onu sen öldürdün."

"Ben öldürdüm," dedi buz gibi bir sesle.

İtiraflar da can alabilirdi bazen, sen yarana uzanan her neşteri doktorlar mı vuruyor sanıyordun? Kanamanı durdurup kesiği diker mi sanıyordun? Bir lafı, sen söylediğinde silahın emniyeti kapanıyorken, bir adam ağzına sürdüğünde kurşun da atılabilirdi bazen. Sen, namlu sana dönük değildi diye kurşun sana saplanmaz mı zannediyordun? Tenini yarmaz, etini parçalamaz, kanını akıtmaz mı zannediyordun?

Kelimeler de kurşun olabilirdi bazen. Sen yaran görünür değil diye, vurulmadın mı sanıyordun?

"Allah kahretsin," diye mırıldandım, ayaklarım yere basıyorken sanki yer ayağımın altından kayar gibi geldiğinden dengesizce, dik durmak istercesine bir adım atmıştım geriye doğru. "Allah kahretsin seni!" diye bağırdım bu sefer güçlü bir sesle, koşarak yaklaşan adım sesleri kafamın içinde kaybolmuştu. Artık duyduğum sesler tok, bulanık ve hayal gibi geliyordu.

İki elimle birden tüm gücümle, ayakta duran postürünü yıkmak, yere sermek için göğsünden ittirdim onu ama kollarım başka eller tarafından engellenmişti, geriye çekilmiştim.

"Hanımefendi," dedi yabancı bir adam hemen yanımdan, şaşkınlık ve korkuyla ona döndüğümde başındaki lacivert şapkayı ve omuzları ıslanmış üniformasını fark etmiştim. "Hanımefendi lütfen sakin olun."

"Sen öldürdün!" diye bağırdım boğucu yağmurun içinde, kafama düşen dolu tanelerini hissediyordum ama acı hissedebildiğim bir duygu olmaktan çıkmıştı artık. "Sen öldürdün onu!"

"Hanımefendi, lütfen... Araç şurada." Üç polis memurundan biri onun yanında dikiliyordu, ikisi beni kollarımdan tutmuş aksi yöne çevirmeye çalışıyordu. Baygınlık mı geçiriyordum? Kendimde miydim? Kriz miydi bu içinde bilincimi kaybettiğim? Kollarımdaki eller çekilseler yere yığılacakmış gibi hissediyordum.

Dönmek istemiyordum ama onların yönlendirdiği şekilde ilerliyordu ayaklarım. Arkama bakmaya çalıştım, kafamı çevirmeye çalıştım ona doğru; bütün hayatımı içine sıkıştırdığı tahta, tekerlekli çekeceğin ipini yokuşun başında bırakan adama doğru. Yumruğunu abime geçirirken emniyetini kapattığı silahı da göğsümde patlayan adama doğru. Kış soğuğunun ortasında ince bir kabanlayken beni cayır cayır yakan adama doğru.

"Sen öldürdün," diye fısıldadım gözlerinin içine bakmaya çalışarak ama gözlerim buğudan doğru görmüyordu. Oradaydı değil mi? Hâlâ orada dikiliyordu. Ayakları yere basarken başı bana çevriliydi, yalnızca bana bakıyordu. Yanındaki polis memurunu dinliyor olsa bile gözlerini üzerimden çekmiyordu.

Sen öldürdün, diye fısıldadım kendi kendime, bir arabanın

arka koltuğuna bindiğimde arkamdan kapanan kapının yağmur damlaları tarafından istila edilmiş camına dikerek gözlerimi.

O camın buğusunda bir çift altın hareli ela göz gördüm. *Sen öldürdün.*

Ben öldürdüm, diye fısıldadı o gözler.

2

SÖZLERİ SİLAH ETMİŞ KADIN

Dünyanın en boğucu sabahları, uyanmak istemediğin bir güne gözlerini açmanla başlar; eninde sonunda çıkarsın o yataktan, kalkarsın ayağa... Ve yeniden uyuyabilmek için akşamın gelmesini beklersin.

Kafamı yastığıma gömdüğüm an alamadığım nefes ciğerlerimi boğmuş, her zamanki gibi uyanmıştım yine; dağınık, pis bir odanın ortasında kalın bir yorganın içinde. Boynum terden yapış yapış olmuş, saçlarım tutam tutam ıslanmıştı. Boğazımdaki kuruluğu gidermek için yutkunarak doğrulmaya çalışırken dirseklerimin üzerinde pencerelerden dışarı baktım; caddenin bütün gürültüsü her ne kadar siyah perdelerimi üzerine sımsıkı çeksem de penceremden içeri sızmayı başarıyordu. Bina o kadar eskiydi ki yanımızdan geçen bir tırın yarattığı sarsıntıya bile nasıl dayanıyordu çözebilmiş değildim.

Yorganı tekmeleyerek doğruldum, çıplak ayaklarım kraker kırıntılarıyla dolu parkelerin üzerinde gezindikten sonra gecekondu manzarama ulaşmıştım; perdeleri sonuna kadar açtım, karanlık odam bir anda gün ışığıyla aydınlanmıştı her ne kadar hava kapalı olsa da. İnanması güçtü ama üç gündür kesintisiz kar yağıyordu İstanbul'a. Beyaz örtü bütün çatıları, caddeleri, tenteleri, arabaları esir almıştı kendine. Çocukluğuma dönmüş gibiydim.

Birkaç kayıpla.

Arada gelen temizlikçi ablayı aramam gerektiğini biliyordum ama hiçbir şey yapmak istemiyordum. Sadece yatağın içine girip orada kalmak istiyordum gün boyu. Yemeğimi orada yemek, filmimi orada izlemek, zil çalsa kapıyı bile oradan açmak istiyordum.

Birkaç adım geri attığımda ışıktan dolayı, çıplak ayağıma batan küçük tokayla bir "Of," çektim istemsizce. Daha keskin bir şeye denk gelebilirdim bile bu dağınıklığın içerisinde. Yatağın kenarından tutunup ayağımı ovaladığım sırada gözlerim neredeyse alışmıştı ışığa, boş kafayla etrafta geziyordu bakışlarım. Üç kapaklı eski dolabımın ortasındaki boy aynasına takıldı o an gözlerim, yansımada kendimi gördüm.

Yansımada enkazı gördüm.

Hayatımın hiçbir noktasında bu kadar zayıf bir kız olmayacağımı tembihlemiştim kendime. Ne kadar çok söylersem ne kadar gür çıkarsa sesim o kadar iyi inandırabilirdim çünkü kendimi. İnandırmıştım da. Kandırmıştım etrafımdaki herkesi bununla. Dışarıdan bakanlar kabuğu sert, aşılması güç duvarlar görüyordu; ben o tuğlaları arkasına geçtiğimde sırtımı yaslayabilmek, insanlarla aramda bir nefeslik mesafe bırakabilmek, dip dibe yaşadığımız şu şehirde, çöktüğüm anlarda görünmez olabilmek için birer birer dizmiştim ellerimle.

Şimdi ben, kendim istesem bile aşamıyordum onları. Zaten aşacak insan da kalmamıştı.

Uzun, siyah saçlarım yağlıydı. En son ne zaman duş almıştım bilmiyordum ama ıslakken bir lastikle bağlayıp kördüğüm ettiğimi ve ondan sonra ellemediğimi hatırlıyordum. Lastiği kesmeden çıkarmak istesem muhtemelen kafamdaki saçın yarısı elimde kalırdı. Yakası salça olmuş, soluk sarı bir tişört vardı üzerimde uzun. Altımda yalnızca siyah bir külot. Elimi tişörtüme götürüp kumaşını burnuma yaklaştırdığımda duyduğum koku suratımı buruşturmama neden olmuştu.

Kapanmak üzere olan telefonuma saati kontrol etmek için uzandığımda ekranda yazan saati gördüm, saat sabah sekizdi. Ardından tarih, bir şimşek gibi çaktı gözlerimin önünde: *29 Aralık.*

Zamanın bir metafor olduğunu düşünmüşümdür hep; geçip giden ama dokunmayan, yalnızca tek bir yöne akan ve arkasına bile bakmayan. Sigara gibi. Bir dalı alıp dudaklarınızın arasına yerleştirdiğinizde ve ucunu ateşe verdiğinizde yanıp kül olana kadar durmazdı, içinize çektiğiniz nefes bile ciğerlerinizde asılı kalmazdı.

Ama zaman bir karadelikmiş. Her şeyi içine çeken ama geri vermeyen, önünü arkasını göremediğiniz; yalnızca sürüklendiğiniz.

Kapıyı çarpıp koridora çıktığımda ayaklarım buz kesmişti, ev her zamanki gibi çok soğuktu. Elimi saçlarımdan geçirirken bir avucumu sağ gözkapağıma bastırıp sessizce esnedim, ardından bakışlarımı koridorun iki ucunda gezdirdim; Öktem uyuyor olmalıydı. Dün gece ne zaman eve geldiğini duymamıştım ama geldiğini biliyordum çünkü başka bir yerde uyumayı sevmiyordu. Staj yaptığı firma, okul ve kafe arasında o kadar çok yoruluyordu ki bir keresinde otobüs durağında saatlerce uyuyakalmıştı, ta ki biri onu arayana kadar. Ki bu da ben olmuştum.

Elimi gözümden çekerken salondan çıkan çocukla göz göze geldim. Kaşlarım çatıldı, dudaklarım bir çizgi hâlini aldı. Çocuk elinde bir çift eski *Harley Davidson* botları, yalnızca ortasından iliklediği buruşmuş bir gömlek ve altında iç çamaşırıyla kapıdan çıktığında birkaç adımın ardından koridorun ortasında durmuştu. "Sen kimsin?" diye sordu elini kıvırcık saçlarına atarak.

Gözlerimi devirmemek için kendimi zor tuttum. Geceden kalmaydı, muhtemelen Öktem'in şu sıralar takıldığı gazeteci çocuktu bu. Aynı bölümde olduklarından ve aynı yerde staj yaptıklarından vakitlerinin çoğunu birlikte geçirdiklerinden bahsetmişti Öktem. İki beyin hücresini bile bir araya getirip çalıştıramayacak kadar sarhoştu ayrıca. "Kapı orada," dedim sert bir sesle, demir kapıyı göstererek. Her ne kadar zor kapansa da hâlâ yerindeydi. Çıkıp giderken kapıyı kapatsa iyi olurdu çünkü bir an önce banyoya geçip duş başlığının altına girmek istiyordum.

Çocuk kapıya yönelmek yerine, bakışlarını çıplak bacaklarıma çevirdiğinde boş bakışlarımla suratına bakmaya devam ettim. Sonunda gözlerini, bütün vücudumu süzdükten sonra gözlerime çıkardığında duygularımı sonuna kadar saklayabilmekle lanetlendiğimi yeni hatırlıyordum, ne kadar bakarsa baksın sadece dümdüz bir surat görecekti. Rahatsız olacağımı düşünecek kadar yerinde değildi kafası, bu da demek oluyordu ki eğer ayık olsaydı aynı röntgenciliği çaktırmadan çoktan yapmış olacaktı.

"Güzel bacaklar," dedi maymun gibi sırıtarak.

Öktem sende ne buldu hiç bilmiyorum ama ben bir saniye daha evimin içinde kalman için hiçbir tolere edilebilir yanını göremiyorum.

"Kapı," dedim düz bir sesle. Bu sefer kollarımı göğsümde birleştirmiş, dudaklarımı birbirine bastırmış, kafamı hafifçe yana eğmiştim.

Çocuk öksürerek kafasını salladı, ardından kapıya doğru döndü. "Ben gideyim o zaman..."

Kapıyı kapatıp keçe olmuş uzun saçlarıma baktım aynada. Tişörtümü çıkartıp çamaşır makinesinin önüne attım, ardından çelimsiz kollarım iki yanıma düştü yeniden. Tekrar baktım aynaya. Ne kadar bakarsam bakayım çıkartamıyordum kendimi, ne kadar azaltsam da üstümdekileri; deri dedikleri kabuğu söküp atamıyordum.

Geçmiş bir yılandı ayaklarıma dolanan, zehri damarlarımda geziniyordu.

Duşa girdiğim an kaynar suyun tenimden akıp giderde kayboluşunu izledim dakikalarca. Üzerimden duman kalkıyordu ama ne kadar sıcak olursa olsun su, hissedemiyordum. Hep üşüyordum. Sanki hep üşüyecektim. Sanki kış hiç bitmeyecekti. Sanki bu kış etimi kemiğimden sıyırıp gitmeden, beni de yanında götürmeden gitmeyecekti.

Kafamı şampuanlayıp vücudumu sertçe keseledim ve bütün kirden arındım. *Hayır, dur. Arınmadın. Kafanın içini keseleyemezsin.*

Ben vücuduma ve saçlarıma doladığım havlularla banyodan çıkarken Öktem üzerine uzun ve kalın bir hırka geçirmiş, esneyerek mutfağa ilerliyordu koridorda. Birbirimizi uzun zamandır tanıdığımız söylenemezdi, yalnızca birkaç ay oluyordu ama dünyanın en rahat insanı olduğundan ve yaptığım hiçbir şeyi sorgulamadığından onunla anlaşabileceğimizi tanıştığımız gün anlamıştım. Kampüste ev arkadaşı arıyordu kendine.

Nefret etmiştim ondan çünkü motosikletimi satmam gerektiğini biliyordum eve çıkmak için. Yurt kurallarına uymadığım için uyarı yediğim birkaç seferin sonunda atılmıştım, kendime kalacak bir yer arıyordum, Öktem ise bozuk el yazısıyla ev arkadaşı aradığını belirten bir ilan asmıştı duyuru panosuna. Kirayla başa çıkamıyordu.

Ne tesadüf, ben de boşboğaz insanlarla.

"Uyandın mı?" diye sordu Öktem, gözkapaklarını ovuştururken. Öndeki iki tutamı mavi olan koyu kahve saçları kabarmıştı. Bundan önce saçlarını turuncuya boyadığı için kızıl gölgeleri vardı.

"O dümbelek buradaydı," diye mırıldandım odama girerken. Havluları bir kenara atıp iç çamaşırımı giydim, ardından siyah sporcu taytımı ve spor sütyenimi geçirdim üzerime. Takımın uzun kollu tişörtünü giyerken Öktem çoktan kapıya ulaşmıştı bile. "Vay piç, gece kalmış mı?" Söylenirken bir yandan da bileğindeki lastikle saçlarını dağınık bir topuz yapıyordu. "Sen uyuyordun, akşam eve bıraktı beni. Ayrılırken kapı kapanmayınca bir iki bakayım dedi ama bir halt halledemedi. Sonra işte bir şeyler içtik..."

"Öktem, eve erkek almak yok. Bunu konuşmuştuk." Tarağı saçlarımdan geçirdim hızlıca. Kurutmaya vaktim yoktu.

"Biliyorum ama ben çok uykuluydum, kalk git dedim kaç kere. Sızmış sanırım yanımda. Sabah karşılaştığınız için üzgünüm. Bir şey mi dedi?"

"Bir şey söylemesine gerek yoktu gözleri gayet açık konuştu," diye homurdandım kapıdan geçerken. Hızlıca bir tost yapsam iyi olurdu yoksa dışarıda bayılabilirdim.

"Saçlarını kurutmadan çıkma sakın bak çok kötü hasta olursun başın ağrır."

Mutfağa girdiğimde etraf topluydu. Dün gece burayı dağıttığımı hatırlıyordum ama topladığım bilgisi kafamda yoktu.

"Burayı sen mi topladın?" diye sordum peşimden mutfağa giren Öktem'e dönerek. İki dilim ekmeğin arasına kaşar, beyaz peynir ve kapya biber koyduktan sonra tost makinesinin arasına sıkıştırıp düğmeye bastım.

"Evet, o da yardım etti," diye mırıldandı Öktem kendini sandalyeye atarken. "Saçlarını kurutacak mısın?"

"Hayır, vaktim yok."

Çıplak ayak odama geri döndüğümde çekmecelerde çorap arıyordum. Bir çift siyah çorap elime geldiğinde çömelip giymeye başladım hızlıca. Öktem yine arkamdan gelmişti. "Başın daha çok ağrıyacak. Çok fazla ağrı kesici kullanıyorsun."

"Bere takar orada kuruturum," diye cevapladım onu hızlıca. Öktem, annecilik oynamaya bayılıyordu. Her ne kadar dışarıdan bakılınca sinir sistemi en hassas olan o gibi görünse de aslında bendim, en serseri o gibi dursa da bendim, en uçlarda yaşayan da bendim.

"Annenin yanına mı gideceksin öğlen? Ona göre yemek yapacağım."

Doğrulurken kesik bir nefes çektim içime, yutkunarak gözlerimi tavana diktim birkaç saniyeliğine. O günden beri annemin yanına gitmemiştim, gitmeyi bırak iki kelime konuşmamıştım bile doğru düzgün. Ben yalnızca kendimi toparlamaya çalışmıştım. Okul yönetimi toplanıp bu yıl okulumu bursumu kaybetmeden dondurabilmem için karar çıkarmıştı, ben de o zamandan beri kafamı toparlamaya çalışıyordum.

Ya da daha fazla dağıtıyorum. Bilmiyorum.

Çantamın içine yedek kıyafet, telefon ve anahtarımı atarken kafamı salladım. "Küçük bir valiz hazırlayıp çıkarım muhtemelen. Otobüs öğlen kalkıyor."

Yılbaşını annemin yanında geçirmek istiyordum. Bir kilo kestane alıp köydeki sobanın üzerine dizmek, kalın çoraplar giyip ateşin önünde bağdaş kurmak ve annemin ince belli bardaklarından biri avucumu ısıtırken çay içmek istiyordum. Gidip yaprak dökmüş bahçenin bulandığı kar örtüsüne yatacaktım sırtüstü, botlarımı çekip sabahları yukarı mahalleye yeni sağılmış taze süt almaya gidecek ve tencerede kaynatacaktım.

Daha annem uyanmadan kahvaltı sofrasını kuracak, sonra da akşama kadar kalkmayacaktım başından.

İyileşecektim.

"Ellerin nasıl?" diye sordu Öktem, masanın üzerindeki krem kutusunu açmış içini koklarken. Biraz eline sürüp kremlemişti.

İstemsizce bakışlarım ellerime gitti. İnce, beyaz ve uzun ellere sahiptim. Tıpkı annem gibi o kadar beyazdı ki tenim, derimin altındaki damarlar mavili morlu görünümdeydi. Çok değil, yalnızca haftalar önce okul, hastane ve ev arasında mekik dokurken tek yaptığım not tutmak, kan almak, kadavralar üzerinde dikiş çalışmak ve belki hazır paket makarna yapmaktı bu ellerle. Şimdi ise yumruk atmayı öğreniyordum, tekme savurmayı. Bu yüzden parmak boğumlarım kanlanıyordu.

"İyi, sorun yok," diye mırıldanarak birkaç kere sıktığım yumruklarımı kapayıp açtım. Ellerim gayet iyiydi. "Sen ne yapacaksın yılbaşında?"

Öktem seslice nefes verdi. Kapının pervazına yaslanmış, kafasını geriye atmıştı. "Bilmem. Muhtemelen bizim bölümdekilerle Taksim-Beyoğlu yaparız."

Kafamı salladım. Evde kös kös oturacağını söylese de yapabileceğim bir şey yoktu çünkü benim planım haftalar öncesinden belliydi ama en azından arkadaşlarıyla dışarı çıkacağı için ev arkadaşıma ihanet etmiş gibi hissetmeme gerek yoktu. İnsanlarla pek yakın olabilen ve kolayca ilişki kurabilen biri değildim ama Öktem, abimi kaybettiğim günden beri yanımda olmuş ve olabildiği her şekilde bana yardımı dokunmuştu.

Saçlarımı elimle arkada toplayıp koyu kırmızı bir berenin içine sıkıştırdım, ardından kalın siyah montumu üzerime geçirip bir atkı doladım boynuma. Tostumu biraz yakmıştım ama yine de yenilebilirdi. Botlarımı giyip çantamı omzuma astıktan sonra merdivenlerden inene kadar tostum soğumuştu ama çoktan yarısını mideme indirmiştim bile.

Soğuktan omuzlarını yukarı kaldırmış, kuş gibi kafalarını montlarının içine gömmüş, nefesleri ağızlarından bir duman gibi çıkan insanları gördüğümde caddeye adımımı atmıştım. Dükkân sahipleri ellerinde kazma kürek, kaldırımlardaki kar yığınlarını köşelere çekiyorlardı. Çok fazla araba yoktu aslında caddede ama yine de gürültülüydü etraf. Yolun yarısı, kar küreyen ve yolu tuzlayan araçlar tarafından kapatılmıştı.

Tostum bittiğinde peçeteye ellerimi silip çöpe attım. Ardından otobüs durağına girip üşümüş ellerimi ceplerime soktum. O esnada çantamın içinde telefonumun titreştiğini hissetmiştim ama bu saatte, sabah sabah kimin aradığını çok iyi bildiğimden aramayı reddetmek için bile olsa çantamı karıştırmak istemiyordum.

"Bayan," dedi o sırada, durakta yanımda duran adam, en fazla kırklarındaydı ve benim gibi otobüs bekliyordu. Gözleriyle omzumda asılı çantayı işaret etti. "Telefonunuz çalıyor sanırım. Titreşim sesi geliyor."

"Biliyorum," dedim tok bir ses ve zoraki bir gülümsemeyle, ardından hiçbir şey yapmadan önüme döndüm.

"Açmayacak mısınız?"

O an adama cevap vermek yerine çantamı yere indirip fermuarını açtım. Arayana ayrı, bu kadar titreştiği için telefonuma ayrı, yanımda dikilen ve gereksiz yere işime burnunu sokan adama ayrı sinirlenmiştim.

Siyah telefonum elime geldiği gibi aramayı sonlandırıp telefonu tümüyle kapattım ve işim bittiğinde doğrulup çantamı omzuma astım yeniden. Telefonumun çaldığını haber veren adam merakla üzerime diktiği bakışlarını, ben dik dik ona bakana kadar çekmemişti. Durakta birkaç adım uzağıma giderek ellerini kalın deri ceketinin ceplerine soktuğunda anca önüme dönmüş ve bu zamana kadar burnumdan soluduğumu fark etmiştim.

Otobüs şoförü karlı çamurlu yollarda yavaş sürüyordu. Kalın bereme ve şoförün düşük hızda sürüşüne güvenerek başımı cama yasladım bir müddet. Koltukların yarısından çoğu boştu ve içerisi sıcaktı ama birazdan inmek ve yürümek zorunda kalacaktım.

Son birkaç ayda hayatıma ne olduğunu bilmiyordum ama ben bir işi yoluna soktuğumda hayat başka bir tarafı kırk yerden bozuyordu. Okula sıfır bursla gelmiş, gerçek anlamda tek yaptıkları ailelerinin parasını sömürmek olan kızları ve oğlanları düşünüyordum böyle zamanlarda. Gerçekten tek yaptıkları hayatın keyfini sürmek miydi? Hangi keyfini? Hangi hayatın?

Ne yapıyorlardı? Kendileri hariç üç kişinin daha sığabileceği geniş ve sıcak yataklarında uyanıp küvetlerinde bir saat sıcak suya oturuyorlardı muhtemelen, sonra hazırlanan yemeklerin yarısının çöpe gideceği bir kahvaltı sofrasına oturuyor ve anne babalarıyla mıç mıç sohbetlere giriyorlardı. Sonra trafikle, geç kalma derdiyle, sıkışıklıkla uğraşmadan *BMW*'lerine atlayıp geliyorlardı okula, canları isterse belki giriyorlardı derslere, girmek zorunda kalsalar da akılları başka yerlerde oluyordu. Öğle arası okulda çıkan yemeklerle hiç uğraşmıyor ve en yakındaki popüler zincir kafeye oturuyorlardı arkadaşlarıyla, akşama kadar yemek içki sohbet... Akşam olduğunda kalkıp yeniden dışarı çıkmak için eve uğruyor, bir saat önce bir ailenin aylık yemek ihtiyacını bayıldıkları bir kıyafeti giyiyorlardı. Ne için? Rahatlamak, eğlenmek için. Peki neyden rahatlamak için? Ne canlarını sıkmıştı da dağıtmak istiyorlardı?

Sadece yaşadıkları hayatın keyfini çıkarmak için gelmiş gibiydiler.

Diğer tarafta biz bir savaş verirken.

İnsanları dışarıdan gördüklerine göre yargılamak kötü bir şey, diye düşündüm kendi kendime, otobüsten inerken. Ama hayatın adaletsizliği, bize başka bir seçenek bırakmıyor.

Spor salonundan içeri girerken gişelere şifremi girip doğruca soyunma odalarına ilerledim. Botlarımı çıkartıp çantamın içine tıkıştırdığım spor ayakkabılarımı giydim, ardından ıslak saçlarımı lavabodaki kurutma makinesiyle kurutabildiğim kadar kurutup atkuyruğu yaptım tepemde. Yarım saat ısınacak, yarım saat kas çalışacak, kırk dakika da antrenörle geçirecektim.

İçeride çok fazla kişi yoktu çünkü daha sabah saatleriydi ve hafta içiydi. Normal bir günde bu saatte çoktan okulda ya da hastanede olurdum, muhtemelen birkaç bardak içilmiş kahve kartonu ve mosmor göz altı torbalarım ile birlikte. Ama bir süredir işler öyle değildi.

Normalde bölüm dondurmak çok zor bir şeydi ama birinci

dereceden yakınımı kaybettiğim ve ilk günler öfke krizleri geçirdiğim için hastaneden aldığım raporla yönetim kurulu, bölümümü bir yıl süreyle dondurmamı onaylamıştı. Birkaç ünlü psikiyatrın abimin avukatı aracılığıyla bana ulaşmaya çalıştığını öğrendiğim sıralardı, tek dertleri haftalar önce ekranlara ve manşetlere son dakika haberi olarak çıkan ve daha hâlâ magazin tarafından konuşulan o gecenin üzerinden prim kasmaktı. Kimsenin benim psikolojimle ilgilendiği yoktu. Kimsenin benim acımla da ilgilendiği yoktu. Herkes ölenle kalanın ardından para kazanmaya çalışıyordu sadece.

Ve o itin tarafındakiler... Avukatları her gün arıyordu, antrenörünün ve takımındakilerin bana ulaşmaya çalıştığını biliyordum, söyleyecekleri her ne varsa bir kâğıda yazıp kâğıdı da katlayarak bir taraflarına sokabilirlerdi. Onlardan gelecek hiçbir şeyi, bir kelime dahi olsa bilmek ya da duymak istemiyordum.

Bir süre hızlı tempoda yürüdüm, ardından bir süre koştum. Makinelerle kafamda tuttuğum set sayısına göre bir yarım saat geçirdiğimde çoktan bir saatimi tamamlamıştım. Antrenörüm, daha doğrusu hocam, ellilerinde yaşlı bir adamdı ama bu işe yıllarını vermiş, daha sonra da köşesine çekilmiş, ismi bilinen biriydi. Beni tanımıyordu, kimin kız kardeşi olduğumu bilmiyordu en azından.

Ter içinde su almak için otomatların dizildiği duvara ilerledim. Taytımın küçük bir cebi vardı ve oraya 1 lira sıkıştırıyordum her zaman, su almak için. Sinirlendiğimde öfkem elimde olan şeye aktığından tam üç tane su matarası kırmıştım iki haftada. Bu yüzden plastik şişede su almanın daha ekonomik olduğuna karar vermiştim.

Spor salonu büyüktü, siyah ve neon yeşil renkleriyle tasarlanmıştı. Soyunma odalarına ve hocaların da odalarının olduğu kata çıkan merdivenlere giden uzun bir koridor vardı, o koridora girmeden önce duvara dizilmiş otomatların önündeydim ben de. Ring koridorun sonunda, neredeyse spor aletlerinin dizildiği alan kadar büyük bir salondaydı. İçeride kum torbasında çalışanlar oluyordu ama genelde erkekler tarafından kullanıyordu.

Haftalar önce, öfkeme sahip çıkamadığım bir gün, buranın önünden geçerken içeri daldığım anı hatırlıyordum. Salonun önündeki dev reklam panosundaki boks eldivenlerini gördüğüm gibi kapıdan içeri girmiş ve üyelik başlatmıştım. Terlemem gerekiyordu, kalp atışlarımı hızlandırmam ve odaklanmam gerekiyordu, bir şeyler yapmam gerekiyordu.

Abimin yumruklarını hissetmem gerekiyordu. *Öfke sporu değil akıl oyunudur,* demişti o adam, o gece. Benim aklımı kıvırıp öfkeme dolamam gerekiyordu. Bu acıyı, işe yarar bir şeye dönüştürmem gerekiyordu.

Su şişesinden birkaç yudum alırken gözlerimi yüksek tavandaki büyük, dijital saate çevirdim. Ardından koridora çevirdim adımlarımı. Kapıya kadar sakin adımlarla yürüdükten sonra derin bir nefes almış, kapıyı açmış, elimdeki şişeyi içeri, duvar kenarına bıraktıktan sonra doğrulup ancak kaldırabilmiştim bakışlarımı.

Hocam, Ensar Bey omzundan sarkan beyaz bir havlu ile birlikte yüksek ringin köşesine yaslamıştı omzunu. Kollarını göğsünde birleştirmiş, sırtı bana dönük, kendi yaşlarında gibi duran adamla konuşuyordu. Üzerinde siyah bir eşofman ve beyaz, düğmeleri açık bir *Lacoste* vardı. Büyük bir adam olduğundan spor ayakkabıları da en az kırk beş numaraydı.

Gözleri, karşısındaki adamın suratından benim üzerime çevrildiğinde istemsizce gerildim. Salonda çalışan çok fazla kişi yoktu, olanlar da kendi işleriyle ilgilenirlerdi genelde ama birkaçının gözleri bana arkası dönük adamın üzerinde geziniyordu.

Alt dudağımı çiğnemeyi bırakıp boynumdaki teri elimin tersiyle sildiğim sırada aniden adamın arkasını dönmesiyle birlikte nabzımın hâlâ hızlı atışından dolayı aldığım sık nefesler boğazıma yapıştı. Bu oydu. Arenaya gittiğim gece revirde olan antrenör, daha sonra ben asansörlere giderken kenara çekip onun durumunu sormuştu.

Adamın kaskatı suratı, çatılmış kalın kaşları ve gözlerinin

yanındaki buruşmuş tenindeki çizgilerle daha bir sert görünüyordu. Sakince Ensar Hoca'ya baktım ama çoktan anlamıştım. Buraya benim için gelmişti. Buraya bana telefonla ulaşamadıkları için gelmişti.

"Kahretsin," diye fısıldadım nefesimin altından, ardından döndüğüm gibi kapı koluna uzandım dışarı çıkmak için.

Hocam koşar adımlarla yanıma gelip önümü kestiğinde kapıyı aralamıştım ama bir ayağı daha fazla açmama engel oluyordu. "Karaca, bir dur, konuşalım."

"Benim o adamla konuşacak bir şeyim yok hocam. Çekilir misiniz? Bugünkü dersimizi yapamayacağız anlaşılan."

"Kızım, bak," dedi Ensar Hoca gözlerini üzerimden çekmeden. Öfkeyle düz bir çizgi hâlini alan dudaklarımı aralayıp seslice bir nefes verdim o sırada, ardından kapının aralığından koridor mermerine bakan gözlerimi onun üzerine çevirdim.

"Fuat Bey, çok eski bir arkadaşım. Durumunu az önce öğrendim. Seni o genç boksörle aynı masaya oturtacak değiliz, kaldı ki adam ortalarda yok zaten. Fuat buraya yalnızca seninle iki dakika konuşmak için gelmiş, yalnızca iki dakikanı alacak."

Ensar Hoca tatlı bir dil kullanmaya çalışıyordu bütün bunları söylerken. Anlamadığım nokta ise yalnızca, bu Fuat denen adamın beni burada nasıl bulduğuydu.

"Benim onlarla konuşacak bir şeyim yok Ensar Hoca'm," dedim kelimelerin üstüne basa basa. Sıktığım dişlerimin arasından konuşuyordum çünkü emrivakiler en çok sinirlendiğim şeylerden biriydi. "Çekilir misiniz?"

Ensar Hoca'nın bakışları benim yüzümden sıyrılıp arkaya kaydığında beni daha fazla burada tutamayacağını biliyordu, biraz daha ayağı bana engel olursa öfkemi tutmayacağımı da biliyordu bu yüzden geriye çekildi bana bakmadan. Kapıyı kendime doğru çektiğim gibi koridora çıktım.

"Karaca," diye adımı seslendiğini duydum o adamın ama çoktan soyunma odasına girmiştim bile. Terli olmamı umursamadan montumu ve botlarımı üzerime geçirdim hızlıca, atkuyruğumu bozup beremi taktım ve çantamı topladım. İçeri öyle bir hışımla girmiştim ki birkaç kız konuşmayı kesip gergince gözlerini üzerime çevirmişti.

"Siktir," diye fısıldadım atkım elimden kayıp yere düştüğünde. Yarısı, bankın altındaki çamaşır suyu dolu kovanın içine girmişti.

Çantamı kenara fırlatıp banka oturdum, o an atkıyı boş verip avuçlarımı yüzüme yasladım ateşimi götürmek istercesine. O adamın burada olduğuna inanamıyordum. Hangi yüzle gelmişti? Nasıl bulmuştu burayı? Odaya girerken peşimden adımı seslendiğine göre çıkışta da sorun çıkaracaktı. Beni takip eder miydi? Taksiye mi binmem gerekiyordu? Derdi neydi ki? Davayı düşürmemi mi isteyecekti? Çenemi kapamam için para mı teklif edecekti?

Çantamı açıp kahverengi ilaç şişesinin içinden bir kapsül çıkartıp dilime bıraktım ve yuttum.

"O adam Ali Fuat Dinçer değil miydi?"

Gergince ağzımdan aldığım nefesi bıraktığımda, dudaklarım istemsizce arkamda dönen muhabbeti duyabilmek için kapanmıştı. Yutkundum. Hâlâ nabzım yavaşlamamıştı, yalnızca kalp atışlarımdı kulaklarıma ulaşan.

"Ne işi var ki burada?" diye sordu bir diğeri. Sanırım iki kişilerdi. "Geçen sefer olanlardan sonra boksu bıraktı sanıyordum."

"Kim? O adam mı? Saçmalama Hale. Adam camianın ta kendisi. Bir efsane, şimdiye kadar da hep efsane isimleri yetiştirmiş. Sence kolay kolay bırakır mı?"

"Rakibi ölmüş ya maç sırasında, yeterince iyi bir sebep değil mi bırakmak için?"

"Profesyonel yaptıkları bir spor bu. Çıktıkları arenaların bilet fiyatlarından boksörlerin aldığı rakamlara kadar bir tahminin var mı senin? İki çocuk sokak kavgası yapmış da biri diğerini kasten öldürmüş gibi konuşma. Riskler her zaman var. Ayrıca ben bir şeyler duydum..."

Yumruğumu sıktım. *Ne duydun?*

"Ne duydun?" diye sordu diğeri, aklımı okumuş gibi.

"Ölen boksör, dopingliymiş diyorlar. Maçın ortasında kalp krizi geçirmiş."

Beni dinlemeyen vücudum anında gövdemi ayaklarımın

üzerine diktiğinde oturduğu bank kalkışımın şiddetinden diş gıcırdatan bir sesle geriye sürüklendi. İki yanımda açamadığım yumruklarım varken arkamı döndüğümde, dolaplarını düzenlerken bir yandan da konuşan iki kıza bakıyordum doğruca. İkisi de şaşkınlıkla kocaman açtığı gözlerini yüzüme çevirmişti.

"Nereden uyduruyorsunuz böyle saçmalıkları?" diye sordum engel olamadığım bir öfkeyle, gittikçe yükselen ses tonumla. "Otopsi diye bir şey var değil mi? Bunun testleri yapılıyor. Doping kullanıldığına ve kalp krizi geçirdiğine dair bir bulgu yok."

"Tamam ya, sakin ol," diye mırıldandı kısa saçlı olan, bir adım geri çekilerek beni baştan aşağı süzerken. "Zaten her yerde yazıyor yediği yumrukla beynine pıhtı attığı. O maç devam etmemeliydi ama iki taraf da havlu atmadı. Ben sadece duyduklarımı tartışıyordum arkadaşımla. Sizi geren nedir?"

"Sizin gibilerin bilmeden etmeden kulaktan kulağa yanlış bilgileri konuşması," dedim tok bir sesle, çantamı attığım yerden alıp kapıya ilerlerken. Kız arkamdan sabır çekerken ben onu kapısı arkamdan kapanan soyunma odasında, ardımda bırakmıştım.

Nasıl bu kadar kolay konuşabiliyorlardı doğru olmayan bir şeyi? Nasıl kulaktan kulağa, ağızdan ağıza dolaştırabiliyorlardı böyle bir iftirayı?

"Karaca."

Bir kez daha duydum ismimi, sert adımlarım spor salonunun dışına, buz tutmuş kaldırıma atıldığında. Ağır nefeslerim soğuk havayı yanan ciğerlerime götürürken artık kulaklarımdan bir boğa gibi dumanlar çıkarıyordum.

Ali Fuat Dinçer kalın, siyah kabanı ve gri beresi içinde spor salonunun dışındaki duvara yaslanmış, kolları göğsünde, beni bekliyordu.

Gideceğini düşünmek aptallık olurdu.

Birkaç adımda adamın karşısına dikildiğimde beklemeden "Bakın," dedim dişlerimi sıkarak. "Beni rahatsız etmeyin. Siz de o yalaka avukatlarınız da peşimi bırakın. İki kere numaramı değiştirdim hâlâ aramaya devam ediyorsunuz. Mahkeme dosyasına taciz de eklensin mi istiyorsunuz? Derdiniz bu mu?"

"Yalnızca beş dakika konuşmak istiyorum seninle." Ali Fuat Dinçer, omzunu duvardan çektiğinde kollarını da göğsünden indirdi ve karşıma dikildi. Yalnızca omzuna gelebiliyordum. "Köşede sakin bir kafe var, hava çok soğuk, oraya geçelim."

Şaşkınlıkla bir adım geri attım. "İstemiyorum diyorum konuşmak falan. Üşüdüyseniz gidin oturun, ne yaparsanız yapın. Ben eve döneceğim, daha fazla rahatsız etmeyin beni."

Yanından geçip gittim. Otobüs durağı caddenin sonundaydı, eve gidip valiz hazırlayacak ve önceden ayırttığım Bolu otobüsüne binecektim ve sonra annemin köyüne ulaşacaktım. Bütün bu saçmalıklardan birkaç gün de olsa uzaklaşacaktım.

"Abini," dedi daha sonra Ali Fuat Dinçer, arkam ona dönükken adımlarımı durduracak bir ses tonuyla. "Abini ne kadar iyi tanıyordun, Karaca?"

Omzumun üzerinden ona baktım. "Ne demeye çalışıyorsunuz?"

"O, on sekiz yaşındayken ayrılmışsınız. Yıllar boyunca konuşmamışsınız. O yılların bir insanı ne kadar değiştireceği aklına geldi mi hiç?"

"Ne ima ediyorsunuz?" diye sordum tamamen ona dönerken. Eğer bu attığı balık yemiyse evet, oltaya gelmiştim. Getirmişti beni. Tek bir lafıyla.

Abimle yıllardır görüşmediğimizi nereden biliyordu?

"Şimdi benimle bir kahve içecek misin, Karaca?"

Yutkundum. Abimle olan ilişkimi biliyor olabilmesinin tek bir ihtimali vardı, biraz imkânsız bir ihtimal: Ona bundan yalnızca abim bahsetmiş olabilirdi. Boks camiasında kullandığı isim bile bir lakaptan ibaretken kim, nasıl onun geçmişi hakkında bilgi sahibi olabilirdi ki o izin vermedikçe?

Hiçbir şey söylemeden yolumu değiştirip kafenin tabelasına doğru yürüdüm. Ali Fuat Dinçer'in peşimden geldiğini biliyordum, arkamda ezilen kar sesinden. Tahta basamakları çıkıp kafeden içeri girdiğimde kapıyı açarken çıkan zil sesi sessiz dükkânda yankılandı. Kasada bir çocuk duruyordu, masaları silen de benim yaşlarımda bir kızdı.

En arka, en köşe masaya gidip çantamı kenara bıraktım ve sandalyeyi çekip oturdum. Ali Fuat'ın adımları aceleci değildi, kaskatı suratında hiçbir ifade barındırmıyordu. Yaptıkları sporun sertliği yüzlerine mi yansıyordu bu adamların? O gün arenada da herkes aynı kumaşı geçirmişti yüzüne. Abim bile.

"İki sade filtre kahve," dedi Ali Fuat garsona doğru, karşımdaki koltuğa geçip otururken. Başındaki bereyi ve kabanını çıkarıp yanındaki koltuğun sırtına asmıştı.

"Abim hakkında ne biliyorsunuz?" Düz bir ifade hâkimdi yüzüme zaten uğraşmasam bile tehditkâr ve asi baktığımı biliyordum. Geriye yaslanıp bir bacağımı diğerinin üzerine attıktan sonra kollarımı göğsümde birleştirdim.

"Abin sırları olan gizemli bir adamdı," dedi Ali Fuat, kuru bir sesle. "Hiç kimse, bilinmesini istemediği hiçbir şeyi öğrenmedi."

"Onu ne kadar yakından tanıyordunuz?"

Ali Fuat'ın bakışları masaya düştü, o sırada garson iki kupa kahve getirmişti. Birini benim önüme, diğerini karşımdaki adamın önüne bıraktıktan sonra "Afiyet olsun," diyerek gitti. Ortaya ikramlık çikolata bırakmıştı ama kimsenin bu masada tatlı yiyip tatlı konuşmayacağı belliydi.

"Burada konuşulması gereken bizim değil, senin onu ne kadar yakından tanıyor olduğun. Yıllar önceki abinden değil, haftalar öncesine kadar yaşayan abinden bahsediyorum. İkisinin çok farklı insanlar olduğu ortada." Kahve bardağını eliyle kenara itti ve kollarını masanın üzerine çıkardı. "Maç gecesinin kaydını izledin mi?"

Dilimi damağıma yapıştırdım bir an. Ardından "Hayır," dedim tok bir sesle. "Mahkeme yayın yasağı getirdi. Taraflar dahil avukatların bile izlemesi yasak. Yalnızca mahkeme heyeti ulaşabilir."

Ali Fuat Dinçer hafifçe öne eğilmişti. Kafasını ağır bir ifadeyle iki yana sallarken avucunun içindeki küçük, siyah USB'yi ortamıza bıraktı.

Gözlerim önce USB'nin, daha sonra karşımdaki adamın üzerinde gezindi. Kaşlarımı çatarak "Bunu nereden buldunuz?" diye sordum.

"Bunu izle," dedi düz bir sesle, yeniden geriye yaslanırken. Gözleri etrafta geziniyordu. "Sonra düşün. Neden içinde kan, silah, terör olmayan bir kaydın kamuoyuna ve hatta taraf avukatlara bile yasaklandığını düşün daha sonra. O gece, senin abin gerçekten karşı tarafın darbeleri yüzünden ölmüş olsaydı basit bir dava olabilecek bu olay neden bu kadar ağır bir şekilde sansürlendi?"

Avuçlarımı masaya yaslayarak öne eğildim. "Benim abimi, senin eğittiğin boksörün yumrukları komalık etti. Öleceğini biliyordu ama durmadı. Hakem araya giremeden öldürdü abimi. Eğer aklımı karıştırarak bu davadan paçayı kolayca sıyırabileceğinizi düşünüyorsanız..."

"Paçayı kolayca sıyıracağız," dedi bir anda Ali Fuat. "Çünkü haklıyız. Federasyon benim boksörümü de beni de kaybetmeyi göze alamaz. Onun da ötesinde, abin yaptığı sporun risklerini bilerek çıktı her seferinde o ringe. Ona öldürmek amaçlı saldırılmadı. Boks şiddet sporu değil, dövüş sporudur."

"Siz de federasyonunuz da kahrolsun." Arkamdaki sandalye geriye sendelerken kalktım ayağa. Amacım çantamı da alıp kafeden çıkmaktı ama masanın karşısından bir el koluma uzandı.

"Otur şuraya da dinle beni."

"Boks şiddet sporu değil, dövüş sporuysa; şayet kaslarla değil, öfkeyle değil de akılla oynanıyorsa o şerefsiz neden abimin yığıldığı yerden kalkamayacağını da hesap edemedi? Bana bunu söyleyin."

"Sen de bana şunu söyle o zaman," dedi Ali Fuat, ayağa kalkarken. Aramızda masa vardı ama karşımda dikiliyordu. "O Hilmi denen kansız antrenör neden atmadı sonuna kadar havluyu yere? Her köşeye çekildiklerinde sporcularımızın nabzını kontrol ederiz biz. O neden etmedi? O neden bütün bunlara izin verdi?"

"Şimdi de bütün suçu Hilmi Bey'e mi atmaya çalışıyorsunuz?"

"Karaca bak, öfkeden doğru düşünemiyorsun. İşler sandığın gibi değil."

"Nerede o?" diye sordum öfkeyle. "Asıl kansız olan o mendebur nerede? Hangi deliğe saklandı o da sizi gönderiyor yerine? Bilmiyor mu o çıkıp kendini savunmayı, niye ben yapmadım demiyor? Niye öldürmedim demiyor?" Kolumu çektim sertçe kendime doğru, elinden kurtardım. "Aksine, ne diyor biliyor musunuz? Ben öldürdüm diyor, kabul ediyor. O öldürdü. O yaptı. Katil o."

"Sen, *sen öldürdün,* dediğin için diyor."

Burun kemerimi sıktım, ardından derin bir nefes alarak geri çekildim. "Kimse yapmadığı bir şeye yaptım demez. Hele de böyle bir konuda."

"Konuştun mu hiç onunla?"

Bakışlarımı kaçırdım. "Abimi defnettiğimiz gün mezarlığa geldi."

"Biliyorum," dedi. "Senin öfke krizi geçirdiğin gün."

"Bütün bunları nereden biliyorsunuz?"

"Hastaneye kaldırılıp sakinleştirici yapılmış sana. Okuluna sunulan psikiyatr raporu mahkemeye de sunuldu," dedi tok bir sesle, ardından ellerini masaya yaslayarak bana doğru eğildi. "Sana bir teklifim var."

Gözlerimi üzerine çevirdim. Dilimi yuvarlayıp ısırmıştım gerginlikten. Hiçbir şey söylemedim o lafına devam edene kadar. Ne teklif edecekti? Eğer sessizliğim gibi bir şeyi satın almaya çalışırsa elime hâkim olabileceğimi zannetmiyordum, çıkar giderdim buradan.

"Dava sonuçlanana kadar bize katıl."

"Ne?" Şaşkınlık, öfke; kan dondurucu bir teklifti bu. "Ne hakla..."

"Abinin altı yılını nasıl geçirdiğini görmek istemez misin? Arkadaşlarını tanımak istemez misin? Onların fikirlerini duymak istemiyor musun? Körü körüne, *rakibi öldürdü onu, katil o* diye bozuk plak gibi sözlerini tekrarlayarak dolaşacak mısın etrafta?" Gözümün içine bakıyordu. "Gerçekleri bilmek istemiyor musun Karaca?"

Sertçe yutkunarak, gözlerimdeki alevi Ali Fuat Dinçer'in üzerinden başka bir yere; boş duvara çevirdim. Kasadaki çocukla masaları silen kızın tezgâh arkasından gergince bu tarafa bakışlar attığını görebiliyordum, ben de gerilmiştim. Bu adamın ağzından nasıl laflar çıkıyordu böyle? Neler söylüyordu?

"Onun," dedim kurumuş dudaklarımı yalarken, derin bir nefes çekerek içime. Ardından Ali Fuat'a baktım. "Lisansı askıda değil mi?"

"Federasyon programını iptal etmedi. İki aya dünyaca ünlü Rus bir boksörle karşılaşması var, işin içinde siyaset, devlet, mafya aklına ne geliyorsa hep var. Mahkemenin suçlamayı düşüreceğinden neredeyse eminiz."

Çatılan kaşlarımla neredeyse yeniden ateşlendiğimi fark ettiğinde "Karaca, sakin ol. O suçsuz. Emin ol, eğer abini öldüren o olsaydı kendi ellerimle, alın katil bu diye ben teslim ederdim onu adaletin önüne," dedi ellerini kaldırarak. "Bu mesleğe otuz yılımı verdim. Ben katil değil, sporcu yetiştiriyorum. Eğer o, bunu gerçekten yapmış olsaydı en başta döner ben kendim giderdim mahkemeye, ben yetiştiremedim sporcumu, ben de en az onun kadar suçluyum derdim."

"Ayağınız yere sağlam basıyor fakat yeterince inandırıcı değilsiniz."

"Seni buna inandırması gereken kişi ben değilim, o." Kabanına uzandı, ardından cebinden çıkardığı küçük, kare bir kâğıdı masanın ortasında duran USB'nin yanına bıraktı. "Annenin Bolu'da yaşadığını duydum, belki onu ziyaret etmek istersin. Hatta belki vaktin olursa bir Kayradağ'a da uğrarsın."

"Orada ne var?"

"Anlamıyor musun?" USB'yi de kâğıdı da önüme itti Ali Fuat. "Haftalardır sana ulaşmaya çalışmamızın sebebi, asıl ona ulaşamıyor olmamız."

"Bu beni nasıl ilgilendiriyor?"

"Seninle mezarlıkta karşılaştığı günden sonra ortadan kayboldu. Nerede ne halt yediği belli değil. İstanbul'a geri dönmesi ve antrenmanlara başlaması lazım ama onu geri getirebilecek tek kişi sensin." Kâğıdı gösterdi işaret parmağıyla, ardından saatine baktı. "Ailesinden kalma bir ev var orada, adres kâğıtta yazıyor. Gider kafasına mı sıkarsın, tutar İstanbul'a mı getirirsin, kavga eder birbirinizi mi öldürürsünüz bilmiyorum. Ama bu işi çözmem için ikinize de ihtiyacım var. Şimdi gitmem lazım, seni daha sonra arayacağım. Bu sefer açarsın diye umuyorum."

"Dalga geçiyorsunuz değil mi?" Şaşkınlığımı gizlemedim. "Ben o kati..." Gözlerimi kaçırdım. "Ben o herifle tek kelime konuşmam."

"İyi düşün, Karaca," dedi Ali Fuat, kabanını giyerken. Masaya bir yirmilik bıraktı. "Eğer şimdi vazgeçersen, nefes alan bir adamı çoktan öldürmüş olacaksın; çünkü o mezarlıkta her ne olduysa, sözleri silah niyetine kullanmışsın." Ardından geriye çekildi ve koltuğunu düzeltti. "Ve eğer doğru davayı yanlış adama açtıysan, kazansan da kaybetsen de bununla sonsuza dek yaşamak zorundasın."

3

KAİRA DAĞI

Hayatınız bir ip söküğü gibi dağılmaya başladığında; ilk darbeyi ne zaman aldığınızı da ilk parçanın ne zaman koptuğunu da unutuyorsunuz. Güne başlarken giydiğiniz tertemiz tişörtünüze kahvaltıda zeytinyağı bulaştırmaktan farksız bu durum. Kalan öğünlerde daha ne dökmüşsünüz, kolunuz kapağı açık pilot kaleme değmiş de mürekkebi mi bulaşmış, ıslatmışsınız kenarı buruş buruş mu olmuş... Umurunuzdan çıkar o tişört artık.

Ama hayat, ertesi gün değiştirebileceğiniz bir tişört değil.

Bu yüzden geçmişin size yolda yürürken çelme takmasına izin veremezsiniz. Geceleri uyuyamıyor musun? Uyuyacaksın. Acın göğsünü mü dağladı? İzi mi kaldı? Öyle bir unutacaksın ki, tenine kazınan iz sana çocukken kolundan yapılan aşının bıraktığı iz kadar normal gelecek. Gözün değmeyecek. Umurundan geçmeyecek.

Ali Fuat Dinçer, ağzından çıkanları kendi de dinliyor muydu emin değildim ama beni o kafede gözlerimden taşan şaşkınlığımla, göğsümden akan öfkemle bırakıp gittiğinde bir süre masanın üzerinde bıraktıklarına odaklı kalmıştı gözlerim. Garson kız, soğumuş kahve bardaklarını toplayıp masanın üzerine bırakılan yirmiliği alırken "Yine bekleriz," dedi gergince ve kasaya ilerledi.

Abini ne kadar iyi tanıyordun, Karaca?

Yıllar bir insanı ne kadar değiştirebilirdi ki? Öte yandan, Ali Fuat Dinçer'in kastettiği abimin kişiliği değil de yaşadıkları gibi gelmişti. Yıllar geçerken federasyonun bünyesinde büyümüş, yurtiçi ve yurtdışı birçok maç ve organizasyona gönderilmişti. Günümüz dünyasında başına diktikleri bir patron ve menajerle kendisi pazarlanmıştı yani. Başına bir bela açmış olabilir miydi? Ama bunun o geceki maçla bir ilgisi olur muydu ki?

Abin sırları olan gizemli bir adamdı, demişti. *Hiç kimse, bilinmesini istemediği hiçbir şeyi öğrenmedi.*

Maç gecesinin kaydı. USB'yi kâğıdın içine bürüyüp montumun cebine attıktan sonra beremi düzeltip çantamı aldım ve kafeden hızlı adımlarla çıktım. Etrafta tek tük yürüyen insanlar vardı ama hiçbiri az önce kapıdan çıkan antrenör değildi. Ya ben içeride fazla vakit harcamıştım ya da adam çıktığı gibi bir taksiye atlayıp toz olmuştu.

Adımlarım otobüs durağına ilerlerken gözlerimi ayağımın altında ezilen kar yığınlarına odaklamıştım. Temiz değildi, çamur olmuştu her yer ama kar yağmaya devam ediyordu. Bir rüzgâr, altında durduğum ağacın dallarını sallandırdığında üzerinde biriken kar kafama ve omuzlarıma dökülmeye başlamıştı ama o ana, o caddeye, o otobüs durağına dönemiyordum; kafamın içinde bir yarık açılmıştı ve ben o yarığın içinde yaşıyordum.

Bunu izle. Sonra düşün. Neden içinde kan, silah, terör olmayan bir kaydın kamuoyuna ve hatta taraf avukatlara bile yasaklandığını düşün.

Abimin ölümünün arkasında düşündüğümden çok daha derin ve pis işler olabilir miydi? Her ne kadar maç kaydının başta yasaklanmasını şüpheli bulsam da o gece arenada binlerce insanların dövüşü izlediğini bildiğimden bir bit yeniği aramamıştım. Belki de yanlış yapmıştım.

Paçayı kolayca sıyıracağız çünkü haklıyız, demişti. Nasıl mümkün olabilirdi? Nasıl haklı olabilirlerdi? Abim, başına aldığı sert darbelerden dolayı yüzü tanınmaz hâldeyken ölmüştü o ringde. O adam bir ölüm makinesiydi. Yaptığı şey ne dövüş sporuydu ne de bir yararı vardı kimseye. Abim bir hiç uğruna ölmüştü.

Fakat Ali Fuat Dinçer'in kafeden çıkmadan önceki son sözlerini unutamıyordum. Gerçekten sporcusuna bu kadar güveniyor muydu? Nasıl emin olabiliyordu? Bana bir teklifte bulunmuştu, bu teklif neleri kapsıyordu? Abimin yıllarını geçirdiği çevreyi görme fikri ne kadar düşünürsem düşüneyim elimin tersiyle itebileceğim bir fırsat değildi. Yıllar önce kaybettiğim adamı yeniden bulma şansını elde edemeden onu toprağa vermiştim ben, şimdi iki cihan bir araya gelse biz yeniden yan yana dikilemezdik.

Eve döndüğümde ilk yaptığım şey üzerimde kurumuş terimden arınmak oldu banyoda. Daha sonra yeniden ıslanan saçlarımı bu sefer kuruttum ve hızlıca valizimi hazırladım. Öktem evde yoktu ama yaptığı kreplerden bırakmıştı bana, ısıtıp arasına fındık kreması sürdükten sonra mideye indirmiştim.

Kırmızı berem hariç simsiyah giyinmiştim her zamanki gibi; bacaklarımı saran bir pantolon, kalın tokalı bir kemer, kalın bir kazak, kalçamı geçen kalın kabanım ve dizlerime gelen bağcıklı kalın taban botlarım vardı üzerimde. Valizim büyük değildi zaten Bolu'daki köy evinde de eski birkaç parça kıyafetim olduğunu biliyordum.

Evin kapısı üç kere sert çekişimde anca kapandı. Alttan ve üstten kilitleyip merdivenlerden aşağı bir kat taşıdım valizimi, ardından tekrar otobüs durağına yürümek için kaldırıma çıktım. Çantamın içindeki telefon bu sırada titreşmeye başlamıştı. Spor salonundayken kapatmıştım ama daha sonra eve geldiğimde şarj ederken açmıştım yeniden.

Numara, beni son birkaç haftadır arayan tanıdık numaralardan biriydi. Bir saat öncesi yaşanmamış olsa tereddütsüz kapatacağım aramayı cevapladığımda durağa gelmiştim yeniden, bu sefer etraf boş ve sessizdi çünkü yeniden kar yağışı başlamıştı.

"Alo?"

"Benim Karaca, Ali Fuat," dedi karşı taraftaki kalın ve pürüzlü ses. Gözlerimi kapatıp yutkunarak derin bir nefes aldım. O olduğunu tahmin etmiştim. "Kaydı izledin mi?"

"Hayır, henüz izlemedim." Vaktim yoktu. Hava şartları giderek kötüleşiyordu ve otobüsümü kaçırıp bir sonraki seferlerin iptal olduğu haberiyle eve dönmek, yılbaşını yalnız geçirmek istemiyordum.

"Kayradağ'a gidecek misin?"

"Gerçekten gidip o pisliği size getireceğimi düşünüyor musunuz? Çünkü kafedeyken gayet aklınız yerinde gibi görünüyordu, gerçi meseleyi ilk açtığınızda sezmiştim biraz ama..."

"Karaca, bu iş çocuk oyuncağı değil. O, İstanbul'a dönmezse bu mesele kapanır. O zaman o gece gerçekten ne oldu, hiçbirimiz öğrenemeyiz."

"Peki, tamam," dedim seslice nefes verirken. "Diyelim ki o gece başka bir şeyler oldu ve bütün bunlar onun ve yumruklarının suçu değildi. Abimi o öldürmedi. Birinci sorum şu, bundan nasıl bu kadar emin olabiliyorsunuz?"

Telefonun diğer ucundan bir kapının kapanış sesi geldi, muhtemelen kendine yalnız kalacağı bir alan sağlıyordu. "Seni anlıyorum Karaca, şüphe etmekte haklısın. Muhtemelen emin gözlerle baktığın bir olayın içinden çıkıp masallar anlatmak isteyen yaşlı, deli bir adam gibi görünüyorum sana ama sorun şu ki, farklı noktalardayız. Farklı noktalardan bakıyoruz bu meseleye. Ben her şeyin içindeyim, bütün dairenin; sense kenarından bile geçmiyorsun. Geçmiyordun yani, o geceye kadar. Kaydı izle. Sen karar ver. Benim için hava hoş, yayarım götümü, işime bakar paramı alırım. Camiada tanınan ve rağbet gören bir antrenörüm. Ama sen kendi hayatını da o çocuğun hayatını da sonsuza dek karartmış olacak ve o gece ne olduğunu öğrenme şansını kaybetmiş olacaksın. Sence bu riske atabileceğin bir şey mi?"

"Onun hayatını ben karartmadım!" diye bağırdım telefona doğru, aniden içimde yükselen bir öfkeyle. "Kendi hayatını kendi kararttı."

"Bunu söylemek için çok erken. Henüz hiçbir şey bilmiyoruz."

"Neden gidip getireyim onu size?"

"Çünkü sana gerçekleri verebilecek tek kişi o."

Telefonu kapatıp kar yığının üzerine fırlatmak için öfkeyle kaldırdım kolumu ama atarsam ya kırılır ya da içine su kaçar ve bozulurdu. Nasıl olurdu da bana gerçekleri verebilecek tek kişi o olurdu? Onun anlatabileceği, o geceden başka ne vardı ki elinde? Hiçbir şey. Paçayı kurtarmak için "*Yiyeceği bir darbeyle daha yere serilecek hâle geldiğini bilmiyordum ama amacım tam olarak buydu çünkü bir boks maçında kazanmak demek rakibini yere sermek demektir,*" diyebilirdi gayet. Ve bu onu kısmen haklı, üstüne bir de suçsuz yapardı.

Ama o yapmıştı. Abimi o almıştı benden.

Otogara gidene kadar elimi cebimden çıkarmadım, adresin yazılı olduğu kâğıdın içindeki küçük USB'yi sıkıyordum avucumda. İzleyeceklerimin o geceye dair fikrimi bir gram değiştirmeyeceğinden emindim ama eğer gidip o herifi getirirsem kafamın içini baltalayan keskin soru işaretlerini bir yerden yok etmeye başlayacağımın farkındaydım. O soru işaretlerini, Ali Fuat Dinçer yerleştirmişti oraya ve cevaplarını bulacağımızı söylüyordu. Bu ne biçim bir anlaşmaydı böyle?

Otogarda indiğimde biletimi çıkarmak için otobüs şirketlerinin sıralandığı dükkânlardan bilet ayırttığım şirketinkine girdim. İçeride cam bir tezgâh, arkasında bilgisayar başında iki eleman, kapının yanındaki üç bekleme koltuğunda da bir kadın oturuyordu. Dükkân kapılarının önünde biriken kar yığınlarını süpüren birkaç adam vardı. Otobüs sayısı azdı, yalnızca üç tanesi park hâlindeydi. Belki de hava şartlarından dolayı seferleri azaltmışlardı.

"Merhaba," dedim tezgâhın arkasındaki adama, bir yandan da cüzdanımı çıkartıyordum. "Benim saat 13:00'teki Bolu otobüsüne ayırtılmış bir biletim var."

"Bolu otobüsü mü?" Adam kaşlarını çattı. "Adınız nedir?"

"Karaca Koralin."

"Hemen kontrol ediyorum hanımefendi," dedi adam gözlerini karşısındaki bilgisayar ekranından çekmeden. Saati ve seferi söylediğimde verdiği tepkiden bir sorun çıkacağını anladığım için gergince alt dudağımı kemirmeye başlamıştım.

"Bolu seferi, otobüsümüzde çıkan arızadan dolayı iptal olmuş. Sizi en az bir saat önce aramış olmaları gerekiyordu..."

Önce kaşlarım çatıldı, *aramadılar* diyecek oldum, ardından sabahtan beri, eve dönüp telefonumu şarj edene kadar telefonumun kapalı olduğunu hatırladım. Eldivenli elimi alnıma vururken içimden kendime küfür ediyordum. Buraya kadar hiçbir şeyi kontrol etmeden gelmiştim, şimdi ne olacaktı? Nasıl gidecektim annemin yanına?

Adam o sırada bilgisayarda başka bir şeye bakıyordu, sandalyesinden kalkıp bakışlarını üzerime çevirdiğinde dükkânın camından, hemen önümüzdeki beyaz otobüsü işaret etti. "Aslında bir seferimiz daha var, fakat tünelden değil dağdan gidecek, Kayradağ'dan."

"Kayradağ mı?" Yutkundum.

"Evet," dedi adam. "Otobüs boş. Yalnız on dakikaya kalkacak, bu yüzden hızlı karar vermeniz gerekiyor. Gideceğiniz yere yakın mı?"

Hiç de yakın değildi. Ama tam olarak, Ali Fuat Dinçer'in gitmemi istediği yerdi.

"Bana bir dakika verin düşünmek için," diye mırıldandım elim ağzımda, önüme dönerken. Eğer Kayradağ otobüsüne binersem Bolu'yu geçtikten sonraki otogarda köy otobüsüne binebilir miydim? Ne yapacaktım? Adrese mi gidecektim? O katilin yanına mı gidecektim? Sırf onu saklandığı delikten çıkarmak için? Ona mezarlıkta söylediklerim yüzünden mi bırakmıştı? O yüzden mi kapatmıştı kendini dağın başına? Benim ona karşı hiçbir sorumluluğum yoktu, aksine benden yaşça büyük ve sağlam bir adamdı. Ali Fuat denen adam neden yalnızca sporcusunun kararlarına saygı duymuyordu ki?

Bütün bunlar bir oyun olabilir miydi? Ali Fuat, onu getirmemi, yalnızca iki ay sonra Ruslarla yapılacak boks maçı için istiyor olabilir miydi?

Hilmi Bey. Hilmi Bey'e laf söylemişti.

Cenazenin olduğu gün beni arayan Hilmi Bey'in numarasını kaydetmiştim. Hızlıca telefonumu çıkartıp rehberde adını buldum ve bir saniye beklemeden arayıp telefonu kulağıma götürdüm.

"Aradığınız numara kullanılmamaktadır..."

"Siktir," diye fısıldadım dükkânın kapısına yürürken. Kapıyı açıp dışarı çıktığımda rüzgâra bırakıp kendimi, aramalar kısmında iki ay öncesine gitmeye çalıştım. Cenaze günü beni abimin takımındaki çocuklardan biri de aramıştı gelip gelmediğimi öğrenmek için. Takımında olduğunu biliyordum çünkü o gece asansör kapanırken abimin yanında, omzunu sıvazlıyor olduğunu görmüştüm. Mezarlıkta da küreği uzatan kişiydi bana.

Numaranın üzerine tıkladığımda arama ekranı çıktı. Telefonu kulağıma dayadım.

"Aradığınız numara kullanılmamaktadır..."

Bütün bunlar bir şaka mıydı? Ellerim istemsizce beremin üzerine, kafama gitti. Nabzım öyle bir atıyordu ki başım dönmeye başlamıştı şaşkınlıktan. Buz gibi duvara tutunup nefes almaya çalıştım boynuma doladığım atkımı açarak.

Hilmi denen o antrenör, abimin antrenörüydü. Neden numarasını değiştirmişti? Pekâlâ, medya tarafından rahatsız edildiğinden değiştirmiş olabilirdi. Peki ya takım arkadaşı? O neden değiştirmişti ki? Tesadüf olamazdı. Bu kadarının tesadüf olmasına imkân yoktu.

"Hanımefendi Kayradağ otobüsü kalkmak üzer..."

"Bir bilet alabilir miyim?" Kapıyı açarak başını dışarı çıkarmış, bana soran gözlerle bakan görevliden bir bilet istedim lafını bölerek. Gidecektim. Ne olacaksa olsundu artık. Ali Fuat Dinçer ben olmadan da bu işi götürebilirdi ama bir şekilde beni de katmıştı işin içine. Kolay kolay kandıramayacağı bir kız olduğumu biliyordu, bu kadar büyük bir teklifi dürüst olmadan etmiş olamazdı. Öteki türlü ben de aralarına karıştığımda işlerini baltalayabilirdim onların. Bu riski alamazdı.

Otobüste bir ben, bir de dört kişilik bir aile vardı en arkada oturan. Yola çıktığımızda kulaklıklarımı takıp başımı cama yasladım ve beyazlığı izlemeye başladım dağınık bir kafayla. Nereye gidiyordum ben? Annemin köyüne gidiyor olmalıydım, ona sürpriz yapacaktım. Bu iş bugün hallolursa akşama tekrar bir otobüse binebilirdim belki. Yılbaşına hâlâ iki gün vardı.

Otobüs yolda bir yerden iki yolcu aldı, arkadaki dört kişilik aile benden hemen önce inmişti. Yaklaştığımızı fark ettiğimde oturduğum yerden kalkıp şoför ve muavinin olduğu ön kısma ilerledim yavaş adımlarla, ardından ön kapıya giden merdivenin ilk basamağına oturup cebimdeki kâğıdı çıkardım. "Pardon," dedim muavine dönerek. Kapı tarafındaki tek kişilik muavin koltuğunda oturuyordu. "Buraya nasıl gidebilirim? Sanırım siz yol üzerinde indireceksiniz."

"Bakayım," dedi muavin, tok bir sesle. Bıyıklı, kırklarında, zayıf bir adamdı. Boynunda asılı gözlüklerini takıp kâğıdı eline aldığında okurken kaşlarını çattı, ardından bana geri uzattı. "Birazdan inersin. Dağa çıkan bir yol var, yürümen lazım ama en az bir saat sürer. Bu havada belki ikinci bir arabayla gelsen daha iyi olurdu." Seslice nefes verdi eğilip şoföre bakarken. "Hamit Abi, Kayradağ'ın girişinde bir çayevi mi vardı? Gözlemeci? Geçen gün görmüştük sanki yol kenarında."

"Vardı vardı," dedi şoför, o da aynı yaşlarda, göbekli bir adamdı. "Devamlı kar küreyiciler çıkıyor o dağa yolları açmak için. Biraz beklersen biri geçer, bırakır seni yukarı kadar. Aman diyeyim yalnız gezme kızım, pek gençsin silahın da yok. Kurdu var, ayısı var o dağda..."

"Pardon..."

O sırada arkamdan ince bir kız sesi duyduk. Şoför dikiz aynasından, muavinle ben de arkamızı dönerek baktık sesin sahibine. Benim yaşlarımda, uzun dalgalı sarı saçları olan, çıtı pıtı bir kızdı. Büyük siyah botlar, kot pantolon, beyaz bir mont ve mor atkı-bere-eldiven takımı giyiyordu. Dikildiği yerde çömeldiğinde ben de oturduğumdan boylarımız eşitlendi, yüzüme baktı direkt olarak. "Bahsedilen gözleme evi benim aileme ait. İstersen birlikte gidebiliriz, eminim sana yardımcı olmaktan mutluluk duyarlar."

Kızın yüzü o kadar masumdu ki gülen gözlerinin içine bakanlar küçük bir kız çocuğu görebilirdi. Parlak buz mavisi gözleri ve bembeyaz dişleriyle gülümsüyordu ve hiç absürt durmuyordu. Ben böyle gülümsesem muhtemelen karşımdaki kişi dalga geçtiğimi ya da birazdan saldıracağımı düşünürdü.

"Buranın insanları başka," dedi muavin o sırada, şoförle sohbete dalarken. "İstanbul öyle mi? Yook... Milletin içi ölmüş, içi..."

Oturduğum basamaktan kalkarken koltuklardan tutundum, kız da ayağa kalkmıştı benimle birlikte. "Gerçekten mi?" diye sordum kaşlarımı kaldırarak. "Zahmet olmasın."

"Olmaz, olmaz. Hem kar küreyiciler bizim dükkânın hemen yanına park ediliyor, bindiririz seni bizim tanıdıklardan bir tanesininkine, istediğin kadar yukarı götürür. Şoför amca haklı, dağda tehlikeli hayvanlar var. Yalnız başına yürüyerek gitmemelisin." Buz gibiydi mavi gözlerinin rengi ama o kadar sıcak mimikleri vardı ki konuşurken bile yanakları ısınıyordu. Girdiği her ortamda sevilebilecek, tatlı konuşan, iyi niyetli biri olduğu anlaşılıyordu.

Karşısında duran ben ise simsiyah, suratsız, meymenetsiz bir şeydim.

"Teşekkür ederim," dedim olabildiğince gülümsemeye çalışarak. Halbuki gülümsemek fiilinin g'si yoktu bende. Yalnızca insanları uzaklaştıracak kadar sert bakışlarım, kaskatı soğuk bir ifadem vardı.

"Melisa ben," dedi kız gülümseyerek, mor eldivenli elini uzatırken.

"Karaca." Siyah eldivenimle elini sıktım.

"Ne güzel ismin varmış..."

O sırada şoför, "Kızlar sizin inme vaktiniz geldi," diye seslenmişti. "Şurası gözleme evi."

Hafifçe eğilerek kar kaplı yolun kenarındaki tahtadan yapılma ahşap, tek katlı gözleme evine çevirdim bakışlarımı. Çatısı bembeyaz kar örtülüydü ama bacadan simsiyah bir duman çıkıyordu, pencereler soğuktan buğuluydu ve bahçedeki odun yığınlarını görebiliyordum. Hemen yan tarafa park edilmiş birkaç turuncu kar küreme aracı ve bir kulübe vardı.

Muavin küçük valizimi bagajdan almama yardım etti, Melisa'nın valizi benimkine göre daha büyük ve renkliydi.

Otobüs kapılarını kapatıp yoluna devam ederken valizin çekme zımbırtısını açıp karda sürümeye çalıştım ama sürüklenmiyor, batıyor, üstüne bir de kar yığınını önüne alıyordu. O sırada Melisa'yla birbirimize baktık, dudak büzerek "Maalesef," dedi ve iki eliyle birden valizini tutup gözleme evine taşımaya başladı.

Seslice nefes verdim ve valizimi elime aldım ben de. Ağır değildi. Ama Melisa'nınkinin ağır olduğu belli oluyordu.

"Sen bunu taşı," diye mırıldandım önüne geçip işkencesine bir son verirken.

Hızla karşılık verdi. "Olmaz." Daha ilk saniyeden nefes nefese kalmıştı.

"Olur olur, hem bana yardım etmeyi ilk teklif eden sensin. Kuru kuruya kabul edemem." Küçük valizimi ona uzattım ve gözlerinin içine baktım; şaşkınlıkla, kızarmış burnu ve yanaklarıyla bakıyordu sarı dalgalarının arasından yüzüme.

"Ama sen de çok zayıf bir kızsın, nasıl taşıyacaksın?" Valizini yere indirmişti. İleride çamurlu, sulu bir kar yığını bizi bekliyordu.

"Bakma sen vücuduma, güçlüyümdür." *İçten ve dıştan... Öyle olmaya çalışıyorum yani,* diye devam etmek istedim aslında lafıma ama bu dürüstlük içimden dile getirmek için bile fazla çıplaktı.

Melisa'nın valizi büyük bir valizdi ve kimbilir içine neler tıkıştırmıştı ama taşınması imkânsız bir ağırlıkta değildi. Üstelik kas çalıştığımdan daha ağır valizi taşıyor olmama rağmen, daha hızlı hareket edebilmiştim ondan.

Gözleme evinin giriş basamaklarından çıktıktan sonra valizi bırakırken nefes nefese kalmıştım. "Açıyorum kapıyı," dedim Melisa'ya doğru, henüz birinci basamağı çıkıyordu.

"Aç aç," dedi nefes nefese kafasını sallayarak.

Kapı açılırken kapının üstüne monte edilmiş zil, bir çıngıraklı yılan sesi yaydı etrafa. Kaşlarım çatılırken kapıyı sonuna kadar açmış, valizi içeri çekerken yutkunarak bakıyordum etrafa. Masaların her biri dört kişilikti ve oturulacak kısımlar koyu bordo yastıkların üzerine konulduğu sedirlerden oluşuyordu. Ahşap bir yapıydı burası tamamen. Pencerelerin karşısında kocaman, taştan bir şömine yanıyordu.

Bir kadın, ileride boncuklu iplerin asılı olduğu kapısız bir bölmeden çıktığında Melisa henüz kapıdan içeri giriyordu. Kadının başında bir yazma vardı, siyah saçları omuzlarından aşağı beline kadar dökülüyordu. Uzun kollu işlemeli bir bluz üzerine yelek, altına da uzun bir etek giymiş ve gözlerine siyah kalem çekmişti. Buz mavisi gözleri üzerime çevrildiği gibi donuklaştı, kaşlarını çattı, ardından dikkati yanıma çevrildi; Melisa'ya.

Bu kadın Melisa'nın annesi olmalıydı.

"Kızım, yavrum," dedi kadın bir anda yüzü aydınlanırken, şefkatle. Melisa valizimi yanıma bırakırken kapı kapanmıştı ardından. Koşar adımlarla annesinin kollarına attı kendini. "Annem! Geldim sonunda!"

"Geldin kuzum geldin, dur bir bakayım sana..." Ellerinden tutarak geriye çekildi kadın, daha sonra ellerini kızının yüzüne çıkardı ve yanaklarını okşadı.

Kadının sıcacık ellerinin, kızının buz gibi yanaklarına değdiğinde Melisa'nın hissettiklerini düşünmeye çalıştım istemsizce; gözlerimi kapatıp yutkunma ihtiyacı hissettim o an.

"Hele bir daha git bakayım o el İstanbul'a, yakarım vallahi çıranı. Tamam yeter, döndün işte."

"Anne ya, saçmalama. Ben oraya gönül eğlendirmeye mi gidiyorum sanki? Okumaya gidiyorum, okumaya."

"Bizim burada da okul var boncuk gözlüm, bir tanem benim. Yok mu?"

"Yok artık anne, kızın on sekizine bastı farkındaysan. Ayrıca İzzet Baysal Üniversitesi'ne gitmek için çok yüksek bir puan aldım. Tabii ki İstanbul'a gidecektim..." Melisa annesine cevap verirken bir an gözleri bana takılmıştı. Kapının önünde dikilmiş, etrafta gözlerini gezdiren kara kıza... Bir an hiç fark etmeyecekler sanmıştım. "Anne, sana bir misafir getirdim, otobüste tanıştık."

Kadın gülen gözlerini üzerime çevirdiğinde kaşlarımı çatmamak için zor tutmuştum kendimi, suratındaki ifadenin yok olması iki saniye sürmüş müydü bile? Neden öyle baktığını çözememiştim ama yine de "Merhaba," diye mırıldandım onlara doğru yürürken yavaş adımlarla.

"Ben çay koyayım içiniz ısınsın," dedi kadın, dönüp içeriye yürüyerek.

Kaşlarımı kaldırarak Melisa'ya baktım, içeri giden annesinin ardından. "Sen onun kusuruna bakma, misafirlere pek alışkın değil," diye mırıldandı.

"Eee ama gözleme evi işletiyor?"

"Buraya genelde babam bakar ya da çalışan bir çocuk olur çevre köylerden gelen ama son birkaç aydır birini bulamadık. Sahi..." Gözlerini kısarak düşünceli gözlerini boncuklu bölmeye doğru çevirdi. "Anne ya, babam nerede?"

"Erzak almaya gitti." Kadın bir anda elinde doldurduğu büyük bir tepsiyle bölmeden çıktığında gözlerimi kırpıştırarak elindekilere baktım. Tepside üstünden duman tüten iki büyük bardak çay, iki tabak gözleme ve bir sürü meze vardı. "Oturun bakayım şöyle."

"Gel oturalım," dedi Melisa, pencere kenarındaki masayı gösterirken. "Ben en çok bu masayı seviyorum. Dağ manzarasına bakıyor." Beni yönlendirirken gülümseyerek anlatıyordu bir yandan da. "Bu kış da ne çok kar yağdı ya, bir durmadı... Sen sever misin kışı, karı?"

"Bilmiyorum, sanırım," diye mırıldandım geçip otururken. Melisa yanıma geçerken, annesi tepsiyi masaya bırakıp karşımıza oturmuştu. Kışı seviyor olmam teknik olarak mümkün değildi çünkü evde kalorifer yakıyorduk ve faturalar kabarık gelecekti. Sırf bu yüzden Öktem'le bir şekilde para artırmaya çalışıyorduk ya da sadece salonu yakıyor ve gecelerimizi orada geçiriyorduk. Aptal binanın yalıtımı kötü olduğundan yaktığımız bizi ısıtsa bir şey demeyecektim ama konteynır yaksak daha çok ısınırdık. Üstelik ekonomik olurdu.

"Nereye gideceksin tam olarak?" diye sordu Melisa, çay bardağını önüme bırakırken. "Gözleme de ye. Patatesliymiş bunlar... Ben peynirli daha çok severim. Annemin elinden. Çok iyi yapar bak dene bir, parmaklarını yersin... Değil mi anne?"

"Afiyet olsun kızım," dedi kadın, kafasını sallayarak. Kızına doğru konuşmuştu ama gözleri benim üzerimdeydi.

Boğazımı temizledim, Melisa'nın sorusuna cevap vermek için. "Şuraya gideceğim..." Kabanımın cebindeki buruş buruş olmuş kâğıdı çıkardım dikkatlice. USB sedire düşmüştü ama hemen alıp cebime atmıştım geri.

Melisa'nın kaşları kâğıda bakarken çatıldı. "İyi de," dedi.

"Burası kasabaya yakın değil ki. Kayradağ'ın köylerine bile uzak."

Sıcak çaydan bir yudum aldığımda dilimin ucu yanmıştı. Bardağın üzerinden, siyah sürmeli gözlerini üzerime çeviren kadına baktım çekingen bir tavırla, ardından Melisa'ya döndüm. "Öyle mi? Neresi tam olarak?"

"Kayradağ'ın ismi nereden gelir bilir misin kızım?"

Karşımda oturan ve gerek hareketleri gerek de bakışlarıyla beni gittikçe ürkütmeye başlamış kadının ilk defa benimle konuştuğunu duyuyordum. Şaşkınlığımı gizlemeye çalıştım o an, belki de sorunları vardı. "Hayır," diye cevapladım gözlerimi, etrafına siyah kalem çekilmiş buz mavisi gözlerine çevirerek. "Doğrusunu söylemek gerekirse daha önce ne geldim ne de duydum ismini buranın."

Kadın doğruldu, masaya eğilen postürü artık dik duruyordu ve suratında ciddi bir ifade vardı. "Adı *Kaira*'dan gelir, yıllar içerisinde halk tarafından Kaira Dağı dene dene sonunda günümüzdeki Kayradağ ismini almıştır. *İki göl arasındaki büyük, vahşi orman* anlamına gelir."

"Burada göl mü var?" diye sordum şaşkınca. Lisede deli gibi coğrafya çalışıyordum derslerde uyuduğumdan ve hâlâ aklımdaydı birçok bilgi. Bu bölgeye en yakın gölün çevresine doğa parkları inşa edilmiş göller olduğunu biliyordum ve isimlerini sayabilirdim ama Kayradağ'da göl olduğunu duymamıştım.

Melisa kafasını salladı. "Kaira eskiden Abant'la buradaki göl arasındaki bölgeye denirmiş. Abant çok meşhur olduğundan buradaki göle gelen pek olmuyor. Bu yüzden duymamış olabilirsin. Önemli bir yer olmadığından ders kitaplarında da yazmaz. Bazen vahşi doğa belgeselcileri ve kameramanlar büyük arabalarla geliyorlar çekim yapmak için ama hava kararmadan terk ediyorlar."

"Neden?"

"Orman yüzünden." Elinde dürüp büktüğü gözlemeden koca bir ısırık aldı Melisa, ardından çiğnerken çayından da bir yudum aldı ve yuttu. "Buradan yukarısını hiç evcilleştiremediler. Buraya kış erken geliyor, geç ayrılıyor. Arada kalan ılık mevsimde ne kadar yol yapsalar, parklar inşa etseler de kışın bakımını yapamıyorlar. Vahşi hayvanlar tarafından zarar görüyor bu yapılar."

"Peki ya yerlisi? Onlar nasıl yaşıyorlar o zaman dağda?"

"Yıllık erzak depoluyorlar. Bir elleri tüfeklerinde yaşarlar buradaki yerliler," dedi Melisa, ardından güldü. "Bizim de tüfeğimiz var, bak orada asılı." Duvarda asılı kahverengi tüfeği gösteriyordu. Kocamandı, hemen yanında kurşun kovanları da tüfekle birlikteydi. "Kurtlar buralara inmez ama bazen yolunu şaşıran ayılar ve çakal sürüleri inebiliyor. Bir keresinde bir ayı yan taraftaki kar küreme araçlarına saldırınca belediye görevlilerinden biri yaralanmıştı, bizim de arka kapıyı halletmiş aynı ayı. Sonra otoyolda bir araba çarpmış. Zincirleme kaza gecesiydi yani."

Ben nereye gelmiştim böyle? Bu manyak en az kendi kadar vahşi bir yere hapsetmişti kendini. Üstelik Melisa'nın anlattığı olayın haberlere ve gazetelere düştüğü haftayı hatırlıyordum sanırım, çok da uzak değildi bunların yaşandığı gün. O dosyayı staj yaptığı gazete için Öktem düzenlemişti. Fotoğraflar ve röportajlarla dolu bir dosyayı çalıştığını hatırlıyordum salondaki masada, her şey açık olduğundan geçerken bir göz atmıştım.

"Senin gideceğin yer, buradaki gölün yanındaki ev," dedi kadın. Gözleri kısıldı. *Şüpheyle.*

Ardından Melisa, kalkıp önümden uzanarak buğulanmış camı eliyle sildi ve köşede park edilmiş kar küreme araçlarını gösterdi. Kulübeden bir adam çıkıyordu, üzerinde neon şeritleri olan bir belediye üniforması ve yelek vardı. "Seyit Amca'nın nöbeti sanırım."

Bitirdiğim çayın bardağını masaya bıraktım. "Çay ve gözleme için çok teşekkür ederim."

"Sanki bir şey yedin de," diye homurdandı Melisa. "Anneciğim, Karaca'ya iki gözleme paketleyelim mi? Varınca ısıtır yer."

"Ben hallederim kızım." Kadın gözlerini üzerimden çekti, ardından kalkıp gözleme tabaklarından birini eline alarak mutfak olduğunu düşündüğüm yere ilerledi.

"Böyle konmuş gibi oldum gözlemelerle çaya, bir şey ödemeden çıkarsam kötü hissederim," dedim nabız yoklamak için.

"Saçmalama Karaca. Sen bizim misafirimizsin." Melisa gözlerini kısarak gülerken ayaklandı. "Gel, Seyit Amca'yı gitmeden yakalayalım da atsın seni yukarı."

Kafamı salladım. Melisa'nın ardından masadan kalkarken ne kadar sıcak bir insana denk geldiğimi düşünüyordum, her ne kadar annesi biraz garip olsa da. Normalde olsa bir bit yeniği arardım ama burada, dağın başında bir gözleme evindeyken kötü bir düşünceye sahip olmak mümkün değildi. Kötü düşüncelerimin hepsi bu dağın tepesinde yaşayan adama aitti.

"Valizini kaptım," dedi Melisa ne zaman çıkardığını hatırlamadığım beresini kafasına geçirirken, valizimi aldığı gibi kapıdan dışarı çıkmıştı. Yankılanan çıngıraklı yılan sesi içimi titretirken Melisa'nın bahçede koşarak "Seyit Amca duuur!" diye bağırdığını işittim. Pencerelerden takip edebildiğim kadarıyla Seyit denen adam Melisa'yı gördüğü gibi araçtan atlamış, gülerek kıza bakıyordu.

"Kurda dikkat et."

Bir anda kulağımın dibinden gelen sesle yerimden sıçradım o an. İki adım geriye giderek şaşkınlıkla kalkan ellerimi indirdim ve gözlerimi kırpıştırarak karşımdaki buz mavisi gözlere sahip sürmeli kadına baktım. *Bu kadın göz kırpıyor muydu?*

Elindeki torbayı uzattı.

Yutkundum, ne söyleyeceğimi bilmiyordum. "Teşekkür ederim," diye mırıldanarak aldım torbayı. İçine bakacağım sırada çıngırak sesi tekrar kulaklarıma dolmuştu. Melisa kapıdan kafasını uzatmış bize bakıyordu. "Hadi Karaca, Seyit Amca gidiyor bak!"

Kafamı sallayarak derin bir nefes aldım, ardından gözleme evinden çıkarken son bir kez dönüp arkama baktım; o kadına. Ne değişik kadındı. Kurda dikkat et derken, kurtlardan mı bahsediyordu? Hiçbir hayvanla karşılaşmadan yukarı gidip o herifle konuşmak istiyordum sadece. Ya da tartışmak. İsmi ya da yüzü aklıma geldikçe öfkeleniyordum ve öfkemi yutmak için de sürekli yutkunuyordum.

Ben burada ne halt yiyordum? Asıl sormam gereken soru buydu.

"Karaca burada Seyit Amca," dedi Melisa beni ellilerindeki sakallı adama tanıtarak. Adamın bakışları sertti ama bana gülümseyerek baktığında yalnızca yorgun olduğunu düşündüm. "Gel bakalım kızım, yukarıdaki göle gidecekmişsin doğru mu?"

"Evet." Kafamı salladım. "Yolunuzun üzeri değil mi? Eğer çok uzaksa zorluk çıkarmak istemiyorum."

"Bu araç, çıkan o zorlukların üzerinden gelmek için var," dedi adam gülerek. "Ver bakayım valizini."

Aramızda duran siyah valizimi alıp uzattım. Seyit Bey araca çıkıp içeri koydu hızlıca. Ardından "Hadi," dedi kafasıyla kar küreyiciyi işaret ederek. "Yola çıkma vakti. Vardiyam başladı."

Melisa'ya döndüm, mor beresinin üstü ve saçları kar taneleriyle kaplıydı. Kocaman gülümseyerek "Umarım dağ yolu çok zorluk çıkarmaz," dedi kollarını uzatırken. Bir anda kollarını boynuma dolayıp bana sıkıca sarıldığında şaşkınlıktan ellerim havada kalmıştı.

"Her şey için teşekkür ederim Melisa," diye mırıldandım geriye çekilirken, gülümsemeye çalışarak. "Gözleme için de."

"Afiyet bal şeker olsun. Küçük tatlı bir göbüş olsun." Kocaman bir gülüşle suratını buruşturarak, omuzlarını kendine çekip dikildiği yerde hafifçe sallanarak söylemişti bunu. "Dönüşte belki tekrar uğrarsın."

"Neden olmasın?"

Seyit Bey çoktan Melisa'ya el sallamış, şoför koltuğuna geçmişti bile. Araç yüksek olduğundan tırmanıp öne oturdum ve kapıyı kapattım ben de. "Hadi allahaısmarladık!" diye bağırdı Melisa arkamızdan.

Araç gürültüyle, park yerinden yola çıktığında birkaç metre ileriden ağaçlarla kapanmış dağ yoluna saptı. Daha yolun başında, ormanın girişinde bile hava kararmıştı hafiften. Ağaçlar devasa boyuttaydı ve dalları çıplak olmasına rağmen eteklerinde biriken karlar gün ışığının içeri girmesine pek müsaade etmiyor gibiydi.

"Nerelisin bakalım sen?" diye sordu Seyit Bey, beresini kafasına geçirirken. Üşümüştü. Hava gittikçe soğuyor gibiydi.

"Doğma büyüme İstanbul," diye cevapladım onu. "Ama annem Bolu'dan."

"Siz gençler de haklısınız. Doğup büyüdüğünüz yerden mi sayılıyorsunuz yoksa ana babalarınızın topraklarından mı belli değil..." Güldü Seyit Bey, ardından cama doğru öksürdü birkaç kez.

Etrafta yalnızca iki renk vardı: Beyaz ve siyah. Ağaçların dalları siyahtı, kar ise bembeyaz bir örtü olarak yola ve ormana serilmişti. Yol dardı, karşıdan bir araç gelse nereye çekilebilirdik bilmiyordum doğrusu, ağaçların sıklığı bir arabanın, özellikle de bu aracın girmesine izin vermez gibi duruyordu.

Telefonumu çıkardım o sırada. Hiçbir mesaj ya da cevapsız arama yoktu. Buraya geldiğime dair Ali Fuar Dinçer'i aramalı mıydım? Belki de ondan bu herifin numarasını alıp arayarak İstanbul'a gelmesini söylesem de her şey hallolurdu. İllaki gelmeme gerek yoktu. Sıkıntıyla nefes verdim. Gerçekten canımı sıkmaya başlamıştı bu durum. Daha bu sabaha kadar her şey netti ama şimdi kafam koca bir bulamaçtan ibaretti.

Yanlış mı yapıyordum?

Ne olursa olsun bildiğim doğrular, kanıtlarla desteklenen gerçeklerle bükülmeden, bana kim ne derse desin inanmayacaktım.

Yaklaşık yarım saat boyunca Seyit Bey kar küreyici araçla dağın eteklerini tırmandı, ardından düz bir yola girdik. Yol ikiye ayrılıyordu. Yol ayrımında aracı durdurduğunda motoru kapatmadı. "Göl şuradan çıkınca hemen önünde olacak," dedi sol tarafı gösterirken. "Benim buradan düz gitmem gerekiyor kızım. Geri kalanını kendin halledebilecek misin yoksa çıkayım mı?"

"Sorun değil, yürürüm hemen." Kucağımdaki torbayı da valizimi de aldım elime. "Beni buraya kadar getirdiğiniz için çok teşekkür ederim."

"Rica ederim. Kendine dikkat et. Burası İstanbul'a benzemez."

Ona kafamı salladım, ardından valizim ve torbamla birlikte

dikkatlice indim araçtan. Ben karşıya geçip sol yoldan yürümeye başlayana kadar Seyit Bey ayrılmamıştı yerinden. Bir süre sonra arkamda, benden uzaklaşan bir motor sesi duyduğumda ise yoluna devam ettiğini anlamıştım.

"İyi halt yedin Karaca," diye homurdandım kendi kendime. Ardından taşıdığım valize bakıp göz devirdim karın içinde. "Bir de valizini de getirdin ya, bravo sana. Ne diyeceksin abinin katilinin karşısına dikilip? İki gün sana kaçtım mı?"

Çok saçma pozisyonlara sokmak gibi bir özelliğim vardı benim kendimi. Çocukluğumdan beri ne kadar iş açıldıysa başıma, hepsinin suçlusu bendim. *Biri hariç.* O günün kurbanı oluyordum çünkü tam olarak.

Bir daha asla, *asla* o günkü zayıflığımı göstermeyecektim.

Buraya gelene kadar o adamın karşısına çıkıp ne diyeceğimi düşünmemiştim gerçekten. Nasıl olacaktı? Kapıyı çalıp iki dakika dışarı çıkmasını söyleyecektim, muhtemelen beni orada gördüğü için şaşıracaktı ama kaskatı kemik suratından hiçbir şey anlaşılmayacaktı. Belki antrenörünün sabah benimle konuştuğundan ve bir şeylerden şüphelendiğinden, bir planı olduğundan bahsederdim. Her ne kadar ortada bir planın varlığından söz edilmemiş olsa da bir planı vardı değil mi? Olmalıydı yani. Beni öylece, köpeğini gezdirmeye çıkarmış gibi sokmayacaktı kendi aralarına.

Nasıl bir ortam göreceğimi merak ediyordum. Nasıldı mesela abimin kaldığı yer? Nerede hazırlanmıştı maçlarına? Eşyalarını istememiştim avukattan, hiçbir şeyini istememiştim. Süreç boyunca kimliğimi ve yüzümü gizli tutmuştuk. Belki kaldığı bir yer varsa gidip bakabilirdim...

Ya da bakamazdım. Nasıl yapabilirdim ki bunu?

Dakikalarca yolun beni götürdüğü kadar yürüdüm ancak etrafta yalnızca uzun ağaçlar ve beyaz örtü vardı, ben yürüdükçe de bundan fazlası görünmüyordu. Seyit Bey'in beni doğru yere getirip getirmediğinden şüphelenmeye başlamıştım. Üstüne bir de üşüyordum, kalın giymiş olmama rağmen esen rüzgâr beni bu kışın ortasında çırılçıplak soyuyordu sanki.

Yakınlardan, hareket eden bir şeyin sesini duyduğumda nefesimi tuttum ve hareketimi kestim. Yutkunuşum boğazımda asılı kalmıştı. Bu ses nereden gelmişti? Aşağıdayken o kadar çok ayı, kurt muhabbeti duymuştum ki korkmaya başlamıştım gerçekten. Burada ev falan yoktu! Evi bırak, göl de yoktu. Seyit denen adam beni yanlış yerde indirmişti.

Hiçbir şey görmedim, fakat nefesinin ve hareket edişinin sesini duyabiliyordum. Dünya dönüyordu sanki o an etrafımda. Kalın gövdeli, üzerine tırmanabileceğim bir ağacı kestirdim gözüme; en az 2 metre vardı aramızda. Adımlar karı ezerken çıkan ses kulağımın dibinden geliyor gibiydi artık, yakındaki her neyse ensemde hissediyordum nefesini.

Derin bir nefes çektim içime, ardından hızlıca bir plan düşündüm; üçten geriye doğru sayacak, bire geldiğimde torbayı da valizi de bırakıp ağaca doğru koşacak ve yapabildiğimin en hızlı şekliyle tırmanacaktım. Eğer bir kurtsa, ağaca tırmanmamasını umuyordum; eğer bir ayıysa da 2 metreden uzun olmamasını.

Üç... Artık nereden geldiğini duyabiliyordum. Arkamda değildi tam olarak, solumda bir yerdeydi ve ağaçların arasında dolanıyordu.

İki... Ayılar dört ayak üzerinde koşardı değil mi? Bu hayvanın da gövdesinin heybetli olduğunu yan gözle baktığımda fark edilen cüssesinden anlayabiliyordum ama sanki ayı değildi.

Bir... Torba ve valiz elimden düştüğü gibi bütün gücümle, bacaklarımı açabildiğim kadar açarak koştum ağaca. Üstteki iki dala tutunmak için bacağımın birini ağacın gövdesine yasladığımda üzerime doğru gelen vahşi hayvanın dişlerini aşağıda kalan bacağıma geçirmek için ağzını açtığını görebilmiştim, ben dehşetle kendimi yukarı çekerken bacağım hayvanın geniş ağzına girdi; dişleri sağ bacağıma alt ve üstten batarken uzaktan gelen bir kurt uluması sesi onu bacağımı koparmaktan alıkoyan tek şey olmuştu. Dişlerimi sıkıp tüm gücümle kendimi üst dala çekerken artık yerden 1,5 metre yüksekteydim.

Kalın bir dala oturup ağacın gövdesine tutundum ama ağacın keskin dalları eldivenlerimin üzerinden ellerimi kesmişti.

Soğuk hava yüzünden ağzımdan aldığım nefes boğazıma batarken birkaç kez öksürdüm, ardından dehşetle bakan gözlerimi aşağıya çevirdim; oradaydı. Her ne kadar uzaktan gelen uluma sesine doğru dikkatini çevirmiş olsa da aşağıdaydı. Üstelik yalnız değildi.

İki kurt; kahverengi-beyaz kürklü iki kurt vardı aşağıda. Bana saldıran ağacın hemen altındaydı, diğeri ise etrafta dolanıyordu ve gözleri benim üzerimdeydi. Uzaktan gelen ses yeniden ağaçların arasında yankılanırken etrafta dolanan kurt başını eğip dişlerini gösterdi ve kabararak hırladı.

Bacağımı ısıran, neredeyse koparacak olan kurt, hırlayan diğer kurda dönerek gözleriyle onu susturduğunda nefesimi tuttum. Ne yapacaklardı? Sonsuza dek burada bekleyebilirler miydi? Beklerler miydi? Ya da ağaca tırmanabilirler miydi? Kurtlar tırmanır mıydı ağaca? Belki de daha yükseğe çıkmalıydım.

Kafamı kaldırıp yukarı baktığımda dalların üzerinde biriken kar birikintileri üzerime düşüyordu her saniye, dalları sallandırdığımdan. Gözlerimi bacağıma çevirdiğimde kabanımın, hatta altındaki pantolonumun kumaşının bile delindiğini fark ettim. Soğuktan acımıyordu ama kanıyordu. Derince ısırmamıştı beni, eğer gücünü kullansa oracıkta bacağımı koparıp tükürebileceğini biliyordum. Gelen uluma sesi yüzünden bırakmıştı beni.

Sürü müydü bunlar? Bir yerde okumuştum kurtların dağlarda sürü hâlinde dolaştıklarını.

Telefonum... *Kahretsin.* Koşarken sırtımdaki küçük, siyah çantamı da attığımın farkında bile değildim. Gözlerim kar yığınlarının üzerinde dolaşırken ileride devrilmiş valizimi ve yere attığım torbayı gördüm; gözleme evindeki kadın bir örtüye sarmıştı gözlemeleri ama yaptığı düğüm çözülmüşe benziyordu.

Torbanın içinde keskin bir şeyin ucu görünüyordu.

Kurda dikkat et.

Bunun olacağını gerçekten tahmin etmiş olabilir miydi? Çünkü aksi taktirde bu kadar büyük bir bıçağı torbaya koyduğu için akıl sağlığından şüphe edecektim.

Bunları düşünmeye vaktim olmadığını biliyordum, aksine

teşekkür edebilirdim o kadına. Ama bıçağa ulaşsam bile tekrar saldırı almadan sihirli bir şekilde, iki büyük kurda karşı şansımın olmadığını biliyordum.

Çantama bakmaya çalışırken ağacın gövdesine tutunduğum elim kaydığında gövdeden soyulup aşağı düşen ağaç kabuklarına baktım yutkunarak. Başımı kaldırdığımda iki kurt da gelen sese dönmüş, tehlikeli bir ifadeyle bana bakıyordu.

Arkadaki kurt bu tarafa doğru bir adım attığında kalp atışlarım vücudumu ciddi derecede titretiyordu; korkudan, adrenalinden titriyordum. *Benim burada ne işim var? Benim annemin yanında olmam gerekiyordu şimdiye kadar!*

Dikkatli olmaya çalışarak iki ayağımın üzerinde oturduğum dalın üzerine çıktım göz temasını kesmeden. O sırada bana saldıran kurt, arkadan bana doğru adımlayan kurdun önünü kesti. Böylece göz teması da yok olmuştu.

Bağırsam yakınlarda biri var mıydı? Bana yardım edebilecek, eli tüfekli bir köylünün ya da bir avcının olduğunu ummak yakınlarda bir yerlerde, çok mu hayali olurdu?

Kurtların bir anda yolun karşısına geçerek ağaçların arasında koşturmaya başlamasıyla girdiğim transtan çıkıp etrafta yankılanan sese geri döndüm; bu kurt, hangisiyse, üçüncü seferdir uluyordu. Belki sürünün başıydı ve ayrıldıkları için bu iki kurdu yanına çağırıyordu. *Ya hep birlikte geri dönerlerse?*

Bir grup kurda yem olacağım düşüncesiyle ayağa kalktığım dala dikkatlice geri oturup etrafı kontrol ettikten sonra aşağı atladım. Bacağım acıdığından sendeleyerek düşmüştüm ama tekrar ayağa kalkmıştım. Hızlıca çantamı alıp koluma takarken gözlemelerin sarılı olduğu örtüyü ve bıçağı çekip çıkardım karların arasından; örtünün ucunu bıçakla yırtıp kalanını ellerimle kopardıktan sonra bacağıma sardım, ardından bir yandan etrafı kontrol ederken diğer yandan da çantamın içindeki telefonumu aramaya başladım.

Burada kalamayacağımı biliyordum ama valizim bana ağırlık yapardı. Bir an önce gitmem gerekiyordu buradan.

Valizi saldırıya uğradığım ağacın kenarına çekip üzerine kesikleri soğuktan yanan ellerimle kar yığınlarını yığdım. Ardından eğik bir pozisyonda koşar adımlarla ilerlemeye başladım yolda. Eldivenimin birini çıkardığımda, parmak boğumlarım ve avuçiçimdeki kesikler parlıyordu; buz kesmiş bembeyaz bir elin üzerindeki ince kesikler kan kaplıydı ama şimdiden kurumaya ve kabuk bağlamaya başlamıştı.

Kahretsin, diye mırıldandım içimden, telefonun çekmediğini fark ettiğimde. Telefonu cebime atarken başımı kaldırdığımda ileride, 500 metre, en fazla 1 kilometre ileride bacasından duman tüten bir ahşap ev görmüştüm. Burası orası mıydı? Adresteki ev miydi? O içeride miydi? Göl neredeydi?

Koşar adımlarla ahşap eve ilerlemeye başladığımda kar yağışı başlamıştı yeniden; bir an başımı yukarı kaldırdım ve üzerime yağan karı gördüm, bir an önüme döndüğümde ise bana doğru koşan büyük, siyah kurdu.

Artık koşuyordum. Elimde tuttuğum bıçak refleks olarak, damarlarımda dolaşan adrenalinle birlikte havaya kalkıp kurda doğru atıldığında ona tam karnından saplandı. Siyah kurt, gövdesine saplanan büyük bıçakla birlikte hızını alamadığında kara saplandı; birkaç metre ileriye savrulmuş, acıyla inlemişti. *Onu haklamıştım.*

Fakat aynı anda kar örtüsünün altından ayağıma takılan dalla birlikte sıyrılıp yüzüstü yere düştüm ben de.

Ve aynı anda, bir haykırışın öfkesi sardı bütün dikenleriyle bu vahşi ormanı.

"Karayel!"

4

KURDUN İNİ

Hayat, bizi ardı ardına gelen bir şaşkınlık silsilesinin içine bıraktığında her darbede biraz daha kaybederiz hayret duygumuzu; her seferinde biraz daha alışır, kabullenir, sessizleşiriz. Halbuki alışmamamız gerekir. Alıştığımızda kabullenmiş oluruz. Halbuki kabullenmememiz gerekir çünkü bu da gerçekleştiğinde bizi kalabalığın içinde var eden yegâne şeyden de oluruz; sesimizden.

Küçükken canın yandığında avazın çıktığı kadar bağırarak ağlarsın. *Ağlama*, der annen baban. Halbuki ağlamalısın. Ağlamalısın çünkü o taş dizini kesti çünkü korktun çünkü canın yandı. Ama karşındakiler seni var eden insanlar; onların sözleri doğrudur, onlar bir şeyi yapma diyorsa yapmamalısın. Böyle düşünür, zamanla susarsın; hayır, *zaman* susturur seni.

Şimdi canın yandığında avazın çıktığı kadar bağırmıyorsun, ağlamıyorsun; nasıl öğrendiysen susmayı, gömmeyi, yutmayı; acıya hissizleşmeyi de öğrenmişsin.

Çünkü artık bir çocuk değilsin.

Ama insan büyür, içindeki çocuk hiç büyümez. Kabuk yaş alır, kurur, dökülür; içindeki yalnızca yıllanır, değişmez.

Omuza göre yük verir hayat, derler. Halbuki hayatın senin omuzlarına bıraktığı yük, şimdiye altında ezildiğin dağ olmuştur.

Ellerimi yere dayayıp gövdemi karın içinden kaldırmaya çalıştığımda avuçlarımdaki kesiklere dokunan kar, parmak uçlarımdan saç diplerime kadar yakmıştı canımı. Gözlerimi açtığımda ilk gördüğüm şey yüzümün gömüldüğü kar yığınının üzerindeki kan lekeleriydi. Gözümün önünde bir damla kan daha beyazlığın üzerine damladığında hızlıca olduğum yerde oturmaya çalışarak elimin tersiyle burnumu sildim. Burnum sızlıyordu, ne kadar sert çarptıysam artık kılcal damarlarım patlamış olmalıydı içeride.

Dizlerimin üzerinde doğrulurken karşıdan hızla bu tarafa koşan siyah adama ilişti gözlerim o an, ben kalkana kadar yakınıma gelmişti bile. Şaşkın ayaklarım beni birkaç adım ona doğru götürdüğünde başımı kaldırır kaldırmaz göz göze geldik.

Bir şimşek kadar hızlıydı ama beni gördüğü an adımları yavaşladı, ardından durdu. Az önce *Karayel* ismini bağıran oydu. Bu "o"ydu. Ali Fuat Dinçer'in beni peşinden yolladığı, onu İstanbul'a döndürmem şartıyla gerçekleri şart koştuğu adam. Abimin elinden sağ kurtulamadığı adam. Mezarlıkta gözlerimin içine baka baka *ben öldürdüm*, diyen adam.

Siyah botlar, siyah bir pantolon, siyah bir kaban, siyah bir atkı... Ormana uyum sağlıyordu. Beyaz örtünün üzerine serildiği bu kara ormana o kadar ait duruyordu ki inanması güç bir masalın içinde gibi hissediyordum kendimi. Başımın üzerinde koyu kırmızı, kan rengi bir bere olduğunun bilincinde, birkaç metre ileride yere serilmiş gerçek bir kurtla 21. yüzyıla ait yeni yazılacak bir *Kırmızı Başlıklı Kız* masalına konu olabilirdi bu sahne.

Soğuktan yanaklarının ve burnunun üzerinin hafif kızardığını görebiliyordum. Beyaz tenine konuşlanmış ela gözlerin birkaç metre öteden bile bu kadar fark edilir olması inanılmazdı. Ama bu güzel yüz bir katile aitti yalnızca ve bütün ihtişam tam da bu gerçeğin önünde dizlerinin üzerine çökerek idam edilecekti.

İkimiz de nefes nefeseydik, ikimiz de koşmaktan derince soluyorduk bu soğuk havayı. Beni gördüğünde şaşkınlıktan havalanan kaşları, yavaştan çatılmaya başladığında dudaklarını ıslatarak "Sen?" diye sordu. Sanki gözlerini kapatıp gözkapaklarını ovuşturarak yeniden bakma ihtiyacı hissediyordu çünkü burada olduğuma inanamıyordu.

Ardından bakışları yere kaydı, döndü ve az önce ıskalamadan göğsünü yaran bıçağı fırlattığım kara kurda çevirdi gözlerini; o an bir saniye daha beklemeden yanına koştu. *Ne?* Delirmiş miydi? 80, hatta en az 90 kiloluk büyük bir kurttu bu. Nasıl korkusuzca, öldüğüne emin olmadan yanına böyle savunmasız bir hâlde koşardı?

Adımlarım kar üzerinde ilerlerken yaklaşmadım kurdun cesedine. Şaşkınlıkla onu izliyordum. Dizlerinin üzerine çöküp bir elini kurdun üzerine koydu ve tüylerini okşayıp "Karayel," dedi bir kez daha aynı ismi kullanarak. "Oğlum? Yaşıyorsun değil mi? İyisin değil mi?"

Zayıf bir ses kaçtı kurdun genzinden. İşte o zaman yeni bir şok dalgası çarptı yüzüme, bir tokat yemiş gibi geriye çekilerek, inanamaz gözlerle baktım ona. "Bu kurt senin mi?" Kurumuş dudaklarım aralanmış, şaşkınlık içerisinde atıyordum adımlarımı bir yana, bir ona doğru. "Kurdun mu var senin? *Kurt* mu? Şaka mı bu?"

Bir kurdu mu evcilleştirmişti? Bu nasıl mümkün olabilirdi? Özellikle böyle büyük bir tanesiyle nasıl olurdu da güvende olduğunu düşünebilirdi?

Bu... Bir köpeğe sahip olmak gibi miydi? Öyleyse ben onun köpeğini mi öldürmüştüm?

Yutkunarak kalbim göğsümü döverken ellerimin titreyişine hâkim olmaya çalıştım, birkaç adımda yanlarına ulaştığımda yerde kan izleri vardı sürüklenmeden dolayı. Öyle hızlı koşuyordu ki ve öyle sert yemişti ki bıçaktan darbeyi; ayakları yerden kesilirken geri kalan mesafede yalnızca sürüklenmişti karda birkaç metre boyunca.

"Ta... Tamam," diye mırıldandım kendi kendime, çantamı çıkartıp kenara bırakırken dizlerimin üzerinde düşmeden oturmaya çalışarak. Ben şaşkınlıktan titriyordum, kurt ise muhtemelen acıdan. Paramparça olmuş eldivenlerimi çıkarıp kenara attıktan sonra yutkunarak başımı kaldırdığımda onunla göz göze geldim. Kalın dudakları aralanmış, siyah kirpiklerinin çevrelediği altın hareli gözleriyle yüzüme bakıyordu. Neredeyse bir şaşkınlık sezmiştim.

"Kurtlardan pek anlamam, genel olarak hayvanlardan anlamam ama insanlardan ne kadar farklı olabilir ki?" diye söylendim kendi kendime. Ardından hafifçe kalkmaya çalışarak bıçağın saplandığı yeri görmeye çalıştım. Kürkü siyah olduğundan sızan kan, yere; karların üzerine damlamadan anlaşılmıyordu kanamanın ne kadar olduğu. "Kurtla arkadaş olmazsın," diye mırıldandım. "Kurt bu. Kurt. Farkındasın değil mi?" Kafamı kaldırıp yüzüne baktım. Aramızda yalnızca bir karış mesafe vardı.

"Kanının kokusunu mesafeler ötesinden aldı," dedi altın hareli gözlerin sahibi, sert ve tok bir sesle, hiçbir duygu belirtisi göstermeden. Ama kaşları çatıktı. Gözleri bir an gözlerimin içine bakarken diğer an bacağıma; sardığım yarama çevrilmişti. Ardından tekrar bana baktı. "Sana yardım ediyordu."

"Bir kurt bana nasıl yardım edebilir?"

"Sana saldırdılar, değil mi?" Çenesi kaskatıydı, yutkunurken âdemelması oynadı. "Hatta ellerinden zor bile kurtuldun. Ama kaçtılar. Kaçtılar çünkü Karayel onlara, oraya geldiğinin mesajını verdi."

Kaşlarım düşüncelerimin doğrultusunda çatılırken gözlerimi önümde yaralı bir şekilde yatan kurdun siyah kürküne çevirdim, ardından derin nefesler alarak bir bağlantı kurmaya çalıştım. Pekâlâ, bu kurt, bana saldıran iki kurttan çok daha büyük ve heybetliydi. Eğer tanışıyorlarsa bu kurtlar âleminde büyük olanın saygı gördüğü ya da korkulan alfa olduğu anlamına mı gelirdi? "Bir kurt neden dost canlısı olsun?"

"Girdiği sokaklarda her köpek görüşünde kendine saldıracak korkusuyla yol değiştiren tırsaklar gibi konuşuyorsun," dedi kuru bir sesle. "Gördüğün her hayvan sana saldırmaz sırf bunu yapabilecek gücü, heybeti var diye."

Şaşkınca geriye çekildim. "Bir kurttan bahsediyoruz. Hiç karda, kışta geçen filmler izlemedin mi sen? Her birinde paramparça oluyor insanlar. Hatta nefes alan canlı ne varsa."

"Çok film izlediğin belliydi zaten," dedi tok bir sesle, eğilip kurdun nabzını kontrol ederken. "Dayan oğlum. Halledeceğiz." Ardından geriye çekilerek ayağa kalktı. "Yardım etmeyeceksen geri çekil. Zaten burada ne işin var bilmiyorum!"

Başımı eğdim o an, alt dudağımı ısırarak gözlerimi kapadım birkaç saniyeliğine ve düşünmek için derin nefesler çektim içime. Bu hayvan eğer gerçekten bana yardım ettiyse onun burada böyle ölmesine izin veremezdim. O zaman bu ıssız ormanda *iki katil* etmiş olurduk.

Dizlerinin üzerine çöküp kollarını kurdun bedeninin altından geçirdi, hayvanın dili dışarıya çıkmıştı ama yaşıyordu. Ayağa kalktım. Kurdun bedeni havalanırken o da önce bir ayağının üzerinde, daha sonra da kendini tamamen kaldırarak ayağa dikildi. Bu hayvanı taşıyacak gücünün olması çok da şaşılacak bir şey değildi çünkü o bir boksördü.

Hızlı adımları ilerideki ahşap eve yöneldiğinde yerdeki çantamı kaptığım gibi peşinden koşturdum. "Buraya konuşmak için geldim," dedim aramızda 1 metre bırakarak hızına yetişmeye çalışırken. Sanki kollarında 90 kiloluk yırtıcı bir hayvan yokmuş gibi yürüyordu.

"Şu an konuşabilecek durumda değilim," diye cevapladı beni, odağını önünden çekmeden. Aşağıya inen kısa bir yokuştan koşar adımlarla indikten sonra evin bahçesine çıkan patikaya girip ardından bahçeye ulaştık. Bu sırada sıklaşan kar yağışı, görüşü neredeyse tamamen kapatıyordu, hatta öyle bir yağıyordu ki iki adım önümüzde duran evi görmek bile zorlaşmıştı.

"Ne yapacaksın? Bıçağı çıkarıp saracak mısın?" diye sordum peşinden. "İç kanaması varsa on dakikaya ölür. Ayrıca mikrop kapmış olabilir yara. Ve dikiş atılması gerekir."

"Bilmiyorum. Doktor olan sensin." Ahşap evin kapıya giden basamaklarının önünde aniden durduğunda nefes nefese döndü bana doğru. Bir ayağı basamaktaydı. "Yardım edecek misin yoksa benim gibi nur topu gibi bir katil oluşunu mu izleyeceksin?" Bunu hafif alaylı bir sesle söylemişti. Saçlarına, kirpiklerine, yüzüne, omuzlarına düşüyordu kar taneleri.

Bir adım geri attım ayağımı destek almak istercesine, ifademin kaskatı kesildiğini iliklerime kadar hissetmiştim. "Sakın," dedim tok bir sesle. "Sakın burada bu konuyu açma. Yoksa kurt ölür. Ben de bir katil olmam, nefsi müdafaa sayılır bu. Sanki sen sana doğru koşan devasa bir kurt gördüğünde aynısını yapmayacakmışsın gibi de konuşma. Ben daha az önce iki koca kurt tarafından saldırıya uğradım. Beni kucaklamak için mi üzerime koşturduğunu düşünecektim?"

Sertçe nefes aldığını duydum, ardından kalın kaşlarının altında, siyah kirpiklerinin çevrelediği altın hareli gözleri aşağı indi; sardığım bacağıma baktı ve yeniden gözlerini yukarı çıkardı. Hiçbir şey söylemeden önüne döndüğünde basamakları bir çırpıda çıkmıştı. Kapıya bir tekme savurduğunda tahta kapı, menteşelerinden toz çıkarken ileriye doğru savruldu, çıkan seste irkilerek adımladım merdivenleri arkasından.

"Bıçağı çıkarsan bile içeride dikebileceğin hiçbir şey yok," dedi içeri girerken. Dirseğiyle kenardaki düğmeye bastığında ışıklar yanmıştı. "Bir şeyler yapabilecek misin?"

Kucağında devasa kurtla birlikte sol kapıya yöneldiğinde kapı aralıktı, yine bir tekmeyle açtı kapıyı. İçeride tahtadan geniş bir masa vardı. Ortada duran sürahiyi sonuna kadar ittirdikten sonra kollarındaki hayvanı masaya yatırdı dikkatlice.

Çantamı ve beremi çıkartıp kenara attım, ardından hızlıca düşünmeye çalıştım. Evde ne olabilirdi kullanabileceğim? Önce yarasına bakmam gerekiyordu. Bıçağın ne kadar derine saplandığını ya da organların zarar görüp görmediğini bilemezdim. Eğer organlardan birine geldiyse ya da iç kanaması varsa bu ıssız yerde, hiçliğin ortasında, yaşama şansı yoktu.

"Eldiven lazım," dedim kurdun başına geçerken. Çekerek boynumdan söküp attım atkımı kenara. "Sıcak su, bez." Elimle alnımı ovaladım hızlı hareketlerle. "Bilmiyorum, alkol lazım. Viski, votka, konyak..."

Bir elini ensesinden saçlarına, oradan da alnına kaydırarak yüzünü sıvazladı; ardından "Gel benimle," dedi mutfağın çıkışına işaret ederek. Hiçbir şey söylemeden peşinden mutfaktan çıkarken dönüp mutfak masasında can çekişen hayvana baktım o an ve kesik avuçlarımı yüzüme bastırıp takip ettim önümde ilerleyen adamı. O hayvanı bu hâle ben getirmiştim.

Salonu geçtik, tam karşıdaki kapıyı açtığında ışık düğmesine basıp içeri daldı. Burası geniş bir banyoydu. Açtığı ilk dolaptan birkaç temiz havlu çıkartırken bana uzatıp kucağıma yığdı, ardından "Alkollü içkiler var şu vitrinde," diyerek salonun en köşesindeki cam vitrini gösterdi. "Sıcak su hazırlayıp geliyorum. Eldiven bulabileceğimden emin değilim."

Kafamı salladım hızlıca yutkunarak. Ben kucağımdaki havlularla salona geçerken arkadan su sesi gelmeye başlamıştı. Havluları koltuğun üzerine bırakıp vitrine ilerledim koşar adım, ardından gözlerimi içki şişelerinin üzerinde gezdirmeye başladım. Gördüğüm ilk dolu viski şişesi en arkadaydı.

Kabanımın düğmelerini çözdükten sonra koltuğa fırlattım, ardından kazak kolumu sıyırıp elimi vitrinden içeriye uzattım. Ben viski şişesini çekerken arkasından eski bir fotoğraf uçmuştu halının üzerine.

Viski şişesi elimde, fotoğrafa uzanıp elime aldım hızlıca, ardından tekrar şişelerin arasına bırakmak için kolumu içeri uzattım. O sırada ön yüzü çarptı gözüme.

Fotoğraf siyah beyazdı. Bu ahşap dağ evinin önünde ayakta duran kısa saçlı bir erkek çocuğu vardı fotoğrafta; gülümserken gözleri kaybolmuştu. Yanında oturan siyah postlu kurt ise henüz küçük görünüyordu. Bu o muydu? Mutfakta yatan siyah kurt, bu kurt muydu? Bu çocuk o muydu?

Fotoğrafın arkasına dağılmış mürekkeple bir tarih atılmıştı. *29 Aralık 2006.*

On dört yıl önce bugün.

"Sıcak su hazır," diyen sesini duydum hemen arkamdan, elimi elektrik çarpmış gibi fotoğrafı yerine bırakıp geri çekilerek havlulara yöneldim viski şişesiyle birlikte. Kenarlarından tuttuğu büyük bir kovanın içinde kaynamış su vardı, dumanı süzülüyordu üzerinden.

Mutfağa önden girdim ve elimdekileri tezgâhın üzerine bıraktım. Kollarımı dirseklerime kadar sıvayıp açılmasın diye kazağın kumaşını geri katlarken hızlıca ellerimi yıkadım lavaboda, soğuk suyla birlikte avuçlarımdaki kesikler daha bir yanmıştı.

"Bıçağı çıkaracağız." Arkamı döndüğümde masanın kenarındaki bir sandalyeyi kenara çekmiş, kovayı üzerine bırakıyordu.

"Tamam," dedi elini kurdun başının üzerine koyarak okşarken, burada olduğunu ona hissettirmek istercesine.

Bakışlarının üzerimde olduğunu biliyordum ama bunu düşünmemem gerekiyordu. Bu adamın kim olduğunu düşünmemem gerekiyordu. Yalnızca beni kurtarmak için mesafeler ötesinden yardım eden ama talihsiz bir şekilde bıçakladığım bu hayvana yardım etmeliydim. Daha sonra geri kalanını hallederdim nasıl olsa.

"Havluyu al," dedim bıçağın girdiği bölgeye doğru eğilerek. Hemen yanda kocaman bir pencere olduğundan yeterince ışık giriyordu içeriye, mutfağın lambası da yanıyordu üstelik ama daha büyük bir ışık gerekiyordu bıçağı çıkardıktan sonra, eğer kanama devam ederse. Ona döndüm, elinde iki havlu vardı ve dikkatle beni dinliyordu. Kabanını ne zaman çıkardığını bilmiyordum ama kazağının kollarını bile sıvamıştı. "Ben bıçağı çıkardıktan sonra kanama olacak. Bir süre yaraya bastırmalısın."

Kafasını salladı.

Derin bir nefes alarak ellerimle bıçağın kabzasını tuttum. O da iki elini iki yandan uzatmış, kurdun üzerine doğru eğilmiş, tetikte bekliyordu.

"Üç," dedim alt dudağımı dişlerken. "İki." Ardından derin bir nefesle birlikte çektim bıçağı. "Bir."

O kısacık saniyede kan fışkırarak alnıma, saçlarıma, kazağıma, kollarıma, her yerime; tavana bile sıçramıştı. Havluları iki eliyle birden yaranın üzerine bastırdığı gibi akıntı kesildi ve beyaz havlular anında kana bulandı. "Bu kötü," diye fısıldadım kendi kendime, ardından ona baktım bir saniyeliğine. "Bir damarı delmiş olabilir içeride."

Viskiye uzandım, şişeyi karnıma bastırarak kapağını açmaya çalışırken biraz zorlanmıştım çünkü bayağı eskiydi ve kapak yerine yerleşmişti.

"Nasıl dikeceksin?" diye sordu, havluları bastırırken gözlerini kapatmış ve sertçe yutkunmuştu.

Altın hareli ela gözleri üzerime çevrildiğinde kapağını açtığım viskiyi tutarken gergince baktım ona. "Bilmiyorum.

Tel bulabilirsek işe yarayabilir ya da zımba." Havluyu tutan ellerine çevirdim bakışlarımı, ardından viskiyi kenara bırakıp havluları devralmak için ellerimi uzattım. "Havluyu bırak, ben hallederim bundan sonrasını. Zımba var mı?"

"Gerçekten çok fazla film izliyorsun, değil mi?" diye mırıldandı kendi kendine, ellerini çekerken. Elinin tersiyle alnındaki teri silmişti. Yüzünde birkaç damla kan vardı ama kazağı boydan boya kan olmuştu.

"Dördüncü sınıf tıp öğrencisiyim, farkındasın değil mi? Zımba ve teller steril olduğu sürece kesilmiş derisini bir arada tutacak görevi üstleneceğinden, sorun olmaz. Nasıl *lidokain* yerine viski kullanacaksak, bu da alternatif bir çözüm." Havluları hafifçe çekerek yarayı kontrol ettim, eğilmiştim; bıçağı ilk çıkardığımdaki gibi kanamıyordu. Belki de bir damara ya da organa gelmemişti bıçak. Steril bir dikiş yaparsam yaşayabilirdi. "Asıl sorun dikerken çıkacak."

"Nasıl yani?"

"Uyuşturacak bir şey yok. Dikerken onu sıkıca tutmak zorundasın, acıdan uyanıp sana saldırabilir. Kim olduğun umurunda olmaz bile."

Havluları çektim yarayı kontrol etmek için, kesinlikle artık bir dakika öncesi gibi kanamıyordu. O, muhtemelen zımba bulmak için mutfaktan çıktığında havluları kenara bıraktım, ardından kuru bir diğerini sıcak suya soktum, hızlıca yıkadım ve sıktım. Birazdan açık yaranın üzerine viski dökecektim ve bu canını yakacaktı ama mikrop kapmaması için yapmam gereken buydu.

"Bu işini görür mü?"

Elindeki aletten gelen mekanik sesle başımı kaldırdım, yanıma yürüdükten sonra almam için uzattı. Eski tarz, büyük bir zımbaydı bu. Bu kadar çabuk bulmasına, hatta genel olarak bulmasına şaşırmıştım çünkü işimizin film tarzı mobilyalardan bakır tel sökmeye kadar gideceğini düşünüyordum.

"Viskiyi dökeceğim, ardından dikiyoruz," dedim hafifçe eğilerek. Kafasını salladı, ardından etrafa göz attı. Kaşlarımı çatarak ne aradığını düşünmeye çalıştım ama bulamamıştım.

Lavaboda temizlemek için viskiyi avucuma dökerek ellerimi yıkadığım sırada salondan, bükebileceği kalın ama geniş bir yastıkla döndüğünde, sağ koluna sardı ve hayvanı incitmeyecek ama onu güvenle tutabileceği bir şekilde yasladı üzerine.

Mantıklı, diye geçirdim içimden.

Zımbayı da viskiyle yıkadıktan sonra şişeyi alıp döndüm. "Üçten geriye sayacağım," diye mırıldandım yaraya doğru eğilirken. Kafasını salladı, tutuşu sertleşmişti.

"Üç," dedim derin bir nefes alarak. Bugün üçten geriye saymaktan nefret etmiştim. "İki." *İşte geliyor*... "Bir."

Viskiyi yarasının üzerine döktüğüm gibi kulakları sağır edecek bir haykırış tüm mutfağı kapladı, hatta bu sesin çevre bölgede yankılandığına bile yemin edebilirdim o an. Masa hareketlenen kurtla sallanırken hızlıca açılmaya başlamış yaranın üzerine kaç dikiş atılması gerektiğini hesap etmeye çalıştım ve zımbanın ucunu yasladım yaranın üzerine.

"Sıkı tut," dedim gerginlikle, bağırır gibi. İkinci zımba derisine geçtiğinde hayvan iyice saldırganlaşmıştı. Bu evrede bilincinin bu denli açık olması inanılmazdı. Korkutucuydu. Adrenalin bana iyi gelmiyordu, kalp krizi geçireceğimi ve yere yığılacağımı düşünüyordum her şey bittikten sonra.

Bir dizini masanın üzerine yaslayıp onu daha sıkı tutmak için öne eğildiğinde titreyen ve kan olmuş ellerimle bir tel daha geçirdim yaranın üzerine, ardından iki tel ardı ardına. Bir tane daha. Bir tane daha. Ve bir tane daha...

Sıcak suyla ıslatıp sıktığım havluyu yaranın üzerine bastırırken hayvan çoktan bayılmıştı ve biz de nefes nefese kalmıştık.

Titreyen ellerim ve dizlerimle birlikte geri çekildim, tutunacak bir yer aradı ellerim; yalnızca hemen arkamdaki buz gibi tezgâh vardı. Tezgâha yaslandım, bir elimi kenarına koyduğumda hissettiğim soğukta içim donmuştu, ardından diğer elim istemsizce ağzıma gitti. Elimin kanlı olduğunu biliyordum ama engel olamamıştım. Neredeyse ağlayacaktım. "Bitti," dedim fısıldar bir sesle.

Kafasını kurdun postuna doğru eğmişti, hayvanın tamamen parçaladığı yastık tek bir şeyi gösteriyordu; eğer bunu akıl edememiş olsaydı kolu şu an yerinde olmayacaktı. Sertçe yutkunurken çenesini sıktığını fark ettim, ardından kafasını kaldırıp kapattığı gözlerini açtı ve bana baktı. Dehşetle açılmış, belki de buğulanmış gözlerime bakıyordu doğruca. Ne düşünüyordu? İşe yaramış mıydı yaptığım? Kurdunu öldürdüğümü mü düşünüyordu yoksa?

Onu ben yaralamıştım. Ona o bıçağı ben fırlatmıştım. Çocukluğundan beri birlikte olduğu kurt ölürse o da beni öldürür müydü bu dağ evinde? Arka bahçeye gömse cesedimi, kimsenin ruhu duymazdı. Kime söylemiştim ki buraya geldiğimi? Öktem bile annemin yanına gittiğimi düşünüyordu. Belki gözleme evindeki Melisa... Ama kız hakkımda hiçbir şey bilmiyordu. Belki kayıp haberim fotoğrafımla birlikte gazetelere, televizyonlara düşerse...

Yutkunarak kuru dudaklarımı ıslattım, ardından "Hayvan ateşlenmezse sorun yok," diye mırıldandım aldığım nefeslerin arasında. "Ama ateşlenirse iç kanaması var demektir. İşte o zaman yapabileceğim bir şey yok."

Altın hareli gözleri, son sözlerimden sonra kapanırken ellerini masaya dayayıp başını aşağıya eğdi söylediklerimi sindirmek istercesine. "Senin burada ne işin var?" diye sordu, pozisyonunu bozmadan.

"Antrenörün bu sabah beni dışarıda kıstırdı," diye cevapladım onu, kan olmuş ellerime bakarken. "Davayı kazanacağınızı çünkü haklı olduğunuzu, o gece çok başka işler döndüğünü, abimin olduğunu sandığım kişiden çok farklı birisi olduğunu söyledi."

"Saçmalamış," dedi doğrulurken. Ellerini çekip kollarını iki yanına bırakmış, kafasını kaldırmış ve gözlerini üzerime çevirmişti. "Eğer bunun için geldiysen git. Daha fazla abinin canını alan adamla aynı yerde bulunmak istemezsin."

Dudaklarımı ıslatırken gözlerimi kapattım ve derin bir nefes çektim içime. "Eğer bir kez daha şunu tekrar edersen evcil kurdundan çıkardığım bıçağı bu sefer sana fırlatacağım."

"Gerçek bu değil mi Karaca?" Düz, sert bir sesle sormuştu. "Aç gözlerini. Bana bak. Ne görüyorsun?"

İç içe geçmiş alt ve üst kirpiklerim ayrıldığında gözkapaklarım da aralanmıştı. Ona baktım; yüzüne bulaşmış kana, boynundan akıyordu bir damlası. Tıpkı o gece gibi. O gece de kaşının kenarından akıyordu böyle bir damla, boylu boyunca süzülüyordu boynuna doğru... "Ali Fuat Dinçer'e inandığım için gelmedim buraya," dedim tok bir sesle. "Abim için savaşmaya geldim." Ellerimi iki yanıma düşürmüş, masaya doğru, onun karşısına doğru iki adım atmıştım.

Dudakları düz bir çizgi hâlindeydi, hiçbir şey söylemese ve öylece baksa bile çene hatları ifadesiz kalmasına izin vermiyordu. Sanki hep öfkeliydi. Sanki hep siniri tepesindeydi. Sanki yumruğunu hazır bekletiyordu birinin suratına çarpmak için; kırmak için, yıkmak için, yok etmek için. "Sen buraya benden intikam almak için geldin Karaca," dedi ellerini kaldırırken, ellerindeki kana bakıyordu. "Ve aldın da. Karayel'i aldın benden. Belki istemeden oldu ama oldu."

"Saçma sapan konuşma," diyerek bir adım attım ileri, ardından kurdun nabzını kontrol ettim. Ateşi de yoktu. "Kurt yaşıyor. Muhtemelen iyi."

"Muhtemelen, yeterince iyi bir cevap değil."

"Senin gibi biri için yeterince iyi bir cevap." Ters ters baktım ona. Yutkundum ardından çünkü olmuyordu; sorular arka arkaya dizilmiş, boğazımı tıkamıştı ve onları dışarıya salmadan, o kelimeleri kullanmadan nefes almama izin vermiyordu. Ama sormadım. Bir kriz daha geçirecek, bunu kaldırabilecek hâlim yoktu; en azından bugün.

Bir elini sandalyenin sırtının üzerine koydu, ardından kurdun üzerinde gezinen bakışları üzerime çevrildi yeniden. "Hava kararmadan gitsen iyi olur. Tipi hızlanırsa burada mahsur kalırsın."

"İstanbul'a ne zaman döneceksin?"

Seslice nefes alırken başını çevirdi. "Anlaşıldı derdin."

"Benim derdim değil," dedim tok bir sesle. "Sen benim derdim değilsin. Sen benim düşmanım bile değilsin. Ama bana cevapları verecek adam seni orada istiyor." Ellerimi önümdeki sandalyenin sırtına koydum. "Sen bana bir can borçlusun.

Bana daha hangi soruyu soracağımı bile bilmediğim bilinmezlerin cevaplarını borçlusun. Kendini böyle bir dağın tepesine kapatıp ardında bıraktığın enkazdan kolay kolay kaçamazsın."

"Artık dövüşmüyorum." Bileklerini ovalarken döndü arkasını, çıktı mutfaktan. O giderken tek yapabildiğim ağzım açık, sırtını izlemek olmuştu.

Masanın yanından sıyrılarak geçtim, ardından mutfak kapısından çıktım. Salonu geçip koridora girdiğinde peşinde ilerliyordum. "Dövüşmek zorundasın."

"Neden?" diye sordu bir anda, koridorun ortasında durduğunda. O kadar çevik hareket etmişti ki hızımı alamadan neredeyse göğsüne çarpacaktım kafamı, son anda geri çekilmiştim.

"Neden?" diye tekrar etti sorusunu, yüzüme doğru eğilirken. "Birine daha zarar verirsem ne olacak? Adam komalık olursa ne olacak? Daha da kötüsü, sırf senin şu suçlayıcı kara gözlerin yüzünden, bile bile bir maçı karşı tarafa verirsem ne olacak? O zaman gerçek bir boksör olacak mıyım hâlâ? Gerçekten dövüşüyor olacak mıyım?"

"Ne gerekiyorsa onu yapacaksın. Kaybetmen gerekiyorsa edeceksin. Geldiğin yere döneceksin, yetiştiğin o salonlara, arenaya döneceksin. Öyle bir döneceksin ki bana abimi geri vereceksin." İşaret parmağımı batırdım göğsüne, tam sol tarafına. *Eğer oralarda atan bir kalp, bir vicdan varsa...* "Sen öldürdüysen, senin yumrukların suçluysa, o zaman bu azapla hangi deliğe girersen gir vicdanın seni avlar. Eğer altından başka bir şeyler çıkarsa da..." Dudaklarımı birbirine bastırarak indirdim elimi.

"Git, Karaca," dedi tok bir sesle, geriye dönerken. "Çok geç olmadan git."

Koridorun sonundaki kapıya yönelmişti. Beklemeden peşinden sürükledim adımlarımı, arkasından daldım içeriye. "Anlamıyor musun? Ben..."

Bu oda onun odası mıydı? Üzerindeki kanlı kazağı, sırtına attığı eliyle başından çıkarmıştı. Peşinden içeri daldığımı fark ettiğinde dikildiği yerde bana döndü. Boynundan aşağı damlayan kan göğsüne kadar inmiş, kurumuştu.

"Ben," dedim üstüne basa basa. "Kalkmış seni girdiğin delikten çıkarmaya çalışıyorum, seni, abimi o arenaya gömen adamı. Çok mu istiyorum sence senin yüzünü görmeyi? O yüzden mi geldim buraya?"

"Birincisi, burası girdiğim bir delik değil. Her yıl düzenli geldiğim bir yer. İkincisi, farkındayım zorla geldiğinin. Çünkü o Ali Fuat denen deli adam yolladı seni, beni İstanbul'a döndürmek için. Olanlar yüzünden, senin sözlerin yüzünden buraya kapandığımı sanıyor ama yanılıyor. O adama inanma Karaca." Kollarından çıkardı kazağı, elinden sarkıyordu. "Boksörler o ringe çıktıklarında suratlarının yamulmasını da kaburgalarının kırılmasını da hatta komalık olmayı da göze alırlar. Belki bir göz bile kaybederler. Bu sporu yapmanın bedeli budur. Evet, abinin durumunun iyi olmadığını fark etmeliydim. Evet durdurmalıydık o maçı, ikimizden biri ya da hakemler ya da hocalarımız. Ama işler böyle gitmedi. Abinin katili ben değilim belki ama bunlar öldürdü onu," dedi kazağı elinden kaydıktan sonra yumruklarını kaldırırken. "Şimdi gidebilirsin gönül rahatlığıyla çünkü bunların bir daha kimseye değmeyeceğinden emin olacağım."

Dudaklarım aralık, gözlerimi kırpıştırarak baktım arkasından; önüne dönmüş, banyoyla arasında kalan mesafeyi kapamıştı. Kapı kapanırken gözlerim önce yerdeki kanlı kazağına, daha sonra yere, daha sonra ise kurumuş kanla kaplı ellerime çevrildi.

Döndüğüm gibi koridordaki banyo olduğunu bildiğim yere girdim ve kapıyı kapattım. Ardından musluğu açıp yıkamaya başladım ellerimi, bileklerimi, hatta kollarımı. Kazağım ıslanmıştı.

Evet durdurmalıydık o maçı, ikimizden biri ya da hakemler ya da hocalarımız. Ama işler böyle gitmedi. O mezarlıkta, öyle bir ifade görmüştüm ki suratında; ne bir pişmanlık sanmıştım gözümün gördüğünü ne de öfkemi hafifletecek başka bir şey. *Sen öldürdün,* demiştim ona. *Ben öldürdüm,* demişti. Bu bir gerçek miydi yoksa böyle düşündüğü için mi söylemişti? Böyle düşündüğü için mi söylemişti yoksa ben mi söyletmiştim bunu ona?

Bu adam nasıl biriydi? Onu tanımıyordum. Pekâlâ burada bana sözleriyle numara çekiyor da olabilirdi, sırf beni başından atmak için. Kurtulmak için.

Ben öfkeliydim. Öfkem başkalarının spekülasyonlarına açılan kısa yollar olabilir miydi onlar için? Mesela Ali Fuat, sporcusunu geri istediği için benim aklıma bütün bunları sokmuş olabilir miydi? Kaydı da o vermişti, Hilmi Bey ve diğerlerinin bir iş karıştırdığı şüphesini de o uyandırmıştı içimde. Her ne kadar Hilmi Bey ve o çocuğun telefon numaraları değişmiş olsa da avukatla görüşerek yeni numaralarını talep edebilir ve onlarla konuşabilirdim. Gerçi suçlu olsalar bile, bunu bana çaktırmamak için ellerinden gelen her şeyi yaparlardı. Ne diyecektim? *O gece başka bir şeyler olduğunu biliyorum, dökülün mü?* Bu işler böyle yürümezdi.

Öte yandan yan odada, banyoda olan adam, çok başka konuşuyordu. *Git* diyordu. *Tamam, ben yaptım, benim yüzümden oldu, bir daha olmayacağından emin olacağım*, diyordu. Ben mahkemenin onu parmaklıklar ardına koymasını istiyordum ve koymayacaktı ama o çoktan kendine bir hapishane inşa etmişe benziyordu.

Boks sporu, *tamam*, bir spordu ama benden abimi alan bir spordu. Biraz olsun içinde olduğumuz durumu anlayabilmek, güçlenebilmek, abimin gözlerine sahip olabilmek için şu dünyaya onun penceresinden bakmak uğruna; ben de başlamıştım bir iki yumruk, tekme savurmaya. Ama aynı değildi. O yol, bu yol değildi.

Aynada kendime bakarken, gözlerimin içine bakarken artık kendime sorduğum soru şuydu; abimi benden bu adam mı almıştı, yoksa yaptığı spor mu? Abimi benden yaptığı spor mu almıştı, yoksa bu işin arkasında Ali Fuat Dinçer'in kuşkularını doğrulayan başka işler mi vardı?

Bilmiyordum. Ama bundan sonraki hedefim yalnızca bunları öğrenmek olacaktı.

Ellerimi ve yüzümü yıkadıktan sonra banyonun kapısını açıp çıktım dışarıya. Adımlarımı salona yöneltim, ardından mutfağa. Koca kurt, inanması güç bir şekilde, mutfak masasında yatıyordu hâlâ.

Onu ben incitmiştim. Yardım etmek için bağırmıştı bana saldıran kahverengi kurtlara ve benim tek yaptığım göğsüne bir bıçak saplamak olmuştu. Koşmamış mıydı üzerime? Yoksa saldırıya uğradığım yere mi koşuyordu? Belki de aldığı kokuma doğru koşuyordu... Emin değildim. Zaten o kadar mesafeden o bıçağı nasıl gövdesine saplayabilmiştim, bunu dahi bilmiyordum.

Kanlı havluları su dolu kovanın içine attıktan sonra gövdesine bıraktığım havluyu kaldırıp dikişlerini kontrol ettim; daha doğrusu, zımba tellerini. Hayvan o kadar acı çekmişti ki burada ben bile hissetmiştim haykırışlarının şiddetini, göğsümde. Eğer o vitrindeki fotoğrafta birkaç aylıksa, şimdiye on iki yaşına çoktan gelmiş oluyordu. Bu kurtlara göre yaşlı olduğunu mu gösteriyordu? Ateşi yoktu, bundan sonra onun direnci belirleyecekti yaşayıp yaşayamayacağını.

Kabanımı üzerime geçirip dış kapıyı araladım istemsizce, kar yoğun bir şekilde yağıyordu. Eğer buradan gitmek istiyorsam bir an önce onunla son bir kez konuşmalı ve bir şekilde araç çağırmalıydım. Belki aşağıdaki yola kadar gidebilirsem bir şekilde kar küreyici araçlardan birine denk gelebilirdim. Vardiyalı çalışıyorlarsa en az iki saatte bir yeni araç çıkıyor ya da iniyor olmalıydı.

Kapıyı aralık bıraktım, ardından birkaç adımda merdivenlerin başına gelip oturdum. Deli gibi soğuktu hava, yüzüm ve ellerim hâlâ ıslak olduğundan buz kesmişlerdi ama bir şeyler hissetmeye ihtiyacım vardı. Soğuğa ihtiyacım vardı. Düşünmeye ihtiyacım vardı.

Abi, diye mırıldandım kendi kendime, içimden. Beyaz gökyüzüne çevirdim bakışlarımı. Kar taneleri her ne kadar beyaz olsa da kara kara yağıyordu sanki yeryüzüne. *O gece ne oldu?*

Sanki çıkıp gelecek gibiydi şimdi şu ilerideki sık ağaçlıkların ardından. *"Kızım kalk bak oradan götün donacak, sonra zırıl zırıl ağlıyorsun aybaşı,"* diyecekti eski günlerdeki gibi. Ben ağlamazdım ama mızmızlanırdım hep ağrıdan, çekilmez biri olurdum.

"Su ısıtsana," diye bağırırdım ona odamdan, yatağımın içinde film izlerken.

"Oldu. Sıcak su torbasının içine de koyayım istersen."

"Koysana."

"Zıbar da yat, paşa paşa çek acını. Delikanlı ol biraz, sen kimin kız kardeşisin?"

"Ye, iç, geğir, adam döv, yat. Delikanlılığın kitabını yazmışsın gerçekten abi, sen de haklısın."

Kapıyı açıp yastık fırlatırdı bana.

Sonra sıcak su torbamı da çayımı da, çikolatamı da çorbamı da getirirdi ama yatağıma.

Başımı eğerek alnımı yasladım dizlerime, kollarımı da etrafına sardım bacaklarımın. Daha dün gibiydi her şey, daha dün terk etmişti sanki evi; gitme deseydim ya bugün, sarılsaydım bacaklarına, sürüklensem de yerlerde, bırakmasaydım. İzin vermeseydim gitmesine. Ya da ben de gitseydim onunla. Destek olsaydım, yanında olsaydım, yanımda olur muydu şimdi?

Ellerimi, parmaklarımı hareket ettiremiyordum soğuktan, burnum akıyordu ve buz kesmiştim ama yemin edebilirdim, cayır cayır yanıyordu içimde bir yer bu karın kışın ortasında.

Arkamdaki kapı sökülürcesine açıldığında sıçrayarak kalktım ayağa o an. Üzerinde koyu gri bir eşofman ve siyah, kısa kollu bir tişört vardı; ayakları çıplaktı, ıslak saçları ise dağılmıştı. Dışarı çıktığı gibi göz göze geldiğimizde kaşları çatılmıştı. Elini kapı kolundan çekip burun kemerini sıktı, ardından yüzünü ve saçlarını sıvazladı tek eliyle. Gittim mi sanmıştı?

"Ne oldu?" diye sordum aklıma gelen ihtimalle. "Kurda mı bir şey oldu yoksa? Ateşi mi çıktı?"

"Hayır," dedi tok bir sesle. "Hayır, durumu aynı."

Suratımdaki ifade gevşeyemiyordu bu adama, sanki o etraftayken hep tetikte olmam gerekiyormuş gibi hissediyordum. Başım dik, omuzlarım gergindi. Artık buradan gitmem gerektiğini biliyordum. "Ben gidiyorum," diye mırıldandım kapıya doğru yürüyerek. Beremi, atkımı ve çantamı alacaktım. "Umarım kurt iyileşir. Ama istersen bir veterinere götür. Gerçi orada bile bir kurdu tutmak için uygun ekipman olacağından şüpheliyim."

"Nasıl gideceksin?" Arkamdan içeri girdiğini duydum, kapı kapanmadan tutmuştu.

"Aşağıdaki yoldan kar küreyici araçlar geçiyor sanırım. Birine binerim. Nasıl geldiysem öyle geri dönerim."

"Yağış hızlandı, bu havada o işçilerin vardiyası olmaz."

Koltuğun üzerinden kabanımı aldığım sırada önümde durmuştu. Sırayla kollarımı içinden geçirerek saçlarımı omuzlarımdan aşağı bıraktım ve önümü ilikledim, ardından başımı kaldırıp ona baktım. "O zaman yürürüm."

"Bu bacakla mı? Bu karda mı?" Dalga geçercesine güldü, gülerken başını çevirmiş ve gözlerini devirmişti. "Komik olma. Yağışın durmasını beklersen seni ben bırakırım durağa."

"Senden bir şey isteyen yok." Düz bir ifadeyle verdim cevabımı, yanından sıyrılıp geçerken. Atkı, bere ve çantam mutfaktaydı. Açık kapıdan içeri girdiğimde ilk gördüğüm şey hâlâ hareketsiz bir şekilde mutfak masasında yatan devasa kurt oldu, birkaç saniye nefes aldığını görmek için bekledim; gövdesi yavaş hareketlerle inip kalkıyordu. Yaşıyordu.

Atkımı dolayıp beremi taktım, ardından çantamın içinden telefonumu çıkardım; belki burada mahsur kaldığıma dair birilerine ulaşabilirsem yardım alabilirdim. Nasıl geleceğimi bile bilmeden Kayradağ otobüsüne atlayıp buraya ulaşabilmem bile mucizeyken nasıl dönüşü hesap edememiştim aklım almıyordu. Gerçi benim sabahtan beri duyduklarımın hiçbirini aklım almıyordu.

Telefonumun kenarındaki çubukların boş olduğunu fark ettiğimde elimi yukarıya kaldırıp şaşkınca ekrana baktım. Ormanın içinde çekmiyor olmasını çok da garipsememiştim ama burada çekiyor olması gerekirdi değil mi?

Köy. Burası köye yakın değildi bile. Burada yalnızca bu ev vardı. Ve bolca kar. Ve kurtlar. Ve nerede olduğunu görmediğim, fark etmediğim bir göl.

"İstersen çatıya çık, yine de çekmez," dediğini duydum arkamdan. Elimi indirip ona döndüğümde kollarını göğsünde birleştirmiş, omzunu buzdolabına yaslamıştı.

"Telsiz falan da mı yok?" Şaşkınlıkla kaşlarımı çattım, benimle dalga geçiyor olmalıydı. Gerçekten dış dünyayla bağlantıyı kesen bu eve kendini hapsetmiş olamazdı. Bu onun için bir terapi ya da kendini cezalandırış şekli miydi bilmiyordum ama hiçbir insan buna dayanamazdı.

Kafasını olumsuz anlamda salladı. "Buraya gelenin bulunmak gibi bir gayesi olmaz. Ayrıca koca dağı aşarken bunları düşünmedin mi?"

"Kimse bana bir şey söylemedi ki!" Bir şeyleri fırlatmak istiyordum o an ve elimde telefonum vardı ama bunu yapamazdım, o yüzden içeriden yanağımı dişleyip telefonumu cebime soktum. "Bak benim gitmem lazım." Saat akşama geliyordu. Birazdan hava kararacaktı. Benim bir an önce buradan çıkmam gerekiyordu.

"O bacakla," dedi işaret parmağıyla sargılı bacağımı göstererek. "Kurtlara yeterince yem olamadığını düşünüyorsan buyur tabii, git. Seni kurtaracak bir Karayel de yok."

Ağzım açıldı, çenem düşecek kadar. "Hava kararana kadar burada kalırsam sabaha kadar bir şey yapamam."

"Dua et, sabah yapabileceğin bir şey olsun," diye mırıldandı o an, doğrulup kurdun yanına yürürken. "Çünkü bu fırtınanın bir süredir beklendiğini duymuştum."

"Ben gidiyorum," dedim hiç düşünmeden. Bacağım iyiydi, yürüyebilirdim. Kurda fırlattığım kanlı bıçağı alıp kenardaki kirlenmiş havluya silerken o da yanımda dikiliyordu. "Saçmalama."

"Beni buraya getiren adam açıkça vardiyalı çalıştıklarını söylemişti. Hatta belki hâlâ buralarda bile olabilir. Aşağı inerken yakalayabilirim." İşi kısa sürmüş olamazdı. Şimdiye anca bitiyordu ya da daha hâlâ çalışıyordu belki de.

"Karaca, saçmalıyorsun. Otur oturduğun yerde. Sabah ben bırakırım seni dedim."

Öfkeyle çevirdim başımı ona doğru. "Benimle konuşmayı kes. Kurduna zarar verdim diye kaldım, yarasına bakmak için. Ali Fuat Dinçer oyun mu oynadı yoksa ciddi miydi bilmiyorum ama şu dakikadan sonra senin İstanbul'a dönüp dönmemenle zerre ilgilenmiyorum. Eğer bu işin arkasında başka şeyler varsa kendim bulacağım. Kimseye ihtiyacım yok." Hemen yanımda dikiliyordu, altın hareli ela gözler ışığa ters durduğundan kararmıştı. "İstediğin kadar kal burada. Çürü hatta bu dağın başında, telefon çekmez araç geçmez... Umurumda değil."

Parkede tok sesler çıkaran adımlarım kapıya doğru ilerledi, ardından kola uzanıp açtığımda kutup soğuğu koca bir tokat geçirmişti yüzüme.

"O komik mutfak bıçağı seni bu ormandaki tehlikelerden korur mu sanıyorsun?" diye sorduğunu duydum, mutfaktan çıkmıştı ama elleri eşofmanlarının cebinde, orada dikiliyordu yalnızca.

Ona cevap vermedim. Cevap olarak çıkarken kapıyı sertçe çarptım. Az önce temiz olan evin önü çoktan kar örtüsüyle kaplanmaya başlamıştı bile. Atkımı burnuma kadar çekip yalnızca gözlerimi açıkta bırakırken dümdüz karşıya yürümeye başladığımda bacağımın acısını unutturan da devam etmemi sağlayan da yalnızca buradan kurtulma isteğimdi.

Benim burada ne işim vardı? Bu soruyu bugün kaçıncı soruşumdu kendime, şaşırmıştım. Eğer otobüs seferinin iptal olduğunu öğrendiğimde eve dönseydim şu an sıcacık yatağımda ayaklarımı uzatmış tıkınarak film izliyor olurdum ama hayır, Karaca illaki başını belaya sokmak zorunda çünkü Karaca düşünmeden atlıyor her şeye, Karaca aptal, Karaca bir gün kellesini kurtaramayacak.

Yokuştan aşağı inip patikayı tırmanırken önümü doğru düzgün görebildiğim söylenemezdi. Bir ara ayağım takıldığında dizlerimin üzerine düşmüştüm ama avuçlarımın üzerinde doğrularak kalkmış ve yoluma devam etmiştim hızlıca. Ellerimdeki yaraların kabuk bağlaması biraz zaman alacağa benziyordu çünkü lavaboda viski döktüğümde gözlerimden yaş gelecek kadar canım yanmıştı. Eldivenlerimin perti çıktığından kurdu bıçakladığım noktada yere fırlatmıştım ama dönüp bulsam bile bir işe yarayacaklarını düşünmüyordum.

Gerçekten aptalın tekiydim. Bir araç kiralayabilirdim ya da Öktem'in arabasını ödünç alabilirdim. Her ne kadar o külüstürün daha dağ yoluna çıkmadan karaya oturacağını hissetsem de en azından sıcak bir arabanın içinde güvenli bir şekilde mahsur kalmış olurdum. Şimdi ise açık alanda lezzetli bir av gibi yürüyordum. İsmim bile bunu haklı çıkaracak cinstendi.

Geri dönemez miydim? Hayır, bunu yapmak istemiyordum. Kurdu yaralandığında aklım karıştığından yalnızca onu iyileştirmeye odaklanmıştım ama yarasını kapattığıma göre yapabileceğim her şeyi yapmıştım. O adam, adını bile daha ağzıma süremediğim adam, garip bir adamdı. Mezarlıktayken elime geçen her şeyi ona fırlatabilecek kadar öfkeli hissetmiş, tokat atmış, defalarca iteklemiş, göğsüne savurmuştum yumruklarımı ama gıkını çıkarmamıştı. Şimdi ise sözleriyle, mantığıyla karşılık veriyordu bana; *ben öldürmedim,* diyordu. *Ama sen öyle düşünüyorsan, bir daha bu yumrukların kimseye değmediğinden emin olacağım.*

Hayır. Böyle olmaması gerekiyordu. Adil bir şekilde karşılık vermeliydi. *Ben yapmadım, ne saçmalıyorsun be kadın* diye bağırması gerekiyordu gerekirse ama böyle davranmamalıydı. Benim öfkeme odun atmalıydı, alevleri harlayacak rüzgâr olmalıydı.

Attığım adımın, üzerine bastığım kar yığınının altındaki ağaç dalı çatırdadığında ses ormanın derinliklerinde yankılandı. İstemsizce durdum ve temkinli bir şekilde gözlerimi etrafta gezdirirken sertçe yutkundum. Ne kadar zamandır yürüyordum? Şimdiye Seyit Bey'in beni bıraktığı yola gelmiş olmam gerekirdi. *Siktir.* Valizimi buralara bir yerlere atmıştım, tırmandığım ağacın altına bırakmıştım ama o ağacı geçeli çok oluyordu ve orada görmemiştim, hatta o kadar aklıma gelmemişti ki bakıp geçmiştim yalnızca.

Sessizce kabzasını tuttuğum bıçağa çevirdim bakışlarımı, ardından etrafına sardığım parmaklarımı oynatarak daha iyi kavradım; *"Bir bok görünmüyor kardan, tipiden,"* diye fısıldadım kendi kendime, atkının içinde nefes almaya çalışırken. Eğer Melisa sorusunu bu andan sonra sorsaydı, kesinlikle kardan nefret ettiğimi söylerdim ona. Nefret ediyordum, şu andan itibaren. Özellikle de böyle yoğun yağanından. Ne zamandır bu şekilde sık düşüyordu kar taneleri yere? Tabii ki tanımazdım önceden geçtiğim yerleri, her yer kalın, beyaz bir örtüyle kaplanmıştı çünkü şimdi. Belki üzerinde yürüdüğüm yer yoldu, belki değildi... Bilemezdim.

İlerideki çalılıklardan bir ses geldiğini işittiğimde atkımı burnumdan indirip derin bir nefes aldım içime çekebildiğim kadar. İşte şimdi başım beladaydı. Bu sefer, az önceki gibi şanslı olamayabilirdim; bıçağı fırlatsam denk gelmeyebilirdi, oradaki her neyse birden fazla bile olabilirlerdi.

O an, ahşap evden hiç çıkmamış olmayı diledim ama geri dönsem yine kalmazdım orada, ne kadar inatçı ve gururlu olduğumu bir ben biliyordum.

Sık ağaçlar iki yanımda başlıyordu, ben boş, düz giden daha temiz bir aralıkta ilerliyordum; dikildiğim yerde hafifçe eğilerek gözlerimi çalılıkların oraya diktim. Havanın kararmaya başladığı saatlerdeydik. Birazdan bir kurt sürüsünün ya da ayının akşam yemeği olacaktım.

Kalbim göğsümü sık aralıklarla döverken dudaklarımı kapattım, şimdiye dek sesli ve gergince nefes aldığımın farkında bile değildim. Şuradayken, iki aydır spor salonunda aldığım eğitim beş para etmiyordu çünkü yırtıcı bir hayvana karşı ne gücüm olabilirdi ki? Yumruk mu atacaktım?

Belki de orada silah vardı. Ya da gözleme evindeki tüfeği rica etsem verirlerdi...

Nasıl kullanıldığını bile bilmesem de...

Gözlerimi kısarak baktığımda, yere sık düşen kar tanelerinin izin verdiği kadarıyla çalılıkların arasından yüzünün yarısını gösteren hayvanla göz göze geldim; bu bir köpek miydi, kurt muydu, neydi bu lanet olası? *Çakal.* Bu bir çakaldı. Melisa sürü olarak dolaştıklarından bahsetmişti.

Kulakları büyüktü ama yatırmıştı, başını eğmiş, sinsi bir ifadeyle tek gözünü gösteriyordu yalnızca. Eğer korku yanımda dikilen başka bir insan olsaydı beni tekme tokat dövüyor olurdu ve ben yalnızca bundan hastanelik olurdum. Fazlası var mıydı? Dahası var mıydı? Belki de arkamı dönsem başka bir tanesiyle karşılaşacaktım.

Bacağım öyle bir sızladı ki o an, pozisyonumdan dolayı; kolumun üzerine yere düşeceğimi sandım. Eğer düşersem saldırmak için bir saniye beklemeyeceğinin bilincindeydim, göz temasımı kesmemem gerekiyordu. Belki o zaman yoluna devam ederdi... Eder miydi? Bilmiyordum, hayvanlara dair bildiğim tek şey bazılarının et; bazılarının ot yediğiydi ve çakal kesinlikle etoburdu.

Dizlerimi hafif kırmış bir şekilde eğilmiştim, yaralı bacağımı daha fazla bu pozisyonda tutamıyordum, titriyordu. Çakal yüzünü çalılıkların arasından çıkardığında hemen arkasında başka bir tane daha olduğunu fark ettim. *Siktir.* Gerçekten de yalnız değildi.

O sırada inanılmaz bir kramp saplandı yaralı bacağıma; öyle ki, acıdan dilimi ısırdım ve elimdeki bıçağı düşürdüm. Çakalın gözleri bu ani hareketimle yere düşen sivri uçlu metale çevrildiğinde bu tarafa koşmak için ayaklarını öne uzattı ve atladı; her şey o an, saniyeler içinde gerçekleşti.

Bir *klik* sesi duydum arkamdan, ardından bir silah patladı. Ben daha başımı geriye çeviremeden, çakal başından yediği kurşunla yere yığılırken bir kol dolandı belime; yere ya da üzerine düşeceğimi sandım ama saniyeler içerisinde sırtım sert ve kuru bir ağacın gövdesine yaslanmıştı. Atacağım çığlık boğazıma kaçarken ağzımın üzerine kapanmış eli fark ettim, gözlerim sonuna kadar açıldı. Ardından silah bir kez daha patladı.

Buradaydı. Bir eli ağzıma kapanmışken üzerime doğru eğilmiş, kafası omzumun hemen üzerinde ama havadaydı; diğer elinde mat, siyah bir tabanca tutuyordu. Arkadan gelen, hayvanın vurulurken çıkardığı acı dolu ses kulaklarımda yankı yaparken nefes nefese "Kurtmuş, ayıymış, çakalmış..." diye mırıldandı, ardından kafasını geri çekti ve yüzünü gözümün önüne getirdi. Artık altın hareli ela gözler karşımdaydı. "Bu ormandaki asıl tehlike benim Karaca. Ve tebrik ederim, sen de doğrudan elime düşmeyi başardın."

"Hangi yol eve gidiyor," diye sordu ceylan; kurt inini gösterdi.

5

BİR YALANIN KOYNUNDA

İnsanın yapmam dediği şeyi yapması, düşmem dediği duruma düşmesi ile inadının arasında bir bağlantı var ya da evren olumsuzluk ekiyle henüz tanışmamış, yalnızca eylemden anlıyor. Bir kez dilinize sürdüğünüzde, aklınızdan geçirdiğinizde, er ya da geç buluyor o durum sizi.

Birkaç hafta öncesine kadar abimin katili dediğim adamla bir daha aynı metrekare içinde bulunacağımı asla düşünmezdim. Yayınlanan bütün haberleri, yazılan gazete kupürlerini okumuştum günler boyunca kendimi odama kapatıp; o gecenin birçok suçlusu var deniliyordu ama ben tek bir suçlu görüyordum, o da karşımda dikilen ve bana tehlikeli derecede yakın temasta bulunan adamdı dalları karla kaplı bir ağacın altında.

Silah sesleri kesildiğinde dudaklarından dökülen sözlerin ardından yalnızca ela rengi gözlerine bakakalmıştım çünkü böyle bir şey söylemesini beklemiyordum. Onu tanımıyordum, bana yabancıydı; bu tehlikeliydi. Bıçak yarası varken bile abimi devirmişti ve o geceden sağ çıkamamasının sebebiydi; bu tehlikeliydi. Vahşi hayvanlarla dolu bir dağın başında, kasaba ve köylere uzak bir dağ evine kapatmıştı kendini; bu tehlikeliydi. 1.90 boyunda bir devdi, hayatını yumruklarıyla kazanmıştı bunca zamana kadar; bu tehlikeliydi. Silahı vardı ve kocaman yırtıcı bir hayvanla arkadaştı. Listeyi daha da uzatabilirdim eminim, yalnızca bir saat daha verseniz bana onunla.

Onun bu ormandaki herhangi bir yırtıcı hayvandan pek bir farkı olduğunu düşünmüyordum. "Tabiatının burası olduğu nasıl da belli," dedim, gözlerimin içine bakarken bir süre sonra elini kontrollü bir şekilde ağzımdan çekmeye karar verdiğinde. "Belki de hiç dönmemelisin."

Fark etmemiştim ama üzerinde yalnızca siyah kısa kollu tişörtü vardı. Kabanını dahi almadan, kurdunu bir mutfak köşesinde bırakarak nasıl peşime düşebilmişti? "Beni nasıl buldun?"

"Korku denen duygunun kokusu bu ormanda çabuk yayılır," dedi tok bir sesle, bir adım geri çekilirken. Bana bakmıyordu, etrafı kontrol ediyordu. Başıyla geriyi işaret ettiğinde gözlerimiz yeniden buluştu. "Hadi, dönüyoruz. Birazdan leş yiyenler gelir çakal etinin kokusuna, kalabalık olur burası."

Kaşlarım kalktı. "Leş yiyenler?"

"Evet, leş yiyenler," dedi kuru bir sesle. "Hayvanlar için bu havada yemek bulmak ne kadar zor biliyor musun?"

Gözlerimi kaçırdım. Hayvanları düşündüğü falan yoktu, çakal sürüsünün saldırısına uğramamak için vurmuştu onları. Kaç kurşun saydığımı hatırlamıyordum çünkü o sırada kalbim damarlarıma öyle yoğun kan pompalıyordu ki adrenalinden birkaç saniyeliğine sağırlaşmıştım.

"Hadi," dedi bir kez daha, geriyi işaret ederek. Kar yağışı devam ediyordu ve üzerimde kalın bir kazak ve kaban olmasına rağmen ince bir tişörtle çıktığı için ona bakarken ben üşüyordum.

"Seninle oraya gelmek istemiyorum," diye bir itirafta bulundum. Seninle konuşmak da istemiyorum. Senin yüzünü görmek de istemiyorum. Senin sesini duymak da istemiyorum. Ben aslında burada olmak da istemiyordum ama kendimi bu olaylar silsilesinin içine tam olarak ben sokmuştum, bu yüzden kendimden başka suçlayabileceğim biri yoktu. Belki zorlarsam Ali Fuat Dinçer'i suçlayabilirdim ama onun sözlerinin ne kadar doğru ne kadar aldatmaca olduğunu bilmiyordum henüz.

"Bunu anlamak zor değil. Ama başka bir seçeneğin yok."

Siyah, mat tabancanın metaline kaydı gözlerim; emniyetini açtıktan sonra silahı indirmişti. Derin bir nefes alarak sırtımı ağacın gövdesinden kaldırırken elimi bacağıma götürüp torbadan yırttığım kumaşa baktım, hava karardığı için pek net göremiyordum ama bir an önce kendi yarama da bakmam gerekiyordu. Kurdu haksız yere yaraladığımı fark ettikten sonra göğsüme çöken ağırlık kendi yaramı unutturmuştu bana, daha sonra da bir an önce buradan çıkmak isterken bulmuştum kendimi. Sağlıklı düşünememiştim. Bir doktor gibi düşünememiştim. Mikrop kapmış olabilirdim, enfekte olmuş olabilirdim; beni ısırmaya çalışan kurt kuduz olabilirdi, her ne kadar tetanos aşısı olmuş olsam da geçen aylarda, biliyordum ki kuduz aşısı her seferinde yeniden olman gereken bir şeydi.

Yutkunarak ona baktım, kaşları çatılmış; artık ışık görmeyen altın hareler solmuştu. Bakışlarım nemli saçlarına değeceği sırada gözlerimi kaçırıp geldiğim yöne doğru bir adım attım, her ne kadar gözlerim çalılıkların orada vurulmuş çakal cesetlerine bakmak istese de doğru düzgün bir şey görememiştim. Sanki her göz kırpışımda orman biraz daha kararıyordu.

"Neden bacağına bakmadın?" diye sordu tok bir sesle, ben önünden hafif sekerek geçerken. Öylece durmuş, bacağıma sarılı kanlı kumaşa bakıyordu.

"Bilmiyorum, senin evcil kurdunu yaşatmaya çalışmakla meşgul olduğumdan olabilir mi acaba?" Alay eder bir hava vardı sesimde, bunu fark etmemesi imkânsızdı ama sorduğu saçma bir soruydu çünkü orada o canı kurtarmakla uğraşırken o da yanımdaydı. Neredeyse kolu parçalanıyordu. En azından bugün bir tarafları parçalanma ihtimalinin yanından geçen tek insan ben değildim... Düşünmemem gerekiyordu çünkü korkunç bir andı o an; o ağaca tırmanırken bacağımın o korkunç kurdun sivri dişlerinin arasına girdiğini gördüğüm an...

"Karayel evcil bir kurt değil," dedi önüne dönmüş, karın içinde bata çıka yürümeye başladığında. "Her zaman gelebileceği başka bir evi daha olduğunu bilen, şanslı bir kurt." Aramızda biraz mesafe vardı ama yan yana yürüyorduk. "Yaran ne kadar kötü?"

"Kötü değil," dedim kendimi daha hızlı yürümeye zorlayarak. Aslında normal hızda yürümeye zorluyordum çünkü geride kalmak istemiyordum ama bir yandan da yapamıyordum. Dişlerimi sıkıp biraz dayanmam gerekiyordu sadece. "Tam olarak ısırmadı bile, sadece derimi deldi dişleri."

"Ya kuduzsa?" diye sordu bir anda, adımlarını durdurarak.

Bir adım ileride durdum, ardından omzumun üzerinden başımı çevirerek ona baktım. Düz bir ifade vardı suratında ama kaşları çatıktı. "Olmamasını umuyorum," diye mırıldandım önüme dönerken, düşüncenin ihtimaliyle. "İlk ısırdığında sabunla yıkamalıydım..." Gözlerimi kapatıp derin bir nefes aldım, ardından ilerlemeye devam ettim. Burun deliklerim genişlemişti eğilip bacağıma bakarken.

Birkaç uzun adımda yanıma ulaştığında "Şimdi işe yaramaz mı?" diye sordu, kalın sesiyle. Bir yandan da gözlerini etrafta gezdiriyordu. Başka hayvanlar olduğunu mu düşünüyordu?

"Bilmiyorum. Belki." Alnımı ovaladım, bakışlarımı etrafa çevirdiğimde onun gibi. Saatler önce tırmandığım ağacın yanından geçiyorduk. "Burada valizimi bırakmıştım," diye fısıldadım. Ama artık yoktu.

"Bıraktığın yerde değilse geçmiş olsun, kokunu aldıklarından bir yerlere sürükleyip parçalamışlardır içindekilerle birlikte." Ardından çattığı kaşları ve sorgular ifadesiyle bana baktığını hissettim. "Bir dakika, bir dakika... Valiz mi?"

"Bolu otobüsüne binmem gerekiyordu. Yılbaşı için annemin yanına gidecektim," diye mırıldandım boğuk bir sesle, o kadar sinirlerim bozulmuştu ki nefeslerimi bile dalgalı alıyordum. "Ama sefer iptal olmuş. Otogara ulaştığımda yalnızca Kayradağ otobüsü vardı kalkmak üzere olan. Eğer bu sabah antrenörünle karşılaşmamış olsaydım evime dönerdim, güvende olurdum." Başımı kaldırıp gözlerimi üzerine çevirdim. "Ama belki de gerçek bile olmayan bir şüphenin peşinden buraya geldim."

Derin bir nefesi içine çekerken gözlerini kapatarak başını çevirdi, dudaklarını ıslatarak parmaklarını saçlarına geçirmiş ve saç diplerini çekiştirmişti aynı zamanda. "Piç herif..."

"En son ne zaman konuştun hocanla?" diye sordum kuru bir sesle. Boğazım acımıştı soğuk havayı ağzımdan solumaktan.

"Haftalar önce," diye cevapladı beni. "Burayı biliyor. Geldiğinde onu dinlemedim ama seni buraya gelmeye ikna edecek kadar ileri gideceğini düşünmemiştim. Beni o cehenneme geri döndüremezsin çünkü o gece olanları hiçbirimiz değiştiremeyiz Karaca."

"Sen camianın içinden biri değil misin?" Adımlarım durduğunda, neredeyse evin bahçesine yaklaşmıştık. "Ne kadar pis iş dönüyorsa bilmen gerekmiyor mu? Neden antrenörün haftalarca bana ulaşmaya çalışsın, gittiğim spor salonuna kadar bulup soksun bütün bunları kafamın içine yok yere? Tek isteği senin o Rus'la maça çıkman olamaz."

"Olabilir, Fuat Hoca zeki biridir. Sırf o maç bu ülkeye çok şey ifade ediyor diye iki ay seni de beni de parmağında oynatır ve ruhumuz duymaz."

Burun deliklerim genişledi bir an, dudaklarımı birbirine bastırdım. "Peki bunu yapar mı?"

"Yapmaz," dedi tok bir sesle. "Sağlam biridir." Gözlerini etrafta gezdirdi. "Sana kanıt olarak herhangi bir şey sundu mu?"

Dudaklarımı ıslattım istemsizce, gözlerimi kaçırdım. Ardından elimi cebime attım ve parmak uçlarıma değen USB'yi alıp çıkarttım. "Maç kaydını verdi. İzlememi söyledi."

Gözbebekleri genişler gibi oldu bir an, doğruca elimdeki küçük kutuya bakıyordu. Yutkunduğunda âdemelması yukarı çıkıp indi. Ardından dudaklarını ıslattı. "İzledin mi?"

"Hayır." Cebime geri koydum. "Her ne kadar maçın kaydı mahkeme tarafından yasaklanmış olsa da o arenadaki binlerce kişinin göremediği ve benim yalnızca izleyerek fark edebileceğim ne var bilmiyorum. Bir de..." Yutkundum. "Abimi o hâlde görmek istemedim sanırım. Bilmiyorum. Pek zamanım da olmadı."

Bakışlarını kaçırdı, önce alnını ovaladı; ardından elini kar tanelerinin düştüğü nemli saçlarından geçirip ensesine kaydırdı. Bu adamın karşısına geçmiş, onunla sakin bir şekilde konuştuğum için kendime inanamıyordum. Belki de gerçekten o kurttan kuduz kapmıştım.

Öte yandan, birazdan bu adamın evine gireceğim ve muhtemelen geceyi orada geçireceğimi kabullendiğime de inanamıyordum. Verandada yatıp soğuktan hipotermi geçirip ölmeyi tercih ederdim ama soğuk derimin altına işleyip beni tatlı bir uykuya yatırmadan hemen önce bir kurt ya da ayının midesine gitme ihtimalim de vardı. Memlekette başka orman mı yoktu da bu kadar hayvan buraya toplanmıştı böyle?

Adımlarımı hızlandırdım, bir süre sonra o da bir şey söylemeden peşimden gelmişti. Basamakları benden önce çıkıp kapıyı açtığında peşinden içeri girdim, yeni fark ediyordum; içerisinin dışarıdan pek farkı yoktu. Soğuktu.

"Işıkları açacak mısın?" diye sordum kapı arkamdan kapanırken. Bir elimi duvara yaslamış, diğer elimi bacağıma sarılı kumaşın üzerine koymuştum. Pencerelerden gelen rüzgârın uğultusu o kadar sert ve sesliydi ki eğer burada yalnız kalsam ışıklar açıkken bile korkabilirdim.

Bana cevap vermeden salonun ortasına doğru yürüdüğünü fark ettiğimde kaşlarım çatıldı. Ne yapıyordu bu adam?

Bir sürgü sesi doldu kulaklarıma, çekmeceyi açmıştı. Ardından bir çakmak sesi duydum. Yutkunarak başımı eğmiş, karanlığın içindeki silüetine bakıyordum; bir anda ateş parladığında bir şeyin ucuna tuttuğunu anlamış oldum. Mum. Bir mumu yakmıştı.

"Şaka yapıyorsun değil mi?" diye sordum seslice nefes vererek. "Telefon çekmiyor, insanlığa dair hiçbir iz yok, vahşi hayvanlar tarafından etrafımız çevrili. Ve şimdi de elektrik mi gitti?"

"Neden? Karanlıktan korkuyor musun yoksa?" Yaktığı mumu, diğerinin yanına bırakırken etraf yeterince aydınlanmıştı. Mumları yakmak için masanın üzerine koyduğu silahını alıp alttaki çekmecelerden birinin içine bırakışını izliyordum o sırada.

"Burası yalnızca karanlık bir ev değil, ayrıca mutfağında koca bir kurt var." *Senden bahsetmiyorum bile.*

Başka bir mum çıkarıp ucunu yaktığında adımlarını üzerime çevirmişti. "Bunu al, banyoda bacağına bakabilirsin. Ben odun getirmek için dışarı çıkacağım, şömine boş." Mumu bana uzattıktan sonra, portmantoya asılı montunu alıp üzerine geçirdi. O, kapıyı açıp dışarı çıkarken ben sessizce kafamı sallamıştım ama bana bakmadığından gördüğüne pek emin değildim.

Kapı kapandıktan sonra yutkunarak bakışlarımı içeriye çevirdim. Ardından adımlarım salonu aştı. Her ne kadar içeride olsam da hâlâ nefesimi dışarıya buhar olarak verdiğime inanamıyordum, hava bu kadar soğuk olamazdı. Kaç dereceydi? Muhtemelen sıfırın altındaydı.

Banyonun kapısını aralayıp içeri girdikten sonra mumu lavabo tezgâhının üzerine bırakıp kapıyı kilitledim, ardından bir yerleri ateşe vermeden hızlıca dolapları karıştırdım. İşe yarar bir kolonya, sabun ve daha fazla temiz havlu bulabilmiştim sadece. Kabanımı, atkı ve beremi çıkardıktan sonra kenara bıraktım; ardından yaralı bacağımdaki botu ve çoraplarımı da çıkardım. Sıra pantolonuma geldiğinde kumaşı çıkartırken canım yanmıştı çünkü kurdun dişlerinin deldiği bölgedeki kan pıhtılaşmıştı ve kumaş pıhtılaşan bölgeye yapışmıştı.

Kemerimi ve pantolonumu da kenara bıraktıktan sonra bacağımı küvetin içine sokup duş başlığına eğildim. Sıcak su olması için dua ederken musluğu açtığımda, birkaç saniye elimi suyun altına tutmuş ve ardından gelen ılık suya sevinmiştim. Bu noktada temizlememin, eğer kuduz kapmışsam bir işe yaramayacağını biliyordum ama yine de bu hâlde bırakamazdım.

Ilık su yaramın üzerine değdiğinde alt dudağımı dişleyerek sertçe yutkunmuştum. Diş izleri hem bacağımın önünde hem de arkasındaydı; eğer durmasa, hızla geri çekilmese kuşkusuz bacağımı parçalamış olurdu. İnsan bacağının bu bölgesinde kısa sürede aşırı kan kaybından ölüme yol açacak damarlar bulunuyordu ve onlardan birini kesmediği için saniye farkıyla şanslıydım.

Yarayı sabunla yıkadım birkaç kez, ardından duruladım. Kaynar suyla ıslatıp suyunu sıktığım nemli havluyu ucundan kesip yaranın etrafına doladıktan sonra pantolonumu tekrar giyerken gözümden yaş gelmişti ama başarmıştım. Çoraplarımı ayağıma geçirdikten sonra kabanımı tekrar giydim, ardından botlarımı ve atkı-bere takımımı yanıma alıp mumla beraber çıktım banyodan.

Dışarıdan, düzenli aralıklarla odun kesme sesi geliyordu. Beremi ve atkımı yeniden üzerime geçirirken salona girmiştim, botlarımı giymek için eğildiğimde mutfakta yatan devasa kurda ilişti yeniden gözlerim ama henüz öğlenki kurt travmamı atlatabilmiş değildim bu yüzden her ne kadar yarasını kontrol etmem gerekse de tek başıma onun yattığı yere girmek istemiyordum.

Kapıyı araladım, içerinin dışarıdan tek farkı, dışarı çıktığınızda yüzünüze çarpan kutup rüzgârıydı. Daha önce bulunduğum hiçbir yerin bu kadar soğuk olduğunu hatırlamıyordum. Az önce sıcak suya değen ellerimin yeniden buz kesmesi yalnızca saniyeler almıştı.

Bacağımın acısını unutmaya çalışarak kapıyı kapatıp dışarı çıktığımda tok ses daha da güçlendi, arkadan geliyordu; balta ile odun kestiğine yemin edebilirdim fakat ben basamaklardan inerken sesler bir anda durdu.

Etraf zifiri karanlık değildi, her ne kadar kar atıştırıyor olsa da bulutlar, dolunayın gökyüzüne yerleştiği kısımda biraz dağılmıştı bu yüzden orman biraz ışık alıyordu.

Buz tutmuş ellerimi ceplerime soktuktan sonra burnumu çektim ve evin arkasına doğru yürümeye başladım. Köşeyi döndüğüm sırada bir el arabasına atılan odunları görebiliyordum artık, ilerledikçe kenardaki kesilmiş ağaç yığını ve bir kütüğe saplanmış balta dikkatimi çekti. Elinde siyah, kalın eldivenler vardı ve kestiği odunları el arabasına yüklüyordu.

Sonra orayı gördüm; boynu bükük, dalları kar dolu bir ağacın arkasındaki buz tutmuş gölü.

Melisa'nın annesinin bahsettiği göl, bu göl olmalıydı. Dağın etekleri karla kaplı olduğu için ay ışığı sayesinde görülüyordu ama göl, donmuş olmasına rağmen simsiyahtı ve eve bu kadar yakın olması istemsizce beni ürkütmüştü. Eğer mevsim yaz olsaydı düşünmeden atlardım belki yüzmek, ferahlamak için ama bu görüntü güneşli bir piknik gününe çok uzaktı.

Melisa'nın annesi... O kadının düşüncesi bile tüylerimi diken diken etmeye yetiyordu. Kurda dikkat et, diye fısıldayışı arkamdan; gözlemelerin arasına sıkıştırdığı bıçak ve başından beri garip bakışlar atması beni en çok geren şeyler olmuştu. Buraya gelene kadar sözlerinin arkasındaki anlamı kestirememiştim ama artık biliyordum. Burası, İstanbul'un kıyısında, araf bir yerdi. Medeniyete yakın ama insan elinin değmediği, değemediği vahşi bir ormandı burası. Ayak bastığım gibi kurt ve çakal sürüleriyle karşılaşmış olmamın başka bir açıklaması olamazdı.

Beni fark ettiğinde elinde iki odun parçası tutuyordu, gözleri rengini kaybetmiş yüzümde gezindikten sonra arkaya baktı ve nereye daldığımı gördü; donmuş göle. "O kadar da korkunç görünmüyor," dedi tok bir sesle, elindeki odunları da el arabasına bırakırken. Ardından ellerini silkeledi.

"Öyleyse neden yalnızca bakmak bile tüylerimi diken diken etmeye yetiyor?" Sorum istemsizce dökülmüştü dudaklarımdan, belki de soğuk bana iyi gelmiyordu.

Ay ışığının altında soluk bakan altın hareli ela gözler üzerime çevrildiğinde, gözlerimi nihayet buz tutmuş gölün manzarasından çekip onun yüzüne çevirdim. "Kurtlar seni ısırdığında aranızda bir bağ falan mı oluştu?" diye sordu dalga geçer bir tonla. "Karayel de bu gölü sevmez. Şansa bak ki ev hemen yanında."

"Neden?" Kuru bir sesle sordum bunu, lafının hemen ardından. Neden sevmiyorlardı?

Dudaklarını ıslattı, ardından iki yandaki demirinden tutup yanıma doğru sürüklediği el arabasını bırakıp eldivenlerini çıkardı ve odunların üzerine fırlattı. "Eskiden buranın yerlileri göle adak adar, doğadaki vahşi hayvanları avlayıp kesermiş," dedi seslice nefes verirken. "Uzun yıllar yalnızca kurtların avlandığını duydum. Eski hikâyeler. Pek mantıklı değiller. Artık kim uydurduysa."

"Nasıl hikâyeler?" Kaşlarım çatıldı.

Seslice nefes verdi, el arabasını kavramış ön tarafa doğru yürümeye başlamıştı. "İçeri geçelim. Hava soğudu."

Bir şey söylemedim ama sorumu havada asılı bırakması hiç hoşuma gitmemişti. O içeri geçerken ben de ellerimle kollarımı ovaladım, haklı olduğunu inkâr edemezdim. Sanki kabanıma üç haneli yüksek bir miktar para bayılmamışım gibi bir de soğuk içini delip geçiyordu şimdi, hiçbir işe yaramıyordu sanki.

Başımı kaldırıp uçarak dolunayın önünden geçen kuşa baktım, ardından hareket eden bulutlara; birkaç saniye sonra ay ışığı tamamen kaybolmuştu ve etrafa karanlık hâkim olmuştu. Hızlı adımlarla arkama bakmadan ön tarafa yürüdüm, verandaya vardığımda etrafta kimse yoktu. Aralık kapıdan içeri girip kapıyı arkamdan kapattığımda şöminenin önünde ayaklarının üstünde çökmüş, ateş yaktığını fark ettim. Vitrin ve masanın üzerinde de birkaç tane mum yanıyordu.

Hemen sol taraftaydı mutfak kapısı, açıktı da. "Kurdunu kontrol edeceğim," diye mırıldandım ellerimi ceplerimden çıkartıp sıcak nefesimi üflerken.

Odunların altında tutuşturduğu kâğıt parçasından yükselen alev şömine telleri boyunca genişlerken bana çevirdi bakışlarını. Yükselen alevlerin kızıl ışığı yüzüne yansıyordu. "Tamam," dedi düz bir sesle.

Tamam mı? Gözlerimi devirerek seslice nefes verdim o an, ardından adımlarımı mutfağa çevirdim. Nasıl sadece tamam diyebilirdi? Elbette ona öğlenden kalma ellerimi titreten korkumu belli etmeyecektim ama en azından kalkıp peşimden gelebilirdi. Kurt, benimle mutfakta yalnızken uyanıp acıdan bana saldırırsa ne olacaktı? Bu sefer gerçekten ölürdüm bu dağ evinde.

Ben burada mahsur kalmıştım. Gerçek anlamda mahsur kalmıştım ben. Bir saniyelik düşüncesiz kararım beni buraya getirmişti. Gözleme evindeyken vazgeçip geri dönmeliydim. Aynı gün içerisinde hem kurtların hem de çakalların saldırısına uğramıştım. Sabah ne olacaktı? Kapıyı açtığım gibi bir ayının pençeleriyle göğsümü deşmeyeceğini kim garanti edebilirdi?

Her şeyden de öte, kuduz kapmış olabilirdim ve eğer kapmışsam saatler aleyhime işliyordu çünkü kuduzun tedavisi yoktu.

Mumlardan birini alıp mutfak tezgâhının üzerine bıraktım dikkatlice, gözlerimi kurdun üzerinden ayırmamıştım asla. Uyutulmadığı ya da uyuşturucu bir şey verilmediği için her an uyanabilir, uyandığı taktirde de agresif davranışlar sergileyebilirdi. Kurtların bilinci var mıydı? Yoktu. Öyleyse içerideki dağ ayısı akrabasıyla arasındaki dostluk yalnızca bir aldatmacadan ya da refleksten ibaret olabilirdi eğer uzun zamandır buraya, bu kurdu ziyarete geliyorsa.

İşte o zaman bu kurdun benim kafamı koparmayacağının garantisi yoktu burada. Üstelik eğer gerçekten yardım ettiyse, ben onun gövdesine bıçak saplayarak düşmanca bir tavır sergilemiştim. Nasıl karşılık vereceğini kim tahmin edebilirdi?

Mutfak tezgâhına yasladım kalçamı, ardından kollarımı göğsümde birleştirip gözlerimi kurdun üzerine çevirdim. Yanına yaklaşmak istemiyordum. Yarasını zımbayla dikerken kulağımı delen haykırışları ve bilinçsiz hareketleri aklımdaydı, kafasıyla arasında yastık olmasa sahibinin kolunu parçalayacaktı neredeyse. Vahşiliği gözümün önünden gitmiyordu.

"Durumu nasıl?" Saçlarının ıslaklığını aldığı bir havluyla birlikte mutfaktan içeriye girdiğinde bakışlarım kurdun üzerinden ona kaydı.

"İyi," diye mırıldandım. "Yani, hâlâ yaşadığına göre iç kanaması yok." Uzanıp kurumuş havluyu kaldırdım yarasının üzerinden. "Enfeksiyon da kapmamış. Birkaç saate uyanır sanırım ama hareket etmemesi lazım."

Kafasını salladı, havluyu omzundan sarkıtırken. Ardından gözlerini kurdun üzerinden bana çevirdi. "Senin bacağının durumu nasıl peki?"

Gözlerimi kaçırdım. İçime çektiğim nefesle birlikte kuru dudaklarımı ıslatırken bakışlarım mutfak penceresinden karanlık ormana kaymıştı. "Bacağım iyi ama ateşlenirsem ve bulantı başlarsa bu kuduz kaptığım anlamına gelir. İşte o zaman ölü olurum."

Havluyu kenara bırakıp çatılmış kaşlarıyla masanın etrafından yürümeye başladığında, az önce gözlerimi çevirdiğim pencereden dışarı baktı ve ardından bana döndü. "Sabahın ilk ışıklarıyla yağış durursa yola yürürüz. Araba orada."

Kafamı salladım, gözlerim kurdun kürkünün üzerindeydi. Aldığı nefesler sert ve kesik kesikti bazen, canı yanıyor olmalıydı.

O sırada çatlayan başımı ovuşturmak için ellerimi şakağıma çıkardım, ardından bir ağrı kesici daha alma isteğiyle kapanan gözlerim açıldı ve çantamı aradı; işte. Gelen farkındalıkla salona yönlendirdim hızlı adımlarımı, ardından çantamı elime aldığım gibi açıp kahverengi hap şişesini aramaya başladım içinde.

"Ne oldu?"

Peşimden geldiğini fark etmemiştim, mutfağın girişinde dikiliyordu. Elime aldığım ilaç şişesinin kapağını açıp bir kapsülü avucuma bıraktıktan sonra şişeyi çantama geri attım. "Annemin ilacı," dedim tok bir sesle, önünden geçerken. "Kırmızı reçeteli bir ilaç, morfin bazlı. Ağrısını keser." Mutfağa girdikten sonra masanın önünde durmuş, yutkunarak kurttan ona çevirmiştim bakışlarımı. Ardından avucumu açıp ona uzattım. "Al. Sen ver."

Hapı avucumdan aldıktan sonra plastiğini açıp tozu çekmecelerin birinden çıkardığı tatlı kaşığına döktü. Ardından büyük, tahta bir kaşık alıp baygın kurdun ağzını zorlanmadan açarken kaşığı içeri uzatıp tozu dökmüştü. Kurdun ağzı aniden kapanırken kaşıkları çektiğinde, kurt dilini dışarı çıkartıp istemsizce ağzını yaladı ve sertçe birkaç kere yutkundu.

Beremi ve atkımı çıkartırken mutfaktan çıkıyordum. Bacağımın ağrısını geçirmek için bir hapı da ben yutmuş ve kabanımla birlikte elimdekileri koltuğun üzerine bıraktıktan sonra yanan şöminenin önüne geçip bağdaş kurarak oturmuştum. Telefonum elimdeydi ama bir işe yaramıyordu. Elimden bir şey gelmiyordu.

Sırtımı tekli koltuğa yasladıktan sonra bacaklarımı kendime doğru çektim. Botlarımı da çıkardığımdan hafif ıslanmış çoraplarımın altında ayaklarım donmuştu ama şöminenin ateşi yavaş yavaş çözüyordu.

Mutfaktan çıktığını fark ettim o an, koridora girecekti ama beni gördüğünde adımlarını durdurdu. Ne yapacaktı? Benimle bu dört duvar arasında ne yapacaktı? İstanbul'a dönmeyeceğini tahmin etmeliydim, benim lafımın değeri sokaktan geçen bir yabancınınkinden farklı değildi onun için. Ali Fuat neden bunu fark edememişti?

Arkasını döndüğünde, başımı kaldırıp ona baktım. Kollarımı bacaklarımın etrafına sarmış, çenemi dizlerimin üzerine yaslamıştım ve uzun siyah saçlarım omuzlarıma dökülüyordu.

Şömineye doğru yürüdü, ardından tam karşımdaki tekli koltuğa sırtını yaslayarak benim gibi yere oturdu ve bacaklarını uzatıp kollarını göğsünde birleştirdi. Bunu neden yaptığını anlayamamış olsam da rahatsız olmamıştım ama yine de çatık kaşlarımla bakıyordum ona çenemi yasladığım dizlerimin üzerinden. Şömineden gelen ışık yüzüne düşüyordu yine, çene hatlarını aydınlatıyordu. Üzerini değiştirmemişti, hâlâ kısa kollu tişört ve eşofman vardı üzerinde. Belki de o kadar kas sayesinde üşümüyordu.

Yutkundu, sık kirpiklerinin altındaki altın hareli gözlerini üzerimden çekmeden "Maç kaydını neden izlemiyorsun?" dedi.

"Burada mı izlememi istiyorsun?" diye sordum, duvara monte edilmiş televizyonu göstererek kafamla. "Ölmek istiyorsun sanırım."

"Sen mi öldüreceksin beni?" Kaşlarını kaldırdı hafifçe.

Dudaklarım düz bir çizgi hâlini aldı, ifadesizdi artık suratım. "Önce kurdunu öldürürüm," diye mırıldandım buz gibi bir sesle. "Hatta öldürmüş de olabilirim. Ona verdiğim hapın morfin dozajının fazla geldiği ve şimdiye kalbini durdurup durdurmadığını kim bilebilir?"

Suratındaki ifade anında kayboldu. Kaşları, dudaklarımdan duyduğu sözlere karşı çatılmıştı ve muhtemelen kalkıp mutfağa gitmek, dostunu kontrol etmek istiyordu ama yapmayacaktı. "Buna cüret edemezsin. Onun bir suçu yok."

"Öfkenin oturduğu masada akıl kalkar," diye mırıldandım, o gece bana söylediği sözü tekrar ederek. "Bunu bana sen söylemiştin. Bir insan, çok sevdiği birini kaybettiğinde mantığının düzgün işleyeceğini mi zannediyorsun? Karşındakini öldürmek çok kolay olur. Üstelik hiç acı çekmemiş olur, tatmin etmez adamı. Bunun yerine onun sevdiklerine saldırırsın. Bu yüzden düşmanına zaaflarını göstermemelisin."

"Peki sen Karayel'i öldürdüğünde ne olur?" diye sordu yüzünde mimik oynamadan.

Yutkunarak dudaklarımı ıslattım, bakışlarımı yere çevirdim. Sesimde herhangi bir duygu barındırmıyor, yalnızca ihtimalleri düşünüyordum o an ona cevap verirken. "Sen öfkelenirsin."

"O zaman ne olur, Karaca?"

"Ödeşmiş oluruz." Bu sefer sertçe yutkunurken gözlerimi

kapatmıştım. Bu saçmalıktı, bunu söylemek saçmalıktı ama o an yalnızca bu cevabı verebilmiştim.

Histerik bir nefes kaçtı burnundan; şömine ateşine dönmüş, alevleri izliyordu gözleri. Başımı kaldırıp ona baktım o an, kafasının içinde ne vardı?

Bir bacağını kendine çekip ayağını yere basarken ayaklandığında çenemi dizlerimin üzerinden çektim ama gözlerimi ondan başka bir yere çevirmedim. Koltukların arasından geçip vitrine yürüdü, mumun önünde durduğu için ne yaptığını göremiyordum ama gelen cam seslerinden fark edebilmiştim.

Doldurduğu bir bardağı tek yudumda kafasına diktiğini gördüm; kaşlarım çatıldı, içtiği o şey viski miydi az önce? Alkolle ilgili liseden kalma kötü anılarım vardı bu yüzden kullanmayı pek sevdiğim söylenemezdi.

Doldurduğu başka bir kristal bardakla birlikte geri döndüğünde gözleri üzerime çevrildi, göz temasını kesmeden suratındaki buz gibi ifadeyle aynı yere oturduğunda bu sefer elindeki bardağı, dirseğini kendine çektiği dizine yaslayarak parmaklarının ucunda sallandırmıştı.

Yutkundum.

"Karayel'i alabilirsin," dedi düz bir sesle, içkisinden bir yudum alırken. "Eğer içindeki yangını söndürecekse al. Öfkeni dindirecekse al."

"Bir işe yaramayacağını biliyorsun."

"Biliyorum," dedi dudaklarını ıslattıktan sonra derin bir nefes alırken. "Üstüne, daha da berbat hissedeceğini de biliyorum." Kristal bardağın üzerinde gezinen gözlerini üzerime çevirdiğinde göz göze geldik. "Çünkü ben senin abinle dövüşmek için çıktım o ringe, onu oraya gömmek için değil. Ama sen bile isteye Karayel'i öldürmüş olacaksın."

Bir ateş yükseldi boğazımdan yukarı, yanımızda yanan şöminenin alevlerinden daha güçlüydü sanki gözlerime ulaşan öfke ama dışarıda yaprak kımıldamadığını biliyordum. Duygularını içinde yaşama olayını gereksiz bir profesyonellikle yapıyor olmam bana hem çok şey kazandırıyordu hem de çok şey götürüyordu benden. Yalnızca kara gözlerime bakarak anlayamazdı neler hissettiğimi, kafamın içindeki hangi depremlere gebe kaldığımı. Yalnızca tahmin edebilirdi.

O bir boksördü, tıpkı abim gibi. Onun işi antrenman yapmak, maçlara hazırlanmak, rakibiyle dövüşmek, kazanmaktı. İki ay önceki Karaca'ya anlatamazdınız bunları, onun acısı tazeydi. Yıkar, yakar geçerdi. Öfkenin barındığı kafadan aklın uçup gittiği doğruydu çünkü ben aklımı kaçırmıştım. Anlam verememiştim. Kendimi suçlamıştım. Karşımdakileri suçlamıştım. Herkesi suçlamıştım.

"Ne olursa olsun sen benden abimi aldın," dedim kuru bir sesle. "Belki katil olmayabilirsin ama sen onu benden aldın ve ben, sonsuza dek nefret edeceğim bunun için senden. Bunu değiştiremezsin."

Dudaklarını birbirine bastırırken hafifçe sallıyordu kafasını, tekrar şöminede yanan ateşe doğru çevirirken. "Sana yardım edeceğim," dedi tok bir sesle. "İstanbul'a geleceğim."

"Ben senin yardımını istemiyorum."

"O zaman neden buradasın?"

Dudaklarımı birbirine bastırarak baktım ona o an, yeniden bana dönmüş bir cevap için bakıyordu gözlerime. Vereceğim her cevap bu sonuca çıkmayacak mıydı? Ali Fuat, onu İstanbul'da istiyordu çünkü başka dümenler döndüğünü düşünüyordu. Eğer bu doğru çıkarsa o sporcusunu kaybetmeyecekti, ben de gerçekleri öğrenecektim.

"Abim için," diye fısıldadım kısık bir sesle, gözlerimi halının üzerine dikerken.

"Abin için," diye tekrar etti beni. "İstanbul'a geleceğim."

Bakışlarımı kaldırdım o an, her ne kadar istemesem de bir kez daha kenetlendi gözlerimiz. Abim için mi? Onu tanıyor muydu ki acaba? Gerçi sırf o gece onunla birlikte maça çıktığı için bile benden daha çok biliyor olabilirdi; sesi hatıramda değildi mesela ya da hep kullandığı parfümün kokusunu dahi unutmuştum. Değiştirmiş miydi tüm bunları? Ne kadar değişmişti yıllar içerisinde? Fotoğraflarına bile bakamamıştım o geceden sonra, değil maç kaydını izlemek... Sanki suratını görürsem, haftalardır katettiğim yol ortasından çatlayacaktı ve ben açılan yarığa düşecektim. Orası çok karanlıktı, orası sessiz ve soğuktu.

Tıpkı burası gibi.

"Eğer kuduzdan ölürsem tüm bunların bir önemi kalmaz," dedim kuru bir sesle. "İki haftaya beni de gömersiniz yanına. O zaman unutursun sen sözünü."

"Ölmeyeceksin." Ciddi bir ifade vardı yüzünde, parmak boğumları kristal bardağın etrafında kasılmıştı. "Saçma sapan konuşup durma. Kaptığın kesin bile değil."

"Bilemezsin."

"Evet," dedi boş bardağı yere çarparak bırakırken. Bir saniye olsun göz temasını kesmemişti. "Bilemem Karaca ama ölmeyeceksin."

Gözlerimi kaçırdım kesik bir nefes alırken. İstemsizce kurumuş kan lekelerinin olduğu kısma değdi parmaklarım, pantolonumdaki. Kaynamış suda yıkadıktan sonra suyunu sıkıp kestiği havluyu içeriden yaranın üzerine sarmıştım, kumaşın hemen altındaydı. "Söz veremezsin."

"Verebilirim." Ateşten hareler gözlerimde geziniyordu. "Ölmeyeceksin."

İstemsizce, kısık sesimle dudaklarımı birbirine bastırarak güldüm başımı aşağı eğerken. Bu sözünün hiçbir değeri yoktu ama nedense öyle bir söylemişti ki bir tarafım ona inanmıştı. Abimin katiliydi karşımdaki, ne tuhaftı onunla karşılıklı koltukların dibine oturmuş şöminenin yanında konuşuyor oluşumuz. Daha bu sabaha kadar düşmanımdı o benim, şimdi aynı safta mı savaşacaktık?

"Fikrini değiştiren ne oldu?" diye sordum dudaklarımı yalarken. Ardından başımı kaldırmış, sessizce düşündüğüm saniyelerin başından beri üzerimde gezdirdiği gözlerine dikmiştim gözlerini. "Hani dövüşmeyecektin? Hani benden abimi alan o yumrukların kimseye değmediğinden emin olacaktın? Dönmeyecektin İstanbul'a?"

Gözlerini birkaç saniye ayırmadı gözlerimden, pürüzsüz teninde dalgalanan alevlerin gölgesini izledim yalnızca. Ardından dudaklarını ıslatırken gözlerini kaçırdı, burnunu çekti, derin bir nefes aldı. Kaşlarım çatılmıştı, neden bir anda gerilmişti böylesine?

Dirseğini koltuğa yaslayıp ayağa kalktığında üzerime doğru yürüdü ama sonra koltuğun yanından geçip kapıya doğru gitti. Bacaklarımı yere indirip arkaya doğru döndüğümde ne yapacağını merak ediyordum; dışarı çıkacağını düşünmüştüm ama kapının önündeki el arabasına uzanmıştı yalnızca. Odunların arasından katlanmış bir gazete çıkardı, ardından doğrulurken gözlerini üzerime çevirdi.

Bu sefer karşıdaki koltuğun kenarına değil, şöminenin hemen yanına, benim yanıma geçip oturmuştu. Kabuk bağlamış kesiklerle dolu avucumu yere yaslayarak geri çekilmeye çalıştım ama gidebileceğim pek bir yer yoktu çünkü zaten sırtımı koltuğa yaslıyordum.

"Al," dedi gazeteyi ortamıza bırakırken. "Aç."

Temkinli bakışlarım yüzünde gezindi. Yutkunurken omuzlarımı dikleştirmiş, bir elimle gazeteye uzanmıştım. Katlandığı yerden açtığımda bilindik bir gazetenin logosunun da olduğu ilk sayfa çıktı karşıma. İkiye katlanmış gazeteyi açıp bağdaş kurduğum bacaklarımın üzerine bıraktığımda, dikkatimi çeken ilk şey gazetenin tarihi oldu: *30 Eylül 2020.*

Başımı kaldırıp ona baktım, yalnızca beni izliyordu. "Evet, o maçın yaşandığı gecenin tarihi," dedi tok bir sesle. "Şimdi ilk manşete bak."

Derin bir nefes çektim içime, ardından gözlerimi logonun hemen altındaki büyük manşete çevirdim. *Ünlü boksörün -biletleri yok satan- maç gecesinde yaşanan talihsiz olay!*

Büyük harflerle atılmış manşetin altına haber girilmişti. *Ünlü boksör, Kunt Vidar Karyeli (26) namı diğer Demir Yumruk ile yıldızı yeni yeni parlayan gizemli yerli boksör Karam'ın (?) karşılaştığı, biletleri yok satan ve izleyicisi arena dışına kadar taşan maç gecesinde yaşananlar ülkeye damgasını vurdu...*

"Bunları yüzlerce kez okudum ben," dedim sert bir sesle, gazeteyi atarcasına tuttuğum ucundan bırakırken. Abimin Karam gibi bir takma ad kullanarak kimliğini gizli tuttuğunu biliyordum, kimse kişisel bilgileri hakkında bir şey bilmiyordu. İsmi, yaşı ve daha birçok şey medya için büyük bir gizemdi.

"Bunu okumadın," dedi Kunt, uzanıp şöminenin başındaki mermerin üzerinden aldığı mumu yakarken. Ardından gazeteyi ortamıza çekti ve mumu üzerine koydu. Manşet haberin üzerindeki fotoğraf aydınlanmıştı. "Bu gazete, 30 Eylül için basılan bir gazete ama bayilere dağıtılmadan toplatıldı çünkü maç gecesinden bir fotoğraf kullanıldı. Kimsenin eline geçmedi bu."

Fotoğrafa baktım gergin bir ifadeyle. Ringe yakın bir yerden çekilmiş net bir fotoğraftı. Ringde o ve abim vardı, hakem ve maçı başlatacak manken fiziğinde güzel bir kız elinde pankartla çıkıyordu iplerin arasından. Ayrıca antrenörler de ringin etrafında, arenanın içindelerdi. Ön koltuklarda özel biletler alan zengin seyirciler ve iki tarafın diğer destek sporcuları yer alıyordu.

"Eğer toplatıldıysa bu gazeteyi nereden buldun?" diye sordum gözlerimi fotoğraftan çekip yüzüne çıkartırken.

"Bulmadım," dedi düz bir sesle. "Bu sabah biri cama fırlattı."

Kaşlarım çatıldı aniden. "Ne?"

Kafasını salladı sert bir ifadeyle. "Ali Fuat'ın gönderdiğini düşünüyorum ama henüz onunla konuşmadım. Sabah umursamayıp odunluğa atmıştım ama az önce el arabasını yüklemeye gittiğimde göz gezdirdim, o zaman fark ettim fotoğrafı." Ardından gözlerini gazetedeki fotoğrafa dokundurdu. "Şimdi Karaca," dedi tok bir sesle. "Bana fotoğrafta abinin antrenörünü göster."

Garip bir istekti. Hilmi Bey'i o da tanıyor olmalıydı. Kurumuş dudaklarımı ıslatarak bakışlarımı fotoğrafa indirdim yeniden, Hilmi Bey fotoğrafta; ön saftaki boş koltuklardan birinde oturuyordu aynı renk eşofmanları giydiği diğer sporcularıyla birlikte. Onlarla konuşuyordu sanırım, o sırada çekilmişti fotoğraf. İşaret parmağımla gazete kâğıdının üzerine bastırarak gösterdim onu, onaylaması için Kunt'a çevirdim gözlerimi ardından.

İçime tarif edilemez bir boşluk hissi yayan bir ifadeyle, ağır bir şekilde salladı kafasını iki yana, olumsuz anlamda. Yüz kaslarım farkındalıkla gevşedi o an.

"Bu adam," dedi işaret parmağını fotoğrafta, ringin hemen diğer köşesinde dikilen siyah eşofmanlı, beyzbol şapkası takmış adama çevirerek. "Abinin antrenörü bu adamdı."

Yalan, asfaltı yeni dökülmüş bir yoldu; o yol o gece orta yerinden çatırdadı. Bunca zaman hemen altımda yanan ateşten habersiz, botlarımın tabanları erirken yürüdüğümü nasıl olmuştu da ayak tabanlarım yanana dek fark edememiştim bilmiyordum ama bu farkındalığın o geceden sonra omuzlarımıza bıraktığı yük, kuşkusuz bundan sonra uyanacağımız her gün altında ezildiğimiz dağ olacaktı.

6

GÜVEN

Anatomi çalışırken hayatımın bundan daha zor ve karmaşık bir hâle gelemeyeceğini düşünmüştüm çok değil birkaç hafta önce; saat sabahın beşiydi ve bütün gece ayakta kalmıştım ödev yapmak için, bel ağrımın inanılmaz bir boyuta ulaşmış olması beni alıkoymamıştı o masada saatlerce oturmaktan. Akşam yemeğim birkaç kupa kahveydi, saatlerdir not çıkarmaktan ellerim mürekkep lekeleriyle kaplanmıştı.

Ama zor olan, kazanması da okuması da güç bir bölüm kazanıp çalışırken sabahlamak değilmiş; zor olan, yıllardır görmediğin abinin ölüm haberini Twitter'dan öğrenmekmiş.

Kulağım çınlıyordu. Başımı gazete kupürüne eğmiş, fotoğrafa bakıyordum hipnoz olmuş gözlerle. Anılarımda geriye gitmiştim, cenaze günündeydim artık; Hilmi Bey yanımda dikiliyordu, başsağlığı diliyordu, diğer takım arkadaşları da öyle. Abimi onlar gömmüşlerdi. Bunca zamandır onun yanında olanlar da onlardı değil mi?

"Ne demek istiyorsun?" diye sordum sertçe yutkunarak, bir avucumu yere yaslamış ve elimden destek alırken ona bakmak için kaldırmıştım başımı.

Gözleri yüzümde geziniyordu. "Hilmi Bey, maçlarda ve basın konferanslarında abinin antrenörü rolünü oynuyordu, evet." Siyah şapkalı, yüzünü gizlemek istercesine eğilmiş ve etrafa tedirgin bakışlar atan adamı işaret etti. "Ama kapalı kapılar ardında bu adamdı onu çalıştıran. Adam fotoğrafta olduğu için bu gazetenin 30 Eylül baskısını dağıtıma çıktığı gibi her yerden toplattılar ama muhtemelen bir kısmı çoktan halkın eline ulaşmıştı bile."

"O antrenörle bir ilişkisi olduğunu mu düşünüyorsun abimin ölümünün?"

"Bilmiyorum. Dediğim gibi, Fuat Hoca'yla konuşmadım henüz," dedi tok bir sesle. "Ama eğer gazeteyi gerçekten o gönderdiyse daha fazlasını biliyordur."

Kafamı salladım hafifçe, parmaklarım gazete kâğıdının üzerinde gezinirken. "Hilmi Bey'den bahsetmişti sabah," diye mırıldandım, çatık kaşlarımın altından gözlerimi Kunt'un üzerine çevirdiğimde. Bağdaş kurmuş, dirseklerini dizlerine yaslamış ve öne eğilmişti. "Otobüse binmeden onu ve takımdan bir çocuğu aradım, numaralarını değiştirmişler."

"Bu Hilmi Bey'i ne zamandır tanıyorsun sen?" diye sordu altın hareli gözlerini üzerime çevirirken.

"Hastanede karşılaşmıştık, morgun önünde. Daha sonra cenazeye geldiğinde gördüm onu."

Kaşlarını kaldırdı. "Abinin antrenörünü daha önce hiç görmedin mi yani? Tanıştırmamış mıydı seni?"

Abimin kapıyı çarpıp çıktığı sabah aklımdaydı hâlâ, su almak için kalkmıştım yataktan ve gün daha yeni ağarıyordu. Mutfak kapısına ilerlerken dış kapının önündeki büyük, siyah çantayı gördüğümde kaşlarımı çatmış ve etrafa çevirmiştim gözlerimi ancak o zaman görebilmiştim, ceketiyle birlikte odasından çıkan ve kapıyı sessizce kapatan abimi.

"*Abi?*" Gözlerim sonuna kadar açılmıştı, elimdeki boş sürahiyi düşürmemek için portmantonun üzerine bırakmıştım. "*Gidiyor musun yoksa?*"

"*Gitmem lazım Karaca,*" demişti kuru bir sesle, ceketini üzerine geçirirken değmemişti gözleri gözlerime. Bakamıyordu ya da bilmiyordum.

"*Ama annem?*" diye sormuştum sertçe yutkunurken, sabah sabah kafam doğru düzgün çalışamadığından kalması için daha ikna edici bahaneler üretememiştim. Belki daha da dokunan bir şey söylesem kanına, söyleyebilsem, neler olduğunu itiraf edebilsem ona, nasıl bir cehennemi yaşadığımdan bahsedebilsem; o zaman gitmezdi.

"*Gitmem lazım Karaca,*" diye tekrar etmişti lafını. Yüzümün iki yanına dağılmış saçlarımla birlikte yanaklarımı avuçlayarak alnımdan öpmüştü beni. "*Gitmem lazım,*" diye fısıldıyordu sürekli.

"*Eğer o kapıdan çıkarsan bir daha dönme çünkü abi demem sana,*" demiştim sert sesimle, ellerini yüzümden ittirerek. "*Bizi terk edemezsin.*"

"*Sizi terk etmiyorum.*" Kaşları çatılmış, düşünceli kara gözleri yerdeydi. Yeni tıraş olduğundan tıraş köpüğü kokuyordu ve muhtemelen duş aldığı için saçları ıslaktı henüz. Yalnızca birkaç saat sonra üniversite sınavına girmesi gerekiyordu ama o başka bir yoldan devam edecekti hayatına.

Bizi terk etmişti. Etmişti işte, biliyordum. Aylarca, yıllarca bunun öfkesiyle yaşamıştım ben. Nerede, ne yapıyordu? Hiç dönmüş müydü mahallemize bir kez olsun? Aramaya gitmiş miydi eli bizi? Annemin ne hâle düştüğünü akıl edebilmiş miydi? Etmediğini biliyordum, bir kez olsun düşseydik aklına, dönerdi çünkü. Ve dönmemişti.

Çıkmaz bir sokağa girmişti ve girdiği yola da bir duvar dikilmişti.

O duvar, onun mezar taşıydı.

Gözlerimi kaçırdım o an, vereceğim cevap onun kafasına başka soru işaretleri dikecekti ve istediğim son şey buydu. Bacaklarımı kendime çekip kollarımı etrafına doladıktan sonra dizlerime diktim gözlerimi, ona bakmak istemiyordum. "Abim on sekizinde boksör olmak için evi terk etti. O zamandan beri görüşmüyoruz."

Her ne kadar bakışlarımı ona çevirmesem de ne diyeceğini bilemeyerek alnını ovaladığını fark edebilmiştim. Ardından önümden yana çekildi ve sırtını da kafasını da şöminenin mermerine yasladı. Dizlerini kendine çekmiş, kollarını üzerinden sarkıtmıştı. Ne düşünmüştü? Kahrolmuş muydu o da yıllardır sesine hasret kaldığımın ellerimden böyle kayıp gidişine?

"O akşam," diye mırıldandım çatallaşan sesimle, boğazımı

temizledim ardından ve devam ettim lafıma. "Binadan çıkarken asansöre biniyordum. Kapılar kapanırken karşıdan gelen abimi gördüm, bir saniyeliğine asansörü durdurup yanına gitmek geçti aklımdan."

Kunt'un altın hareli gözleri yeniden üzerime çevrildiğinde bu sefer başımı kaldırıp ona bakmıştım, sormayacaktı ama ağzını açmasına gerek de yoktu zaten, gözleri yeterince konuşuyordu onun yerine. *Neden gitmedin?*

"Yanına gidersem senin yarandan bahsederdim çünkü," dedim tok bir sesle. Dudaklarını ıslatırken gözlerini kapatıp önüne döndü yeniden, başını mermere yasladığı için hafifçe yukarı kaldırmıştı ve yutkunurken âdemelması oynamıştı yine. "Ama bu tek neden değil," diye devam ettim. "Yıllardır görmediğim, küs ayrıldığım abimin karşısına öylece çıkamazdım."

"Ama bu yüzden oradaydın değil mi?" diye sordu gözlerini açmadan. "Sen bir stajyersin, öğrenim görmek için hastanedeydin. Çağrının nereden geldiğini duydun, arenada kimin maçı olduğunu biliyordun, bilerek geldin."

Kafamı salladım sessizce, göremeyeceğini bilerek. Kendime verdiğim bir cevaptı bu çünkü. "Eğer rakibinin yaralı olduğunu söyleseydim bana çok kızardı." Gözlerimi yeniden dizlerime çevirdim, bu sefer daha kısık çıkmıştı sesim. "Yani, yıllar önceki abim kızardı."

"O geceki abin de kızardı," dedi düz bir sesle, gözlerini açıp başını hafifçe eğerken. Ellerine bakıyordu.

Çatılan kaşlarımla yüzümü döndüm ona, göğsümde bir ağrı peydahlanmıştı sözlerinden. Kirpiklerimin arasından, yalnızca küçük bir kızın gözlerinde olabilecek bir ışıltıyla parlıyordu bakışlarım, kan dolaşımımda hissedebiliyordum bunu. "Onu tanıyor muydun?"

"Pek sayılmaz," dedi tok bir sesle. "Antrenman saatlerimiz farklıydı ama aynı boks akademisine gidiyorduk. Zaten bu şekilde gazete kupüründeki siyahlar içindeki adamla çalıştığını görebildim, Hilmi Bey denen herifle değil."

"O adamın ismini bilmiyor musun?"

Dudakları düz bir çizgi hâlini alırken kafasını olumsuz anlamda salladı. "Araştıracak kadar önemsememiştim."

Dalga geçercesine bir sinirle güldüm o an, gözlerimi devirirken. "Pek değerli akademinize yoldan geçen herkesi alıyor musunuz? Kayıtlı bir hoca falan değil miydi?"

Kunt o an, sesimdeki alayı fark ettiği gibi sert bakışlarını yüzüme çevirdi. "Bilmiyorum dedim Karaca. Abin ismi bilinen bir boksör olduğu için yanında kimi getirdiğini kimse önemsemez, güvenlik dahil."

"Spor salonu mu yol geçen hanı mı belli değil," diye parladım bacaklarımı indirip uzatarak, yaramın olduğu bacağım acımıştı ama umurumda değildi. "Kim bu adam ya? Gerçekten hoca mı yoksa başka bir şey mi onu bile bilmiyoruz!"

"Karaca sakin ol," dedi Kunt gözlerini üzerime dikerek, benim öfkeli gözlerimi yakalamıştı o an. "Daha beş dakika oldu adamın varlığını öğreneli."

"Bizim gitmemiz lazım buradan." Arkamdaki koltuktan destek alarak kalktım ayağa o an, derin ama kesik nefesler alıyordum. Elimi saçlarımdan geçirerek "Kalk, yürüyelim bir şeyler yapalım, illaki bir araca bir şeye rastlarız yolda," dedim kapıyı göstererek. O da ayaklanmıştı. "Ben gelirken kar küreyiciyle bir saat civarı sürdü. Ne kadar uzar ki yürümeyle? Anayola ulaştığımızda geçen bir otobüs, bir şey durdurup ona bineriz..."

"Sakin ol." Kunt iki adımda yanıma yürüdüğünde agresif bir şekilde salladığım ellerimi bileklerimden tutacaktı ki son anda ellerini geri çekti. O, çattığım kaşlarımın altında kararmış gözlerime bakarken ne kadar agresifleştiğimin farkındaydım ama bunu durdurmamın bir yolu yoktu. "Bu tipide yürümeyi başarsak bile yolda saldırıya uğrayabiliriz, ormanın ne kadar dolu olduğunu sen gördün. Üstelik bacağın yaralı."

"Hızlı yürürüz, bacağım iyi benim," dedim yutkunarak. "Senin silahın var hem. Güvende oluruz."

"Güvende oluruz?" Kaşlarını kaldırarak *gerçekten mi?* bakışı attı bana. "Daha dağ yoluna inemeden Karayel'in akrabalarının akşam yemeği oluruz Karaca. Bu kör karanlıkta kaç kurda kaç kurşun isabet ettirebileceğimizi zannediyorsun?" Gülercesine bakışlarını kaçırdı. "Tabii ortada görülebilecek bir dağ yolu kaldıysa. Saatlerdir yağış durmadı, yollar kar altında kalmıştır."

Gözlerimi kapatarak sertçe yüzümü sıvazladım o an ama hiçbir şey içimde yükselen alevlere su serpmiyordu. Resmen, 21. yüzyılda, ormanın ortasında bir dağ evinde, kar yağışı yüzünden mahsur kalmıştık ve ne elektrik vardı ne de telefonlarımız çekiyordu. "Gidecek başka yer kalmadı da mı buraya geldin!" diye bağırdım o an kendimi frenleyemeyerek. Ellerim yüzümden düşmüştü ve öfkeli gözlerimi gözlerine dikmiştim, boy farkından başımı kaldırarak. Onun suçu olmadığını biliyordum ama öfke kemiklerimi sarmaladığında kolay kolay bırakmıyordu. "Siktiğimin yerinde ne internet ne elektrik ne yol var! Ölsek şurada cesedimizi bulamazlar çünkü sabah ziyarete gelecek sevgili dostlarımız bir güzel temizlik yapar, yerler bizi."

Kunt, gözlerini kısarak üzerime doğru yürüdü o an. "Bağırıp durmak kapının önüne elektrik direği mi dikiyor da bu kadar öfkelisin sabahtan beri? Anladık, mahsur kaldın, gitmek istiyorsun. Ne yapayım kar dursun diye geyik boynuzu takıp mumlarla ayin mi yapayım bahçenin ortasında?"

"Gerekiyorsa yap!" diye bağırdım, çenem kasılmıştı sinirden. "Şu an burada mahsur kalmış olmamın tek sebebi sensin! Manyak gibi kurtların, çakalların arasında yaşıyorsun. Sabahın beşinde kalkıp avlanmaya da çıkıyor musun bari? Bir şey öğretebildi mi kırsal hayat sana? Pardon ne kırsalı, bildiğin hayvanat bahçesi burası." Ellerim o kadar agresif hareket ediyordu ki aramızda, sonunda çok yakınımda olduğu için onu göğsünden itecekken bu sefer gerçekten bileklerimden yakaladı ellerimi. "Darıca'da bu kadar hayvan yoktur."

"Soğuktan bahsetmiyorum bile," diye devam ettim lafıma, her ne kadar bileklerimi ellerinden kurtaramasam da. "İstersen bu evi ateşe ver, geç otur şu kanepeye yine de ısınamazsın bu havada. Şuna bak! Soğuktan kangren olursa ellerim bütün doktorluk kariyerim başlamadan biter!" İstemsizce, bir refleks olarak, ellerimin ne kadar soğuk olduğunu göstermek amacıyla bileklerimi ondan kurtararak ellerimi ellerinin üzerine, ardından kollarına, pazılarına yasladığımda teninin ne kadar sıcak olduğunu fark etmiştim.

Teni kor aleviydi. Şömineden yükselen alevlere tutsam derimi nasıl ki yanacaksam, ona dokunduğumda da öyle yanmıştım. Kollarına yasladığım buz kesmiş ellerime bakan gözleri şaşkınlıkla büyürken, ne yaptığımın farkındalığı ile birlikte çektim ellerimi üzerinden. Bir adım geri adımladı ayaklarım. Saniyeler içerisinde öfkemi yutmuş, gözlerimi kaçırmış, az önceki parlayışım nedeniyle sessizce derin nefesler alıyordum sadece. Dikkatim dağılmıştı. Saçmalamıştım çünkü.

Yutkundum, ardından ona baktım çatıklığını çözemediğim kaşlarımın altından. Şaşkın ifadesinin kaybolduğu sırada dudaklarını ıslattı, derin bir nefes çekti içine ve "Koltuğu biraz daha yaklaştırayım şömineye, burada yat," dedi tok bir sesle. "Yeterince odun atarsam ateş sabaha kadar yanar. Evin en sıcak yeri burası."

Bir şey söylemedim. Kafamı salladım sadece.

"Battaniye, yastık bir şey getireyim," diye mırıldandı elini saçlarından geçirerek koridora ilerlerken. Beni göremeyeceğinin bilincinde baktım arkasından, saçlarından geçen eli ensesine düşmüş ovalıyordu.

Gözlerim şömine ateşine çevrilirken ellerimi kaldırmış, öğlenki kesiklerin kabuk bağladığı avuçlarıma bakıyordum anlamaz gözlerle. Az önce ne olmuştu? Öfkeyle bağırıp çağırırken, soğuktan hayıflanırken ne kadar üşüdüğümü göstermek istemiştim sadece ama çizgiyi aşmıştım. Nasıl dokunabilirdim ona? O benim abimin öldüğü gece, karşısına geçmiş yumruklarını savuran adamdı. Yüzsüzce mezarlığa gelen, o öfkeyle sarf ettiğim sözlerin ardından suratında tek bir kas oynamazken *ben öldürdüm,* diyen adamdı.

Burada olmamın tek bir sebebi vardı, o da Ali Fuat Dinçer'in içimde yaktığı ateşti. Zihnime düşürdüğü şüphe bir anlık parlamayla sönmüş bir yangını canlandırmıştı küllerinden, ben o yangının alevlerinde yanarak gelmiştim buraya.

Eğer bütün bunlar doğruysa da o ateşi harlayacaktım öfkemin rüzgârlarıyla.

Kunt Vidar Karyeli, o gece abimi öldürmek değil onunla dövüşmek amacıyla çıkmıştı o ringe; tamam ama hepsi bu kadar değildi. O bir katil olmayabilirdi ama biz bu eve kısılıp tartışırken dışarıda bir yerlerde abimin gerçek ölüm sebebi olan birileri keyif çatıyor olabilirdi. İşte bu ihtimal benim öfke duvarlarımda deprem yaratmıştı, öyle şiddetli sallıyordu ki göğüs kafesimi kemiklerim çatlıyordu her artçıda; sesi kulağımın dibindeydi.

Nefesi ensemde.

Altı yıl. Altı yılda ne olmuş olabilirdi?

Kunt, elinde kalın bir battaniye ve yastıkla birlikte döndüğünde alnımı ovalayarak elimi saçlarımdan geçirdim. Elindekileri geniş koltuğun üzerine bıraktıktan sonra koltuğu söylediği gibi biraz daha yaklaştırdı şömineye, ardından "Başka bir şeye ihtiyacın var mı?" diye sordu.

"Hayır, sağ ol," dedim dalgın gözlerle saçlarımı karıştırırken. Kunt kafasını salladı gözleri koltuğun üzerinde gezinirken, ardından koridora doğru döndü ama adımlarını lafımla kestim. "Kunt."

Durdu. Omzunun üzerinden kafasını çevirdi önce, ardından bedenini döndürdü bana doğru. "Efendim?"

Gözlerimi kemik suratında gezdirdim, suratımda hiçbir ifade yoktu. Sabahtan beri kaşlarımı çatmaktan yüz kaslarım ağrımıştı üstelik. Yutkunurken kurumuş dudaklarımı ıslattım. "Maç kaydını bugün izleyebilseydim ne görecektim?" diye sordum kuru bir sesle. "O ringde gerçekten ne oldu?"

Maç kaydının yasaklanma sebebi de o siyahlar içindeki diğer antrenör olabilir miydi? Tıpkı fotoğrafının olduğu kare basıldığında gazetelerin toplatılması gibi.

Öte yandan, bütün bunlar bizim paranoyamız da çıkabilirdi. O siyahlar içindeki ikinci antrenör mesela, resmiyette abimin hocası olamıyorsa sadece onu çalıştırıp parasını alıp gidiyor olabilirdi. Ama eğer gazetenin kaldırılış ve videonun yasaklanış sebebi o adamsa, ringde olanlar değilse, işte o zaman şüphelerimiz doğru çıkardı.

Hemen şöminenin yanında dikiliyordum, kollarımı göğsümde birleştirmiştim. Kunt'un yüzüne şömine alevlerinin kızıllığı vuruyordu yine, altın harelerin rengi yoğundu. Başını çevirip gözlerini yere dikti önce, gözlerini kapattı, yutkundu ve derin bir nefes alırken harekete geçmişti. Uzun bacakları ile üzerime doğru yürürken doğruca gözlerimin içine bakıyor olmasının beni korkutmadığını söyleyemezdim ama duygularımı göstermek için fazla kara gözlere, fazla sert bir yüze sahiptim. Böyle durumlarda elime koluma hâkim olduğum sürece kimse ne düşündüğümü ya da ne hissettiğimi anlamıyordu.

Bir an istemsizce bir şey yapacağını düşündüğümden bir adım geri gittim ama arkamda şöminenin mermer duvarı vardı. Hemen yan taraftaki pencereden içeri dolan uğultu o zaman kulaklarımı esir aldı, yutkundum. Kunt tam karşımda durduğunda artık bir tarafına ayın maviye çalan beyaz ışığı, diğer yanına da şöminenin alevlerinin kızıl ışığı yansıyordu.

Aklındakini, ne yapacağını çözmek istercesine baktım altın harelerine ama bir şey göremedim. "Karaca," dedi tok bir sesle, dudaklarını ıslatarak. "Sana asla vurmam, biliyorsun değil mi?"

Gözlerimi kırpıştırdım birkaç kez sorusunun üzerine. Teknik olarak o bir yabancıydı hâlâ, onu tanımıyordum. Bir boksör olarak öfke nöbetleri gibi bir şey geçiriyor olabilirdi, eğer öfkelenince benim gibi aklını kaybediyorsa neden elinden bir kaza çıkmasındı? Ama sabahtan beri tanıdığım hâliyle, öyle biri değildi. "Bilmiyorum. Vurur musun?"

"Vurmam," dedi kalın sesiyle, gözlerimin içine bakarken. Dudaklarım düz bir çizgi hâlini almıştı, bu sefer ona cevap vermedim. Yalnızca hareketlerini izledim. Elini saçlarından geçirirken ön tutamlarını hafifçe sıktı parmaklarının arasında, ardından bir saniyeliğine aklını toparlamak istercesine kaçırdığı bakışlarını yeniden yüzüme çevirdi.

Hafifçe pozisyon alıp yumruklarını kaldırdığında başını eğmişti ama yine altın harelerin hapsindeydi gözlerim. Şaşkınca kaşlarım çatıldı ama bir şey söylemedim. *"Jab."* Bir adım geri çekildi bir an, kolunu uzatıp yavaş bir hareketle yumruğunu yüzüme doğru uzattı ama çok yaklaştırmadı. Ardından geriye geçip karnıma doğru uzattı, yine dokunmadan geri çekmişti. "Vücuda veya kafaya atılan uzun mesafede düz yumruk demek. Ama yumrukların geneli zaten, kafaya ve gövdeye çalışılır."

Yeniden doğruldu, yine karşımda dikiliyordu. Bu sefer sağ kolunu, yüzümün sol tarafına doğru uzattı yumrukları havadayken. Gözümü bile kırpmadan izliyordum onu. "Çapraz," dedi düz bir sesle, yine karnıma doğru tekrar etmişti. Yumrukları bana değmiyordu, hiçbir şekilde bana değmiyordu ve normalde daha hızlı kullandığından emindim kollarını. Yavaş çekimde gibiydik. Bütün bu terimleri spor salonunda Ensar Hoca'mdan da duymuştum ama ben daha çok onun ellerindeki eldivenlere yumruk atmakla ilgilendiğimden pek dinlememiştim.

"Kanca," dedi bu sefer, büktüğü koluyla yandan gelen bir darbe olduğunu göstererek. Eğer gerçekten vursaydı, gerçek hızında, muhtemelen çenem artık yerinde olmazdı. Orada dikilmiş, gözlerimi onun yumruklarının üzerinde gezdiriyordum yalnızca.

Birden sağ elime uzandığında şaşkınlıkla kaşlarımı çattım ama bir şey söylemedim. Parmaklarımı avucuma doğru kapattı, elimi yumruk yapmıştı. Buz gibi ellerim ellerine değdiğinde istemsizce içim titremişti ama bunu ona belli etmedim, yalnızca başımı kaldırıp gözlerine baktım. Gözleri elimdeydi. Yumruk yaptığı elimi kaldırıp sanki ona yumruk savuruyormuşum gibi uzattığında kendini sağıma doğru eğdi, böylelikle yumruğum omzunun üzerinden kayıp gitmişti ama kendi sağ eliyle uzattığı yumruk eğer gerçekten savursa yüzümün ortasına inecekti. "Salıncak."

Elimi bıraktı, kolum cansızca yanıma düşmüştü o an. Yutkundum.

Hafifçe eğilerek yumruklarından birini çenemden yukarıya vuracakmış gibi uzattı bu sefer. "Aparkat."

"Bütün bunları neden anlatıyorsun bana?" diye sordum sonunda, gözlerinin içine bakarak.

"Sorduğun için," diye cevapladı beni, sonunda ellerini indirirken. "Dokuzuncu *round*du ve benim kaşım kanıyordu; karnıma sert darbeler almıştım ve neredeyse dediğin gibi dikişlerimin patlayacak olmasına rağmen abin gayet iyi durumdaydı. O round, bu maçı alacağını düşündüm ama kolay kolay pes etmeyeceğimi de biliyordum." Seslice nefes verdi. "Jab, sağ çapraz," dedi ardından. "Beni savurdu." Gözlerini kaçırdı bir an, gözleri şöminenin ateşinde gezinmeye başlamıştı. "Çapraz, kanca, çapraz," dedi birkaç saniye sonra, sanki bunu yüzlerce kez tekrar etmiş gibi aklından ve bana döndü yeniden. Altın hareler tüm çıplaklığıyla gözlerimin içine bakıyordu. "Yerdeydi."

Aralanan dudaklarımın arasından kaçan şey nefesim değildi, ruhumdan bir parça kopmuştu sanki. Gözyaşlarımın sıraya girdiği gözlerimi onunkilerden çekemedim o an ama ağlamak için de izin vermedim kendime.

Yanından sıyrılıp geçmek için bir adım attım ama bu sefer tereddüt etmeden elini koluma dolayıp beni şöminenin mermerine mıhladığında şaşkınlıkla yeniden çıkarmıştım bakışlarımı yüzüne. Daha dakikalar öncesinde bana dokunmaya çekinen bu adam karşımdaki miydi?

"Sordun, anlattım Karaca," dedi sert bir sesle. Ona bakmamak için bakışlarımı yan tarafa çevirmiş, eğmiş, kaşlarımı da çatmıştım. Kafasını eğip yüzünü yüzüme paralel getirdiğinde "Sormadın mı?" diye devam etti. "Seninle bir anlaşma yapacağız."

"Ne anlaşması?"

"Güvendiğini göstereceksin bana," dedi tok bir sesle. İşte bu dikkatimi çektiğinden başımı önüme çekmiş, kaldırmıştım. "Batacağımız pislik ne kadar derinse o kadar güveneceksin. Al dediğin maçı alacağım, kal dediğinde yerde kalacağım. Öl de bana yine o geceki gibi, öleceğim bu sefer."

Kolumdaki elini çekmişti ama bu sefer de kollarını iki yanımdan uzatmış, kafasını yüzüme doğru eğmişti. Altın hareler gözlerimi oymak istercesine bir yoğunlukla gözlerime bakarken ifadesini süzmek için vaktim olmadı. "Ama?" diye sordum devam etmesi için.

"Ama o maç kaydını bu iş bitene kadar izlemeyeceksin," diye devam etti lafına. "Sana bu gece, burada anlattıklarımla kalacak o geceye dair bilgilerin."

Bu bir oyun muydu? Bana yalan mı söylemişti de ortaya çıkacak diye böyle bir şeyi kabul ettirmeye çalışıyordu? Ama öte yandan bundan kazanabileceği hiçbir şey olamazdı. Bu yalnızca kendi kafasında kurduğu bir güven oyunu olabilirdi. Kurumuş dudaklarımı ıslatırken nefes alış verişlerini kulağımın dibinde duyuyordum. "Tamam," dedim kuru bir sesle. "Kabul."

"Peki ben seni sözüne nasıl güveneceğim?"

"USB'yi mi istiyorsun?"

"Hayır," diye cevapladı beni. Kollarını iki yanına indirmişti, çenemi kaldırmış yüzüne bakıyordum. "USB sende kalsın."

"Dalga mı geçiyorsun?" Şaşkınlıkla açıldı ağzım. "Ya izlersem? İzleyip izlemediğimi nereden anlayacaksın?"

"Anlarım," dedi tok bir sesle. Çenesini sıvazlamıştı.

"Medyum musun sen?"

"Anlarım Karaca."

"Ne var kaydın içinde? Bana söylemediğin bir şe..."

Altın hareli gözler lafımı kesercesine bir sertlikle gözlerime döndüğünde ağzımı kapatmak dışında bir şey yapamamıştım o an. *Aç ağzını, konuş işte, ne duruyorsun Karaca?* Ama güven meselesinden bahsediyordu. O mesele benim için kırmızı etiketli bir dava dosyasıydı ve ben o dosyayı koyduğum çekmeceyi vicdan mahkemelerimde yakmıştım.

"Daha ilk akşamdan bunu sorgulayacaksan sabah olduğunda otogara bırakırım seni ama yalnız dönersin."

"Tehdit mi ediyorsun beni?"

"Güvenmeni istiyorum. Başka türlü yürümez."

"Sanki ilişkiye başlayalım dedik..." Homurdanarak, sabır çekercesine çektim bakışlarımı üzerinden. "Güven, senin ağzına kolayca aldığın kelime hâli kadar basitçe oluşan bir şey değil. Bana ne kadar güvenilir olduğunu göster, sana güveneyim."

"Az önce sana kendimi sundum, yeterli değil miydi?"

Aldığım nefeslerle birlikte omuzlarım senkronize bir şekilde inip kalkıyordu ama gözlerim, gözlerinden başka bir yere odaklı değildi. Pencereden gelen uğultu ve şömineden gelen patlak sesleri birbirine karışmıştı o an, bu sessiz evin içinde. "Benim abim sana karşı dövüştüğü maçta öldü."

"Benim annemi de babam vurdu Karaca. Kimse çıkıp da

sen katilsin demedi. Ben senin abine bir silahın namlusunu bile doğrultmadım."

Sözlerinin ağırlığıyla ona doğru uzattığım kafamı geri çektim bir an, gözlerim siyah tişörtünün kumaşına düşmüştü. *Annesini, babası mı vurmuştu?* Nasıl olmuştu? Nasıl kimse çıkıp da babasına katil dememişti? Düşüncelerim arasında şaşkınlığımdan ne konuştuğumuzu dahi unutacak hâle gelmiştim. Bakışlarımı yeniden kaldırabildiğim ilk an "Nasıl yani?" diye sordum göğsüme çöken ağırlıkla.

"Acını tanımadığın insanlarla yarıştırma," dedi o an, göz göze geldiğimizde. "Evet, abin benimle çıktığı maçta bana karşı dövüşürken öldü ama onu ben öldürmedim. Kaldı ki sen gerçekten benim katil olduğumu düşünüyor olsaydın gelmezdin buraya. Otobüs yokmuşmuş, buradan geçiyormuşmuş bahane... Altında araba yokken bilmediğin dağın başına, tek başına, bilmediğin bir adamın evine geldin sen dönüş yolunu düşünmeden. Yalan mı değil mi bilmediğin bir şüphenin peşinden. Ama artık biliyorsun. Yalan değil."

Dudaklarımı birbirine bastırdım sadece, her ne kadar içimde yükselen bir ateş olsa da bir şey söylemedim. Söylemedim çünkü haklıydı. Eğer gerçekten, *gerçekten* onun katil olduğunu düşünseydim onu öldürür sonra da mezarına tükürürdüm, peşinden gidip ortaklık teklif etmezdim. İstanbul'a dön demezdim. *Kahrolası.*

"Bana güvenme," dedi kuru bir sesle. "Ama beni, bana güvendiğine inandır Karaca."

"Hepsi bu mu?"

"Hepsi bu."

Yutkundum. *Seni, sana güvendiğime inandırmam için önce kendimi kandırmam lazım Kunt Vidar Karyeli.* Ve ben bir yalanın peşinden bile isteye koşturacak o küçük kızı hâlâ yaşatıyorum içimde bir yerlerde, yalnızca düştüğü kuyudan tutup çıkarmam gerekiyor.

Senin *git* dediğimde gitmen, *kal* dediğimde kalman, *öl* dediğimde ölmen için; şimdi benim yıllar önce öldürdüğüm tarafıma hayat nefesini üflemem gerekiyor.

7

ORMANIN RUHU

Bazı geceler uyuyamam.

Ne alıkoyar beni uykularımdan ne açık tutar gözümü bilmem ama bazı geceler uyutmaz beni koynunda. Döner dururum yatakta, hava buz gibi olsa da oksijensiz gelir oda, açarım pencereyi tünerim kenarına. Sabahın bir saati... Belki bir iki araba geçer yoldan, bir iki sarhoş devrilir kaldırıma.

Uyuyamam ben bazı geceler.

Geceler mi beni uyutmaz yoksa ben mi uyumam bilmem ama kapanmaz gözlerim. Uyursam rüyalarım gafil avlar sobeler beni, uyursam kaybederim, uyursam ellerini üzerimde hissederim... Uyursam uyanamam belki. Ya bir sokak lambasının ışığı ya da ay ışığı düşürür pencereme paralel düşen ağaç dallarının gölgelerini boş duvarlarıma, en kötü kâbuslarım öyle gecelerde rol alır karanlığın tiyatrosunda. Ben başrolüm. Çünkü uyanığım.

Çünkü unutamıyorum.

Çünkü hazmedemiyorum bazı şeyleri.

Geçmişte bırakmadığın her şey önüne geçer, seni gelecekte de avlar, derler. Zaman doğrusal değildir. Sanırım benim zihnim de öyle...

Kunt'un altın hareli ela gözlerinde gördüğüm yansıma benim kara gözlerimden başka bir şey değildi o gece, bir ayna gibiydi yüzü yüzüme tutulan; kafamın içinde ne çeşit bir fırtına kopuyordu bilmiyordum ama en sert hava şartlarının ardından rahatlardı gökyüzü, sessizliğe gömülürdü.

O gece de öyleydi.

Şömineden gelen patlak sesleri, pencerelerden sızan rüzgâr uğultusu ve kurt ulumaları dışında. Uzandığım koltuktan kalkıp mutfağın kapısını kapatmak zorunda kalmıştım rahat edebilmek için, Karayel bilinçsizce kalkar gelir de yer beni diye. Aslında böyle bir durum olursa yememesini umuyordum, sonuçta ben burada misafirdim değil mi? Ama saatlerdir rahatsız bir masada yatan aç bir kurdun o an benim kim olduğumu düşüneceğini de sanmıyordum, sonuçta en başta ona o bıçağı fırlatan bendim.

Hayatım boyunca dart tahtasına tek bir ok isabet ettiremeyen ben, o kadar mesafeden nasıl bir çeviklikle denk getirebilmiştim acaba kurdun gövdesini? Ölüm kalım meselelerinde adrenalin denen hormonun insanlara akıl almaz şeyler yaptırdığını sayfalarca süren tezlerde okumuştum ama daha önce hiç kendim tatmamıştım bu duyguyu. Öyle yoğun bir korku anıydı ki hafızamdan siliniyordu şimdi teker teker o dakikalar.

Sabahın ilk ışıklarına kadar gözlerim şömine ateşinde gezindi durdu, üzerimdeki battaniyeyi çeneme kadar çekmiş ve kafamı yastığa gömmüştüm. Kunt haklıydı, Ali Fuat Dinçer ne kadar aklımı çelerse çelsin ben kendi ayaklarımla gelmiştim buraya. Ne için? Onu İstanbul'a döndürebilmek için. Neden? Maçlara devam etsin diye. Peki o niye? Çünkü Ali Fuat Dinçer öyle istedi. Başka türlü bana yardım etmeyecekti. Hayır, yardım değildi onun yaptığı; zihnime bir şüphe tohumu ekmişti ve işte, o tohum bu gece filiz vermişti. Başarmıştı. Beni ağına almıştı.

Ben kimseye güvenmiyordum bu hayatta. Güvendiğim insanlar bana kancayı takmıştı lisede, hayatım yerle bir olmuştu gıkımı çıkarmamıştım. Abim, tek güvendiğim insan terk etmişti ve yıllarım annemi teselli etmekle geçmişti. Annem hastalanmıştı, o zaman da çareyi doktor olmakta bulmuştum. Annem köye yerleştikten sonra koca İstanbul'da kendime bile yabancı olmuştum.

Nasıl, Kunt Vidar Karyeli, daha tanışıklığımızın yirmi dört saati dolmadan, abimin onunla dövüşürken öldüğünü bilerek benden ona güvenmemi isteyebilirdi? Her ne kadar şüphemizin gerçekliği doğrulanmamış olsa da Kunt'un gösterdiği darbeler yüzünden ölmesi imkânsızdı bir boksörün. Çok daha yoğunlarına maruz kalıyorlardı ve ayakları üzerinde terk ediyorlardı o geceyi.

Öte yandan Kunt maç kaydını izlemememi de söylemişti. Bu ona güvenmemem gerektiğini göstermiyor muydu asıl? Bu nasıl yaman bir çelişkiydi? Eğer ona güvenmemi istiyorsa asıl bana maç kaydını kendi elleriyle izletmeliydi. Üstelik bir de USB'yi istememişti benden. İzlesem nasıl anlayabilirdi ki? Anlayamazdı. Fikrimin değişeceğini mi düşünüyordu izlersem? O zaman zaten suçluydu.

Bir kısır döngünün içinde kaybolmuşken düşüncelerimin arasında, sabaha karşı uyuyakaldığımın farkında olmadan, aradan ne kadar sürenin geçtiğini bilmediğim bir zaman diliminde uyandığımda kulağımın yakınında bir yerlerde derin ve sık nefes alış verişleri duyuyordum.

Yüzüme dağılmış saç tutamlarımı elimle çekmeye çalışırken önce suratımı buruşturdum, ardından gözlerimi açmaya zorladım kendimi. Koltukta yüzüstü yatıyordum ve biraz dışarıda kalmıştı kafam.

Kafamı sarktığı yerden kaldırdığım gibi gözlerimin içine bakan kehribar rengi gözlerle birlikte nefesimi tutmam bir oldu o an; mutfaktaki kurt karşımda oturmuş bana bakıyordu. Bu gerçek miydi? Yoksa ben uyurken beni gerçekten yemişti de eşekler cennetinde rüya mı görüyordum?

Kunt sabah uyanıp da salonun koltuğunu kanlar içinde bulsa Karayel'ine ne yapardı acaba? Masaldaki gibi karnını yarıp çıkaramazdı da beni... *Yok, sen sabahın köründe saçmalıyorsun Karaca!*

Mutfakta birinin olduğunu fark ettim ama bir şey söylemedim ya da herhangi bir harekette bulunmadım çünkü eğer göz temasımı kesersem kurdun bana saldıracağını düşünüyordum. Böyle bir şey okumuştum. Eğer doğada bir kurtla göz göze gelirseniz hareket etmemeniz, asla arkanızı dönmemeniz ve göz temasını kesmemeniz gerekiyordu. Tabii ki bu bilgilerin ışığında aydınlanan yolun kapısını kapatıp daha dün öğlen ağaca tırmanmaya çalışmıştım ama panik anında internette okuduğunuz bilgilerin hiçbir önemi kalmıyordu.

Yutkundum. Kurt, hafifçe bana doğru uzandığında aklımı kaçırmak üzereydim. *İnsanın gözünü açtığında ilk gördüğü şey de salonun ortasında dikilen devasa kara bir kurt da olmaz ama ya... Olmasın yani...*

"Kunt," dedim dudaklarımı fazla oynatmamaya çalışarak. Ardından tekrar ettim. "Kunt?" *Duy beni Allahın belası. Ben buraya senin kurduna sabah kahvaltısı olmaya mı geldim?*

"Efendim Karaca," dedi Kunt, sesi koltuğun hemen arkasından geliyordu. Bir şey içtiğini duymuştum, sesi gayet keyifliydi. *Keyifli mi? Zevk mi alıyordu benim korkmamdan?*

"Kunt bu ne?" diye sordum yine dudaklarımı fazla oynatmamaya çalışarak.

"Kurt."

"Sağ ol ya kördüm zaten ben de hiç göremedim neredeyse ağzımın içine girecek bu koca kara vahşi şeyi," diye homurdanmaya çalıştım ama o sırada kurt beni kokladığından kalp krizi geçirmemek için nefes almaya çalışıyordum. Kunt arkada bıyık altından gülüyordu, onu duyabiliyordum.

"Alır mısın kurdunu?" Bırakmayacaktım işte o bıçağı ormanın ortasında yerde. Yastığımın altında tutacaktım. *Kurtçuğum, bak kurt. Karayel ya da. Senin yaranı ben diktim. Yarayı açan olmamın hiçbir önemi yok ben olmasam ölüydün. Ölüydün yani anlıyor musun? Beni yersen bunun hesabını öteki tarafta veremezsin.* Kurtlar da öteki tarafa gidiyor muydu ki ya?

"Niye ki kaynaşın biraz," dedi Kunt o sırada ben soğuk terler dökerken.

"Kunt al şunu."

"Şunu deme bence, alınır. Karayel'in de duyguları var. Hele de dün hayvanı kasaplık bıçakla deştikten sonra... Ne yapacağı belli olmaz."

"Kurt bu, kurt!"

"Kurt deme alınır."

"Kurt!" Bağırdım bir an ama yanlış ismi bağırmıştım. "Aman, Kunt," diye düzelttim yutkunarak. "Karayel'i alır mısın?"

"Kedi mi bu da sırnaşırken alayım yanından? Kendi isterse çekilir."

"Ben kalkacağım buradan biliyorsun değil mi? O zaman görüşeceğiz seninle."

"Kalkınca konuşuruz. Bacağın nasıl?"

"Bacağımı düşünecek hâlim mi var benim alçak herif!" Karayel, bağırdığım için kafasını hafifçe eğdiğinde kalbim ağzımdaydı. Benim kafam küçüktü, ağzını açsa sığar mıydı oraya? Kıt diye kıtlatsa kafamı ne olacaktı? *Karaca sen mantığını niye emanet gibi taşıyorsun kafanda?*

Kunt'un dudaklarının arasından hoş bir melodiyi ıslık çaldığını duydum, neredeyse bir kuş cıvıldaması gibiydi. Karayel anında gözlerini arkaya çevirdiğinde ayakları üzerinde kalkıp yavaş adımlarla koltuğun yanından geçti ve gitti.

Belimin acısından inleyerek alt dudağımı ısırdım o an, ardından yavaşça dizlerimin üzerinde doğrularak oturdum koltuğa. Kunt tam da tahmin ettiğim gibi elinde bir kupayla mutfak girişine yaslanmış, gülüyordu. Karayel hemen yanına oturduğunda gözlerini bir süre ondan çekmedi, ardından bana döndü ama artık korkunç bakmıyordu.

"Senin bu yaptığın iş miydi şimdi?" diye sordum burnumdan soluyarak, yüzümdeki saçları ellerimle geriye iterken.

Kunt omuz silkti, kupasındaki her neyse ondan bir yudum alırken. Sanırım çaydı çünkü kahve olsa çoktan kokusunu almıştım. "Mutfağın kapısını kapatmışsın. Uyanınca çok kızmış."

"*Acıkıp kalkarsa taze et zanneder beni, bok yoluna gideriz diye düşündüm.*" Gözlerimi de dudaklarımı da kapatıp birbirine bastırdım o an, ardından tekrar açtım. "Ne bileyim kapattım işte."

"Karayel insanlara saldırmaz," dedi Kunt, tok bir sesle. "En azından zararsız olanlara. Ki sen öyle olduğunu kanıtladın ama yine de şimdiye dek sana bir şey yapmadı. Bundan sonra da yapmaz. Yapmayacak. Korkmana gerek yok."

"Dedi kurdu olan adam. Kurt o. Seni bile yer."

"Sokak köpeklerine de böyle mi davranıyorsun?"

"Sokak köpekleri yattığım koltuğun 2 metre ötesinde uyumuyor."

Kafasını salladı Kunt, suratında beni anladığını gösteren sakin bir ifade vardı. "Korkunu anlıyorum."

"Korkmadım Kunt, ruhum bedenimden çıktı benim az önce," dedim bastıra bastıra, battaniyeyi üzerimden atıp ayağa kalkarken. Dolanıp önünden geçerken banyoya gitmeyi hedefliyordum. "Vahşi bir hayvanı evcilleştiremezsin."

"Vahşi bir kalbi evcilleştirebiliyorsan, hayvanlar da pek farklı değiller."

Histerik bir şekilde güldüm durduğum yerde ona dönerken. Ne demişti o? Vahşi bir kalbi evcilleştirmek mi? "Hayatında kaç vahşi kalbi evcilleştirdin?"

Kupasının üzerinde geziniyordu bakışları. "Sıfır. Ama evcil bir kalbi vahşileştirdim, sayılmaz mı?"

Çatılan kaşlarımla birlikte doğrudan yüzüne baktım, gözlerine; kupasının üzerinde gezinen parmaklarından ellerini çekip başını kaldırdığında göz göze gelmiştik. Benimkinden mi bahsediyordu? "Kurdunu benden uzak tut. Tek isteğim bu. Mümkünse hayatımın geri kalanında da bir daha görmek istemiyorum."

"Zaten İstanbul'a geleceği yok," dedi kuru bir sesle. "Biraz sert olduğunu düşünmüyor musun? Sonuçta seni kurtaran oydu. Sense bıçağı taktın göğsüne."

"Seni bilmiyorum ama ben yalnız başıma dolandığım bir ormanda henüz saldırıya uğramışken önüme çıkan bir kurt gördüğümde tam olarak böyle yapardım. Yaptım da. Kurt anatomisine dair sıfır bilgim varken de zımbayla diktim yarasını. Bence o hareketimin bedeli çoktan ödendi."

"Çevrendekileri de bıçaklayıp sonra yaralarını diktiğinde hiç olmamış gibi mi davranıyorsun?"

"Manyak mıyım ben neden insanları bıçaklayayım?"

"Her kesiği bıçak açmaz," dedi Kunt seslice nefes vererek. "Her neyse. Kahvaltı edelim."

Bir şey söylemedim, kafamı salladım yalnızca. Gözlerim pencerelere çevrilmişti ama pencereler buğulu olduğundan pek bir şey görünmüyordu? Bir anda kapıya doğru yürümeye başladım hızlıca. "Hava nasıl?"

"Karaca dur..."

Ama Kunt'un lafına kalmadan çoktan açmıştım bile kapıyı. Belime kadar gelen kar bir anda evin içine yığıldığında kar içinde kalan bacaklarıma ve çoktan ıslanan ayaklarıma baktım. Şaşkınlıktan açık kalmıştı ağzım. Kar ufak ufak yağmaya devam ediyordu üstelik ve kalınlığı pencere boyuna kadar çıkmış mıydı? Şaka mıydı bu?

Kunt elindeki kupayı bırakıp alnını ovalayarak yanıma yürüdüğünde "Kapıyı açma diyecektim," diye mırıldandı, evin içine dağılan kar yığınına bakarken. Soğuktan bütün uykum açılmıştı.

"Deseydin keşke," diye mırıldandım.

"Çok hızlısın. İyi de koşuyorsundur sen."

"Neden?" diye sordum o an ona dönerek. Kollarını göğsünde birleştirmişti. Bu yığının içinden çıkmama yardım edecek miydi? Çünkü biraz daha kalırsam donacaktım, kardan adam olmam için tek gereken iki zeytin, bir havuç ve atkıydı.

"Lazım olacakmış gibi hissediyorum."

"Burada mı?"

"İstanbul'da," dedi portmantoya uzanıp kabanını alırken. "Bekle burada kürek alıp geliyorum."

"Nasıl yürüyeceksin?" Şaşkınlıkla karın içine girişini izledim. İleride basamaklar vardı ve adımlarını dikkatli atıyordu. Benim belime gelen kar onun baldırlarına geliyordu, belki de bu yüzden zorlanmamıştı. Ben bu karın içine yatarsam muhtemelen boğulurdum.

Kunt yalnızca bir dakika sonra elinde bir kürekle geldiğinde bir ayağımı çıkarmayı denemiştim ama içeri geçsem bile her yeri ıslatacağımı bildiğimden hareket etmemeyi tercih etmiştim. O kürekle içeri giren yığını toparlarken dizlerime kadar battığım kardan sonunda kurtulduğumda "İçeri geç," dedi tok bir sesle. "Banyoya gir. Altına bir şeyler buluruz."

O an valizimin çalınmamış olmasını çok istemiştim gerçekten çünkü pantolonumun kuruması için zamana ihtiyacım vardı ve bu da kıyafet gerektiği anlamına geliyordu. Ona bir şey söylemeden içeri geçtiğimde parkeleri ıslattığımı biliyordum. Karayel mutfağın girişinde oturmuş, Kunt'un kar yığınını temizleyişini izliyordu yalnızca. Gövdesindeki kanlı dikiş izi belli oluyordu ama muhtemelen dün gece aldığı morfinin etkisindeydi hâlâ, pek bir şey hissettiğini düşünmüyordum. Yine de pek hareket etmese iyi olurdu.

Karayel'den oldukça uzak bir noktadan koridora girdiğimde banyodan içeri attım kendimi, ardından hava girsin diye aralık bırakılmış banyo penceresini kapattım ve çoraplarımla pantolonumu çıkardım hızlıca. Ayaklarımı hissetmiyordum bile, öyle donmuştum. Klozetin kapağının üzerine oturmuş, yaralı bacağımın etrafına sardığım havluya bakıyordum ki bir anda tuvaletin kapısı açılınca şaşkınlıktan ayağa fırladım ve kapının arkasına geçtim.

"Pardon," dedi Kunt, kolunu içeri uzatırken.

"Yuh ya."

"Uzatma işte pardon dedik," diye tekrar etti lafını. Uzattığı siyah eşofman altını ve çorapları aldıktan sonra kapıyı kapattığında sırtımı kapıya yasladım.

Çorapların üzerinde karton kıskaç vardı, bu da yeni oldukları anlamına geliyordu. Kartonu dişlerimle koparıp çöpe attıktan sonra önce çorapları giydim, artık ayakları kaç numaraysa topuğuma gelmesi gereken yer ayak bileğimdeydi.

Eşofman dümdüz, siyahtı. Boydan da belden de boldu. Nefret ediyordum başkalarının kıyafetlerini giymekten ama başka şansım yoktu. Kapıyı açarken ben kaşınmıştım. Üstelik o dank diye kapıyı açtığında pardon demesine rağmen ben kapıyı açınca içeri dolan karı ona temizletmiştim ve hiçbir şey söylememiştim. Sanırım kötü karakter bendim.

Herif kurdunu çekmedi sabah sabah kalp krizi geçirecektin Karaca.

Kazağımın kollarını parmak uçlarıma kadar çekerek çıktım banyodan yüzümü yıkadıktan sonra, saçlarım kabarıp aslan yelesine dönmediği için sevinmiştim çünkü bir de onlarla uğraşamazdım. Annemin genleri sağ olsun hem sık hem de uzun saçlarım olmuştu her zaman. Ben kestirsem de bir ayda yine aynı boya geliyorlardı sanki.

Islak pantolonumu ve çoraplarımı alıp salona girdiğimde kapının önü tamamen temizlenmişti. Pantolonla çorapları şömineye en yakın yere bıraktıktan sonra çantamın içinden telefonumu bulup ekranı kontrol ettim; kahretsin ki hâlâ çekmiyordu. Hatta belki burada hiç çekmiyordu.

"Kar yağışı durursa çeker mi burada?" diye sordum mutfaktan içeri kafamı uzatarak. Karayel ortalıkta yoktu ve Kunt pencereden dışarı bakıyordu. Önüne dönerken sorumu "Burada çekmiyor," diye yanıtladı. "Çeksin istiyorsan dağın otoyolu gören yamaçlarına çıkman lazım."

Ayağımı sertçe yere basarak burnumdan soludum o an tıpkı bir küçük çocuk gibi.

"Masaya çık tepin istersen."

Gözlerimi devirerek salona geri yürüdüm. "Komik değil," dedim telefonumu kanepeye atarken. Battaniye ve yastığı katlayıp kenara bırakmıştım. "Ya burada bu gece de mahsur kalırsak?"

"Muhtemelen öyle olacak."

"Dalga mı geçiyorsun?" Şaşkınlıkla arkamı döndüm. Mutfaktan çıkmıştı ve gözlerini altıma giydiğim eşofmanda gezdiriyordu.

"Şalvar gibi duruyor üstünde."

"Ne bekliyordun? 1.90 adamsın," diye mırıldandım eğilip paçalarını sıyırırken. *Teşekkür et Karaca. Sadece teşekkür edeceksin. Bunu söylemek bu kadar zor mu? Nankör seni.*

"1.92," dedi Kunt kaşlarını kaldırarak. "Ama bunun bir önemi yok. Bacağın nasıl?"

"İyi," diye mırıldandım o an elim yarama giderken. Havluyu kaldırıp bakmamıştım ama ağrım sızım yoktu, muhtemelen yaranın üzerinde kabuk oluşumu başlamıştı ve iz kalacaktı çünkü dikiş gerekiyordu. *Mümkün değil kendimi zımbalamam. İsterse diz kapağıma kadar iz kalsın, umurumda değil. Bu da bana bir ders olur.*

Tanımadığın bilmediğin ormanlarda kırmızı başlıklı kızın, kırmızı bereli versiyonu gibi salına salına gezme Karaca...

"Sandviç hazırladım," dedi Kunt kollarını göğsünde birleştirirken kafasıyla mutfağı işaret ederek. "Yukarı tarafta bir avcı kulübesi var, tanıdık. Orada telefon çekiyor. Bacağın iyiyse gidebiliriz. Ama önce bir şeyler ye."

"Çekiyor mu?" Kanepeye attığım telefonuma davrandım direkt, şarjımı kontrol ettim. "Tamam, hadi gidelim."

"Kahvaltı." Kafasını hafifçe eğerek baktı yüzüme, lafını üstüne bastırarak söylemişti ve kollarını göğsünde birleştirdiğinden pazıları şişmişti.

"Kahvaltı yapmayı sevmiyorum," dedim tok bir sesle.

"Akşam yemeği yemeyi de sevmiyorsun herhalde? Dün de bir şey yemedin."

"Gelince yerim."

"Şimdi ye."

Niye ısrar ediyordu ki bu kadar? Sandviçinin çöpe gideceğini falan mı düşünüyordu yemediğim için?

"Tamam," dedim ikna olmuş bir ifadeyle. "Ama şimdi çıkıyoruz. Yolda yerim."

Kafasını salladı.

Kazağımın kollarını parmak uçlarıma çektim yeniden ama ellerim ısınmıyordu her zamanki gibi. Elimi direkt şömineye soksam da çözülmezdi bu ellerin buzu. Kabanımı, bere ve atkımı üzerime geçirdikten sonra botlarımı da giydim ve peçete arasındaki sandviçten bir ısırık aldım.

Bu sefer kapıyı ben açmamıştım, o açana kadar beklemiştim. Üzerinde siyah kalın bir mont vardı ve boynundan bir atkı sarkıyordu bu sefer. Kapıyı açıp çıktığı sırada salonun ortasına oturmuş Karayel'e bakarak "Eee, kurt ne olacak?" diye sordum.

"Ne demek ne olacak? Yatıyor işte," diye cevapladı beni Kunt, cebinden çıkardığı siyah eldivenleri bir kere sallayıp ellerine geçirirken.

"Ben bu kurt olayına hiçbir zaman alışamayacağım," diye mırıldanarak dışarıya ilk adımımı attım o an, şimdiden yüzüm donmuştu ve burnumun birazdan akmaya başlayacağını hissediyordum.

"Alışmanı gerektirecek bir durum yok zaten."

Biraz önce Kunt'un kürek getirirken açtığı basamak yolundan aşağı inerken, duyduğum cevapla dönüp ona baktım; kapıyı kapatıp kilitlemiş ve başka bir şey söylememişti. Her ne kadar kurduğu cümle ters gelse de ona cevap vermemiştim ben de. Bunun üç nedeni vardı: Bir, *adamın eşofmanını ve çoraplarını giyiyorsun Karaca.* İki, *daha başına nelerin geleceğini bilmediğin bir ormanın içinde beline gelen karda bata çıka yürürken yanında bir tek o var Karaca.* Üç, *son yirmi dört saattir yediğin tek şey olan elindeki sandviçi bile sana o hazırladı Karaca.*

Ama nedenler beni tutacağı yerde daha da sinirlendirmişti her zaman.

Kunt merdivenlerden aşağı inerken ben lokmamı çiğniyor ve donmuş gölü gözlüyordum. "Şu göl hikâyelerini anlatmadın," dedim düz bir sesle, bakışlarımı üzerine çevirirken. Göle bir bakış attıktan sonra önüne döndüğünde çoktan yürümeye başlamıştık bile.

Ben sandviçten bir ısırık daha alırken Kunt altın hareli gözlerini üzerime çevirdi. Ardından önüne döndü ve nefes verdi; sıcak nefesimiz buz gibi havayla çarpıştığı gibi dumanlar yükseliyordu her seferinde ağzımızdan. "Göl, uzun yıllar önce yerlilerin tek temiz su kaynağıyken, suya karışan bir virüsten köylüler hastalanmış." Bakışları etrafta geziniyordu, ben ise sandviçimi yerken onu izliyordum. "Buralarda yaşayan bir şaman da ormanın ruhunun gölü ve köylüleri iyileştirecek tek şey olduğunu söylüyor. Tabii cahil zamanlar... Millet buna inanıyor ve ormanın ruhunu arıyor."

Ormanın ruhu mu? Kaşlarımı kaldırarak önüme döndüm. Gerçi daha geçen yıl televizyonda izlediğim inanılmaz şeyler yaşayan aileler vardı, yüzyıllar öncesinde böyle olaylar dönmemiş olsa şaşırırdım...

"O zamanlar geniş bir sürünün lideri olan alfa kurdun altın postu dikkatini çekiyor köylülerin, ormanın ruhunun o olduğuna inanıyorlar ve avlıyorlar. Tabii asıl altın postlu kurt avlanana kadar bir sürü kurt ölüyor, hepsinin cesedini göle atıyorlar... Ta ki asıl alfa yakalanana dek."

"Alfayı avlamak zor değil mi?"

"Zor, Karayel'in ne kadar büyük olduğunu görüyorsun. O dönemler daha büyük kurtların yaşadığının kanıtları var. Zaten köylülerin avlayış hikâyesi de pek mantıklı değil."

"Nasıl ki?" Meraklı bakışlarımı üzerine çevirdim. Sandviçim bitmişti. Peçeteyi elimde top yapıp montumun cebine sıkıştırırken arkadan gelen sesle adımlarım durdu o an, Kunt da durmuştu.

Çatık kaşlarının ileriyi süzdüğünü fark ederek onun baktığı yere bakmaya çalıştım. "Tilki," dedi nefes vererek önüne dönerken. "Önemli değil."

"Hani ya, nerede?" Tamamen arkamı dönerek gözlerimi kıstım ve görmeye çalıştım tilkiyi ama yoktu. Yalnızca sesini duymuştum.

"Şurada, ağacın altında," dedi Kunt yanıma gelip benim boyuma göre hafifçe eğilerek ileriyi işaret ederken.

"İyi de hangi ağaç?"

"Karaca sen kör müsün acaba?"

"Kunt sen kurtlarla takıla takıla keskin görüş özelliği mi yüklendi sana acaba? Yok, tilki falan görmüyorum ben!"

"Kızım bak şurada işte," diye homurdandı bir an bir kuvvetle arkama geçip omuzlarıma yasladığı eliyle beni hafif sağıma döndürerek, ardından kafamı tutup sabitledi ve elimi tuttu. O elimi kaldırırken başının omzumun üzerinden bana doğru eğildiğini fark etmiştim, muhtemelen benim açımdan görmeye çalışıyordu.

Neredeyse yanağı yanağıma değecekken geniş bir kovuğu olan ağacın önünde bütün dikkatini üzerimize çevirmiş bir tilki gördüğümde, gözlerimi kırpıştırarak baktım kahve-kızıl postuna. Ama duyduğum koku o an, tilkinin güzelliğine gölge düşürmüştü aklımda.

Zencefil? Vanilya? Tarçın? Hayır... Tam olarak değil... *Sedir ağacı?* Sedir Ağacı! Nasıl bir parfümdü bu?

"Gördün mü?" diye sordu Kunt, ben bir şey söylemediğimde. Eldivenli eli hâlâ soğuktan boğumları kızarmış elimi tutuyor ve işaret parmağımla tilkiyi işaret ediyordu.

"Gördüm," diye cevapladım onu, gözlerimi tilkiden kolumun üzerinden uzanan koluna çevirirken. Bir anda elimi bırakması ve geriye çekilmesi ile koku da beni terk etmişti.

Tilki onu fark ettiğimizi anlayınca ortalıktan kayboldu o an, ben de önüme döndüm Kunt'a bakarak. Beni izliyordu. "Güzelmiş."

"Güzel, güzel," dedi yürümeye devam ederken. "Güzeldir buranın hayvanları. Saldırmadıkları sürece tabii. Asıl tehlikeli olan sürü hâlinde dolaşanlar."

"Karayel'in de sürüsü var mı?" Ağaçların sıklığının azaldığı düz bir alana gelmiştik. Hafiften ince kar yağmaya başlamıştı yine.

"Yok."

Kaşlarım çatıldı. "Neden?"

"Yalnız kurt o."

"Sen burada yokken ne yapıyor?"

"Dolaşıyor, avlanıyor; hayatta kalıyor kısaca."

Kurumuş dudaklarımı ıslatarak önüme döndüm kırmızı beremi düzeltirken. Nedense Kunt böyle konuşunca bir anda üzülmüştüm Karayel için. "Ne zamandır tanışıyorsunuz?" Alkol almak için vitrini karıştırmıştım dün, bir fotoğraf çıkmıştı şişelerin arasından...

"On iki yıl civarı," diye mırıldandı Kunt.

"Nasıl bir kurtla arkadaş oldun ki? Köpek sahiplenmeye benzemiyor."

"Yalnız bir yavruydu." Bakışlarım Kunt'a çevrildiğinde yeniden, anlatırken karın içinde yürüdüğü botlarını izliyordu. "Ben de yalnız bir çocuktum."

Dudaklarımı birbirine bastırarak kafamı salladım. Tencere kapağını bulmuştu yani.

Birkaç dakika sonra ileride bir kulübe gördüğümde Kunt'un bakışları da oraya odaklanmıştı. Bir adam, kapıdan elinde dumanı tüten büyük bir kupa ve omzunda tüfekle çıktığında adımlarımı hızlandırarak Kunt'a yetiştim. Ne kadar yavaş olmaya çalışsa da bacakları uzundu bir kere ve yarası yoktu benim gibi, dolayısıyla hızlıydı.

Kulübeden çıkan adamın saçları beyaz ve griydi, iki yanından dikkatsizce örülmüş ince tutamlar vardı hatta. Başında her an kayıp düşecek gibi duran turuncu çizgili gri bir bere, eskimiş kahverengi bir pantolon, bir sürü cebi olan koyu yeşil bir mont ve bağcıkları kördüğüm olmuş botlar giyiyordu. Kulübenin önündeki eski tahta sandalyeye oturup geriye yaslandığında çayından bir yudum alıyordu ki bizim geldiğimizi gördü.

Telefonumu çıkardım o an hızlıca, ekrana çevirdim bakışlarımı. Çekmiyordu. Hâlâ çekmiyordu. *Hay...*

"Vaaay," dedi adam sapsarı dişleriyle gülümseyerek ayaklanırken. Şakağında koca bir et beni vardı. "Kunt Vidar'ım beni ziyarete mi gelirmiş? Neredesin lan sen? Yüzünü görmez olduk. Anca kasabaya inince, gazete alınca, yoksa yok..."

Kunt gülerek adamın bükerek kaldırdığı elini sıkıp saniyeler içerisinde diğer eliyle de omzunu patpatlayarak kısaca selamlaştığında, henüz yanına ulaşabildiğim adamın boyunun uzaktan göründüğü kadar kısa olmadığını fark etmiştim. Neredeyse Kunt'la aynı boydaydı, belki birkaç santim kısa... Adam yaşlıydı. En az yetmişlerinde olmalıydı.

"Kusura bakma Emin Dede ya, iş güç..." Geri çekildiğinde elini ensesine attı Kunt.

"Hadi lan oradan, kaç hafta önce geldin buraya görmedim mi sanki." Emin Dede gülerek işaret parmağını sallıyordu Kunt'un gülen gözlerinin önünde, ardından bakışları benim üzerime çevrildi. "Eee, bu kırmızı bereli güzelimiz kim?"

"Karaca ben," diye mırıldandım elimi adama uzatırken. *Bu adam kibarlık olsun diye şu sıfata da güzelim dedi ya...*

"Memnun oldum kızım," dedi adam elimi sıkarak, sanki gözlerime değil de sol gözümün altındaki bene bakıyordu o an. Nasır bağlamış elleri bana annemin köyündeki teyzeleri hatırlatmıştı. Hepsi zorla el öptürür, öpmezsem de "*Yok anacım yok... Örf âdet kalmamış bu yeni nesil gençlerde...*" diye dedikodumu yaparlardı arkamdan.

Gözlerim kulübenin girişine asılı, hangi hayvanın olduğunu çözemediğim iplerle birbirine bağlanmış dişlerde gezinirken boğazımı temizleyerek önüme döndüm. Bu adam gerçekten avcıydı. Acaba kulübenin içi nasıldı? Küçük görünüyordu ama yalnız yaşıyorsa ona yetiyordu herhalde.

Telefonumu bir kez daha kontrol ettim o an bir umutla ama hayır, çekmiyordu işte. "Sen burada çektiğine emin misin?" diye sordum Kunt'a dönüp telefonumun ekranını göstererek.

Kaşları çatıldı. "Çekmiyor mu?"

"Çekmez, çekmez," dedi Emin Dede o an, çayından bir yudum alarak. "Amaaan boş verin gençler gelmişsiniz mis gibi doğaya biraz bırakın şu telefonları. Durun ben size çay getireyim hemen içiniz ısınır. Bizim *Kaira* yine öfkeli bugün, daha yağacak belli."

Öyle değil be dede...

Kaira mı? Yutkundum. Bu adam da Kaira diyordu buraya, gözleme evindeki Melisa'nın annesi gibi.

Emin Dede bize söz hakkı vermeden bir anda içeri kaçtığında kollarımı göğsümde birleştirerek Kunt'a döndüm. "Kaira dedi," diye mırıldandım, bu kelimeyi çok da yabancılamıyordum artık.

"Kayradağ'ın orijinal ismi," diye cevapladı Kunt beni. Bunu zaten biliyordum ama yine de dile getirme ihtiyacı duymuştum ismini. "Yerliler hâlâ Kaira'yı kullanıyor. Deforme olmuş kelime yıllar içerisinde."

Kulübenin kapısı gıcırdayarak açıldığında Emin Dede küçük bir tepsiyle çıkmıştı içeriden. Üstünde üç tane metal kupa vardı. "Alın bakalım çocuklar. Şeker attım içine... Şeker iyidir. Hava soğuk. Enerji verir."

Kunt'a baktım o an, düz çizgi hâlindeki dudaklarını hafifçe bükerek kaşlarını kaldırdı ve bana *yapacak bir şey yok* gibisinden bir bakış attı. Ardından kupalardan birine uzanıp eline almıştı. Tamam, ben de tatlıyı çok severdim; mesela tam bir çikolata delisiydim ama çayı da kahveyi de sade içerdim... Bu adam niye bize sormadan şeker atmıştı ki şimdi?

Yine de kupayı aldığım gibi buz kesmiş ellerim ısındı, bu hisle rahatlamıştım.

"Eee evlat... Karayel nasıl? Sekiyor mu hâlâ arka bacağı?"

Emin Dede, Kunt'a Karayel'i sorarken Kunt'un bakışları üzerimdeydi ve ben çaydan bir yudum alırken de çekmemişti. Aldığım yudumla sıcaktan önce dilim yandı; ardından ağzımda kalan tatla gözlerim sonuna kadar açıldı. Normal çay değildi bu. Ne çayıydı? Manyak güzeldi. *Manyak güzel.*

Karayel'in arka bacağı mı sekiyordu?

"Bacağını burkmuştu," diyerek kısaca açıklama yaptı bana Kunt, bakışlarımı fark ettiğinde. Ardından Emin Dede'ye döndü. "Düzeldi dede, düzeldi. Yalnız geçen yıldı o. Tahta bağlamıştık hani ayağına."

Haaa... Dedenin kafası gidip geliyordu yani.

Kafasını salladı Emin Dede, çayından içerken.

"Bunun içinde ne var acaba?" Kupayı hafifçe kaldırıp sordum.

"Beğendin mi?" diye sordu Kunt. "Emin Dede'nin özel çayı. Söylemiyor ne koyduğunu."

"Kuşburnu değil mi bu? Ama başka bir şeyler daha var içinde," diye mırıldandım. Şekerin tadı bile gelmiyordu, çay içtikten sonra ağzınızda hoş bir aroma bırakıyordu. Merakla yaşlı adama baktım. "Ne var ki?"

"Aile sırrı," dedi Emin Dede, *ben bilmem* bakışıyla. "Gel beni ziyarete, istediğin kadar içebilirsin ama tarifini vermem. Bu köyde tanışabileceğin en inatçı, huysuz ihtiyar benim bilesin ama Vidar'ımın dostuna kapım açıktır her zaman."

Kunt'la göz göze geldik. *Dost* mu? Biz iki düşmandan başka bir şey değildik. Burada kapana kısılmış olmam bu gerçeği değiştirmiyordu.

"Ya ama..." Gözlerimi kupanın içinde gittikçe azalan çaya çevirdim. "Bal falan mı ya?"

Kunt güldü o an, gülerken gamzeleri belirginleşmiş ve gözleri kısılmıştı. "Bal olur mu ya? Binbir çeşit baharat topluyorlar dağdan, kimbilir ne var içinde... Ayı boku bile olabilir..."

Suratımı buruşturup kupayı uzaklaştırdım ağzımdan hızlıca.

Emin Dede o an uzatıp Kunt'un ensesine bir tane geçirdiğinde şaşkınlıkla adamı izliyordum. "Sus lan kerata. Kızla uğraşma rahat rahat içsin çayını. Baksana şuna, buz kesmiş zaten iki dakikada."

Kerata dediği adam da... 1.90 boyunda bir kas kütlesi... Gülesim gelmişti. *Sen maçlarda adamların haşatını çıkar, sonra gel yetmiş yaşındaki dededen dayak ye.*

"Gidelim o zaman biz," dedi Kunt, çayını bitirip kupayı Emin Dede'nin sandalyesinin üzerine bıraktığı tepsinin üzerine koyarken. "Madem buradan da çekmiyor... Yapacak bir şey yok."

"Niye? Bir şeye mi ihtiyacınız var oğlum?"

Kunt'un bakışları üzerime çevrildi o an, istemsizce lafı devraldım. "İstanbul'a döneceğiz ama burada mahsur kaldık, kar yağışı durmuyor. Kurdun biri de dişlerini geçirdi benim bacağıma, yara iyi ama kuduz kapmış olmaktan korkuyorum."

Emin Dede'nin bakışları ciddileşti o an, bana baktı dümdüz bir ifadeyle. İstemsizce elimle yaralı bacağımı tutuyordum. "Oradan mı?" diye sordu Emin Dede, kaşlarını kaldırarak kafasıyla bacağımı işaret ederken.

Kafamı salladım.

"Enfeksiyon kaptın mı?"

"Hayır."

"Ne kadar derine geçirmiş dişlerini?"

"En fazla iki santim."

"Yıkayıp üstünü kapattın mı?"

Kafamı salladım yeniden.

"Ne zaman oldu?"

"Dün öğlen."

"Ateşin çıktı mı o zamandan beri?"

"Hayır."

"Öksürük, mide bulantısı?"

"Hayır, yok," diye mırıldandım. "Ama bu belirtiler daha sonra da ortaya çıkabilir..."

"Çıkmaz, çıkmaz," dedi Emin Dede, adı gibi emin bir ifadeyle. "Kapmamışsın. Burada zaten kuduz hayvan olmaz."

"Nasıl bu kadar emin olabiliyorsunuz?"

"Çocukluğumdan beri bu topraklardayım ben, sürüsüyle

insanın gezinirken saldırıya uğradığını gördüm. Bacağı kopanlar bile oldu, bir şekilde yaşadılar. Seksene merdiven dayamış adamım, şu dağda birinin kuduz kaptığını ne gördüm ne duydum daha," dedi Emin dede, gözlerini uzaklara dikerek. "Sen de endişelenme. Mikrop kapmasın ama dikkat et, açıktır o yara şimdi. Ben sana işine yarar birkaç bir şey, sargı bezi vereyim..."

Emin Dede boş kupalarla birlikte kulübeden içeri girdiğinde çatık kaşlarımı Kunt'a çevirdim. "Dağın başında evin var. Nasıl olur da sağlık kitin olmaz senin?"

"Vardır illaki ama yerini bilmiyorum." Omuz silkti.

"Sen benimle dalga mı geçiyorsun? Hayvanı viskiyle yıkayıp zımbaladım, kendi bacağıma da kaynatıp sıktığım havluyu sardım ben."

"Alternatif tıp hayat kurtarır."

"Alternatif olarak seni öldürme yolları düşünüyorum ama ben şu an tam olarak."

Kunt sanki dalga geçiyormuşum gibi gülerek alnını ovalarken Emin Dede elinde küçük, siyah bir poşetle çıkmıştı o an kulübeden. Dalga geçtiğimi mi sanıyordu? Çünkü ben gayet ciddiydim.

"Al bakalım kızım," dedi Emin Dede poşeti elime verirken. Ardından kulübenin kapısını kapatıp sırtındaki tüfeğini düzeltti ve bize döndü. "Hadi bakalım çocuklar. Birlikte geçelim sizin tarafa, ben de oradan devam ederim artık..."

"Nereye gideceksiniz?" diye sordum sabırsızca o an. "Aşağıya mı gideceksiniz?"

"Bu karda yol mu kalmıştır ki kızım? Ne aşağısı? Şu an yağış dursa bile sabaha kadar yola çıkamazsınız."

Yüzüm düştü o an. Önüme döndüm. Bir gece daha burada kalacağıma inanamıyordum. Aslında ben daha en başından, buraya geldiğime de inanamıyordum ya neyse...

"Eee evlat, anlat bakalım. İstanbul nasıl? Maçlar nasıl gidiyor? Bizim anten çekmiyor bir yıldır, izleyemiyorum benim kutudan bir şey..." Emin Dede'nin uzun bacakları sanki attığı her adımda sallanıyordu ama öte yandan sağlam da duruyordu. Bir avcıydı o, değil mi? Çocukluğundan beri de burada yaşıyorduysa... Muhtemelen bu dağın, bu koca ormanın her tarafında ayak izleri vardı.

Kunt'un bir yanında ben yürüyordum diğer yanında Emin Dede yürüyordu. Ona döndüğümde cevaplamadan önce gözlerini bir saniyeliğine bana dokundurduğunu fark ettim. "İki aya bir Rus'la maç var."

Katılacaktı. Gerçekten o maça çıkacaktı ve bunun tek sebebi bendim.

"Vay orospu çocukları," dedi Emin Dede bir anda gülerek, elini havada sallarken. "Elini yumuşak alıştırma oğlum, sıç ağızlarına, sik a..."

"Dede," diye araya girdi Kunt o an.

"Ha..." Eğilip bana çevirdi gözlerini Emin Dede, onun gözleri yeşildi ve bembeyaz karın içinde daha net anlaşılıyordu. "Kusura bakma kızım."

"Önemli değil," dedim o an. "Siz buyurun devam edin ana bacı sövmeye..."

Kunt'un altın hareleri büyüyerek, sanki yanlış bir şey yapmışım gibi gözlerime dikildiğinde omuz silkip önüme dönmüştüm. Sanki küçük bir çocukmuşum da yeni ve kötü bir şey öğrenecekmişim gibi kibarlık yapmasına gerek yoktu, ben de çocukluğumdan beri erkek çocuğu tarzı ağır takılan bir kızdım. Abim bana sarkan beş çocuğu dövdüyse, ben on tanesini dövmüştüm. Abime asılan bütün kızları tuvalet köşelerinde sıkıştırıp hesap soruyordum... Tabii ki sevebilirlerdi ama abimin canını yakmayacakları ne malumdu?

Eski günler bir bir gözümün önünden geçerken, *ne zaman işler bu kadar değişti be Karaca?* diye sormadan edemedim kendime. Artık bu kadar dobra biri değildim, bağırıp çağırmıyordum sürekli heyecandan ya da mutluluktan, abimin ölümünden de önce, çok önce; içimde bir şeyleri kaybetmiştim.

"Kız senin memleket neresi?"

Emin Dede'nin sorusu beni kendime getirirken karın içinde bata çıka yürüyordum. "Bolu," dedim düz bir sesle.

"He, yakınmış da buraya." Emin Dede'nin gözleri etrafta gezinirken üzerime çevrildi. "Abant'a yakın mı?"

"Sayılır," diye mırıldandım. Aklıma Abant'la buradaki göl arasında Kaira bölgesi denişi gelmişti bir anda. Merak bir kez daha dilimi ele geçirmişti. "Eskiden Abant'la buradaki göl arasına Kaira denirmiş, öyle mi?"

Kunt araya girdi o an. "Bunu sana kim söyledi?"

"Gözleme evindeki bir kadın," diye mırıldandım. "Otoyolun kenarındaki."

Emin Dede'nin suratındaki keyifli ifade, benim lafımın hemen ardından kaybolduğunda durgun yeşil gözlerini yakalamıştım. Neden bozulmuştu bir anda?

"Doğru," dedi Kunt. "Ama bu herkes tarafından kabul gören bir şey değil."

"Neden?"

Emin Dede'nin hırıltılı nefes alışı ikimizi de bölmüştü o an, ikimiz de bakışlarımızı dedeye çevirdik. "Daha ne kadarını biliyorsun güzel kızım?" diye sordu düz bir sesle, yeşil gözlerini yüzümde gezdirirken.

"Köylülerin orman ruhunu aradığı şu hikâyeyi..." Alt dudağımı dişledim yutkunarak. Gerilmiştim.

"Bulduklarını düşündükleri zamanı da biliyor musun?"

"Altın postlu kurdu mu?" Kaşlarım çatıldı. "Bir dakika, bulduklarını düşündükleri mi? Kunt bana avladıklarını söylemişti."

"Altın postlu kurdu avladılar," dedi Kunt tok bir sesle, gözlerini beyaz gökyüzüne çevirirken. "Ama aradıkları o değildi."

"Hastalığa yakalananlar ya öldüler ya da hayatlarının o döneminden kalma ağır izlerle yaşamlarını sürdürmeye devam ettiler." Emin Dede sırtındaki tüfeği düzeltip, montunu ve kazağını sol kolundan sıyırırken gözlerimi beyaz tenine çevirdim. Kaşlarım kalkmıştı istemsizce, şoktan. Dedenin kolu montunu sıyırdığı yere kadar kırmızı, uzun ve şekilsiz izlerle doluydu.

"Gerçek miydi yani?" Şaşkınlıkla adımlarım durduğunda, Kunt'a baktım. Bir adım önümdeyken omzunun üzerinden dönüp boş gözlerle beni izledi. "Hikâye gerçek miydi?"

"Ben değil, benim atalarım, anam, babam, dedem, nenem..." dedi Emin Dede o an, kolunu düzeltirken. "Ama izler bana da miras kaldı kızım. Neyse ki oğlumda bir şey yok. Kaira ona dokunmadı."

Yutkunarak birkaç hızlı adımda yanlarına yürüdüm, yeniden eşitlenmiştik. "Kaira sanki bir insanmış gibi konuşuyorsunuz."

Kunt'un histerik gülüşü ulaştı kulaklarıma, ıslanmış botlarımda gezinen bakışlarımı kaldırdım ve ona baktım o an. Kısılmış gözleri uzaklarda, ormanın derinliklerinde geziniyordu. "Emin Dede'ye göre bu orman bir kadın ve adı da Kaira. Bu yüzden bazen böyle konuşur."

"Cahil cühelaya kaldı mirasımız, kültürümüz görüyor musun Fatma'm?" Emin Dede'nin omuzları çökmüş, dertli bir ifadeyle karı avuçlamış ve gözleri etrafta dolaşırken mırıldanmıştı. Sanırım Fatma onun karısıydı ve buralarda değildi.

Emin Dede "Suç senin babanda," dedi Kunt'a. "Hiç anlatmadı sana bunları, dedim dedim dinletemedim. Kendi de buranın çocuğuydu. Seni burada büyütecekti ama *yooook... Nerdeee...* Herkes İstanbul'a kaçtı. Ne bok varsa artık oralarda..."

Babasının bahsinin geçtiğini fark ettiğim an dudaklarımı birbirine bastırarak Kunt'un surat ifadesini süzdüm geriden ama ne kadar gerildiğini anlamak için ona bakmaya bile gerek yoktu. Her ne yaşamışsa, Emin Dede'nin bundan haberi yok muydu yoksa arada kafası gidip geldiğinden bir şeyleri hatırlamıyor muydu?

Yolda giderken beyaz bir kurt gördük ama yalnız başına dolaşıyordu, Emin Dede tüfeğini ateşlediğinde kaçıp gitti. Bir süre sonra kar yağışı tipi ile birlikte tekrar ormanı esir aldığında biz de eve ulaşmıştık.

"Dikkat et dede," dedi Kunt, ben çoktan kapının önüne gelmiş üzerimdeki karları silkelerken.

"Siz de çocuklar, siz de! Çaya gelin bak ama gitmeden!" Emin Dede birkaç metre uzakta, ormanın derinliklerine doğru ilerliyordu bu havada.

"İşte buna söz veremeyiz..."

Kunt basamakları çıkarken yutkunarak başımı kaldırdığımda göz göze geldik. "Yaşlı adam, bu havada nasıl dolanabiliyor etrafta?"

"Emin Dede'yi hafife alma," diye cevapladı beni Kunt, kapıyı açarken. "Emekli albay."

Kafamı salladım sessizce. Her ne kadar emekli bir asker olsa da yine de bu hâliyle bu havada dışarı çıkması çok tehlikeliydi ama benim karışabileceğim bir şey değildi bu.

Bir buz kırılma sesi geldiğinde arkadan, Kunt kapıyı açmıştı tam. Dönüp omzunun üzerinden bana baktığında göz göze geldik yeniden, ardından ben arkama dönüp ilerledim ve sesin nereden geldiğine baktım çatık kaşlarımla. Korkunç bir sesti bu.

Göl hâlâ donuktu ama oradan gelmişti işte ses, buna emindim. Çatlıyor muydu?

"Bazen buz kırılıyor," dedi Kunt arkamdan yaklaşarak. Ona döndüğümde gözleri ileriye bakıyordu. "Gölün üzerinde yürümek çok tehlikeli. Aklından geçiyorsa diye söylüyorum, unut bunu."

"Öyle bir şey düşünmedim bile." Ters bir ifadeyle cevaplamıştım onu, bahsini bile açmamışken niye uyarma gereği duyuyordu ki? Zaten sağlık kiti konusunda da sinirlenmiştim. Evde kaç oda vardı ki? Hepsini arasak birinden çıkardı bir şeyler illaki.

"İyi," dedi Kunt. Ardından dönüp içeri yürüdü.

8

ŞÜPHENİN KANCASI

Mantığımın, zihnimin ortasında elleri belinde dikilip düşüncelerimi tokatladığını hissediyordum bazen, disiplin delisi sivri gözlüklü bir müdire gibi. Mantık, vicdan gibi duygusal değildir; zihnine kendi düşüncelerinin zehrini akıtır. Böylece sadece onlara tutsak kalırsın.

Fakat nihayetinde mantık bile, duygularımızın önünde diz çöker.

Öfkeli misin? Düğmesi yoktur, kapatmazsın bazen. Üzgün müsün? Bir gülümseme koyamazsın yüzüne kolayca, sen de biliyorsun. Çığlık atmak istediğin zaman öylece, sessizce bir köşede durabiliyor musun?

Duramıyorsun.

Hayatımız, seçmemiz gerektiğini bildiğimiz cevapları elimizin tersiyle iterek yanlış şıkkı işaretlediğimiz sınavlardan ibarettir. Belki boş bile versek kâğıdı, kârlı çıkarız ama çoğumuz bunu yapmayız. Yapamayız.

Yapamadık.

Yapamadım.

Kunt, içeri girdikten sonra kapıyı aralık bırakırken arkasından adımlarımı içeri yönelttiğimde aklım az önce duyduğum buz kırılma sesindeydi hatta, bir çığlık gibi yankılanmıştı ormanda ve söküp atamıyordum kafamdan. Bu sesi gecenin bir yarısı duysam muhtemelen korkudan battaniyenin altına girer ve kulaklarımı kapatırdım bir daha duymamak umuduyla tıpkı küçük bir çocuk gibi.

Ben içeri girerken Kunt, daha montunu bile çıkarmadan eğilmiş ona sırnaşan Karayel'in tüylerini okşuyordu eldivenini çıkardığı eliyle. Karayel daha sonra benim açtığım kapıyı gördüğünde onun elinden kurtulup dışarıya yürüdü yavaş adımlarla, yanımdan geçerken ben de gergin bir şekilde adımlarımı uzaklaştırmıştım. "Nereye gidiyor?"

"Bilmem. Avlanmaya? Tuvalete?" Kunt montunu ve atkısını çıkartıp portmantoya asarken kapıyı çoktan kapatmıştı.

"Ama yaralı," dedim tok bir sesle, o önümden geçerken. Şömineye ilerleyip sönmek üzere olan ateşe odun atmaya başladığında gözlerim sırtında geziniyordu.

"Bu onun ilk yara alışı değil. Alışkın."

Seslice nefes verdim. *Boş ver Karaca, sana ne elin hayvanından?* Atkı, bere ve kabanımı portmantoya asarken Kunt'un montuna yaklaşan yüzüm sayesinde yine aynı koku doldu burnuma. Kaşlarımı çattım. Bu bir duş jeli ya da şampuan olamazdı... Bu bariz, parfümdü. Ama hangi parfüm?

Kokulara ilgim ortaokul yıllarına dayanıyordu doğrusu. Mahallenin girişinde çakma parfüm tezgâhı açan amcalardan her gün çıkardığım başka bir kâğıda farklı bir parfüm sıkmasını ister, sonra eve götürürdüm o kâğıtları. Gider gelir koklardım deli gibi. O günlerde kokusunu aldığım bir parfüme benziyordu bu koku da. Muhtemelen eskiyi hatırlattığından bu kadar gerilmiştim.

Ona bir şey söylemeden Emin Dede'nin verdiği siyah poşetle birlikte banyoya yürüdüğüm sırada şömineyle uğraşıyordu hâlâ. Poşetin içinde etil alkol, sargı bezi ve yapışkan bant gibi işe yarar birkaç şey vardı. Eşofmanı sıyırıp bacağımın etrafındaki havluyu yavaş hareketlerle çıkardım, ardından üste ve alta iki ayrı ince uzun bandaj yapıştırdım. Normalde bu tarz yaraların oksijen alması bazı durumlarda daha iyi oluyordu ama kıyafet kumaşının sürtünmesi canımı yaktığı kadar kabuklanmayı da geciktirebilirdi.

İşim bittiğinde poşeti salondaki masanın üzerine bıraktım, ardından gözlerimi boş salonda gezdirdim. Şömine ateşi gür yanıyordu ama Kunt etrafta yoktu.

Başım ağrıyordu. Kronikleşmiş miydi baş ağrım yoksa son zamanlarda ortaya çıkan geçici bir şey miydi bilmiyordum ama ilaç kullanmadan geçmiyordu.

Çantamdaki kahverengi şişeden sarı-beyaz bir hap alıp dudaklarımın arasında sıkıştırdıktan saniyeler sonra yuttum, ardından mutfağı ve koridoru kontrol ettim; Kunt yoktu. Belki de dışarı çıkmıştı. İyi de orada ne yapacaktı ki?

Şöminenin önüne oturup bacaklarımı kendime çekerek kollarımı etrafına sardım ve sessizliğin içinde yanan alevleri izledim bir süre. Saat öğleni geçiyordu.

Artık kabullenmiştim. Yeni yıla annemle giremeyecektim. Yeni yıla nasıl girersen öyle geçer lafına inanmıyordum ama yine de annemin yanında, onun evinde, onun köyünde olmak istemiştim... Gözünün içine nasıl bakacağımı, abime olanları nasıl anlatacağımı hâlâ bilmiyordum ama orada olmak istemiştim işte. Orası benim bu dünyadaki cennet durağımdı ne olursa olsun.

Ama o gazete kupürünü gördükten sonra, Ali Fuat Dinçer'in sözlerini duyduktan ya da Kunt'u tanıdıktan sonra artık annemin köyünün yakınındaki bir yoldan bile geçebileceğimi düşünmüyordum bir süre. İstanbul'a dönüp o arenada o gece ne döndüyse ortaya çıkaracak, daha sonra annemin dizinin dibine oturup ertesi sabah hatırlamayacağını bilsem de anlatacaktım bir bir her şeyi.

Acısını duyar mıydı göğsünün ortasında, ona göre bir yabancı anlatacak olsa da? Sanırım hiçbir zaman bilemeyecektim bunu.

Pantolonum ve çoraplarım kurumuştu ama eşofmanla rahat hissettiğimden değiştirmek istemiyordum. *Yeniden mi ıslatsam hafif?*

Kunt'un bir eşofmanın lafını yapacağını düşünmediğimden pantolonumla çorabımı katlayıp çantamın içine sıkıştırdım daha sonra. Ben fermuarını kapatırken koridordan ayak sesleri gelmeye başlamıştı. Bir dizimi koltuğa yaslayarak gözlerimi koridor girişine çevirdim o an.

"Elektrikler gelmiş," dedi içeri girdiğinde, ışık düğmesine

basıp lambaları açtıktan sonra kapayarak. Henüz aydınlıktı etraf, gerek yoktu.

Aklıma bir çığ gibi düşen farkındalıkla gözlerim doğrudan televizyona çevrildi, ardından portmantodaki kabanıma baktım; USB cebimdeydi. Onu alıp televizyona takabilir ve izleyebilirdim maç kaydını... Ama o zaman buradan İstanbul'a yalnız dönerdim. Hangisini seçecektim? Bir seçim yapmak için önce ortada bir neden olması gerekiyordu. Peki ben abimin ölümünün arkasında başka şeyler olduğuna ne kadar inanıyordum?

USB'yi izlememi istememişti. Peki ben bunu yaparak ona güvendiğimi mi kanıtlamış olacaktım yoksa aptallığımı mı?

Kunt'un altın hareli gözleri yüzümde geziniyordu, sanki ne düşündüğümü tahmin edebiliyormuşçasına. O sırada eğilip televizyonun kumandasını aldım ve kırmızı tuşa basıp açılmasını bekledim. Televizyon şöminenin hemen üzerine, duvara sabitlenmiş büyük bir modeldi. Marka simgesinin hemen ardından kanallar açıldığında ilk gelen kanalda bir haber bülteni veriliyordu.

"Evet, az önce muhabirimiz Uğur'un, Eminönü Meydanı'ndan son hava durumuna dair bilgiler verişini izledik. İstanbul, Ankara, Eskişehir, hatta İzmir ve birçok şehir daha başta olmak üzere üst üste uyarılar geliyor meteorolojiden, yeni yıla gireceğimiz yarın gece de dahil olmak üzere vatandaşlarımızın özellikle araç sürerken dikkat etmesi ve esnafın sert hava koşullarına hazırlıklı olması..."

"Yani İstanbul'da da durum pek farklı değil," diye mırıldandım koltuğun kenarına otururken. Ne zaman çıkabilecektik bu cehennemden? Gerçi cehennem sıcak olurdu en azından... Burada kutup soğuğu vardı.

Kunt gözlerini ekranda gezdiriyordu, derece tahminlerinde. "Belki yarın öğlen."

"Yarın öğlen mi?"

Kafasını salladı. "Fırtına durdu. Eğer sabaha kadar hava sakinliğini korursa gidebiliriz. Yarın 31 Aralık olduğundan yolları temizlerler."

"Ne yapacağız?" diye sordum o an, düz bir sesle. Yanımdaki koltuğun kenarına yaslanmıştı, kolları göğsünde ekranı takip ediyordu. Bense oturduğum koltuğun kenarına tünemiş, kollarımı kenarına yaslamış bakıyordum ona. Altın hareli gözleri benim üzerime döndüğünde başparmağını alt dudağına dokundurdu. "Ne demek ne yapacağız?"

"İstanbul'a döndüğümüzde?"

Gözlerini kaçırdı o an, düşünüyordu. "Fuat Hoca'yla görüşeceğiz. O bir yol göstermese bile bakabileceğimiz birkaç yer var. Abin her ne kadar popüler bir boksör olsa da kimliğini gizliyordu, federasyon bile çoğu şeyi bilmiyordu. Nerede kalıyordu? Arkadaşları kimler? Sevgilisi var mıydı? Kimlerle görüştü en son? Bunlardan başlayabiliriz."

Peki... "Ne yaparsın?" diye sordum o an, sorumu düzenleyerek. Ela gözler üzerime çevrildiğinde kurumuş dudaklarımı ıslatarak lafıma devam ettim. "Bütün bunlar bittiğinde eğer gerçekten onu öldüren tek faktör senin yumruklarınsa?"

Sensen, dememiştim.

"Çok daha sert dövüştüğüm geceler oldu Karaca," dedi Kunt, tok bir sesle. Gözünü bile kırpmadan konuşuyordu o an bana bakarken. "Komalık ettiğim adamlar oldu. Hiçbirini umursamadım. Benim işim bu. Maça çıkıp kazanmak. Hilesiz, hurdasız. O gece ekstra yaptığım bir şey yok. Hiç olmadı. Sana burada kendimi savunmayacağım, eğer istediğin buysa çünkü biri öldü. O gece biri öldü ve bunun savunulacak tarafı yok."

"Bir yola çıkmaya karar verirsem o yolu yalnız yürürüm." Yutkundum, boğazım kurumuştu. "Şimdi sen bana benimle yürü diyorsun, bana güven ve bunu o kaydı izlemeyerek kanıtla çünkü hayatımı önüne seriyorum diyorsun. Bunu suçluluk duygusundan mı yapıyorsun yoksa kahraman olmak istediğinden mi bilmiyorum ama eğer yan yana yürürken bana çelme takarsan fırsatını bulduğum ilk an seni o yola gömerim Kunt. Bunun anlamı kendimi de peşinden sürüklemek olsa bile."

Tek bir adımla mesafeyi kapatıp ellerini, dirseklerimi yaslayıp ona döndüğüm koltuğun kenarına koyduğunda üzerime eğilmişti. Başımı kaldırıp yüzüne baktım gözümü kırpmadan, sanki ona bakarken çatılmaya ant içmişti kaşlarım.

"Birini öldürsen de öldürmesen de yakını gelip gözlerinin içine bakarak *sen katilsin* dediğinde ağzından çıkacak hiçbir sözün değeri yoktur. Sana ne dersem diyeyim bana hep bu gözlerle bakacaksın," dedi gözlerimin içine bakarak. "Aramızda hep bir karış mesafe olacak. Söylediklerimi sorgulayıp duracaksın. Belki güvenmemekte haklısın, belki değilsin. Bilemezsin ama ne olursa olsun savaşacaksın çünkü en başında sen söyledin, sırf abin için ayağıma kadar geldin Karaca. Sen busun. Ya sonuna kadar kandırılacaksın ya da sonunda gerçeklere ulaşacaksın."

Bana hiçbir zaman doğrudan bir cevap vermiyordu. Kafamın içinin nasıl çalıştığını, nasıl bu kadar kısa sürede bu kadar iyi çözebilmişti? Kesin cevaplara bile güvenmediğimden çift taraflı konuşuyordu. *Ya kandırılacaksın ya da sonunda gerçeklere ulaşacaksın.* Peki o benimle böyle konuşurken ben nasıl ona güvenmeyi öğrenecektim? Nasıl onunla aynı yolda yürüyecektim?

"Bir terazi gibisin. İki taraf var, ikisine de aynı ağırlığı koyuyorsun. Meleği oynarsan inanmayacağımı biliyorsun, şeytanın ta kendisi olduğunu ise saklamak istiyor gibisin ama o tarafını da ortada bırakıyorsun. Sana hiçbir zaman gerçekten güvenmeyeceğimi bilerek yapıyorsun bunu. Bu iş böyle yürümez."

"Yürür," dedi kafasını biraz daha eğerek yaklaşırken. "Yürüteceksin. Yürütmelisin. Hatta öyle bir raddeye gelecek ki, koşturacaksın Karaca. Neye bulaştığının farkında bile değilsin. Bana kalsa dön evine, okulunu okumaya devam et. Hiç olmamış gibi davranalım."

Kaşlarım çatıldı, dudaklarım şaşkınlık ve öfke aleviyle aralanırken. "Bu mümkün değil. En azından o ikinci antrenörün kim olduğunu öğrenmeden olmaz."

"Ya abin kötü adamsa?" Kaşlarını kaldırdı. "Ya kötü işlere bulaştıysa? Ya bu işin sonunda gidip mezarına tükürecek hâle geleceksen? Hatırasını temiz bırakmak iyi bir tercih değil mi sence de? Benim başım yanmaz sen buradan çıkıp gidersen, bugünden sonra ya dönerim maçlara ya da başka bir şey yaparım. Hiç tanışmamışız gibi olur."

Sağ elim ben sözlerine tepki veremeden havalandığında,

gözlerini gözlerimden çekmeden havada yakalamıştı buz kesmiş elimi. Hafifçe iki yana salladı kafasını. "O gün orada, ben sana izin verdiğim için bana vurabildin Karaca. Bugün burada, buna hakkın yok."

"Ölmüş adamın arkasından iftira atıyorsun," diye fısıldadım dişlerimi sıkarak. Nasıl böyle bir şey söyleyebilirdi? Mezarına tükürmek ne demekti? *Benim abimin?* Benim abimin!

"Piyasanın nasıl karanlık bir yer olduğunu bilmiyorsun. Sıfırdan bir camiaya girmek demek, yeri geldiğinde boyun eğmek yeri geldiğinde dönen pisliğe ortak olmak demektir. Kimse ayak basmadığı bataklığın kurbağası değil, herkesin paçaları çamur. Sorun şu ki henüz abinin ne kadar çamura battığını bilmiyoruz."

Elimi çekip elinden kurtarırken gözlerimi gözlerinden çekmedim, lafları o kadar dolambaçlıydı ki kafamın içindeki sorulara cevap olmak yerine soruların kancalarını sivrileştiriyordu her seferinde. "Peki sen ne kadar çamura battın, Kunt Vidar Karyeli?"

Altın hareler gözlerimde geziniyordu o sırada, soruma önce hiçbir tepki vermedi ama o an o konuşmasa da sert yüz hatları ve kaskatı ifadesinden okunuyordu. "Boğazıma kadar," dedi Kunt ellerini, kenarında olduğum koltuktan çekerek doğrulurken. "Seninle aynı yolda yürümeyi hak etmeyecek kadar." Bir adım kadar geri çekilmişti. "Keşke buraya hiç gelmeseydin Karaca."

"Verdiğin karardan pişmanlık mı duyuyorsun?" diye sordum düz bir ifadeyle.

"Hayır ama sen verdiğin karardan pişmanlık duyacaksın." Yutkunduğunda uzun ve güzel boynundaki âdemelması oynamıştı. "Şimdi vazgeçersen bir şansın olur. Yarın yollar açıldığında evine dönersin, abinin çıktığı maçta talihsiz bir şekilde öldüğü haberiyle kalır o geceye dair bilgilerin, yılbaşı gecesine de yetişirsin annenin yanına."

Dudaklarım düz bir çizgi hâlini istemsizce, kirpiklerimin arasından gözlerimi kırpıştırırken sertçe yutkundum. "Başka bir şeyler olduğunu biliyorsun."

"Kokusunu alıyorum diyelim," dedi gözlerini kaçırarak, ardından seslice nefes verdi. "Vazgeçmeyecek misin?"

Nasıl bir yıkım vardı önümde, nasıl bir yolda yürüyecektim günlerce; belki de haftalarca, aylarca bilmiyordum ama önümde zaman vardı. Ben bu şekilde göçüp gitsem hayattan, her ne kadar yıllardır görüşmüyor olsak da abim aynısını yapardı. Hatta o şu an burada dikilip düşünmezdi bile, onun tereddüdü olmazdı; o netti. O kadar netti ki, o kadar emin verirdi ki kararlarını; sonuçları ona zarar verecek olsa bile gözü kapalı yürürdü bir kez ayağının ucunu değdirdiği yolda.

En çok da bu yönü yüzünden korkmuştum, Kunt'un ağzından dökülenlerden.

Kafamı olumsuz anlamda bir sağa, bir de sola çevirdim gözlerimi Kunt'un gözlerinden çekmeden. "Hayır."

İki parmağı arasında burun kemerini sıkarken gözleri kapalıydı, ardından elini saçlarına kaydırdı ve tutamlarını hafifçe sıktı, başını kaldırdığında ensesini ovalıyordu. "Tamam," dedi dudaklarını ıslatarak. "Öyle olsun, Karaca."

Öyle olsun Kunt.

Bana öylece bakmayı sürdürdü bir müddet, ben de herhangi bir harekette bulunmadım ya da gözlerimi kaçırmadım. Bir aptal olduğumu düşünüyor olmalıydı kendimi böyle bir şeye sürüklediğim için ama bir yalanla avunmaktansa gerçekleri öğrenip hayatımın altını üstüne getirmeyi tercih edeceğimi bilmiyordu. Her zaman bu şıkkı seçerdim çünkü zaten mutlu olabilmek için yeterince aptal değildim.

Kunt, Karayel'e bakmak için dışarı çıktığında bir süre koltukta oturup kanallarda gezinmeye devam ettim ama izleyebileceğim hiçbir şey yoktu. Sonunda bir çizgi filmin oynadığı kanalda durduğumda oturduğum yerde bacaklarımı kendime çekmiş, koltuk yastıklarından birini kollarımın arasına almış, başımı kumaşına yaslamış izlemeye başlamıştım.

Aradan ne kadar zaman geçti fark etmedim ama hava hafiften kararmaya başlamıştı. Aniden kapanan televizyonla birlikte dikkatim dağıldığında, uzun süredir pencerelerden sızan rüzgârın uğultusu da son ses giriş yapmıştı kulaklarımdan içeri.

Gergin bir ifadeyle doğrulup kapıya baktım, ardından pencerelere. Hava sakindi ama esen rüzgârın uğultusu her şeyi korkunç bir hâle getiriyordu.

Öğlen duyduğum kırılma sesi yine aynı korkuyla bir çığlık gibi zihnime düştüğünde göğüs kafesimde hızlanan kalbimin sert atışlarına engel olamadan ayağa kalktım. Bu ses, hayatım boyunca duyduğum en korkunç sesti. İkincisi de pencereden gelen uğultu sesiydi. Listeye üçüncüyü de eklemeden defolup gitmek istiyordum buradan bir an önce ama görünüşe göre bir gece daha buradaydım.

Adımlarım istemsizce kapıya gitti, kilidi çevirip açtım ve kafamı uzattım dışarı; etrafta kimse görünmüyordu. Kazağımın kumaşını parmak uçlarıma çekerek botlarımı geçirdim ayağıma, ardından kapıyı aralık bırakıp bir adım attım dışarıya doğru. Kunt neredeydi? Karayel fazla ileriye gittiyse bile nerede olduğunu nereden bilecekti? Islık çalınca geliyor muydu yoksa yanına? Ama gideli ne kadar olmuştu ki?

Havanın buz gibi olduğunu bile bile nasıl kabanımı evde bırakıp dışarı çıkmıştım bilmiyordum ama donmuş göle doğru yürüyordum, görmem gerekiyordu. Bu sesin nasıl çıktığını yakından duymayı ve mümkünse görmeyi de istiyordum ayrıca, böylece evde tek başıma otururken korkmazdım.

Bana korkularımın üzerine gitmeyi abim öğretmişti. *"Karanlıktan mı korkuyorsun Karaca? Bu mu? Benim küçük kız kardeşim karanlıktan mı korkuyor? Alışacaksın. Alışmak zorundasın. Yeri gelecek kimse ışık yakmayacak yoluna, karanlıkta yalnız yürümek zorunda kalacaksın."*

Çok kızıyordu ışık açık uyumama. Bir gece lambası almıştı bana bu yüzden, düğmesine basınca tavana ve duvarlara yıldız şekilleri yansıtan. Müzik bile çalıyordu, çok tatlı bir melodiydi her gece uyumadan önce dinlediğim...

O lambanın pili, abimin evden gittiği gün bitti. Bende yenisini takmadım bir daha. Karanlıkta uyudum.

Gölün yakınında sular altında kalmış ağaçlar vardı, fazlasıyla kuru ve cansız görünüyordu her biri. Karın üzerine, tam gölün başladığı yerde adımlarımı durdurduğumda önce uzaklara bakıp çatlayan kısımları görmeye çalıştım; sonra da eğilip buzun altından akan suya baktım. Herhangi bir çatlak görmemiştim ama bu muhtemelen çatlakların ortalarda, göl suyunun daha da derinleştiği yerlerde olmasındandı.

Buzun altındaki su hareketliydi. Elimin daha da üşüyeceğini biliyordum ama yine de çıplak avucumu yasladım buzun üzerinde. Biraz böyle bıraksam muhtemelen derim yapışırdı, birkaç saat içerisinde de damarlardaki kan akışını kaybederdim.

Burası tehlikeli bir yerdi. Dışarıda bir geceyi yalnız başıma geçirdiğimi düşünemiyordum bile. Gerçi bir hayvana yem olmadan geçirebilirsem...

"Burada ne yapıyorsun?"

Hâlâ eğilmiş hâlde buz tutmuş gölün altındaki suyu izlerken bir anda arkamdan gelen sesle dengemi kaybederek geriye doğru düştüm. "Manyak!" diye bağırdım öfkeyle, kafamı kaldırmış bana yukarıdan sırıtarak bakan suratının gölgesi üzerime düşerken. "Öyle sessiz gelinir mi?"

"Bence sen duymadın ama neyse," diye mırıldandı elini uzatırken. Tutup tutmamayı tartışacak hâlim yoktu, donmuştum. Avuçlarımı yasladığım yerden çektikten sonra elini tuttuğumda kolaylıkla kaldırdı beni.

"Cidden, ne yapıyordun burada?" Kunt'un altın hareleri donmuş gölün üzerinden bana çevrildiğinde ben donmuş totomu silkelemekle meşguldüm. Kara batmıştım az önce, beyaza gömülmüştüm.

"Bakıyordum," diye cevapladım onu, adımlarımı eve yönelterek. Bir dakika daha dışarıda kalmak istemiyordum. Daha en başında çıkmamalıydım. Ya da en azından portmantodaki kabanıma uzanacak kadar akıllı olmalı...

"Neye bakıyordun?"

"Çatırdayıp duruyor buz. Gelen ses ürkütücü." Kapıya giden basamakları çıktıktan sonra aralık kapıdan içeri girdim hızlıca. Kunt'un arkasından Karayel de geliyordu ve gayet iyi görünüyordu.

"*Haaa*," dedi Kunt kaşlarını kaldırarak, kafasını sallarken. "Elektrik gitti. Ondan korktun, dışarı çıktın." Vitrini gösterdi ardından. "Mumlar şuradaydı. Çekmecede de birkaç el feneri var."

"Korkmadım, sadece sana bakmaya çıktım." Botlarımı çıkardıktan sonra geriye çekilip Karayel'e bir bakış attım. Kapının önünde ayaklarını silkeledikten sonra içeri girmiş, ardından kenarda yere serili örtünün üzerinde patilerini kurulamış ve düz adımlarla önümden yürümüştü.

Karayel benden akıllıydı. O eve girerken patilerini kurulamayı biliyordu ama ben dışarı çıkarken bir kaban bile alamıyordum üstüme...

"Yemek yapmayı biliyor musun?" diye sordu Kunt, montunu ve botlarını çıkarmış önümden mutfağa geçerken. Köşedeki masanın kenarına oturup ardından yatan kara kurda bir bakış atıp Kunt'un peşinden mutfağa yürüdüm.

"Tabii ki biliyorum." Kollarımı sıvadım, onunla birlikte içeri geçerken. *Bu bir yalan.*

Öktem'i özlemiştim. O kadar güzel yemekler yapardı ki sabahın köründen gecenin bir saatine kadar git gel yapardım mutfağa. Her ne kadar bana öğretmeye çalışsa da her seferinde bir şeyi yanlış yapıyordum. Yemek yenilebilir oluyordu tabii ki ama bir sakatlık çıkıyordu illaki. Bu yüzden yemekler ondan, temizlik bendendi.

Kunt önüme içinde üç büyük patates olan bir kap ve bıçak bıraktığında ne kadar tehlikeli bir hata yaptığının farkında değildi ama bir şey söylemedim. Fırında tavuk ve patates yapacaktık. Ya da bu gidişle sadece fırında tavuk...

Neşterle insan kesmekten ne kadar farklı olabilirdi ki patates soymak?

"Ne yapıyorsun?" diye sordu Kunt, birkaç dakikanın ardından, tepsinin içine sosladığı tavuk ve sebzeleri dizerken. Kaşları çatılmıştı elimde maymuna dönmüş patatese bakarken. Üstelik daha hâlâ birincisindeydim ve iki tane daha vardı soymam gereken.

"Patatesin kabuğunu soy dedim, patatesi matruşkaya çevir yarısı çöpe gitsin demedim," dedi işini bırakıp yanıma gelirken. Masanın kenarına oturmuştum. Önümdeki kaba soyduğum kabuklardan birini kaldırdığında kaşlarını da kaldırmıştı yaptığım işi sorgularcasına. "Bundan iki dilim çıkar farkındasın değil mi?"

"Kalın mı soyuyorum yani?" diye sordum gözlerimi kırpıştırarak.

Histerik bir şekilde güldü. "Ben dilimliyorsun sanmıştım."

Burnumdan derin bir nefes alırken önüme döndüm o an. "Komik mi?"

"Bir doktor için, evet komik," dedi uzanıp bıçağı elimden alırken. *Hain.* Öktem de böyle söylemişti yine bana patates soyma görevini verdiğinde... Evdeki soyacak kırıldığından bıçakla soymak zorunda kalmıştım.

"Gülme." Ters ters bakarak kalktım ayağa. Elimde tacize uğramış patatesi bir çırpıda soyup kâsenin içine bıraktıktan sonra diğerini aldı ve ben nefes alıp verene kadar yarısına gelmişti bile. Üstelik kabuk kopmamıştı o soyarken.

Kunt patateslerini benim elimden kurtarıp yemeği hallederken ben de daha fazla orada durmamış, salona yürümüş ve şöminenin önüne oturmuştum. Mutfak konusundaki beceriksizliğimin sebebi annemin onunla yaşadığım uzun yıllar boyunca elimi soğuk sudan soğuk suya değdirmemiş olmasıydı. Sadece kendi odamı toplamayı biliyordum, bazen duş almak için banyoya girdiğimde de annem onu bile hallediyordu.

Bunun suçlusu ben değildim, sadece annem çok çalışkandı ve oturmak nedir bilmez bir kadındı. Sürekli okul ve ödevlerle meşgul olduğumdan da sadece yemek yemek için çıkıyordum odamdan ve uyumak için geliyordum eve.

Salondaki kitaplığı karıştırdığım sırada bulduğum bir çizgi romanla birlikte bir saate yakın kalkmadım şöminenin önünden. Yemek hazır olduğunda mutfak masasında sessizce yedik. Kunt, Karayel için de bir şeyler hazırlamıştı ve bir kaba koyup yanına götürmüştü.

Yemeği o yaptığından bulaşıkları ben hallettim.

Birer kupa çayla şöminenin önünde oturuyorduk etraf yine sessizleştiğinde. Gerçi hiçbir zaman sessiz değildi burası... Mutfaktayken çatal bıçak sesleri vardı, bulaşıkları yıkarken su sesi, şöminenin önüne oturduğumda da alevlerden patlak sesleri ve pencerelerden bir uğultu geliyordu.

Sırtım şöminenin mermerine yaslıydı, bacaklarımı kendime çekmiştim ve sıcak kupayı parmaklarımla sarmalamıştım. Karayel hemen önümüzde, koltuğun dibinde yatıyordu ve gözleri açık, ateşi izliyordu.

"Sen İstanbul'a dönünce Karayel'e ne oluyor?" diye sordum sessizliğin içinde, arkaya yasladığım kafamı Kunt'a çevirerek. Şöminenin diğer tarafına yaslanmıştı o da.

"Emin Dede'nin peşine takılıyor arada ama sabahtan beri burada durduğuna bakma, birkaç gün gidip gelmediği olur."

Kafamı salladım, gözlerimi şömineden çıkan alevlerin yansıttığı ışığın aydınlattığı salonda gezdirerek. Burası bir tür aile evi olmalıydı ama hiç fotoğraf, çerçeve görmemiştim etrafta. Gerçi, Kunt'un dün akşam söylediklerinden sonra beklememeliydim de belki de... Annesini babasının vurduğunu söylemişti değil mi?

"Bir şeyler anlat," dedi Kunt sessizliğin içinde. Kollarını, kendine çektiği dizlerinin üzerinden uzatmıştı ve Karayel'e bakıyordu. Lafıyla birlikte ona döndüğümde gözlerini üzerime çevirdi, şömine alevinin aydınlattığı altın hareleri daha bir belirgindi.

"Ne anlatayım?"

"Bilmem, anlat."

Seslice nefes verdim. Ben insanlara, özellikle de yabancılara kolay kolay bir şey anlatabilen biri değildim. Hep dobra bir tarafım olmuştu, sessizliğimi fırsat bilip insanların beni ezmesine izin vermemiştim bu yüzden ama iş kendini anlatmaya gelince dilim lâl olurdu.

"Ne bilmek istiyorsun?" diye sordum çayımdan bir yudum aldıktan sonra, hemen yanımda oturan yabancı adama bakarken. Şömine alevi çene hatlarını öyle bir aydınlatıyordu ki gözlerinin içine bakan birinin suratının güzelliğini fark etmemesi imkânsızdı. Evet, Kunt Vidar Karyeli yakışıklı bir adamdı. Bunu kabul etmek zor değildi. Ama ben onun güzelliğinden çok, bu güzelliğin beni boğazına kadar battığı çamura ne kadar bulaştırabileceğini düşünüyordum o an.

"Saçların boya mı?"

Neredeyse içtiğim çayı tükürüyordum. "Ne münasebet!" dedim o an lafını küfür gibi algıladığım için. "Gözlerin lens mi?"

Kaşlarını çattı, dudakları hafif bir tebessümle kıvrılırken. "Neden lens olsun gözlerim?"

"Neden boya olsun saçlarım?"

"Yoruyorsun Karaca," diye mırıldandı Kunt, kafasını şömine mermerine geri yaslarken, gözlerini kapatmıştı. "Bazen kızıl gölgeli kahve oluyorlar, bazen siyah. Adın gibi tıpkı bir karacasın."

Dudaklarımı birbirine bastırarak gözlerimi kucağımdaki kupaya eğdim o an, böyle bir şey söylemesini beklemiyordum. "Saçlarım boya değil."

Kunt bir şey söylemedi.

"O gün neden mezarlığa geldin?" diye sordum yutkunarak. Ben başımı kaldırıp ona bakmamıştım ama onun gözlerinin üzerimde olduğunu hissediyordum bu sefer.

Ben ona baktığımda ise gözlerini kaçırdı. "Algılayamadım," diye cevapladı beni, kuru bir sesle. "Anlayamadım."

"Neyi?"

"Öldüğünü."

Dudaklarımı birbirine bastırarak kafamı kupama eğdim yine, çayım buz gibi olmuştu. "Onun yerinde sen olsaydın ne olurdu, biliyor musun?"

Başını kaldırdı, altın hareler gözlerime değdi o an. "Bir şey olmazdı. Gömülürdüm, arkamda salya sümük birkaç arkadaş... Bu kadar."

"Abim de yediremezdi kendine. Hiçbir ipucu olmasa bile düşerdi bu işin peşine. İki üç yumrukla adam mı ölürmüş? Ölürmüş... Gerçi, şu an bir şey bilmiyoruz ama..."

Güldü Kunt, yorgun gözleriyle. "Merak etme. Bileceksin."

Önüme döndüm. "Umarım."

Karayel'in altın sarısı gözleri de tıpkı Kunt'unkiler gibi parlıyordu şömine alevinde. Ona baktığımı fark etmiş gibi gözlerini bana çevirdiğinde düşünmesi, hayal etmesi zor olsa bile masum görünüyordu.

"Neden tıp?" diye sordu Kunt.

Yutkundum. Cevabı zor bir soruydu. "Neden boks?"

Bir an buluşan gözlerimizi ayırdık ikimiz de önümüze dönerek. Bu sefer gerçekten özel sorular sormuş gibiydik.

Ayağa kalktı Kunt o sırada, vitrine ilerliyordu. "Bir şeyler içmek ister misin?" diye sordu kapağını açtığı cam şişeden bardağa bir şeyler doldururken. Kupamın içinde yarısı içilmiş, yarısı soğumuş çayıma baktım o an; üşüyordum da üstelik, şöminenin yanında olmama rağmen. Ve gergindim. Belki de bir içki iyi gelirdi.

"Olur," dedim tok bir sesle.

Kunt geri geldiğinde elinde iki geniş bardak vardı. Birini bana uzattıktan sonra eski yerine geri oturdu. Parmaklarımın arasındaki bardağa bakıp yutkundum birkaç saniye, ardından dudaklarımı bardağa dayayıp bir yudum aldım.

Viski. "Beğendin mi?" diye sordu Kunt, dalga geçer bir ifadeyle yüzüme bakarken. "İskoç viskisi." Tek yudumda yarısından fazlasını içmişti.

"Belli."

"Sen ne seversin?"

"Şarap." Bir yudum daha aldım içkiden, bu sefer büyük bir yudumdu.

"Yavaş ol, ağırdır." Kunt'un sözlerinin ardından dudaklarımı bardaktan çekmeden baktım ona, gözleri gözlerimdeydi. Bardağı dudaklarımdan uzattığımda lafına devam etti. "Korkmuyor musun?"

"Neden?" Bir yudum daha içtim.

"Dağın başında telefonunun çekmediği bir evde, gecenin bir yarısı hiç tanımadığın bir adamla içki içiyorsun," diye mırıldandı, gözleri öyle boş, aynı zamanda alaycı ve tehlikeli bakıyordu ki o an, belki de gerçekten endişelenmeliydim. "Hiç haber izlemiyor musun sen?"

İçki neredeyse bitmişti. Bardağın dibine bakarken yutkunarak bakışlarımı onun yüzüne kaydırdım, ardından bardağı sertçe yere bırakıp ayağa kalktım. "Öyle bir şey yapmazsın."

"Nereye?" diye sordu peşimden kalkarken.

"Uyuyacağım."

Önüne geçtiğim an bileğime dolanan sıcak elini hissettim, ardından beni kendine doğru çekti. Sırtım buz gibi duvarla buluştuğunda soğuğu kazağımın üzerinden hissediyordum. "Nereden biliyorsun yapmayacağımı?" diye sordu çatık kaşlarla, elleri kafamın iki yanından duvara yaslıyken. Kafeslemişti beni. "Tanıyor musun beni?"

Dudaklarımı birbirine bastırıp kaşlarımı çatarak baktım ona. Yüzünü yüzüme eşitlemek için hafifçe eğilmişti. "Hayır. Ama sırf ben *sen öldürdün* dedim diye suçluluk duygusundan *ben öldürdüm* diyen, içim rahat olsun diye yumruklarını bir daha kimseye değdirmeyeceğini söyleyen ya da dün burada yemin veren adamın sözüne güveniyorum."

Dalga geçercesine baktı yüzüme, bir öfkenin imgeleri yaşıyordu ışık görmediğinden kararan gözlerinde. "Güvenemezsin," dedi nefesi yüzüme çarparken bir gülüşle üzerime eğildiğinde. Onu göğsünden ittim, bileklerimi yakaladı, bileklerimi ellerinden kurtarmak istercesine çekerken ise yeniden göz göze geldik. "Güvenemezsin Karaca. Kimseye güvenemezsin."

"Senin sorunun ne?" diye sordum sert bir sesle, bunun anlamı ona daha da yakın olacağım olsa bile sırtımı duvardan çekip yüzüne meydan okurcasına bakarken. "Daha dün burada bana güvenmen gerek, başka türlü olmaz, güvenini de kaydı izlemeyerek kanıtla diyen sen değil miydin? Şimdi karşıma geçmiş kimseye güvenemezsin diyorsun."

"Sendeki bu cesaret nereden geliyor anlamış değilim," diye mırıldandı sıktığı bileklerimin ardından gözlerimin içine bakarken. "Belki telefonunun çekmemesi için uğraşmışımdır, belki bilerek mahsur bırakmışımdır burada seni, belki az önce içtiğin içkide ilaç vardır Karaca. Bilemezsin."

"Bırak beni," dedim sert bir sesle, bileklerimi çekerken ama santim oynatamamıştım. Aksine, daha da sıkıyordu. "Hasta herifin tekisin sen."

"Ve sen bu hasta herifle tıkılıp kaldın bu dört duvar arasında," dedi tok bir sesle. Yüzümü süzüyordu, gözleri birkaç saniye sol gözümün altındaki bene takıldıktan sonra tekrar gözlerime baktı. "Belki de şüphelenmem gerekiyordur senden."

Kaşlarım çatıldı o an, şaşkınlıkla yutkundum. Öyle şaşırmıştım ki sözlerine, bileklerimi çekmeyi bile bırakmıştım. Ben bıraktığımda o da üzerime doğru yürüdü, sırtım yeniden duvara yaslandı ama bu sefer kafamı çarpmıştım. Yüzüm buruşurken "Ne diyorsun sen be?" diye sordum acıyı unutarak.

"Neden buraya gelmek için iki ay bekledin Karaca? Eminim Fuat Hoca başından beri sana ulaşmaya çalışıyordu ama sen izin vermedin. Maç kaydının izlenmesinin yasak olduğunu biliyordun ama şüphelenmedin bile. Kiminle anlaştın?" diye sordu gayet ciddi bir sesle, bileklerimi duvara yaslayarak. "Söyle, ne kadar değer biçtiler başıma? Yollayalım kızı, önce inine sonra aklına sızar, kariyerine oynarız mı dediler?"

"Ali Fuat o gün dışarıda yolumu kesmese ben yine izin vermezdim!" diye bağırdım suratına karşı, bu sefer uzun tırnaklarımı etine gömüp kurtarmıştım bileklerimi. Manyak herif, gözü dönünce nasıl da deliriyordu. "Satılık değilim ben! Bana burada orospu muamelesi yapma, sakın konuyu oraya çekme yoksa külahları değişiriz Kunt."

Başını hafifçe geriye attı, histerik bir kahkaha atarken gözleri de kısılmıştı. "Nasıl değişeceğiz pardon da?" Yüz yüzeydik yeniden. "Bana karşı koyabileceğini mi düşünüyorsun? Abin bile koyabildi mi ki?"

Kanım dondu. Kararmış gözlerinde ağzına sürdüğü lafın etkisi parlamaya başlamıştı birkaç saniye içinde, yüzündeki ifade uçup gitmişti ama artık çok geçti. Tokat attım ona, bu sefer ya hazırlıksız yakalanmıştı gerçekten ya ben çok hızlıydım ya da izin vermişti. Göğsünden ittirdim onu bir anda, öyle sert ittirdim ki bir adım geriledi sonunda aramızda yer açarak.

Beklemeden botlarımı ayağıma sokup kabanımı portmantodan aldığım sırada çoktan tokadın şokundan çıkmış, peşimden gelmişti.

"Karaca ne yapıyorsun?"

Bileğimden yakaladı botlarımı giyerken ama çekip ittirdim elini, kolayca kurtulmuştum. Kapıyı açtığım gibi buz gibi dağ havasının soğuğu çarptı yüzüme, bir bıçak gibi kesti tenimi.

"Nereye gideceksin ki!"

Bağırdı arkamdan ama durmadım, basamaklardan koşar adımlarla inip karın içinde koşmaya başladığımda az önce ne kadar gür çıktığını yeni fark ediyordum sesinin; eko yapmıştı ağaçların arasında.

Botlarım ayaklarımı vurana kadar, soğuk tenimi kızartana kadar, aldığım buz gibi nefes ciğerlerimi dondurana kadar koştum ormanın içinde. Yağış yoktu, hava tertemizdi. Belki de gerçekten birkaç saat daha dayanabilse sabaha kadar, içindeki ruh hastasına engel olabilseydi, eve dönecektim onunla ama hayır. Yapamamıştı. Gecenin bir yarısı sırf can sıkıntısından uğraşmıştı benimle.

Ve sanki suçlu benmişim gibi bu ayazın ortasında, karanlıkta yalnız kalan ben olmuştum şimdi.

Başımı kaldırıp bir umut dolunay bekledim gökyüzünde ama bulutlar kapatmıştı önünü. Abimin sözleri bir kez daha yankılanıyordu bugün kulaklarımda, zihnimde, içimde. Hatırası her yerdeydi.

Karanlıktan mı korkuyorsun Karaca? Evet. Evet korkuyorum. Neden biliyor musun?

Bu mu? Benim küçük kız kardeşim karanlıktan mı korkuyor? Korkuyorum.

Alışacaksın. Neden?

Alışmak zorundasın. Keşke olmasaydım.

Yeri gelecek kimse ışık yakmayacak yoluna, karanlıkta yalnız yürümek zorunda kalacaksın. Haklısın. Yürüyorum. Yürümek zorundayım... Karanlıkta. Tek başıma.

Soğuk. Hem de çok soğuk artık bu dünya.

Doğumumdan yirmi birinci yaşıma kadar yalnız bırakılmıştım insanlar tarafından. Önce babam gitmişti, ilk o terk etmişti beni. Daha sonra çocukken sokaklarda yalnız kalmıştım, abim arkadaşlarıyla maç yaparken ben köşede izleyebilmiştim sadece. Kimse benimle ve bez bebeklerimle oynamak istememişti, bez bebeklerimi annem dikmişti; diğer kızların ise *Barbie* bebekleri vardı çarşıdan alınan. Bir kolundan tutardım en sevdiğim bebeğimin, toz çamur gezerdim sokaklarda... Annem kızmazdı hiç üstüm mü kirlenmiş, bebeğimin düğmeleri mi kopmuş... Önce beni temizler, sonra bebeğimi dikerdi.

Ortaokulda benim yüzümden disiplinlik olup okul değiştirmek zorunda kalan abim, nasıl oluyorsa her seferinde okulumun kapısında bitmişti çıkışlarda; sanki dövüp gözlüklerini kırdığı çocuk yetmezmiş gibi bir de herkesi uzaklaştırmıştı benden. Koruduğunu düşünüyordu beni, belki korumuştu evet ama aynı zamanda yalnız da bırakmıştı.

Lisede aynı okula gitmiştik... Farklı değildi hiçbir şey. *Hayır*. Lise çok kötüydü. Çok kötü. *Kötü*. Karanlık. *Kan*. Neden üçü de K ile başlıyordu? Ve ismim... *K*araca... Dördü de...

Kan tutar beni.

Neden kimse anlamamıştı? Kimse fark etmemişti. Herkes hayatına devam ederken ben bir sokak köşesinde dizlerimin üzerinde kalmıştım.

Daha bugün bile hâlâ oradaydım.

Ormanın içinde nefes nefese öksürürken bir baykuş sesi kapladı etrafı, kahverengi tüyleri ve ürkütücü turuncu gözleri olan büyük bir taneydi. Dalında dinlendiği ağacın gövdesinden tutunarak, tutmayan dizlerimin üzerine çöktüm yere soluklanmak için. Ne yapacaktım? Otoyola kadar başıma bir şey gelmeden yürüyebilir miydim? İnsem bile bu saatte otoyola, inebilsem bile... Bir araç bulabilecek miydim belaya bulaşmadan? Bu saatte ancak tırlar olurdu!

Nefesimi tuttum o an, uzaktan koşan bir hayvanın ayak seslerini duyuyordum. Yakındaydı. Daha da yaklaşıyordu.

Ağacın gövdesine yasladığım buz kesmiş ellerimden destek alarak kalktım ayağa, yön duygumu tamamen şaşırmıştım. Karla kaplı ormanın içinde yeniden koşmaya başladığımda bu sefer az önceki kadar uzun dayanabileceğimi zannetmiyordum, üstelik koşan hızlı bir hayvansa ona karşı hiçbir şansım yoktu.

Ağaçların arasında canımı kurtarmak istercesine koşarken bir an gözlerim hızla kaybolan ağaç gövdelerinin arasında mavi bir parıltıyı seçti; koştum, koştum ama sanki beni takip ediyor gibiydi. Üstelik kımıldamamasına rağmen.

Bir geyikti bu. Bir geyiğin hayaletiydi ya da...

Başımı arkama çevirmek gibi bir hataya düştüm o an; hayal mi görüyordum yoksa gerçek mi? Bir kurt vardı peşimde, uzaktaydı ama koşuyordu. Altın postluydu.

Tıpkı Kaira masalındaki gibi.

Ama Emin Dede'nin kolundaki izi görmüştüm... Gerçek miydi?

Önüme döndüğüm gibi bir taşa takıldığımda yüzüstü çakıldım kar üstüne, birkaç santim kaymıştım da üstelik. Dizlerim acıyordu. Yere bastırdığım avuçiçlerim acıyordu. Alnım acıyordu.

Başımı kaldırdım hızlıca, aşırı doz salınan adrenalin damarlarımda kol geziyordu. *Kalk Karaca. Kurtar kendini.* Çünkü senden başka kimse bunu yapmayacak.

Kurt yakındaydı.

"Karaca!"

Hayal meyal duydum sesini, yine eko yapmıştı ağaçların arasında. Nereden geldiğini anlayamamıştım. Birkaç metre ötemde donmuş bir göl vardı ama etrafta bir ev göremiyordum. O kadar koşup yine aynı gölün kıyısına mı gelmiştim yani? Belki de başka bir taraftaki kıyısıydı burası. Her nasılsa, ormandan kurtulamamıştım.

Dizlerimin üzerinde ayağa kalkarken eşofmanın dizleri paramparça olmuştu. Dişlerimi birbirine bastırarak gelen yanma hissiyle derin bir nefes aldım, ardından kurda baktım; tek bir şansım vardı.

Göle yürümek.

Önceden hiç aklımdan geçirmemiş olmama rağmen beni uyarmıştı Kunt, göle karşı uyarmıştı ama kendine karşı uyarmamıştı.

Karlı botumun tabanı göle değdiğinde hiçbir çatırdama sesi duymadım, etrafta sadece rüzgârın kulaklarıma doğru esip geçerken çıkardığı uğultunun sesi vardı. Ellerimin üzerinde, bir cambaz gibi dengede durmaya çalışırken bir adım daha attığımda kurt o kadar yaklaşmıştı ki altımdakinin yalnızca buz olduğu, her an çatlayabileceği gerçeği uçup gitti zihnimden.

Koşmaya başladım.

"Karaca!" diye gürledi bir ses yine ormanın içinde, koşarken dönüp baktığımda peşimden gelen kurt göle ayak basmakta tereddüt ediyordu.

Kurt bile akıllı. Kurt kadar aklın yok Karaca! *Kuş kadar değil miydi o?*

Gölün buz tutmuş tabanı ayaklarımın altından kaydığı gibi bu sefer sırtüstü düştüm, dizlerimdeki ve ellerimdeki yaralarla birlikte kan olmuştu buzun yüzü sürtünmeyle birlikte.

Bir uğultu, bir çığlık, tehlike; buz çatırdadı. Lisede zorla buz patenine götürüldüğümde bile kenarda oturup kahve içmiştim ben gün boyu, buzun üzerinde kayıp bir taraflarımı kırmaktan korkup ama şimdi peşimdeki kurdun canıma kastı olduğundan metrelerce koşabilmiştim kaymadan, düşmeden.

Ve şimdi yerdeydim.

Biraz sonra da gölün dibinde olacaktım.

"Hareket etme!" diye bağırdı yeniden. O an anladım, hayal değildi bu; Kunt Vidar Karyeli gerçekten de buradaydı.

Varlığını, yüzünü görmek istercesine bacaklarımın üzerine oturarak etrafa baktığımda fark ettim; ağzımdan çıkan nefes buhar olduğundan bu karanlıkta doğru düzgün göremiyordu gözlerim ama oradaydı. Orada, Karayel'den birkaç metre ötede dikiliyordu ve kara kurda rağmen buzun üstündeydi. *Göldeydi.*

Üzerinde yalnızca, evdeyken giydiği boğazlı siyah kazak vardı; nefes nefeseydi. "Karaca, sakın hareket etme!"

"Neden geldin?" diye bağırdım sorarcasına yüzüne bakarak sert ifademle. Neredeyse sesim tamamen kısılmıştı. "Git!"

"Karaca sakın saçmalama! Burada değil, burada olmaz!"

Neden gelemiyordu? Buz çatlamıştı değil mi? Ne olacaktı? Hareket edersem düşecek miydim? Yutacak mıydı beni bu göl? Onca hayvanın canını yuttuğu gibi...

Bir an oldukça gerçek görünen bir hayal gördüm avuçlarımın arasında donmuş buzun üzerinde; elimden kan yayıldı etrafına, oldukça fazla miktarda kan... Aktı, aktı, *aktı.* Kara kızıllık bütün gölü kaplarken dizlerimin üzerinde yavaş hareketlerle ayağa kalktım ve şaşkınca baktım etrafa. Hayal mi görüyordum ben? Kafama diktiğim viskiden sarhoş mu olmuştum yoksa soğuk mu çıkarmıştı mantığımı kafamdan?

Kan. "Biliyor musun Kunt," diye fısıldadım duymayacağını bile bile ama başımı kaldırdığımda yavaş ve sağlam adımlarla buraya doğru yürüyordu. "Beni kan tutar aslında." Gözlerimi etrafta gezdiriyordum. "Ama abim her zaman korkularımın üzerine gitmemi söylerdi." Kurumuş dudaklarımı ıslattım ama ağzıma kanın metalik tadı gelmişti. "Ben de doktor oldum."

Ağır çekim gerçekti. Kunt'un kararmış ela gözlerinin içinde endişenin can bulduğunu gördüm, dudakları aralanırken gözleri şaşkınlıkla büyüdü; bugün dördüncü kez duyduğum buzun çatlama sesi bu sefer çok, çok yakından gelmişti. Hemen üzerinde olduğum hat çatlamıştı.

Gözlerimi gözlerinden hiç çekmedim ama altımdaki buz kayarken ve soğuk suyu boylarken bir süre sonra görebildiğim tek şey karanlık oldu. Su karanlıktı. Ve kan dondurucu bir şekilde soğuk.

Nefesimi tutamamıştım bile ama ağzımı kapayabilmiştim hızla. Soğuk su beni kendime getiren şey oldu, başımı kaldırıp yukarıya bakabildiğimden bir karaltının gölgesini gördüm; ardından yukarı doğru yüzmeye çalıştım.

Saniyede bir milim ilerleyebiliyordum sanki. Ellerim, kollarım, tüm bedenim uyuşmuştu; ya şimdiye kadar izlediğim filmler, dibe batarken yukarı yüzmek hakkında yalan söylüyordu ya da su, beynimin doğru düzgün emir verebilmesi için uzuvlarıma, fazla soğuktu. *Çok soğuk.*

Kunt'un suya atladığını gördüm o sırada. O doğrudan bana doğru yüzerken eline uzanmak için çabaladım, nefesim kesiliyordu artık. Parmak uçlarımız değdi, ardından bugün çokça çekiştirdiği bileğimden sertçe yakaladı beni ve kendine doğru çekti.

Elleri kollarımın altında yüzeye çıktığımızda öksürüklere boğuldum, burnuma; genzime su kaçmıştı ve yanıyordu. Nefes alma ihtiyacıyla alabildiğim kadarını ciğerlerime doldurduğumda ellerim kopmuş buzun keskin köşelerine değdi, can havliyle tutunurken Kunt'un bacaklarıma sardığı kolu yardımıyla kendimi buzun üstüne atabildim sonunda.

Yüzüstü birkaç adım emekleyerek öksürürken arkamdan çıktığını görebilmiştim.

"Kalk," dedi kendisi sanki soğuktan, sudan hiç etkilenmemiş gibi kolumdan tutarak beni kalkmaya zorlarken. Cevap vermedim, düşünemedim bile o an; yalnızca kalktım ayağa. Bilincim yerinde değildi, bunu biliyordum. Her ne kadar ayakta ve görüyor, duyuyor olsam da doğru düzgün tepki veremiyor, gözlerimi iki saniyeden fazla açık tutamıyordum.

Dikildiğim yerde sallanırken elimden kavradı, ardından daha fazla uğraşmak istemezmişçesine kollarını sırtımdan ve bacaklarımdan geçirdiği gibi bedenim havalandı.

Buzun tekrar çatladığını duydum.

Karayel'in uluduğunu duydum.

Karda hızla yürüyen adımları duydum.

Kapının açılırken çıkardığı gıcırtıyı duydum.

Ardından ayaklarımın üzerine bırakıldım, arkamda taş bir duvar vardı ve botlarımla kabanımdan kurtulmuştum ne zaman olduğunu fark etmediğim bir zaman diliminde. Ayakta kalmak için duvarlara tutunurken bir anda üzerime boşalan sıcak suyla birlikte çığlık atarcasına açtım gözlerimi o an, karanlıktı ve yeterince iyi göremiyordum ama bu sefer ayın ışığı pencereden içeri vuruyordu ve gözlerim çabuk alışmıştı karanlığa.

"Manyak mısın kızım sen!?" diye söylendiğini duydum Kunt'un öfkeyle, tam önümdeydi; *kahrolasıca*, tam önümdeydi. Benimle birlikte duş başlığının altındaydı ve ikimizin üzerine yağıyordu sıcak su. "Deli misin sen, söyle! Öldürmeye mi çalışıyorsun kendini? Niye çıkıyorsun gölün üstüne, niye koşuyorsun!"

Göğsüne vurmak, belki de ittirmek istedim ama o an tek yapabildiğim ıslak kazağının kumaşına dokunabilmek oldu, elleri bileklerimdeydi çünkü ayakta duramadığımı biliyordu. "Kurt," dedim titreyen sesimle. "*Altın postlu kurt.* Peşimdeydi."

"Peşinde kurt falan yoktu!" dedi tok bir sesle, kafam duvara yaslanmıştı istemsizce. Sanki kadehlerce alkol tüketmiş gibi sarhoş hissediyordum.

İskoç viskisinin beni bu denli çarpmış olmasına imkân yoktu. Orada gerçekten beni kovalayan bir kurt vardı... Hatta geyik... *Ben hayal mi görmüştüm gerçekten?* Belki de çok fazla masal dinlediğimden ve farklı insanlarla karşılaştığımdandı son iki gündür. Üstelik buna kurtlarla arkadaş olmak ve çakalların elinden kıl payı kurtulmak da dahildi.

Kunt'un saçlarından akıp giden sıcak su çenesinden aşağı süzülüyordu. "Senin yüzünden!" diye bağırdım yüzüne doğru, ellerimi üzerinden çekerken ama dengede durmak zordu bu yüzden sırtım yeniden soğuk mermere yaslandı. "Senin dengesizliğin yüzünden!"

Üzerimize akan sıcak sudan duman çıkıyordu.

"Deli etme adamı Karaca!" Yumruğunu hemen yanımdan, duvara geçirdiğinde gözlerimi kapatıp yaslandığım yerde sıçradım ama yine kafeslenmiştim. Mermer çatlamıştı sanki. "Aç gözlerini, bana bak," dedi tok bir sesle, verdiği nefes bile öfke rüzgârları gibi çarpıyordu tenime. Gözlerimi açtım. "Hayatını mahvedeceksin, bunu mu istiyorsun gerçekten? Bir daha normale dönme şansın olmayacak. İstesen de bırakmayacağım seni. Ya hep ya hiç. Sonuna kadar gideceğiz. Hiçbir şey eskisi gibi olmayacak. Bunu mu istiyorsun?"

"İstiyorum!" Öfkeyle soluyordum, göğsüm inip kalkıyordu sıkça aldığım nefeslerden. "Zaten hiçbir şey eskisi gibi olamaz!" Saçlarımın öndeki tutamları yanaklarıma, boynuma yapışmıştı. "Zaten hayatım mahvoldu!"

"Daha da kötü olacak," dedi sert bir sesle, sanki bir rüya görüyordum ve beni sözleriyle uyandırmaya çalışıyordu. Ama bilmiyordu, bir ninni gibi dinliyordum dudaklarından dökülenleri; beni sarsarak yalnızca beşiğimi sallıyordu.

"Bırak daha da kötü olsun, Karyeli."

"Zamanı bugüne, bu ana geri almak için yalvaracaksın Koralin." Sesi bir fısıltı gibi çıkıyordu artık, gözleri gözlerimdeydi. Yüzlerimiz arasında bir karış mesafe bile yoktu. "Duaların karşılık bulmayacak."

Bulmasın.

Şiddetle inip kalkan göğsümüz, ciğerlerimize dolan ılık hava, tenimize işleyen sıcak su buharı, aralanmış dudaklarımızdan çıkan sözler yalnızca yaklaşan fırtınanın habercisiydi. Fragmanı değil. Filmi değil. *Kendisi* değil.

Henüz değil. *Yakında.*

9

KESİK

Küçükken duymak istemediğim şeyler duyduğumda ellerimle kulaklarımı kapatıp ayaklarımın üzerine çömelirdim, görmek istemediğim şeyler gördüğümde de sımsıkı kapar gözlerimi açmaya cesaret edemezdim. İstanbul'un en tehlikeli semtlerinden birinde ama denizin kıyısında geçmişti çocukluğum, kavga gürültü eksik olmazdı mahallemizden ama öte yandan bolca eğlenirdik de.

Yani bazen... Abim ve arkadaşlarıyla birlikte olduğumuzda. Onlar, peşlerine takılmama izin verdiklerinde. Çünkü hiçbir zaman bir ortama girdiğimde, herkesle sorunsuz bir şekilde arkadaş olamadım. Olduklarımla da arkadaş kalamadım. Abimin arkadaşları beni kaale almazdı ama birlikte eğlenirdik işte. Banklara oturur çekirdek çıtlardık, termosla çay taşır karton bardaklarda içerdik, yazın hava çok sıcak olduğunda atlardık da kıyıdan denize... Uçurtma yapar uçururduk sahilde.

Şimdi duymak istemediğim bir şey duyduğumda bakakalıyor, görmek istemediğim bir şey gördüğümde gözlerimi kapatamıyordum çünkü bir çocuğun sahip olduğu o kendini koruma içgüdüsünü kaybedeli uzun zaman oluyordu.

Darbeler aldıkça kolları zayıf düşüyordu insanın, bedenini koruyamıyordu. Zihin zaten bir kafese dönüşüyordu yıllar içerisinde tıkılıp kaldığın.

Çocukken ne kadar güzelse her şey, büyüyünce o kadar darmaduman ediyordu hayat seni. Yine de her çocuk büyüklere özeniyor, *"Büyümek istiyorum!"* diye tutturuyordu işte, bu önüne geçilemez bir yanılgıydı. Yapmak isteyip yapamadığın her şeyin aslında seni zihnine tutsak edecek bir kısır döngü olacağını o yaşta fark etmek imkânsızdı tabii, yoksa ben de herkes gibi geçmişe dönüp bazı şeylere engel olmak, korktuklarımı ise kör cahil yapmak isterdim.

Bak Karaca, biriktirdiğin bozuk paralarınla abine uzaktan kumandalı araba alma çünkü daha ilk günden bozulup kırılacak, dükkândaki amca ne geri alacak ne de tamir edecek, derdim mesela. *Zaten abin de arabalarla değil toplarla ilgileniyor. Onun yerine kendine Barbie bebek al ki mahalledeki kızlar seni aralarına kabul etsin. Bez bebeklerin onlar için birer canavar.*

Bak Karaca, büyümek için acele etme. İstesen de istemesen de büyüyeceksin. Büyük olunca istediğin her şeyi yapabileceğin koca bir şehir efsanesi. Mutsuz olduğunu sanıyorsun ama insan en çok büyüdüğünde üzülür, mutluluğu arar. Anne karnından çıkarken ağlayan bir bebek, kuşkusuz mutlulukla da doğmuştur ama kaybeder bunu büyürken; arar durur, cevabını bulamadan da ölür. İnsanın kaderi bu. Ne kadar zevk alırsan hayattan bu kısa yolculukta, kârdır.

Bak Karaca, herkese somurtursan kimse seninle konuşmak istemez. Arkadaş da edinemezsin pek. Sen hiç aynaya bakmıyor musun? Durgun ifaden onları ürkütüyor. Gülümse, ön dişlerinin olmadığı o ilk okul günü. Ve hayır, marshmallowdan kendine diş yaparsan erir ve nihayetinde yersin; kalan sağlamları da çürütmek mi istiyorsun?

Bak Karaca, abini dinle. O etek gerçekten kısa. Ne hocalarınla papaz olmaya ne de disipline gitmene değmez. Kimseyi etkilemeye çalıştığın yok ama okuldaki diğer kızlarla da yarışmak zorunda değilsin, üniversiteye geçtiğinde bunların hiçbirinin önemi kalmayacak.

Bak Karaca, kimseye güvenme. Bir sabah uyanacaksın ve görebildiğin tek şey sana dönük sırtları olacak.

Bak Karaca. Aşk... Seni bulur. Sen onu bulmaya çalışma. Bayramda kurbanlık koyun seçer gibi birini seçmeye çalışma yanına. Derslerine çalış. Her ne kadar üniversite sınavında çok yüksek bir sıralamaya sahip olacak olsan da diploma notun ayağına çelme takacak.

Bak Karaca... Abin çıkıp gidecek bir gün evden. Olur öyle şeyler. O senin abin. Tamam gitsin... Ama bağını koparma onunla. Git sor arkadaşlarına nerede kalır, ne yer ne içer... Yanında ol. Yanında kal. Onun günleri sayılı.

Bak Karaca, o gün arena asansöründeyken dur düğmesine bas. Bas. Bas işte. Çok düşünme. Sonra geri çık yukarı, kollarına koş abinin, sarıl ona. Sonra sarılabileceğin tek şey mezar taşı olacak.

Üzerimde bana ait olmayan bir eşofman ve *sweatshirt* vardı, onun dışında kendi botlarımı, kabanımı, beremi ve atkımı giymiştim her ne kadar dün geceden sonra hâlâ hafif ıslak olsalar da.

Ellerimi ceplerime sokmuş, botumun ucuyla yerdeki kar yığınını eşeleyerek toprağı çıkartıyordum yukarı. Dün öğlenden beri kar yağmadığı ve güneş yüzünü gösterdiği için ormandaki kar örtüsü büyük miktarda erimişti ve bu da buradan sonunda gidebilmemiz için iyi bir fırsat yaratmıştı.

Takvimler 31 Aralık 2020'yi gösteriyordu, yalnızca iki gün önce bu saatlerde spor salonuna gidiyordum ve hiçbir amacım yoktu hayatta. Bir abim yoktu mesela, komite okulumu dondurmuştu aptal hastane raporu yüzünden, bir iş bakmak için internetteki ilanlarla geziniyordum sürekli ama uygun ve yakında bir yer bulamamıştım henüz. Boksa başlamıştım nedenini bilmediğim bir şekilde, tek yaptığım öfkeyle yumruklarımı ve tekmelerimi savurmak olsa bile başlamıştım. Bir doktor olarak başlamamam gerektiği hâlde... Ellerimin önemli olduğunu biliyordum ama bir yılı boş geçirecek olmak, hayatı boyunca çok sıkı çalışmış bir kız için küfür gibiydi.

Seni bu hayatta koruyan tek adam olan abinin gidişi yüzünden savunmasız hissetmiş de olabilir misin sanki Karaca? Pek tabii bu da bir neden olabilirdi. Ama geçmişe bakarsak zaten abim hayatımın son altı yılında yoktu; belki de ölümü dengelerini değiştirmemişti hayatımın o kadar da. *Ölüm. Ölmek. Öldü o? Oralarda bir yerlerde nefes almıyor, yaşamıyor, sabahın kö-*

ründe kalkıp soğuğa küfür edemiyor mesela Karaca? Abin hava soğuk olunca hep küfür ederdi. Abimin bazı arkadaşları kâğıt topluyordu çünkü sokaklardan ve çoğu terk edilmiş bir inşaatta teneke yakarak yaşıyordu. Küçükken hep kar yağsın ister, penceremin kenarından gökyüzüne bakardım kış gelince. Yağdığında da sokağa çıkıp kardan adam yapardık abimle mahalledeki diğer çocuklar gibi. Ama abim çok kızardı ben her *"Kar yağsın! Kış gelsin!"* dediğimde.

"Sus kız! Senin yüreğin temizdir şimdi gerçekten yağar falan..."

"Yağsın işte abi! Yağsın diye söylüyorum!" Ellerimi kocaman açar dizlerimin üzerine çöker dua ederdim. *"Allahım n'olur yağsın ya! Bir havuç, iki zeytin, kırmızı atkım ve beremi bile hazırladım kardan adam için yatağımın üstündeler hepsi! Adı bile hazır ya!"*

"Ağzına ne yapacaksın Karaca?"

"Ağzı da olmayıversin abi. Hem kardan adamlar konuşur mu?"

"Adı ne olacak peki?"

"Bay Kardan Adam."

"Daha orijinal bir şey bulamadın mı Karaca? Senin hayal gücün geniştir, Bay Kardan Adam ne yav?"

"Kardan adamımın adı Bay Kardan Adam olacak abi! Her yıl yapacağız. Yaz gelince eriyecek ama sonra kışın yeniden buluşacağız. Bay Kardan Adam gerçek! Her yıl ziyarete gelecek bizi! Her yıl konuşacağız!"

"Ne konuşacaksın ulan elin kardan adamıyla?"

"Sır."

Şimdi küçük Karaca'nın hiç istemediği kadar çok kar vardı bu ormanda; öyle ki melek yapmak istese kollarını açıp kendini geriye bırakarak kaybolurdu beyazlığın içinde. Boyunu bile geçerdi belki dünkü kalınlık... Küçük Karaca burada olmayı çok isterdi.

Kunt, elinde siyah küçük bir çantayla birlikte çıkıp kapıyı kapattıktan sonra kilitledi ve basamaklardan hızlı adımlarla inip yanıma geldi. Daha doğrusu, kapıları açık bekleyen önümdeki dev araca doğru yürümüştü; iki kere evin arkasına gitmiş olmama rağmen nasıl görememiştim orada olduğunu hiçbir fikrim yoktu ama üzerinde örtü örtülmüştü ve örtü de karla kaplandığından kamufle olmuştu herhalde.

Dün gece banyodan ilk çıkan o olmuştu. Beni sıcak suyun altında bırakıp banyoyu terk ettikten sonra odasına geçip üzerini değiştirmiş, ıslanan yerleri kurulamış ve kapıya kuru kıyafet asmıştı. Konuşmak istemediğim için o şömine ateşini harlarken ben uyuyor numarası yapmıştım, sonra o odasına gidip kapıyı kapattıktan sonra da bütün gece battaniye omuzlarımda oturmuştum koltukta. Birincisi, Karayel'den hâlâ korkuyordum çünkü uyumamış ve beni izlemişti sanki kaçacakmışım gibi. Kapının önüne yatmıştı bir de. O sarı gözleri şöminenin ateşinde öyle korkunç görünüyordu ki sanki karanlığın içinde saklanan bir canavarın gözleri gibi... Bazen Kunt'unkiler de öyle oluyordu.

İkincisi, her ne kadar şömine ateşi etrafı aydınlatıyor olsa da evin %75'i hâlâ karanlıktı ve benim karanlık korkum geri dönmüşe benziyordu. Ay ışığı yoktu, düştüğümde göl karanlıktı; koca bir boşluğun içinde salınırken görmüştüm saatler gibi gelen saniyeler boyunca. Bunun kafamın içinde bir şeyleri tetiklemiş olması çok normaldi. Ben sadece, bir daha hiç atlatamayacağım ve yine eskisi gibi olacağım diye bir de ekstra korkuyordum.

Sabah Kunt odadan çıktığında şöminenin önünde bacaklarımı kendime çekmiş bir şekilde oturuyor olmamı beklemiyor olmalıydı ki şaşırıp kalmıştı. Uyumadığımı anlamış olmalıydı. O uyuyabilmiş miydi ki? Kısa ve sessiz bir kahvaltı faslından sonra yolları kontrol etmek için çıkmıştı Karayel ile birlikte, bir saat içinde de geri dönüp gidebileceğimizi söylemişti. Eşyalarımı topladığım gibi dışarı çıkmıştım ben de. Buradan ne kadar kısa sürede gidersek o kadar iyiydi benim için.

Dün gece gördüklerime akıl sır erdiremiyordum çünkü. Gözleme evindeki kadınla Emin Dede'nin anlattıklarından ve kolundaki izlerden sonra karar veremiyordum; altın postlu kurt ve hayalet bir geyik görmek mi daha korkunçtu yoksa buzun kırılması ve göle düşmek mi? Tabii en büyük aptallığımı da unutmamak gerekiyordu; ağır bir ağrı kesicinin üstüne, ağır bir İskoç viskisi içmek. *Bravo Karaca. Sen en iyisi hazır ara vermişken fakülteyi bırak kendine daha uygun bir bölüme geç... Mesela psikolog ol. İlk kendini tedavi et.*

Kunt... Korkunçtu. Beni nasıl bulabilmişti? Karayel iz sürmüş olsa da... Peşimden göle atlayıp çıkarmıştı beni oradan. Ne ara eve gelmiştik de sıcak suyun altına sokmuştu titreyen bedenimi? Dişlerim düşündükçe birbirine çarpıyordu ne kadar ısınmış olsam da. Orada saniyeler içinde hipotermi geçirip ölebilirdim ama belki de kalp krizi geçirmemi önleyen şey beni hızlıca eve götürüp sıcak suyun altına sokmasıydı. Hayatımı kurtarmış olabilirdi.

Öte yandan... Dün gecenin bir suçlusu vardıysa, o da Kunt'tu. Eğer beni manipüle etmeye kalkmasaydı ve abime laf atmasaydı ben de sinirlenip çıkmazdım. O zaman korkum geri gelmemiş olurdu, dizlerim ve avuçlarım yaralanmazdı yeniden.

"Rahat dur," demişti dün gece ben koltuğa uzanıp uyuyor taklidi yaparken. Eşofman paçalarını sıyırıp dizlerime merhem sürmüştü ve ben de huysuzlanıyor gibi sesler çıkarmıştım acıdan. Uyumadığımı anlayıp anlamaması umurumda değildi. Canım yanmıştı.

Karayel yanımda dilini dışarı çıkarıp sesli nefesler almaya başladığında korkup birkaç adım uzaklaştım ondan. Kunt, çantasını arabaya bırakırken bize bir bakış attığında gözlerimi ona değdirmemeye çalışıyordum ve bunun gayet farkındaydı.

"Oğlum," dedi yanına gelip diz çöktüğünde. Bir eliyle kürkünü, diğer eliyle kafasını okşamaya başlamıştı sert hareketlerle. "Ben gidiyorum. Döndüğümde tekrar görüşeceğiz, Emin Dede'yi ziyaret etmeyi unutma."

Kurt o kurt. Ne anlasın senin dediğinden? Kurt ve Kunt gerçekten çok benzer kelimelerdi. Aslında şimdi fark ediyordum da Kunt'un ela gözlerindeki altın hareler de Karayel'in gözlerinin tonundaydı. Birbirlerine benzedikleri inkâr edilemezdi, belki de Kunt'u bir kurda bağlayan da bu olmuştu.

Kuntadam, diye fısıldadım içimden istemsizce. Bundan

sonra Kunt'a Kuntadam diyecektim. Bir, bir insanın hayatında tanıması gerekenden fazlaca kurt tanıyordu; her ne kadar bir tane olsa bile. İki, kurduna gereğinden fazla benziyordu; yumrukları en az bir kurdun pençeleri ve ısırığı kadar ölümcüldü, sessizce hareket edebiliyor ve iz sürebiliyordu. Üç, çünkü kendimi rahatlatmam gerekiyordu ve bazen insanlara lakaplar takarak yapardım bunu.

Kunt, Karayel'e bir şeyler daha söylerken sevmeyi abartıp alnının ortasını öpünce "Yuh be yuh," diye söylendim dikildiğim yerden. *Küçük Karaca, bu kış kardan adam yapmaya gerek yok. Çünkü burada dikile dikile kardan adam sen oldun.* "Nüfus cüzdanı çıkar soyağacına geçir istersen."

"Nankör," dedi Kunt gözlerini benim üzerimden Karayel'e çevirirken. "Sen ona bakma oğlum. Onun kafası basmıyor bizim aramızdaki bağa. Zaten iki kere kurtardın kızı, bir kere bile teşekkür etmedi."

"Nasıl teşekkür etmemi istersin? Kolumu mu sunayım bacağımı mı?"

"Aslında senin bıçak atıp çantanda morfin olmasına rağmen uyuşturmadan Karayel'i zımbalamandan sonra en azından bir sağ bacağını hak ediyor ama neyse."

"Nereden hatırlayayım ben o esnada çantamda ilaç olduğunu?"

"Sen de içtin," dedi tok bir sesle, doğrulduğunda. "Annenin ilacı değil miydi o? Kırmızı reçeteli. Ağır hastalar için kullanılıyor. Söyleseydin aspirin falan verirdim."

"Aspirin geçirmez benim ağrımı," diye mırıldandım arabaya dönerken. "Gitmiyor muyuz artık?"

"Kullanma o ilacı bir daha," dedi Kunt, başıyla arabayı işaret ederken. "Bağımlılık yapar."

"Doktorum ben farkındaysan."

"Henüz iki yılın var önünde, daha mezun olmadın. Sadece bir tıp öğrencisisin. Hem bağımlılık meslek dinlemez."

"Boşuna endişeleniyorsun."

"Endişelenmiyorum, uyarıyorum."

Burnumdan nefes verdim gözlerimi kaçırırken. Ardından

gözlerim yeniden Karayel'e döndü. "Bir dokunmayı denesene," dedi Kunt gözlerini kısarak bana bakarken. "Isırmaz merak etme."

"Pire mire vardır şimdi üstünde..."

"Öptüm yalnız onu az önce ben."

"İşte zaten en korkunç olanı da o," dedim gözlerimi büyüterek. "Makas getireyim mi keselim dudaklarını?"

Gülerek gözlerini kaçırdı. Gülünce gözlerinin kısılmasından ve gamzelerinden nefret ediyordum.

"Karayel'i sabahları yıkayıp tarıyorum ben. Bütün aşıları tam. Bir şeyi yok."

Çatık kaşlarımla altın hareli gözlerine baktım önce, güneş bir gösterip bir kaybolsa da yine onun üzerine vuruyordu. Ardından yutkunarak birkaç adım yaklaştım Karayel'e, bir şey yapmıyordu. Sadece bana bakıyordu.

Elimi çıkardım cebimden. Titremiyordu ama çok zor tutuyordum kendimi. Uzun tırnaklarımdaki bordo ojeler daha bir solgun gösteriyordu ellerimi, kızarmış boğumlarımı da belirginleştiriyordu. Parmaklarım Karayel'in kafasına değdiği sırada gövdem olabilecek en uzak mesafedeydi ondan, kaparsa kolumu kapsın diye... Ama Karayel hiçbir şey yapmadı. Ben kafasını okşarken sadece yüzüme bakmıştı.

"Kokunu tanıyor," dedi Kunt o sırada. Göz göze geldik. "Seni dün gece bu yüzden kolayca buldu. Karayel bundan sonra sana zarar vermez."

"Bundan sonra?" Kaşlarımı kaldırarak sordum. "Zaten gidiyorum, bir daha da dönmeyeceğim buraya. Mümkünse hayatımın geri kalanında değil kurt, kurt animasyonu bile görmek istemiyorum. Yok yok, Bozkurt destanını falan bile duymak istemiyorum ben." Elimi çektim.

Güldü Kunt. Bir şey söylemedi. "Tamam, hadi geç arabaya da gidelim."

Kafamı salladım bir şey söylemeden. Araba gerçekten canavar gibi bir şeydi, sık sık buraya geldiği belliydi çünkü modeli buranın şartlarına uygun bir şeydi. *4x4*... Eğer yollar belli olmayacak kadar kar yağmasaydı kolayca terk edebilirdik burayı bu araçla çoktan...

Kunt ön koltuğa geçip kapıyı kapattıktan sonra hafifçe gaza bastığında tekerlekler karlı toprak yolda ilerlemeye başladı, bu sırada emniyet kemerini takıyordu. Dikiz aynasından Karayel'in tembel adımlarla bizi dağın yamaç yoluna çıkana kadar takip edişini izledim bir müddet, ardından zaten Kunt gaza bastı.

"Sonunda bıraktı takibi," diye homurdandım arkama yaslanırken. Kucağımda sadece çantam vardı. Buraya üç parça eşya ile gelmiştim ama gözleme torbam ve valizimi ormandaki hayvanlar kaçırmıştı... Kimbilir iç çamaşırlarım hangi yamaca saçılmıştı? Şuradan bir yerden kafasına sütyen geçmiş kunduz falan fırlasa şaşırmazdım.

"Bu yola kadar takip eder, buradan sonrası tehlikeli onun için, aktif bir yol olduğundan. Bir de yerliler genelde hayvan gördüklerinde tüfeklerine davranırlar ve gözlerini kırpmadan vururlar hayvanları. Yani araba çarpmasa bile kurşun yemeleri yüksek ihtimal."

"Nasıl ya?" Kaşlarımı kaldırdım. "Yolda giderken saldırmayan hayvanlara da mı? Öyle yanlarından geçip gidenlere? Zaten arabanın içinde yolculuk yaparken nasıl saldırabilirler ki?"

Kafasını salladı. "Saldırıp saldırmamaları önemli değil, millet parasına bakar. Avlanmak yasak ama yapıyorlar yine de kürkleri ya da etleri için, el altından satıyorlar."

"Et mi? Yuh be! Bunlar da hak etmişler şu hastalığı o zaman, her hayvanın eti yenir mi?" Suratımı buruşturdum. "Kurt eti de yiyorlar mı?"

Yolu kontrol ederken kahkaha attı. "Hayır tabii ki, kurtları postu için avlıyorlar. Ya da dişleri." Kunt'un eli kazağının içine gitti, ardından boynundaki kolyeyi çıkardı. Bunu önceden fark etmemiştim ama boyunda diş taşıyordu. *Ne? Manyak mı bu adam?*

"Kurt dişi mi bu?"

"Herhangi bir kurdun değil, Karayel'in dişi," dedi gözlerini birkaç saniye bana değdirerek. "Küçükken düşürmüştü beni kurtarmak için bir ayıya saldırdığında."

Kaşlarım kalktı.

Seslice bir nefes aldı Kunt. "Ormanda geziniyordum. Yaş on iki. Fazla içine girmişim ağaçların, ormanın... Yolu kaybettim. Bir ayı çıktı karşıma, ailesi vardı. Muhtemelen yakınlarda bir mağarada yaşıyordu çünkü bu dağda ayı mağaraları çoktur. O ayı bana bir pençe atsa orada ölürdüm, yaşama şansım yoktu. Yakınlarda tüfek sesi duydum sonra, belki duyar beni avcılar diye ıslık çaldım." Yine o melodiyi çıkardı dudaklarının arasından, dün sabah Karayel'i yanına çağırırken çıkardığı. "Avcılar değil, avcıların kovaladığı bir kurt yavrusu çıkageldi simsiyah kürküyle, bembeyaz karların arasından. Ayıya saldırdı. Dişi koptu o esnada kan geldi ağzından, bacağı da sakatlandı. Avcılar geldi sonra, aralarında Emin Dede de vardı. Traktöre koyup kasabadaki veterinere götürdük, yaşamaz dediler ama yaşadı. O günden sonra da peşimden ayrılmadı."

İstemsizce bir gülüş yerleşti suratıma. Kuntadam ve Karayel'in tanışma hikâyesini bilmiyordum, sadece o 29 Aralık 2006 fotoğrafını görmüştüm dağ evinde. "Vitrinde bir fotoğraf vardı viski alırken fırlamıştı halının üzerine..."

"İşte o fotoğrafı Karayel benimle eve döndüğünde Emin Dede çekti," dedi gülümseyerek. Bu çocuk bu evde yalnız kalmıyordu herhalde on iki yaşında bile? Ailesinden bahsetmiyordu bilerek. Sanki hep Emin Dede sahip çıkmıştı ona.

"Yine de boynunda kurt dişi taşımak ne ya, kıro musun sen?" diye homurdandım kendi kendime önüme dönerken ama hiç de öyle gelmemişti, sadece ben çok uyuz bir insandım ve illaki yorum yapmalıydım.

Ciddi misin dercesine baktı bana Kunt o an, ardından önüne döndü. "Hiç evcil hayvanın olmadı değil mi? Kedi, kuş falan? Olsa bilirdin. Bu diş benim için çok kıymetli. Hayvanlar belki hiçbir zaman seni gerçekten anlayamaz, seninle konuşamaz ve aksi davransan, hak etsen saldırabilirler bile kendi yollarıyla ama bir kere onlara kanın kaynadı mı buluyorlar kalbine giden yolu. Belki bir arkadaşın veremeyeceği sıcaklığı veriyorlar."

"Balıklarım vardı benim."

Cümleyi söyleyip sustuğum için dönüp baktı bana Kunt, devam etmemi beklercesine. "Pek iyi bir hikâyesi yok sanırım."

Ona baktım ama önüne dönmüştü, yolu izliyordu sadece. "Abim almıştı aşağı sokaktaki *pet shop*'tan, buzdolabı poşeti gibi bir poşet içinde getirmişti. İkisi de siyahtı balıkların, bizi temsil ediyordu. Annemin mutfaktaki kaplarından birinin içine koyduk, akvaryumumuz yoktu tabii. Her gün iki pul mama veriyordum. Sonra bir gün öldüler. Abim tuvalete atıp sifonu çekti, gömmeme izin vermedi."

Kaşları çatıldı Kunt'un, her ne kadar bana dönmemiş olsa da profilinden anlayabiliyordum. "Neden izin vermedi gömmene?"

"Gömersek arka bahçeye gömecektik. Her gün gidip başlarında ağlarım diye, üzerine basanlara laf atar kavga çıkarırım diye gömmedi bir yere. Yas tutmayayım diye yaptı yani. Lağıma gittiklerini bilmekten daha mı iyi bu? Büyüyene kadar ne kadar kanalizasyon kapağı gördüysem eğilip baktım deliklerinden aşağı. Bir kere araba çarpıyordu. Bir kere de kapağı açık kanalizasyondan aşağı düştüm belediye çalışması varken, kafamı yardım." Beremi çıkartıp alnımda, saçlarımın başladığı yerdeki dikiş izini gösterdim ona. Gözlerini birkaç saniye üzerinde gezdirirken kısık sesli gülmüştü.

"Sen kaşınmışsın kızım, abinin suçu ne?"

"İyi o zaman Karayel ölünce göle at sen de gömme, belki o zaman anlarsın beni."

Pek de akıllıca bir cevap değildi bu ama yine de çıkmıştı işte ağzımdan.

"Çok vakti yok zaten," dedi Kunt, konuşmasını beklemediğim sırada konuşarak. "On beş yıl yaşıyorlar en fazla. Ben ona ne kadar iyi baksam da sonuçta bir yılın neredeyse tamamını dağda yalnız geçiriyor... Ne zaman gelsem bir yara almış, iyileşmeye yüz tutmuş. Bir gün tutmayacak..."

"Kaç yaşında biliyor musun?"

"On iki," dedi tok bir sesle. "Bugün o, benim onu bulduğum yaşta. Ama onun için daha fazlası yok."

Üzülmüştüm istemsizce. *Yanında yatamadığın kurda da üzüldün be kızım iyi mi...* Bu sohbeti o evdeyken yapsak belki bu kadar korkmazdım Karayel'den. Özür bile dilerdim gövdesini mutfak bıçağıyla deştiğimden. Sanki doğadaki diğer vahşi hayvanlardan zarar görmüyormuş gibi bir de benim elimden yara almıştı daha tanıştığımız ilk dakikada.

Otoyolun girişi göründüğünde istemsizce bir sevinç kapladı içimi, sonunda gerçekten dönüyordum eve... Gözleme evi olduğu gibi köşedeydi, bacasından duman tütüyordu, acaba Melisa içeride miydi? Yanında ise sarı kar küreme araçları park edilmişti ve hatta biri yola çıkıyordu bile. Hafifçe öne uzanıp gözlerimi kısarak baktığımda şoför koltuğunda oturan adamın Seyit Bey olduğunu fark etmem uzun sürmedi. Beni yukarı kadar çıkaran adamdı bu. Demek ki vardiyası vardı.

Kunt arabayı kenara çektiğinde şaşkınlıkla ona baktım, bana bir şey demeye kalmadan anahtarı arabanın üzerinde bırakıp kapıyı açtı ve dışarı çıktı. Kar küreyici araç da durmuştu. Seyit Bey kapıyı açıp aşağı atlarken suratındaki gülümsemeyi gördüğünde tanışıyor olduklarını anlamam uzun sürmedi.

Kapıyı açıp çıktım peşinden.

"Vay Kunt," dedi Seyit Bey, Kunt'la tokalaşırken. Sırtını patpatlamıştı tuttuğu elinden kendine çekip kahkaha atarak. "Neredesin oğlum sen göremiyorum kaç zamandır? Hiç inmiyorsun buralara ama gelince, insan bir kulübeye gelir çay içer en azından eve çıkmadan. Biz senin yüzünü televizyonda, gazete kupürlerinde görmek zorunda mıyız be hayırsız? Daha şu kadardın sen tüfek görmek için can atıyordun Halime Teyze'nin peşine takılıp bize gelirken..." Eliyle de bacaklarından aşağı, yaklaşık 1 metre boy işaret etmişti.

Çocuk şimdi 2 metre Karaca. İnsan on iki yılda 1 metre uzayabiliyorsa benim için hâlâ umut var demektir...

"Sorma Seyit Amca ya, hava şartları çok kötüydü yoksa ben uğrardım biliyorsun... Zaten anca yola çıkabildim, artık İstanbul'a dönmek icap eder, tipiyi biliyorsun iki gündür bir nefes aldırmadı dışarıda," dedi Kunt geriye çekilirken. Seyit Bey'in gözleri, onun omzunun üzerinden bana çevrildi o an.

"Aaa Karaca," dedi Seyit Bey yüzünde hoş bir gülümsemeyle. "Sen o evi arıyordun sahi değil mi? Yaşlılık, akıl edemedim... Göle yakın ev Karyelilerinki tabii..."

"Seni yukarı çıkaran Seyit Amca mıydı?" diye sordu Kunt, bakışlarını onlara yaklaşan ben ve Seyit Amca'nın üzerinde gezdirirken.

Kafamı salladım ve yanlarında durdum. "Evet, yardım etti sağ olsun."

"Estağfurullah kızım, bizim oğlanın misafiri olduğunu bilsem iner ellerimle götürürdüm seni kapıya kadar. Ne oldu kurda çakala rastlamadın inşallah yürüyüş yolunda?"

Kunt güldü, tam ağzını açıyordu ki ne söyleyeceğini tahmin ederek istemsizce bileğinden yakalayıp susturdum onu. "Yooo, hiçbir şey olmadı sağ salim ulaştım eve. Teşekkürler tekrardan."

"Önemli değil kızım. Bundan sonra da ne zaman istersen gel, ben bırakırım seni yukarı. Numaram Lalifer Abla'nla Melisa kızımda var, onlardan alırsın," dedi gülerek gözleme evini işaret ederken. *Lalifer mi? Korkunç kadının adı Lalifer miymiş?*

Gülümseyerek kafamı salladım ona. "Çok teşekkür ederim..." *...ama bir daha geleceğimi düşünmüyorum.*

"Eee hadi o zaman allahaısmarladık, hayırlı yolculuklar size. Benim vardiya başladı malum, yılın son günü..."

Seyit Bey kar küreyici araca geçip bize el sallayarak yola koyulduğunda arabaya yürümek için soluma dönmüştüm ki Kunt'un kaşlarının çatık olduğunu gördüm. "Ne oldu?" diye sordum şüpheli bir sesle.

"Sen Melisa'yı nereden tanıyorsun?"

Lalifer kadını sormamıştı. "Gelirken otobüste Melisa'yla karşılaştık, bana yardım eden oydu. Annesi de içerideydi, çay ikram etti. Neden?"

"Yok bir şey," dedi arabaya doğru dönerken.

"Neden?" diye ısrar ettim bir adımda önüne geçerek yolunu keserken. Altın hareli gözlerini üzerime çevirdiğinde gözlerinde yalnızca şaşkınlık duygusu vardı, buna hazırlıksız yakalandığı belliydi. "Yok bir şey dedim Karaca."

"Ohooo sen benim her soruma yok bir şey diyeceksen işimiz var Kunt Bey."

"Ailevi bir mesele Karaca, bilmen gerekiyor mu gerçekten?" diye sordu Kunt sert bir sesle sorarken. "Tanışmanıza şaşırdım sadece ama tanışmıyormuşsunuz da geçerken karşılaşmışsınız sadece. Bu kadar."

"İyi, peki tamam." Omuz silkerek arkamı döndüm ve arabaya yürüdüm. Başta söylese şunu olmaz mıydı? Tabii ki ailevi meselelerine karışmazdım ben. Beni ilgilendirmiyordu sonuçta. Ama o kadın gerçekten ürkütücü bir insandı ve gözleme bohçasına mutfak bıçağı bile koymuştu. Onunla ilgili her şey ilgimi çekiyordu sanki, merak ediyordum. Hem Lalifer ne biçim bir isimdi? *Kaloriferden mi türetip koymuşlar?*

Sonunda otoyola çıktığımızda "Neden yalan söyledin?" diye sordu Kunt, sessizliği bozarak. Bense sonunda İstanbul'a 30 kilometre kaldığı için ufak bir heyecan yaşıyordum içimde.

"Ne yalanı?"

"Seyit Amca'ya sağ salim ulaştım dedin ama sen bir geceyi geçirene kadar altı ölü, iki de yaralı saydım ben Karaca. Yaralılardan biri de sensin."

Diğeri Karayel. "Altı çakal mı öldürdün?"

Kafasını salladı beni onaylarcasına.

"Boşuna laf uzayacaktı orada, hem adam da suçlu hissedecekti. Ne gerek var? Beyaz bir yalan bu. Yalan bile sayılmaz."

"Her ne kadar ayıdan kurttan başka bir şey yokmuş gibi görünse de Kayradağ'da laf çabuk yayılır Karaca ve Emin Dede yaralandığını biliyor. Şimdi yukarı çıkınca Seyit Amca'yla bir çay içseler, aşağıda bizi gördüğünden bahsetse Seyit Amca, Emin Dede de yaranın lafını açsa ne olur? Kötü hissetmez misin?"

Alt dudağımı dişledim. "Nasıl olsa bir daha görmeyeceğim adamlar... Hakkımda ne düşündükleri çok da önemli değil."

Güldü Kunt histerik bir şekilde, burnundan verdiği nefesin sesini duymuştum ya da. "Yeni tanıştığın insanlara kolay kolay yalan söyleyebiliyorsun yani, bir daha görüşmeyeceğiniz düşüncesine sığınarak. İyiymiş."

"Sana da söyleyip söylemeyeceğimi mi düşünüyorsun?"

"Söyleyeceğini biliyorum şu dakikadan sonra," dedi İstanbul'a giriş yaparken. "Hastaneye sürüyorum. Yarana baktırıp test yaptıralım."

Böyle düşünmesi saçmalıktı. Sonuçta o, beraber yola çıktığım bir insandı teoride ne kadar yabancı olsa da hâlâ ama işte, daha yolun başında, ben de ne yapıp ne yapmayacağımı kestiremiyordum bu yüzden ona cevap vermedim. Bunun yerine staj yaptığım hastanenin ismini söyledim götürmesi için. Orada işimi daha kolay hallettirebilirdim.

Yaklaşık yarım saat sonra Kunt arabayı hastanenin açık otoparkına çektiğinde hava kapalıydı ama yağış yoktu. Kar, İstanbul'dan çekilmek istiyorcasına azalmış ve yol kenarlarında çamurlaşmıştı iyice. Yalnızca çatılardaki beyazlık duruyordu. *Medeniyet!* Telefonum çektiği andan itibaren birkaç mesaj ve birkaç cevapsız arama düşmüştü bildirim ekranıma ama daha sonra dönecektim onlara.

Kunt'la kapıları aynı anda kapattıktan sonra acile yürüdük. "Senin gelmene gerek yoktu, bundan sonrasını kendim halledebilirim."

"Konuşacağız," dedi gözlerini bana değdirmeden.

Acil karışık değildi. Telefonumu çıkartıp sınıftan Öktem'in yürüdüğü esmer sınıf arkadaşımı aradım çabucak. İkinci çalışta açtı. *"Karaca? Hayırdır?"*

"Alevhan hastanede misin?"

Koridorda durduğumuzda Kunt'un bakışları etraftaki insanlardan bana çevrildi, birini aradığımı fark etmişti.

"Evet de... Kızım sen neredesin ya? Bütün fakülte okulu bıraktığını konuşuyor. Bölüm birincisi nasıl okul bırakır?"

"Okulu bırakmadım, o konu biraz karışık," diye mırıldandım. Özel durumumun okul yönetimi tarafından saklanmasının sebebi araya giren abimin avukatıydı. "Aşağı gelsene bir durum var, şimdi uğraşamam iki saat randevu almayla sıra beklemeyle. Acil koridorundaydım."

"Bekle geliyorum hemen..."

Telefonu kapatıp cebime attım. "Alevhan ne biçim isim ya?"

diye söylendi Kunt, bıyık altından kendi kendine ama duymuştum.

"Dedi Kuntadam..."

"Kuntadam mı?" diye sordu Kunt, suratı buruşmuştu çünkü anlamamıştı.

"Dedi *Kunt*, yani... Diyene de bakın."

"Ne varmış Kunt'ta?"

Soruyor musun bir de dercesine kaşlarımı kaldırarak baktım ona. O sırada köşeyi dönen uzun boylu, beyaz önlüklü, esmer arkadaşım gözüme çarpmıştı. Etrafa bakarken beni fark ettiğinde adımlarını üzerime çevirdi. O sırada Kunt yanımda, ellerini cebine sokmuş bir şekilde dikiliyordu.

"Yuh kızım ya, inanamıyorum sana gerçekten..."

"Alevhan sonra konuşalım abiciğim, hadi," diye araya girdim lafını keserek. Alevhan ne kadar iyi bir çocuk olursa olsun şimdi burada fakülte konusunu açarsa iki saat susmayacağını biliyordum. Üstelik en iyi ihtimalle konuşmak isteyeceği tek konu bu olurdu...

Alevhan durdu o an, bakışları Kunt'a çevrilmişti. Ardından bana baktı. "Sorun ne? Neyin var?"

"Köpek ısırdı," dedim kabanımın önünü açıp bacağımı hafifçe kaldırırken. "Ama dağın başındaydım, pek bir şey yapamadım. Kuduz kapmış olma ihtimalime dair test yaptırmam lazım. Bir de yaraya baksam hiç fena olmaz."

"Sana boş oda lazım o zaman," dedi Alevhan mırıldanarak gözlerini etrafta gezdirirken. "Beni takip edin." Gözleri kısacık Kunt'a değdi, ardından önüne döndü ve yürümeye başladı. Kıllandığını anlamıştım ama yalnız kalana kadar bir şey söylemeyeceğini biliyordum.

Bir kat aşağı inip kan verme ve röntgen odalarını geçtiğimizde sondaki odanın kapısını açtı, içerisi boştu. Işıkları yaktıktan sonra içeri geçtik, Kunt gireceği sırada dönüp önüne dikildim. "Sen burada bekler misin?"

Kunt'un bakışları arkadan Alevhan'a değdi, ardından keyifsizce bana baktı ve onaylarcasına kafasını salladı. Arkasından kapıyı kapattım.

"Karaca o adam kim?"

Gözlerimi etrafta gezdirirken köşedeki ayaklı masayı çektim sedyeye doğru, ardından atkımı, beremi ve kabanımı çıkartıp kenara koydum. "Biri işte Alevhan."

"Biri mi?" Güldü. "Kim olduğunu bilmiyor olamazsın Karaca."

Eşofmanımı dizüstüme kadar sıyırıp yaramın etrafındaki bandajları çıkardım, ardından eldivenleri takıp hızlıca yaranın etrafından kan örneği aldım ve tüpe enjekte ettim.

"Yuh kızım bu ne?!"

"Köpek ısırığı işte Alevhan," dedim gayet rahat bir sesle, ikinci kez yalan söylerken. Aslında yalan sayılmıyordu, kurt da köpekten sayılıyordu ve bunu Kunt bizzat söylemişti ama işte... "Bunu teste versen fena olmaz. Sonuçların fotoğrafını çekip WhatsApp'tan atarsın."

"Karaca sen nereden tanıyorsun bu adamı ya? Delirtmeden söylesene bir. Zaten fakülteyi de bırakıp gittin dönemin başında, millet açmış ağzını yummuş gözünü konuşuyor arkandan. Okulu bırakıp striptizci olduğunu söyleyen bile var parasızlıktan." Kolumu tuttu bir an, yaraya temiz bandaj geçirirken durdurmuştu beni. Göz göze geldik. "Doğru söyle kötü yola düşmedin değil mi? Bak paraya ihtiyacın varsa istediğin kadar borç verebilirim."

"Param var Alevhan, burslarım var biliyorsun alıyorum ödemeleri," dedim bandajı bacağıma yapıştırırken. Dizimdeki yara kabuk bağlamaya başlamıştı ama eklem yerinde olduğundan acıyordu.

"Kızım okulu bıraktıysan nasıl burs alabiliyorsun sen hâlâ?"

"Okulu bırakmadım çünkü Alevhan, dondurdum bu yılı."

Kahkaha attı. "Yeme beni Karaca. Tıp bölümünü dondurmak için anneni falan kaybedip rapor alman lazım hastaneden." Ardından ifadesi dondu. "Yoksa?"

"Annem iyi," dedim eşofmanı bileğime indirirken. "Özel bir durum oldu ailevi, ondan dondurabildim. Sağ ol bu arada soktuğun için beni buraya, hocadan nasıl kurtulabildin?"

"Öğlen yemeğinde olmam gerekiyordu şu an," dedi Alevhan. "Kapıdaki adamı açıklayacak mısın Karaca?"

Alevhan, benim fakülteden en yakın arkadaşımdı ve Kunt'u bu kadar sorgulamasını normal karşılıyordum çünkü pek fazla insan olmazdı benim etrafımda. *Kim olduğunu bilmiyor olamazsın,* diyerek de kim olduğunu biliyor olduğunu kanıtlamış olmuştu. "Arkadaşım," dedim kollarımı göğsümde birleştirerek ona dönerken.

"Köpek nerede saldırdı sana?"

"Bolu'ya yakın bir yerdeydik, bir anda oldu," diye cevapladım.

"Karaca sen ne zamandır böyle adamlarla arkadaşlık ediyorsun? Bak kötü bir şey varsa söyle, sonuna kadar arkandayım biliyorsun." Sesini de kısmıştı hafiften. "Bir durum mu var?"

"Nasıl bir durum olabilir ki Alevhan?"

"Ne zaman tanıştınız mesela? Öktem hiç bahsetmedi bu adamdan."

Seslice nefes aldım derince. Öktem, evet, bana karışmaz ve kararlarıma saygı duyardı ama son iki ayda o kadar yakınlaşmıştık ki onunla artık Alevhan'la da konuşurken bir şeyler anlatmaktan çekinmiyordu ona. İkisine de kızmıyordum, ikisi de hayatımdaki tek tük güvenilir insanlardı ve arkadaşlarımdı. Alevhan bana, Öktem'in karşısına bir anda Kunt'la çıkarsam sorgulayacağı şeylerin fragmanını gösteriyordu o an. Ben bunu düşünmemiştim. Aslına bakarsak ben, hiçbir şey düşünmemiştim ama *konuşacağız,* demişti Kunt. Konuşacaktık. Konuşmak zorundaydık. Her şeyi.

"Yeni tanıştık Alevhan. Dedim ya saldırıya uğradım hastaneye geldik," dedim gayet inandırıcı olduğunu düşündüğüm bir sesle. Aslında doğruydu. *Doğru Alevhan. Kunt'un hiçbir ilgisi yok abimin ölümüyle... Ah gerçi benim abim öldü sen biliyor musun? Bilmiyorsun. Çünkü Öktem söz verdi sana anlatmamak için hiçbir şey.* Ayrıca ben Öktem'e her şeyi anlatmıyorum!

"Adam manyak, Karaca," dedi Alevhan bir kapıya, bir de bana dönerek. "Bak uzak dur bu heriften. Arkadaş falan olmaz bundan."

Kaşlarım çatıldı. "Sen tanıyor musun ki Kunt'u?"

Güldü Alevhan, dalga geçercesine. "Karyeli adını duymayan mı var Karaca? Demir yumruk bu adam, ünlü bir boksör. Maça çıktığı adamların yarısını komalık edene kadar durmuyor, ölüm makinesi gibi bir şey... Ailesi desen ayrı bir bela... Daha iki ay önce çıktığı maçta rakibi öldü biliyor musun herkesin gözünün önünde? Tabii beyefendi zengin, güçlü, kolu uzanıyor her yere diye lisansını bile iptal etmediler."

Biliyordum. Alevhan bilmiyordu ki, o maçta ölen rakibi benim abimdi.

"Başka bir şey biliyor musun?" diye sordum gözlerimi kısarak. Eve gidince bu adamı biraz araştırsam iyi olurdu ne olur ne olmaz... *Şimdiye kadar yapmadığın kabahat.* Akıl mı kaldı?

"Bilmiyorum Öktem anlatmıştı bana da zaten."

"Öktem mi? Ne söyledi?"

"İşte kahve içiyorduk, gazete kupürlerini dosya hâline getiriyordu. Bir köşe mi ne hazırlayacakmış öyle bir şey demişti... Haftalar oldu."

Muhtemelen 30 Eylül gecesinden sonra dikkat çekmek için hazırlanan haberlerden biriydi. "Kunt'la yakın değiliz Alevhan, merak etme. Sadece bir konuda bana yardımcı olacak."

"Ne konuda? Biz yardım edemiyor muyuz Karaca?"

"Önemli bir şey değil Alevhan, boş ver."

"Göstersene sen bir ellerini," diyerek omuzlarımdan tutup beni kendine çevirdi o an. Ellerimi avuçlarım yukarı gelecek şekilde açtığında buz gibi elleri, buz gibi ellerimde daha da üşümüştü. *Demek ki herkesin elleri Kuntadam'ınkiler kadar sıcak değilmiş Karaca...* "Kurumuş, kabuk bağlamış bu yaralar... Çok kötü düşmüşsün gerçekten de ama hepsi yeni değil bunların. Karaca bak, sana dürüst olacağım. Öktem bir şey söylemedi ama boksa devam edemezsin. Sen bir doktorsun, unuttun mu? Ben bu zamana kadar fakülteyi bıraktığını düşündüğüm için bir şey söylemedim ama madem yalnızca dondurdun, o zaman ellerine de iyi bakmak zorundasın. Ya kemik çatlar, kırılır kaynarsa? Ya titreme başlarsa? Kariyerin daha başlamadan biter!"

"Biliyorum Alevhan," dedim ellerimi çekerek. "Dikkatliyim!"

"Sikerler senin dikkatini Karaca. Kızım sen beni dinlemiyor musun? Sakat iş bu riske değmez!"

"Sana ne ya!"

"Arkadaşınım ben senin, ben uyarmayacağım da kim uyaracak Karaca? Beyin cerrahisine gideceğim diyorsun ama bu gidişle bok yoluna gidersin anca!"

O sırada kapı açıldı. İkimiz de aynı anda dönüp baktığımızda Kunt, bir eli kapı kolunda, yarısına kadar araladığı kapının önünde dikiliyordu. Çatılmış kaşlarının altındaki altın hareler önce Alevhan'a çevrildi, ardından beni buldu. "Bir sorun mu var Karaca?"

"Yok," dedim tok bir sesle, Alevhan'a döndüm. "Testten haberdar et beni lütfen. Şimdi çıkıyorum, bu konuyu sonra konuşuruz."

"Tamam," dedi Alevhan ama bana bakmıyordu. Sert bakışları yalnızca Kunt'a odaklıydı.

Ben merdivenlerden hızlı adımlarla çıkarken girdiğimiz acil kapısına yönelmiştim ki kabanımın kumaşı üzerinden kolumu tutan Kunt bir anda beni danışma koridoruna soktu. Şaşkınlıkla "Ne oldu?" diye sordum. Dümdüz önüne bakıyordu.

"Düz yürü, bakma etrafına."

Dudaklarım kurudu. "Dalga geçiyorsun... Takip mi ediliyoruz? Kim? Ne alaka?"

"Hayatıma hoş geldin Karaca," dedi Kunt bakışlarını önünden çekmeden, ben yalnızca kemik suratını profilden izliyordum. "Arkana bile bakmadan kaçmak için bundan daha iyi bir fırsat olamaz. Tabii güle güle gitmek istiyorsan."

"Benim senin hayatınla bir ilgim olamaz Kunt. Yalnızca abim için buradayım."

"Biliyorum," dedi kapıdan çıktığımızda. Otoparka yürüyorduk. "Ne kadarını kaldırabileceksin peki? Bunu merak ediyorum..."

"Neden bahsettiğini de çok merak ediyorum gerçekten,

dünden beri çekip gideyim diye bir polisi aramadığın kaldı da çünkü."

"Arasam gider misin?" Arabanın önünde durdu. Kapımı açan eli de durmuştu.

"Saçmalama Kunt, daha ilk günden vaz mı geçiyorsun?"

"Vazgeçmiyorum Karaca. Sadece içimde kötü bir his var."

"Biri *öldü*," dedim ona bir adım yaklaşarak. "Benim abim *öldü*. Ondandır." Onun yalnızca araladığı kapıyı açıp içeri geçtim ve kapıyı kapattım. Çok geçmeden etrafa bir bakış atıp telefonuyla uğraşırken şoför koltuğuna binmişti o da. Cep telefonunu ceketinin cebine attı ardından.

"Evim Levent tarafında," dedim o hastane bahçesinden çıkarken. "Sana ters geliyorsa bir yerde indir beni, taksiye binerim."

"Konuşacağız dedim Karaca," dedi Kunt sert bir sesle. Şimdi niye sinirlenmişti ki durup dururken?

Gözlerim dikiz aynasına kaydığında, hemen arkamızdan çıkan TT 039 plakalı siyah Sedan'ı fark ettim. Hastanenin geniş bahçesinin parmaklıklarının olduğu uzun ve boş yoldan inerken Kunt'un da dikiz aynasını kontrol ettiğini fark etmiştim.

"Sen ciddisin," dedim kararlı bir ifadeyle, yaslandığım koltukta doğrulup arka camdan Sedan'a bakarken. "O araç mı?"

Kunt bir şey söylemeden direksiyonu yolun ortasında sola kırdı, bir sokağa girmişti. Apartmanların arasından geçerken yolda top oynayan ve kar savaşı yapan çocuklara korna bastı zaten canavar gibi aracı gören çoluk çocuk bir anda kaldırımlara koşturmuştu. "Dikkat et," dedim çeneme hâkim olamayarak.

Sokağın sonuna kadar gitti, ardından yokuş yoldan aşağı sürmeye başladı. İleride Haliç Tersanesi vardı. Başta sola dönüp yola devam edeceğini düşündüm ama hayır, kenara çekecekti. "Ne yapıyorsun!"

"Şunların dertleri neymiş bir anlayalım," dedi motoru susturup torpido gözündeki silahı alıp beline takarken. Kapıyı açıp aşağı indi.

"Silah mı?" diye bağırdım arkasından ama kapıyı çoktan kapattığından duymamıştı. *İstanbul'un orta yerinde!*

Şaşkınlıkla emniyet kemerimi çözdüm ve arkasından çıktım dışarı. Siyah Sedan da kenara çekilmişti. Sürücü koltuğunun kapısı açılırken içeride yalnızca bir kişinin olduğunu fark ettim. Çıkan kişi en fazla yirmilerinin sonunda, eski bir kot ve kalın bir *sweatshirt* giyen, şapka takmış, kirli sakallı bir çocuktu. Göz altı morluklarından uykusuzluk çektiği ve muhtemelen madde bağımlısı olduğu anlaşılıyordu. Titriyordu üstelik. Kesinlikle bağımlıydı.

"Abi n'aber ya," dedi çocuk yanımıza yürürken.

"Oğlum siktir git başına bela alma yılın son günü," dedi Kunt sert ifadesini çocuğun yüzüne çevirmişken.

Ama çocuk bir anda, ben daha ne olduğunu anlayamadan elimden tutup beni sahil tarafına doğru çektiğinde boğazıma dayanan bıçağın soğuk metalini boynumda, hemen kulağımın altında hissettim. Pis nefesini saçlarıma üflüyordu ve bu beni kafamın içindeki çok tehlikeli bir mahzene sürüklemişti şimdiden... "Abi böyle n'aber?"

Daha çocuk beni esir alırken Kunt'un silahının emniyetini kapattığı mekanik bir ses kulaklarıma çarptı, ben göz kırpıp açıncaya kadar ise namlu üzerime, hayır, boğazıma bıçak dayayan çocuğun üzerine çevrilmişti. "Nazikçe söylüyorken bırak." Dişlerini sıkıyordu ve öyle bastırarak söylemişti ki bu üç kelimeyi, benim bile içim titremişti.

"Tasmas'ın selamını getirdim abi," dedi çocuk iğrenç nefesini bana soluturken, yüzümü buruşturarak gözlerimi kaçırmıştım. Bugün yılın son günü olduğundan öğleden sonra iş yoktu. Tersane bomboştu. Kimse yoktu...

Yoldan geçen biri arabaların arasından bu manzarayı görüp polisi arasa çocuğu bana bıçak çektiği için ayrı, Kunt'u da ona silah çektiği için ayrı tutuklarlardı İstanbul'un orta yerinde. Bu adamın ruhsatı vardı değil mi? Kayradağ'dayken altı çakalı da ıskalamadan bu silahla öldürmüştü. *Orası dağın başı! Burası İstanbul'un ortası!*

Tasmas kim? Düşüncelerimin arasından sağ çıkabilsem bile,

bu çocuğun elinden sağ kurtulmam daha büyük öncelik taşıyordu.

Kunt'un suratı bir kaya gibi sertti. Çocuk *Tasmas'ın selamını getirdim abi,* dedikten sonra bile mimik oynamamıştı yüzünde.

"İstanbul'a dönmüşsün aylar sonra, güzel bir karşılama yapmak istedi ama başka bir ii... İşi varmış," dedi çocuk, eli de sesi de titriyordu ve bu, boynuma bastırdığı bıçak açısından oldukça tehlikeli bir duruma sokuyordu beni.

"Bırak kızı öyle konuş," dedi Kunt sert bir sesle. "İndir o bıçağı öyle konuş!"

"Bırakamam abi," dedi çocuk burnunu çekerken. "Kız kim abi?"

"Senin abi diyen dilini siker atarım şuradan Haliç'e şimdi, bırak kızı öyle de ne diyeceksen," dedi Kunt son bir kez söylüyormuşçasına. "Elin titriyor geri zekâlı!"

"Titrer abi," dedi çocuk tekrar burnunu çekerek. "Mal var dedi Tasmas, abi." Nefesi gerçekten iğrenç kokuyordu. "Sağ olsun verdi bir iki paket abi."

"Çektin tabii bütün malı..." Kunt dilini damağına vurarak bir *cık* sesi çıkardı, çocuğun kafasının iyi olduğunu anlamış ve iki parmağının ucunda burun kemerini sıkmıştı. "İndir o bıçağı bir şey yapmayacağım sana."

"Olmaz abi, öldürürsün sen beni abi," dedi çocuk korkuyla bıçağı daha da bastırırken boğazıma. Nefesimi tutarken yutkunmuştum. Kunt'un gözleri o an değdi gözlerime. Burada ölüp gidecektim ve bunu o da biliyordu! Daha kaç gün olmuştu onunla tanışalı ve bu kaçıncı burun buruna gelişimdi ölümle! *Belki de bundan bahsediyordu... Tam olarak bundan!*

"Maçın mı var abi?" diye sordu çocuk bu sefer. *Ya sabır! Suikastçısı bile kafadan kontak!*

"Oğlum adın ne senin?" diye sordu Kunt, silahı indirip emniyetini açarak beline sokarken. Şokla beni bıçakla bırakışını izledim. Öte yandan, bir saniyeliğine bana güven vermek istercesine arkama kayan bakışını da görmüştüm... Altın hareli ela gözler bana sakin olmamı ve kurtulacağımı söylüyordu.

"Umut, abi," dedi çocuk tekrar burnunu çekerek.

"Umut, indir o bıçağı konuşalım. Kafan yerinde değil bak. Tasmas benim yanımdaki kıza İstanbul'un orta yerinde zarar verdiğini duyarsa asıl yaşatmaz seni. Dengeleri bozma. Hadi indir o bıçağı."

"Selamını getirdim abi, Tasmas'ın," dedi çocuk son kez önümden omzuma sardığı kolu gücünü kaybederken. Fakat bıçak boynumdan çekilirken aynı zamanda kestiğini de hissettim tenimi. O acı kesik hissi gözlerimi fal taşı gibi açmama sebep olurken iki elimle birden boynumdan aşağı kanı durdurmak istercesine avuçlarımı kapattım üzerine ama dizlerimin bağı çözülmüş gibi yere düşmüştüm.

"Alın şunu!"

"Abi krize girdi bu..."

"Alın götürün çabuk acile! Hastane hemen yukarıda!"

Konuşan ne Kunt'tu ne de tanıdığım başka biri. Başkaları da vardı. Bir an gözlerim bulanırken diğer an Kunt'un önümde çöküp beni omuzlarımdan tutarak doğrulttuğunu hissettim. "Karaca kötü mü?" diye sordu yüzüme bakmaya çalışırken, benimle konuşuyordu. "Karaca ne kadar kötü?"

Kötü olmayabilirdi, sadece kriz geçiren yalnızca o çocuk değildi... Korkudan bilincimi yitiriyordum, bir an önce kendime gelmem lazımdı. "Efes kapıları aç!" diye bağırdı Kunt, kolları bacaklarımın ve kollarımın altından geçerken beni kucağına aldığında. *Efes kim?* "Efes araba!"

"Senin yapacağın işi sikeyim ben!" diye bağırdı Kunt yeniden. "Alt tarafı korkut dedik, nasıl bir boka bulaşacağını görsün diye! Bu ne ulan!"

"Kunt bizden değildi adam!" diye bağırdı, krize giren çocuğu hastaneye götürmelerini emreden sesin sahibi, Efes. "Bizim plan değildi bu! Hasta herif gerçekten yollamış bu çocuğu selamını getirsin diye!"

Bana oyun mu oynayacaklardı? Gideyim diye?

"Elin bağımlısını niye yollasın o orospu çocuğu selam çakmak için? Nereden buldu bizi daha kaç dakika oldu ki gireli İstanbul'a!"

"Kunt kızı hastaneye götürelim. Böyle olmaz!"

"Kesik derin değil, şoka girdi sadece, bıçak sıyırdı," dedi Kunt. *Derin değil. Şoka girdi sadece. Bıçak sıyırdı. Kendine gel Karaca!*

"Takip ediyormuş demek ki Kayradağ'dan beri," dedi Efes. Kunt beni ön koltuğa bırakıp başımı arkaya yasladığında başımı dik tutamadım ilk, ardından derin nefesler eşliğinde elimi bastırdığım yerden çektim ve elime baktım. *Kan. Kan. Kan. Kötü. Karanlık. Kan. Karaca. Hepsi K ile başlıyor Karaca!* Dahası... *Kunt* da öyle...

"Ulan amına koyayım siz ne yapıyordunuz lan? Sahile çökmüş çay mı içiyordunuz Efes sabahtan beri! Ya bir şey olsaydı? Çocuk kendinde bile değil! Ya kesseydi kızın boğazını?"

"Gördük Sedan'ı ama ön taraftan giremedik Kunt! Fark eder paniklerdi! Arkadan dolanmak vakit aldı! Sen beni sorgulayacağına kızla mı ilgilensen acaba!"

"Abi!" diye koşturan bir çocuğun adım seslerini duydum, ben derin nefesler alırken henüz kafamı kaldırıp da yüzüne baktığımda net göremediğim Efes'in yanına koşturan. Kunt bir elini koltuğun yanına koymuş, içeri girmişti neredeyse yaramı kontrol etmek için uzanırken. Nazik parmakları yanağımı okşarcasına hafifçe yana ittirdiğinde kesiğin olduğu kısım, boynum açığa çıktı. Atkım neredeydi bilmiyordum ama yoktu. "Tamam bir şey yok, sakin ol Karaca," dedi az önceki öfkesine nazaran yumuşak bir sesle. "İyi misin? Beni duyuyor musun?"

Ona kafamı sallamak istedim ama sağa ve sola mı yoksa aşağı ve yukarıya mı sallamam gerekiyordu bilmiyordum.

"Abi..." Çok geçmeden yanımıza gelen çocuk konuştu. "Umut öldü."

Öldü mü gerçekten?

10

BUZ GİBİ

En çok kafamın içindeki savaş yordu beni, her sabah uyanıp kalkmak ve zorunlu olduğum şeyleri yapmak değil. Beni hep, güven denen duyguyu ufaktan kanıma sızdıran insanlar ilk fırsatta göğsümden vurdu. Yirmi bir yıllık hayatımın öğrettiği bir şey varsa o da yalnız olduğumdu. Babam yok diye sahile çöküp ağlarken de yalnızdım, annem sonunda *Barbie* bebek aldığında mahalledeki kızların arasına karıştığımda da abimle kavga edip yatağın altına saklandığımda da yalnızdım, notlarım düşük diye sınıfın ortasında öğretmen tarafından apaçık aşağılandığımda da... En çok abim gittiğinde yalnız kaldım sanmıştım bir de... Yanılmışım. Annem gittiğinde yalnız kalmışım ben en çok.

Ve en çok, "*Bana güven!*" diye bas bas bağıranlardan korkmalıymış insan... *En çok.*

Kulağımın hemen altında, boynumdaki kesiğe tam yedi dikiş atılmıştı. Nereye gittiğimizi, bana dikiş atan doktorun yüzünü, yeşil örtüyü boynuma geçirip uyuşturuşunu ve dikişini, hatta oradan çıkışımızı bile hatırlamıyordum doğru düzgün ama araba bir bahçeye yanaştığında ve siyah demir kapı açıldığında ne olduysa oldu ve kendime geldim.

İsim? Karaca Koralin. *Yaş?* Yirmi bir. *Hangi yıldayız?* 2020. Birkaç saat sonra yirmi bir... *Neredesin şu an?* Bilmiyorum.

"Burası neresi?" diye sordum doğrulurken, sanki hayat nefesi üflenmişti ciğerlerime ve yeniden kazanmıştım bilincimi. Büyük ve karla kaplı bir bahçeydi burası, önümde iki katlı bir ev vardı. Araba kapının önündeki yuvarlak alanda durduğunda yan taraftan gelen *klik* sesiyle ona döndüm; emniyet kemerini çıkarmıştı.

"İn Karaca," dedi Kunt kapıyı açıp inerken ama tek yapabildiğim o ön taraftan dolanırken izlemek olmuştu. Kapımı açtığında yeniden göz göze geldik. "Hâlâ kendinde değil misin?"

"Burası neresi?" diye sordum bir kez daha. "Nereye geldik?"

"Burası benim evim, Haliç'te olanlardan sonra takip edilme ihtimalimize karşı bir de seni evine götüremezdim. İn de içeride konuşalım," dedi tok bir sesle, geri çekilirken.

Emniyet kemerimi çözdüm ve aşağı indim. Ben çekilirken Kunt kapıyı kapatmıştı. Arkamı döndüğümde siyah bir *SUV*'nin de bahçeye girdiğini fark ettim, araba durduğunda içinden iki adam çıktı. Biri neredeyse kazıtılmış kısa sarı saçlı, mavi gözlü, uzun boylu, kaşının kenarında *piercing* olan ve ceketinin üzerinden boynuna kadar taşan dövmelerle kaplı belalı bir tipe benziyordu. Diğeri ise esmerdi ve dikkati etraftaydı.

"Hadi," dedi Kunt içeriyi işaret ederken.

Kapının açıldığını ve kapının hemen önünde bekleyen kadını gördüm, ben kısa basamakları çıkıp içeri girerken turuncu saçlarını arkadan sımsıkı örmüş kadın suratındaki gizleyemediği gergin ifadesiyle beni süzüyordu. Öldürülecek ya da tehdit edilecektim de haberim mi yoktu? Gerçi az önce olanlardan, hatırlayabildiğim kadarıyla, mümkündü bu. Değil mi? Mümkündü. Burada ne halt döndüğünü bilmiyordum ama umarım Kunt'un sabahtan beri söylediği *konuşacağız* lafı sadece sözde kalmazdı ve bana kafamda yeni oluşan bütün soru işaretlerinin, eskileriyle birlikte, cevabını verirdi.

Koridordaki aynadan geçerken elim boynumdaki bandaja gitti istemsizce. Bir şey hissetmiyordum ama dikiş atılmıştı. Dikiş atılmıştı ve yedi taneydi. Buna inanamıyordum... Bir çocuk, uyuşturucu bağımlısı bir çocuk boğazıma bıçağı dayamış ve etkisiz hâle getirilirken kesmişti bıçak derimi. Şoka girmiştim. Öyle ki çoğu şeyi hatırlamıyordum.

"Senin yapacağın işi sikeyim ben! Alt tarafı korkut dedik, nasıl bir boka bulaşacağını görsün diye! Bu ne ulan!"

"Kunt bizden değildi adam! Bizim plan değildi bu! Hasta herif gerçekten yollamış bu çocuğu selamını getirsin diye!"

Kunt gideyim, vazgeçeyim diye tezgâh kurmuştu ve kurduğu tezgâh gerçeğe dönüşmüştü. Yine de bunu yapmaya teşebbüs etmesine inanamıyordum. "Sırf vazgeçeyim diye bunu yaptığına inanamıyorum!" diye bağırdım bir anda kafama dank eden gerçekle, koridorun ortasında arkamı dönerken. Hemen karşımdaydı. "Bir de suçun olmadığını mı söylüyorsun? Bana güven mi diyorsun? İzleme kaydı mı diyorsun? Bu mu senin bana vereceğin güven!"

"Karaca," dedi Kunt sert bir sesle, altın harelerini gözlerime dikerken. İçeriyi gösterdi kafasıyla. "Önce bir içeriye geçelim, bir elini yüzünü yıka, ondan sonra konuşalım."

Gözlerimi kapatıp sabır diledim burnumdan nefes alırken. "Sen benimle dalga mı geçiyorsun? Bir de tuttun evine getirdin ya inanamıyorum! Daha o dağın başından yeni kurtuldum ben!"

"Karaca," dedi Kunt sabrını sınadığımı yutkunarak belli ederken. Sahte bir kibarlık vardı dilinde, öfkesi boğazını tırmanıyordu. "Bağırma."

"Öldü o çocuk! Niye öldü? Kim o adam! Ne selamı ya ne selamı çocuk öldü!" *Böyle mi kanıtlayacaksın adama, sağlam olduğunu Karaca?*

"Efes, Ayşen Hanım'a mutfağın yolunu gösterir misin?" dedi Kunt, aynı sahte kibarlıkla ve tutmaya çalıştığı öfkesiyle hafifçe arkaya dönerek. Efes sarışın, dövmeli olandı. Yanındaki esmer içeri girmemişti. Ayşen Hanım kapıyı açan yardımcıydı. Şaşkınlığını gizlemeye çalıştığı gözleriyle girişte dikiliyordu hâlâ, ta ki Efes başıyla mutfağı işaret edip sola sapan koridorda ona eşlik edene dek. Artık ikimiz kalmıştık.

"Bak sinirlerine hâkim ol, dikişlerin açılacak," dedi Kunt üzerime doğru yürüyerek. "Burada da bağırma öyle."

"Nasıl sinirlerime hâkim olmamı beklersin sen benden? Sırf kaçıp gideyim diye korkutacaktın beni öyle mi? Daha İstanbul'a girer girmez dakika bir gol bir!" Ona doğru bir adım attım ve aramızdaki mesafeyi kapatarak çenemi kaldırdım. "Çakallara yem oluyordum yetmedi, kurtlar kovaladı yetmedi, göle düştüm yetmedi! Bir de boğazım mı kesilecekti?"

"Bunu ben ayarlamadım Karaca," dedi Kunt, sakinliğinin son demleriyle. "Bak patlayacağım, fena olacak. Git elini yüzü yıka kendine gel!" Kolunu uzatıp ileriyi gösterdi.

"Bence sen önce bir kendine gel, ben kendimdeyim zaten! Senin karşında kim duruyor farkında mısın? Ben neleri riske attım, ne için geldim Kayradağ'a farkında mısın Kunt? Kaç kere sordun, vazgeçmem dedim niye sözüme inanmıyorsun! Kafama silah dayasan da *vazgeç-mem!* Abim, o benim abim! Benim abim *öldü*! Sen öldürmedin, o öldürmedi... Kim öldürdü o zaman? İki yumrukla adam mı ölür!"

"Laf başka icraat başka!" diye bağırdı sonunda öfkesi dilini esir aldığında. "Nereden bileyim ben senin nasıl biri olduğunu? Nereden bileyim ilk fırsatta beni satmayacağını? Gözün korkarsa aklın başına gelir diye düşündüm!"

"Düşünme! Benim aklım başımda," dedim her bir kelimeyi bastırarak söylerken. "Ama haklısın, burada abimin katilinin karşısında dikilirken ne halt yiyorum ben de bilmiyorum, onun evinde, onun çatısının altındayım kaç gündür! Çok haklısın sen benim aklımı sorgulamakla!"

Katil, kelimesinin hemen ardından gözlerini kapatıp derince bir nefes almıştı burnundan. "Katilin kim olduğunu biliyorsan o zaman zaten çık git Karaca. Bak, kapı açık. Orada." Kapıyı işaret etti.

"Sen bana önce Haliç'te olanların hesabını ver," dedim elim kulağımın altına, bandaj sarılı kısma giderken. "Bak," dedim boynumu hafifçe eğerek, altın hareler doğrudan dikiş atılan yere kaymıştı. "Bak sen yaptın bunu. Umurumda değil kim kimin selamını getirmiş, kimin planıymış kimin değilmiş! Sen yaptın bunu bana!"

Bir anda üzerime geldiğinde sırtım duvara yaslandı sertçe. Ellerini iki yanımdan duvara yaslarken üzerime eğilmişti. Sakin bir ifadeyle "Benim sana yaptığım tek şey, Karaca," dedi düz bir sesle. "Ya da yapmaya çalıştığım... Sen batmadan seni bu çukurdan çıkarmak. Çıplak gözle gökyüzüne bakıp güneşe aldanıyorsun ama fırtına bulutları yolda, o kara gözlerin görmüyor senin, körsün... Abine ne olduğunu mu bilmek istiyorsun? Ben de istiyorum bunu. Bulacağım da. O gece ne olduysa her şeyi öğreneceksin, öğreneceğiz. Ama benim hayatım sandığın kadar, gazete kupürlerinde, magazin haberlerinde okuduğun kadar rahat ve eğlenceli değil. Gerçi eğlence anlayışın farklıysa bilemem... Evime gelmeye çalıştın kurt mu saldırmadı çakal sürüsü mü sıkıştırmadı? Tartıştık göle mi düşmedin Karaca? Ulan siktiğimin İstanbul'una geldik, arabama bindin, daha ilk dakikadan boynun kesildi dikiş attılar!"

"Ne yapacaklardı?" diye sordum göğsüm şiddetle inip kalkarken, soluduğum havaya parfümü karışmıştı. *Kurdukları oyun yaşansa ne olacaktı?* "Haliç'te mi olacaktı yine? Bıçak mı kullanacaklardı yine yoksa silah mı? Gerçi sen silah tercih edersin, gördük marifetlerini. Beni mi tehdit edeceklerdi numaradan, seni mi? Nasıl korkutacaktın gözümü, nasıl kaçıracaktın beni? Gidersem bırakır mıyım sandın bu işin peşini?"

"Bırakmazsın, onu anladık," dedi kollarını indirirken, ardından seslice nefes verdi ve salonun girişine diktiği sert bakışlarını üzerime çevirdi. "Bak, bu gece evine dönebilir misin bilmiyorum. İstersen git bir duş al temizlen, boynundan aşağı kan oldu. Ayşen Hanım sana uygun bir şeyler verir. Ben de Fuat Abi'yi arayacağım, gelsin konuşalım."

"Gelsin tabii gelsin," dedim sırtımı duvardan ayırırken. "Çok merak ediyorum ne diyecek oynayamadığınız oyununuz hakkında."

"Karaca," dedi Kunt sinirlendiğini belli eden bir sesle ama o sırada Efes dedikleri sarışın, dövmeli adam çıkmıştı koridordan. Gözlerini üzerime değdirmeden "Etraf temiz," dedi yanımızda durarak. "Haliç'te terk edilmiş üç katlı bir evin çatısından dürbünle izlemişler her şeyi. Naklen yayın. Umut hastane yolunda solunum yetmezliğinden öldü, aşırı doz almış."

"Çocuğun ailesine ulaştılar mı?" diye sordu Kunt, ona dönerek.

Kafasını salladı Efes. "Baba alkolik, anne kanser. Küçük bir kız kardeşi varmış, Sarıyer'de bir gecekondu mahallesinde yaşıyorlar. Haber gitmiştir şimdi."

"İçeride konuşalım," dedi Kunt, ela gözlerini Efes'ten çekerek bana dönerken ama hâlâ Efes'le konuşuyordu. "Ayşen Hanım'ı çağırsana sen bir bana..."

Ayşen Hanım kınalı saçları hafiften beyazlamaya başlamış, orta yaşlı bir kadındı. Kunt, Efes'i de alıp salona geçtiğinde daha fazla tartışmak için gücüm olmadığından sadece Ayşen Hanım'ı takip ettim. Merdivenlerden çıktık, ilk kattaki geniş ve temiz bir banyonun kapısını açtı geçmem için. "Buyurun siz geçin, ben size benim kızın kıyafetlerinden bir şeyler ayarlarım..."

"Çantam," dedim dudaklarımı ısırırken. İçinde eşyalarım vardı. "Arabada kaldı. Gidip alayım ben..."

"Hiç gerek yok ben hemen getirtirim," dedi kadın gülümseyerek ama gergin duruyordu. Muhtemelen kim olduğumu ve neler döndüğünü merak ediyordu. Burası Kunt'un eviyse Kunt haftalardır ilk defa geliyor olmalıydı ve döndüğünde de böylesine bir karmaşayla karşılaşmak onu şaşırtmıştı. "Şey adınız..."

"Karaca," dedim en azından dudaklarımı kıvırmaya çalışırken. Gülümsemek, sahte de olsa yapabileceğim bir şey değildi o an. "Siz demenize gerek yok. Direkt Karaca diyebilirsiniz."

"Peki güzel kız," dedi Ayşen Hanım memnun bir ifadeyle, sanki bunu dememi bekliyordu. "Ben hemen gönderiyorum çantanı, kapının önüne bırakıp iki kere tıklatırım kıyafetlerle birlikte, sonra sen alırsın." Ben içeri geçtikten sonra kapıyı kapatıyordu ki daha *klik* sesi duyulmadan geri açtı. "Sana ne yapayım bu arada? Sıcak bir şeyler içer misin? Çay, kahve?"

"Kahve olur."

"Tamamdır..."

Önce kapıyı kilitledim, ardından gözlerimi sımsıkı kapatarak lavabo mermerine yasladım ellerimi ve birkaç saniye yalnızca nefes almaya odaklandım. Ne yaparsam yapayım sindiremiyordum son birkaç gündür olanları. Ben daha 30 Eylül'ü sindirememiştim, abimin gömüldüğü 1 Ekim sabahını sindirememiştim, şimdi beni yalnız başıma dört duvar arasına bıraksalar aylarca çıkamazdım ne o odadan ne de kafamın içindeki labirentten.

Yalnız başıma bir hiçtim ama plan yapar ve aklımı çalıştırırsam bir şeyleri ortaya çıkarabileceğimi biliyordum. Olay şuydu ki, Ali Fuat Dinçer yolumu kesip o şüphe tohumlarını zihnime dikene dek tek bir suçlu olduğuna inanıyordum o da Kunt Vidar Karyeli'ydi. Şüphe tohumları filiz vererek Kunt'a duyduğum öfkeye dolanıp köreltmişti duygularımı; böylece kendimi Kayradağ'da bulmuştum. Bir kurt tarafından neredeyse bacağım koparılıyordu, yine başka bir kurt tarafından kurtarılmıştım; ardından o kurdu, Karayel'i bıçaklamış ve Karayel'in Kunt'a ait olduğunu öğrenmiştim. Sonra mahsur kalmış, maç kaydını izlememek şartıyla uzatılan eli tutmuştum; o el de katil olduğuna inandığım Kunt Vidar Karyeli'nin ölümcül ama sıcak eliydi.

Başkalarına yumruk atan adam bana elini uzatmıştı.

Ama şimdi de elini uzattığı için pişmanlık duyuyordu çünkü daha abimin cesedi soğumamışken benim de başıma bir iş geleceğini düşünüyordu. Haklıydı. Daha bir saat önce olanlar bunun kanıtıydı.

Korkup kaçmam için, gözümü korkutmak için oyun oynayacaktı bana ama resmen tiyatro sahnesi gerçek psikopatlar tarafından basılmıştı; boynumda, kulağımın altında yedi dikişlik bir kesik vardı şimdi ve kan akmıştı oradan göğsümü kızıla boyayan, hayati tehlike olmasa da şoktan kendime gelememiştim şimdiye dek.

Bütün bu olanlara inanmak zordu ama eğer Kunt'u haksız çıkarmak istiyorsam, çok daha fazlasına dayanmalıydım.

Kapı iki kere tıklatıldı, Ayşen Hanım temiz kıyafet, iç çamaşırı ve çantamı bırakmıştı. Ben kapıyı açmadan önce de buranın bir misafir banyosu olduğunu ve her şeyi kullanabileceğimi söylemişti.

Bir yabancının evinde duş almak kadar korkunç bir şey yoktu ama birkaç gündür yine aynı yabancıyla aynı çatı altında birçok şey yaşamıştım bu yüzden artık bu umurumda bile değildi. İlk yaptığım şey boynumdaki kanı ıslattığım bir bezle temizlemek oldu; bandaja su değmemesi gerekiyordu çünkü dikişleri bir süre kuru tutmalıydım. Ardından yağ akan saçımı yıkadım eğilerek dikkatlice, daha sonra ise vücudumu keseledim sertçe. Umut denen çocuk, bir bağımlıydı ve hareketlerinin ne önünü ne arkasını düşünebilmişti. Yaptığı şeyin bilincinde olduğunu bile düşünmüyordum doğrusu... Ama nefesi, nefesi çöp gibi kokuyordu. Nefesi kafamın içindeki eskimiş hatıraların tozunu kaldırıyordu.

2021 gelirken, sanki bir önceki yıllarda inşa ettiğim ne kadar duvar varsa yaktığım geçmişimin küllerinin üzerine; hepsini teker teker yıkacağı sinyalini veriyordu. Önce *kan*. Sonra *karanlık*. Şimdi de *koku*.

Belki de koşar durur peşinden geçmiş çünkü geçmemiş... Sen ölene kadar da geçmeyecek. Belki unutmak diye bir şey yoktur, üzerini örtmek diye bir şey vardır... Ve bir rüzgâr eser, illaki o örtüyü kaldırır.

Ayşen Hanım'ın getirdiği kıyafetler bana biraz boldu, birkaç ay önceye kadar tam olurdu... Bu benim son zamanlarda bozulan yeme düzenimden kaynaklanan aşırı kilo kaybının sonucuydu. Yemek yemeyi çok seviyordum, özellikle de Öktem'le eve çıktıktan sonra çünkü sürekli bir şeyler pişiriyordu ama ekimden beri iştahım kaybolmuştu.

Kot bir pantolon ve siyah bir kazak. Saçlarımı çantamdaki tarağımla taradım, dolaptaki kurutma makinesiyle kuruttum, ardından etrafı topladım. Ayşen Hanım üzerimdekilerin Kunt'a ait olduğunu anlar anlamaz boş çamaşır sepetine atmamı söylemişti.

Elimde kabanım ve çantamla birlikte merdivenlerden inerken salondan gelen sesleri duymamak mümkün değildi.

"Ulan kız ayağına kadar gönüllü gelmiş bir de siktir olup gitmesini mi istiyorsun? Tehlikeyi bilmiyor mu bu kız, kafası çalışmıyor mu? Tıp kazanacak, okuyacak zekâsı varsa ne halt yiyeceğine de kendi karar verebilir!" diye bağırdı Efes, salondalardı. "Ben bu işe başından beri karşıyım ama sırf sen istedin diye sorgusuz sualsiz hazırlandım resmen kızı korkutmak için!"

"Ölecek kalacak başıma! Sanki bilmiyorsun Tasmaslar'ın

derdini. Zaten bu başımızı ağrıtıyorken bir de Karam'ın girdiği pisliği eşeleyecekken ne kadar dayanabilir bu kız? Sen deli misin? Ulan üç gündür tanışıyoruz, üç kere ölümden döndü amına koyayım!" dedi Kunt, oldukça öfkeli bir sesle.

"Karaca, gözü kara bir kız," diye araya girdi başka biri. Ali Fuat Dinçer buradaydı. O da en az Kunt ve Efes kadar öfkeliydi. "Bok kokusu aldı o gün Kayradağ'a gitmeden önce. Sen şimdi ister kov ister korkut gözünü, o kız dönmez bu yoldan. Ha illaki ben kaşınıyorum, bırakacağım kızı diyorsan da bu saatten sonra mümkün değil zira abinin kim olduğu bilinmezken bile Tasmaslar dayadı kızın boğazına bıçağı! Şimdiye bütün bilgileri ellerine geçmiştir."

Belki de Tasmas, bir soyadıydı.

"Abinin kim olduğunu öğrenirler mi diyorsun?" diye sordu Efes.

"Öğrenemezler," dedi Kunt. "Soyağacından sildirmiş herif kendini. Veritabanında aile bilgisi falan, hiçbir şey yok. Adı sahte, soyadı sahte... Ama Karaca'yı araştırırlar."

"Sorsaydın ya kıza abinin ismini," diye söylendi Efes. "Söylemez mi?"

"Söylese de bir boka yaramaz," dedi Kunt. "Hatta söylemesin daha iyi."

"Biz bile bilmeyelim, öğrenme şansları kalmasın diyorsun... Herhangi bir köstebeklik durumunda tehlikeye atmış oluruz. Doğru."

"Tasmaslar'ı siktir et," dedi Fuat Hoca araya girerek. "Öncelik 30 Eylül gecesi. Rus maçına da hazırlanacağız. Tasmaslar kaşınırsa kaşırız, şimdilik güvenliğe dikkat etsek yeter."

"Ya sana ne oluyor ki amına koyayım. Niye buluyorsun da aklına sokuyorsun bunları kızın? Biz zaten uzaktan izliyorduk hareketliliği, halledecektik sessizce. Bir de adres vermiş eline git getir adamı diye! Ben keyfimden mi gittim Kayradağ'a? Kafamı dinlemeye gittim bir hata yapmayalım diye! Geldim yine siktiğimin kaosunun ortasına..." diye söylendi Kunt, öfkeyle. "İş bitince otururduk masaya anlatırdık her şeyi. Ne gerek var kızı katmaya!"

"Karam'ın avukatının bir bok bildiği yok, davayı temyize götürecekti adam. Farkındasın değil mi bunun? Haberlerin sesinin soluğunun kesilmesi, medyanın sakinleşmesi lazım. Göz önünde olmaman lazım. Ayrıca kimse adını dahi bilmediğimiz bir adamı kendi öz kız kardeşinden daha iyi tanıyamaz! O gece hedef Karam değildi, sendin belki!" dedi Fuat Hoca. "Bütün bunların Tasmaslar'la bir ilgisi olabileceği aklına gelmiyor mu senin? Belki de adamı öldürdüler seni bitirmek için, sonuçta rakibi sendin. Kızın gözlerindeki öfkeyi görmedin mi? Sanki boğazına sarılıp bilinçli öldürmüşsün gibi bakmıyor mu sana? Katilsin demiyor mu Kunt! Diyor! Ben gitmeseydim yanına, yarın bir gün bizden önce karşı taraf geçseydi kızın karşısına, kendi taraflarına çekseydiler ne olurdu? Ne olurdu biliyor musun?"

"Belki de çoktan çekmişlerdir, ne biliyorsun?" diye sordu Efes.

"Yok öyle bir şey," dedi Kunt, Efes'in lafını kestirip atarak.

"Ne biliyorsun abi, nereden biliyorsun? Kimliğini kontrol ettiniz mi? Belki de gerçek Karaca bile değildir!"

"O," dedi Fuat Hoca. "Maç gecesi oradaydı, abinin taraflardan biri olduğunu bildiğinden atlamış ambulansa gelmiş sadece bir stajyer olmasına rağmen. Çıkarken çektim kenara konuştum, Kunt'un yarası hakkında sessiz olacağını bilmem gerekiyordu. Kendi ağzıyla söyledi daha ortada hiçbir şey yokken, Karam'ın kız kardeşi olduğunu."

Siktir... Ben bunu hiç düşünmemiştim. O kadar kafam karışıktı ki o gece, öylece söyleyivermiştim. Başka bir ton şey söyleyebilirdim bunun yerine, benimle ilgisi olmadığından umurumda da olmadığını ve ağzımı açmayacağımı mesela ama rakibinin abim olduğunu söylemiştim. Abimi yazan medya kim olduğumu bilmiyordu; Hilmi Bey, takım arkadaşları ve mezarlığa götüren şoför dışında kimse beni tanımıyordu. Fuat Hoca'ya söylediğimden, Kunt'un bilmemesi imkânsızdı tabii. Bir de mezarlığa gelmişti 1 Ekim sabahı...

"Ben neden bilmiyorum bunları amına koyayım? O zaman adını sanını hiçbir şeyi bilmiyor bunlar..." Efes'in sesi şüpheciydi. "Karam gerçekten kayıtlardan kendini sildirmeyi başardıysa ailesine hiçbir şekilde ulaşamazlar. Bunu yapmasının bir amacı olmalı. Belki de o gecenin bizimle bir alakası yoktu, kendi borcuydu."

"Kunt'un rakiplerini komalık ettiği bilinmez bir gerçek değildi, böylece yeterince inandırıcı oldu herkes için," dedi Fuat Hoca. "Bizimle alakası olabilir de. Belli olmaz hangi taşın altından hangi orospu çocuğunun çıkacağı. Ruslarla alakalı bile olabilir bu. Maç çok önceden belliydi."

"Sikerim Rus'unu da şimdi bir de onu çıkartma başımıza!" diye bağırdı Kunt öfkeyle. "Bak bu sefer gerçekten öldürürüm o Roman piçini elimde kalır!"

"Roman Vladimir geldi değil mi İstanbul'a?" diye söylendi Efes. "Burada çalışacağını duymuştum maça kadar. Ulan şunu Karadeniz'de boğmak vardı şimdi kansız piç..."

"Maça kadar Vladimir'i ellemeyeceksin," dedi Fuat Hoca, Kunt'u uyardığı çok belliydi. "En ufak bir sıkıntı pürüz yaratır. Türk-Rus istihbaratı bile çıkacak herhangi bir arbede için önlemler alıyor. Yüzyılın politik-sembolik maçı olacak. Cumhurbaşkanlığı'ndan gelen davetiyeyi aldın mı?"

"Bende," dedi Efes. "Daha var onun zamanına. Rus Devlet Başkanı da katılacağı için bayağı gergin bir akşam olacak."

Ben neyin ortasına düştüm? diye düşünürken merdivenlerden inmiş, çantamı ve kabanımı kenara bırakıyordum. Dış kapı açıldığında Efes'le birlikte *SUV*'den çıkan ama daha sonra ortalıkta görünmeyen esmer adam gözlerini bir saniye olsun üzerime değdirmeden salona doğru yürüdü, elinde gazete vardı. Peşinden salona girdiğimde Efes'in ayakta, Kunt ile Fuat Hoca'nın da çapraz koltuklarda oturduğunu gördüm.

Kunt da duş almış, üzerini değiştirmişti. Üzerinde siyah bir pantolon ve yakası açık beyaz bir gömlek vardı. Dirseğini yaslayıp alnını ovaladığı elini yüzünden çektiğinde göz göze geldik.

"Buyur abi," dedi esmer adam, ortadaki sehpanın üzerine gazeteyi bırakıp çekilirken. Hemen ardından Ayşen Hanım elinde bir tepsiyle içeri girmişti. Esmer adama gergin bakışlar attıktan sonra yanıma geldi ve bana uzattı tepsiyi. "Al bakalım kızım, kahven."

Sessiz bir teşekkür mırıldanarak düz beyaz kupayı aldım elime. Sade filtre kahve getirmişti ve ben sütlü içerdim ama o an bunu düşünemeyecek kadar doluydu kafam. *Tasmas? Karam? Rus boksör? Roman Vladimir? Cumhurbaşkanlığı daveti? Türk-Rus istihbaratı?*

İmdat?

"Hoş geldin kızım, dikilme orada geç otur şöyle konuşalım," dedi Fuat Hoca, Kunt'un yanını işaret ederek. Kunt, geniş bir koltuğun köşesindeydi. Önünden geçip biraz mesafe bırakarak yanına oturduğumda istemsizce salonu süzdüm kısa bir sürede. Beyaz ve tahta renklerinin hoş bir uyum yakaladığı, büyük ama sade bir salondu burası. Oturduğum koltuğun arkasındaki geniş duvar boydan boya camdı ve arkada koca bir bahçe vardı.

"Al, bak," dedi Kunt kupasından bir yudum alırken, Fuat Hoca'ya hitaben. "Gazete bu."

Efes incelediği gazeteyi Fuat Hoca'nın önüne attığında ben de bakışlarımı Fuat Hoca'ya çevirmiştim. "Evet, gördüm bu adamı ben de. Yalnız içeri girerken herhangi bir kimlik belirtmeden girmiş hep. İsmi cismi yok... Yalnızca bu fotoğraf."

"Gazetenin sahibiyle görüştüm," dedi Efes. "Fotoğrafı bağımsız bir muhabir çekmiş, gazetenin editörlerinden birine satmış. Baskıya hazırlamışlar sabaha kadar, tabii daha bayiilere dağıtılırken kaldırılıyor raflardan. Fotoğrafçı kayıp, editör de ağzını açmıyor."

"Bir dakika bir dakika," diye araya girdim şaşkınlıkla, Kunt'un altın hareleri üzerime çevrilirken benim bakışlarım Fuat Hoca'daydı. "Bu gazeteyi siz göndermediniz mi Kayradağ'daki eve?"

"Hayır," dedi Fuat Hoca, hafifçe öksürerek geriye yaslanırken. "Bizim bu baskıdan haberimiz bile yoktu. Her kim gönderdiyse bu işin çözülmesini istiyor, belli. İşine gelecek biri. Ya da bizim bilmediğimiz bambaşka bir amacı var. Belki Karam'ın arkadaşlarından biri olabilir ama emin olamayız. Temkinli davranmamız gerekiyor."

Efes'in telefonu çaldı o an, hâlâ ayaktaydı. Aramayı cevaplayıp bir şeyler söyledikten sonra kapattı ve Kunt'a döndü.

"Hilmi Bey'in oğlu bu akşam için Bebek'te bir gece kulübünden loca kiralamış."

Hani şu ortalıkta olmayan, telefon numarasını değiştiren asıl antrenör, Hilmi Bey... "Kendi nerede?"

"Cenaze gününden beri kayıp," dedi Kunt, gözlerini üzerime çevirerek. "Onunla birlikte eğittiği sporcuların birkaçı daha yok ortalıkta. Kalanlarla konuşup bir nabız yoklasak iyi olur."

"Tamam ben konuşurum çocuklarla," dedi Efes başıyla kapıyı işaret ederek. "Konuştururuz."

"Öyle değil Efes," diye araya girdi Kunt. "Bizim dostça gidip konuşmamız gerekecek. Karaca'yı tanıyorlar, sohbete tatlı girip kimliğini açık etmemeleri için çenelerini kapatacaklarından emin olsak yeter. Bizim akademinin çocukları, gerçi sıkıdır ağızları ama kimin hangi fiyata konuşacağını bilemiyor insan. Bizim bilmemiz lazım." Bana döndü. "Şu avukat, nasıl biri? Açık eder mi kim olduğunu sıkıştırsalar?"

"Mal paylaşımı ve başka birkaç konu için daha görüşmüştük, kimliğimi kesinlikle gizli tutacağına söz verdi ve bugüne dek buna göre adım attı. Ağzı sıkı mıdır bilmiyorum," dedim önüme düşen saç tutamlarımı kulaklarımın arkasına sıkıştırırken.

"Çocukları var adamın," diye araya girdi Efes. "Bir öğlen okul çıkışı kaçırsalar, karısını da alsalar mesela... Bu adam bülbül gibi şakır, Kunt." Fuat Hoca'ya döndü. "O herife güven olmaz Fuat Abi."

"Karşı taraf, abimin bir kız kardeşi olduğunu bile bilmiyor ise avukatın ne önemi var?" diye sordum. "Ben Fuat Bey'e maç gecesi Kunt'un rakibinin abim olduğunu söyleme gafletinde bulunmasaydım siz de bilmeyecektiniz."

"Karaca haklı," dedi Fuat Hoca. "Ama... Gaflet deme çocuğum, alınıyorum bak," diye devam etti lafına bana dönerek. "Biz senin düşmanın değiliz. Önce burada bir anlaşalım. Sen o gece bir hata yaptığını düşünüyor olabilirsin ama sana abinin ölümünün ardındaki sır perdesini aralayacak şey bu olacak."

Onu göreceğiz...

"Yine de şu avukatı da bir yoklayalım," dedi Kunt, Efes'e dönerek. "Hilmi Bey'in oğlunun adı ne?"

"Sancak Kurtuluş."

"Önce tatlı dil," dedi Fuat Hoca, bir sigara yakmıştı. Bakışlarını Kunt'un altın hareli gözlerinden, Efes'e çevirdi. Tavrı netti. "Önce tatlı dil, sonra gerekirse..."

Gerekirse, ne? diye soracak gibi oldum bir an ama bunun anlamını biliyordum. Zorla konuşturacaklardı.

"Halledilir," dedi Efes. "Başka?"

Kahvemin yarısını içmiştim ama daha fazla içemeyecektim bu acı şeyi aç karnına, yanında tatlı olmadan. Keşke Ayşen Hanım'a süt de istediğimi söyleseydim. Midem bulanıyordu.

"Yarın tatil," dedi Fuat Hoca. "Dinlenin, işinize bakın. 2 Ocak'ta antrenmana başlarız. Bu sürede şu antrenör hakkında bilgi toplamaya çalışacağım. Belki kameralardan bir şey çıkar." Ardından bana döndü. "Avukatla görüştükten sonra abinin eşyalarını teslim aldın mı? Evi neresi biliyor musun?"

Kafamı olumsuz anlamda salladım. "Hiçbir şey istemedim. Zaten avukatla da konuşmamız genelde benim kimlik gizlemem üzerineydi. Abim ailesini karıştırmak istememiş."

"Yarın biz bakarız," dedi Kunt. Ardından altın harelerini üzerime çevirdi. Kafamı salladım, itiraz etmeyecektim. Zaten avukat teklif ettiğinde de kabul edecektim ama geri çevirmemin tek sebebi göreceklerimden korkuyor oluşumdu. Belki yanımda biri olursa her şey daha kolay olurdu.

Efes, gazetenin sahibiyle olan randevusuna gitmek için kalktığında Fuat Hoca da peşinden ayrıldı evden. Kunt nereye kaybolmuştu bilmiyordum ama ben salonda tek başımaydım bir süredir. Kalkıp masanın üzerindeki boş kupaları da alarak mutfağa ilerledim, içerisi sessizdi ama mutfakta Ayşen Hanım'ın olduğunu biliyordum fakat ben kapıyı açtıktan sonra kupalardan yarıya kadar dolu olan, yani benim kupam elimde dengesizleşince soğuk kahveyi yere dökmemek için uğraşırken bu sefer boş bardaklardan biri kayıp düştü elimden.

Bir şok ifadesiyle elimdekileri masaya bırakıp kırıkları toplamak için eğilirken "Çok özür dilerim," dedim endişeli bir sesle, benimle aynı anda eğilen Ayşen Hanım'a.

"Hiç üzülme kızım, yorma kendini de," dedi Ayşen Hanım ellerimden tutup beni ayağa kaldırırken. "Ne badireler atlatmışsın sen," dedi kendi boynunu işaret ederek, benimkini kastediyordu. "İstersen mutfağı indir aşağı yine de bir şey demez Kunt Bey. Geç şöyle atıştıracak bir şeyler hazırlayayım ben sana, hemen toplarım burayı..."

"Büyük parçaları toplayabilirim en azından," dedim tekrar eğilirken.

"Eee yavrum dinlesene sen beni, hadi bakayım geç şöyle..." Bu sefer omuzlarımdan tutmuş, yüksek masaya yönlendirmişti beni. Bar sandalyesine oturdum. "Kurabiye yapıyordum ben de portakallı, ikramlık olsun diye. Kunt Bey şeker tüketmiyor malum sporcu ama belki misafiri sever. Kusura bakma kuru kuru kahve getirdim sana... Yemek hazırlayacağım, özellikle istediğin bir şey var mı?"

"Hiç önemli değil," dedim kafamı sallayarak. "Akşama kadar kalacağımı sanmıyorum zaten."

"Öyle mi?" Bana döndü Ayşen Hanım, büyük kırıkları topladıktan sonra. "Kunt Bey istemişti sana sormamı kızım, ben de akşam yemeğine kalacaksın diye düşündüm. Hatta yukarıdaki misafir odasını bile hazırlattı."

"Misafir odası mı?" Burada kalacağımı mı düşünüyordu? Benim eve gitmem gerekiyordu. "Kunt nerede biliyor musunuz? Dışarı mı çıktı?"

"Çıkacaktı kızım," dedi Ayşen Hanım, o sırada merdivenlerden inen adımları duydum ve sandalyeden kalkıp mutfaktan çıktım.

Kunt üzerine bir ceket geçirirken merdivenlerden iniyordu, birkaç adım kala beni fark etti. Kapının önünde, kollarımı göğsümde birleştirmiş bekliyordum. "Ben ne zaman eve gideceğim?"

"Karaca," dedi yüzünü buruşturarak. Bu konuda sıkıntı çıkaracağımın farkındaydı. "Bu akşam gidebileceğini zannetmiyorum. Sabah bakarız, avukatın yanına uğramadan önce evine uğrarız."

"Uğrarız?" Kaşlarım kalktı. "Sonra ne olacak?"

"Bilmiyorum Karaca. Önce bir nabız yoklamamız lazım, ona göre bir yol çizeceğiz. Ama merak ediyorsan söyleyeyim, bu iş bitene kadar korunaksız bir dairede kalamazsın çünkü benim yanımda görüneceksin. Boynundaki yaşayacaklarının sadece bir fragmanı ve sen, ben ne yaparsam yapayım gitmedin, gitmiyorsun... O zaman kurallara uymak zorunda kalacaksın," dedi ceketinin yakalarını düzeltirken.

"Nereye gidiyorsun?"

"Ufak bir işim var. Halledip döneceğim. Ayşen Hanım'la konuşabilirsin, iyi biridir."

"Ya sen gittikten sonra ben de çıkıp gidersem?" diye sordum eli kapı koluna uzandığında. Altın hareler üzerime çevrildi. "Bir taksi çevirip eve gitmek zor değil. Burada kalmak zorunda değilim."

"Dene ve cevabını kendin bul o zaman," dedi kapıyı açtığında. Şaşkınlıkla bahçede gezdirdim gözlerimi; evin kapısını önünde iki, bahçe kapısının önünde iki adam dikiliyordu ve kimbilir arka tarafta daha kaç kişi vardı.

"Abi," dedi biri, ensesinden tuttuğu oldukça şişman, siyah-sarı büyük benekleri olan bir kediyle birlikte karşımıza çıktığında. Bu Efes'le *SUV*'den inen esmer adamdı. Kunt dışarıya bir adım atarken ben de şaşkınlıkla pervazda dikiliyordum. "Abi bu kedi yine girmeye çalışıyor eve... Ne yapalım?"

"Oğlum barınağına bırakın dedim ya?" diye söylendi Kunt şaşkınlıkla. "Bırakmadınız mı geçen sefer?"

"Bıraktık abi," dedi çocuk. "Ama kaçmış. Birkaç kere girdi ya... Evi belledi burayı herhalde."

"Bakayım," dedim çocuksu bir hevesle, heyecanlı bir sesle Kunt'u geçip çocuğun ensesinden tuttuğu, miyavlayan kediyi kucağıma alırken. Bayağı da bir ağırdı. Elimi karnına yasladığımda gözlerim fal taşı gibi açıldı, ardından sevinçle bir çığlık attım. "Ay hamile bu!"

Kunt'un kaşları havalandı. "Hamile mi?"

"Hamile valla!" Kediyi göğsüme yaslarken kafasını sevdim heyecanla. Hemencecik kapatmıştı gözlerini zevkten, hırlamaya başlamıştı. "Madem buraya geliyor sürekli neden atıyorsunuz dışarı? Koskoca evin var, alsana içeri."

"Olmaz," dedi Kunt, seslice nefes vererek kediye bakarken. Uzanıp kafasını sevdi ve hafifçe eğilerek yüzüne baktı. "Efes'in kedi tüyüne alerjisi var."

"Efes'in evi mi burası?"

"Değil ama..."

"Kediyi içeri almama izin ver, ben de bu akşam burada kalıp sorun çıkarmayayım," dedim aklımda parlayan fikirle. "Temizler karnını doyururum. Söz başka odalara sokmam."

"Karaca..."

"Hamile kediyi dışarı mı atacaksın gerçekten? O barınak da iyi bir yer değil belli, baksana kocaman kediyi kaçırmışlar! Ya bir şey olursa dışarı çıktığında? Ya araba çarparsa? Bebeklere ne olacak?"

"Tamam," dedi Kunt gülerek. "Tamam, anlaştık ama dışarı çıkmak yok."

"Söz, yok," derken uzun zamandır ilk defa bu kadar gülüyordum ve neşeliydim. Kunt, korumaya başka bir şeyler daha söylerken ben kapıyı kapatmış içeri girmiştim çoktan. Bahçede güvenlikten sorumlu o kadar adam olduğuna inanamamıştım ve fikrimi belirtmek gerekirse kapıdaki korumalar çok etkisiz duruyordu Kunt'un yanında, bence hiç gerek yoktu...

"Ayşen Hanım," dedim mutfağın önünde durduğumda. Aralık kapıdan ellerini bir beze sildiğini gördüm, ardından kapıya yöneldi. "Efendim Karaca... *Tövbe Estağfurullah*!" Ayşen Hanım şokla, elini göğsüne götürerek bir adım geriye gitmişti kediyi görür görmez.

"Ne oldu ki?" diye sordum dönüp başını omzuma yaslamış benekli kediyi Ayşen Hanım'a göstererek.

"Kızım at onu dışarı, bir yaşıma daha girdim vallahi... *Ayy* hamile mi o bir de? Efes Bey'in alerjisi var kedi tüyüne. Çok kızar. Hem bu kedi kaç defa girdi eve gizlice, her seferinde barınağa götürdü Kunt Beyler ama kaçmış mı ki yine..."

"Kunt izin verdi," dedim omuz silkerek. Sanırım Efes'le daha doğru düzgün tanışmadan bozuşmuştuk bile.

"Nasıl yani? Gerçekten mi?" Ayşen Hanım şaşırmıştı.

Kafamı salladım. "Yine misafir banyosuna mı gideyim? Yıkamak istiyorum da kediyi. Aslında yıkanmamalı ama sokak kedisi olduğu için..."

"Tamam kızım o zaman, Kunt Bey'in lafının üzerine laf söyleyecek değilim tabii ki," dedi Ayşen Hanım, her ne kadar kediden huylandığını belli etse de dokunmaya çalışarak. Üst kata birlikte çıktık, Ayşen Hanım kurulamam için farklı bir havlu getirmiş ve kullandıktan sona atacağını da söylemişti. Kedi ağır ve hamileydi, üstelik sudan rahatsız olmamıştı bile diğer kedilerin aksine... Onu ıslatıp sabunladım, ardından kuruladım, ardından aşağı indik yiyecek bir şeyler vermek için. Ayşen Hanım tavuk parçalayıp pişirmişti tavada, bahçeye açılan kapının önüne iki tas koyduk; birinde yemek diğerinde su vardı.

Adı ne olsa ki? diye düşünüyordum yanına çömelmiş, tavukları yiyişini izlerken. Bir adı var mıydı ki? "Adı ne olsun?" diye sordum sonunda seslice, Ayşen Hanım'a bakarak. Patlıcanlı bir şeyler yapıyordu.

"Bu kedi hamile kalmadan önce de hep böyle kocaman, şişko bir şeydi," dedi Ayşen Hanım, gülümseyerek bana bakarken. "Kunt Bey de ona tosbağa diyordu hep."

"Tosbik mi olsun yani? Çizgi filmdeki gibi..." Önüme döndüm ve bacaklarımın etrafına sardım kollarımı. Tosbik güzel isimdi ama aklımda birden "*Tosbik Tosbik canım arkadaşım hiç yalnız bırakmadım hep yanındayım...*" şarkısı çalmaya başlamıştı. Kısık sesli kahkaha atarak tüylerini okşadım kedinin. "Senin adın Tosbik olsun o zaman..."

"*Miyav...*"

"Beğendin mi?" diye sordum otuz iki diş sırıtarak, miyavlayan benekli kediye bakarak.

"*Miyav...*"

"Beğenmiş beğenmiş," dedi Ayşen Hanım, gülerek. "İlahi Karaca, daha ilk günden şu eve kedi soktun ya..."

"Nereden giriyormuş içeri?" diye sordum merakla, çenemi dizlerime yaslayarak tüylerini okşamaya devam ederken.

"Biz de bilmiyoruz, bilsek engel olurduk. Biz kapıdan atıyorduk, o bacadan giriyordu... Ne zaman hamile kalmış bilmem. Gelince yemek veriyorduk ama hiç içeri almadık Efes Bey'in alerjisi yüzünden. Gizlice girdiği zamanlarda da köşe bucak temizlik yapıyordum ben... Kunt Bey gittiğinden beri görünmüyordu da zaten ortalıkta... Şimdi yine kaçmış barınaktan haylaz."

"Miyav..."

Kahkaha attım. "Size kızıyor bence Ayşen Hanım..."

Ayşen Hanım gülerek "Ama olmaz ki böyle Karaca, ben sana isminle sesleniyorsam lütfen bana Ayşen Abla de sen de. Böyle tek taraflı hiç rahat etmiyor gönlüm," dedi yumuşak bir sesle. "Hem sen Kunt Bey'in misafirisin. Duysa çok kızar bana vallahi..."

Tahmin edebiliyordum. "Ne zamandan beri buradasınız?" diye sordum meraklı bakışlarımı kadının arkasında toplanmış ve örülmüş turuncu saçlarında gezdirerek.

"Ben önceden asıl aile evindeydim kızım, orası buradan katbekat daha büyük ve üç kişi çalışıyorduk. Daha sonra rahmetli hanımımın çocukları Kunt Bey ve abisi Baran Bey ayrı evlere çıktılar. Ben de ayrıldım oradan, Kunt Bey'in peşinden geldim buraya. Bazen karmaşa oluyor böyle evde..." Dudaklarını birbirine bastırdı Ayşen Hanım. "Gördün bu öğlen... O yüzden güvenilecek çalışan bulmak zor. Neredeyse elimde büyüdü Kunt Bey, çok yardımı dokundu bana da kızıma da..."

Kunt'un bir abisi olduğunu bilmiyordum. "Kızınız?"

"Ayça," dedi Ayşen Hanım, yüzünde bir tebessümle. "Kızım üniversiteye hazırlanırken matematik ve fizikle başı beladaydı, Kunt Bey boş zamanlarında sağ olsun çalıştırdı, yapamadığı soruları anlattı teker teker. Burs bile ayarladı... Şimdi üniversite ikinci sınıfta Ayça'm, İTÜ'de okuyor." Parmaklarını öpüp tahtaya vurdu. "Maşallah kızıma nazar değmesin..."

Ayça da turuncu saçlı mıydı acaba? Ayşen Hanım'ın saçı kına mıydı, gerçek miydi anlamıyordum ama eminim Öktem görse şıp diye anlardı. Bazen karşımda böyle çocuklarını seven, öven anneler gördüğümde çok üzülüyordum ama Ayşen Hanım o kadar içten biriydi ki bana bunu hatırlatmamıştı.

Bir Ayça olabilirdim mesela bu hayatta... Annesi sağ, sağlıklı; anlamadığı konuları anlatacak, abi sıfatında bir adam var hayatında... Ama Karaca olarak gelmiştim dünyaya. Ben Karaca'ydım. Ayça değil. Adını ve hikâyesini duyduğumda, ne kadar basit olursa olsun sadeliğine ve huzura özenip yerine kendimi koyduğum bir başkası değil... *Karaca.*

"Kunt neden haftalardır yok, biliyor musunuz peki? Öyle demiştiniz, Kunt gittiğinden beri ortalıkta görünmüyormuş ya Tosbik..." *Çalışanı ne kadar biliyordu?*

Ayşen Hanım sonunda tepsiyi fırına verirken dönüp bana bir bakış attı. Suratındaki mutluluk ifadesini aklına gelen anılar gasp etmişti. "29 Eylül'ü 30 Eylül'e bağlayan gece maçı vardı Kunt Bey'in," dedi ellerini yıkayıp salata ile ilgilenirken. "Rakibi hastalanarak ölmüş maç sırasında. Öyle olmuştur yani. Ben başka türlüsüne inanmam. Kunt Bey'i karalamak için çok uğraştılar ama başaramadılar. Yaptığı işte çok iyi olduğu için insan zarar görür mü? Kunt Bey çok gördü. Yazıklar olsun onunla uğraşan o pis heriflere, elleri kırılasıcalar neler neler yazdılar haberlerde... Nişanlısı bile nişanı attı..."

Şaşkınlıka kırptım gözlerimi birkaç kez. "Kunt'un nişanlısı mı vardı?"

"Vardı," dedi Ayşen Hanım, seslice nefes vererek. "Beren Hanım. Çok güzel, eli yüzü düzgün, saygılı bir kızdı. Altın sarısı saçları, yemyeşil gözleri vardı böyle..."

"Neden attı ki nişanı? Rakibi öldüğü için mi?"

"Öyle diyorlar, ben bilmem," dedi Ayşen Hanım. "Karaca kızım, ben bu konuyu pek bilmiyorum aslında. Şimdi yanlış bir şey söylerim sorun olur sonra... Sen en iyisi Kunt Bey'e sor."

Bunu hiç düşünmemiştim daha önce. Sanırım insanın hayatında biri olmayınca, kimsenin de yok sanıyordu.

Bir süre sonra yemeği hazırlayıp sofrayı kuran Ayşen Hanım, yeni yıla ailesiyle birlikte girmek istediği için çıktı. Onu eve bırakacak olan koruma, az önce kediyi ensesinden yakalayıp getiren esmer adam bana “Bir şey lazım mı Karaca Hanım?” diye sorduktan sonra Ayşen Hanım’ın aslında bugün mesaisi olmadığını ama Kunt’un döneceğini öğrendiğinden gelip evi elinden geçirdiğini söylemişti.

Salondaki geniş beyaz koltuklarda oturmuş, sesini kıstığım haberleri izliyor, hemen yanıma yatmış keyif yapan Tosbik’i seviyor, arkadaki büyük camlardan yağan yağmuru izliyordum. Burada da şömine vardı ama göstermelikti. Ev yerden ısıtmalı olduğundan yanmasına gerek yoktu. Her ne kadar Kayradağ ve orada yaşadıklarım hoşuma gitmese de o evdeki şömineyi çok sevmiştim, önüne oturmak ve sıcak bir şeyler içmek çok keyifliydi.

İleride çok başarılı bir beyin cerrahı olacak ve şöminesi yanan sıcacık bir ev alacaktım. Bütün evler soğuktu, ta ki insanlar içine girene dek... Belki Tosbik’i ve yavrularını da alabilirdim yanıma... Kimbilir kaç tane doğuracaktı? En çok bunu merak ediyordum.

Düşünmem gereken çok daha farklı ve karmaşık şeyler vardı aslında ama sanırım beynim doğru düzgün çalışmıyordu bu sabah olanlardan sonra.

Telefonumu kontrol etmek sonunda aklıma geldiğinde, ekranı açıp mesajlar kısmına girdim. Öktem, Alevhan ve Aybars Abi aramıştı.

Öktem: ***Sobada kestane sohbetleri nasıl gidiyor? (30.12.2020 12:56)***

Öktem: ***Alooooo çift tik bile olmadı çekmiyor mu Bolu’da aaaaa yıl olacak 2021 hâlâ çekmeyen yerler mi var yaaaaaa (30.12.2020 22:34)***

Öktem: ***Aha çift tik (31.12.2020 13:21)***

Öktem: ***Ama mavi tik değiiil (31.12.2020 13:41)***

Öktem: ***Bu beni üzer Karaca Hnm (31.12.2020 13:42)***

Öktem: *İyi takıl sen annenle selam söylersin... Gerçi benden bahsettiysen... (31.12.2020 14:55)*

Öktem bilmiyordu ki onun bana mesaj attığı dakikalarda ben ya kurt dikiyordum ya çakal sürüsü çevrelemişti etrafımı ya göle düşmüştüm ya da boğazıma bıçak dayanmıştı... Hızlıca bir cevap yazdım ona.

Karaca: ***Çekmiyor burada, sonra konuşuruz*** *(31.12.2020 21:39)*

Tanıdığınız bütün öküz arkadaşları unutun.
Alevhan'ın mesajına tıkladım ardından.

Alevhan: ***Karaca kuduz değilsin ama aşıyı haftada bir vurulman gerektiğini söyleyeyim yine de unutursan diye. Odada seni yanındaki adam yüzünden fazla sıkıştırdıysam ve boks konusunda sert çıktıysam kusura bakma ama senin yakın arkadaşın olarak endişelenmek benim hakkım. Yeni yıla nerede gireceksin? :) Bizimkilerle toplanıyoruz, istersen gel...***

Karaca: ***Planlarım var... Sağ ol yine de***

Karaca: ***Sert çıkmadın, haklısın. Endişelenmekte yani. Test konusunda teşekkür ederim yeniden :)***

Ve çevrimiçi.

Karaca: ***Bugün hastaneye geldiğim konusundan Öktem'e bahsetme lütfen ben sonra anlatacağım***

Alevhan: ***Sen nasıl istersen :)***

Öktem beni annemin yanında sanıyordu. Ona tüm bunları anlatacak mıydım? Dürüst olmak gerekirse... Bilmiyordum.

Aybars Abi'nin sohbetine girdim ardından. Aybars Abi, abimin çocukluktan beri en yakın arkadaşıydı ama abim evi terk ettiğinden beri görüşmüyorlardı onlar da. Ben iletişimimi hiç koparmamıştım. Cenaze işleri o kadar hızlı gelişmişti ki Aybars Abi yurtdışından dönememişti vakti zamanında ama sonradan geldiğinde ziyaret etmişti.

Aybars Abi: *Bil bakalım kim İstanbul'da?*
Karaca: *Oha ne zamandır?!*
Ve Aybars Abi de çevrimiçi...

Aybars Abi: *Dur kız yeni geldim*

Aybars Abi: *Yeni yıla bir sağ salim girelim de görüşürüz*

Karaca: *Tamamdır :)*

Aybars Abi: *Bu nasıl rezalet bir yıldı Karaca...*

Karaca: *Sorma Aybars Abi...*

Gülerek çıktım sohbet sekmesinden. Gece yarısına iki saat kalmıştı yalnızca ve telefonumun şarjı bitiyordu. Kapıdaki çocuklar da yeni yıla aileleriyle girmek istemezler miydi? Neden burada dikiliyorlardı ki hâlâ?

Telefonumu şarja takıp kapıya yürüdüm, ardından kapıyı açıp kafamı dışarı uzattım. Etraftaki korumalar gözlerini odakladıkları yerlerden çekmediler ama kediyi enseden yakalayıp getiren ve Ayşen Hanım'la konuşan koruma hemen yanıma koşturmuştu. "Buyurun Karaca Hanım, bir isteğiniz mi var?"

"Siz gitmeyecek misiniz eve?" diye sordum gözlerimi kısarak. "Yani hiç gitmiyor musunuz?"

"Hiç gitmiyoruz Karaca Hanım," dedi adam ciddiyetle. "Bizim görevimiz bu."

"Ama bugün yılbaşı."

"Yılbaşı, bayram bizi pek vurmuyor genelde Karaca Hanım... Dediğim gibi, görevimiz."

"Kunt ne zaman gelecek biliyor musun?" Başımı eğerek sordum nazik bir tonla. Cevap vermesini istiyordum. En azından yılbaşına bu koca evde dört duvar arasında hamile bir kediyle yalnız başıma girmek istemiyordum. Tosbik'le girmekte sorun yoktu ama sabahtan beri buradaydım ve sıkılmıştım. Gelen giden yoktu ve ben söz verdiğimden çıkmıyordum dışarı.

"Gecikebilir," dedi çocuk, saatine bakarak. "Bir sorun mu var?"

"Hayır... Yok... Sen bana Kunt'un numarasını versene."

Tereddüt etmeden telefonunu çıkardı ve numarayı gösterdi, sayıları aklıma kazıdım. "Adın ne senin?"

"Fevzi ben."

"Tamam, teşekkür ederim Fevzi... İyi akşamlar." Kapıyı kapattım. Hamile kedinin etrafında dolaşa dolaşa şaşırmıştım. Elbette ki korumaların görevi bayram seyran demeden korumaktı. Ama yine de yeni yıla da işlerinin başında girmek biraz üzücü bir durumdu.

Salona geçip telefonumu aldım elime, ardından numarayı girip aradım. Çaldı... Çaldı... Tam arama sonlanacağı sırada telefon açıldı. *"Efendim?"* diye cevaplayan sesini duydum Kunt'un, arkadan müzik sesi geliyordu. Kaşlarım çatıldı. Beni buraya tıkıp eğlenmeye mi gitmişti gerçekten?

"Benim," dedim sonunda cevaplayarak. Aksi taktirde zar zor açtığı telefonumu suratıma kapatabilirdi. "Karaca."

"Karaca?" Müzikten, gürültüden uzaklaşıyordu. "Bir şey mi oldu?"

"Tosbik'i yıkadım, yemek de yedirdim, koltuğunda uyuyor," dedim ne diyeceğimi bilemeyerek.

"Tosbik?"

"Benekli hamile kedi. Hani sizin kapıdan kovduğunuz, bacadan giren... Adını Tosbik koydum."

"*Haaa*... Tamam, iyi..."

Belki de nişanlısıyla barışmak istemişti İstanbul'a döndüğü ilk gün ve ben rahatsız ediyordum. Ama yine de "Gece yarısından önce gelmezsen sorun değil, Ayşen Hanım'ın hazırladığı odada uyurum zaten ben birazdan," dedim düz bir sesle. "Ama

Tosbik'i atmayacağım dışarı haberin olsun. Rahatsız olacaksan uyuyacağım odaya alırım..."

"Sorun değil, istediğini yapabilirsin," dedi. *Ben gelmiyorum, keyfine bak, sabah görüşürüz* demenin başka bir yoluydu sanırım bu.

"Peki tamam, iyi eğlenceler sana..." Telefonu kapattım.

Yalnız kalmıştım. Yeni yıl gecesinde yalnız kalmıştım. Bundan önce hep bir kalabalık olmuştu etrafımda yeni yıla girerken... Eskiden mesela, annem ve abimle birlikte mahalledeki diğer arkadaşlarımızdan birinin evine doluşur, gece yarısına kadar sürüsüyle oyun oynar, sabaha kadar abur cubur yer, dans ederdik. Kâğıtlara meyve isimleri yazar bom oynardık, tombala oynardık, ben gitarımı çalar şarkı söylerdim herkes eşlik ederdi... Şimdi yalnız olmak gücüme gidiyordu. O kalabalık ne zaman eriyip gitmişti? Ne zaman bu kadar yalnız kalmıştım ben, hatırlamıyordum.

Hayatımdaki her şey yoluna girdiğinde yalnız kalmıştım belki de. En iyi tıp okullarından birini kazandığımda yalnız kalmıştım mesela çünkü ben yurda taşınırken annem köye dönmüştü; bölümde yalnız kalmıştım mesela çünkü sabah bir selam vermeyen insanlar sınavlar yaklaşırken not istediğinde mesajlarını bile görüldü de bırakmıştım; yurtta da yalnız kalmıştım çünkü dağınıklıktan ve pis kokulardan hoşlanmıyordum ve sürekli birilerini ikaz ediyordum, bana gıcık oluyorlardı.

Yalnızca birkaç gün önce kendi odasında, kendi pisliğinde boğulan biri için komik anılardı bunlar ama insanın bazen zihni kilitleniyordu ve öyle bir duruma gelenler oluyordu ki tuvalet için bile yataklarından çıkmıyorlardı. Benim okulum dondurulmuştu isteğim dışı, iş bulamamıştım uygun, abimi kaybetmiştim her şeyden önce. Yatağa pisleyecek raddeye gelmediğim için şanslıydım, son anda toparlamıştım...

Salonu gezerken köşede duran bardaki içkileri inceledim. Bir şarap bardağı çıkartıp elime gelen ilk şarabı açtım ve doldurdum. Kunt Bey mutfağı başına yıksam bile kızmayacaksa Ayşen Hanım'ın dediğine göre, şarabını içtiğim için de kızmazdı herhalde.

Ayşen Hanım mutfakta döktürmüştü ama muhtemelen Kunt geldiğinde hiçbir şey yemeyecekti bile. Dolapları karıştırıp bir tabak buldum genişçe, ardından bütün yemeklerden doldurdum, salatadan da aldım kenarına. Limon dilimlerini görünce dayanamayıp birini dilimin üzerine bırakmıştım çünkü limonla kişisel sorunlarım vardı. Salona dönüp şarapla birlikte on dakika içerisinde tükettim her şeyi, televizyonda önceden izlediğim bir film vardı ve onu izliyordum.

Daha sonra, ben koltuğa uzanmış, bir dirseğimi yaslamış, diğer elimle Tosbik'in şiş karnını okşarken bir anahtar sesi geldi. Doğrularak kalktım ve salonun girişine yürüdüm. Kunt eve gelmişti ve gece yarısına daha bir saat civarı vardı.

"Gelmezsin sanıyordum," diye mırıldandım kollarımı göğsümde birleştirmiş, salonun kapısına yaslanırken omzumla. Hâlâ limon kemiriyordum.

"Neden gelmem sanıyordun?" Ceketini çıkardı ve kenara bıraktı, ardından salona doğru yürüdü ve içeri girdik.

Ona cevap vermedim. İçeri girdiğinde koltuğa boylu boyunca uzanmış yan yatan hamile kediyi gördüğünde omuzları çökmüş ve gülmüştü. Tabağımı mutfağa götürüp yıkamıştım ama şarabı hâlâ içtiğimden kadeh yarısı dolu bir şekilde sehpanın üstündeydi.

Kunt kendini koltuğa attı yavaşça, Tosbik'in yanına oturmuştu. Gözleri kemirdiğim limondaydı ama kısa sürede odağını değiştirdi. Geriye yaslanarak onu uyandırmadan tüylerini okşamaya başladığında "Şarap açtım," dedim yanına yürürken.

"İyi yapmışsın. Bana da getirsene."

Vitrine ilerledim, bir kadeh aldım. Ardından dönüp mutfağa yürüdüm çünkü şarabı soğusun diye buzluğa atmıştım. Şişeyle birlikte salona döndüğümde Kunt'a şarabı uzattım, soğuduğundan kadehin dışı buğulanmıştı. Soğuk parmak uçlarım sıcak parmak uçlarına değdiğinde parfümünün kokusunu duydum yine, altın hareleri gözlerime değdi ama ben gözlerimi kadehten çekmedim, ardından Tosbik'in diğer tarafına oturdum bacaklarımı kendime çekerek. Çocukluktan gelen bir alışkanlık mıydı bilmiyordum ama hep böyle otururdum.

Kunt şaraptan bir yudum aldı.

"Kapıdaki korumalar sabaha kadar orada mı oluyorlar?" diye sordum kadehe biraz daha şarap doldururken. Salonun ışığı loştu çünkü düğmeleri karıştırırken keşfetmiş ve böyle bırakmıştım. Ayrıca televizyon da ben mutfaktan dönene kadar kapatılmıştı.

"Vardiyaları değişiyor," dedi Kunt. "Ama evet, hep oradalar."

"Yani ne olursa olsun birileri dışarıda, soğukta yalnız başına giriyor yılbaşına."

"Buna göre ödeme alıyorlar," dedi Kunt bu sefer de başını bana çevirmiş, altın harelerini üzerimde gezdiriyordu.

"Ne olur ki şimdi gitseler? Aileleriyle, arkadaşlarıyla girseler yeni yıla?"

"Söz konusu bile olamaz," dedi Kunt, tavrı sert ve netti. "Özellikle artık sen de buradayken, mümkün değil bu dediğin. Sana söyledim Karaca ya da Haliç'te kendin gördün... Ben böyle bir hayat yaşıyorum. Benimle bu oyunu oynayıp abinin bunca yıl ne yaptığını ve o gece gerçekte ne olduğunu öğrenmek istiyorsan ayak uydurmak zorundasın. Bunlara ve bundan sonra olacaklara..."

"Sence ne olacak?" Bir kolumu bacaklarımın etrafına sardım, diğerinde tuttuğum şarabımdan bir yudum almıştım. Kaliteli bir şaraptı. "Bundan sonra..."

"Yaşayıp göreceğiz, öngörmek imkânsız."

"Ben Kayradağ'a gelmeseydim ne olacaktı?" Çünkü artık biliyordum, suçluluk duygusundan kapatmamıştı oraya kendini; sakinleşmek ve kafasını toparlamaktı amacı. Belki suçluluk da duyuyordu ama ana fikir başkaydı.

"Dönerdim eninde sonunda İstanbul'a," dedi geriye yaslanarak. Boş kadehi kenara bırakmış, başını koltuğun arkasına yaslamış, tavana bakıyordu. "O gece ne olduysa ortaya çıkarırdım ne pahasına olursa olsun."

"Gelip bana anlatır mıydın?"

"Anlatırdım," dedi yutkunarak, âdemelması oynadı. Profilini inceliyordum. "Mezarlıkta olandan sonra... Ya da o gece yaramı diktiğin için. Seni bulur ve anlatırdım."

"İnanmayabilirdim," dedim dudaklarımı ıslatarak. "Bu kadar içinde olmasam işin, hiç inanmayabilirdim hem de."

Başını bana doğru çevirdiğinde onu izlediğimin farkındaydı. Altın hareler, kara gözlerime değdi. "İnandırırdım."

"O gece neden bıçaklanmıştın?"

Gözlerini çekti gözlerimden. "Yeni yıla girerken bunları mı konuşacağız Karaca?" dedi seslice nefes vererek. "Bir şeyler yapalım..."

"Ne mesela?"

"Bilmem. Oyun biliyor musun?"

Aklıma gelen fikirle dudaklarım kıvrıldı. "Sanırım biliyorum," dedim ayağa kalkarak. Kadehi de sehpanın üzerine bırakmıştım. "Sıcak soğuk oynayacağız."

Güldü Kunt, gülerken gözleri kısılmış ve dudaklarının kenarındaki gamzeler belirginleşmişti yine. "Ne?"

"Bayağı," dedim ciddi bir ifadeyle. Ardından elimi uzattım. "Bana bir şey ver, sonra gözlerini kapat ki saklayayım."

"Sen ciddisin?"

"Gayet. Hem oyun oynamak isteyen sendin, ne bekliyordun?" Omuz silktim dudaklarımı kemirirken. "Eee hadi..."

Kunt doğruldu, ardından gömleğinin açık yakasından içeri elini sokup ucunda Karayel'in dişi olan kolyesini çıkardı. "Üzerimde bundan başka bir şey yok." Bana uzattı. "Dikkat et."

"Şömineye atmadığım sürece sorun yok herhalde," dedim gülerek kolyeyi alırken. Ardından Kunt gözlerini kapatıp geriye yaslandı ve başını da eskisi gibi koltuğun arkasına bıraktı.

"30 saniyen var."

"Ya ne 30 saniyesi ya? Biraz daha bekle burası çok büyük!"

"Mızıkçılık yok. Ayrıca salonun dışına da saklayamazsın."

Seslice oflayarak etrafa baktım. Nereye koyacaktım? Göz önüne koyarsam kafasını çevirdiği gibi görürdü... Bir şeyin içine koymalıydım. İlerideki çekmeceleri sessizce açıp göz atmaya başladım, bir yandan da Kunt otuzdan geriye sayıyordu. Sonunda en alt çekmecede birkaç çerçeve buldum ve çerçevenin içine saklamaya karar verdim. Tasarımı dolayısıyla diş içine girebilirdi.

En üstteki çerçeveyi çevirdim. Burası etrafı çiçeklerle çevrili bir tepeydi ve arkada çok güzel bir manzara vardı, İstanbul değildi. Kunt biraz daha gençti ve çok güzel, esmer bir kıza arkadan sarılmış, çenesini kızın omzuna yaslamıştı. Gamzeleri, fotoğraf uzaktan çekilmiş olsa bile belli oluyordu ve o kadar güzel gülümsemişti ki bir an karşımdaki adamla fotoğraftakinin başka insanlar olduğunu düşünmüştüm.

Bu, Beren olamazdı. Eski nişanlısı değildi. Başka biriydi. Kimdi?

"Yedi... Altı... Beş..."

Hızlıca kolyeyi çerçevenin içine ittim ve eskisi gibi ters koyup çekmeceyi sessizce kapattım. Ardından yön şaşırtmak için koltuğun arkasına doğru sessiz adımlarla yürüdüm ve tek kişilik koltuğa oturarak bacak bacak üstüne attım.

Kunt "Açıyorum gözlerimi," dedi ve ardından açtı. Altın hareler gözlerime değdiğinde, belki de az önce gülümseyen kızı göremediği için şaşkındı ama bir şey sormadı. Ayağa kalktığında, "Başladık mı?" diye sordu.

Dümdüz bir ifadeyle kafamı salladım. *Hadi bakalım, iz sürücü... Kolyenin de kokusunu alamazsın ya...* Öte yandan, göğsüme bir ağırlık çökmüştü.

"Soğuk," dedim Kunt aksi yöne birkaç adım attığında. Başını eğip derin bir nefes alarak kırk beş derece değiştirdi açısını. "Soğuk." Kırk beş derece daha... "Ilık."

"Ilık ne be?"

"Ilık da var. Sıcak değil ama ılık," dedim direterek. "Hadi bul."

Ilık dediğim yöne doğru birkaç adım attığında "Sıcak," dedim ve ayağa kalkarak kollarımı göğsümde birleştirdim. Vitrindeki içki şişelerinin etrafında arıyordu. "Eh..." diye mırıldandım. "Sıcak."

"Ama çok sıcak değil," dedi Kunt. Döndü ve masaya yöneldi. Masanın üzerinde birkaç yakılmamış mum ve küçük heykelcikler vardı ama hayır, oraya da saklamamıştım.

"Ilık..."

"Yine mi ya..."

"Ilık işte," dedim omuz silkerek. Ardından Kunt, çekmecelere yöneldi. "Sıcak."

"Şükür."

İstemsizce bir gülüş peydahlandı yüzümde, o da gülüyordu. İlk çekmeceyi açıp karıştırdı ama bir şey bulamayınca ikinci çekmeceye geçti. Tam beş çekmece vardı. "Hâlâ sadece sıcak mı?" diye sordu beşinciyi açarken.

"Çok sıcak," dedim yanına yürüyerek. Bulacaktı birazdan. Masanın kenarındaki sandalyeyi çekip oturdum, yere çömelmiş ve ters dönmüş çerçevelere bakıyordu yalnızca. Sonunda elini uzattığında "Cehennem sıcağı," dedim ve yeniden güldü. İlk çerçeveyi eline aldığında, arkasını açtığımı fark etmişti. Çerçeveyi hiç çevirmedi, sadece arkasını açtı ve kolyeyi alıp çerçeveyi çekmecede bırakarak ayağa kalktı. Sanki daha fotoğrafa bakmadan hangi çerçeve olduğunu biliyordu ve görmek istememişti. "Buldum," dedi suratında bir zafer ifadesiyle.

Yumuşak hareketlerle üç kere alkışladım onu. "Şimdi sıra sende."

"Tamam..." Kolyeyi boynuna geçiriyordu. Gömleğinin içine attıktan sonra dudaklarını ıslatarak bana döndü. "Ben ne saklayacağım?"

Tereddüt etmeden elimi kazağımın içine soktum, ardından kolyemi çıkartıp kıskacını açtım. Bir yüzük geçirmiştim zincire, küçük bir pırlanta tektaş... Yüzüğü Kunt'a uzattığımda, altın hareler gözlerimde asılı kaldı. *Bu yüzük kimin?* diye sorması gerekiyordu, en azından öyle düşündüğünü biliyordum ama sormayacaktı, bunu da biliyordum.

İnce, uzun parmağıma uyan yüzük onun büyük elinde küçücük kalmıştı. Bir süre avucuna baktı, ardından "Kapat gözlerini," dedi düz bir ifadeyle ve yanımdan geçip gitti.

Gözlerimi kapattım ve sesli bir şekilde otuzdan geriye doğru saydım. Sayım bittiğinde, "Açıyorum," dedim ve ellerimi çektim gözlerimden.

"Aç."

Kunt koltuğa rahat bir pozisyonda yaslanmıştı yeniden, koltuğun arkasına yaslamıştı başını ve gözleri üzerimdeydi. Ona doğru yürüdüğümde "Sıcak," dedi. *Şimdiden mi?* diye düşünmeden edemedim. Önünden geçip vitrine yürüdüğümde "Ilık," dedi. Uzaklaşmıştım. Dönüp geriye attım adımlarımı. "Sıcak."

Sehpanın önünde dikildim. "Burada bir yerde yani," diye mırıldandım kendi kendime, gözlerimi etrafta gezdirirken. Yastıkları kaldırıp koltuğu aradım bir süre, kadehimde kalan şarabı dikmiştim kafama. Tosbik'i rahatsız etmeden patilerinin altına bakarken kolum, Kunt'un koluna değdi. Kunt "Sıcak," dediğinde durdum. Tosbik'in üzerine eğilmiştim ama Kunt'un üzerine eğilmiş gibi duruyordum. Yutkundum. Parfümünün kokusu yine dalga geçer gibiydi aklımla...

"Üstüne mi sakladın?" diye sordum gözlerim sonuna kadar açılırken. Kunt bir şey söylemedi, düz bir ifadeyle yüzüme bakıyordu.

Önce doğruldum, geriye çekildim. Ne yapacağımı merak ediyordu. Dikkatli bir şekilde uzanıp pantolonunun üzerinden ön ceplerini kontrol ettim, gözlerimi kısmış yüzüne bakıyordum. "Arka cebine saklamadın değil mi?"

Gözlerini kaçırarak güldü. O gülünce gözlerim verdiğim emirleri dinlemiyor, gamzelerine kayıyordu. Bileklerinden tutup avuçlarını açtım sırayla ama ikisi de bomboştu, başımı kaldırıp yüzüne baktığımda çattığım kaşlarımla karşılaşmıştı. "Ne yaptın yüzüğü ya?"

Ben bilmem, dercesine omuz silkip dudak büzdü. O sırada gözlerim, az önceye kadar iliklenmemiş gömleğinin ilk düğmelerine kaymıştı. Tam iki düğmesi açıktı yalnızca birkaç dakika önce... Bu da ne demek oluyordu?

Dizimi bacağının hemen yanından koltuğa yaslayarak üzerine eğildim, Tosbik'i rahatsız etmek istemiyordum. Kunt başını geriye verdiğinde altın hareler yüzümde dolaşıyordu ama ben yalnızca yakasına odaklanmıştım. Aklıma 30 Eylül gecesi gelmişti, o gece de kafasını geriye atıp suratımı izlemişti ben kaşındaki yarayı temizlerken. Bir elimi gömleğinin ilk düğmesine uzattığımda "Çok sıcak," dedi. Yutkundum. İki elimle birden düğmeyi açtım, ardından ikincisine geçtim. "Çok sıcak..." diye devam etti.

Teni kor aleviydi benim soğuk parmaklarıma karşın, boynuna hafifçe sürtünen parmak uçlarımdan anlamıştım. İkinci düğme de açıldığında kolyesi görünüyordu. Olabilir miydi? Kolyesine takmış olabilir miydi? Parmaklarım kolyenin zincirine değdiğinde tenine de değmiş oldu, "Cehennem sıcağı," dedi Kunt. "*Buz gibi.*"

"Buz gibi mi?" Şaşkınca ona baktım ve gözlerimi kırpıştırdım. "Aynı anda hem cehennem sıcağı hem de buz gibi olamaz."

"Olabilir," dedi Kunt.

Kaşlarım çatıldı. Ellerimden bahsediyor olmalıydı. Soğuk olan ellerimdi.

O sırada havai fişekler atılmaya başlanmış, çığlıklar ve kornalar birbirine karışmıştı. Ben şokla, korkudan üzerine düşerken bir eli belime dolanıp beni hızlı bir hareketle döndürdü ve sırtımı koltuğa yaslayarak üzerime kapandı. Korkudan göğüs kafesimdeki kalbim dört nala koşarken nefesimi tuttuğumu fark ettim, fal taşı gibi açılmış gözlerim altın harelerin üzerinde gezinirken o da şaşırmıştı.

"*Mutlu yıllaar!*"

Muhtemelen sokaktan geçen bir konvoyun sesiydi bu, yeni yıla girdiğimiz dakikalarda kutlamalar başlamıştı... Ve biz, son günlerde yaşadıklarımızın da etkisiyle, bunun bir saldırı olduğu düşüncesiyle koltuğa kapanmıştık.

Kunt'un henüz içinde ne olduğunu tam anlamıyla çözemediğim parfümünü solurken bir eli hâlâ belimde, diğeri hemen kafamın yanına yaslıydı; dizi de iki bacağımın arasından koltuğa. O sırada açtığım gömleğinin düğmelerinden fırlayan kolye üzerimize sarktı. İkimizin bakışları da kolyenin ucundakilere çevrilmişti; Karayel'in dişine ve Esved'in yüzüğüne.

Yan yana gelmemesi gereken iki şey...

11

MUM ALEVİNDE KÜL OLMAK

İnsanın etrafı eskiden ne kadar kalabalıksa, yalnızlığı o kadar gözüne batar, derler. Bir sabah kalkmıştım ve arkadaşlarım yoktu. Bir sabah kalkmıştım, abimin odası boştu. Bir sabah kalkmıştım ve annem kilometrelerce ötede uyanmıştı benden... Bir sabah kalkmıştım ve kimsesizdim.

Şimdi ise istemediğim bir kalabalıkla doluyordu yavaş yavaş etrafım.

Gözlerim, Esved'in yüzüğüyle Karayel'in dişinin takılı olduğu zincire odaklanmıştı. Şaşkınlıkla bakışlarımı Kunt'un altın hareli gözlerine çevirdim, dudaklarım aralandı. Ardından aldığım sık nefeslerin arasında beynime giden oksijenle doğru düşünebildim ve sonunda Kunt'u ittirip hızlıca kalktım altından. Ben ne yapacağımı bilemez bir şekilde karşısına dikildiğimde o da doğrulmuştu.

Karşıma geçti. Boynuna gitti eli, kolyeyi çıkartıp kıskacını açtı ve yüzüğü çıkartıp bana uzattı.

Yüzüğü aldım ve boynumdaki zincire geçirdim. Kendi üzerine saklayacağı aklıma bile gelmemişti.

"Ben artık uyuyayım, uzun bir gün oldu," diye mırıldandım koltuğa uzanıp Tosbik'i uyandırmamaya çalışarak kucağıma alırken. Kunt kafasını salladı.

"Senin mi o yüzük?"

Salonun çıkışına yönelmişken sorusuyla adımlarım durdu, ardından dönüp yüzüne baktım. İfadesi okunmuyordu. "Evet," dedim düz bir sesle. "İyi geceler."

"İyi geceler, Karaca."

Merdivenleri adımladım tek tek, koridor karanlıktı. Ayşen Hanım'ın hazırladığı odaya girip kapıyı kapattıktan sonra ışığı yaktım; içeride tek kişilik bir yatak, dolap, bir sehpa ve iki tane koltuk vardı. Duvarlar beyaz, eşyalar ise ahşaptı. Çantam koltuklardan birinin üzerindeydi, Ayşen Hanım getirmiş olmalıydı çünkü ben en son aşağıda bırakmıştım. Tosbik'i koltuğun üzerine koydum dikkatlice, mırlayarak uykusuna devam etti.

Sanki uyuyacakmış gibi yastığı dik pozisyona getirerek yatağın üzerine uzandığımda ışığı hiç kapatamayacağımı biliyordum. Bütün gecem böyle geçecekti... Şaka gibiydi. Bir yabancının evinde, onunla dip dibe, göz göze girmiştim yeni yıla. Elbette *yeni yıla nasıl girersen öyle geçer* sözüne inanmıyordum çünkü geçen yıllarda güle eğlene girdiğim yıllar pek öyle geçmemişti ama yine de değişik hissediyordum.

Neden gelmişti ki? Geleceğini söylememişti. Uyuyacaktım her türlü, dışarıdaki eğlencesini bozmuştu. Evde olsam da Öktem'le ya da Alevhan'la dışarı çıkmazdım ben, uykum gelene kadar oturur sonra yatardım. Şimdi o, daha geleli yarım saat olmadan, yeni yılın ilk günü ve ilk saatlerinde yalnız kalmıştı koca evinde.

Yarın sabah abimin avukatıyla görüşmeye gidecektik, eve uğramam ve Öktem'le de konuşmam gerekiyordu. Uygun bir zamanda da Tosbik'i veterinere götürüp değerlerini kontrol ettirmeyi ve sağlık durumunu öğrenmeyi umuyordum. Eğer yarın akşam eve geçebilirsem Tosbik'i de yanıma alacaktım, Öktem bir kedi sahiplendiğimi duyduğunda mutluluktan havalara uçacaktı çünkü daha aynı eve çıkmak için anlaştığımız gün teklif etmişti ama ben cesaret edip de tamam diyememiştim. Bebekleri olacağı konusuna girmiyordum bile... Muhtemelen bir haftalık yıllık iznini kullanacaktı Tosbik'in doğurduğu hafta.

Ama uyuyamıyordum. Bir, belki iki saat olmuştu ama uyuyamıyordum. Işık açıktı ama gözlerimi kapattığımda karanlık oluyordu. Zaten yorganın altına da girmemiştim hiç, üstünde yatıyordum... Uykusu varken uyuyamadığında gözleri acıyordu insanın.

Tavanı izlediğim dakikaların birinde bir anda elektrik gittiğinde ışık kapandı. Nefes alış verişlerim sıklaşırken ani bir hareketle doğruldum ve ayağa kalktım. Nasıl yani? Elektrikler mi gitmişti?

Tosbik fosur fosur uyuyordu. Çantamdaki çakmağı alıp ateşledim ve odadan çıktım. Etrafta ses yoktu. Dikkatli adımlarla merdivenlerden indiğimde salonun ışıklarını denedim ama gerçekten de elektrik yoktu. Kunt, yatmaya gitmeden önce şarap bardaklarını mutfağa götürmüş olmalıydı ki etraf derli topluydu.

Korumaların hep kapıda olduğu düşüncesiyle dış kapıyı araladım, etrafta adamlar vardı. Fevzi beni görür görmez koşar adımlarla yanıma geldi. "Bir şey mi oldu Karaca Hanım?"

"Elektrikler mi gitti?" diye sordum gergin bir sesle.

"Evet, haberimiz vardı. Altyapı çalışması olacaktı, bu gece ikiden sabah beşe kadar bölgede elektrik kesintisi var."

"Anladım... Sağ ol," dedim kafamı sallayarak. Fevzi de kafasını salladı. Ardından "İyi geceler o zaman..." dedim. Fevzi yine kafasını salladı. Fevzi çok kaba bir adamdı. *Ya da yorgun...*

Kapıyı kapatıp içeri geçtim, ardından salondaki masanın üzerindeki mumları hatırladım. Birkaçını yakabilirsem salonda uyuyabilirdim... Mumları koltukların ortasındaki sehpaya taşıdım, ardından çakmakla yaktım üç tanesini. Etraf yeterince aydınlanmıştı. Koltuğun kenarına asılı kahverengi battaniyeyi alıp etrafıma sararak bacaklarımı kendime çekip oturduğumda yağan yağmur çarpıyordu arkamdaki cam duvarlara.

Bak abi, sensiz de giriliyormuş yeni yıla.

Sensiz de devam ediyormuş hayat. Ne kötüsün dünya. Küçücük bir kız çocuğunun kahramanını aldın elinden ama dönmeye devam ediyorsun... Aklıma mahallemizin bozuk asfalt yolunda maç yaparken sürekli yağmurdan oluşmuş küçük su birikintilerine ve çamur bahçelere kaçan top gelmişti. Ben çömelir izlerdim abilerimi oynarken, eski bir tişört olurdu elimde, top ne zaman kirlense silerdim. Canıma tak etmişti bir gün, topu kaçırıp arka sokakta tek başıma oynamıştım beni oynatmıyorlar diye. Bir vurmuştum topa öfkeyle... Komşunun camı kırılmıştı. Ben sekiz, abim belki on iki yaşındaydı. "*Ben yaptım,*" demişti komşu kadına abim. Komşu kadın aşağı inip abime vileda sopasıyla vurmuştu. Sonra ben kadının bacağına yapışıp "*Yapma n'olur!*" diye hüngür hüngür ağlamaya başlamıştım. Annem gelip kadınla konuşmuş, yeni camın parasını ödemiş, abime kızmış ve bir hafta konuşmamıştı onunla. Öğle yemeklerine yanında götürsün diye sandviç yapmamıştı abime, harçlık da vermemişti. "*O kırdığın camın parası senin bir haftalık harçlığının dört katı ama ben senden bir hafta da olsa kesiyorum harçlığını!*" demişti annem. Ben de "*Yemeğimin yarısı bu, sen ye,*" diye kandırıp bütün yemeğimi vermiştim abime o bir hafta boyunca.

Şimdi ben bu içimdeki boşluğu nasıl dolduracaktım? 30 Eylül nasıl gelecekti bir daha? Gelir miydi? Nasıl geçecekti o gece, zehir olacaktı bana... Her yıl 30 Eylül'ü baştan yaşayacaktım. Her yıl yeniden kaybedecektim abimi 30 Eylül'de, sonra ertesi sabah kalkıp üstüne toprak atacaktım. Bu çok ağırdı.

Bacaklarımı kendime çekerek koltuğa yattığımda mum ışığına daldı gözlerim. Küçükken her gün yarım gofret yeme hakkımız vardı, annem bir gofreti bıçakla ikiye bölüp akşamları veriyordu bize. Elektrikler gittiğinde ne zaman mum yaksak abimle avuçlarımızı ne kadar süre uzatabildiğimizi sayardık, kazanan o günkü gofretin tamamını yerdi. Ben tam 3 saniye tutabiliyordum, abim hiç dayanamıyordu... Gofretleri ben yiyeyim diye dayanamıyormuş numarası yaptığını bu yaşımda, daha yeni fark ediyordum.

Elimi uzattım mum ateşine. Bir, iki, üç... Dört saniye tutabildim bu sefer. Avucum yanıyormuş gibi geldiğinde geri çektim. *Dört saniye abi. Burada olsaydın, daha uzun tutabilirdin sen biliyorum ama karşında ben varken canın tatlıymış numarası çekerdin... Bunu da biliyorum. Ve bununla yaşayamıyorum.*

Uykuya dalarken burnuma yine o koku geldi, o hoş koku... Yine Kayradağ'daydım sanki ama hayır, Kayradağ yalnızca bir dağ iken Kaira büyülü bir yerdi. Kalın kar örtüsünün üzerinde yürürken saçlarıma dökülen kar tanelerini hiç unutmayacaktım. Şömineyi ve Karayel'i hiç unutmayacaktım. Emin Dede'nin aromalı kuş burnu çayını hiç unutmayacaktım. Ama tilkiyi hiç unutamayacaktım çünkü o koku, o hoş koku beni ilk, gözlerim o kızıl tilkiyle kesiştiğinde sarmıştı.

Rüyamda rahat ve geniş bir yatakta yatıyordum, biri üzerime örtü serdi. Mümkünmüş gibi yan tarafımda bir ağırlık hissettim hareket eden, parmaklar yüzüme düşen saç tutamlarını geriye çekerken boynumdaki bandajın üzerinde dolaşmıştı. *"Çok inatçısın Karaca,"* dedi Kunt. *"Ama sen bilirsin. Yürüyeceğin yol buysa, bil ki yalnız yürümeyeceksin."*

O kokuyu duydum, her yerdeydi. Genzime dolmuştu, ciğerlerime çekip geri veriyordum her seferinde. Gözlerimi açtığımda ilk gördüğüm şey aralanmış siyah perdelerden sızan gün ışığının düştüğü koltuk ve nihayetinde yatak oldu; koca bir duvarda boydan boya yere kadar uzanan perdeler vardı ve aralık kapıdan kapalı terası görebiliyordum. Büyük bir yatakta tek başıma yatıyordum. Fakat fark ettiğim şeyle aydınlığa alışmaya çalıştığımdan sürekli kırpıştırdığım gözkapaklarım dondu ve sonuna kadar açıldı; altında koyu gri bir eşofmandan başka üzerinde hiçbir şey olmayan Kunt koltuğun kenarına oturmuş, bir sigara yakıyordu.

Şokla doğruldum, örtü üzerimden sıyrıldı. Kalbim ağzımdaydı. "Benim burada ne işim var?!" diye bağırdım fal taşı gibi açılmış gözlerimi gözlerine çevirerek.

"Bilmem," dedi Kunt, sigarasından bir nefes çekerken yanakları içeri göçmüştü. "Ne işin var?"

"Dalga geçme benimle!" diye bağırdım yataktan çıkıp ayağa kalkarken. "Ne yaptın dün gece? Salondaydım ben!"

"Salondaydın?" Kaşlarını kaldırarak sorarcasına baktı Kunt, ardından dudaklarının arasındaki sigarayı parmaklarının arasına aldı ve dumanı dışarı verdi. "Niye burada uyandın o zaman?"

"Sana soruyorum işte ben de onu," dedim sert bir sesle. Kaşlarım çatılmıştı. *Burası onun odasıydı.* "Ben senin odanın nerede olduğunu bile bilmiyordum! Sen mi getirdin beni buraya?"

Kafasını hafifçe geriye attığında âdemelması açığa çıkmıştı. "Ben niye getireyim seni yatağıma Karaca?"

Dalga geçmiyordu. O getirmemişti. "O zaman ben nasıl geldim buraya?"

"Ben de onu soruyorum," dedi sigarasından bir nefes daha çekerken. Gözlerim bir saniyeliğine, belki bir saniyenin dörtte biri zamana tekabül eden birkaç salisede çıplak gövdesine çevrildi ama hemen ardından yüzüne geri döndüm. Boksör olduğu için iyi bir vücudu olması gerekiyordu, tabii... Ama bu kadarı... *Kendine gel Karaca. Erkek mi görmedin?*

Kollarımı göğsümde birleştirdim. "Bana bir açıklama yapmak zorundasın."

Gülerek doğruldu Kunt, dudaklarını ıslattıktan sonra derin bir nefes aldı ve altın harelerini yüzümde gezdirdi. "Yapayım. Gecenin bir yarısı üzerime atladın, gözlerimi açınca yatağın sağ tarafında yattığını gördüm. Mışıl mışıl da uyuyordun daha ilk saniyeden. Ben de kalkıp koltuğa geçtim." Başıyla siyah, ikili koltuğu işaret etti. "Şimdi sıra sende."

Şaşkınlıktan ağzım bir karış açılmıştı. "Ne sırası bende?"

"Açıklama sırası," dedi sigarasını sehpanın üzerindeki küllüğe söndürürken.

"Dalga geçiyorsun değil mi? Bu anlattığın hikâyeye inanacak değilim, ben odanın yerini bile bilmiyordum diyorum sana! Ayrıca salondaki koltukta uyuyakaldığımı hatırlıyorum!"

"Neden salonda uyuyordun? Ayşen Hanım sana oda hazırlamadı mı?" diye sordu.

"Hazırladı," dedim yutkunarak. "Ama elektrikler gitmişti. Ben ışık açık uyurum. Kalkıp alt kata indim, kapıdakilere sordum, altyapı çalışması varmış ondanmış. Salona geçip masanın üzerindeki mumları yaktım ben de. Orada uyudum."

Hafifçe kaşları çatıldı. "Uyurgezer misin sen?"

Başımdan vurulmuşa döndüm bir anda. Kalbim göğsümde normal bir ritimle çarpıyor olmasına rağmen sesi kulağımdaydı. *Uyurgezerdim çünkü...* Evet... Ama o zamanlar çocuktum. Geceleri korkarak üzgün bir hâlde uyuduğumda ya abimin ya annemin yatağında açıyordum gözlerimi. Bir gece abim geç gelmişti, içeri gizlice sıvışırken beni annemin odasına yürürken gördüğünde korkup uyandırmaya çalışmıştı da çıkmıştı her şey ortaya.

Ama bu yıllar önceydi.

Kunt'un kaşları şaşkınlıkla havalandı. "Gerçekten uyurgezer misin?"

Kurumuş dudaklarımı ıslatarak yutkundum. Gözlerim istemsizce odada dolaşmaya başlamıştı. "Yani öyle bir şey vardı ama... Küçükkendi."

"Tedavi oldun mu?"

"Hayır..." Bunun tekrarladığına inanamıyordum. "Nörolojiye gitmem gerekiyordu falan ama bir süre sonra tamamen kaybolunca bir şey yapmadık."

"Tamam," dedi Kunt, elini saçlarından geçirerek. Bir yandan inanamıyor, bir yandan düşünmeye çalışıyor gibi bir hâli vardı. "Sen geç odana, kahvaltıya inelim sonra konuşuruz. Avukatla görüşmeye gideceğiz bugün."

Kafamı salladım ve dönüp kapıya yürüdüm. Kunt'un odası, koridorun sonundaki odaydı. Duvar boyunca yalnızca tek bir kapı olduğundan odanın ne kadar büyük olduğu anlaşılıyordu aslında. Misafir odasına geçtiğimde ben kapıyı açar açmaz Tosbik miyavlayarak, daha doğrusu söylene söylene merdivenlerden aşağı koşturdu. Muhtemelen tuvalete gitmesi gerekiyordu ve ben bir geri zekâlı olduğum için bunu düşünememiştim...

Elimi yüzümü yıkadım soğuk suyla, başım ağrıyordu. Çantamdaki ağrı kesiciden bir tane dilime bırakıp yuttuktan sonra alt kata indim. Ayşen Hanım elinde bir tepsiyle salondaki masaya kahvaltılıklar taşıyordu. "Günaydın Karaca kızım... Kimse yoktu ben de soramadım mutfaktaki masaya mı hazırlayayım salona mı diye ama Efes Bey de geliyormuş o yüzden salona hazırladım."

Sanki misafir değil de evin sahibiymişim gibi bana soruyordu. Yüzümde bir tebessümle "Ellerinize sağlık," dedim ne diyeceğimi bilemeyerek.

"Eee hadi geç kuzum başla sen..."

Masada bir kuş sütü yoktu desem olmazdı, muhtemelen kuş

sütü de vardı. Masanın başındaki sandalyenin çaprazındaki sandalyeyi çekip oturdum, Kunt ya da Efes gelmeden başlamayacaktım. Zaten sabahları kalktığım gibi kahvaltı edemediğimden acele etmeme de gerek yoktu.

Bir süre sonra ön kapıdan içeri Efes girdi. Üzerinde deri bir ceket, beyaz bir tişört ve siyah pantolon vardı. Buz mavisi gözlerini üzerime çevirdiğinde "Günaydın," dedi karşıma geçip otururken. "Kunt nerede?"

Omuz silktim, *bilmiyorum* anlamında. "Sana da günaydın..."

"Efes ben, Efes Sungur. Tanışmamıştık." Elini uzattı masanın üzerinden. Parmaklarında bile dövmeler vardı. Elini tutup sıktım, ardından elimi geri çektim. "Biliyorsundur ama... Karaca ben," dedim düz bir sesle. "Dün konuşulanları duydum. Yukarıdakinin aksine bana hak verdiğin için sağ ol."

Dirseklerini masanın üzerine koymuş, ellerini birleştirmişti. Kunt'la arkadaş olmalıydılar. En az onun olduğu kadar Efes de bir kas kütlesinden ibaret görünüyordu. Ceketini çıkartıp kenara bıraktığında sağ kolundaki dövmeler de açığa çıktı. "Kunt'un hareketini doğru bulmuyor olmam sana hak verdiğim anlamına gelmez... Sana da hak vermiyorum, başına bir sürü iş gelebilir. Ama yine de kararına karışabilecek insanlar değiliz," dedi geriye yaslanıp bir kolunu yanındaki sandalyenin sırtına yaslayarak. "Fuat Abi seni katmak istedi işin içine, öteki türlü daha tehlikeli bir hâl alacağını düşünüyordu meselenin senin açından da. Bana kalırsa seninle birlikte tehlike ikiye katlanıyor çünkü senin canın da bize emanet. Karam'dan sonra yani. Kunt sana bunu söylememiştir ama biz abini tanıyorduk."

Gözlerim şaşkınca kocaman açıldı. "Nasıl yani?"

"Sohbetimiz vardı, arada görüyorduk boks akademisinde. Bizim akademiye yalnızca efsaneler eğitilmek için kabul edilir ya da o ışığı veren sporcuları bulur getirir adı camiaya nam salmış hocalar. Abini de Fuat Abi bulup getirmişti ama o eğitmedi program dolayısıyla. Hilmi Hoca aldı sorumluluğu."

"Nasıl bir sohbet? Arkadaş mıydınız?"

"Abin kapalı bir kutuydu Karaca. Onun etrafında herhangi

bir arkadaş gördüğümü bile söyleyemem, sadece gelir, antrenmanını yapar sonra da giderdi."

"Kunt bana bunların hiçbirini söylemedi," dedim şaşkın bir ifadeyle. *Nasıl söylemez!*

"Söylemez, piç," dedi Efes gülerek gözlerini kaçırırken. Ardından ciddi bir ifadeyle yüzüme baktı. "Söylemez çünkü sen, maça çıktığında ringde ölen rakibinin kız kardeşisin ve katil gözüyle bakıyorsun ona. Sana karşı bu tarz söyleyebileceği herhangi bir şeyi yanlış algılama potansiyelin yüksek. Kunt öyle bir adam değil. Bunlarla uğraşmaz."

Alt dudağımı ısırmaya başlamıştım gerginlikten. "Ben, bilmiyordum..."

"Dur bakalım daha bilmediğin, bilmediğimiz neler çıkacak bu işin altından," dedi Efes sıkıntıyla seslice derin bir nefes alarak. Sonra kaşlarını çattı. Hapşırdı. Burnunu çekti. Gözlerini kırpıştırdı. Ardından tekrar hapşırdı. Gözlerinden yaş akıyordu artık. Şaşkınca sandalyesinden kalktığında etrafa bakmaya başladı.

"Miyav..."

"Ulan evveliyatını siktiğim sen yine mi girdin buraya!" diye bağırdı Efes bir anda, biraz ilerideki koltuğa çıkmış gerinen Tosbik'e doğru. Ardından dış kapıya döndü. "Fevzi!"

Efes'in kedi tüyüne alerjisi vardı değil mi? Tamamen unutmuştum.

"Ne oldu Efes Bey?" diye çıktı Ayşen Hanım mutfaktan şaşkınca.

"FEVZİ!" Efes'in sesi bütün evde gürlemişti. Dış kapı sertçe açılırken nefes nefese kalmış Fevzi içeri girdi, o sırada merdivenlerden inerken üzerine ince bir tişört geçiren Kunt da kadraja girmişti. "Ne bağırıyorsun sabah sabah amına koyayım?"

"Fevzi al at şu kediyi dışarıya elimden bir kaza çıkacak," dedi Efes, Tosbik'i işaret ederek. Kunt salona girerken, Ayşen Hanım şokla açılmış gözlerini bana çevirmişken ve Fevzi, Tosbik'e yaklaşırken "Hayır!" diye bağırarak kedime doğru koşturdum ve kucağıma alıp kollarımı etrafına sardım. "Dokunma!"

Fevzi hemen yanımda durdu. "Ama Karaca Hanım..."

"Fevzi tamam bırak, sen çık dışarı," dedi Kunt yanıma doğru yürürken.

Fevzi kafasını sallayıp dışarı yönelecekken Efes "Fevzi bir adım daha atarsan işinden olursun, al götür şu kediyi sabah sabah benim sinirlerimi zıplatma," dedi gözlerinden yaşlar boşalırken. Kıpkırmızı olmuştu gözleri ve sürekli hapşırıyordu.

Fevzi "Tamam Efes Bey," dedi ve bana yöneldi. Ona sırtımı dönüp Tosbik'i sakladım. "Alamazsın dedim."

Fevzi, Efes'e baktı. "Alamazsın diyor Efes Bey..."

"Sen ne dinliyorsun onu!" diye bağırdı Efes, masanın üzerindeki peçetelerden birkaç tanesiyle yüzünü silerek. "Ulan nefes alamıyorum *amına koyayım... Ha, ha, ha...*" Ev, Efes'in hapşırığıyla 7.0 şiddetiyle sallanırken dikildiğim yerde sıçramıştım.

"Fevzi çık dışarı dedim," dedi Kunt sert bir sesle.

"Tamam Kunt Bey..."

"Fevzi al şu kediyi öyle git!"

"Üst kata götürsem?" diye bir fikir attım ortaya, gözlerim Efes'in buz mavilerinden Kunt'un altın hareli ela gözlerine çevrilirken. "N'olur dışarı atmayalım, üst kata götüreyim misafir odasına, çıkmasın oradan. Ben dönersem eve yanımda götüreceğim söz... Hamile o, aç susuz kalır üşür..."

"Fevzi şimdi kapıya dönüyorsun ve ne duyarsan duy evden çıkana kadar durmuyorsun, bir kere daha dönersen ciddi bozuşuruz," dedi Kunt sert bir sesle, kapıyı göstererek. Fevzi hiçbir şey demeden sonunda evden çıktığından ben de rahat bir nefes almıştım.

"Sen mi aldın bu kediyi eve?" diye sordu Efes, bana dönerek. Gözünden yaş akıyordu sürekli. "Alerjim var benim söylemedi mi kimse?!"

"Söylediler," dedim ayağımı yere sağlam basarak. "Ama biz bir anlaşma yaptık." Kunt'a döndüm, bu kısımda tam olarak lafı ona paslıyordum.

Kunt elini nemli saçlarından geçirdi, muhtemelen inmeden önce duş almıştı. "Karaca burada olduğu sürece kedi gitmeyecek," dedi Kunt.

"Oldu amına koyayım. Kediyi atamıyorsunuz beni mi atacaksınız o zaman?"

"Kedi hamile sen hamile misin? Seni atsınlar!" dedim dank diye. Ayşen Abla'yla Kunt bıyık altından kendilerine hâkim olamayarak gülerken Efes bana şok içinde, ağzı açık bakıyordu. "Üst kata götüreyim dedim ya..." diye direttim çatık kaşlarımla Efes'in buz mavisi gözlerine bakarak. "Zaten burada değildi, dışarı çıkmıştı tuvalete... Çok akıllı bir kedi Tosbik. Yeni gelmiş salona. Çıkarayım yukarıya inmesin."

"Ben temizledim Efes Bey her yeri köşe bucak, burada tüy yok merak etmeyin," diye araya girdi Ayşen Hanım mahcup bir ifadeyle. "Kapıdaki çocuklara da aldırdım ihtiyacı olan şeyleri... Kunt Bey'in isteği doğrultusunda. Yukarıda her şey. Aşağı inmezse sorun olmaz diye düşünüyorum."

Öyle mi? Şaşkınlıkla açılan gözlerimi Kunt'a çevirdiğimde sanki suratımın bu ifadeyi almasını bekliyormuşçasına çoktan altın harelerin hapsindeydim.

Seslice nefes verdi Efes, başka bir şansı olmadığını düşünürcesine. "İyi tamam... Çıkar o zaman yukarı."

Aynen öyle Efesciğim... Aynen öyle.

Kunt başıyla yukarıyı işaret etti. Beklemeden adımlarımı merdivenlere yöneltttim ve çıktım, koridorun sonunda bir köşede koca bir koli duruyordu ve içinde mama, oyuncak, kum, kum kabı... Her şey vardı. "Ne şanslısın kız Tosbik," diye mırıldandım koliyi misafir odasına sürükleyerek. Ardından Tosbik'i yatağın üzerine, koliyi de kenara bırakıp ellerimi yıkadıktan sonra geri indim salona.

"*...getir kayıtları,*" diyordu Kunt, telefonda konuşurken. Ben içeri girdiğimde arama çoktan bitmişti ki telefonunu kapatıp kenara koydu. Ayşen Hanım çayları dolduruyordu.

"Ne gerek var ki? Bir sıkıntı mı oldu dün gece?" diye sordu Efes. "Çocuklar haberdar etmedi bir şeyden."

Kunt'un gözleri, ben çaprazına otururken benimkileri buldu. Ardından ortaya konuştu. "Bir uyurgezer vakamız var da."

Gözlerimi kaçırdım ama bir şey söylemedim. Efes anlamamıştı. "Nasıl yani?"

"Anlarız birazdan," dedi Kunt, kupasından bir yudum alırken. Birkaç saniye sonra dış kapı açılmış, kolunda dizüstü bir bilgisayar taşıyan tanımadığım, takım elbiseli bir adam salona giriş yapmıştı. Dolanıp yanımıza geldiğinde Kunt masanın kenarında yer açtı, adam bilgisayarı bırakıp döndü ve geldiği gibi gitti.

Gergin bir ifadeyle ayağa kalktım, Efes de kalkmıştı. İkimiz de Kunt'un omuzlarının üzerinden ekrana bakıyorduk. Kızılötesi kamera kaydıydı bu, karanlıkta nesneler yeşil bir ışıkla görünüyordu.

"Elektrik yokken kameralar nasıl çalışıyordu?" diye sordum, yutkunarak. Ayrıca evin içinde kamera olması çok rahatsız ediciydi. O zaman dün geceki münasebetimiz de kamera kaydına alınmıştı. "Kim izliyor bu kayıtları?"

"Ben istemediğim sürece kimse," dedi Kunt düz bir sesle. "Kameralar gibi önemli cihazlar herhangi bir kesintiye karşı elektriği kendi jeneratöründen alıyor." Belli bir zaman aralığını istemiş olmalıydı ki hava karanlık, ışıklar kapalıydı kayıtta ve salon boştu. Üç farklı video vardı. Kunt ilkini başlattığında salona giren bir genç kız görüldü; bu bendim. Masanın üzerindeki mumların birkaçını alıp sehpaya bıraktıktan sonra elimdeki çakmakla yaktım. Ardından koltuğun sırtındaki örtüyü alıp omuzlarıma sardım ve bacaklarımı kendime çekerek oturdum. Bu esnada abimi düşünüyordum.

Kunt videoyu ilerletti ve ben koltukta cenin pozisyonunda uyku hâline geçtim. Yaklaşık beş on dakika sonra ise, örtüyü itip ayağa kalkıyordum.

"Hassiktir," dedi Efes, yüzünü sıvazlayarak.

Çok korkunçtu çünkü gözlerim açıktı. Abim anlatmıştı, uyurgezerken gözlerim açık oluyordu ve tek bir noktaya bakıyordum yalnızca. Benimle konuşmaya çalıştığında saçma sapan cevaplar veriyor, uyandırılmaya çalışılıp uyandırıldığımda ise sarhoş bir hâlde oluyordum.

İkinci video kaydı merdivenlerdeydi. Merdivenlerden çıktım, gözlerim dümdüz ileri bakıyordu. Üçüncü kayıt ise üst katın kamerasıydı, üst kata çıktım ve durdum. Teker teker yaklaştım kapılara, Kunt'un odasının kapısı dibinde birkaç saniye dikildiğim üçüncü kapıydı. Ardından elimi uzatıp kapıyı açtım ve içeri girdim.

Kayıt bu kadardı.

Efes "Yuh, çüş amına koyayım yuh yuh YUH!" diye bağırarak geriye çekildi. "Ne yaptın adamı mı boğazladın sonra Karaca?"

"Düşüp kalmışım orada," dedim gergince. Tabii ki Kunt'un yatağına girdiğimi, üzerine devrildiğimi ve mışıl mışıl uyumaya devam ettiğimi söylemeyecektim. Adama rezil olmuştum... Kamera olmasaydı ve bana inanmasaydı ne olacaktı? Amacımın çok farklı olduğunu düşünebilirdi, çok yanlış anlayabilirdi... Gerçi ben şu hâlde bile yanlış anlardım. O kadar kapının önünde durup neden onun odasına girmiştim ki? Banyoda, küvette falan uyusaydım?

"Sabah kalktığımda odada uyuyordu," dedi Kunt, bilgisayarı kapatıp kenara koyarak. Efes yerine oturduğunda, ben de yerime geçtim.

"Bu çok tehlikeli olabilir biliyorsun değil mi?" Efes'in gözleri üzerimdeydi. "Bir yerde okumuştum... Odaya girip sızıp kalmaktan çok daha başka şeyler yapıyor olabilirsin ve uyandığında hiçbir şeyi hatırlamazsın bile. Adam öldürsen kimse seni suçlayamaz. Kalkıp çıkabilirsin bile evden, araba çarpabilir... Bir sürü şey olabilir. Yuh ya! Hâlâ inanamıyorum... Abi biz ne izledik az önce?"

"Tekrar ederse hastaneye gideriz," dedi Kunt konuyu kestirip atarak. "Dün gece Sancak Kurtuluş'tan ne çıktı?"

Ve böylece uyurgezerlik dosyası kapandı. *Şimdilik.*

"Babasının nerede olduğunu bilmiyor," dedi Efes keyifsiz ifadeyle tabağına aldıklarını yerken. "Telefon kayıtları temiz. Annesi biliyor olabilir ama kadına dümdüz sormaktan başka bir şey yapamayız, tabii bu durumda şüphelenip kocasıyla irtibata geçebilir. O zaman bu işimize yarar."

Akıllıca.

"Sen neden sorguya kalmadan çıktın gittin dün gece?" diye sordu Efes, şaşkınlığımı gizleyerek başımı kaldırdım ve onun buz mavisi gözlerinin Kunt'un yüzünde gezişini izledim bir cevap için. "Tam çocuğu kıstırdık... Ben gidiyorum dedin gittin. Ne yaptın yılbaşına da böyle girilmez ulan mı dedin?"

Halbuki ben nişanlısıyla barışmak için gece dışarı çıktı ve eğleniyorlar zannetmiştim. Belki de arasam gelmeyecekti, Sancak Kurtuluş'u birlikte sorgulayacaklardı ama aradığım için gelmişti. Gözlerimi tabağıma diktim ve teker teker siyah zeytinleri yedim. Yeşil zeytinden nefret ediyordum.

"Eve döndüm, yorgundum. Yeni yıl kutlayacak kafa mı kaldı?" diye söylendi Kunt. "Neyse. Siz kadını kıllandırıp telefonunu takibe alın o zaman. Biz de avukatla konuşup Karam'ın dairesine bakacağız bugün, belki bir şeyler çıkar."

"Eve de uğrayabilir miyiz?" diye sordum çayımdan bir yudum aldıktan sonra. "Daha doğrusu, ne zaman eve dönebilirim?"

"O biraz zor," diye cevapladı Kunt beni, geriye yaslanmıştı ve elinde kupasını tutuyordu. "Evinin önüne adam dikebilirim ama şüphe çeker. Apartman dairelerini korumak zor. Sen bir gece yatağında uyursun mışıl mışıl, sabahına hiç bilmediğin bir yerde buzlu su dolu bir kovayla uyandırılır sorgulanırsın... Abinin kim olduğu bilinmiyor diye bundan sonra rahat davranamazsın, dün olanları gördük."

"O zaman?" Şaşkınlıktan kalktı kaşlarım. "Burada mı kalacağım yani?"

"Ev boş. Ben çoğunlukla dışarıdayım zaten. Ayşen Hanım'la oturur sohbet edersiniz," dedi sanki çok basit bir şey söylüyormuş gibi.

"Siz dışarıda araştırırken benim evde kös kös oturacağımı düşünüyor olamazsın?"

"Tabii ki düşünmüyorum Karaca ama geleceğin yer var, gelmemen gereken yer var," dedi Kunt, onu anlamamı istediğini belirten kibar bir sesle. "Mesela bugün avukata birlikte gidip abinin dairesine bakacağız ama yarın bir gün sakat bir mekâna gidersem sırf bir isim almak için, o zaman dikkat çekersin işte."

Efes gözlerini kısarak beni süzerken "Dikkat çekmeyeceği bir yol var aslında," diye girdi lafa geriye yaslanarak. Kunt'la aynı anda ona döndük, devam etmesini istercesine. Ardından Efes buz mavisi gözlerini Kunt'un altın harelerine çevirdi. "Beren'in nişan yüzüğünü taksın, kızın ne adı ne yüzü biliniyordu zaten bu evdekiler hariç. Buradan da laf çıkmaz. Nişanlı olduğun dedikoduları vardı hatırlarsan ama kimse sen Kayradağ'a gitmeden önce nişanı attığınızı bilmiyor. Kaldığı yerden devam eder bu dedikodu. Sorarlarsa nişanlım dersin, Karam'la ilgisi akıllarına bile gelmez. Rahat rahat istediğini sorgular akademide de... İstediği kapılar açılır. Akademi giriş çıkışlarında dikkat çekmez. Kimse bulaşmak da istemez."

Beren. Kaşlarım çatıldığında Efes bir bana, bir Kunt'a bakıyordu. "Saçmalama, ne yararı olur bunun bana?" Aslında şeyi sormalıydım, *sen nişanlı mıydın?* Ama öte yandan, şu sorunun cevabını daha çok merak ediyordum: *Neden kimse nişanlının adını sanını bilmiyor? Neden kimse bu konu hakkında hiçbir şey bilmiyor, daha doğrusu?*

Kunt'un gözleri üzerime çevrildi. Ne söyleyeceğini bilmiyordum. Ayşen Abla'nın dün akşam bana Beren'i anlattığını bilecek hâli yoktu, bu masada ilk defa duyduğumu düşünüyor olmalıydı. Elbette bu beni ilgilendirmezdi, sonuçta biz birkaç gündür tanışan iki yabancıydık.

"Haklısın, dikkat çekmez. Bunu Fuat Abi de söylemişti," dedi Kunt, şu anlık bahsetmek istemediğini belirterek kısa keserken cevabını. Ardından bana göz kırptı. "Konuşuruz."

Göz kırptı. İmdat!

Önüme döndüm ve kaşlarımı çattım.

"İyi tamam o zaman ben kalkıyorum siz konuşur bir orta yol bulursunuz," dedi Efes çatalını bırakıp çayını bitirirken sandalyesini ittirerek. "İşim var... Şu zilliyi de aşağı indirme ben varken bak ölür kalırım sonra çok ağlarsın," diye devam etti bana takılarak.

"Tosbik onun adı."

"Her ne boksa... Tosbik ne ya ayrıca? Adamakıllı isim bulamadın mı kızım? Mis gibi Türkçe isimler varken Tosbik ne ulan..."

"Niloya," dedim istemsizce.

"Ne?" Efes şaşırdı.

Tabii yirmi bir yaşındaki, dördüncü sınıf tıp öğrencisi, inatçı, ağzından lafı esirgemeyen ve tuttuğunu koparan, uyurgezer Karaca Koralin'in küçük bir çocuk gibi televizyon karşısında saatlerce çizgi film izlediğini kimsenin bilmesine gerek yoktu...

"Tosbağa diyormuş Kunt, oradan uydurduk," dedim. "Ayşen Abla'yla... Yani Hanım'la."

"Ohhh şimdiden abla demeler başlamış... Siz iyi kıvırırsınız nişanlı muhabbetini, gerçi Beren'den iyi kıvıracağınız kesin de," dedi Efes garip bir tavırla. "Hadi eyvallah ben kaçtım." Kapıya yöneldi. Ardından durdu. Bana döndü. "Hassiktir kedi hamileydi değil mi? Öyle dedin az önce sen..."

"Evet?" Tek kaşımı kaldırarak onayladım.

"Birken iki olacaklar yani en az..."

"Dört de çıkabilir," dedim çayımı yudumlarken.

"Yatacak yerim yok amına koyayım, iki günde sattın beni Kunt. Sana da yazıklar olsun senin gibi dost olmaz olsun sana oksijen sağlayan ağacın köklerini sikeyim ben tamam mı boğul benim gibi?" İlkokul çocuğu gibi kavga edercesine söylemişti bunu. Kunt gülerek ona ters bir bakış atarken Efes "Bırak ya, bırak," diye söylene söylene kapıya yürüdü.

Ohhh şimdiden abla demeler başlamış... Siz iyi kıvırırsınız nişanlı muhabbetini, gerçi Beren'den iyi kıvıracağınız kesin de. Bu ne demekti?

"Sorabilirsin," dedi Kunt, Ayşen Abla mutfaktan çıkmış ve hissetmişçesine Kunt'un biten çayını doldurmak için gelmişti. O çaylarımızı doldurup gidene kadar ağzımı açmadım, ardından oturduğum sandalyede bağdaş kurarak çay kupasını elime aldım ve dumanına üfledim. "Eğer 30 Eylül'de olanlar yüzünden senden ayrıldıysa bir şey diyemeyeceğim zaten iki türlü de beni ilgilendirmez."

Kunt'un kaşları çatıldı. "Biliyor muydun?"

"Dün akşam Ayşen Abla biraz çıtlattı," diye mırıldandım. Aslında daha çok şey anlatmıştı ama Kunt'un bilmesine gerek yoktu bunları. Ben en çok, son çekmecedeki çerçevedeki esmer kızın kim olduğunu merak ediyordum ama bunu da gidip Ayşen Abla'ya soracak kadar yüzsüz değildim.

"Ayşen Abla'n sana bunu anlattıysa daha ilk günden sana kanı kaynamış demektir, şimdiye dilinin kemiği erimiştir onun..." Daha fazlasını da anlatacağı anlamına mı geliyordu? Daha ne vardı ki? Seslice nefes aldı, ardından yutkunarak bana döndü Kunt. "Eğer o yüzüğü takacaksan bilmen gerekir. Birkaç ay nişanlı kaldık, aile arasında gizlice yapılan ufak bir törenle nişanlanmıştık ve arkadaş çevremiz dahi kimse bilmiyordu. Ve evet, 30 Eylül gecesinden sonra attı nişanı."

"Yüzüğünü bana takacağına, sevdiğin kadının peşinden gidip gönlünü yap," dedim ona bakmadan, kupamın içindeki çayın üzerinden süzülen dumanı seyrederken. "Bir de onun yüzüğünü bana mı takacaksın? Saçmalama. Başka bir şey düşünürüz. Eğer öğrenirse çok üzülür, durumu açıklasan bile aranızda sorun olur. Bu kolayca konuşulabilecek bir konu değil, kahvaltı masası konusu hiç değil. Üstelik ben böyle bir sıfatın altına girmek istemem."

Kunt'un kaşları havalandı. "Neden? Benimle nişanlı olmak çok mu dayanılmaz bir şey olurdu?"

"Bilmiyorum, nereden bileyim?" diye sordum omuz silkerek. "Ama sırf kapılar açılsın diye senin bir şeyin olmak zorunda olmak can sıkıcı bir mesele."

"Ya Karam'ın kız kardeşi olduğunu açıklayacaksın ya da benim nişanlım olmak zorundasın," dedi Kunt. "Beğensen de beğenmesen de durum bu. Akademiye giriş çıkışlarının dikkat çekmemesi lazım, seni tanıştıracağım insanların yanında yelkenleri indirecek duruma gelmesi lazım ki bir bildikleri varsa anlatsınlar. Ajancılık oynaman gerekiyor. Öteki türlü ne benim arkadaşlarım ne de diğerleri senin başka bir niyetin olmadığına inanmaz. Ortada bir köstebek varsa da bunu anladığı gibi geçmişine kadar deşer seni."

"Ya nasıl kolay kolay nişanlım olacaksın diyebiliyorsun sen?" Şaşkınlıktan ağzım açık kalmıştı. "O kız ne hissedecek bunları duyduğunda hiç düşünmüyor musun? Daha nişanı atalı şurada ne kadar zaman olmuş... Git bir konuş değil mi? Belki pişmandır belki ileride barışacaksınızdır... Beni nasıl bir duruma sokacağının farkında mısın sen?"

"Farkındayım," dedi Kunt tok bir sesle, buna rağmen kararlı görünüyordu. "Ama benim aşk meşk işleriyle uğraşacak vaktim de takatim de yok."

"İşte şimdi eski nişanlına acıdım."

"Ona acıma, o kurtuldu benden. Kendine acı," dedi Kunt. "Sen benimle bu sofralara daha çok oturacaksın Karaca. Biz seninle çok daha derin tartışmalara gireceğiz."

"Çok eminsin buna," diye mırıldandım kollarımı göğsümde birleştirerek geriye yaslanırken.

"Eminim," dedi. "Çünkü ne kadar inatçı ve sorgulayıcı olduğunu biliyorum. Sırf şu an bile bu konu hakkında sormak istediğin bir ton soru var kafanın içinde ama durman gereken yeri biliyorsun, o yüzden susuyorsun."

"Sormak istediğim bir şey olsa sorarım."

"Sor o zaman," dedi düz bir sesle, gözlerimin içine bakarak. Neyi kastettiğini ikimiz de biliyorduk.

"Eski nişanlın konusunda neden bu kadar gamsızsın? O kadar şey söyledim birine bile takılmadın, kız üzülür dedim umurunda bile olmadı, daha kaç ay geçmiş ki üzerinden benim aşkla meşkle işim olmaz diyorsun? Bu kadar kolay mı unutuyorsun sen bir insanı?"

"Bir anneannem var, dediği dedik. İstediği şey olana kadar durmaz. Son birkaç yıldır hasta, geçen yıl iyice kötüleşmişti. Evlenmezsen tedaviyi de almam gözüm de açık giderim dedi, biz de nişanlandık. Bu. Bitti." Sinirlenmişti. "Nişanı da ben atmadım, ben kimseyi yarı yolda bırakmam. Kendisi istedi. Emin misin dedim, eminim dedi. Ben de eyvallah dedim."

Kafam karışmıştı. Yani düzmece bir evlilik mi olacaktı? "Bu yüzden mi kimse bilmiyor kızın adını sanını?"

Kafasını salladı gözlerini kaçırarak. "Kimseyle tanışmadı mı?" diye sordum şaşkınca. "Yerine öylece geçmek bu kadar kolay olamaz... Ya anneannen duyarsa?"

"Duymaz," dedi. Sonra "Duyamaz," diye düzeltti. Bir an

öyle bir sıkıntı basmıştı ki yüzünü masadan kalkmıştı. "Üç aydır komada."

Bütün surat ifadem yok oldu bir anda, gergin omuzlarım çöktü ve dudaklarım aralandı. Üç ay önce... "Maçla mı ilgisi var?"

Kafasını salladı. Ellerini kalktığı sandalyesinin sırtına yaslamış, hafifçe eğilmişti. "Fenalık geçirmiş o gece, sabahına hastaneye kaldırılmış."

Mış, mı? Kunt, anneannesine gitmek yerine o sabah mezarlığa gelmiş olamazdı değil mi? Belki de anneannesinin yüzüne bakamamıştı uzaktan da olsa, o gece rakibi öldüğü için... Kaşlarım, göğsüme çöken üzüntüyle çakılırken kuruyan dudaklarımı ıslatarak ayağa kalktım. "Nişan işini sonra tekrar konuşalım. Ben kabanımı alıp geleyim, avukatla görüşmeye gidelim." Aslında şöyle demeliydim, elimi omzuna koyup destek olmak istercesine sıkarken; "*Umarım anneannen en kısa zamanda uyanır ve iyi olur...*"

Ama benim abimin uyanıp iyi olacak hâli yoktu. İçimden gelmiyordu kimseyi teselli etmek. Ben daha kendimi teselli edemiyordum ya da benim de teselli edilecek hâlim yoktu...

Kunt bir şey söylemeden altın hareli gözlerini üzerime dikerek kafasını olumlu anlamda salladı, ben de merdivenlerden yukarıya yöneldim. Üst kata çıktığımda Tosbik'i kontrol ettim, kabanımı ve beremi giydim. Çantam yerine telefonum ve cüzdanımı alsam yeterdi. Merdivenlerden inerken Ayşen Abla'nın sofrayı topladığını fark etmiştim. Tosbik'in eşyalarını yukarıya kurmasını rica ettim, ardından botlarımı giyip kapıyı açtım. İstanbul'un soğuk ve sert havası bir tokat gibi yüzüme çarpmıştı ama Kayradağ'daki kadar acı bir tokat değildi bu, yalayıp geçmişti. Sıcaktan çıkınca soğuk daha bir işliyordu insanın içine...

Kunt siyah kabanının yakalarını düzeltirken merdivenlerden iniyordu. Ben dışarı çıkarken kapıyı bırakana kadar yanıma geldiğinde birlikte dışarı çıktık. Canavar arabası neredeydi bilmiyordum ama kapının önünde başka canavar gibi bir *Audi* vardı artık. Telefonuma gelen bildirimi kontrol ederken ön koltuğa geçip kapıyı kapattım.

Karaca: *Çekmiyor burada, sonra konuşuruz. (31.12.2020 21:39)*

Öktem: *Öküzsün işte öküz.*

Öktem: *Gelince ararsın xoxo*

Öktem: *Ara ama HE*

Karaca: *Ararıım*

Öktem'e ne söyleyecektim eğer bir süre burada kalacaksam? Birkaç parça eşya almam gerekecekti, en azından kıyafet... Annemin yanına gideceğimi söylesem tekrar, illaki bir yerde karşılaşırdık İstanbul'da. Üstelik her ne kadar Alevhan'a güvensem de dün hastanede olduğumu bilinçsiz bir şekilde söyleyebilirdi ona. Başka bir şey düşünmem ya da dürüst olmam gerekiyordu. Eğer nişan meselesi gerçek olursa ve duyulursa bir de bunun açıklamasını yapmam gerekecekti... Öktem, Kunt'u tanıyordu. O gün mezarlığa geldiğini ve bağırıp çağırdığımı da anlatmıştım ona. Şimdi onunla nişanlandığımı söyleyerek dengesiz bir hareket yaparsam anlardı. Öktem'e her şeyi anlatmalıydım yoksa büyük sorunlar oluşurdu aramızda ve ben onu kaybetmek istemiyordum çünkü birkaç ay öncesine kadar iki yabancı olmamıza rağmen çok yardımı dokunmuştu bana, yanımda olmuştu hep.

"USB'yi ne yaptın?" diye sordu Kunt, sahil boyunca sürüyordu arabayı.

Elimi kabanımın cebine attım ve avucuma gelen USB'yi çıkarttım. Kunt dönüp bir bakış attıktan sonra yola geri odaklandı. "Onu güvenli bir yerde tut. Kaybedebilirsin."

Düşünebildiğim tek güvenli yer... Kabanımın önünü açıp kolyemi çıkardım ve kıskacını açtım, ardından küçük, siyah USB'yi ucundaki halkadan geçirdim zincire. Kunt merakla ne yaptığımı izliyordu.

"İşte, güvende," dedim kabanımın önünü geri kaparken. "Avukatla nerede buluşacağız?"

"Burada," dedi Kunt, sahilde bir kafenin açık otoparkına çekerken. "Ben seni arabada bekleyeceğim, anahtarları al ve arabaya gel. Pencere kenarına otur ki aksi bir şey olursa görüp müdahale edebileyim."

"Aksi ne olabilir ki?" Kaşlarımı kaldırarak sordum. "Ayrıca sen neden gelmiyorsun? Bir de nişanlı olacağız diyorsun..."

Öyle mi? dercesine baktı bana. "Henüz kabul etmedin."

"Etmem tabii, reddediyorum..."

Gülerek "Sanki evlenme teklifi ettik, havaya bak," diye söylendi.

"Onu da etsen kabul etmezdim zaten, üç gün içerisinde ayrı ayrı kurt ve çakal sürüsü saldırısına uğradığımı, göle düştüğümü ve boynuma yedi dikiş atıldığını hatırlatmama gerek var mı?"

"Dedi uyurgezer," dedi Kunt, aksi bir tavırla önüne dönerek. "Ekmek bıçağını gözü açık 5 metre mesafeden 2 metrelik bir kurda fırlatan, uyurgezer hâliyle bana kimbilir ne yapar... Zaten koklayarak mı buldun odamı ne yaptın sen dün gece?"

"Ha ha ha..." Yapmacık bir şekilde güldüm gözlerimi kısarak. "Biraz daha sinirlerimi bozarsan gerçekten planlar yapmaya başlayacağım, bilinç kapalıyken anımsayıp icraata geçirmesi kolay olur. Uyandığımda da hiçbir şey hatırlamam zaten, kolay yırtarım. Temiz iş."

"Gider misin korkuyorum senden?" Kapıyı gösterdi.

Kocaman, içten bir kahkaha attım başımı geriye atarak. Gözleri gülüşüme kayarken ben de kapının koluna uzanmış, zafer edasıyla dışarı çıkıyordum. Eli bileğime dolandığında bir ayağım çoktan dışarıdaydı, kafamı ona çevirip ne istediğini sorarcasına baktım.

"Dikkat et," dedi düz bir sesle. Ne çabuk değişebiliyordu tavrı.

Az önceki kahkahamın tebessümü dudaklarımdan silinirken ciddi bir ifade sarmaladı yüzümü. Kafamı salladım. Kapıyı kapatıp kafeye yürüdüm ellerimi ceplerime sokarak. Avukat Bey sanki Kunt'un direktifini duymuş gibi otoparkın gördüğü pencere kenarına oturmuştu, tepede ısıtıcılar vardı ve tavan açıktı. Sigara içiyordu.

"Hoş geldin Karaca," dedi adam ayağa kalkıp elini uzatarak. Kısaca tokalaştık ve karşısına geçip oturdum. Saçlarının yarısından fazlası beyazlamış, ellilerinin başında bir avukattı. Alanında çok iyi olmasa da abimle uzun süredir birlikte çalıştıklarını biliyordum.

"Doğrusunu söylemek gerekirse abinin evini istediğini duyduğumda çok şaşırdım çünkü ben ısrarla mal paylaşımını yapmakta diretirken sen istemediğini açık ve net dile getirmiştin. Abin her ne kadar kâğıt üzerinde artık seninle bir akrabalık bağı taşımıyor olsa da vasiyetnamesinde ismin geçiyor..." Ceketinin cebinden biri üst, diğeri alt kilidi açan iki anahtar çıkardı. Demir bir halkaya geçirilmişti. "Al bakalım, adresi de WhatsApp'tan atıyorum hemen."

"Sadece eve bakmak istiyorum, evi üzerime istemiyorum," dedim ciddi bir ifadeyle. "Baktıktan sonra anahtarları size teslim edeceğim."

"Aman kızım, yapma böyle, beni de zora sokuyorsun, vasiyetnameye uygun hareket edemediğimizden görevimi yerine getiremiyorum..."

"Lütfen daha fazla ısrar etmeyin. Belki daha sonra her şeyi bir hayır kurumuna bağışlamak için yeniden görüşebiliriz, o zaman imza atarım," dedim anahtarları avucumda sıkarken. "Sizi de yeni yılın ilk günü tatilken böyle çağırdım kusura bakmayın..."

"Önemli değil, hiç önemli değil," dedi avukat, ayağa kalkarken. Ben de onunla birlikte kalktığımda yeniden el sıkıştık. "Abin benim en çok kâr ettiğim müşterimdi, batmak üzereyken adıyla kurtardı firmamı. Ona her zaman borçlu olacağım. Eğer bir sıkıntın olursa lütfen beni ara, hallederiz. Her zaman senin için kapım açık Karaca."

"Teşekkürler Haluk Bey," dedim tebessümle. "Kimliğimi gizli tutacağınıza verdiğiniz sözü unutmasanız yeter. Çok minnettar olurum."

"Elbette, elbette anlıyorum... Abin dolayısıyla başın belaya girebilir..."

Kaşlarım çatıldı. "Ne demek istiyorsunuz?"

Gözlerinde bir endişe belirdiğini gördüm Haluk Bey'in. "Yani... Biliyorsunuzdur... Abinizin mafyayla ilişkisini..."

Kalbim göğüs kafesimde akıl almaz depremler yaratırken aldığım nefes ciğerlerimden başka her yere ulaştı o an; elim telefonuma gitti, şaşkınlıkla kalkıp elimle *bir saniye* işareti yaparak birkaç adım uzaklaştım masadan. Ardından hızlıca Kunt'u aradım. İlk çalışta açtı. "Ne oldu?"

"Kunt, bu adam bir şeyler biliyor... Anlatacak galiba. Gelir misin?"

"Geliyorum," dedi hızlı, tok bir sesle. Ardından arama sonlandı. Yalnızca birkaç saniye sonra buradan görünen otoparktaki *Audi*'nin kapısı açılmış, Kunt bütün ihtişamıyla kafeye yürüyordu. O içeri girdiğinde etraftaki masalarda oturanların bakışları üzerine çevrildi. Bunun sebebi muhtemelen ünlü olması ve herkesin yalnızca birkaç ay önce her manşette yüzünü görmesinden kaynaklanıyordu ama o fısıldaşmaları umursamadan altın harelerini, endişeden iyice kararmış gözlerime çevirdi. Yanıma geldiğinde elini koluma koymuştu, fark etmiş miydi bilmiyordum ama sanırım ellerim titriyordu. "Ne oldu? İyi misin?"

"Mafya falan dedi," dedim tutmadığı elimle beremi düzeltip alnıma dokunurken. "Biliyor. Bir şeyler biliyor. Mafya dedi. Mafya ne alaka? Abimle mafya ne alaka?"

"Tamam, sakin ol," dedi hafifçe eğilerek iki elini birden kollarıma sararak. Gözlerimin içine bakıyordu, odaklanmam için gözlerini gözlerime kenetlemişti. "Panik oluyorsun Karaca, kalabalık içindeyiz. Duygularına hâkim olmak zorundasın. Şimdi derin bir nefes al ve ver," diye mırıldandı kendi de benimle derin bir nefes alıp verirken. "Aferin," dedi, ardından burnuma dokunarak doğruldu ve ileriye çevirdi bakışlarını. "Neredeymiş şimdi bu avukat bozuntusu?"

Kalp atışlarımı nefes alış verişlerimle beraber düzene sokmaya çalışırken arkamı döndüm ve ileriyi gösterdim. Haluk

Bey garsonla konuşuyor, muhtemelen çayını yeniletiyordu. Kunt'la birlikte masaya yürüyene kadar duyduğumun yarattığı yıkımı kontrol altına aldım ve ifademin sakinliğini korudum. Kunt doğru söylüyordu, ben böyle tepkiler veremezdim. Ne duyarsam duyayım böyle belli edemezdim duygularımı. Eski Karaca olmam gerekiyordu, duvarlarımın arasında soğuk bir tavır takınmam ve soğukkanlı kalmam gerekiyordu.

Neyse ki ani duygu değişimlerini iyi beceren biriydim.

"Haluk Bey," dedim masanın başına ulaştığımızda. Haluk Bey şaşkınlıkla ayağa kalktı, gözleri benim üzerimden Kunt'a çevrilmiş ve onda asılı kalmıştı. Acaba tanışıyorlar mıydı? Yani en azından bakışlarından, Haluk Bey'in onu tanıdığını biliyordum. Ne saçmalıyordum? Elbette ki müvekkilinin rakibini tanıyacaktı. Bitmemiş bir mahkeme süreci vardı hâlâ, her ne kadar sonucu belli olsa da... O kadar belliydi ki sonuç ne mahkeme ne de federasyon Kunt'un lisansını askıya almamıştı. Bu beni bir hafta öncesine kadar aşırı rahatsız ederken artık etmiyordu.

"Kunt Vidar Karyeli," dedi Haluk Bey şaşkınlıkla, elini uzatırken. "Haluk Şanlı ben, Şanlı Avukat Bürosu'ndan."

"Memnun oldum," dedi Kunt mesafeli bir sesle elini sıkıp tokalaşırken. Yan yana sandalyeleri çekip Haluk Bey'in karşısına oturduk. Her ne kadar ısıtıcı kafama kafama vuruyor olsa da üşüyordum, bu yüzden garson geldiğinde kahve istedim. Kunt bir şeyler söylemişti ama o sırada Haluk Bey'i süzüyordum.

"Devam edin lütfen," dedim Haluk Bey'e karşı. Saniyeler içinde kahvem önümdeydi.

"Anlamadım," dedi Haluk Bey, Kunt'a kaçak bir bakış atarak samimiyetten uzak bir şekilde gülerken. Sigarası bitmişti ve yenisini yakıyordu. "Neye devam edeyim?"

"*Abisinin mafya ile ilişkisi,* dediniz. Her şeyi duymak istiyoruz."

"İstiyorsunuz?" Gözlerini fal taşı gibi açarak, kaldırdığı kaşlarıyla birlikte yeniden Kunt'a baktı.

"Bir şey söyleyeceksen söyle, kaçak kaçak bakıp durma," dedi Kunt gözlerini kısarak Haluk Bey'e bakarken. Bir eli sandalyenin kolunda, diğeri masaya uzanmış, ne zaman çıkardığını bilmediğim *Zippo*'sunun kapağı ile oynuyordu mekanik hareketlerle.

"Siz... Sen yani... Kunt Vidar Karyeli," dedi Haluk Bey, yutkunarak. "Karam Bey'in o gece rakibiydiniz, büro olarak sağlam bir dosya ile dava açtık size. Antrenörünüz aramıştı, Karaca ile görüşmek istemişti ama Karaca bu tekliflerin ona sorulmasını bile istemiyordu cevabı kesin olumsuzdu. Şimdi sizi böyle onunla yan yana görünce şaşırdım. İki cihan bir araya gelse siz bir araya gelmezsiniz diye düşünmüştüm." Adam ne kadar korkuyorsa bu yaşında, *sen* diye düzelttikten sonra bile hâlâ *siz* demeye devam etmişti.

Belki de Kunt haklıydı. İçine düştüğümüz durum yabancılar tarafından bile olsa hep sorgulanacaktı ve kurtulmanın tek bir yolu vardı. Gözlerimi Kunt'un altın harelerine çevirdiğimde dümdüz Haluk Bey'e bakıyordu ve muhtemelen biraz sonra cevap verecekti ama o an benim için zaman durmuştu. Derin bir nefes çektim içime, ardından araya girdim. "Kunt ile maçtan çok öncesine dayanan bir tanışıklığımız var Haluk Bey. Ayrıca abimle yıllardır görüşmediğimi de biliyorsunuzdur. Beni yanlış anlamayın, abim benim canım, kanım ama Kunt da yakınım." *Katil!* diye bağırıyordu kafamın içinde bir ses durmadan ama sesi çok zayıf geliyordu. *Sen ne diyorsun Karaca! Neler dökülüyor ağzından!* "O yüzden lütfen bizi sorgulamayı bırakıp soruma cevap verir misiniz?"

Kunt'un şaşkınlıkla açılan gözlerinin üzerime çevrildiğini hissettim ama dönüp ona bakmayacaktım çünkü bakarsam gözlerinde gördüklerim yüzünden her an kalkıp gidebilirdim masadan.

Haluk Bey fark etmeden hızlı toparladı yine de. Geriye yaslanıp bir sigara yaktı Kunt ve "Sizi dinliyorum," dedi rahat bir tavırla, karşısındaki avukata dönerek.

Haluk Bey boğazını temizledi. Derin bir nefes çekmişti içine. Kuruyan dudaklarımı ıslatmak ve içimi ısıtmak amacıyla kupamdaki kahveden bir yudum aldım. "Dürüst olmak gerekirse çok bir şey bilmiyorum, yani yalnızca abinizin izin verdiği kadarını biliyorum o da çok bir şey sayılmaz..."

"Devam edin lütfen," dedim düz bir sesle. Daha fazla lafı uzatırsa sinirlenecektim.

Sertçe yutkundu Haluk Bey, sigarasından bir nefes çekti içine. Gözlerini önce etrafta gezdirdi; ardından gergince ikimizin arasında. "Bunları kimseye anlatmamak için yüklü bir para aldım ve sözümü verdim abine Karaca ama abini öldürenin de tam olarak bu anlatmadıklarım olduğunu düşündüğümden sözümü çiğneyeceğim."

"Abimi öldürenin mi?" Ellerimi masaya koydum sertçe ve öne eğildim. "Başka bir şeyler olduğunu bilerek bana hiçbir şey anlatmadınız ve üstüne rakip hatalı diyerek karşı tarafa dava açmama izin mi verdiniz?" Öfke boğazımdan yukarı tırmanıyordu.

"Yapmak zorundaydım, beni anlamanız gerekiyor. Bu adamlar çok kötüler. Benim küçük kızımı kaçırıp tehdit ettiler, karımı iş yerine giderken takip ediyorlardı. Üç kere ev değiştirdik ama her seferinde buldular izimizi. Tatile çıkıyorum deyip bir ay ortadan kaybolup memlekete döndüm, tarlada annemle çay toplarken ziyarete gelip utanmadan çayımızı içtiler! Beni anlamak zorundasınız," dedi Haluk Bey karşımızda titreyen eliyle sigarasını içmeye çalışırken. "Söyleyemezdim ben bir şey... Üç maymunu oynamam gerekiyordu."

Yüzümü sıvazladım sıkıntıyla geriye yaslanırken. "Şu an ağzınızı açmanızın sebebi ne peki?"

"Siz bana yardım edebilirsiniz," dedi Haluk Bey gözlerini umutla Kunt'a çevirirken. "Bana yardım edebilirsiniz. Eğer edecekseniz anlatacağım. Lütfen bana yardım edin."

Şaşkınlıkla Kunt'a döndüm, adamın ne söylediğini biliyor gibi sert bir ifadeyle sessizce onu izliyordu. Ardından "Anlat," dedi düz bir sesle.

Haluk Bey önüne döndü ve saçlarını çekiştirdi. "Abin... Karam... Camiaya ilk girdiğinde çok toydu, üstelik parasız ve amatördü. Küçük maçlar para kazandırmıyordu, üstelik birçok şey için de sponsora ihtiyacı vardı. Tefeciden borç almış," dedi kısık bir sesle. "Daha sonra daha iyi maçlara çıkmaya başladı. Ayrıca bir restoranda yarı zamanlı garsonluk da yapıyordu ve ödüyordu borcunu günden güne ama aldığı miktara faiz de işliyordu her gün... Bir araya toplaması zor bir paraydı. Bir gün bir teklif gelmiş ona, altın sarısı küçük bir zarf atılmış evinin kapısından içeri. Bir adres, bir de saati yazıyormuş üzerinde. Gitmiş oraya o saatte. Bilir misiniz bilmem, illegal yoldan yapılan maçlar da var," diye devam etti lafına. "Örümcek mafyanın, yani birbiriyle iş yapan ülkenin önde gelen mafya babalarının yıllar önce başlattığı bir gelenek, adamlar her gece para basıyorlar bu yolla, bayağı kârlı bir iş onlar için. Abinin borç aldığı tefeci, bu mafya topluluğunun başındaki adama çalışıyormuş. Abinin yeteneğini öğrenince borcunu buralarda dövüşerek çıkarmasını istemiş, üstelik maç yeterince uzarsa, yani yeterince yumruk yerse kendi payına düşen parayı da alabilecekmiş geceden. Abin buralarda da dövüşüyordu."

Herhangi bir şey söyleyemeyecek kadar şaşkın, yalnızca duyduklarımı sindirmekle meşguldüm. Kunt, bir şey söyleyemeyeceğimi anladığında kendisi araya girdi. "Hangi tefeciden borç almış biliyor musunuz?"

"Kör Salim diye bir adam. Başka da bir şey bilmiyorum zaten. Arada büroyu ziyarete geliyorlar, dağıtıp gidiyorlar," dedi Haluk Bey. "Karam ölünce bizimle de işleri bitmiştir diye düşünmüştüm ama öyle olmadı. Her hafta geliyor adamları, göz korkutmak amaçlı. Davayı açmayıp Karaca'ya her şeyi anlatsaydım beni sağ bırakır ailemi öldürürlerdi. Göze alamadım..."

"Tamam," dedi Kunt daha fazla duymak istemiyormuş gibi. "Şimdi buradan doğruca eve gidiyorsun ve ailenle toparlanıp bizden gelecek telefonu bekliyorsun. Kör Salim dediğin adam her hafta sana ziyarete gelip kendini hatırlatma ihtiyacı duyduğuna göre adımlarını da takip ettiriyordur, şu an fotoğraflarımız bile çekiliyor olabilir, çoktan haber gitmiştir. Ama sen bunların olacağını biliyordun zaten, bilerek Karaca'ya bahsettin, gönüllü anlattın aslında..."

Suratım ikinci bir şok dalgasıyla sarsılırken Haluk Bey'e baktım ama o benim aksime suçlu bir ifadeyle bakıyordu Kunt'a. "Kusura bakmayın... Arabanızdan tanıdım," dedi Haluk Bey. "Ne polis ne başka biri... Bana bir tek siz yardım edebilirsiniz.

Ülkeden çıkışımı sağlasanız yeter, birikmişlerim ve satabileceklerim var, izimi kaybettirmek istiyorum sadece."

"Kaybettireceğiz," dedi Kunt ayağa kalkarken.

Hızlıca hesabı halledip masadan kalktığımızda açık otoparka yürüdük. Soğuk ve kafamın içindekiler dolayısıyla uyuşmuştum, şaşkınlık ve şok içerisindeydim ve eğer ağzımı açarsam surat ifademden okunabilir hâle geleceğini hissediyordum duygularımın. Bu kadarını beklemiyordum... Ve daha işin başındaydık.

Haluk Bey veda ederek arabasına binip otoparktan çıktığında *Audi*'ye giden adımlarım durdu. Kunt da durduğumu fark etmiş, dönüp bana doğru yürümüştü. Karşımda durduğunda başım yere eğik, gözlerim kapalıydı. *Haluk Bey, Kunt'a ulaşmak için beni kullanmıştı ve ben de uzattığı yemi yemiştim.* "Kusura bakma, seni hiç çağırmamalıydım..."

"Saçmalama Karaca, sakın o avukat tarafından kullanılmış hissetme. Bana ulaşmak isteyen eninde sonunda bir yol bulur ulaşırdı illaki. Sen yapman gerekeni yaptın," dedi. Altın hareler bana bakıyordu biliyordum ama gözlerimi botlarımın üzerinden kaldıramıyordum.

İki parmağı arasına yerleştirdi çenemi o sırada, başımı yukarı kaldırıp gözlerine bakmaya zorladı beni. *İşte, bakıyordum...* "Çağıracaksın da," dedi sert bir sesle. "Ne olursa olsun bana anlatacaksın Karaca. Biz seninle bir yola çıktık. Ne demiştin sen bana o dağ evinde? Yan yana yürürken sana çelme takarsam beni o yola gömecektin değil mi peşimden düşme pahasına? Böyle ufak meseleler umurunda olmasın." Bazen kelimelerinin aklıma girdiğini, oradan aşağı ilerlediğini hissediyordum göğüs kafesime. Böyle zamanlarda daha net duyuyordum teninden yükselen o parfüm kokusunu, sesinin kalın tonu zihnimde yankılanıyor ve büyülüyordu beni.

Kafamı salladım yutkunarak, parmaklarını çekti çenemden. Elini cebine atıp bir adım geri çekildiğinde birini arıyordu ki telefonu kulağına dayamıştı. "Efes, mesajımı aldın mı? Adamları yolla avukatla ailesinin çıkışını gerçekleştirmeden de yanından ayrılmasınlar... Bana ne amına koyayım bir ocak tatilse? Sana

1 Ocak değil. Kalk işinin başına... Ulan hangi ara gittin oraya kanat takıp uçtun mu pezevenk?..."

Kunt, Efes'le konuşurken ben de ön taraftan dolanmış arabaya biniyordum. Ben emniyet kemerimi bağlayana kadar Kunt konuşmasını bitirip telefonu kapattı ve içeri geldi. Otopark çıkışına sürerken abimin adresini istemişti. Cep telefonuma mesaj olarak gelen adresi navigasyona girdim ve geriye yaslandım. Konuşmak istemediğim sessizliğimden anlaşılıyor olmalıydı ki Kunt da ağzını açmamıştı. Eve döndüğümüzde konuşsak daha iyi olacaktı.

Yaklaşık yarım saat sonra Anadolu yakasına geçmiş, sekiz katlı yeni bir binanın önüne çekmiştik arabayı. Adres burayı gösteriyordu.

"Hazır mısın?" diye sordu Kunt.

Derin bir nefes alarak emniyet kemerimi çözdüm ve kapı koluna uzandım. "Değilim ama ne önemi var?" diye mırıldanarak dışarı çıktım. Bir önemi yoktu çünkü ben hiçbir zaman hazır olmayacaktım.

Abim binanın yedinci katında oturuyordu. Anahtarları yuvalarına sokarken ellerim titrediğinden iki kere anahtarı düşürünce ikinci seferde Kunt benden önce yere uzanıp anahtarları aldı ve yerime kapıyı açtı hızlıca, ardından içeriye bir göz atıp geçmem için kenara çekildi.

Temkinli bakışlarla süzdüm içeriyi. Burası öğrenci tarzı stüdyo bir daireydi. Amerikan tarzı mutfak salondaydı, bir yatak odası ve banyo vardı bir de. Kapı doğruca salona açılıyordu ve salondan giriliyordu yatak odasına, kapısı açıktı ve yatak görünüyordu.

Ellerim uyuşurken parmaklarımı kapayıp yumruk yaparak açtım birkaç kez. İçerisi havasız olduğundan Kunt direkt pencerelere gitmiş ve ikisini de sonuna kadar açmıştı. "Boş görünüyor," dedim etrafa bakarak. Boş görünüyordu. Mutfak temizdi, salon temizdi, odası temizdi... Kunt salona göz atarken benim adımlarım abimin odasına götürdü beni.

Gördüklerim mi şaşırtmıştı beni bu kadar görmediklerim mi bilmiyordum. Kafamı omzumun üzerinden arkaya çevirdiğimde Kunt'un kapının pervazına omzunu yaslayıp kollarını göğsünde birleştirdiğini fark ettim. Gözleri gözlerime sıfır duyguyla bakarken "İçerisi boş," dedi düz bir sesle.

"Böyle duvardan duvara film posterleriyle kaplıydı abimin eski evimizdeki odası," dedim önüme dönerken. Şimdi bomboştu duvarlar, bir çerçeve bile yoktu. Yalnızca bir duvar saati vardı ve ibresi gece yarısına birkaç dakika kala durmuştu. O da haklıydı... Ben de saat olsam, 29 Eylül'ü 30 Eylül'e bağlamak istemezdim. "Raflarında çizgi romanlar, oyun dergileri..." Boş kitaplıkta klasik dünya eserleri ve bir kalemlik vardı sadece. Başımı yatağına çevirdikten sonra histerik bir şekilde güldüm. "Ve yatağını asla toplamazdı..."

Kunt önüme geçtiğinde gözleri üzerimdeydi. Dolabın kapaklarını açtı, kıyafetler vardı yalnızca. Dolabın içini ve çekmeceleri aradı dağıtmak pahasına, ardından komodine geçti ve orayı da karıştırdı. Yastığın altına baktı; yatağı kaldırdı, bazanın altına baktı; çalışma masasına ve kitapların arasına... Hiçbir şey yoktu.

Kitapların arasından *Şeker Portakalı*'na takıldı gözlerim. Çaresizce yutkundum ve kitaba uzandım, Kunt karşımda durmuş ne yaptığımı izliyordu. Sayfaların arasından hızlıca geçerken bir kâğıt düştü içinden yere, kâğıdın konulduğu sayfada geçen diyaloğun altı pilot kalemle çizilmişti:

"Biliyor musun, insanları öldürüyorum Portuga."

"Bunu nasıl yapıyorsun Zeze?"

"Onları unutarak..."

Şeker Portakalı, eski evimizde birlikte yaşıyorken abimin masasının üstünde duran bir kitaptı. Okuldan ödev vermişlerdi ona okusun diye, kütüphaneden almış ama okumamıştı; sonra geri de vermemişti okula... Öyle kalmıştı hep masasının üzerinde. Sonra bir okumuştu, iki okumuştu, üç okumuştu... Ben kitabı alıp okuyana kadar da kitapla birlikte çıkıp gitmişti evden.

Dizlerimin bağı çözülürken bir adım geriye gittim, Kunt "Karaca," diye zikretti ismimi ama sesi boğuk geliyordu, yere düşmüş kâğıdı almış ve beni yatağın üzerine oturtmuştu. Kâğıt bir zarftı... Üzerinde, *Kara gözlü Karaca'ya,* yazıyordu. *Mavi kapılı evdeki.*

Çığlık atmak istiyordum.

Ben zarfı yırtıp açarken Kunt önümde eğilmiş, başını kaldırmış yüzüme bakıyordu. Gözlerimden akan yaşları silerek zarfın içindeki kâğıdı çıkardım ve katlandığı yerden açtım.

"Karaca...

Şayet bir gün o soğuk ellerin değerse bu kâğıdın üzerine, demektir ki ben bu dünyadan gitmişim... Ve sen daha çok üşüyeceksin. Çok kış göreceksin Karaca. Artık yokum, ısıtamam ellerini. Annemin köyü ziyarete gittiği akşamı hatırlıyor musun? Yalnız kalmıştık. Soba yanmıyordu, yakamamıştık bir türlü, mum ışığında ısınmaya çalışıyorduk ama sen mum gördüğün yerde dilek dileyip üflüyordun ateşi, ben de yakıp duruyordum. Sonra kibrit bitmişti. Çok soğuktu Karaca, hatırlıyor musun? Çok üşümüştün. Hasta olmuştun. Ama iyileşmiştin değil mi o tavuk suyu çorbasını içtiğinde? Bir kasa limon aldırmıştın bana, hepsini sıkmıştın içine... Biraz zaman almıştı ama kendine gelmiştin. İşte yine öyle olacak Karaca. Çok üşüyeceksin, hasta olacaksın belki ama iyi olacaksın kardeşim. İyi olmak zorundasın.

Ben de böyle biri olmak zorunda bırakıldım bu dünyada. Böyle gitmek zorunda kaldım... Böyle oldu işte, buymuş yolum, kaderim... Çok üzme kendini, anneme de söyleme. Gitti bilsin beni, nankör bilsin ama oralarda bir yerlerde yaşıyor bilsin. Nankör oğlum desin, yazıklar olsun bir gitti unuttu bizi gelmiyor desin, desin Karaca... Bırak öyle bilsin.

Sana verebileceğim altı yılım vardı kardeşim ama ben çaldım o altı yılı senden. Sen çok güzel büyüdün ben gördüm seni, hep bir sokağın köşesinden izledim kulaklıklarını takıp etrafa attığın gergin bakışlarını. Seni öfkeli, kızgın, egoist sandılar sen kafanın içinde kendinle, geçmişinle, kaybettiklerinle boğuşurken. Büyüdün liseyi bitirdin, annem gitti... Büyüdün benim girmediğim o sınava girdin Tıp kazandın lisedeki hocalarına inat, çarptın suratlarına kayıt belgeni... Büyüdün, yurda taşıdın eşyalarını Karaca, artık yalnızdın koskoca İstanbul'da. Hani İstanbul zalimdi ya, dilerim zalimliği vurmaz seni. Sen hep sıcaktan bunalınca kıyıdan denize atlayan, oynatmadığımız için aşağı sokağa topumuzu kaçırıp komşuların camlarını kıran, bana hediye almak için camiden ceplediği tesbihlerle bileklik yapıp sahilde satan o kız çocuğu olacaksın benim gözümde. Hiç büyümeyeceksin... Hiç büyüme Karaca.

Baştan anlaşalım, mezarımın başında ağlarsan bozuşuruz. İkiz siyah balıklarını klozete atıp sifonu çektiğim günü hatırlıyor musun? Ne zırlamıştın başımda, sabahtan akşama kadar "Senden nefret ediyorum abi!" diye bağırmıştın, çorbama şeker döküp tişörtlerimi boyamıştın... Gömmene izin vermemiştim çünkü başında ağlayıp acı çekeceğin ve ne zaman yakınından geçsen aklına gelip seni üzecek bir anıtları olsun istememiştim, küçücük balıklar bile bu kadar üzebilmişti ya benim kardeşimi... Öyle ki ne zaman bir kanalizasyon kapağı görsen eğilip deliklerinden bakmaya çalışıyordun. Belediye çalışması olduğundan açık kapaktan aşağı kanalizasyona düştüğün günü de hatırlıyor musun? Kafanı yarmıştın. Tam on iki dikiş atmışlardı Karaca ama sen yine de akıllanmamıştın. Ben o gün anladım senin inadını, o gün anladım arkanda kimseyi bırakamadığını.

Beni bırak demiyorum Karaca ama beni hatırladığında ağlama; gül, olur mu? Kahkaha at hatta. Neye güldüğünü bile unutacak kadar gül, kahkahaların sokakları aşsın, taşsın... Birlikte kumdan kuleler inşa ettiğimiz günleri hatırla Caddebostan sahilde, nasıl da yıkmıştı ama o sokak köpeği ortamıza atlayarak? Sendeki deli cesareti tabii, Bostancı'ya kadar peşinden koşmuştun... Bıraksam Maltepe'ye kadar da koşardın biliyorum... O günü hatırla Karaca. Hayat da böyledir. Sen kumdan kaleler inşa edersin, bir dalga ya da bir rüzgâr yıkıp geçer. Önemli olan yıkılan kulelerin değil, yerine inşa edeceklerin.

Şimdi sana vereceğim bir yapılacaklar listem var güzel kardeşim... Öncelikle, âşık ol. Aşk seni ayaklarının üzerine kaldırıp bir de sırtına kanat takacak tek şey bu dünyada. Şimdi diyeceksin ki benim odun abim nereden çalmış bu sözleri? Val-

labi çalmadım! Âşık oldum kızım, âşık! Deliler gibi âşığım. Bir görsen, sırma saçlımı... Kirpiklerinin arasından bakıyorum ben artık dünyaya, dünya ne renkliymiş biliyor musun Karaca... Biz siyah beyaz sanmışız. Tıkılıp kalmışız çünkü o mahalleye, büyüyene kadar da kurtulamamışız... Şimdi sen anlamayacaksın ne dediğimi, olsun, anlarsın bir gün...

İkinci olarak, bisiklete bin Karaca. Çok severdin sen pedal çevirmeyi ama düştün çocukken, dizlerin kanadı, dirseklerin acıdı, avuçların parçalandı diye binmedin bir daha. Annem de hurdaya verdi bisikletini. Zaten küçük de geliyordu, binmezdin artık... Ama sen hiç kendini sahilde bisiklete binerken izledin mi? O kadar mutlu oluyordun ki uçuyordun sanki! Kızıyordum sana ellerini bırakıp gözlerini kapatıyorsun diye ama yeni fark ediyorum bu yaşımda, hayat buymuş. Rüzgâr tenini okşarken direksiyonunu bıraktığın, güneş yüzüne vururken gözlerini kapattığın kör bir bisiklet turuymuş...

Hâlâ limon kemiriyor musun Karaca? Bak şimdi, yazarken bile sulandı ağzım, ekşidi... Kızım nasıl yiyorsun onu ya? Sal limonları Allah aşkına. Bak salonun ortasına atıyordun hep ya hani, bir kere basıp düşmüştüm merdivenlerden de omurgam zedelenmişti, acıdı yine orası şimdi... Hayır yani ben limon sevme demiyorum ama en azından daha makul bir şekilde tüket. Ne bileyim, limonlu soda iç? Limonata yap iç? Kimbilir dişlerin ne hâldedir şimdi senin... Dişçiye gitmeyi unutma düzenli. Dişlerini fırçalamayı da. Senin alarmın bendim, hatırlıyor musun? Sabahları, öğlenleri okulda, akşam yatmadan başına dikilip dişlerini fırçalatan bendim... Ben yokken bırakmamışsındır inşallah, bıraktıysan senin ağız kokun çekilmez şimdi...

Babamı buldum Karaca... Babamızı buldum. Karaköy'de, vapurdan çıkınca düz girdiğin sokakta bir fırın işletiyor, bir gün yolun düşerse uğra. Poğaçaları acayip leziz... Sen seversin dereotlu peynirli poğaçayı, ben nefret ederim ama her pazar sabahı gidip alıyorum iki tane. Birkaç kere konuştum babamızla, iyi bir adam. Küçük bir kızı var, karısı da çalışıyor fırında... Çok huzurlular Karaca... İçime dokunuyor bu. Bizi terk eden adam, annemin boynunu bunca yükün altında ezen adam aile-

siyle mutlu, sıcacık bir fırında ekmeğini kazanıyor... Kötü bir adam olsaydı bu kadar ezilmezdi içim.

Beni affetme küçük kardeşim... Seni de annemi de hayallerim uğruna terk ettim ve bir hiç uğruna öleceğim.

Beni affetme çünkü gözünün ferini kimin çaldığını uzaktan çözemedim.

Beni affetme çünkü büyüyünce bu kadar güzel bir kız olacağını bilseydim sırf sana asılan herifleri katlayıp ortopedik yatak yapmak için çıkmazdım evden, kalırdım... Kalamadım.

Beni affetme Karaca, sana en çok abilik yapmam gereken yıllarda burnunun dibinde ama uzağındaydım.

Beni affetme. Affedersen uyuyamazsın çünkü sen şimdiye kadar hiç kimseyle kırgın ayrılamadın...

KK. Abin."

Kâğıt sırılsıklamdı, mürekkep dağılıyordu üzerine düşen gözyaşlarımla... Ellerim titriyordu, göğüs kafesim titriyordu, düşüncelerim bile titriyordu... Anılar birer birer değil, birden yüklenmişti aklıma; aynı anda birçok şey düşünürken kaldıramıyordum hiçbirini.

"Burnun kanıyor," dedi Kunt kalkıp önce ceplerine sonra etrafa bakarken. Nereden bulduğunu bilmediğim bir peçeteyi dudaklarıma, sus yerime ve burnuma tuttuğunda peçeteyi alıp attım elinden.

"Gitmiş Kunt," dedim nefes almaya çalışırken hıçkırıklarımın arasında. "Biliyormuş... Gitmiş öylece." Ayağa kalkmıştım ama dizlerim titriyordu.

Kunt düşeceğimi zannettiği için kolumdan tuttuğunda bir kolumu tutan eline, bir de başımı kaldırıp yüzüne baktım. "Gitmiş," dedim bir kez daha, bulanan görüşüm bana altın harelerini göstermediğinde. *Sil gözlerimi göremiyorum altın harelerini... N'olur sil...*

Sanki hissetmiş gibi başparmaklarıyla gözlerimden akan yaşları sildiğinde dudaklarım daha fazla oksijen için aralanmıştı. Kolunu boynuma dolayıp kafamı göğsüne bastırdığında kâğıt elimden uçup gitti, ellerim iki yanımda cansız duruyordu. Yalnızca kolları değil, tenine karışmış parfümün kokusu da beni sarıp sarmalarken tek hissettiğim abimin giderken göğsümün ortasında yaktığı yangındı. Beni küçükken yakıp durduğumuz mumların ateşinde bırakıp gitmişti. Ben dilek dilemek için üfleyip durmuştum o mumların ucunu, abim beni o mumların ucunda yakmıştı...

"Şşşt..." Dudakları kulağımın yakınında bir yerdeydi, berem kafamdan düşmüştü ve elleri saçlarımda geziniyordu. "Geçecek," dedi fısıldar bir sesle, kolları o kadar sıkıydı ki neredeyse nefes almama izin vermiyordu. "Geçecek güzelim, geçecek... Unutmayacaksın ama ağlayarak hatırlamayacaksın onu bir daha, güleceksin hep..."

Abim de böyle söylemişti. *Gül Karaca!* Nasıl güleyim abi? Nasıl gülerim? Sen gittin, göğsümün ortasında hiç yeri dolmayacak bir boşluk açtın da gittin... Benim kahkahalarımı o boşluk yutar bundan sonra...

Derdi ki annem, *"Ne kadar büyürsen büyü, bir yanın hep çocuk kalır senin."* Büyüdüm büyümesine ama çocukluğum şuramda bir yerde kaldı.

12

KALBE GİDEN DAMAR

İnsan bir kaybetmeyedursun sevdiklerini, kalbin vücuda pompaladığı kan zehre evrilir; her soluk bir işkence, her nefes bir ızdıraba geçit verir. Kaybettiğin ilk kan çıkmaz aklından, lekesi beyaz gömleğine izdir; taşır durursun onu yanında her an, her dakika, her saniye; dünyanın öbür ucuna gitsen yine seninle gelir.

Çocukken koşturup durduğum sokakların bozuk asfaltını çıplak ayak tabanlarımda hissediyordum şimdi; hep kaybettiğimi düşünürdüm saklambaç oynarken, hep yenildiğimi düşünür pes ederdim yakan topta, hep bileğimi burkar kendi ayağıma takılır düşerdim yere seksek sırasında... Buruk bir sevinç var içimde ya ben kazanmışım hepsini ya da o oyunlar hiç kazanmak için oynanmamış; zaten küçükken nasıl geçirdiysen zamanını sokakta, hepsi bir kazançmış.

Kaybedişler büyüyünce başlıyordu sanırım, bir yetişkin olmak ve dünyaya ayak uydurmak için artık ciddi derslere girmeye başladığında, sabahlara kadar ödevlerinle uğraştığında, düşüp dizini yaraladığında ağlamadan ayağa kalktığında artık; işte o zaman başlıyordu kaybedişler. Ben kazanmasam da olurdu, kaybetmek için de bir çaba göstermiyordum gerçi. Ben şimdi yirmi birimde, bir köşeye sinip ağlamak istiyordum sadece düşmüşçesine, abim ya da annem gelene kadar kalmak istiyordum orada. Elma şekercisinin peşinden koşmak istiyordum sokaklar boyunca, dönen salıncak arabasına binmek istiyordum defalarca. Abim leblebili salep alsın istiyordum kışın... Kendiminkini bitirip onunkine tutulayım istiyordum çocukça. Sahilden denize atlayıp yosun çıkarmak, arkadaşlarımın üzerine atmak, kurulanmak için güneşin alnına oturmak istiyordum. Her biri uzansam gerçekleşecekmiş gibi gerçek, bir adım ötemdeydi ama hiçbiri, biliyordum ki hiçbiri aynı hissettirmeyecekti.

"Eve gidebilir miyiz?" diye sormuştum Kunt'a, abimin odasında daha fazla kalmak istemediğim için. Kafasını sallamış, bir şey söylememişti. Mektubu cebime sıkıştırıp daireden çıkmıştım, asansörü değil merdivenleri kullanmıştım; Kunt da peşimden inmişti. Yaklaşık yarım saatlik sessiz bir araba yolculuğundan sonra eve ulaştığımızda ben içeri geçmiştim, o ise Efes'le buluşmak için yoluna devam etmişti. Haluk Bey işiyle ilgileneceklerdi sanırım, bilmiyordum. Konuşmak istemiyordum da doğrusu.

Akşama doğru Tosbik'i veterinere götürmek istediğim sırada Ayşen Abla mutfakta mantı yapıyordu. En sevdiğim şey olmasına rağmen ona bile sevinememiş, sadece kolay gelsin diyebilmiş, daha sonra da bir taksi çağırmış ve Tosbik'le birlikte veterinere gitmiştim. Kapıdaki korumalar ben evden çıkarken gergin bir şekilde bakıyorlardı, anlam verememiştim bu tavırlarına. Fevzi, tanıdığım tek koruma orada yoktu. Onun yerine esmer, uzun boylu, yapılı, sert bakan başka bir adam vardı ve o da bahçenin içinde çatık kaşlarıyla gidişimi izlemişti yalnızca. Belki de tek başıma çıkmamın doğru olmadığını düşünüyorlardı, emin değildim. Ama alt tarafı veterinere gidecektim.

Erkek bir veteriner, onunla bu konuda tartışmama rağmen ısrarla Tosbik'in hamile olmadığını iddia etmişti. Kontrolü sırasında her şeyi ona bırakmamı istemiş, üstüne ben Tosbik için karne çıkartırken kedime röntgen çekmişti. Hâlim olsaydı onunla orada kavga edebilirdim ama tek yaptığım aşıları tamamlandıktan sonra kan değerleri kontrol edilen ve hamile olduğu çekilen röntgenden sonra kesinleşen Tosbik'i de alıp çıkıp gitmek olmuştu. Röntgen çekmek hayvanlar için zaten zararlıyken minicik bebekleri öyle bir radyasyona maruz bırakmak, kesinlikle böyle bir durumda söz konusu olmamalıydı. Sinirliydim. Öfkelenmiştim. Taksiyle dönerken çantasında uslu bir şekilde oturan tosbağamın kafasını sevmiştim rahatlaması için. Bugün onun için de benim için de zor bir gün olmuştu.

Eve döndüğümde Ayşen Abla hâlâ mutfaktaydı. Tosbik omzuma asılı çantadayken içeri girdiğimde, salonda üç kişi vardı; Kunt, Efes ve Fevzi. Üçü de ayaktaydı. Kunt üzerini değiştirmişti, boğazlı beyaz bir kazak ve siyah eşofman giyiyordu. Göz göze geldiğimizde gözlerimi kaçırdım, sabah ona vatoz gibi yapıştığımdan bir süre yan yana gelmek istemiyordum. Efes'in üzerinde sabahkiler vardı, Fevzi ise her zamanki gibi takım elbiseliydi. Salonun girişinde beni gördüklerinde Efes gözlerini kısarak çantaya baktı. "Geldi yine imtihanım..." Fevzi'ye döndü. "Maske bul bana Fevzi."

İçeri yürüdüm.

"Pardon, ne maskesi abi?" diye sordu Fevzi.

"*Salvador Dali* maskesi Fevzi. *La Casa De Papel*'e İstanbul olarak girmem için çok ısrar ettiler kıramadım... Ne maskesi olacak amına koyayım?! M90, N95... Ne bulursan!" Efes yüzünü buruşturmuş, nefesini tutmuştu bu sırada.

"Abartma istersen," dedim çantayı göstererek. "Çantanın içinde zaten, hem yukarı çıkaracağım şimdi. Zor bir gün oldu onun için de."

"Ne oldu ki?" diye sordu Kunt.

Omuzlarım çöktü, veterinerdeki tatsız olayı hatırlamak beni sinirlendiriyor ve üzüyordu. Eğer bebeklere bir şey olursa gecenin bir yarısı o dükkâna molotof atmayacağımı kim garanti edebilirdi? "Veteriner elle muayenede Tosbik hamile değil dedi, bir de üstüne röntgen çekti."

"Öldü mü bari?" diye sordu Efes.

Kenardaki koltuğun yastığını alıp kaldırdığım gibi üzerine fırlattım tek elle. Efes yastıktan kaçınmak için bir anda koltuğun üzerine çıkmış "Ne ya ne?!" diye bağırmıştı bana. "Herkes kendi canını düşünüyor!"

Kollarımı göğsümde birleştirerek "Radyasyon çok zararlı! Özellikle de hamile hayvanlar için," dedim sinirlerime hâkim olmaya çalışarak. "Bebekler ölmüş bile olabilir."

"Ay yazık çok üzüldüm," dedi Efes hâlâ koltuğun üzerindeyken.

"Ya senin silahın vardı değil mi?" Kunt'a döndüm suratımda ekşi bir ifadeyle. "Çok değil tek bir kurşun harcayacağım söz. Nerede?" Kunt gülercesine bakışlarını kaçırırken koltuğa oturduğunda "Şaka yapmıyorum ciddiyim ben!" dedim elimi uzatarak.

"Ya kızım bir git," dedi Efes koltuktan inerken. "Allah aşkına şu tüy yumağını da götür yanında."

"Kızdırma beni salarım," dedim çantayı omzumdan indirirken, elim fermuarın üzerindeydi.

"Fevzi ne duruyorsun bir şey yap!" Çantayı işaret etti Efes, Fevzi'ye.

"Ne yapayım abi?"

"Onu da mı ben söyleyeceğim ulan? Düşün!"

"Düşüneyim abi," dedi Fevzi dikildiği yerde. Birkaç saniye ben Efes'e, Efes Fevzi'ye, Fevzi bana aramızda bakışlarımızı paslaştık. Fevzi hiçbir şey yapmıyordu. Tek kaşımı kaldırarak fermuarın ucunu açtığımda Tosbik kafasının yarısını çıkardı boşluktan. "Lan!" Tam Efes ağzında yuvarladığı bir küfürle konuşacaktı ki Fevzi "Karaca Hanım," dedi tüm dikkatini üzerime vererek. "Rica etsem kedinizi yukarı çıkartır mısınız? Efes Bey'in kedi tüyüne alerjisi var."

"He oldu amına koyayım. Bu deli de yapar ya kesin bunu zaten," diye söylendi Efes gözlerini devirerek, ellerini beline yerleştirirken.

"Tabii olur Fevzi." Tosbik'in kafasını elimle hafif baskı uygulayarak ittirdim, fermuarı da üzerine kapattım. Ardından döndüğüm gibi salondan çıktım ve merdivenlere yürüdüm.

"Yuh!" dediğini duydum Efes'in arkamdan. "Fevzi salladın tuttu resmen ulan... Şansın yaver gitti oğlum! Ya başka bir durum olsaydı, ciddi bir durum? Eli silahlı suikastçı girse içeriye *lütfen o silahı bırakır mısın acaba ama rica ediyorum bak lütfen dedim* mi diyeceksin ne diyeceksin lan? Canımızı emanet ediyoruz lan biz sana!"

"Şansım yaver gitmedi Efes Bey," diye cevapladı onu Fevzi,

ne diyeceğini merak ettiğimden merdivenlerin başında durmuş onu dinliyordum. "Karaca Hanım kibar ve anlayışlı bir hanımefendi, gözlemlerim sonucunda güzel bir dille rica ederseniz olumsuz bir cevap vermek için sebebi olmadığı kanısına vardım. Eğer şu an karşınızda bir suikastçı dikiliyor olsaydı, ki caddede on, bahçe iç ve dışında da on beş adamımızla bize haber uçmadan bunun gerçekleşmesi imkânsız; siz emretmeden ben çoktan harekete geçmiş olurdum."

Zafer Efesciğim, zafer. Aynen öyle.

"Fevzi," dedi Efes düz bir sesle. "Oğlum biz seni harcıyoruz galiba lan. Zam mam ister misin sen?"

"Estağfurullah abi," dedi Fevzi. "İyi kazanıyorum, şükür."

"Uğraşma çocukla, dün geceden beri ayakta," dedi Kunt sonunda araya girerek. "Fevzi sen eve git, yarın sabah gelirsin. Bunu da dinleme maskeye falan gerek yok. Dün geceden beri burada olan kim varsa gönder hatta, gerek yok bugünlük."

"Tamamdır abi," dedi Fevzi.

"Ha bu arada... Dün geceki elektrik kesintisi tekrar yaşanacak mı bir bak. Bundan sonra haberim olsun böyle şeylerden. Ayrıca neden bodrum jeneratörü devreye girmedi? Kontrol ettir. Sen değil. Başkasına söyle."

"Tamamdır abi," diye tekrar etti lafını Fevzi. "Başka bir isteğin yoksa çıkıyorum ben abi işleri halledip."

Merdivenlerden sessiz adımlarla çıktım, artık hava kararmıştı ve Ayşen Abla salona sofrayı kuruyordu. Odaya geçip kapıyı kapattıktan sonra Tosbik'i çantadan çıkardım ve yatağın üzerine bıraktım, ardından kabanımı da çıkarıp kenara bıraktım. Bugün eşyalarımı alamamıştım evden, yarın sabah mutlaka uğramam gerekiyordu. Odanın kapısını sessizce kapatıp merdivenlere yöneldiğimde küçük yaşlarda içimde beliren bir his dört bir yanımı sarmıştı.

Çocukken çok meraklıydım içeriden merdivenli evlere. Başka bir dünya olduğunu, çok gizemli durduğunu düşünürdüm içeride... Annemin mahalleden bir arkadaşının evi iki katlı, içten merdivenliydi; onlara çay içmeye giderken beni de götürürdü hep. Merak ederdim yukarıyı ama çıkmak için izin istemeye utanırdım, ben de basamaklarda otururdum hep. Basamaklarında oturmak bile hoş gelirdi, bir hoş yapardı içimi; neden bilmezdim. Büyüyünce içeriden merdivenli bir evde yaşama sözü vermiştim kendime, şimdi içine bir şömine ve yavru kediler de eklenmişti. Hayallerimin listesi uzayıp gidiyordu ama sanki sıra onlara hiç gelmeyecek gibiydi.

Kunt baş köşedeydi, sabahki gibi bir yanına Efes oturmuştu. Diğer yanındaki sandalyeyi çekip otururken sohbetlerine kulak verdim. "Yok zaten adam İstanbul'a indi ineli paparazzilerden kaçıyor. Bodrum'a gitmiş diye duydum ama kesin değil," dedi Efes. "Biraz bekleyelim, çıkar bir yerlerden haberi."

"Nerede olduğu umurumda değil, 9 Nisan'daki maçta bir sıkıntı çıkarmasın yeter," dedi Kunt geriye yaslanırken. Ayşen Abla sofraya son dokunuşlarını yapmış olmalı ki afiyet dileyip gitmişti.

"9 Nisan'daki maç, şu Rus adamla olacak maç mı?" diye sordum ortaya. "Roman Vladimir miydi?"

"Aynen," dedi Efes tabağına bir şeyler alırken. "Herif arıza. Kunt'la hiç karşı karşıya gelmediler ama hep bir göz kırpma, bir sürtüşme, bir gerginlik yaşanırdı aralarında. Federasyon maçı ayarlarken bilerek onu seçmiş olamaz ama o işin içine kendini katmış olabilir. Şimdi bir de ayağımıza kadar gelmişken göz hapsinde tutmak en iyisi." Efes'in buz mavisi gözleri Kunt'la aramızda mekik dokudu, mantıdan bir kaşık almıştı. "Eee, Karam'ın dairesinden bir şey çıktı mı?"

Kunt'la göz göze geldik. Hâlâ hissedebiliyordum kollarını üzerimde, nefesini kulağımın dibinde, kokusunu burnumda. O mektuptu benim ayarlarımla oynayan, bir anda el yıkamak için açılmış musluk gibi dökülmeye başlamıştı gözyaşlarım ve durduramamıştım; anın yoğunluğuyla da en yakın, en sıcak şeye sarılmıştım... Göğsüne. *İnanılmazsın Karaca.*

"Daire temiz," dedi Kunt, gözlerini ilk kaçıran ben olmuştum. "Bir mektup bırakmış sadece, Karaca'ya o da. O kadar."

"Hadi ya... Neyse Haluk'un uçağı kalkmadan önce öttükleri şimdilik yeter zaten."

"Uçağı kalkmadan önce?" Kaşlarımı kaldırdım, çatalım

elimde asılı kalmıştı. "Ne konuştunuz başka? Ne yaptınız adama?"

Efes gülerek geriye yaslandı. "Öldürdük Karaca, cesedini de benzin döküp bir varilde yaktık. Küllerini postaladık uçakla Amsterdam'daki kuzeninin yanına."

Bir anlığına, sadece bir saniyeliğine gözlerimden bir ihtimal bulutu geçti. Efes de Kunt da görmüştü onu, engel olamamıştım. Ne düşünebilirdim ki? Bilmiyordum. Kafam çok karışıktı yalnızca, tek bildiğim buydu. Kunt çatalını tabağının kenarına bırakıp geriye yaslanırken çıkan tok ses salonda yankılandı, gözlerimi birkaç saniyeliğine kapatıp derin bir nefes alırken dudaklarımı birbirine bastırdım; az önce bir şakayı, fazla ciddiye almıştım.

"Kızım sen ne sanıyorsun bizi?" dedi Efes ellerini masanın üzerinde birleştirirken ciddi bir ifadeyle. "Çok ciddi soruyorum bak. Ne sanıyorsun? Mafya falan mı?"

"Öyle değil..." Sıkıntıyla elimi saçlarımdan geçirdim. "Bir an boş bulundum sadece. Yaptığınıza inandığımdan değil..."

"Fazla bir şey ötmedi. Efes, Haluk'un bize anlattıklarını adamın ağzından bir daha dinledi sadece," dedi Kunt araya girerek düz bir sesle. Muhtemelen uzamasını istemiyordu. "Sabah konuşamadık. Sormak istediklerin varsa sor."

"Var," dedim kafamı sallayarak. "Mesela şu örümcek mafyanın illegal maçları. Nerede yapılıyor? Abimle ilgili ne öğrenebiliriz oradan? Kör Salim dedikleri adam, tefeci, ondan borç aldıktan sonra hesabını kapattıysa da o adam çok şey biliyor olabilir."

"Maçların nerede ne zaman yapıldığı belirsiz, dövüşecek adamları kendi elleriyle seçiyor ve anonim bir şekilde davet ediyorlar. Haluk'un bahsettiği kapı altından gönderilen altın renkli küçük zarf gibi. Muhtemelen adres ve tarih yazıyordu üzerinde sadece. Anlaşırlarsa bir düzen kuruluyor," dedi Kunt ela gözlerini gözlerime dikerek. "Kör Salim konusuna gelince, tefecilerin kuruldukları bir mekânları olur genelde. Biz de tam olarak orayı arıyoruz. Yakında çıkar kokusu."

"Peki izleyicilerden birini bulup bu tür bilgilere ulaşmak zor mu?" Suyuma uzandım. "Sonuçta bahis oynayanlar var değil mi? İşler bu şekilde yürüyor."

"Zor, bahisçiler hayalet gibiler ve internet üzerinden havale yaparak maçı canlı izleyenler bile oluyor ama bulunmaları o kadar da imkânsız değil. Hatta birini tanıyor bile olabilirim," dedi Kunt düşünceli bir ifadeyle, kaşlarını hafifçe çatmış ve bakışlarını başka bir yere çevirmişti. "Önceliğimiz şimdilik şu Hilmi Hoca'yı bulmak olsun, karısına onu aradığımızı çaktırırsak mutlaka bir hata yapacaktır. Yarın sabah antrenmanlar başlıyor, bitimine yakın akademiye gelirsin, Hilmi Hoca'nın eğittiği çocuklarla da konuşuruz."

Kafamı salladım. Ben tabağımdakilerle oynamayı bırakıp yemeğe başladığımda Efes çoktan yemeğini bitirmişti. "Ben kaçar," dedi ağzını peçeteye silerek kalkarken. "Kardeş salağım gelecekmiş birkaç güne, eve uğrayıp ufaktan biraz iş yapsam iyi olur."

Kardeş salağım. Kardeşine böyle mi diyordu gerçekten? Efes, kardeş dediğine göre ondan küçük bir kardeşi olmalıydı. Her ne kadar dışımdan herhangi bir renk vermesem de gülmek istemiştim, sadece dudaklarım kıvrılamayacak kadar çok tuzlu gözyaşıyla lekelenmişti bugün. Bir üzüntümün üzerine günler binmeden gülümsemek haramdı sanki bana ama abim gittiğinde yalnızca üzülmemiş, onunla birlikte bir parçamı da defnetmiştim toprağın altına; çocukluğumu. Biliyordum, uzun zaman kendime gelemeyecektim. Biliyordum, uzun bir zaman boyunca ne zaman gülsem yüzümde asılı kalacaktı tebessümüm. *Gül!* demişti abim, gülecektim ama tutuklu kalacaktım satırlarında.

Efes kalkıp gittiğinde "Mektupta ne yazdığını hiç sormadın," dedim Kunt'a. "Merak etmiyor musun?"

"Abi kardeşin özeli o," diye cevapladı beni, düz bir sesle. Bakışlarımı yüzüne kaydırdım, düşünceli gözleri masanın örtüsünün üzerindeydi ve bir süredir böyle olduğunu yeni fark ediyordum. Pek bir şey yememişti, belki de iştahı yoktu.

"Sen bu yola benimle, katil olmadığını ispatlamak için çıktın Kunt, yalan mı? Ama kendine. Bir başkasına değil. Kendinden başkasına ispatlamana gerek yok bunu. Bana bile."

"Sana bile?" Ela gözler, gözlerime çevrilirken kaşları havalanmıştı.

"Neden ki? Ben bu düşünceyle yaşayıp ölsem de senin hayatında bir şey değişmez. Anladığım kadarıyla sen başkalarının, özellikle de yabancıların sözlerini sırtına yük yapan bir adam değilsin."

"Sen yabancı mısın Karaca?" diye sordu Kunt, bir cevap beklemeksizin yüzüme bakarken. "Anladığın kadarıyla, anlamamışsın beni Karaca."

"Tamam o zaman başa saralım, anlayalım, kafamda soru işareti bırakma benim," dedim geriye yaslanırken. "29 Eylül'ü 30 Eylül'e bağlayan gece hastanedeydim henüz, çıkmamıştım. Arenadan aradılar hazırda ambulans bekletilmesi için, maç sırasında oluşabilecek herhangi komplike bir duruma karşı. Abimin maçı olduğunu bildiğim için dayanamadım atladım geldim. Yukarı çıkarttılar beni, oldukça korunaklı bir revire götürdüler. Dedim ki buranın doktoru nerede? Stajyer olduğumu bilmiyorlardı, ambulansta görev yapan ilk yardım görevlisi olduğumu düşünüyorlardı. Deniz Bey revirin doktoruymuş, talihsiz bir kaza yaşamış. Tamam dedim bekledim. Fuat Hoca'yla sen geldiniz, ikinizin de sinirleri tepesinde. Neden öfkeliydiniz mesela? Ya da senin kaşın neden patlamıştı daha maçtan önce? Bıçaklanmıştın, yaralıydın, dikişlerin patlamıştı üstelik. Ne oldu o gece Kunt?"

Seslice üfledi nefesini önüne dönerken. "Bu bilmen gereken bir şey değil, başka?"

"Bu bilmem gereken bir şey değil," diye tekrar ettim kafamı sallayarak önüme dönerken. "Peki, tamam. Devam ediyorum. O gece ben döndüm, sen abimle maça çıktın. Abim düştü. Anneannen hastaneye kaldırıldı. Hayalet antrenör ortalıktan kayboldu. 1 Ekim sabahı abimi defnettik, mezarlığa geldin. Kavga ettik. Ben fenalaştım, rapor çıkartıldı okuluma ara verdim. Fuat Hoca, Haluk Bey aracılığıyla bana ulaşmaya çalıştı 29 Aralık gününe dek, o gün bizzat kendisi ulaştı da. Maç kaydını bıraktı, adresini verdi, git getir onu dedi. Gittim getirdim. Kurtlar saldırdı, çakallar çevreledi, göle düştüm, boynum kesildi derken getirdim. Ama sen, kimse sana katil demediği hâlde, lisansın bile iptal edilmediği hâlde beni sofrana oturtmuş bu işi çözeceğini söylüyorsun. Kimin için, ne için çözmek istiyorsun?"

Kunt'un gözleri kısıldı, ciddi bir ifadeyle yüzümü süzüyordu. "Sen dedin," dedi düz bir sesle. "Sen bana katilsin dedin."

Kafamı olumsuz anlamda salladım. "Yarın bir gün çıktığın bir maçta kalabalığın içinden birisi sana katil diye bağırsa her şeyi bırakıp gidecek misin? Hayır. Ben aptal değilim. Sen bir şeyler saklıyorsun ve ortaya bırakmadığın sürece görmeyeceğimi düşünüyorsun. Bense senin, benim eninde sonunda burnuma gelen kokuyu bir cevap alana kadar başına kakacağımı hesaba katacak kadar mantıklı ve zeki bir adam olduğunu düşünüyorum." Benden bir saniye olsun çekmediği gözlerine dikkatle bakıyordum. "Haluk Bey mesela, avukat. Koskoca adam karşında iki büklüm oldu, senden yardım dilendi ve bunun için beni kullandı, seninse bunu anlaman iki dakika ya sürdü sürmedi. İstanbul sınırlarına girdiğimiz gibi Tasmas'ın selamını getiren o zavallı bağımlı çocuğu da unutmamak lazım, öldü çünkü hastane yolunda. Fevzi saydı duydum, evin çevresinde yığınla adam var. Yılbaşı gecesi bile işlerinin başındaydılar, buna göre ödeme aldıklarını söyledin hadi ona da tamam. Ama sen nasıl bir adamsın da bu kadar adam lazım dışarıya, sırf evinde huzurla oturabilmen için? İşte bunu anlamıyorum. Az önce Efes'in söylediklerinin gerçekliğini bu yüzden sorguladım."

"Açık sözlüsün, kafanı kurcalayan bir şey varsa dank diye bırakıyorsun ortaya," dedi Kunt masadan kalkarken. "Senin yerinde başka biri olsa sırf o kapıdaki adamlar yüzünden sessizce gömülürdü şu an oturuyor olduğun sandalyeye, sense bana dikleniyorsun." Dönüp baktığımda bara yürüyordu, bardan bir şişe kaptı ve bir viski bardağı ile geri döndü. İkisini de masaya bıraktıktan sonra yerine geri oturmuş, geriye yaslanmıştı. "Bense merak ediyorum, cesaretin ateş gördüğünde eriyecek bir plastikten mi yoksa şekil verilebilecek kadar sağlam demirden mi? Sen korkusuzca 2 metre bir kurda mutfak bıçağı sallayan, sonra da mutfak masasında zımbayla onu diken kız mısın yoksa sabah bir kâğıt parçasına hüngür hüngür ağlayan o kız çocuğu mu? Cesaretin aptallığından mı yoksa kendini aptal gibi gösterecek kadar zeki misin?"

"Yalnızca söz konusu sevdiklerim olduğunda gözümden yaş akar benim," dedim önüme dönerek, buz gibi bir ifadeyle. "Sabah tanıklık ettiğin bir daha yaşanmayacak çünkü abim gitti ve bana bıraktığı son şey o mektuptu. Bir daha açıp okumayacağım bile." Çatılan kaşlarımın altındaki kara gözlerimi altın harelerine çevirdim. "Cesaretim konusunda ise yanılıyorsun ne plastikten ne de demirden. Ben ateşin ta kendisiyim. İster dokunur kendini yakarsın ister bir mum yakar yolunu aydınlatırsın. Seçim senin."

Kunt bir kolunu sandalyenin kenarına yaslamış, elindeki bardağın dibindeki viskiyi mekanik, yavaş hareketlerle sallıyordu ve gözleri cam bardağın içindeki sarı sıvıdaydı. "Ateşin yanarken, kendini de yaktığını duydum."

"Ben de insanların yaşayarak kendilerini öldürdükleri kitaplar okudum."

"Bu dünya kitaplardan farklı," dedi bardağın dibindeki sıvıyı tek yudumda aşağı, midesine gönderirken. "Duydun mu? Burada sürüden ayrılan geyiği, Kunt kapar."

"Sürüm bana ihanet etmediği sürece ayrılacağımı zannetmiyorum."

"Belki sen sürüne ihanet edersin."

"Bana güvenmiyorsun," diye mırıldandım bu farkındalığımda kurumuş dudaklarımı ıslatarak önüme dönerken.

"Ben kimseye güvenmem Karaca. Güvenmek zorunda kaldıklarım olur, onları da uzaktan gözetler bir hamle yapmalarını beklerim."

"Güven olmadan olmaz, demiştin," dedim dağ evindeki sözleri aklıma geldiğinde.

"Bizim gerçek bir ilişkimiz yok, sen dikkat çekme, bağlantıların olsun, istediklerine kolayca ulaşabil diye nişanlı numarası yapacağız sadece. Güven olmadan da olur Karaca, olur, zor olur ama olur."

"Sonra da bana güvenme dedin, kimseye güvenme dedin..."

"İskoç viskisi çarpmıştır, ne bileyim dağ havası ayarlarımla oynamıştır söylemişimdir, belki de gerçek düşüncelerimdir bilemezsin. Sen bana güveniyor musun? Hayır. Ama zorundasın. Bu ne demek? Gözlerin hep üzerimde olacak, tetikte kalacaksın, şüphenin soluğu ensende olacak. Hiçbir zaman kimseye sırtını vermeyeceksin ama elinden tutmak zorunda kaldıkların olacak. Ben sana şimdi burada oturmuş kendimi anlatamam, kendin deneyimleyip oluşturacaksın benim hakkımdaki düşüncelerini. Benim yapacağım gibi."

Oyunun içindeki oyunun içinde başka bir oyun oynamak istiyordu. "Neden bilmiyorum ama içimde bir his var ve hep gerek dağ evinde gerek İstanbul'a döndüğümüzde Efes'le döndüreceğiniz dümen olsun, cevabın basıp gitmek olmalıydı diyor bana. Onu hiçbir zaman dinlemedim ve dinlemeyeceğim çünkü istediğim bu. İstediğim cevaplar almak. İstediğim bilmek, öğrenmek... Ama senin hakkında düşüncelerim oluştukça, soru işaretleri kendini belli ettikçe kafamın içinde, bir yerlerde gitmiş olmayı diliyor o yanım."

"Öyleyse neden hâlâ buradasın?" diye sordu boş bakışları yüzümü incelerken. "Gitmek için geç değil. Henüz hiçbir şeye başlamadık."

"Çünkü ben bunca şeye, şüpheye arkasını dönüp gidebilecek ve hayatını yaşayabilecek biri değilim. Belki hiç görmek istemediğim şeyler göreceğim, yapmam gereken şeyler olacak, fedakârlıklar mesela. Alışacağım. Cesur olacağım ama hiçbir zaman sırf bütün bunlar gözümü korkutuyor diye gitmiş olmayı dilemeyeceğim."

"Keşke o sese kulak versen," diye mırıldandı ayağa kalkarken. "Çünkü Karaca, benim yanımda göründükten sonra, geriye dönüşün olmayacak. En azından benim dünyamdan."

"Senin dünyanı merak ediyorum," diye bir itirafta bulundum. Şaşkınca kalkan kaşlarının altındaki ela gözler üzerime çevrildi, loş aydınlatma gözlerinin içini karartıyordu. "Az önce saydığım her şeyin cevabını merak ediyorum. Alacağım da. Öğreneceğim Kunt."

"Dilerim hiç öğrenmezsin Karaca ama sende bu inat oldukça..." dedi az önce doldurduğu ama kaşla göz arasında içtiği bardağı masaya bırakırken. "İstersen dinlen, yarın hareketli bir gün olacak. Kapıdaki çocuklardan biri seni akademiye getirir, yoklamamız gereken nabızlar var."

Kafamı salladım sessizce. Kunt gözlerini etrafta gezdirdi, ardından salondan çıkıp koridorun sağından devam etmeden önce son kez gözlerini üzerime değdirdi.

Ayşen Abla sofrayı topladıktan sonra gitmişti, bulaşıkları makineye yerleştirirken yardım etmiştim ona. Yemekleri beğenip beğenmediğimi sormuştu, hepsi birbirinden lezizdi. Yemek konusunda şanslı hissediyordum kendimi çünkü yurtta hazır *noodle* paketleriyle süründüğüm üç yıldan sonra Öktem'le eve çıktığımızda midem bayram etmişti, şimdi de Ayşen Abla döktürüyordu. İşinin bittiğini söyledikten sonra yolcu etmiştim onu, yapacak bir işim yoktu. Her sabah evinden kapıdaki korumaların alıp her akşam da evine bıraktıklarını öğrenmiştim. Fevzi yoktu. Bahçede sadece soğuk bakışlı esmer adam vardı tanıdığım, onun da ismini öğrenememiştim henüz. Sabah kahvaltıda bilgisayarı getiren oydu, öğlen ben çıkarken de bahçedeydi.

Kunt'un sofradan kalktıktan sonra sağ koridora girdiğini ve oradan hiç dönmediğini fark etmiştim, mutfaktayken bile bir kulağım koridorda dinlemiştim Ayşen Abla'yı. Bu eve ilk geldiğimde de ölen bağımlı çocuk Umut'un ailesinden konuşurken Efes'le sağ koridora girmişlerdi, orada çalışma odası tarzı bir yeri olabilir miydi? Üst kattaki odaları da merak ediyordum, her ne kadar uyurgezerken keşfe çıkmış olsam da hiçbir şeyi hatırlamıyordum.

Koridora girdim, koridor da ev gibi sadeydi; duvarda modern sanat tabloları vardı, onun dışında boştu. Koridorun çıktığı kare, geniş bir alanda iki oda vardı karşılıklı. Birinin kapısı diğerine göre koridora daha yakındı, diğeri karşı duvarın tam ortasına yerleştirilmişti. Bu dengesizlik kapıları çizen mimarın kafasına kapıları söküp geçirme isteği uyandırmıştı bende, her ne kadar şimdi umurumda olmasa da lisedeyken masamın üzerindeki kalemler ve defterimin bile yerlerini sürekli düzeltirdim. Koridora yakın olan kapıyı tıklattım, ardından kapı koluna gitti elim; açtım. İçerisi karanlıktı, burası başka bir banyoydu. Kapıyı kapatıp diğer odaya yöneldiğimde avuçiçlerim kaşınıyordu. Gerilmiştim. Kapıyı tıklattım, kulağım kapıya dayalıydı ama hiçbir ses gelmemişti. Elimi kapı koluna uzatıp indirdiğimde ise içerinin neredeyse boş olduğunu gördüm, üstelik Kunt burada da değildi. Göldeyken de sessiz yaklaşmıştı yanıma, belki de yine sessizce çıkmıştı yukarı. Muhtemelen odasındaydı.

Üst kata çıktığımda saat gece yarısına geliyordu, Tosbik nalları dikmiş gibi uyuyordu yatağımın üzerinde. Bir süre yanına uzanıp göbeğini sevdim, bana göbeğini göstermesi çok hoşuma gitmişti çünkü bunu güvendiğinden yaptığını biliyordum. Bir yandan da öfkeliydim hâlâ o doktora; çünkü eğer Tosbik'in bebekleri karnında öldüyse bana göbeğini açan bu kedinin güvenini boşa çıkarmış olacaktım. Kunt dağ evindeyken *"Al dediğin maçı alacağım, kal dediğin yerde kalacağım. Öl de bana yine o geceki gibi, öleceğim bu sefer,"* demişti. Acaba rica etsem veteriner beyi de dövebilir miydi?

Ona güvenmesem bile onu bir yalana inandırmamı istiyordu çünkü daha kendisi bana güvenmiyordu. Biz bu işin altından nasıl kalkacaktık? Resmen birbirimizle dalga geçiyormuşuz gibi geliyordu. Ona güvenmiyordum çünkü henüz onu tanımıyordum ama dağ evindeyken çakal sürüsünü nasıl gözünü kırpmadan öldürdüğünü görmüştüm, üstelik tek bir kurşun ziyan etmemişti ve bunu benim için yapmıştı, peşimden gelmişti. Ormanın güvenli olmadığını biliyordu. Akşam beni vazgeçirmek için kızdırdığında da hiç düşünmeden kaçıp gitmiştim, buz tutmuş göl çatlamıştı ve suya düşmüştüm. Tereddütsüz atlamıştı peşimden, beni o sudan çıkarıp sıcak suyun altına bırakmıştı kendiyle. Evet, Efes'le beni korkutup kaçırmak için bir plan yapmışlardı ama bu planlarını hiçbir zaman hayata geçirememişlerdi çünkü tehlike beni çoktan bulmuştu; belki de haklıydı, çevireceğimiz dümen tehlikeliydi ama Kunt'un yanında olmak bütün bunlardan daha tehlikeliydi. Nedenini bilmiyordum ama öğrenmek istiyordum.

Ayşen Abla, eve hâlâ uğrayamadığımı öğrendiğinde bana bir pijama takımı ayarlamıştı. Takım siyaha yakın, koyu gri, saten bir takımdı. Üstü uzun kolluydu ama altı kısacık bir şorttu. Kime ait olduğunu bilmediğim takımı üzerime geçirdikten sonra ikili koltuklardan birinin kenarına tüneyip pencereden dışarıyı izlemeye başladığımda ışıkları kapatmıştım ama odanın içindeki iki gece lambası da yanıyordu. Kapı tıklatıldığında Tosbik kafasını kaldırıp kapıya baktı, kapıya ters olan koltukta oturuyor olduğumdan ben de başımı çevirmek zorunda kalmıştım. "Gelebilirsin," dedim Kunt olduğunu düşünerek, benden bir cevap beklediğini fark ettiğimde. Aşağıdaki adamlar çağrılmadığı sürece asla evin içine girmiyorlardı, Ayşen Abla da gideli saatler oluyordu.

Kunt araladığı kapıdan gövdesini yarım bir şekilde gösterdiğinde göz göze geldik, içeri girdikten sonra kapıyı gelişigüzel kapatmış ve karşımdaki tekli koltuğa yürümüştü. Üzerinde ince beyaz kısa kollu bir tişört ve siyah eşofman vardı. Duş almıştı, saçları nemliydi. Muhtemelen yatmaya hazırlanıyordu. Koltuğa geçip otururken gözleri üzerimdeki saten pijama takımına takıldı, ardından geriye yaslandı ve kollarını koltuk kenarlarına uzattı.

"Eski nişanlının falan mıydı?" diye sordum aklıma gelen düşünceyle. İstemsizce gerilmiştim. Eski nişanlısının pijamasını giyiyorsam garip hissedecektim.

"Beren burada kalmazdı, yani hayır," dedi düz bir ifadeyle. "Kız kardeşimin."

Kaşlarımı kaldırarak "Kız kardeşin de mi var?" diye sordum.

"Başka kimi biliyordun ki?"

"Abini, Baran'mış adı. Ayşen Abla anlatmıştı."

"Ayşen Hanım ikizleri nasıl anlatmamış, çok şaşkınım şu an," dedi dalgalı bir ifadeyle nefes vererek gözlerini kaçırırken, başparmağı kalın alt dudağının çevresinde geziniyordu.

"İkizler?"

"Fernando ve Isabel, ikizler. İspanya'da yaşıyorlar, arada Türkiye'yi ziyaret ederler."

"İsimleri de yabancı..." Demek aslında dört kardeşlerdi. Düşünürken istemsizce kaşlarım çatılıyordu. "Eğitim için mi İspanya'dalar?"

Kafasını salladı Kunt. "Biraz da bu işlerden uzak durmaları için. Zaten orada doğdular, annem de isimlerini öyle koymak istedi. Gittiği bir falcı mı ne öyle demiş... On sekiz yaşında iki hovarda, baş belaları."

"Türkçe isimleri yok mu yani? Fernando Karyeli?" Gülecek gibiydim ama kendimi tutuyordum tamamen.

"Var. Mert ve Meryem."

Kafamı salladım. Demek ki Fernando ve Isabel'e alışmışlardı yurtdışında yaşarken, yabancı isimler kullanıyorlardı. Kunt yirmi dört, ikizler on sekiz yaşındalarsa Baran kaç yaşındaydı ve nasıl biriydi? Kuntadam abisinden hiç bahsetmiyordu.

"Sabah karşılaşamazsak diye..." Elini cebine attığında, kadife lacivert bir kutu çıkarmıştı. Ortamızdaki alçak kare masanın üzerine bıraktığında bakışlarımı kutudan ona kaldırdım. Altın hareler, yüzüne yansıyan gece lambasının ışığında parıldıyordu; bu karanlık odada bile kendini göstermenin bir yolunu bulmuşlardı. Gözlerinin ilgimi çektiğine itiraz edemezdim ama itiraf da edemezdim. Karanlığın içinde yanan ışıklara hep ilgi duymuştum bunca zaman... Belki bir el fenerine, belki bir gece lambasına, belki bir mum alevine, belki bir çift altın hareli ela göze...

Kutuya uzandım, kadifesi elde hoş bir his bırakıyordu. Kutuyu açtığımda iki yüzük yan yana gri kumaşın içine yerleştirilmişti. Neden sanki gerçekten nişanlanıyormuşum gibi heyecanlanmıştım yüzüklere bilmiyordum ama bunu dışarı yansıtmadığımı biliyordum, bu yüzden rahattım. Yüzükler düz olsa da altın işlemeliydiler, küçük olanı elime aldığımda yüzüğün iç kısmındaki işlemeyi inceliyordum. Gerçekten nişanlananlar tarih yazdırırdı ama bu yüzüklerin iç kısmına bir çiçek işlenmişti, üstelik çiçeğin deseni yüzüğün dışına kadar kayıyordu. Hoştu.

"Ne çiçeği bu?"

"Kardelen," dedi düz bir ifadeyle, yerinden kımıldamamıştı. "Karyeli, kışın sert esen yel anlamına geliyor, tipi. Kardelen de kışın sertliğine rağmen karı delip açan bir çiçek. Aile sembolü."

Yüzüğe dikkatle bakarken, Beren'in yüzüğünü takacağım için anlamsız ve belirsiz bir his peydah olmuştu içimde ama düşüncelerimi yuttum. Yüzüğü sol elime, yüzük parmağıma geçirdiğimde tam olmuştu. Soğuk metali tenime bir ürperti yayarken gözlerimi yüzükten çekip Kunt'a baktım.

"Sağ eline takman gerekiyor," dedi çenesiyle sağ elimi işaret ederken.

"Neden?"

"Yüzükler nişanlıyken sağ ele, evlendikten sonra sol ele takılır."

Öyle miydi? Yüzüğü çıkartıp sağ elime geçirirken istemsizce sol elimdeki yüzük parmağımda boşluğunu hissetmiştim çünkü tenimden yayılan sıcaklık yüzüğün soğuk metalini emmişti bile. Ne yazık ki bir daha sağ elime takamayacaktım, bu ilk ve sondu. Bir gün ise çıkaracaktım tümden. "Çok saçma. Kim dikkat ediyor ki? Hem neden bu ayrım?"

Kunt geriye yaslanırken koltukta biraz kaymış, dirseğini yasladığı koltuğun kenarından parmaklarını alnına değdiriyordu. "Batıl inanç işte."

Kaşlarımı kaldırdım.

Seslice nefes verdi. "Yüzükler... İlk Mısırlılar zamanında ortaya çıkmış diye biliniyor. Başlangıç ve bitiş noktaları olmadığından sonsuzluğu temsil ettiğine inanılıyordu. Daha sonra bu medeniyetler arasında yaygınlaşarak bir gelenek hâline gelmiş. Peki neden sol el? Güzel bir soru çünkü ortaçağda mesela, birinin sol el ile yazı yazarken görülmesi, sağ elini kullananlar arasında deli olarak nitelendirilmesine sebepti. Hatta İspanyol Engizisyonu zamanında solaklara işkence edilir ve öldürülürlerdi. İslam ülkelerinde ise birinin sol eliyle bir şeyler yiyip içmesi tabuydu. Bu iş öyle bir yere varmıştı ki Japonya'da bir kadının sağ elini kullanamaması legal olarak anında boşanma sebebi sayılıyordu. Ha sonra ne oldu? Romalılar çıkıp sol elimizin dördüncü parmağından başlayan bir damarın kalbe gittiğini söyledi. *Vena amoris.*"

Vena amoris. Vein of love. Aşk damarı.

"Ama bu doğru değil, yani kalbe giden damarın yüzük parmağından geçmesi," dedim yüzüğü yerleştirdiğim parmağa dokunurken.

"Doğru değil, evet, sonradan kanıtlandı. Sol el, sağ el ayrımı da halk arasında böyle gelmiş böyle giden bir gelenek zaten. Bazen insanlara ne kadar gerçeği göstersen de inandıkları şeye ısrarla bağlı kalmayı tercih edebiliyorlar."

"Bence bu onlara zarar vermediği sürece sorun değil, hatta bir noktada kalpleri ısıttığına eminim. Böyle zararsız gelenekler hoş."

Kaşlarını kaldırdı Kunt. "Öyle mi? Saçma diyordun az önce?"

"Hikâyeyi beğendim," dedim omuz silkerek, dirseğimi koltuk kenarına yaslayıp yumruk yaptığım sol elimi çenemin altına yaslamıştım ve avucumu kaldırmış yüzüğe bakıyordum. "Hep takmak zorundayız değil mi?"

"Tak çıkar, tak çıkar, kaybedersin."

"Doğru." Kimbilir ne kadardı bu yüzükler? Ağırlığı bir kenara, özel işlemeydi. Belki bu iş bitince Kunt yüzüğü geri istemezse bozdurabilirdim... Ve zengin olurdum...

"Efes bu planı ortaya atmasaydı ne yapacaktık? Bunu düşünmüş müydün? Başka bir yol yok mu gerçekten?" diye sordum başımı kaldırıp ona bakarken, benim gibi o da yüzüğüme bakıyordu ki başımı kaldırınca göz göze gelmiştik.

"Hayatımda belli başlı kişiler var Karaca, herkes bilir bunu. Tek bir laf için peşime takılan paparazziler de bilir, kapımın önündeki adam da bilir, düşmanım da bilir. Onlardan başkasına yer yok hayatımda. Sen yirmi bir yaşında, dördüncü sınıf bir tıp öğrencisisin, seninle yan yan görülmem için hiçbir sebep yok, anlıyor musun? Sen kimsin ki? Hayatımda yerin ne? Ben bir hikâye yazıp oynayalım dedim, Fuat Hoca seni direkt Beren'in yerine geçirmek istedi. Efes'in ampulleri kendiliğinden yanmıyor yani ona elektrik Fuat Hoca'dan geliyor. Bu mesele çoktan konuşulmuştu yani sabah kahvaltı masasında bahsedilmeden önce."

"Sahneye yeni bir oyuncu sokamazsın, bu yüzden ben oyun arasında bir başkasının kılığına girip onun gibi davranmak zorundayım..." *Sen kimsin ki?* "Beren duyarsa ne olacak?" *Sen kimsin ki Karaca?*

"Onunla konuşacağım, sorun çıkaracak biri değil," dedi Kunt ayağa kalkarken. Yüzük kutusunu eline alıp kutuyu cebine atmadan önce kendi yüzüğünü sağ eline takmıştı. "Başka bir şey yoksa gidiyorum ben, sabah erken kalkacağım."

"Antrenmana değil mi?"

Kafasını salladı. Bir boksör olarak çalışma ve diyet programını merak etmiştim, ben Ensar Hoca'yla iki buçuk ay gibi bir süredir çalışıyordum Fuat Hoca'yla karşılaşmadan önce ve ne yiyip ne yememem gerektiğine karışılıyordu. Ben her ne kadar içimde yanan ateş için boks yapmak istesem de hocam ay başında ölçülerimi alıyor ve rapor veriyordu. Kunt üç ay ara verdiği için muhtemelen kaslarını güçlendirmesi gerekecekti.

"İyi geceler," dedi arkasını dönmeden, kapıdan çıkıp giderken.

"İyi geceler," dedim arkasından, düz bir sesle. O çıkıp kapıyı kapattığında ben önüme dönmüş, elimi kaldırmış yüzüğe bakıyordum. Annemin de bir yüzüğü vardı, elinden hiç çıkarmadığı. Tektaşı da vardı ama onu biz abimle küçükken bozdurmuştu. Ne zaman bulaşık yıkasa, temizlik yapsa tezgâhın üzerine bıraktığında küçücük, incecik parmaklarıma geçirip podyumda yürüyormuş gibi dolanırdım evin içinde. Bir keresinde salonda koltukların üzerinde zıplarken nişan yüzüğü de tektaşı da uçup gitmişti elimden. Saatlerce aramış ama bulamamıştım. Sonunda annem işi bittiğinde yüzüklerini almaya geldiğinde itiraf etmek zorunda kalmıştım. Suratındaki ifadeyi hatırlıyordum; korkmuştu. Yüzüklerini kaybettiği için korkmuştu. Onu da çocuklarını da terk edip giden bir adamla boşandığı hâlde yüzüklerine çok değer veriyordu. Sonradan koltukların arasından çıkmıştı yüzüklerin biri, diğeri de evin içindeki büyük yapraklı bir bitkinin saksısından...

"Taş çok güzelmiş," demiştim bir akşam annemin eli kucağımda, tek taşı gözüme kadar sokmuş incelerken. Kocamandı. *"Keşke babam gelse bana da alsa bundan. Daha büyüğünü de alır mıydı anne?"*

"Alırdı kuzum."

"Sarısını alır mıydı? Sarı severim ben."

"Alırdı bir tanem."

"Niye almıyor o zaman anne? Niye gelmiyor?"

"Bazı gidişlerin, dönüşü yoktur Karaca'm... O yüzden," demişti annem, kabuklarını soyduğu portakalın bir dilimini bana uzatırken.

"Anne limon da kessene," demiştim annemi kahkahalara boğan bir tınıyla.

"Kız ben sana hamileyken çok mu limon aşermiştim de sen böyle oldun? Bırakayım bir kilo önüne ye ama karnın ağır be kuzum... Bugünlük bırak. Muz getireyim mi sana çok güzel olgunlaşmışlar geçen pazardan aldıklarım?"

Annemi özlüyordum... Eski annemi. Yüzüne baktığımda beni hatırlayan, sevgiyle kucaklayan, saçlarımı öpen annemi; çay demlerken içine karanfil ve kiraz sapı atan annemi, gecenin bir yarısı biz ertesi gün paket yapıp okula götürelim diye patatesli gözleme yapan annemi, soğuk kış gecelerinde penceremi koparırcasına döven rüzgârdan korktuğumu bilerek abimle ortamıza yatan annemi, yanık sesiyle ninniler; türküler söyleyen annemi... Annemi çok özlüyordum ben ama yanına gitmeye yüzüm yoktu.

Gece lambası açık uyudum. Kayradağ'da göle düştükten sonra karanlık korkumun tekrarladığını biliyordum. Her ne kadar odanın içi gerek bahçe gerek havuz aydınlatmasından yansıyan ışıklar sayesinde hiçbir zaman tam olarak karanlık olmasa da cesaret edememiştim işte gece lambalarının ikisini de kapatmaya.

Uykunun içindeyken ne kadar zaman geçti hiçbir şekilde ölçemiyordunuz. Akşam dokuzda yattığınızda mesela, gözlerinizi kapatıp açıncaya kadar sabah altı oluyordu ve okul için uyanıyordunuz. Çok geçmeden yanımda bir hareketlilik hissettim.

Tosbik'in yatakta geziniyor olduğunu düşünmüştüm ve hamile olduğundan ağırlık yaptığını, bu kadar çökerttiğini yatağı...

"Hayda... Bil diye söylüyorum koltuk hiç rahat değil. Ayrıca sen K9 köpeği misin koklayarak mı buluyorsun burayı kızım ya?"

Rüyamda bir köprüden geçiyordum ve yanımda babam vardı. Her ne kadar yüzünü göremesem de babam olduğunu biliyordum bir şekilde. Şelalenin fotoğrafını çekmek için durduğumda babamın ilerlediğini gördüm, daha sonra gözlerimiz kesişti ama yüzünü göremiyordum yine de bir şekilde. Daha sonra sallanmaya başladım, korkuyla halatlara tutundum. Başımı kaldırdığımda köprüyü sallayanın babam olduğunu görmüştüm.

Babam. Bizi bırakıp giden adam. Bizi bırakıp Karaköy'de bir fırın açan ve orada yeni ailesiyle mutlu olan adam. Ben abim değildim, hiçbir zaman oraya gitmeyecek, yakınından bile geçmeyecektim. Ama bir gün belki unutursam... Belki unutursam ve kendimi bulursam orada, tıpkı abimin yaptığı gibi dereotlu peynirli poğaça alırken gözlerinin içine bakacaktım o adamın. Ve hiçbir şey söylemeden çıkıp gidecektim. Belki anlayacaktı, belki aklının ucundan bile geçirmeyecekti ama ben onun gözlerinin içine -maddi sıkıntıdan satana dek gözü gibi baktığı yüzüklerini sonuna kadar parmağında taşıyan- annem gibi kırgın bakacaktım.

Bir esinti yüzüme çarptığında istemsizce kaşlarım çatıldı, uyanmıştım ve bunun farkındaydım. Bacaklarımı kendime çekmiş, yan yatmıştım yatakta; başım ve ellerim yastığın üzerindeydi. Gözlerimi araladığımda ilk gördüğüm şey aralanmış siyah perdelerdi, bir terasın cam kapısını görüyordum; üstelik teras boş değildi, sırtını dönmüş manzarayı izleyen bir adam vardı kadrajda. Burnuma gelen tanıdık kokuyla birlikte avuçlarımın üzerinde yataktan kalkarken nerede olduğumun farkına da varıyordum yavaş yavaş. "Hassiktir," diye fısıldadım kısık bir ses tonuyla, ardından hızlıca yataktan kalkıp gözlerimi kapattım ve elimi alnıma yasladım. *"Karaca sen Allahın belası mısın?"* diye sordum kendi kendime. *"Sen ruh hastası mısın?*

Nesin sen, hasta mısın? Sen kadınların yüz karası olabilir misin acaba?"

Kendi kendime söylenirken gözlerimi açtığımda öfkelendiğimden ellerimi iki yanıma indirmiştim bir hınçla. Kunt ne zamandır arkasını dönmüş, kalçasını balkon mermerine yaslamış, kaşlarını kaldırmış hareketlerimi izliyordu bilmiyordum ama o bunu fark edene dek sessizce odadan çıkıp gitmeyi planlıyordum. Derin bir nefes aldım, ardından teras kapısına yürüdüm ve kapıyı açıp dışarı çıktım. Hava buz gibiydi. Teras kapalıydı ve camdandı her köşesi, özellikle tavanı. Muhtemelen geceleri yıldızları görebilmek için... Köşede L şeklinde koyu gri bir koltuk, masa ve hatta salıncak vardı.

"Günaydın," dedim etrafı süzerken, içeri girdiğimde soğuktan refleks olarak kollarımı göğsümde birleştirmiştim ama en çok çıplak bacaklarım üşüyordu. Kunt sigara içiyordu. Saat kaçtı?

"Gün henüz aymadı, sen uykuna devam et istersen K9," dedi Kunt, bir kolunu balkon mermerinin üzerindeki metal dayanaklığa yaslayarak.

"K9?" Kaşlarımı kaldırarak sordum.

"Uyurgezerken koklayarak buluyorsun ya odamı, ondan K9, cuk oturdu bence," dedi alaylı bir ifadeyle. "İsmin de K ile başlıyor. Doğum tarihin ne senin?"

Bir elimi saçlarımdan geçirirken gözlerimi kaçırmıştım utançtan. "9 Eylül 1999."

Kunt neredeyse kahkaha atacaktı. "Tamam süper işte. K9."

Alnımı ovalayarak gözlerine kaldırdım bakışlarımı. "Özür dilerim... Koltukta mı yattın?"

"Yooo niye koltukta yatayım ki?"

Ağzım bir karış açık kalmıştı. "Nasıl yani? Birlikte mi uyuduk biz?"

"Koskoca yatak Karaca, geç bir köşesine uyu istediğin kadar madem bu kadar istiyorsun yatağımı... Ne yapayım, çocukları mı çağırayım seni taşısınlar kaldığın odaya diye?"

"Dalga geçmeyi bırakır mısın lütfen?" Ciddi bir ifadeyle gözlerinin içine baktım. "Ciddi bir durum bu farkındaysan.

Uyurgezerlik çocukken doğal olarak karşılanırken benim yaşımda bir sorun. Çözümü neredeyse olmayan bir sorun hem de. Efes haklı, kalkıp oda değiştirebiliyorsam kimbilir başka neler yaparım?"

Kunt sigarasını metal küllüğe vurduğunda ucundaki kül dökülmüştü, gözlerini kapatarak sessizce güldü. "Öyle mi? Neler yaparsın mesela?"

Vurmak istiyordum ona. Köşedeki yastıkları alıp kafasına kafasına vurmak istiyordum. "Hâlâ dalga geçiyorsun! Yanlış anlamıyor musun hiç?"

"Anlamıyorum Karaca," dedi Kunt sonunda ciddi bir ifadeye bürünürken. "Anlamalı mıyım yanlış?"

Gözlerimi kaçırırken bu sefer ellerimi kaldırmış, yüzümü ovalıyordum. Parmağımdaki yüzüğün metali yüzüme değdiğinde garip bir hisle geri çektim elimi, ardından elime baktım. Sağ elime. Garip geliyordu. Gözlerimi yüzükten çekip Kunt'a çevirdiğimde boş bakışlarının üzerimde olduğunu fark ettim. Daha sonra sağ eline baktım, bitmek üzere olan sigarasını tutan eline; yüzük, parmağında değildi.

"Her neyse, tekrar kusura bakma, artık uyurken kapıyı mı kilitlersin ne yaparsın bilmiyorum," diye mırıldandım dönüp teras kapısına yürürken.

Kunt bir anda koluma uzandığında adımım havada asılı kalmıştı. "Karaca." Dönüp ona baktım uykulu gözlerle; ışık yoksa parıldamıyordu altın hareleri, ona ışık gerekiyordu. *Ateş yanmalıydı.* Ne söyleyecekti? Başımı kaldırmış gözlerinin içine bakıyordum, aramızda bir kafa boy farkı ve bir karış vardı. Elini kolumdan çekerken gözlerini kaçırdı, ardından "Koltukta uyumadım çünkü sen geldiğinde kalkmıştım, bir daha da uyumadım," dedi düz bir sesle.

Öyleyse benim gelişimin üzerinden ne kadar zaman geçmişti? Bunca zamandır Kunt ayakta mıydı? Bir de sabahın köründe antrenmana gidecekti, hatta muhtemelen birazdan... Adamı uykusundan etmiştim. Yatağından kaldırmıştım resmen ama bir yandan da aklım başka bir yerdeydi... Bana çıkarma demiş olmasına ve odadan çıkarken takmış olmasına rağmen kolumu tutan sağ elinde tenime değen bir metal parçasının olmayışı içimde bir yerlere dokunmuştu. Uyurgezer Karaca ya da K9, her ne zıkkımsa ne düşünüyordu da buraya gelip duruyordu? Yatağı mı beğenmişti? Kaldığım odadaki yatak da en az buradaki kadar rahattı. Benim derdim neydi böyle?

Kafamı salladım, ardından terastan çıktım. Odadan çıkarken koridorun loş bir mavilikle aydınlandığını fark etmiştim, alacakaranlıktı henüz dışarısı. Kendi odama girdikten sonra kapıyı kapattım ve hâlâ açık olan gece lambasını söndürüp yorganın içine girdim. Saat sabahın beşiydi ve ben öğlene kadar uyumayı, uyandığımda da iki gecedir yabancı bir adamın yatağına sızdığım gerçeğini bir rüya olarak hatırlamayı umuyordum.

Ayşen Abla mutfaktan elinde kahvaltılıklar olan tepsiyle çıktığında merdivenlerdeki ayağım havada asılı kalmıştı. Saat sabahın on biriydi ve ben uyandığım gibi elimi yüzümü yıkayıp aşağı inmiştim pijamalarla. Umduğumun aksine her şeyi çok net bir şekilde hatırlıyordum, uyurgezerken yaptıklarımın tek bir saniyesi aklımda yokken sabahın beşinde yaşananları bu kadar duru bir şekilde hatırlamak haksızlıktı. "Ayşen Abla," dedim merdivenlerden inmeye devam ederek, salonun girişinde durmuştu. Ben niye pijamalarla aşağı inmiştim ki? Burası benim evim miydi? *Utan Allahın cezası utan.* "Günaydın," diye devam ettim tebessüm ederek. "Kahvaltıyı mı hazırlıyorsun? Yardım edeyim..."

"Günaydın kızım, uykunu aldın inşallah. Ben de uyandığını duydum banyoya girişinden, üst katta ütü yapıyordum. Kahvaltını hazır edeyim dedim hemen, Kunt Bey'im çıkarken uyandırma dedi kızı, ondan öğlene kadar uyur diyordum ama yine de erken kalktın."

"Kunt ne zaman çıktı?" diye sordum gözlerimi kırpıştırarak, en son sabahın beşinde terasta sigara içerken görmüştüm onu.

"Altıda çıktı o kızım, erken çıkar antrenmanları olduğu günler böyle hep," dedi Ayşen Abla, ardından elindeki tepsiyi kaldırdı. "Ben şunları bırakayım hemen bir masaya, çayın da hazır... Yumurta da kırayım mı sana? Sever misin? Sucuklu yumurta? Kaşarlı? Ay ben çok güzel mıhlama yaparım, kuymak kız kuymak! Efes Bey'le Kunt Bey bayılırlar, parmaklarını yerler... Laf aramızda Efes Bey, Rizeli. Sarışın maviş zaten. Anasından güzel yapıyormuşum öyle dedi..."

"Yaaa, çok teşekkürler... Ama hiç gerek yok gerçekten, ben atıştırırım bir şeyler masadakilerden," dedim kafamı içeri, salona uzatırken. Kimse yoktu. "Kimse yok mu başka?"

"Yok kızım. Bu evde gün, güneş daha doğmadan başlar. Gerçi kalabalık da değil koca ev, daha da göze batıyor yalnızlık, e tabii birkaç aydır da boştu..." Manidar bir tebessüm yerleşmişti Ayşen Abla'nın gözlerine. "İyi ki geldin kızım, ilk günden o tosbağa kediyle neşe oldun vallahi bize. Renk geldi eve, renk!" Tepsiyi bir eliyle tutarken diğer elini kolumun üzerine koymuştu. Daha sonra elini kolumdan aşağı kaydırdı ve elimi tuttu. Sağ elimi tuttuğundan parmağımdaki yüzük eline gelmişti. Gözleri yüzüğe değerken elimi tutup kaldırdığında başparmağıyla yüzüğü okşamıştı. "Maşallah maşallah..."

Ayşen Abla biliyor muydu? Ne kadarını biliyordu? "Siz... Biliyor musunuz?"

"Sabah Kunt Bey tembihledi. Siz herkese açıklayana kadar benden laf çıkmaz kızım, merak etme. Dudaklarım mühürlü, aha bak," dedi Ayşen Abla tatlı bir şekilde elini ağzına götürüp hayali bir fermuar çekerek.

Kunt, Ayşen Abla'ya bunun bir oyun olduğunu söylememişti. Ona güvenmiyor muydu? Ama güvenmediği birini evinde çalıştırmazdı, biz evden çıktığımızda Ayşen Abla yalnız kalıyordu üstelik evde. Her ne kadar kameralar olsa da iyi bir planla çok şey yapabilirdi... Öyleyse geriye tek bir seçenek kalıyordu. Onu tehlikeye atmak istemiyordu. Zaten Ayşen Abla evinden arabayla alınıp bırakılıyordu, bu bile çalışanına ne kadar değer verdiğinin ve koruduğunun kanıtıydı.

Ayşen Abla salona sofrayı tam kurmamıştı, yalnızca benim

için koca sofrayı açmasını istemediğimden getirdiği tepsiyle birlikte her şeyi mutfağa geri götürdük ve ben kendime bir tabak hazırladım. Ben iki kupa çayla tabağı bitirene kadar Ayşen Abla da akşama ne yemek yapması gerektiği hakkında kendiyle tartışıyordu, sanırım bir liste vardı ve ona göre hareket ediyordu. Kahvaltımı bitirdikten sonra odaya çıktım ve üzerime dünkü kazakla pantolonu geçirdim, Tosbik'in mamasını kontrol ettim, ardından kabanımı ve çantamı da alıp alt kata indim. Ben kapıdan çıkarken Fevzi bahçenin diğer ucunda üç adamla konuşuyordu ama kapının sesine dönmüştü dördü de.

"Karaca Hanım," dedi Fevzi koşar adım yanıma gelerek. "Nereye gidiyorsunuz?"

"Eve. Sonra da akademiye."

"Biz eşlik edelim," dedi Fevzi dönüp esmer ve yapılı olana bir el hareketi yaparken. "Polat, oğlum sen bugün Karaca Hanım'lasın."

Kendimi otobüs durağında bineceğim hattı bekliyormuş gibi hissetmiştim ama aslında kapıdan çıktığım an her şey tam tersiydi. Birincisi, ben otobüsü değil otobüs beni beklemişti; ikincisi, ben nereye gideceksem otobüsün durakları orası olacaktı. Polat, Fevzi kadar yüzünü sık gördüğüm esmer adamdı. Kunt ve Efes kadar olmasa da o da uzun boylu ve yapılıydı, yaklaştığında bir gözünün altından aşağıya doğru bir çizik olduğunu fark ettim. Eskiydi ve izi kalmıştı. Ben bahçe kapısına inen asfalt yolda beklerken o garajdan siyah bir *SUV* ile çıkagelmişti. Ön koltuğun kapısını açtığımda arkaya binmeyişimi yadırgar bir şekilde baktı ama bir şey söylemedi. Eve giden yolu tarif ettiğimde evin önünde durmuştu.

Polat, her ne kadar itiraz etsem de eşya toplama işimin uzun sürebileceğini söylesem de benimle apartmanın içine girmiş ve kapının önünde beklemişti. Öktem okuldaydı ve ev boştu ama karşılaşmamamız şimdilik daha iyiydi çünkü ona ne söyleyeceğimi bilmiyordum. Kunt'un Ayşen Abla'ya yaptığı gibi onu korumak için yalan mı söylemeliydim yoksa gerçeği bilmeye hakkı var mıydı? Elbette vardı, abimi kaybedişimin acısını çektiğim haftalarda yanımda olmuştu hep... Ama gerçeği söylemek onu tehlikeye atar mıydı? Ne yapmam gerektiğini bilmiyordum.

Polat kapıda beklediği için hızlı bir şekilde duş almaya çalıştım. Kendi sütlü duş jelimi ve sütlü şampuanımı kullanabildiğim için ne kadar mutlu olduğumu açıklamaya çalışırsam muhtemelen büyük saçmalardım ama insanın kendi evi gibisi yoktu... Saçlarımı uzun süre kurutamamış, yalnızca ıslaklığını almıştım kurutma makinesiyle çünkü her ne kadar işi bu olsa da kapıda birinin bekliyor olması beni rahatsız etmişti. Onu içeri alamazdım çünkü Öktem'e ne olursa olsun eve erkek almayacağımızı söyleyen bendim. O çiğnemiş olsa da bu kuralı, ben başkalarının çiğnediği kuralları çiğnemeyi hak görmüyordum kendime. Akademinin nasıl bir yer olduğunu bilmediğimden bacaklarımı saran siyah kotumu, beyaz uzun kollu ince bir kazağımı, üzerine siyah beyaz çizgili büyük oduncu gömleğimi ve üzerine de kalın siyah montumu giymiş; ayağıma da kalın taban botlarımı geçirmiştim.

Büyük valizin içine sığdırabildiğim kadar kıyafet ve eşya sığdırdım, ardından kapıya sürükledim. Polat hiç zorlanmadan koca valizi tek eliyle tutup merdivenlerden indirirken ben gitar çantamı omzuma takmış, şaşkın bakışlarla ona bakarken bir yandan da bozuk kapıyı kilitlemeye çalışıyordum. Valizi arabanın arkasına attıktan sonra *SUV* İstanbul sokaklarında kayboldu. Akademi Levent'teydi, bunu anlayabilmiştim. Modern, on beş katlı oldukça büyük ve geniş bir binanın güvenlik kapısında durduğumuzda plaka tanıma sistemi sayesinde barikat çok geçmeden kalkmıştı. Polat arabayı açık otoparka çekti, emniyet kemerimi çözdüm. "Teşekkürler," diye mırıldandım arabadan inerken.

"Dikkat edin Karaca Hanım," dedi Polat, ilk defa konuşuyordu. Öyle sert bir ifadesi vardı ki insanı korkutuyordu, fazla soğuk bir insandı. Kafamı salladım, ardından kapıyı kapattım ve bina girişine yürümeye başladım. Polat burada mı bekleyecekti yoksa eve mi gidecekti bilmiyordum ama büyük valizle gitar çantam arabadaydı. Gitarımı neden götürdüğümü bilmiyordum ama yanımdan ayırmak istemiyordum. Küçüklüğümden beri çaldığım ve gitarla büyüdüğüm için hoşuma gidiyordu.

O gitarı bana abimle annem almıştı doğum günüm için, henüz ortaokuldaydım o zamanlar. Okulun ücretsiz kursuna gidiyordum ve kurstakilerden aylarca geride olmama rağmen çabuk öğrenmiştim.

Binaya girdiğimde ilk dikkatimi çeken şey turnikeler değil, güvenlik görevlileri değil, binanın tavanının metrelerce yüksekte oluşu da değil, tam karşıdan bu tarafa yürüyen sarışın kadın olmuştu; beyaz, düz, kısa bir elbisenin üzerine dizlerine kadar gelen kaşe bir kaban ve topuklu beyaz botlar giymişti. Uzun sarı saçları dalgalar hâlinde omuzlarından aşağı dökülüyordu, makyajı yüzüne tam oturmuştu. Çok güzel görünüyordu ve güzel şeyler her zaman dikkatini çekiyordu insanın. Güvenliğe geldiğimde okutup geçirebileceğim bir kartım olmadığından Kunt'u mu arasam düşünceleri içerisindeydim, başında şapka olan lacivert formalı güvenlik görevlisi ise kabininden ayrılmış yanıma yürüyordu o sırada. "Buyurun, birine mi bakmıştınız?"

"Eee..." Elimi montumun cebinden çıkardığımda saçlarımdan geçiriyordum ki yüzüğümü fark ettim. Biz tam olarak bunun için bu yüzükleri takmıştık değil mi? "Nişanlımı ziyarete geldim. Bu akademiye kayıtlı bir boksör. Kunt Vidar Karyeli." Şimdi kendimi yastıklarla vura vura dövmek istiyordum. *Çok utandım. Çok utandım. Çok utandım. Çok utandım. Eyvah... Çok utandım!* En azından duygularımı dışa yansıtmama huyum bir işe yaramıştı da güvenlik görevlisi içimden utandığımı görmemişti.

Adam gülercesine kapattığı dudaklarını kıvırdı, gözlerini kapatıp yeniden açtı, arkasındaki diğer kadın güvenlik görevlisine bir bakış attı ki o da gülüyordu. Bu yaşanmış olamazdı değil mi? Kunt'un takıntılı fanları mı vardı? Adam tam ağzını açmıştı ki "Anladım ben," dedim elimi bir saniye gibisinden kaldırarak, güvenlik görevlisinden *"Ya kızım bir git işine!"* azarı yiyemezdim bir de. Zaten ne düşünmüştüm ki? *Adama nişanlım dedim. Adama nişanlım dedim. Adama resmen nişanlım dedim.*

Telefonumu çıkardığım sırada hemen yanımdan gelen topuk sesi dikkatimi dağıtıyordu, topuklu botların sahibi yanımda durduğunda rehberde geziniyordum ki sesini duydum. "Karaca?"

Boş boş baktım ekrana birkaç saniye, ardından başımı kaldırdım ve ona döndüm; az önce turnikelere yürürken gördüğüm güzel kadın hemen yanımda dikiliyordu, üstelik ismimi de biliyordu. Kocaman gülümsediğinde bembeyaz düzgün dişleri göründü gül kurusu rengine boyadığı dudaklarının arasından, elini uzattı. "Merhaba, ne tuhaf... Ben de seni merak ediyordum, daha beş dakika önce Kunt'la konuştuk. Yürürken tanıdım yüzünü internette dolaşan fotoğraflarınızdan... Beren ben."

13

KIŞ GÜNEŞİ

Dumura uğradığım birçok an yaşayıp geride bırakmıştım bunca zaman, kuşkusuz. Mesela lisede birçok kez kendimi savunmasız hissetmiştim duyduklarım ve gördüklerim karşısında, yapayalnızdım onlarca insanın içinde bana destek olduklarını söyleyen; hepsinin bir çıkarı vardı. Yaşın kaç olursa olsun, nerede olursan ol bir şeyler yaşıyordun ve sonucunda bazı dersler çıkarıyordun ama çıkardığın ders bile bedava değildi... Hep, bir parçasını birilerinde bırakarak yaş alıyordu insan. Yine de şaşırmamayı öğrenemiyordu; güpegündüz göğsünün ortasından vuruluyordun çünkü sen açık bırakmıştın, kalkansız, silahsız çıkmıştın savaş alanına.

Beren ben.

Daha beş dakika önce Kunt'la konuştuk.

İnternette dolaşan fotoğraflarınızdan tanıdım yüzünü.

Hiçbir zaman adım attığı yeri ışıldatan, suratına yerleştirdiği tebessümle insanları ısıtan biri olamamıştım ama Beren tam olarak öyleydi, Ayşen Abla'nın anlattığı gibi altın sarısı saçları ve yemyeşil gözleri vardı. Ne zaman ışıl ışıl birini görsem istemsizce kendimle karşılaştırıyordum, engel olamıyordum buna. Karşımdaki kadın parmağımdaki yüzüğün asıl sahibiydi.

"Sorun yok, hanımefendi benimle," dedi Beren güvenlik görevlisine, kabindeki kadın geçmemiz için turnikeleri açtığında camlar indirilmişti; birlikte içeri geçtik. "Kusura bakma böyle pat diye karşına çıktım ama yardımcı olmak istedim. Fuat Hoca'nın sana girişlerin için kart çıkarttırması lazım ama bunca işin arasında unutmuşlar galiba..." Beren asansörlere giden büyük holde gülümseyerek yanımda yürüyordu ve ben daha tek kelime bile etmemiştim çünkü hakkında hiçbir şey bilmiyordum. Mesela onun ne kadarını bildiğini... Bunu konuşmamız gerekiyordu Kunt'la, her seferinde temkinli davranmayı akıl edemeyebilir ya da sessiz kalamayabilirdim.

"Bunca işin?"

"Eee nisandaki maç var ya, federasyon çok özenli davranıyor bu konuda. Ülkemiz için çok önemli bir maç olacak, devlet başkanları her ne kadar kazanmak ve kaybetmenin bir öneminin olmadığını söylese de sonuçta maç maçtır. Kunt o sarı dümbeleğe yenilmeyecektir," dedi Beren gururla başını kaldırırken. "Ay ama ben gerçekten böyle pat diye atladım üzerine, korkutmadım umarım? Kusura bakma yeniden."

"Önemli değil," dedim kısık bir tebessümle, ardından kaşlarım hafifçe çatılmıştı. "İnternette dolaşan fotoğraflarınız derken neyi kastettin?"

"Görmemiş miydin?" Beren'in biçimli kaşları havalandı, ardından kabanının ceplerindeki ellerini çıkardı, telefonunu elinde tutuyordu. Kısa bir süre gezindikten sonra ekranı bana çevirmiş, telefonu uzatmıştı. "Ben bilerek poz verdiğinizi düşünmüştüm çünkü yakın görünüyorsunuz bayağı. Hani duyulsun diye... Dün gece gündeme oturdunuz Twitter'da. Kunt sevmez de kullanmaz da ama çok popülerdir sosyal medyada, e tabii böyle bir fotoğraf da sızınca millet ayağa kalktı." Ülkenin en çok tıklanan gazete sayfalarından birine bir manşet atılmıştı. *Aylarca sır gibi sakladığı nişanlısıyla güpegündüz Bebek'te bir kafede sarmaş dolaş görüntülendiler!* Haberin devamını okuyamadan şokla telefonu elime aldım ve fotoğrafı yakınlaştırdım. Bu fotoğraf Haluk Bey'le buluştuğumuz kafede çekilmişti, ben abimin mafyayla ilişkisini hazmetmeye çalışırken Kunt kafeye ilk girdiğinde beni sakinleştirmek için yüzüme eğilmiş ve göz teması kurmuştu. Üstelik öyle bir açıyla çekilmişti ki neredeyse dudak dudağaydık.

"Kunt nerede şu an?" diye sordum asansörün düğmesine basarken. Beren'e telefonunu geri vermiştim.

"Yukarıda... Yeni bitmişti antrenmanı, yedinci kattaki büyük neon yeşili salon."

Beren'e kısaca teşekkür ederek asansöre atladım, iki dakikada kafam karman çorman olmuştu yine. Kunt bunu bilerek yapmış olabilir miydi? Bana söylemeden? Beren *"Ben bilerek poz verdiğinizi düşünmüştüm çünkü yakın görünüyorsunuz bayağı... Hani duyulsun diye,"* derken bunun bir oyun olduğunu bildiğini belli etmişti ama ne kadarını bildiğinden habersizdim. Asansör kapıları yedinci kata açıldığında karşımda dev gibi başka bir adam vardı, o binmek için bir adım atarken ben dışarı çıktım ve koyu griye boyanmış duvarların olduğu geniş koridorda hızla ilerledim. Koridorun sonu boydan boya camdı ve cadde görünüyordu, karşılıklı iki büyük çift kapılı salon vardı ve ikisinin girişi de neon yeşildi. Sağdakinin önünde durduğumda içeride çalışan sporcular olduğunu gördüm; siyah minderler, ağırlıklar, kum torbaları ve üç ayrı köşeye kurulmuş ring vardı. İçerisi gerçekten büyüktü.

Sola girdiğimde gözlerim girişin birkaç metre ilerisindeki kum torbasına takıldı, hemen yanındaki bir kısmı sedyeden oluşan aletin kenarına oturmuş su içerken biriyle konuşuyordu Kunt. Üzerinde sıfır kollu siyah bir tişört vardı ve kol kasları her hareketinde kasılıyordu, koyu kumral saçlarının uçları terden ıslanmıştı ve ellerinde parmakları kesik siyah eldivenler vardı. Yanına yürümeye başladığımda bir an salondaki herkesin dikkatini üzerimde hissettim, Kunt yanına varmama birkaç adım kala beni fark ettiğinde konuştuğu çocuğu yanından göndermişti. "Aramadın beni?" diye sordu ellerini geriye yaslarken, yüzünde alaycı bir ifade vardı. "Burayı da mı koklayarak buldun yoksa?"

"O fotoğrafları sen mi çektirdin?" Tam karşısına dikildiğimde, etrafta bize yakın kimse yoktu yani kısık sesle konuştuğumuz sürece kimse bizi duyamazdı. "İnternettekileri. Haber olmuş. Sen mi yaptırdın? Bilerek mi o kadar yaklaştın bana kafede?"

Kunt'un dudakları aralandı, ardından kaşlarını kaldırarak "Bak sen, hayal gücüne bak," dedi hayret ettiğini belli eder bir tonda. "Karaca sen burada harcanıyorsun ya, seni senaryo kursuna yazdıralım Türk dizi, film sektörü kurtulur bak."

Yutkunurken gözlerimi kaçırdım. Benimle dalga geçmediği bir an bile yoktu. "Kusura bakma ama sen Beren'in adını ve yüzünü herkesten sır gibi saklarken ben kendim bu kadar açık hedef hâline geleceğimi düşünmemiştim. Bu haberleri görünce telefona sarılıp beni arayacak, cevap isteyecek arkadaşlarım var benim. Ne söyleyeceğim onlara?"

"Çok âşığız, taktı yüzüğü parmağıma, rüzgâr nereye eserse artık dersin," dedi gayet ciddi bir ifadeyle. "İnkâr da edebilirsin, çok farklı bir dünyada olacağımızdan karşılaşacağımız yok zaten arkadaşlarınla. Ama ince düşünmekte fayda var. Aklın bir karış havada değil senin, seni tanıyanlar bu söylediğine inanmaz. Bak ya Karaca, tüh, ne yapacağız şimdi?" Ciddi falan değildi, benimle dalga geçmeye devam ederken çarpık bir gülüşle gözlerini kaçırmış ve suyundan birkaç yudum daha içmişti.

Onu sinsilikle suçladığım için alınmış olabilir miydi? "Dalga geçmeyi bırakıp ciddi düşünür müsün? Öktem ve Aybars Abi, abimi tanıyorlardı. Seninle maça çıktığını da biliyorlar. Öktem hele ev arkadaşım, her şeyi biliyor. Hayatta inanmaz. Zaten kendisi gazetecilik okuyor, büyük bir gazetede staj yapıyor. Şimdiye kesin öğrenmiştir. Telefonumu kontrol etmeye korkuyorum ya!"

"Bak Karaca, dürüst olacağım. Gerçeği söylediğinde herkesi tehlikeye atmış olursun," dedi Kunt, sonunda ciddi bir ifadeye bürünmüştü.

"Sen Beren'i tehlikeye atmak istemediğin için mi onu böylesine herkesten sakladın?" İpek sarı saçlarını, al dudaklarını, gülüşünü ve sıcaklığını unutamıyordum; daha beş dakika olmamıştı, aşağıda karşılaşmıştık.

Kunt dudaklarını ıslatırken gözlerini kaçırdı, ardından yutkunarak altın harelerini gözlerime çıkardı. "Evet. Ama oynadığımız oyundan da bahsettim ona bugün, yani bir tehlikeden koruyup bir diğerinin koynuna bırakmış oldum onu. Görüyorsun ya... Sırası geldiğinde harcamayacağım kimse yok."

Kafamı iki yana salladım. "Sen böyle bir adam değilsin,

yapman gerekeni yapıyorsun sadece. Korkulan olmak uğruna yanlış anlaşılmalara izin veriyorsun, yapma," dedim tok bir sesle. "Nasıl bir hayatın içindesin bilmiyorum ama kimseye güvenmediğin de yok senin aslında, sadece her an herkesten bir şey bekleyecek kadar tetiktesin."

Güldü Kunt. "Kusura bakma ama bunu az önce beni kafede ona bir amaç uğruna yakınlaştığımı ima eden kızın söylemesi bayağı bir ironi oldu."

Gözlerimi kapattım sıkıca, dudaklarımı birbirine bastırdım, ardından derin bir nefes aldım ve sakin bir ifadeyle gözlerinin içine baktım. "Aşağıda Beren'le karşılaştım."

Kaşları havalandı. İşte buna şaşırmıştı. "Nasıl yani?"

"Turnikelerdeydim, seni arayacaktım, yanıma geldi ve beni internette gördüğü fotoğraflardan tanıdığını söyledi. Zaten yapılan haberlerden de böyle haberim oldu. Ne kadarını bildiğini bilmediğim eski nişanlın sürpriz yaptı bana anlayacağın. Ben de hâliyle dumura uğradım ve ne söyleyeceğimi ne düşüneceğimi bilemedim. Malum, dün gece sofradaki güvenmekle ilgili manidar konuşmamız aklımda dönüp duruyor. Dengesiz bir herifle nişanlandım da gecenin bir yarısı." Sağ elimi kaldırıp parmaklarımı salladım.

"Beren öyle biridir, onu yanlış anlama," dedi Kunt kestirip atarak. "Haberlerin çıktığını sabah gördüm ama çoktan her yere yayılmıştı, kaldırtmak gereksizdi o saatten sonra... Arkadaşlarına ve ailene ne söyleyeceğini daha sonra konuşuruz." Gözleri hemen yanımdan biraz ileriye kaydığında ifadesi kalkanını kuşanmışçasına sertleşmişti. Kendini rahat bırakmadığı zamanlar çenesini sıkıyordu ve kemik suratı kontrast kazanıyordu, maç gecesi revirdeyken de böyle bakıyordu etrafa, öfkeliydi. Dikkatinin kimde olduğunu görmek için arkamı döndüğümde bu tarafa yürüyen oldukça esmer, parlak yeşil gözleri olan uzun boylu adamı gördüm; doğrudan Kunt'a bakıyordu ve yüzünde bir sırıtış vardı ki hiç hoşlanmamıştım. Kunt'un aksine üzerinde hiçbir şey yoktu, bütün karın kasları ve dövmeleri ortadaydı. Gereksiz bir kas kütlesine sahipti ve cüsseliydi, kalabalığın içinde bariz kendini belli edecek bir cüsse... Kunt öyle değildi mesela. Kas yapmanın da bir ayarı olmalıydı.

Beats kulaklıklarını boynuna indirirken gözleri bana kaydı adamın. "Ooo, Vidar," dedi kalın ama çatallı sesiyle, istemsizce Kunt'a bir adım yaklaşmıştım. "Sen aylarca sır gibi sakla sevgilini... Sonra bizim salona getir, şov yap... Gerçi, şimdi bakıyorum da gayet haklıymışsın... Saklamakla yani." Adam bana göz kırptığında kaşlarımı çatmıştım, o ise alaycı gülümsemesinden ödün vermeden Kunt'a çevirmişti yeşil gözlerini. *İltifat ettiğini falan mı sanıyordu?* "Sabah haberinizi gördüm, eee paparazzilerden bir kaçarsın iki kaçarsın üçüncüsünde adamı güpegündüz enselerler. Bu arada nişanın için tebrik etme fırsatı bulamamıştım, bir ara içelim buna... Hayırlı olsun."

Kunt'un elindeki eldivenin kumaşını elimde hissettim, ona sırtım dönük olduğundan ne yaptığını görememiştim çünkü o sırada yeşil gözlü esmer adama kaşlarımı çatmakla meşguldüm. Her kimse niyetinin iyi olmadığı yüzündeki ifadeden anlaşılıyordu. Kunt'un elime dolanan parmakları beni kendine çektiğinde bunu o kadar doğal bir şekilde yapmıştı ki beni sol bacağının üzerine oturtup elimi tuttuğu elini belimden geçirerek kucağıma bırakana dek hiçbir şey anlamamıştım bile. Ona baktığımda profilini yakından gördüm, doğruca adama bakıyordu. *Yanlış bir şey yapma Karaca.* "Sağ ol Erhan, bir ara içelim tabii..." dedi Kunt, ben yanında hiçbir tepki vermemeye çalışırken. "Hatta sen de müsaitsen bu akşam boşum ben."

Erhan denilen adam ellerini birbirine çarptı ve sürttü, bu fikir hoşuna gitmişti. "Süper. Eşik?"

"Sekizde?"

"Anlaştık. Yenge Hanım'ı da getir, bir ortam görsün," dedi Erhan, gözleri benim üzerime çevrilmişti. "Sahi, adınızı bahşeder miydiniz?"

Kunt'un dikkati Erhan'ın üzerindeydi, Erhan ise Kunt'un kucağında oturuyor olmama rağmen elini uzatmış ve bana doğru eğilmişti. Bir sorun göremediğim için "Karaca," dedim düz bir ifadeyle. "Elinizi sıkardım ama... Terli."

"Ah, tabii," dedi Erhan gülerek geri çekilirken. "Akşam görüşürüz o zaman."

"Görüşürüz Erhan." Kunt, Erhan arkasını dönüp gidene kadar gözlerini üzerime çevirmemişti. Aslında bu katta tek bir salon vardı, sadece iki girişi bulunuyordu; bunu arkamı döndüğümde anlamıştım, salon U şeklindeydi. Erhan diğer tarafa geçtiği an elimi Kunt'un elinden çekip kucağından kalktım.

"O da neydi öyle?"

"Erhan," dedi Kunt ayağa kalkarken, kısık sesle konuşuyordu ve yüzüme eğilmişti. "Dün konuştuğumuz illegal maçlarla ilgisi olan kişi. Dövüşüyor mu bilmiyorum ama bahis oynadığı kesin, geçen yıl bahsetmişti, ilgilenmediğim için kestirip atmıştım. Akşam ağzını arayacağım." Gözleri etrafta gezindi. "Sabah kontrol ettim, abinin antrenörü Hilmi Hoca ve takımındakilerden hiçbiri bir süredir akademiye gelmiyormuş. Bugün de yoklar."

"Ne düşünüyorsun?"

"Abin gibi onların da mafya ve illegal maçlarla ilgisi olduğunu," dedi Kunt gözleri üzerime çevrilirken. "Daha da kötüsü, bu işin başında kim varsa bizden bir şeyler beklediği için hocayla öğrencilerini ortadan kaldırmış bile olabilir. Sen değil ama... Ben şüphe çekmiş olabilirim."

"Böyle daha dikkat çekmez miydi? Karam'ın ölümünün ardından birlikte yetiştirildiği sporcular ve antrenörü ortalıktan kayboluyor... Bir soruşturma bile başlatılabilir bunun üzerine."

"Başka bir akademiye geçmiş olabilirler birlikte, birçok şey olmuş olabilir Karaca. Mesela bu ihtimalin üzerinden yürürsek, eğer doğruluk payı varsa, geçtikleri akademi illegal maçlara sporcu yetiştiren bir yer olabilir. Hilmi Hoca'nın bu dönemki şampiyonaya hazırladığı tek sporcusu Karam'dı. Hilmi Hoca şu an ilgi çeken bir isim değil camiada. Ne yaparsa yapsın gölgede izi görünmeyecektir."

"Sen?" diye sordum istemsizce. "Abimle çıktığın maçta hükmen galip sayılmıyor musun? Devam etmeyecek misin bu dönem?"

"Maçlardan çekildim, Rus maçına hazırlanıyorum sadece," dedi düz bir ifadeyle. "Kaldı ki Türkiye çapında kazanacağım bir kemere ihtiyacım yok."

Her boksör şampiyon olmak istemez miydi? Kunt neden kemere ihtiyacı olmadığını söylüyordu ki?

"O zaman bugünlük burada işimiz yok, akşam Eşik denen yere gideceğiz," diye mırıldandım düşünce havuzumda yüzerken. "Fuat Hoca bir şey söyledi mi? İkinci antrenörü araştıracaktı."

"Kamera kayıtlarından bir şey çıkmamış. Yapabileceğimiz tek şey o hayalet antrenörün yeniden ortaya çıkmasını beklemek."

"O zaman... Eve mi?"

Salonun çıkışına giden yolda onu takip ettim, asansöre bindiğimizde beşinci kata tuşlamıştı. "Kampüs içinde kafe var, oraya geç istersen," dedi Kunt asansör kapıları açılırken. "Duş alıp geleceğim."

Kafamı sallayıp zemin kata tuşladım, ardından kollarımı göğsümde birleştirerek geriye yaslandım. Daha işin başında olmamıza rağmen bu kadar köşeye sıkışmış hissediyor olmam normal miydi? Çok garipti. Abimle iki dakikalığına konuşma şansım olsa her şey açıklığa kavuşurdu ama o yoktu, şimdi ise dolambaçlı yoldan varacağımız yere ilerlemeye çalışıyorduk. Binadan çıkarken güvenlik görevlisi kadınla adamın gözünün içine baka baka çıkmıştım, aslında bir suçları yoktu ama ben öfkelenince yapacağını yapmaktan geri kalmayan biriydim, bu yüzden engel olamamıştım. İki tahminim vardı: Birincisi, Beren'i tanıyorlardı ve Kunt'un iki nişanlısı olamazdı ama kimsenin tanımadığı kızı güvenlik görevlisi mi tanıyacaktı? Diğeri ise basitti, Beren zaten Kunt'un popüler olduğundan bahsetmişti. Hayranları imza almak ya da fotoğraf çektirmek için içeri girmeye çalışıyor ve aynı numarayı sıkıyor olabilirlerdi. Sonuçta Beren'le nişanlı olduğu dönem kızın ismi, cismi bilinmiyordu.

Hava serindi, ellerimi montumun cebine sokmuş kaldırım üzerinde köşedeki *Starbucks*'a yürüyordum; belki bir kahve iyi gelebilirdi. Kafenin iki kapısı vardı, biri kampüs içinde diğeri kampüs dışındaydı ve büyüktü. İçeri girdiğimde kasada üç kişi sırasını bekliyordu. Tatlılara göz atarken sıranın bana gelmesini bekledim, ardından siparişi verip kahvenin ücretini ödedim ve köşede beklemeye başladım. Pencere kenarlarındaki yeşil parka bakan bütün masalar doluydu, kahveyle birlikte kafenin içinde ilerlemeye başladığımda gözlerim dört kişilik bir masanın köşesinde oturmuş kitap okuyan kıza takıldı. Bebek sarısı saçları ve parlak mavi gözleri vardı, kahverengi büyük bir mont ve atkı-bere takımını katlayıp yanındaki sandalyeye bırakmıştı. Ben onu birine benzetirken kafasını kaldırıp önce pencereden dışarıya, sonra kafenin içine baktı ve göz göze geldik. *Melisa.*

Ayaklanırken yüzü şaşkın bir gülümsemeyle aydınlandı birden. "Karaca!"

Onu burada gördüğüm için şaşkındım, hepsinden öte onu bir daha gördüğüm için de şaşkındım. En son dağ evine nasıl çıkacağımı otobüs muavinine sorarken gözleme evinin ailesine ait olduğunu ve yardımcı olabileceklerini söylemiş, beni içeri davet etmişti. Yardımcı olmuştu da. Tatlı bir kızdı. Ama annesini unutamıyordum... Seyit Amca, Lalifer olduğunu söylemişti Melisa'nın annesinin adının. Üstelik Kunt'a orayı sorduğumda bana ailevi bir mesele olduğundan bahsetmişti, ben de susmuştum. Melisa ile Kunt tanışıyorlardı. Ve Melisa kampüsteki *Starbucks*'ta mıydı? Bu tesadüf olamazdı.

"Melisa?" İsmi döküldü dudaklarımdan, masasının hemen yanındaydım Melisa beni çekip sarıldığında. "İstanbul küçükmüş..." İstanbul küçük falan değildi. Sadece ben, sözde nişanlımla gözleme evindeki kızın alakasını çözmeye çalışırken kafamın içindeki motordan gelen duman kokusunu içime çeke çeke insanlara da numara çekmeyi çok güzel öğrenmiştim.

"Öyleymiş ya!" Gülerek geri çekildiğinde hemen karşısındaki sandalyeyi gösterdi. "Otursana konuşalım biraz vaktin varsa, ben de okula geçecektim yarım saate, bir kahve-kitap yapayım demiştim."

"Olur," diye mırıldandım sandalyeyi çekip otururken, içerisi sıcak olduğundan montumu çıkartıp sandalyenin arkasına astıktan sonra. "Nerede okuyorsun?"

"İstanbul Üniversitesi'nde edebiyat okuyorum ben. Son sınıf." Kitabını kapatmış, çantasının içine atmış, kahvesini masaya yasladığı ellerinin arasına almıştı bir çırpıda. "Sen? Yaşını sormadım ama aynı yaşlardayız diye düşünmüştüm, öğrenci misin?"

"Öğrenciydim... Cerrahpaşa'da tıp okuyordum, dördüncü sınıf. Dondurmak durumunda kaldım bir yıl, ailevi nedenlerden."

"Vaaay, bizim deli dağa tek başına çıkan cesur Karaca'ya bak sen! Kızım ben senin yerinde olsam aha burama Dr. Karaca isim kartı yaptırırdım, öyle dolanırdım etrafta." Turuncu kazağının üstünü işaret etti. "En az altı yıl okuyorsunuz, sonra bir de uzmanlık falan derken ohooo yaş alıyor başını gidiyor... Gerçi senin daha bitmemiş ama olsun. Ay dövme bile yaptırırdım vallahi! Biriyle tanışırken de şey derdim... Öhöm... Dr. Melisa..."

Gülerek kahvemden bir yudum aldım. "Biz de mezun olup o makama erişeceğimiz günün hayaliyle sürünüyoruz okulda," dedim geriye yaslanarak, seslice nefes verirken. "Şimdi benim bir yıl daha uzadı tabii."

"Olsun ya, halledersin sen," dedi Melisa içten bir gülümsemeyle. "Eee, buldun mu o gün dağ evini? Bizim dağda çok ev vardır ama yarısı sahipsiz. Bir yakınını ziyarete gidiyordun değil mi yalnız kalmadın Allahın unuttuğu yerde?"

Kafamı salladım. İsim versem ne tepki vereceğini bilmiyordum, üstelik Kunt her an arayabilirdi. Ne yapmam gerekiyordu? "Sen? Anneni bırakıp geldin yine buralara demek... Kadın çok üzülüyordu o gün gözleme evinde gördüğümde."

"Annem ya," dedi Melisa geriye yaslanırken. "Seviyorum kadını ama bazı şeyleri anlamıyor. Ona kalırsa oturayım dizinin dibinde, olmamış çocuklarıma patik öreyim. Benim çok daha farklı bir hayatım, düzenim var burada. Anlamıyor. Anlamasını da bekleyemem zaten, kadın gelmiş elli yaşına, seviyor keçilerini ineklerini... Ona da orası cennet. Bana burası cennet demiyorum ama, burası yani benim yerim." Güldü. "Seviyorum ya ben İstanbul'u. Annem nefret ediyor. Aslında bizim oralı herkes nefret ediyor. Kalabalık, gürültü, egzozuydu trafiğiydi falan... Çekilmez değil ama öfkeden ağzından köpük çıkartacak hâle getiriyor adamı. Dur bir dakika benim İstanbul'u övmem gerekiyordu..."

"İstanbul'u övmem gerekseydi sahillerinden bahsederdim sanırım," diye mırıldandım sıcak karton bardağı üşümüş ellerimde gezdirirken. "Caddebostan olsun, Bostancı olsun, Moda olsun, Bebek olsun, Kilyos olsun... Hepsi çok güzel. Bir derdin varsa in sahile dalgalar dinlesin seni, sustursun ya da. Kayalıklara oturunca derdin kalmıyor sanki, hele de güneşin batışına denk geldiysen... Mahallen yansa oturur saçını tararsın, öyle uyuşturuyor insanı."

"Hımm, denensin bakalım," dedi Melisa gözlerini kısarak bakarken. "Ben simit seviyorum. Taş gibi simit. Kadıköy'de sokaktan alacaksın, boğazını çizecek böyle yutarken..." O hissi sözlere dönerken bir yandan da simit boğazında kalmış da boğuluyormuş gibi sesler çıkarıyordu. "Ya da," diye parladı birden. "Karaköy'den salep alıp deniz üstündeki oynayan vapur iskelesinde bir o yana bir bu yana sallanırken içeceksin... İskele güvenliği sen iskeleye bir adım girmiş sigara içiyorsun diye anons geçecek sürekli yasak diye zaten dal bitti diye düşünecek umursamayacaksın... Böyle kışın ortasında, ölürken soğuktan. Bak ya aklıma düştü içime dert oldu yine, adamın kazandan karton bardağa doldurduğu salebin dumanı bir dakika sürmüyor sönüyor ya... Dur bir elimi ısıtsaydın bari zaten küçücük bardağa 10 lira alıyorlar! Ben o 10 liraya eldiven alır benimkilerin üzerine geçiririm en azından eve götürebileceğim bir şeyim olur be..."

Melisa'nın ağzı kesinlikle iyi laf yapıyordu. Yirmi dakika boyunca sohbet sohbeti açtı, İstanbul'a lisedeyken geldiğinde nereleri gezip gördüğünü ve en çok nerenin yemeklerini sevdiğini anlattı. Ortaokula kadar Bolu'da okumasına rağmen lisede İstanbul'da yatılı bir okulda kalmıştı, daha sonra tamamen İstanbul'a yerleşmişti. Tatillerde ve vakit buldukça otobüse atlayıp ailesini ziyarete gitse de annesi, kızı evden uçtuğu için pek de mutlu değildi sanırım.

Sohbet arasında kenara bıraktığı karton bardağına kolu çarptığında masaya döküldü soğumuş kahve. "Ay, pardon, üzerine geldi mi?" diye sordu ayaklanırken. O sırada Kunt'un bana yazdığı mesaja cevap veriyordum bildirim çubuğundan.

Kuntadam: Neredesin?

Karaca: Starbucks.

"Yok, ben peçete getireyim." Sandalyemi kenara çekmiş, peçete istemek için kasaya yönelmiştim ki Melisa'nın gözleri etrafta geziniyordu. "Dur ya şurada gazete unutmuşlar, üzerine koyarız ıslaklığını alır. Zaten biz kalkınca silinir masa," dedi Melisa beni durdurarak, arkasındaki boş masada bırakılmış gazeteyi aldığı gibi iki büyük sayfayı katladı ve dökülen kahvenin üzerine bıraktı. İkimiz de yerlerimize geçerken benim gözüm gazete kupüründeki habere takılmıştı. Gazeteyi kendime çevirdim, kahveyi çektiği için biraz ıslanmıştı ama yazılar okunuyordu.

30 Eylül gecesinde yaşananlardan sonra boks dünyasının popüler isimlerinden Ali Fuat Dinçer ilk kez konuştu! Dinçer, birçok efsane isme antrenörlük yapmış ve gençliğinde de yurtiçi-yurtdışı olmak üzere birçok maça çıkmış, başarılı boksörlük hayatına 2000'lerin başında son vermiş ve hocalık hayatı boyunca Türk Boks Federasyonu bünyesinde ülkeye ve dünyaya hatırı sayılır başarılı sporcular yetiştirmiş ve yetiştirmeye devam etmekte olan popüler bir antrenör. Kariyerinin zirvesini 2019 yılında yaşayan Dinçer, karşılaşmalarında isminden kıtaları aşan bir şanla söz ettiren Kunt Vidar Karyeli'nin 2019 yılı Dünya Ağır Sıklet Şampiyonu olmasında etkili bir faktördü. Şampiyonluğundan sonra Demir Yumruk lakabını alan Karyeli böylece, 1968 yılından 2001 yılına kadar aktif boks hayatını sürdüren ve 2002 yılında The Ring dergisi tarafından seçilen son seksen yılın en büyük dövüşçüleri arasında yer alan ve Demir Yumruk lakabının asıl sahibi olan efsane isim Roberto Durán'ın ardından tarihe yazılmış oldu.

Dinçer, 30 Eylül gecesinde yaşananların taraf belirtmeksizin öngörülemez, talihsiz bir olay olduğunu dile getirirken, tüm dünyanın nefeslerini tutarak beklediği 9 Nisan 2021 gecesi yaşanacak Vladimir-Karyeli maçı için sıkı çalıştıklarından bahsetti. Ünlü Rus dövüşçü Roman Vladimir ise geçtiğimiz günlerde nisandaki maç için antrenmanına Türk topraklarında devam edeceğini söyleyerek özel jetinden Instagram'daki hayranlarına şöyle poz vermişti...

Haberin devamında Roman Vladimir'in Instagram paylaşımının bir ekran görüntüsü vardı ama fotoğraf çok küçük olduğundan hiçbir şey belli olmuyordu. Haberin üstünde Fuat Hoca'nın gece bir mekândan ayrılıp *Jeep*'ine binerken yüzünde patlayan flaşa karşı elini kaldırdığı bir fotoğraf vardı. Kunt'un muhtemelen eski bir antrenman sırasında çekilen pozu ise haberin yazıldığı kupür boyunca kocaman koyulmuştu; Fuat Hoca'yla ring içinde vuruş çalışıyordu.

"İlgilisin galiba," dedi Melisa, sonunda daldığım âlemden beni kaldırırken. *Kunt 2019 Dünya Ağır Sıklet Şampiyonu muydu?* Şimdi anlaşılıyordu neden ülke çapındaki kemeri istemediği... Çok daha büyük ve değerli bir tanesini kazanmış ve kendini dünyaya kanıtlamıştı. "Biz okulda hepimiz maçları izlerdik geçen yıl, hele benim okula geldiğim dönem var ya tüm okul kafeteryada tartışırdık maçları. Sanırsın açık platform... Bir dönem futbol maçları nasıl milleti sokağa döküyorsa şimdi de boks maçlarına sardı herkes. Tabii bunda boksörlerin görünüşünün de etkisi büyük. Baksana..." Kaşlarını kaldırarak gazete kupüründeki fotoğrafları işaret etti Melisa, muzır bir bakışla. "Nasıl? Yakışıklı mı? Beğendin galiba..."

"Kimi?"

"Eee canım hocayı beğenecek hâlin yok, yani onu mu beğendin ki sen şimdi? Gerçi Ali Fuat Dinçer yaşına rağmen çok yakışıklı bir adam ama..." Gazetenin ıslak olmasını umursamadan kaldırıp ortamıza bıraktığında, parmağıyla Kunt'un fotoğrafını işaret ediyordu. "Adamın baklavası yok, baklavanın adamı var. Ne öyle body buildingciler gibi hayvan cüsseli, ne de zayıf. Tam ortası. Lokum lokum. *Muah!* Hele sen bir de maçlarda gör..."

Gözlerimi gazeteden kaldırdığımda "Ne alaka ya? İnsan işte, mesleğini icra ediyor," dedim düz bir sesle.

"Kızım senin gözlerin yedi numara bozuk olabilir mi acaba? Katarakt mısın sen Karaca? Ama yok öyle olsan beni nasıl tanıyacaksın kasadan... Lens mi takıyorsun sen? Çıkardın mı az önce, bozuldular mı ne oldu yani uzan bir bakayım pili mi bitti nedir..."

"Herkesin beğenmesi mi gerekiyor illaki. Belki benim erkek zevkim, göz zevkim başka?"

"Ay ama," dedi Melisa ekşimiş bir suratla bana bakarken. "Ben de düşünmüştüm ki, demiştim ki, öyle bir düşünce geçmişti yani aklımdan, öyle bir eşleştirme yapmıştım kafamda, tamamen benim beynimin refleks olarak geliştirdiği bir durum ve tamamen benim göz zevkim, huyum kurusun mu kurumasın mı bilememekle beraber... Ama bence siz olurdunuz."

Kaşlarımı kaldırarak ciddi olup olmadığını sorgularcasına baktım ona. "Gazete kupüründe gördüğün adamla iki dakikada mı vardın bu karara Melisa?"

"O adam benim birlikte büyüdüğüm adam yalnız, tanıyorum ben onu," dedi telefonunu çıkarmış birine mesaj yazarken. "Aslında yakınlardaymış da..." Gözlerini telefon ekranından bana kaldırdı. "Tanışmak ister misin?"

Ellerimi masanın üzerinden indirdim, istemsizce yüzüğümle oynamaya başlamıştım. "Saçmalama Melisa, sevgilisi nişanlısı falan vardır."

"Ha yoksa razısın yani?" dedi Melisa gülerek. "Yok. Yani bildiğim kadarıyla yok ama olsa bilirdim. Nişanlanmıştı ailesinin isteğiyle bir kızla ama kız sonradan nişanı attı, istenmediğini anladı herhalde. Oh olsun. Bu devirde zorla evlilik mi olur da? Önce aşk olmasu lazımdur. Bak Karadenizli damarıma bastılar yine... Canım babacığım kimbilir nerede kime sövüyor yine bal damlayan palabıyık ağzıyla!" Kahkaha attı Melisa, ardından telefonunu kenara bıraktı. O sırada gözleri arkama sabitlenmiş, ayağa kalkmak için hareketlenmişti. "Ay ne çabuk geldi, içine mi doğmuş nedir..."

Kunt masaya gelmeden Melisa'ya, kendini fazla kaptırdığı

için bozmadığımı söylesem beni affeder miydi? Sanırım burada kilit, Kunt'un tepkisi olacaktı.

"Kuntçuğum, abiciğim," dedi Melisa tatlı bir tınıyla masadan kalkıp kenarına geçerken, yüzünde koca bir sırıtış vardı. Ayaklandığımda arkama dönmemiştim ama Melisa'nın Kunt'a sarıldığını fark edebilmiştim. "Seni bir arkadaşımla tanıştıracağım şimdi, azıcık sosyalleş..." Daha sonra kısık sesle yakınlaşıp "Kızma ama kızacaksan sonra şey ederiz onu," diye devam etmişti. "Eee gelip oturmaz mısın?"

Derin bir nefes alarak buzdan ifademle onlara döndüm, hemen yanımda karşı karşıyalardı. "Merhaba," dedim elimi Kunt'a uzatarak, dikkati üzerime çevrildi. "Kusura bakmayın, böyle emrivaki oldu... Karaca ben."

Kunt'un üzerinde siyah bir kaban vardı, saçları hafif nemliydi ve altın hareli ela gözleri yüzüme sabitlenmişti. Beni gördüğüne şaşırmadığını fark etmiştim, muhtemelen içeri girdiğinde üzerimdekilerden tanımıştı bile. "Kunt," dedi elimi tutarak, tokalaşırken bir an sanki gerçekten yeni tanışıyormuşuz hissine kapılmıştım. "Rahatsız etmeyeyim ben..."

"Yooo hiç sorun değil," dedim masayı göstererek, oturması için. Melisa montunu yanındaki sandalyeden çekip kendi oturduğu sandalyeye astığında karşıma geçip oturmuşlardı.

"Biz de bir gazete kupüründe haberine denk geldik, öyle sohbet açıldı, senden bahsediyorduk," dedi Melisa masanın kenarına çektiğimiz gazeteyi gösterirken, ardından gözleri üzerime çevrildi. "Geçen aylarda talihsiz bir olay yaşandı, rakibi rahatsızlandı maç sırasında. Vefat etmiş. Onun haberiydi okuduğun..."

"Talihsiz bir olaymış gerçekten," dedim dümdüz bir sesle, biraz da numara çekiyordum yüzümdeki empati kurmaya çalıştığımı belli eder ifademle. Gözlerimi Kunt'un üzerine çevirmiştim. "Rahatsız mıydı? Rakibiniz yani. Maçlardan önce sağlık kontrolünden geçmiyor musunuz?"

"Geçiyoruz, her türlü," dedi Kunt tok bir sesle. "Rakibim de en az benim kadar sağlamdı ama maçın başındakiyle bitişindeki aynı adam olmuyoruz, bazı komplikasyonlar gelişebiliyor.

Yaralanmalar, kanamalar, ezilmeler olabiliyor; bunlar beklenen şeyler, iki tarafın da hazırlıklı olduğu." *Bu adam kalçasındaki bıçak yarasıyla nasıl geçebilmişti kontrolden?*

"Ölüm de mi?" diye sordum.

"Belki, bir noktada. Her sporun bir tehlikesi vardır ve her insanın bir noktada bekleyebileceği en uç sonuç bu."

"O gece beklenmesi gereken sonuç bu muydu peki?"

"Hayır," dedi Kunt, düz bir sesle. "Karam iyi gidiyordu, maçı alabilir gözüyle bakıyordu herkes. Ben dahil. Belki öyle bakmamam gerekiyordu çünkü demoralize edebilirdim kendimi ama düşünüyordum da bir yandan. O gece beklenmeyen, Karam'ın yere düşüşü ve kalkmayışıydı."

"Kendinizi suçluyor musunuz? Rakibiniz öldü sonuçta."

"Her zaman," dedi Kunt, beklemediğim bu cevap beni dumura uğratmıştı ama tepkimi yutmuştum.

"Peki suçlu musunuz?"

"Aaa Karacacığım hoş sohbet olsun diye oturduk tek bir konuda sıkışıp kaldık ama böyle, değiştirelim radyo frekansımızı," dedi Melisa araya girerek. "Hem Kunt Abim de Karam Abim de kendilerini bilen, bilinçli ve iyi insanlar. Karam öyleydi yani. Sen takip etmediğini söyledin ama onun tarafını tutuyordun galiba," diye devam etti gözlerini kısarak yüzümü süzerken. "Ama bilmelisin, Karam arkasından aynı akademide birlikte yetiştiği bir adamın sorgulanmasını yanlış bulurdu. Söyleyeyim yani." Ardından ayağa kalktı Melisa. "Neyse, üç Türk kahvesi kapıp geliyorum, benim ders yalan oldu. Nasıl içersiniz?"

"Sade."

"Orta şekerli."

"Tamamdır," dedi Melisa kalkıp masadan giderken. O kasa yolunda kaybolduğunda ben de gözlerimi masaya çevirmiştim gerisingeri.

"Sade mi? Zift içiyorsun yani."

"Kusura bakmayın Karaca Hanım, sizden elektrik alamadım," dedi Kunt geriye yaslanırken. "Kahveyi sade içmeyen, ağzının tadını bilmezlerle olmaz."

Ağzım açık kaldı bir an. Ardından ifademi toplayarak ciddileştim. "Kayradağ'dan otoyola doğru inerken Seyit Amca bahsettiğinde sormuştum ama ailevi bir mesele deyip geçiştirmiştin. Melisa'yla nereden tanışıyorsunuz?"

"Efes'in kız kardeşi."

"Tahmin etmiştim," dedim geriye yaslanırken. "Az önce Karadenizli ağzı yaptı, Ayşen Abla söylemişti Efes'in Rizeli olduğunu. İkisi de bebek sarısı saçlı parlak mavi gözlü, kopyası gibiler birbirlerinin."

"Öyleler," dedi Kunt. "Burada mı karşılaştınız?"

Kafamı salladım.

"Ve dedikodumu yaptınız." Kurumuş, kahve lekeli gazeteyi kaldırıp habere baktı.

"Dedikodunu falan yapmadık."

"Bari dürüst ol kızım be. Melisa'yla yan yana gelip dedikodu yapmayan karınca yoktur dünya üzerinde. Abisini al kardeşine vur. Aynı tas aynı hamam."

"Melisa," diye başladım lafa, az önce duyduklarımı beyin süzgecimden geçirirken. "Abimle tanışıyorlar mıydı? Sizin tanıştığınızı biliyorum, Efes söylemişti."

Kunt'un gözleri sipariş veren Melisa'ya takıldı bir süre, ardından bana çevirdi bakışlarını. "Efes de akademiye kayıtlı bir sporcu, Melisa arada sırada ziyarete gelir. Abinle sohbetleri olması doğal."

Aklım istemsizce abimin mektubundaki *sırma saçlım* detayına takılmıştı. Sırma saç, sarı saç anlamına geliyordu ve Melisa sarışındı. Her ne kadar etrafta çok fazla sarışın dolaşıyor olsa da bu sırma saçlı kız çok da uzakta olamazdı değil mi? Melisa elinde siyah bir tepsiyle masaya yaklaşırken gözlerimi kaçırdım ve düşüncelerimin üzerine şimdilik bir kilit vurdum. Tepsiyi masaya bıraktıktan sonra "Bu orta şekerli," diyerek benim kahvemi önüme bırakmıştı, sanırım diğer ikisi sadeydi. "Eee, ben yokken ne konuştunuz?"

Sol elimle sağ elimi kapatıp yüzüğümü sakladım, ardından Melisa'ya döndüm. "Bu adamın başı bağlı Melisa," dedim düz bir ifadeyle, ben konuşurken Kunt neredeyse içtiği kahvesini püskürtecekti. "Bak parmağına, yüzük var."

"Ne?" Melisa yüzyılın şaşkınlığı suratından akarken uzanıp Kunt'un sağ bileğini yakaladığında parmağındaki yüzüğe bakıyordu. "Hem de kardelen işlemeli..." dedi ağzı sanki daha da açılabilirmiş gibi açılırken. "Oha abiciğim, oha! Alara mı geldi İtalya'dan?!"

Kahve fincanımı ağzıma yaklaştırıyordum ki elim havada asılı kaldı. Bir an Kunt'la göz göze gelmiştik. Alara kimdi? İçimdeki cazgır yine ağzını açmıştı. *Ulan Beren'i bitiyor Alara'sı başlıyor ya!*

"Melisa, saçmalıyorsun," dedi Kunt sert bir tavırla, kahvesini masaya bırakırken.

"Bir bırak şu kızı, bir sal ya! Bir sal bırak dönmesin gitsin orada yaşasın! Huzurumuzu bozmasın bizim! Yeter!" Melisa o kadar öfkeliydi ki masada benim olduğumu unutmuş bir şekilde sesini yükseltmiş ve bir topluluk içinde ağzına süremeyeceği laflar ediyordu. "Sen şimdi takarsın yüzüğü parmağına ama o ertesi sabah başucuna bırakır, atlar bir uçağa kaybolur aylarca! Huyunu bilmiyor musun? Ders çıkarmıyor musun hiç geçmişten?!"

"Melisa," dedi Kunt ölüm gibi bir sesle. Melisa bir anda ne yaptığının farkına varmış, aldığı nefesin hışırtısını bile ciğerlerine kaçırmıştı. Gözlerini kırpıştırarak elini ağzının üzerine örttü, ardından sertçe yutkundu. "Kapının önündeyim, aklın başına gelince terbiyesizliğin için önce karşındaki kadından, sonra benden özür dilersin," diye devam etti lafına, ayağa kalktığında elini ceketinin cebine atmış sigara paketini çıkarıyordu.

Gözlerini bir kez olsun üzerime değdirmeden kapıya yürümeye başladığında Melisa'ya baktım. "Ben... Kusura bakma, bir yüzükten meselenin buralara geleceğini bilmiyordum, şaka maksatlı söylemiştim," diye mırıldandım alt dudağımı ısırdıktan sonra.

"Kızım sen nereden bileceksin ya..." Melisa yüzünü sıvazlayarak sessizce ofladı, ardından geriye yaslandı. "Aferin sana Melisa, aferin sıç bütün anların içine böyle devam et, devam et kalmayana dek kimse etrafında. Harikasın gerçekten, inanılmazsın..." Kendi kendine konuşuyordu. "Ama bıktım ya, bıktım! Bıktım şu kızdan!"

"Haddim değil ama, Alara kim?"

"Kuntçuğum, abiciğimin eskiden âşık olduğu yelloz," dedi Melisa öfkeyle soluyarak. "Lisedeyken ona yanıktı. Kunt Abi'm benim öz abimle Kuleli'ye gitti lisede ama ben onların peşinden yuvarlandığımdan benim kendi okuduğum lisedeki en yakın arkadaşım Alara da bizimle takılıyordu. Sana yemin ederim, kız gayet farkındayken Kunt Abi'min onu sevdiğinin, çıkmadığı erkek kalmadı okulda, sürtmediği kalmadı ya! Ne zaman oyunculuk eğitimi almaya başladı, İstanbul'un göbeğine taşındı, o zaman gözü açıldı. Tabii benim abimin boyu posu var, Yunan tanrıları gibi böyle, zengin de. Koluna takmak istedi onu vitrinlik manken gibi! Sevgili değil arkadaş ayağına götürüyordu adamı ya! Kunt Abi'm de hiçbir şey demiyordu. Ne isterse yaptı. Deli olacağım! Deli deli zırdeli! Vur patlasın çal oynasın amına koyayım! Başına babamın tüfeğini geçirdiğimin kızı, kanırta kanırta *Biscolata* paketlerine basarım kafasını bak dönmesin o!"

"Bir dakika... Kunt, Kuleli Askeri Lisesi'ne mi gitti?" *Ve Efes de.* Şaşkındım. O zaman nasıl olmuştu da ikisi de bambaşka bir şey yapıyorlardı şimdi asker olacakları yerde?

Kafasını salladı Melisa. "Yani evet ama nasıl boksör olduğunu soracaksan o konu biraz karışık ve özel..."

"Anladım..."

"Ay ben ne yapıyorum ya, daha tanıştığınız beş dakika olmadı adamın hayat hikâyesini anlatıyorum, sen de ilgileniyormuş gibi davranıyorsun burada, kafesledim resmen seni yolundan alıkoydum sabahtan beri... Çöpçatanlığın zirvesindeyim aşağı atlasam sağlam kaburgam kalmaz! Ama benim çene düşünce çok fena oluyor yani... Anlamışsındır zaten," diye söylendi Melisa sandalyesinin arkasındaki montunu alıp üzerine geçirirken. Atkısını da boynuna takmıştı. "Ben seni daha fazla tutmayayım, çok özür dilerim gerçekten az önce ortasında kaldığın sahne için. Numaranı alayım mı? Başka bir gün doğru düzgün içelim şu kahveleri, benim aklımın başımda olduğu bir gün. Yazık soğudu bunlar da fincan başına 9,5 lira ödemiştim..."

Melisa'yla numaralarımızı birbirimize verdikten sonra montumu üzerime geçirmiş, çıkışa yürüyordum onunla. Alara'nın, Kunt'la yılbaşı gecesi soğuk-sıcak oynarken bulduğum fotoğraftaki esmer kız olduğunu düşünüyordum bir yandan da. Her ne kadar net hatırlayamasam da fotoğrafın tamamını, Kunt'un yüzünü hatırlıyordum. Mutluydu. Yüzünde huzur vardı. *"Maçın başındakiyle bitişinde aynı adam olmuyoruz,"* demişti masada otururken, belli ki yıllar içerisinde de şekil şemal değişmese de insanın içi böylesine değişebiliyordu.

Kafeden çıkarken dışarıdaki masalardan birinde Kunt'un, Efes'le oturuyor olduğunu gördüm. İkisi de birer sigara yakmıştı ve sohbetleri buraya gelmiyordu. Melisa önden basamaklardan inerken ben sağ elimdeki yüzüğe baktım; ne çok sahibi vardı aslında bu yüzüğün... Ben değil, belki Beren bile değil. *Alara.* Beren'i hiç sevmemiş olsa bile Alara'yı sevmişti. Hâlâ seviyor muydu? Dün sabah Efes nişan konusunu açtığında ona Beren konusunu neden hiç sorun etmediğini söylemiştim ve o da bunun bir düzmeceden ibaret olduğunu söylemişti. Yalnızca anneannesinin fazla vakti kalmadığı için kadını mutlu etmek istemişti. Ama Alara'yı seviyorsa, belki de sorumu düzeltip baştan sormalıydım.

Ya da sormama gerek yoktu. Her şey bittiğinde ve biz cevaplarımızı aldığımızda yolumuza gidecektik. O da Beren'in çıkardığı ve şu an benim takıyor olduğum, üzerine aile sembolü işlenmiş yüzüğü benden alıp Alara'ya takacaktı. *Gördün mü kız Karaca, sende unutmayacak yüzüğü bozduramayacaksın! Ondan üzüldün...*

"Burada ayrılalım istersen, seni daha fazla utandırmak istemiyorum, gerçi ben boğazıma kadar utanç çukuruna battım, sen utanılacak bir şey yapmadın ama..." Melisa, ben basamaklardan indiğimde kollarını açmış bana sarılmak için bekliyordu.

"Tamam," dedim. "Yolumuza gidelim..." Yolumuzun aynı yönde olduğunu bilmiyordu ve ben nasıl söyleyeceğimi bilmiyordum. Kunt'la yakın olduklarına ve Efes'in kız kardeşi olduğuna göre ona gerçeği mi söyleyeceklerdi yoksa Ayşen Abla gibi güvende olması için saklayacaklar mıydı? İşte bunu merak etmeye başlamıştım.

Melisa'yla sarıldık, bana el sallayarak yüzündeki buruk tebessümle abilerinin oturduğu masaya ilerlemeye başladığında sırtını dönmüştü. Derin bir nefes aldım ve birkaç saniye sonra peşinden yürümeye başladım ben de. Melisa bana kırılacaktı.

Kunt'un sırtı dönüktü, Efes başını kaldırdığında Melisa'yı gördü; ardından arkasından yürüyen kişiyi, yani beni. Ama çattığı kaşları Melisa'nın üzerindeydi. Melisa masanın başında durduğunda "Özür dilerim Kunt Abi'm, patavatsızlık ettim, hele de hiç tanımadığın birinin yanında öyle konuşmamam gerekirdi. Ne kadar öfkeli olursam olayım kendimi tutmam gerekirdi," dedi bakışları masanın üzerindeyken, suçlu bir ifadeyle. "Ama dayanamadım. Üstelik sen de benden gizlemişsin bir şeyleri! Yüzüğünü mesela... Aşk olsun, insan söylemez mi?..."

Melisa'nın yanına ulaştığımda Efes dikkatle beni süzüyor, ne yapacağımı izliyordu. Melisa bana döndüğünde, Kunt bitirdiği sigarasını küllüğe bastırdı. "Aaa Karaca, ayrılmamış mıydık biz seninle?" diye sordu Melisa saf bir tınıyla bana döndüğünde.

Kunt sandalyesini çekip ayağa kalktığında yutkunma ihtiyacı hissetmiştim. Sağ eliyle önümden uzanıp yüzüğün takılı olduğu elimi cebimden çıkardığında havaya kaldırdı. Efes "o" şeklini almış ağzıyla kıs kıs gülerken Melisa'nın yüzü başka bir şok dalgasıyla aydınlanmıştı. "Karaca benim *nişanlım.*"

Melisa bir adım geri attı, dudakları bir çizgi hâlindeydi ve kaşları çatılmıştı. "Gaipten sesler duyuyorum abiciğim, bir sars beni," dedi elini Efes'in koluna koyarken. "Halüsinasyon falan da görüyorum, yüzük görüyorum mesela, iki tane..." Yutkundu ardından. "Nasıl yani? Bir dakika, bir dakika, nasıl be?" Melisa'nın göğsü şaşkınlıktan sıklaşmış nefes alış verişleriyle inip kalkıyordu. Bileğimi Kunt'un elinden kurtardım. "Şok oldum, şaşkınım şu an, algılayamıyorum... Gerçek mi bu? Şaka mı? Şaka değilse değil ama ne?"

"Ya ne diyorsun kızım devreler yandı yemin ediyorum ya," diye homurdandı Efes kolunu Melisa'nın elinden kurtarırken.

"Ben şaka yapacak bir adam mıyım Melisa?" diye sordu Kunt.

"Değilsin... Ama sen... Nasıl?" Melisa'nın boncuk mavi gözleri bana çevrildi bu sefer. "Peki sen? Sen nasıl? Nasıl? Ne zaman ya?! O zaman sen... Kayradağ'a... Kunt Abi'min evine mi gelmiştin?!"

"Ya bunun kafa sözel basıyor. Siz niye buna hesap kitapla yükleniyorsunuz ki?" diye söylendi Efes oturduğu yerden kardeşinin koluna uzanırken. "Geç otur şuraya, adama bağırırsan kafenin ortasında böyle inme iner çarpılırsın işte salak," diye homurdandı kızı yanına oturturken. "Kafadan duman çıkıyor bunun, su falan mı istesek?"

Kunt bana dönmüştü, montumun üzerinden belime hafifçe baskı yaparak Melisa'nın karşısındaki sandalyeyi işaret etti başıyla. "Otursana."

Kafamı salladım. Efes ve Melisa'yla karşılıklı oturduk. "Melisa gerçekten bilerek yapmadım, özür dilerim," dedim kocaman açıp masaya sabitlediği gözlerini yakalamaya çalışarak, ağzı da açık kalmıştı kızın. "Sen gazete kupürünü gösterince ne desem bilemedim, sonra tanıdığını söyledin ve Kunt da çoktan gelmişti zaten..."

"Senin özür dilemene gerek yok, ben biliyorum onun huyunu," dedi Kunt bir sigara daha yakarken. Masaya yasladığı elinde *Zippo*'yu mekanik hareketlerle çeviriyordu.

"Yavaş abiciğim, yavaş," dedi Efes.

"Kunt Abim haklı, patavatsızlık da ettim... Of ben neler anlattım..." Melisa'nın gözleri bir an yüzüme değmişken hemen kaçırmıştı. Geriye yaslanarak dirseğini sandalyenin koluna yasladı ve avucunu çevirip gözlerine siper etti. "Ben bu utançla yaşayamam abi, kes gitsin bileğimi." Önce bir kolunu, sonra ikisini birden uzattı Efes'e. "Kes kes ikisini de kes."

"Sikko sikko konuşma otur adam gibi edebinle utan, hayâsız seni."

"Ya abi, ya!"

"Ne abi ya ne abi?" dedi Efes, Melisa'nın kafasını birkaç kere ardı ardına parmaklarıyla ite ite.

"Kafama kafama ne vuraysun!"

"Akıl girer belki diye, akıl akıl!"

Efes benim de kafama kafama vursa aklımı yerine getirebilirdi belki ama onlar iki kardeş tartışırken aklım abimle lisedeyken edindiğim anılardan bugüne kayıp duruyordu sürekli. Mesela Efes'in Melisa'yla olan ilişkisi benim abimle olan ilişkime benziyordu. Herkesin sürekli Beren'in istenmediğini dile getirmesi de beni lisedeki arkadaş grubumla olan anılarımın kucağına bırakıyordu. İnsan her on yılda bir aynı yollardan geçiyor olabilir miydi? Çünkü eğer öyleyse ben ne arkadaş ne de aşk boyutunu kaldırabilecek kadar güçlü olduğuma emin değildim.

Melisa tekrar özür dileyerek okula gitmek için kalktıktan sonra Efes ve Kunt'la birlikte otoparka yürümeye başlamıştık. O sırada Efes daha sonra Melisa'ya uygun bir dille nişan muhabbetini anlatacağından ve çenesini kapalı tutmasını söyleyeceğinden bahsetmişti. Yani Melisa, oyun dışı bırakabilecekleri birisi değildi. Bu durumdan gidip de Kunt'un ailesine bahsederse mesela, komadaki anneannesi kalkar gelir hesap sorardı muhtemelen... Sahi, anneannesi uyandığında ne olacaktı? Yüzüğü Beren'e mi verecektim numaralarına devam etmeleri için? Sevmediği kadınlarla nişanlıcılık oynamaktan sıkılmıyor muydu? *Kunt'un ailesi.* Babasının silahından çıkan kurşun annesini öldürmüştü. Bu adam ne yaşamıştı böyle?

Açık otoparkta *SUV*'nin yanında Kunt'un sürdüğü lüks araç vardı. Polat arabaya yaslanmış bir sigara tüttürürken bizim yaklaştığımızı gördüğünde yarısı içilmiş dalı yere atıp ayağının ucuyla ezdikten sonra kollarını arkasında birleştirdi ve şahin gözlerini yere dikti. "Arkadaki çantalar ne?" diye sordu Kunt, *SUV*'nin arka koltuğuna bakarken.

"Karaca Hanım'ın evinden aldığı eşyalar."

"Apartman dairesi?" dedi Kunt, bana bir bakış atarken sorarcasına, ardından tekrar Polat'a döndü. "Nasıl bir yer?"

"Sekiz katlı eski bir binanın beşinci katı, on üç numaralı daire. Kapı sorunlu, su saatinin üzerine asılmış demir ayakkabı çekeceğini araya soksak kilidin kırılması otuz saniye almaz. Salon pencereleri sokağa bakıyor, mutfak pencereleri ve koridor boyunca odalar ise caddeye. Caddedeki dükkânların tentesinin üzerine çıkan herhangi biri bile balkondan balkona atlayarak kolayca içeri girebilir."

"Çüş ama," dedim araya girerek. "Eve mi girdin? Kapının önünde beklemedin mi?"

"Hayır, eve girmedim, yalnızca siz kapıyı açarken bir bakış attım içeriye. Binanın planını kafamda oluşturup dış cephenin önünde bir tur atarken şemayı aklıma çizmiştim," dedi Polat her zamanki soğuk sesiyle, gözlerini otopark asfaltından çekmeden. Güvenliğim söz konusu olmadığı sürece asla yüzüme bakmıyordu.

"Taciz edilmiş gibi hissediyorum," diye mırıldandım kısık bir sesle, gözlerimi kaçırırken.

"Kader arkadaşımı buldum," dedi Efes bir elini omzuma koyarken, hemen ardından çekmişti. "Bu ikisi geçen yıl antrenman sabahları horoz ötmez göz gözü görmez bir saatte önce haneme, sonra uykuma tecavüz ediyordu. Karacacığım ne dersin, Tosbik'i atarsan anlaşabiliriz? Sonsuza dek en yakın arkadaş olabiliriz..."

"Bundan sonra apartmana tek başına gitme." Efes'e attığım alaycı bakışın ardından konuşan Kunt'a çevirdim bakışlarımı. "Ev arkadaşını tehlikeye atmış olursun."

Peki paşam, demek istedim ama sadece başımı sallamakla yetindim. Gerçi, Öktem'in bu saate kadar internette gördüklerinden sonra hâlâ arkadaşım olduğunu söyleyebilir miydim? Hâlâ telefonumdaki mesajları ve cevapsız aramaları kontrol etmemiştim ve biz bu geceyi atlatana kadar kontrol etmeye niyetim yoktu.

Birkaç dakika sonra Efes, Polat'la birlikte *SUV*'ye geçerken ben Kunt'un ardından onun arabasına binmiştim. *SUV* otoparktan çıktığı sırada Kunt emniyet kemerini takarken çıkışa sürüyordu, ben ise üşümüş ellerimi bacaklarımın arasında ısıtmaya çalışıyordum. "Beren'e ne kadarını anlattın?"

"Her şeyi," dedi tok bir sesle. "Beren'in federasyonda bağlantıları var. Bize yardım edecek."

Güvenliğin, Beren beni içeri sorgusuz sualsiz sokarken tek

kelime etmemesinin sebebi şimdi anlaşılıyordu. "Bak, ona güveniyorsun," dedim kafamı geriye yaslarken. Bir an bana döndüğünde göz göze geldik.

"Güveniyorum."

"İnsanlara güvenmek ya da güvendiğini itiraf etmek zayıflık belirtisi değildir."

"Benim yaptığım tetikte kalmak. Güvendiğin insanlar bile isteye, zevkle ihanet edecek değiller sana. Zorunda kalabilirler."

Belki de Kunt, zorunda kalınmış bir ihanetle yüzleşmişti geçmişte.

"Melisa'ya çok kızdın." Nedense çenem açılmıştı, belki de Melisa'yla vakit geçirmenin bir yan etkisiydi bu. İkinci defa karşılaştığı bir yabancıya böylesine açık konuşabilmişti bir şeyleri, şaşırmıştım doğrusu.

"Saçma sapan hareketleri var."

"Alara eski sevgilin mi?"

Soruyu sorduğum gibi kırmızı ışıkta durduğumuzda Kunt derin bir nefes almıştı. Ardından başını geriye yasladı, hemen önümüzde kendilerine yeşil ışık yandığından şerit değiştiren arabaları izleyen altın hareli gözlerini üzerime çevirmişti artık. "Hayır. Oyunculuk eğitimi almak için İtalya'ya giden yakın bir arkadaşım. Arada ziyarete gelir sonra yine gider."

Melisa bütün söylediklerini uydurmuş olamazdı değil mi? Kunt'un Alara'yı sevdiğini söylemişti. Belki de karşılıksız aşktı. *Kunt Vidar Karyeli'yi de mi reddediyorlarmış?* İşte şimdi kızı merak etmeye başlamıştım. Fotoğraf teorim doğruysa esmer güzeliydi. Ve güzeldi. Neden herkes çok güzeldi?

"Erhan da arkadaşın mı?"

"Hayır, yavşak herifin teki." Yeşil yandığında Kunt da gaza basmıştı. "Akşam doğal davranmaya ve sakin olmaya çalış, muhtemelen kendi kız arkadaşını getirip seninle bırakacak, benimle yalnız sohbet etmek isteyecek. Geçen sefer kendi ağzıyla ötmüştü, bu sefer istekli görünürsem seve seve anlatır. Yer, zaman bile verebilir. Sağlam olta."

"Abimden sonra onun ilgisinin olduğu karanlık bir tarafa

ilgi duymaya başlıyorsun aniden... Spor salonundayken söylediğin gibi, ilgi çekmez mi bu?"

"Çeker ama senin asıl kimliğin ortaya çıkmadığı sürece ilgiyi kuramazlar. Para kaldırmak istediğimi düşünür, umursamazlar."

"Nişan olayını iyi düşünmüşsünüz o zaman," diye mırıldandım, sağ elim bacağımın üzerindeydi ve gözüm yüzüğün ışıldayan metalinde, kardelen figüründe geziniyordu. "Çıkar için daha kaç kişiyle nişanlanmayı düşünüyorsun?"

Kuntadam'ın dudakları kıvrılmıştı. "İşimize yarayacaksa evlenebilirim bile."

"Fark ettim de bazen bir asker gibi konuşuyorsun, renksiz düşüncelerin var. Melisa, Efes'le Kuleli mezunu olduğunuzu söyledi."

"Melisa donumun hangi renk olduğunu da söyledi mi?" Gözlerimi ona doğru devirdiğimde seslice nefes vermiş, lafına devam etmişti. "Doğru. Kuleli mezunuyuz. Sen şimdi nasıl bambaşka bir camiada olduğumuzu sorguluyorsundur ama şu an."

"Bırakmış olabilirsiniz, başka nedenlerden, isteksizlikten mesela... Özellikle psikolojik olarak şartların çok zor olduğunu okumuştum."

"Asla," dedi Kunt, hızlı cevap vermişti. "Kuleli Askeri Lisesi, Kara Kuvvetleri Komutanlığı'na bağlı Kara Harp Okulu'na öğrenci yetiştirir. Liseyi bitirdikten sonra Ankara'daki Kara Harp Okulu'nda üniversite eğitimi alınır. Kendi isteğimle bırakmadım, asla bırakmazdım."

"Ne oldu peki?"

"Bırakmak zorunda bırakıldım."

Bırakmak zorunda bırakıldım. Nedense bu cümlesi içimde bir yerlere dokunmuştu. Kunt'un askeriyeyi bırakmasında annesi ve babası arasında yaşananların bir ilgisi olabilir miydi? Bir cümleden ne kadar anlam çıkarılabilirdi bilmiyordum ama Kunt'un babasının kötü bir adam olduğu düşüncesi aklımdan silinmiyordu.

"Efes'in bütün vücudu dövme ile kaplı, askeri liseye dövmeli öğrenciler alınmıyordu," diye mırıldandım. Yani Efes, okulu bıraktıktan sonra hıncını alırcasına kazıtmıştı derisini. "Senin hiç dövmen var mı?"

"Yok."

"Yaptırmayı düşünüyor musun?"

"Canım isterse."

"Benim var," diye mırıldandım, ilgisini çekmişçesine bana dönmüştü. "Annemin adı Nilüfer benim. Nilüfer çiçeği yaptırmıştım enseme..." Elim enseme gitti istemsizce, yüzüğün soğuk metali sıcak tenime değdiğinde ürperdim. "Küçük ama güzel."

"Anlamlı."

"Öyle," diye mırıldandım. "Polat'ın gözündeki çizik nasıl oldu? Yüzüme bile bakmıyor, çok soğuk biri."

"Polat..." İsmini söyledikten sonra seslice nefes vermişti Kunt, anıları yad edercesine. "Kuleli'de alt sınıftandı. Yüzündeki çiziğin sebebini de anlatmak bana düşmez. Sor ona ama, anlatır belki bir gün. Bakma ama gözünün altındaki o ize dik dik, rahatsız olur."

Kafamı sallayarak önüme döndüm. *Herkes mi bırakmış Kuleli'yi?* Ne olmuştu acaba? Kunt'la sohbet edilebiliyordu ama kafasının içinde neler dönüyorsa, nasıl bir savaş veriyorsa içeride bazen çok başka bir adama dönüşüyordu. Dağ evinde bas bas *"Bana güven!"* diye bağıran adamla dün gece sofradaki bir değildi mesela. Papatya yaprağı koparıp *güven, güvenme, güven, güvenme* diye bir seçim yapmaya çalışıyordu sanki... Bunun nedenini bilemesem de bunu da nedenini bilmediğim diğer tonla şeyin yanına ittirmekten başka yapabileceğim bir şey yoktu.

Evin bahçesine girerken pencere camlarına düşen yağmuru izliyordum. Kunt arabayı girişte durdurduğunda aynı anda indik, *SUV* arkadan dolanmıştı. Arka girişten eve iki adamın sürükleyerek getirdiği, üzerine naylon örtü örtülmüş askı ünitesini gördüğümde kaşlarım çatılmıştı ama bir şey söylemeden Kunt'un peşinden eve girdim. Montumu çıkartırken adamların merdivenlerden yukarı çıkartışını izliyordum üniteyi. "Bunlar ne?" diye sordum en sonunda.

"Sana sponsor oluyorum," dedi Kunt kabanını çıkartırken. Arabadan inerken arkadan siyah bir çanta almıştı, muhtemelen spor kıyafetlerinin içinde olduğu.

"Sponsor?"

"Akşam için bir şeyler."

Kunt kabanını koluna asmış, çantayla birlikte merdivenlerden çıkarken ben hiçbir şey anlamamış bir şekilde peşinden koşar adım çıktım basamakları. O kendi odasına geçerken ben odama giriyordum ki açık kapıdan adamlar çıkıyordu, yanımdan geçip aşağı indiklerinde şokla baktım odadan içeri. Bir köşede askı ünitesi vardı ve üzerinde sayamayacağım kadar kıyafet asılıydı, köşede ise kutular ve paketler vardı; Tosbik kutulardan birinin üzerine yalanıyordu. Askı ünitesinin naylonunu çektiğimde kıyafetlerin tamamının elbise ve takımlardan oluştuğunu fark ettim, üstelik etiketleri dahi üzerlerindeydi. *Kör olsaydım da o kırmızı elbisenin etiketine bakmasaydım.*

Sert adımlarla çıktım odadan, Kunt'un kapısını bile tıklatmadan içeri dalmıştım. "Senin bana sponsor olmana ihtiyacım falan yok benim, geri gönder bunları."

Kunt odanın diğer ucundaki büyük dolapların önünde, üstü çıplak dikiliyordu. Askılardan bir tişört seçtikten sonra bu tarafa doğru yürümeye başladı. "Akşamki mekâna pantolon kazak gelmeyi planlamıyorsun değil mi?"

"Kıyafetlerimin tamamının pantolon-kazaktan oluştuğunu düşündüren ne sana, inan çok merak ediyorum."

"Kıyafetlerinin tamamının pantolon-kazaktan oluşuyor olması olabilir mi?" Gözlerini kısarak bana bir bakış atarken tişörtü tek hamlede başından geçirdi, saçları dağılmıştı. "Bak, bunlara laf edeceksen biz daha başından anlaşamayız seninle. Bir anlaşma yaptık, değil mi? İşinin bir parçası olduğunu düşün."

"İşimin bir parçası mini etek giyip makyaj yapmak mı?"

"Kılık değiştirmek gibi de bakabilirsin bu olaya. Eteklerden hoşlanmadığının ve makyaj yapmakla ilgin alakan olmadığının farkındayım ama pozisyonunu kontrol et Karaca, sen benim nişanlımsın."

"Pantolon kazak giyen biri senin nişanlın olamaz mı?"

"Olabilir gayet," dedi Kunt, hemen önümdeydi ve yüz yüzeydik artık. "Ama benim nişanlım Eşik'e pantolon kazak gelmez. İnan bana."

Bir adım geri çekilirken duvara dönmüş, bir elimi belime diğerini ise saçlarımın arasına daldırmıştım düşünmek istercesine. "Nasıl bir yer ki bu Eşik? Gece kulübü değil mi?"

"Biraz değişik bir yer, gidince anlarsın," dedi Kunt saçlarını düzeltirken. "Önce yemek yiyelim, ondan sonra hazırlanırsın."

Üzerimde kadife, siyah, uzun kollu, kare kesim dekoltesi olan kısa bir elbise vardı ve son on dakikadır aynadan kendimi izliyordum çünkü en son etek giydiğimde liseye gidiyordum. Etekleri seviyordum, lisedeyken... Bir anket yapılmıştı okulda, anketi düzenleyen öğrenciler sonradan disiplinlik olmuşlardı hatta, okul formasını en iyi taşıyan kız ve erkek öğrenciyi seçmişlerdi. Seçilen kız bendim, seçilen erkek ise tanıdığım birisi... Pileli siyah etek giyiyorduk forma olarak, beyaz gömlek, siyah kravat ve armalı bordo ceketimiz vardı. Eteğini kısaltıp dizine kadar siyah ya da beyaz çorap çekmeyi seven o kızlardandım, hoşuma gidiyordu. Herkes tarzımın güzelliğine iltifat ediyordu.

Sonra bıraktım. Etekleri de liseyi de geride bıraktım. Herkesi geride bıraktım... En azından çalıştım.

Kadife siyah elbisenin altına parlak topuklu, bilekte biten fermuarlı botlar giymiştim. Odanın bir köşesi kıyafet, ayakkabı, takı ile doluyken diğer köşesinde benim valizim ve gitar çantam vardı. Bir taraftaki eşyalar Kunt Vidar Karyeli'nin nişanlısı olan Karaca'ya aitken, diğer taraftakiler sadece Karaca'ya aitti. Bu düşünceyle her şeye katlanabilirdim sanırım. Sorumluluklarım vardı ve yerine getirecektim çünkü bunu abime borçluydum. Saçlarımı düzleştirmiş, makyaj yapmıştım. Kunt yanılıyordu, makyajla alakam yok değildi. Sadece bunca şeyin arasında elim gitmiyordu ama madem gece kulübüne gidecektik, uygun giyinmeliydim. Dikkat çekmemeliydim. Uyum sağlamalıydım. Sağlayacaktım da.

Kolyemi boynumdan çıkarmaya cüret edememiştim, ucunda USB olmasa belki çıkarmayacaktım da ama en son şöyle bir çözüm yolu bulmuştum; kutulardaki ince kolyelerden birinin ucuna geçirmiştim Esved'in yüzüğünü, daha sonra boynuma takmıştım kolyeyi. Böylelikle USB kendi kolyemle birlikte evde, güvende kalacaktı ve ben verdiğim sözü tutmuş, yüzüğü yanımdan ayırmamış olacaktım.

Hava kararmıştı. Dizimin biraz yukarısına gelen siyah kabanımı üzerime geçirdim, ardından zincirli siyah çantamı koluma taktım, çantamdan bir ağrı kesiciyi dilimin üzerine bıraktım ve odadan çıktım sonunda. Sabahtan beri başım çatlıyordu yine. Kunt'la aynı anda karşılıklı odalarımızdan çıkmıştık, o çıkarken kolundaki saati düzeltiyordu. Siyah ayakkabılar, siyah bir pantolon, yakasının iki düğmesi açık bırakılmış beyaz bir gömlek, siyah ceket ve üzerine de dizlerine kadar gelen siyah bir kaban giymişti. Başını kaldırıp beni süzdüğünde bakışları dudaklarımda asılı kaldı, ardından kaşlarını çattı. "Kırmızı?"

"Renk olsun diye," dedim düz bir sesle.

"Renk olsun diye?" Sorarcasına tekrarlamıştı kaşları havalanırken.

"Evet, niye, beğenmedin mi?" diye sordum çantamın omzumdaki askısını düzelterek, ardından merdivenlere yönelmiştim. "Tamam, bir şey söyleme, umurumda değil..."

Ayşen Abla çıkmıştı, Efes her ne kadar öğlen bizimle gelse de ortalıkta yoktu. Muhtemelen bu akşam basit bir çıkar sohbetinden ibaret olacağından büyütmüyorlardı. Bahçeye çıktığımda doğruca büyük kapının önünde yürüdüm, loş bahçe ışıklandırmasından renginin gri olduğunu fark ettiğim bir araba duruyordu ileride. Ambleminden bir *Ferrari* olduğunu anlamıştım. Farklı mekânlara giderken farklı kıyafetler giymek tamamdı da farklı arabalarla gitmek biraz şov olmuyor muydu? Arabanın yanında dikilirken Kunt'un evden çıktıktan sonra Polat'la konuştuğunu gördüm, ardından arkadan Fevzi çıkageldi ve ikisi birden bahçede kayboldular. Kunt yanıma yürümeye başladığında arabanın iki yanında karşı karşıya geldik, ardından aynı anda bindik koltuklara.

"Arabalara ilgin mi var?" diye sordum ister istemez, emniyet kemerimi takarken.

"Her erkek kadar."

Garaj kapısı açılırken geriye yaslanmış, sağ elimdeki yüzükle oynuyordum. "Sen Erhan'la konuşurken ben ne yapacağım bu akşam?"

Caddeden aşağı sürerken bana bir bakış attı, ardından "Dikkatimi dağıtmamaya çalışabilirsin," diye mırıldandı seslice nefes verirken.

"Dikkatin nasıl dağılıyor ki senin?"

Gözlerini kaçırdı. "Anlarsın."

Yüzümü buruşturdum. O nasıl bir cevaptı öyle? Sahile indiğimizde Bebek tarafına sürdüğünü fark etmiştim, camdan boğaz manzarasını izlerken düşüncelerim çevre mekânlardan dalgalara yansıyan ışıkların arasında kaybolmuştu. Birkaç dakika sonra popüler bir mekânın önünde durduk ama girişte gazeteciler vardı, Kunt gazetecileri gördüğü gibi gaza basarken ağzında bir küfür yuvarlamıştı. "Hay sikeyim sizin alacağınız pozu ya..."

"Nereden haberleri oluyor?" diye sordum başımı geriye çevirerek kapı önündeki kalabalığa bakarken, sanki arabayı tanımış gibi bir anda hepsi bu tarafa koşturmuştu ama biz çoktan caddede ilerlemeye başlamıştık.

"Ünlü biri rezervasyon yaptırdıysa korumalar ötmüştür, bunlar da doluşmuşlardır."

"Ne yapacaksın?"

"Arkadan dolanacağız."

Ara sokaktan sağa döndü Kunt, burası daha sessizdi. Mekânın otoparkı olduğu belli olan yere geldiğimizde barikatın önünde durmuştuk, güvenlik görevlisi kabininden çıkıp arabaya yürümeye başladığında Kunt camı yarıya kadar indirip adama bir bakış attı. Güvenlik görevlisinin arabaya attığı adım yarıda kesilirken turuncu neon yeleğinin cebindeki telsizi çıkartıp kabine geri dönerken tek bir laf ettiğini okumuştum dudaklarından. *Karyeli.*

Barikat kaldırıldığında Kunt camı kapatmış, mekânın arka çıkışının önüne çekmişti direkt arabayı. Motoru durdurduğunda bana döndü, "İçeride dikkatli ol," dedi düz bir sesle. "Özellikle kimsenin verdiği içkiyi içme, tatlıyı yeme, ikrama bayılırlar." Aynı anda arabadan çıktığımızda koyu kırmızı bir halının serildiği ışıklandırmalı bir bahçeden içeri yürümeye başlamıştık. "Birileriyle göz göze de gelme. Takıntılı orospu çocuklarıyla dolu bir yer burası..."

"Başka?" Kaşlarımı kaldırdığımda halının ortasında durmuştum, Kunt iki adım ilerimdeyken dönüp karşıma geldi. "Kerhaneye falan mı getirdin sen beni?"

Kunt alayla gülerek gözlerini kaçırdığında dudaklarının kenarı çukurlaşmış ve gözleri kısılmıştı yine. "İstanbul'un en karanlık mekânlarından birine getirdim, kerhane yanında huzurevi kalır," dedi sıkıntıyla verdiği nefes, gülüşünü söndürürken. Bir adım geriye atarken elini uzattı, gözlerinin içine baktım ve elini tuttum. Yan yana geldiğimizde elini elimden çekmiş, belime koymuştu.

İçeride bir hareketlilik olduğunu fark ettiğimde cam kapıların ardını görmeye çalışıyordum, takım elbiseli adamlardan biri koşar adım gelip kapıyı açtığında önden geçtim, içerisi karanlık bir lobiydi ve dört koruma yan yana dikiliyordu. "Abi buradan," dedi kapıyı açan adam peşimizden gelirken, karanlık bir koridora girmiştik ama üzerinde *VIP* yazan kırmızı tabelalı kapı kabak gibi önümüzdeydi. Kunt buraya devamlı geliyor olmalıydı ki bu kadar tanınıyordu.

Çift kanatlı kapı iki yanında dikilen korumalar tarafından açıldığında güçlü bir ritim ve yabancı sözler kulaklarıma, koyu mavi ışıklar ise gözüme çarpmıştı. Mekânın çoğu karanlıktı, kalabalık değildi ama hatırı sayılır insan vardı içeride. Tek ellerinde korkusuzca içki ve ikramlarla gezinen garsonları gördüm, kimse kendini atmış delicesine dans etmiyordu. Bu nasıl bir gece kulübüydü?

"Ön giriş, gazetecileri gördüğün, üst kattaki mekân oluyor. Kapıda tabelası asılı olan gece kulübü burası için bir paravan," dedi Kunt kulağıma eğilerek, benimle birlikte ilerliyordu.

“Nasıl yani? Aynı yere gelmedik mi?”

“Hayır,” dedi yumuşak bir tonla. “Bir gün ön girişten girme fırsatı bulursak sana gösteririm.”

Vestiyere kabanlarımızı bıraktığımızda kadife mini elbisemle kalmıştım üzerimde. Çantamın zincirini omzuma astım, Kunt belimdeki eliyle beni ileriye yönlendiriyordu. “Bak, şuradalar,” dedi ilerideki U şeklinde konulmuş siyah deri koltukları ve hemen yanındaki uzun kokteyl masasını işaret ederken çenesiyle. Deri koltuklarda bize arkası dönük oturan kişi Erhan’dı, kokteyl masasında ise üç kadın vardı; biri Erhan’ın elinden tutup kucağına oturdu ve kulağına bir şeyler fısıldadıktan sonra kahkaha atarak ayağa kalktı. “Kız arkadaşı mı?” diye sordum saçları *ombre*li kadını düşünürken.

“Evet. Yanındakiler de arkadaşları olmalı. Sana eğlence çıktı. Bayılırlar modadan takma tırnaklardan makyajdan konuşmaya... Tam senlik bak.”

“Ha ha ha,” diye homurdandım. Bir anda bir bacağını ayağımın önüne atıp kolunu karnıma doladığında adımımı durdurmuştu. “Bekle,” dedi beni karanlık bir köşeye çekerken, gözlerim sonuna kadar açılmıştı. “Elbisenin etiketini koparmamışsın Karaca.”

“Öyle mi?” Elimi arkaya attığımda saçlarımın arasından elime bir karton kâğıt gelmişti. “Koparmamışım gerçekten... Harika.”

“Yanında neşter falan taşımıyorsun değil mi?”

Dönüp ona ters bir bakış attım.

“Ne?” diye sordu kendi kendine, bir şey düşünüyordu. “Bence bu çok... Hoş olurdu. Doktorsun sonuçta. Gerçi üç sene okumuşsun. Yarım doktor.”

“Bu esprilerini adamın yanında da yapma sakın, ben kaçamıyorum diye adam kaçmayacak değil.”

“Espri yapmıyordum, teorik olarak doğru...”

“Teori kurma kabiliyetimizi de işimize saklayalım lütfen,” dedim kollarımı göğsümde birleştirirken. “Etiketi çıkartacak mısın?”

“Kesmem gerekiyor, keskin bir şey lazım...” Ellerini boynumda hissettim, tenime değdiğinde aldığım derin nefes ciğerlerimde asılı kalmıştı. Hemen arkamdaydı. Kollarım iki yanıma düşerken saçlarımı toplayıp bir omzuma bıraktı, etikete değen parmakları tenime de değiyordu. "Aklıma bir fikir geldi." Sıcak nefesini ensemde hissettim, ne yapıyordu? Bir an dudağı enseme sürtünce gözlerim sonuna kadar açıldı ama ben tepki vermeye ya da bir şey söylemeye kalmadan bir kopma sesi geldi, ardından uzaklaştı ve etiketi elinde buruşturup geçen garsonlardan birine uzattı. Garson çöpü aldığı gibi yoluna devam etmişti. "İşte, halloldu."

Dişiyle koparmıştı. "Gidelim," dedi parmakları kadife kumaşın üzerinden koluma sarılırken, masaya yaklaştığımızda tekrar belime yerleştirmişti elini.

Erhan'ın sarı *ombre*li sevgilisi ve arkadaşlarının bakışları beni bulmadan direkt Kunt'a sabitlendiğinde Erhan kimin geldiğini fark etmişçesine ayaklanmıştı. "Ooo Vidar, tam vaktinde," dedi adam gülerek tokalaşmak için dirseğini büküp elini havaya kaldırırken. "Her zaman," diye cevaplamıştı onu Kunt, selamlaşırken.

"Karaca Hanımlar da gelmişler, hoş gelmişler," diye devam etti Erhan, kısaca sahte bir tebessümle selamladım onu. Deri koltuklara oturduğumuzda Kunt'un hemen yanındaydım, sarı *ombre*li kadın da arkadaşlarını masada bırakıp sevgilisinin yanına geçmiş ve memnuniyetten çok uzak bakışlarla beni baştan aşağı süzmeye başlamıştı. İki garson ortadaki camdan masayı sanki bu ikilinin ne içtiklerini bilircesine hiç sormadan donatıyordu.

"Eee ama Fuat Hoca da yaşlandı be oğlum, yakındır emekliye ayrılması onun ben sana diyeyim. Sen Ali Bey'le bir otur masaya, bir el sıkış, adamın iki lafından biri sensin zaten... Çok kazançlı iş olur senin için."

"Derdim kazanç değil Erhan, biliyorsun bunu."

Sarı *ombre*li kızdan garsonlara çevrilen dikkatimi toplayabildiğimde Kunt ve Erhan çoktan sohbete başlamışlardı bile. "Yapma be oğlum, yirmi altı yaşındasın sen daha. Bırakma sahaları. Geçen seferki olayda aklın biliyorum," dedi Erhan, içkisine uzanırken, siyah gömleğinin kollarını sıvamış, bir dirseğini deri koltuğun sırtlığına yaslamış ve Kunt'a dönmüştü. "Karam'ın da kaderi buymuş, gönlünü verdiği sporun canını alacağı varmış... Yapacak bir şey yok."

Bu adama karşı ne hissetmem gerektiğini bilmiyordum ama o an güçlü bir yüzüne tükürme isteği baş göstermişti. Eğer illegal maçlarla gerçekten ilgisi varsa abimi tanıyordu, eğer abim gerçekten ölmemiş öldürülmüşse de bir şekilde o ringde bu adam onu da biliyordu. O zaman bu adam şerefsizin tekiydi.

Kunt ceketini çıkarmış, öne eğilmiş, dirseklerini dizlerine yaslamış kendine içecek bir şeyler dolduruyordu. "Dövüşmeyi bırakacak değilim ama camiadan sıkıldım."

"İki aya Vladimir'le maçı olan adam mı söylüyor bunu? Ulan dünya ayağa kalktı be," dedi Erhan gülerken. "Sikik suratlı gelmiş bir de bizim topraklarda antrenman yapacakmışmış... Ulan ben çıkacaktım şunun karşısına, bir dövecektim eşek sudan gelinceye kadar var ya... Of..."

"Sen niye nefret ediyorsun lan bu dümbelekten? Hadi benim bir nedenim var, sana ne oluyor? Annene mi salladı ne yaptı?"

Erhan derin bir nefes çekti içine sıkıntıya, "Sal abiciğim sal beni, boş ver hiç karıştırma şimdi," dedi gözlerini kaçırırken. "Bak sana ne diyeceğim, madem sıkıldın camiadan, heyecan duygunu kaybettin... Sana bir teklifim var."

İşte bu.

Kunt'un bakışları Erhan'a sabitlendiğinde Erhan elindeki viskiyi kafasına dikip yanındaki sarı *ombre*li kadına dönmüştü. "Rabia, kızım siz Karaca Hanım'la içecek bir şey alsanıza kendinize bardan. Hadi yavrum."

Omuzlarım çökerken yaslandığım yerde doğruldum, ellerimi bacaklarımın yanından koltuğa yaslamıştım. Kunt bana dönerken güven vermek istercesine elini elimin üzerine koymuştu, göz göze geldiğimizde göz kırptı. *Göz kırpma be adam.* Mesajı almış gibi ayağa kalktım, Rabia da kalkmıştı. Bir anda koluma girdiğinde şaşırmış ama uyum sağlamıştım. "Karaca, değil mi? Ne güzel ismin varmış."

"Teşekkürler, Rabia," dedim tebessüm etmeye çalışarak. Az

önce beni dövecekmiş gibi bakıyordu, nasıl bir anda böyle yapışabilmişti ahtapot gibi?

"Ne içersin? *Margarita, Martini, Sangria?*"

Bar tezgâhının önündeki siyah sandalyelerden birine oturduğunda barmen de hemen önümüzde bitmişti. "Ne istersiniz hanımlar?"

Kunt ikramlık içmememi söylemişti, az alkollü bir şey içebileceğimi düşünerek "Votka Collins," diye mırıldandım Rabia'nın yanındaki bar sandalyesine oturup kolumu tezgâha yaslarken ona dönerek. Limon, soda, şeker ve votkayla hazırlanan hafif bir tercihti.

"*Margarita* alayım ben canım," dedi Rabia barmene, ardından ilgiyle bana döndü. "Eee Karacacığım, anlat bakalım nasıl kaptın şampiyonu?"

İstemsizce elim yüzük parmağıma giderken yine yüzükle oynamaya başlamıştım. Oturduğumuz yerden Kunt ve Erhan'ın sohbet ettiği koltuklar puslu da olsa görünüyordu, içeriden çıkan lacivert gömlekli bir adamın onların masasına yürüdüğünü gördüğümde gülümseyerek Rabia'ya döndüm. Ben Kunt'u nasıl mı kapmıştım? Cevap veriyorum Rabiacığım, *Kunt abimle maça çıktı ama abim maçtan çıkamadı.* "Bir kafede," dedim öğlen Melisa'nın aklınca yaptığı çöpçatanlık aklıma geldiğinde. Lacivert gömlekli adam Erhan'la tokalaştıktan sonra Kunt'la selamlaşıp yanlarına oturmuştu, bir yandan da göz ucuyla onları izliyordum. "Kunt'un en yakın arkadaşının kız kardeşi tanıştırmıştı."

"Hımm çöpçatanlık seziyorum, kolay olmuş. Adamı sırf görmek için barikatları ezip soyunma odasının olduğu koridoru basan hayranları var," dedi Rabia. "Ayrıca Vidar'a Kunt demen... Manidar."

Barmen içkilerimizi önümüze bıraktığında ince uzun bardağı önüme çektim. Bunu ben de fark etmiştim, Erhan ısrarla Vidar diye sesleniyordu ona. Acaba Kunt, Vidar ismini kullanıyordu da ben mi fark etmemiştim? Ama Melisa, *Kunt Abi'm* diyordu. Belki de mesafeli durduğu insanlar ona ikinci ismiyle sesleniyordu.

"Biz Erhan'la burada tanıştık," dedi Rabia, etrafta gözlerini gezdirirken. "O dönem takıldığım adam sayesinde giriyordum buraya, başka türlü imkânsızdı zaten. Senin ilk gelişin mi? Fazla süzüyorsun etrafı, oradan fark ettim."

"Öyle mi yapıyorum?" Aslında lacivert gömlekli adamın kim olduğunu merak ediyordum, masada ne konuşulduğunu duymak istiyordum bir an önce.

"Gel kızların yanına gidelim," dedi Rabia içkisini eline alıp bar sandalyesinden kalkarken. Votkamdan bir yudum aldıktan sonra ben de peşinden kalkmıştım. İçki kaliteliydi. "Seninle tanışmayı istiyordum biliyor musun, soruyordum Erhan'a ama ona bile göstermemiş yüzünü, ismini bile söylememiş Vidar. Çok şaşırmıştım. Sanki yalan sıkıyordu millete. Yüzük bile takmıyordu çoğu zaman. Aslında hiç görmedim taktığını." Kokteyl masasının başına geldiğimizde kafasını çevirip Kunt'un eline baktı. "Aaa, şimdi de takmıyor?"

"Sağ elinde," dedim dirseklerimi masaya yaslayarak hafifçe eğilirken. Yüzümde yapay bir tebessüm vardı.

"Haaa," dedi Rabia. "Neyse canım... Ne diyordum? Hah, merak ediyordum seni. Erhan bu akşam birlikte geleceğinizi söyleyince İzmir'de olmama rağmen atladım geldim uçağa." Sağ elimdeki yüzüğü gördüğünde elimi elinin arasına almış, yüzüğe bakıyordu. O sırada gözlerim masaya çevrildi, Kunt'un dikkatinin burada olduğunu fark ettim. Bizi duyuyordu. "Ay çok hoş, çiçek deseni var," dedi Rabia. "Eee ama evlenme teklifi ettiği yüzük nerede?"

"Boynunda, baksana." Masadaki diğer iki kızdan biri gözleriyle boynumu işaret ettiğinde, şaşkınlığımı belli etmeden elimi Rabia'nın elinden çekip boynuma götürdüm.

"Korkma kız, yemeyiz yüzüğünü," dedi Rabia. "Ayol millet şov yapar, bu saklıyor. Çeksene kız elini?"

"Rabia senin üstündekiler ne güzel ya, nereden aldın?" Elimi boynumdan çekmeden ilgiliymiş gibi bir adım geri çekilerek krem rengi büstiyer-etek takımını süzdüm. "Geçen gün bunun bordosunu görmüştüm Nişantaşı'nda bir vitrinde, o da çok yakışırdı bak sana..."

Rabia iltifatımla küçük bir kahkaha atarak şımarık bakışlarını diğer iki arkadaşına çevirdiğinde dikkatleri yüzüğümden dağılmıştı. Votka kokteylimden küçük yudumlar alarak onu dinliyormuş gibi yapmaya devam ettim, Paris'ten getirtilen tasarım elbiselerin satıldığı bir butik bildiğinden ve sürekli oradan alışveriş yaptığından bahsediyordu. Sohbete diğer iki kız da dahil olduğunda artık geriye çekilmiş yarattığım kaosun arasında kendi derdimin unutuluşunu dinliyordum. Kunt ne yaptığımı fark etmiş ve önüne dönmüştü ama yüzü kaskatıydı, belki de masada konuşulan konu hoşuna gitmeyen türdendi.

"Bak şu adam seni süzüyor sabahtan beri," dedi Rabia en sonunda, kulağıma eğilerek omzumun üzerinden köşede yalnız başına oturan adamı gösterirken. Otuzlarında, uzun boylu, kirli sakallı bir adamdı. Göz göze geldiğimizde dudakları kıvrıldı ve içki bardağını şerefime kaldırıyormuşçasına bir ifadeyle kaldırdı. "Kendisi Maslak'taki kirası en pahalı plazalardan birinin sahibi, ayrıca bir sürü araba galerisi var."

"Canım nişanlı kadına söylenecek şey mi bu?" diye söylendi yanımdaki kız, gözlerini devirerek sinsice gülerken. "Yani yol daha yarımken eğlenmek istemiyorsa tabii..."

Umursamaz bir tavırla önüme döndüm, "Siz ne iş yapıyorsunuz ya?" diye sordum. "Öğrenci misiniz?"

"Sekreterim canım ben, büyük bir holdingde müdür yardımcısı sekreteriyim," dedi az önce konuşan, saçları küt kesilmiş sarışın kız. Dudaklarında yarısı içki bardağına bulaşmış koyu pembe bir ruj vardı.

"Ben de aynı şirkette muhasebede çalışıyorum." Esmer olan diğer kız, takma tırnaklarıyla uğraşıyordu sabahtan beri yaptığı gibi.

"Ben de aynı şirkette müdür yardımcısıyım Karacacığım." Rabia damak şaklatarak içkisinden bir yudum aldığında, üçünün de aynı şirkette birbirlerinin altında çalıştıklarını fark etmiştim. "Sen?"

"Dördüncü sınıf tıp öğrencisiyim," diye mırıldandım kurumuş dudaklarımı ıslatırken.

"Ay gerçekten mi?" Bir anda küt saçlı kız heyecanla sırıtmaya başlamıştı. "Nasıl yani? İnsan kesenlerden, cerrahlardan mı olacaksın?"

"Öyle umuyorum."

"Süper çift," dedi Rabia. "Biri adamın suratını dağıtıyor, diğeri topluyor..."

Masadaki sohbet tamamen benim bölümüme evrildikten birkaç dakika sonra Erhan, Kunt ve lacivert gömlekli adamın kalktıklarını fark ettiğimde gözlerim Kunt'un üzerindeydi. Erhan, Rabia'ya beş dakikaya geleceklerini söylerken yanımdaki sarışın küt saçlı kız "Vidar!" diye seslendi birden. "Şu arka masadaki adam sabahtan beri nişanlına bakıyor."

Kaşlarım havalanırken bir küt saçlı kıza, bir arkadaki adama, bir de Kunt'a baktım. Kızın böyle bir şey söylemesini beklemiyordum ve tamamen hazırlıksız yakalanmıştım.

Ama daha da hazırlıksız yakalandığım bir şey vardı. Kunt'un buz gibi bakışları arkadaki adama çevrildi, birkaç saniye gözlerinin içine baktı. Ardından rahat bir tavırla "Baksın," dedi umursamazca. "Güzele bakmak sevaptır." Altın hareler lacivert ve beyaz ışıklandırmanın altında koyulurken boynuma çevrilmişti, ardından yüzüme; kızlar gözlerini büyülterek birbirlerine bakana dek Kunt çoktan Erhan ve diğer adamla birlikte yanımızdan ayrılmıştı bile.

Adamın biri sabahtan beri dik dik nişanlısına bakıyordu ama söyleyeceği bu muydu? Tehlikeli bir durum olmadığı sürece umurunda olmamam kadar doğal bir şey yoktu belki de ama yine de sözleri çok kötü hissettirmişti.

"İkramlık alır mıydınız?" diyen garsonun uzattığı tepsideki küçük tatlıları kıkırdayarak aldıklarını gördüm kızların, mini boy limonlu *cheescake*i gördüğüm gibi aklım gitmişti. Öfkeyle *cheesecake*i aldım ama tam ağzıma atacağım sırada Kunt'un sözleri aklımda yankılandı. Ne kadar ona sinirlenmiş olsam da geri zekâlı gibi kontrolümü kaybetmemeliydim.

"Bu ikramlıkların olayı ne?" diye sordum Rabia'ya, çikolatalı bir tanesini çoktan yutmuştu bile. Limonlu mini *cheesecake*i masaya bıraktım.

"Aaa, bilmiyor musun? Çok eğlenceliler bir dene," diye cevapladı kıkırdayarak. Ardından kulağıma eğildi. "Esrarlılar. Ama ağır değil. Kırık bir kafa yapıyorlar."

Yutkunarak oldukça lezzetli görünen tatlıya bir bakış attım. İstanbul'un orta yerinde, popüler bir gece kulübünün altında başka bir kulüp vardı ve müesseseden esrarlı tatlı mı dağıtıyorlardı? Gözlerimi etrafta gezdirdiğimde açık localarda edilen sohbetlerin tınısı kulağıma geldi, sürekli içki ve ikramlık servisi yapan garsonlar ortalıkta geziniyordu. Tam ortada kare şeklinde kocaman bir bar tezgâhı vardı ve iki barmen çalışıyorlardı, elleri hızlıydı. Rabia'nın söylediğine göre elini kolunu sallayan giremiyordu da buraya. İstemsizce Eşik'in sahibini merak etmiştim çünkü nedense tam da araştırdığımız adamlarla ilgisi olduğunu düşünmeye başlamıştım.

"İzninizle," diye bir ses geldi hemen arkamdan, küt saçlı kız kenara çekilirken ağır bir parfüm kokusu gelmişti burnuma. Bir adım geri çekilerek aramıza giren adama baktım, az önce uzaktan beni süzen kirli sakallı adamdı bu. "Rahatsız etmiyorum umarım," diye devam etti adam lafına, kızlar heyecanlanmış ve yan yana dizilmiş, bizi adamla tek bir köşede bırakmışlardı. "Güzele bakmak sevapmış lafını duydum, bir de yakından bakayım istedim... Çok zarifsiniz." Elini uzatmıştı. "Tugay ben."

Ne söyleyeceğimi bilmiyordum, adam o kadar kibar konuşmuştu ki ağzım açık kalmıştı. Az önce, kızların gözünde nişanlısını bir adamın gözlerine bırakıp masayı terk eden öküze göre hele oldukça kibardı. Rabia, adamın uzattığı elini tutmayacağımı fark ettiğinde masanın üzerinden uzanıp adamın elini tuttu ve "Karaca'yı biraz içki çarptı da siz mazur görün," dedi gülümseyerek. "O da tanıştığına memnun olmuştur."

Gözlerim etrafta gezinirken birden bir çift ela göze hapsolduğunda nefesimi tuttum. Uzun bir kokteyl masasının yanında dikiliyordu, sırtını duvara yaslamıştı ve gömleğinin bir düğmesini daha açmıştı sıcaklamışçasına. Erhan ve lacivert gömlekli adam hararetli bir sohbetin içindeyken onları dinliyor gibi yapıyordu ama masanın üzerine yasladığı elindeki viski bardağını sıkarken gözleri üzerimdeydi. Kaşlarımı çatmıştım onun buzdan bakışlarına karşı, bu tavrını anlayamıyordum. İfadesi bir kaya gibi sertti. Elini cebine attığında telefonunu çıkardı, aydınlık ekranın ışığı yüzüne yansıdığında keskin hatlarını ortaya çıkarmıştı. Masanın üzerine bıraktığım çantamın içindeki telefonumun titrediğini hissettim, elim üzerindeydi; Kunt çenesiyle telefonumu işaret etti.

Ben çantamı açıp telefonumu çıkartırken adının Tugay olduğunu öğrendiğim adam kızlarla bir sohbet içerisindeydi ama gözleri benim üzerimdeydi. Kilit ekranını açtığım gibi gelen mesaja tıkladım.

Kuntadam*: Yavşağın adı Tugay Görkem. Az önce lafımı çiğneyip tepsiden aldığın tatlının içine koydukları esrarı mekâna sağlayan dangalak. Başında da Kör Salim var, abinin borç aldığı tefeci. Efes'i aradım, yoldalar. Adamı mekâna girdiğimiz yoldan otoparka dikkat çekmeden götürürsen paketleyip sorgulayacağız.*

Mesajı okuduğum gibi telefonu çantamın içine attım ve derin bir nefes alarak yüzüme bir tebessüm yerleştirdim. "Ne içiyorsunuz?" diye sordum Tugay'a, adama tek kelime etmemişken bir anda bir sohbet başlatmam masadaki kızların da dikkatinden kaçmamıştı. "Viski sanırım, tahmin edeyim; sizin gibi ağır bir beyefendinin kadehine *The Macallan* ya da Ardbeg yakışır. Ya da *Talisker*? Olabilir mi? Doğru tahmin ettim mi?"

Kunt *Lagavulin* içiyordu.

"*Talisker*, doğru," dedi adam dudakları şaşkın ama keyifli bir gülüşle aydınlanırken. "İçkiden anlar mısınız?"

"Geçen yaz Beşiktaş'ta kaliteli bir mekânda barmaidlik yapmıştım, eğitimim var diyelim," dedim tatlı bir tonla. "İçkinizi tahmin ettiğime göre, bana bir kadeh ısmarlarsınız herhalde?"

"Kızım yuh ya..." diye mırıldandığını duydum Rabia'nın diğer kızlara eğilerek, eğleniyordu ve içimden çıkan bu ikinci kadından hoşlanmışa benziyordu ama ne yazık ki şov onun yanında devam etmeyecekti.

"Tabii ki, elbette," dedi Tugay, bardağını kokteyl masasında bırakıp bana bar tezgâhına kadar eşlik ederken. Başımı kaldırıp Kunt'a bakmaya korkmuştum, bakarsam girdiğim moddan çıkacakmış gibi hissediyordum. Rol yapmaktan nefret ediyordum çünkü çok eğleniyordum ve bu kendimden korkmama yol açıyordu. Bir gün kendimi kaptıracaktım ve başıma bir iş gelecekti.

Karşılıklı bar sandalyelerine geçerken çantamı tezgâhın üzerine bıraktım, Tugay kendine başka bir *Talisker* söylerken "Hanımefendi için de... *Margarita*," dedi yüzünde aynı sırıtan ifadeyle, tamamen bocalayarak. *Margarita* falan sevmezdim ben. Şarap ya da votka severdim. Sarhoş olacağımın bilinciyle de hayvan gibi içmezdim hiçbir zaman, bir ya da en fazla iki kadehle bırakırdım. Böylece hiçbir zaman kendimi kaybetmez ama hafif çakırkeyf olurdum.

"Affedin fakat yüzüğünüzü fark ettim," dedi Tugay, barmen arkada içkileri hazırlarken. Gözleriyle tezgâha yasladığım elimi işaret etmişti. "Hemen arkanızda bana birazdan beni öldürecek gibi bakan beyefendi kocanız mı oluyor?"

Aldığım derin bir nefesle kocaman sırıtırken içimden de *yavşak herif, evli olduğunu düşündüğün bir kadına içki mi ısmarlıyorsun?* diye geçiriyordum. "Hayır, kocam değil. Yalnızca nişanlım. Ama siz onu boş verin lütfen, eminim umurunda olan ben değilimdir yalnızca kendi itibarını düşünüyordur... Onun için bu yüzük yalnızca bir sahiplik belirtisi," dedim, bir bakıma doğruydu. "Benim içinse çöp," diye devam ettim yüzüğe bir bakış atarak. *Hayır.* Değildi. "Normalde beni umursamaz, muhtemelen sizi kendine rakip olarak gördü. Yakışıklı birisiniz," diye mırıldanırken hafifçe öne eğilmiş, gülüyordum. "Az önceki kabalığımı mazur görürseniz sevinirim, kaç tane attım ağzıma şu ikramlıklardan saymadım... Biraz kafam güzel." Bir yandan da yanımızdan geçen ve ikramda bulunan garsonu işaret ediyordum. Garson ikramlık almam için tepsiyi uzattığında gülerek kafamı olumsuz anlamda salladım. "Bu gecelik yeter gerçekten..."

"Beğendiniz mi ikramları?" diye sordu Tugay, barmen bardağını tezgâhın üzerine bıraktıktan sonra bir yudum almıştı içkisinden. "Özel yapılıyor, tamamen Eşik için. Tam tadındalar."

"Öyleler kesinlikle, göbek çıkarmak üzereydim beşinciyi yutarken."

"Siz ve göbek çıkarmak? Teessüf ederim, çok ince ve zarifsiniz," dedi Tugay, ardından hafifçe öne eğilerek "Eşik'te ilk seferiniz mi?" diye sordu. "Buraya düzenli gelirim ve sizi daha önce görmüş olsaydım kesinlikle aklımdan çıkarmazdım."

"Öyle, ilk gelişim." Bu adamı nasıl otoparka çekecektim ben? Beni eve bırakmasını teklif etsem işe yarar gibi duruyordu.

"Öyleyse hiç Eşik adabıyla tekila içmediniz," dedi keyifli bir tonla, ardından tekila lafını duyduğu gibi önümüzde biterek "Hazırlayayım mı efendim?" diye soran barmene döndü. "Hazırla."

"Eşik adabı nasıl oluyor acaba?"

"İzin verirseniz," dedi ayağa kalkarken, barmenin hızlıca halledip tezgâhın önüne bıraktığı iki tekila bardağından birini bana uzatmıştı. Küçük kâsede ise limon dilimleri vardı. "Nişanlınızı cezalandırmak istiyormuş gibisiniz, isterseniz yardımcı olabilirim..." Devam etmem için *shot* bardağını işaret etti, bir elini tezgâha yaslamış ve üzerime eğilmişti. Biraz daha yaklaşırsa ittirecektim. "Eşik'te adap..."

"Adabını sikerim senin."

Bir anda havalandığımda sırtımdan ve bacaklarımın altından geçen kolları hissedemeyecek kadar şok içindeydim, nabız hızım bütün vücudumda artçı depremlere sebep olurken aldığım tanıdık kokuyla sakinleşmeye çalıştım ama resmen mekânın ortasında, Kunt'un kucağındaydım! "Saçmalama," dedim neredeyse kekeleyecek kadar heyecanlanmışken ve bu kötü bir heyecandı çünkü utanıyordum. Herkes yaptığı işi bırakıp şaşkınlık nidaları içeriyi sessizliğe gömerken gözlerini üzerimize çevirmişti. "Kunt indir beni!"

Saniyeler içerisinde mekâna girdiğimiz karanlık koridora daldık, eğilip beni yeniden ayaklarımın üzerine bıraktığında onu öfkeyle ittirdim ama hareket eden o değil, ben olmuştum; üstelik sırtım duvara çarpmıştı. "Derdin ne senin?!" diye sordum fısıldar bir tonda öfkemi belli ederken. Her ne kadar müzik sesi bastırıyor olsa da kimsenin duymasını göze alamazdım.

"Hem adamı otoparka çek diyorsun hem de işime çomak sokuyorsun!"

"İstediğin sikimsonik role gir, istediğin gibi şekil değiştir, sen benim nişanlımsın! Bunu aklından çıkarma, bir an bile," dedi sağ elimi kaldırıp yüzüğümün olduğu parmağıma parmaklarıyla baskı yaparken. "Aile sembolünü kazıttığım yüzüğü takıyorsun parmağına, buna göre hareket edeceksin!"

"Ne yaptım ya adama kucak dansı mı yaptım?!" Sertçe çektim elimi elinden. "Sen güzele bakmak sevaptır deyip masadan giderken iyiydi ama..."

"Aynı şey mi?" diye sordu öfkeyle solurken, üzerime gelmiş ve beni bu karanlıkta duvarla arasına almıştı. Çenemi iki parmağı arasına sıkıştırdığında başımı kaldırıp gözlerimin içine baktı. "Ben sırf sen adamı otoparka çekesin diye öfkemi yuttum, yavşaklığına geçit vermek zorunda kaldım. Flört et mi dedim? Adamın ağzının içine mi düş dedim? Otoparka çek dedim sadece. Aynı şey mi Karaca? Sen biliyor musun bahsettiği tekila adabı ne? Bir fikrin var mı?" Altın hareler kararmıştı. "Hiçbir fikrin yok ama engel olmayacak kadar cesursun da! Anlamıyorum anasını satayım, anlamıyorum seni!"

"Dedi asıl dengesiz herif!"

"Denge mi bıraktın adamda?!"

"Ben ne yaptım sana be!"

"Sürmüş kan kırmızı rujunu, geçmiş adamın karşısına tekilasına tuz sürülmüş bardak edecek kendisini! Adapmış!"

"Ya ne ya, ne! Ne diyorsun anlamıyorum söyle o zaman göster neymiş adap!"

Bas bas bağırmıştım sinirden kaskatı kesilmiş yüzüne karşı, bir anda elleri yüzümü yakalayıp beni tamamen duvara yasladığında mekândan yansıyan ışığın loşluğu yüzünden silinmişti çünkü dudakları dudaklarımın hemen üzerindeydi. Ciğerlerimdeki nefes saklambaç oynamak istercesine içime kaçarken anın şokuyla titreyen ellerimi ince gömleğinin üzerinden kollarına çıkardım, kalın dudaklarının arasından benimkilerin üzerine hayat nefesini üflüyordu sanki. Beynim çalışmıyordu. Soluk borumdan içeri oksijen girmiyordu. Ciğerlerim buruşmuş, küçücük kalmıştı göğsümün içinde. Kollarını çekip onu ittirmek isteyen yanımı içimde yanan ateş durduruyordu, ona karşılık vermeyen yanım ise o ateşin üzerine bir itfaiye hortumu salıyor ve musluğu sonuna kadar açıyordu. Dizlerimden çekilen gücün ellerimden de çekileceğini fark ettim de son bir itiraza tutundum içimde, *katil* demiştim ona o mezarlıkta, tokat atmıştım...

Tüm gücümle onu üzerimden ittirdiğimde tokadım çarptı yüzüne, içeriden karanlık koridora dolan müzik sesi her ne kadar sesini bastırsa da kulaklarımda ve koridorda yankılanmıştı şiddeti. Elim karıncalanmıştı. Kunt'un dudakları rujumun da etkisiyle kızarıktı, göğsü ise benimkiyle aynı şiddette inip kalkıyordu. Yüzünde öyle bir ifade vardı ki zihnime kazımak istemiştim onu; *Karyeli*, tıpkı otopark görevlisinin onu gördüğünde telsizden içeridekilere haber uçurduğu gibi, *Karyeli;* kaşları çatık, kalın dudakları aralık, çenesi kaskatı, ifadesi sert, gözleri karanlıktı.

"*Kış güneşi* misin sen?" sorusu döküldü kalın sesini kucaklayan, biraz önce benimkilerin üzerinde dans eden dudaklarından.

14

DOKUZ DİKİŞ

Kış Güneşi.

Ne demekti?

Geçip giden zamanın kamçılarını düşüncelerinizin sırtında hissederseniz, suspus olur zihniniz. Sürekli kafanızın içinde oynayan, bitmek bilmez saniyelerin hepsi de o "an"a hizmet etmiştir; o an da sizin sesinizi soluğunuzu kesmiştir.

Öyleyse duyguların içine karıştığı zaman akışını kalp tımar eder, zaman dünyada tek bir yöne akar ama kafamızın içinde bir yerlerde, belki de bir şekilde, doğrusal değildir. *Buna sebep bir şey olmalı.*

Belki bir saniye, belki bir dakika geçti bütün mekânı, zamanı ve benliğimi paramparça edip beni kafamın içine sokan sözünün ardından; bu tarafa doğru gelen birinin gölgesinin koridora yansıdığını fark ettik aynı anda, ardından birden beni kolumdan kavradığı gibi hızla koridorun sağ kanadına çekti ve aynı anda sırtlarımız duvara yaslandı. Düz taban kundura bir ayakkabının tok sesi yankılanıyordu az önce tartıştığımız yerde, *az önce beni öptüğü yerde.*

"Karaca Hanım?" Tugay'ın sesi koridor boyu duvarlara çarparak kafamın içine çöktüğünde dudaklarımı birbirine bastırdım, Kunt'un kolu hemen yanımda omzuma değiyordu. Tugay eğer bizi görmediyse bile isteye bu koridora sapmaz, geri dönerdi çünkü benden bir dönüt alamayacaktı.

İlerleyip arka çıkışa giden kapıyı araladı ve birkaç saniye dışarıya göz attı, ardından kapıyı kapattı. Tam mekânın içine geri döneceği sırada cebinde titreşen telefonunu duyduğunda adımlarını durdurmuştu. Elini cebine attı, telefonunu çıkardı, ardından aramayı cevapladı. "Ne arıyorsun lan bu saatte? Ne var?" diye söylenerek erkekler tuvaletinin kapısını aralayarak içeri girdiğinde, kapı tam olarak kapanmadan önce kabinlerin içini kontrol ettiğini fark etmiştim.

Kunt karşıma geçti, "Burada kal," dedi fısıldar bir sesle, ardından tuvalet kapısına doğru yürüdü ama kapının ucunda olduğu bir dönemecin önünde, sırtını yaslamış ve başını aralık kapıdan içeri çevirmiş bir şekilde dikiliyordu. Adamı dinlediğini anladım ama her ne konuşuyorsa ben de duymak istiyordum, bu yüzden lafını dinlemedim ve sessiz adımlarla yanına yürüdüm.

"Sabahın köründe iş başı yapacağım, iki saat bir götüm yere değsin, bir oturayım soluklanayım dedim ne başıma bela çıkarıyorsunuz lan siz benim?... Bir kes be!... Ne?... Hassiktir... Ortalıkta gözükmemek için tatile falan çıkmıştır lan abartmayın... Bilmiyorum, uzun zaman oldu görüşmeyeli... Malı ondan almadım lan bu sefer..." Tugay'ın sesi sonlara doğru kısılmış, gergin bir hâl almıştı. "Tamam lan, tamam yarın bakarız, bir sorar soruştururuz," dedi sıkıntıyla nefes vererek, sesi lavabo fayanslarında yankılanıyordu. "Bak ne diyeceğim sana, Vidar Karyeli'yle Erhan Paşalı burada lan... Ulan hangi Karyeli olacak amına koyayım hayatında kaç tanesiyle aynı havayı soludun lan?... Kunt Vidar... Vallahi sıkmıyorum... Nişanlısıyla içiyordum az önce... Lan siktir git inanmazsan inanma itoğlu it!... Oğlum yok lan öyle değil, adam kadını zerre umursamıyor. Sabahtan beri oturdum süzüyorum uzaktan, diyorum bu kadını şöyle soysam böyle soysam, binbir türlü senaryo kuruyorum kafamda lan kadın bir içim su. Bir tur verse binerim." Kunt hemen önümde, bileğimi yakaladığında gözlerimi aralık kapıdan onun yüzüne çıkardım; karanlıkta bile kaşlarını çattığı belli oluyordu, gözkapakları kapalıydı. "Karyeli geldi, gördü, ne dedi beğenirsin? Baksın, güzele bakmak sevaptır dedi amına koyayım! Herif gavat çıktı. Aldım gazı gittim kadının yanına, içki ısmarladım. Zaten kadın dünden razı... Arama lan beni bu gece. Abinin işi var."

Tugay telefon konuşmasını bitirip kabinlerden birine girdiğinde "Arabaya geç," dedi Kunt kısık ama sert bir sesle, eli hâlâ bileğimdeydi. Sanki bıraksa kaçacağımı düşünüyordu.

"Hayır," dedim elimi bileğinden kurtarırken. "Adamı otoparka çekeceğim. Bir şey istedin, yapacağım. Bu kadar."

Sabır dilenircesine gözlerini kaçırdı bir an, ardından "Tamam," dedi seslice nefes verirken. "Tamam ama temas yok. İçmek de yok. Adap falan zaten yok. Ayağını burk taksiye bineceğini söyle otopark çıkışına kadar eşlik etsin."

"Emrin olur paşam," dedim dalgalı bir ifadeyle, fakat ben dönüp içeriye yürümeye kalmadan önüme geçmişti.

"Bak Karaca inan içerideki zibidi şu an hiç umurumda değil." Elini kaldırmış tuvaletin kapısını işaret ederek kimseye duyurmamak için sessizce konuşuyordu ama ses tonuna hâkim olmakta zorlanıyor gibiydi.

"Benim umurumda, abimin tüm bu işlere bulaşmasına neden olan tefeciye çalıştığı için," dedim sert bir sesle. "O adamı bulmak demek, sonuca bir adım yaklaşmak demek. O yüzden o Erhan kırosu da içerideki yavşak da benim umurumda. Senin de umurunda olsun. Başka hiçbir şey umurunda olmasın Kunt ama bu olsun." Yanından geçip giderken arkamı tamamen dönene kadar çekmedim gözlerimi gözlerinden, önüme döndüğüm an ise aldığım nefes boğazımdan geçmiyordu sanki. Düşüncelerimi toparlamak istercesine elimi saçlarımdan geçirerek boğazımı temizledim, ardından lacivert ışıkların altındaki mekâna koridor girişinden bir göz attım; herkes kendi işiyle ilgileniyordu artık, beni fark etmemişlerdi. Belki de yanımda 1.92 boyunca bir kas kütlesiyle çıkmadığım içindi koridordan.

"Yenge n'aber ya?"

Etrafı süzerken Erhan'ın yanıma geldiğini fark etmemiştim bile. Yüzünde muzip bir ifade vardı. "Sarhoş musunuz?"

"Yok ya takılıyorum," dedi gülerek. "Ben de bizim Vidar'ın ters tarafı nerede kaldı diye düşünüyordum tam, yavşağın teki sevgilisinin dibine düşerken köşede bizimle iş konuşacak değildi tabii ama geç kaldı biraz yine de bence. Güzele bakmak sevaptır ne gavatça bir laf lan? Ben olsam bu gece koltukta yatırırım bu arada."

"Yatmadığı yer değil," dedim iki gecedir yatağında uyandığımı ve onu koltuğa mahkûm ettiğimi düşünürken. Erhan, Kunt'un yanında da böyle gavat lafları ettiyse Kunt'un damarına basmış olabilirdi. Kunt da aldığı gazla beni kucaklayıp koridorda kıstırmış ve bir anlığına kontrolünü kaybetmiş olabilirdi. Kafası karışmış olmalıydı. Belki de gerçekten Tugay'a sıktığım hikâyedeki gibi kendi itibarını da düşünüyordu ama bana adamı otoparka çekmemi söylemişti, nasıl çekmem gerektiğinin altını çizmemişti. Herif bana asılırken ne tarz bir oyun oynamamı bekliyordu ki? Elbette ondan etkilenmiş gibi davranıp sonra otoparka çekecektim... Bununla ilgili bir sorunu varsa önceden söylemeliydi.

"Hadi ya," dedi Erhan gülerek. "Bizim İstanbul hovardası yüzükle kafeslendikten sonra bile daha hâlâ rahat durmuyor öyle mi?" Hafifçe eğildi. "Bak kızım sana bir tavsiye vereyim; evlilik yolunda birlikte adım attığın adamın gözü başkalarına kayıyorsa sen çok geç olmadan dön o yoldan."

"Kunt öyle biri mi?" diye sordum kaşlarımı çatarak. "Arkadaş olduğunuzu sanıyordum." Aslında olmadıklarını biliyordum.

"Benimki genel bir tavsiye," diye mırıldandı doğrulurken. "Ama sözüm olsun bir sakatlık görürsem haber ederim sana."

"Sağ ol."

"Dikkat et o adama," dedi Erhan, kendi masasına geçmeden önce temkinli bir ifadeyle. "Bizimkini kıskandıracaksın diye ipe sapa gelmez bir pezevengin yanındasın, uzatma bence oyununu, kısa kes."

Erhan, Tugay'ı tanıyordu. Tugay zaten Erhan'ı da Kunt'u da tanıdığını telefon konuşmasında belli etmişti. Merak ettiğim tek bir şey vardı, o da bu denklemde Erhan'ın yeriydi.

Çantamı tezgâhın üzerinden, kabanımı da vestiyerden alıp bar sandalyesine oturdum ve koridordan ayırmadım gözlerimi bir süre. İlk çıkan Kunt olmuştu, bunca zamandır içeride ne yaptığına dair bir fikrim yoktu ama gömleğinin katladığı kollarını düzeltiyor ve düğmelerini ilikliyordu; üstelik bir elinin parmak boğumlarının kanlandığını ışıkta parlayan kandan fark edebilmiştim. Tuvalete dalıp adamı mı dövmüştü? Gözleri etrafta geziniyordu Erhan'ın olduğu masaya ilerlerken beni bulduğunda göz göze geldik. Kaşlarımı çatmıştım, ağzım açık kalmıştı. Birkaç saniye sonra telefonum titreşti çantamın içinde.

Kuntadam: ***Bu senin için bir etiket olsa bile gözde bir mekânda, gözünün önünde nişanlısına yavşayan lavuğun çenesine bir öpücük kondurmadan geceyi kapamazdı Kunt Vidar Karyeli.***

Kuntadam: ***Nişanlısı sevgilisi değil, sadece nişanlısı olsa bile.***

Başımı kaldırdığımda göz göze geldik. Erhan'ın sırtı bana dönüktü o yüzden hiçbir şeyi görmüyordu ama Kunt'un bakışları üzerimdeydi. İtibar için yapmıştı ama bu anlamsızdı çünkü birazdan o adamla çıkacaktım buradan. Tugay'ın koridordan çıktığını gördüğüm an sandalyeden aşağı indim ve yüzüme en endişeli ifademi yerleştirmeye çalıştım. Adamın çenesi, lacivert ışıkların altında bile belli olacak şekilde kızarmıştı ve sürekli ağzını açıp kapayarak eliyle çenesini yokluyordu. "Tugay Bey," dedim karşısına yürürken. "İyi misiniz? Ne oldu?" Belki de ambulans çağırmam gerekiyordu. Keşke Kunt bu adamı gerçekten ambulans çağıracak kadar dövseydi. Ne demişti? *Bir tur binerim.* Keşke Kunt bu adamın tepesine binseydi.

"İyiyim iyiyim, yok bir şeyim," dedi Tugay. "Asıl siz? Adam sizi kucakladığı gibi uçurdu dışarıya, peşinizden geldim ama yetişemedim..."

"Önemli değil, her zamanki gövde gösterisi işte," diye mırıldandım seslice nefes vererek. Kusmak istiyordum. Bu adam benimle ilgili sapıkça şeyler hayal etmişti ve karşısında ondan etkilenmiş numarası yapmak zorundaydım çünkü buradan dikkat çekmeden çıkmalıydık. "Dilerseniz çıkalım, hava alalım," diye devam ettim lafıma, daha fazla oynamak istemiyordum.

"Ben de kabanımı almıştım zaten, bir sigara içerim diye düşünüyordum arka tarafta."

"İyi düşünmüşsünüz, ben de bir tane yaksam iyi olacak." Tugay ilerleyip vestiyerden kabanını aldığında birlikte döndük, koridora yürüdük. Karanlık koridora girmeden önce son gördüğüm bir çift ela gözün üzerimde hissettiğim ağırlığıydı.

"Müstakbel eşiniz gelmez mi peşinizden yine?" diye sordu Tugay, arka çıkışa giden bir kapıdan geçmiştik ve hava soğuduğundan kabanımı giymiştim.

"Sizi şoka uğrattı değil mi?" Güldüm. "Orada bir hamle yapmasaydı etraftakiler konuşacaktı diye zorunlu hissetti kendini. Siz, adap derken neyi kastediyordunuz bu arada?" Bunu hâlâ öğrenememiştim.

"Bilmiyorsunuz," dedi Tugay gülerek. "Öğrenmemeniz iyi olmuş öyleyse, en azından içeride, onca gözün önünde. Yakışık almazdı," diye devam etti kapıdan otoparka çıkarken. Ceketinin cebinden sigara paketini çıkarmış, çakmak arıyordu cebinde. "Daha sakin bir yerde devam edebiliriz ama sohbetimize..."

"Ananın amında devam edebilirsin canım sen sohbetine, bir sonraki durak orası çünkü senin için." Efes'in sesi kulaklarımdan içeriye dolduğunda şaşkınlıkla başımı kaldırıp Tugay'ın omzundan geriye baktım; Efes, Tugay'ın ensesine silah namlusunu dayamış olmalıydı ki Tugay hareket etmiyordu ve gözleri sonuna kadar açılmıştı.

"Ne oluyor lan?!"

"Sus da kaldır ellerini." Efes, Tugay'ın iki elini arkada birleştirip adamı yüzüstü duvara yasladıktan sonra hızlıca kemerini ve ceplerini kontrol etti. Yanında silah taşımıyordu. "Siz boş gezmezsiniz lan, arabada mı bıraktın emanetini söyle?"

"Siz kimsiniz lan?!"

"Adam şoka girdi amına koyayım, hâlâ hesap soracak cesareti var," diye söylendi Efes bana bakarken, ardından "Alın lan bunu!" diye seslendi ileriye. Çalılıkların arkasına park edilmiş siyah minibüsü fark ettim o an, kaydırmalı kapıdan Polat indi ve koşar adımlarla buraya yöneldi.

"Kandırdın mı beni orospu?!"

Ağzım açık, elimi şaşırmışçasına ağzıma tutarken bir yandan da alaycı gözlerle bakıyordum Tugay'ın yüzüne. "Bunlar ne biçim tavırlar ya, hanıma ne oldu ama hani İstanbul beyefendisiydin sen?"

"Ulan seni var ya..."

"Onu, ne?"

Kabanını giyen Kunt yanında dikildiğimiz çıkıştan çıktığında gayet rahat bir ifadeyle kabanın yakasını düzeltti ve hemen ardından Polat'ın devralacağı adamı Efes'in elinden çekip sırtını duvara yasladı. Yüz yüzelerdi. Kaşları çatık, ifadesi taştandı. "Onu, ne?" Tugay nefessiz bakıyordu Kunt'un yüzüne, ondan biraz kısa olduğu için başını kaldırmak zorunda kalmıştı. Az önce bülbül gibi öterken bir anda kuzu kesilmesi gerçekten inanılmazdı, Kunt'tan korkuyor olmalıydı.

Kunt geri çekildiğinde gözlerini benim üzerime değdirmeden ileriye çevirdi, o sırada Polat adamın kollarını arkasında birleştirmiş ensesinden baskı uygulayarak minibüse götürüyordu.

"Ne oldu lan içeride?" diye sordu Efes, Kunt'un bakışlarını yakalamayınca gözleri bana dönmüştü.

"Arkadaşına sor," dedim ters bir ifadeyle, üşümüş ellerimi birbirine sürterken sıcak nefesimi üflüyordum.

"Ne yaptın lan hayvanus Kuntus Vidarus? Sen yanında kız varken rahat durmazsın."

"Hesap mı soruyorsun bana Efes?" Kunt seslice nefes vererek Efes'e döndüğünde, şaka kaldıracak kafası kalmadığını belli eder bir ifadeyle bakıyordu.

"Hesap sormuyorum abiciğim, soruyorum sadece," dedi Efes. "Alt tarafı sen Erhan'la konuşacaktın, Karaca da dikkat çekmeden Tugay şerefsizini mekânın arkasına getirecekti. Ne olmuş olabilir?"

"Her şeyin bir adabı var Efes," dedi Kunt bir an, sonra dediğinin saçma olduğunu düşünmüş olmalıydı ki "Yani sormanın, soruyu. Yeri var," diye düzeltti. "Bir dur. Bir soluklanalım. Bir eve gidelim."

"Bırak lan!" diye bağırdığını duydum Tugay'ın ileride, arabaya binmemek için direniyor gibiydi. Efes'le Kunt aynı anda başını minibüse çevirdiğinde Tugay kafasını Polat'ın elinden kurtarıp buraya döndü. "Karyeli! Orospunu benim gibi bir emir kulunun üzerine salıyorsan daha önemli adamların altına da kendi ellerinle koyuyorsundur sen!"

Benim ağzım şokla açılırken Efes bıkkın bir ifadeyle nefes vermişti. "Rahmetliyi nasıl bilirdiniz?"

Başımı çevirdiğimde Kunt yerinde yoktu. Birkaç adımda Efes'in yanına vardığımda minibüse büyük adımlarla yürüdüğünü gördüm, Polat "Abi," dediyse de Kunt, Tugay'ı ensesinden yakaladığı gibi kendine çevirdi ve kafayı gömdü. Tugay bir anda çimenlikte kayarak 2 metre ileriye düştüğünde Efes'in peşinden yanlarına koşturuyordum. "Konuşsana lan!" diye bağırdı Kunt, adamın üzerine eğilmiş gömleğinin kumaşından tek eliyle kavramış, Tugay'ın baygın ifadesine tükürmüştü. "Konuş yine, hadi aç leş ağzını!"

Minibüsten iki adam daha inmiş, Polat'ın yanında hazır bekliyorlardı. "Tamam bırak, istediği seni kışkırtmak zaten orospu çocuğunun," dedi Efes. "Bırak herifi alıp gidelim biz."

Kunt adamı yakalarından tuttuğu gibi kaldırıp sırtını sertçe binanın beton duvarına yasladığında Tugay sertçe inledi, kaburgaları kırılmış gibi yana bükülmüştü beli. "Ben alacağım ağzından lafı, siz etrafı kolaçan edin yeter," dedi Kunt hırıltılı bir sesle. "Ben keseceğim bu kancığın hesabını."

"Sen ağzından laf alamadan gebertirsin herifi, olmaz," dedi Efes itiraz ederek, elleri belinde, Kunt'un hemen yanında dikiliyordu. Onu ilk defa bu kadar ciddi görüyordum. "Al Karaca'yı git. Biz hallederiz Polat'la."

Tugay öksürerek gülerken Kunt sakin olmak istercesine bir nefes çekti içine, göz göze geldiğimizde yüzündeki ölümcül ifade tüylerimi diken diken etmişti. Gözlerini kaçırdı o sırada sanki beni korkuttuğunu fark etmiş gibi, geri çekilecekti. Ama Tugay kahkahayı patlattığında bir adım geri gitmek Kunt'un hızını kesmedi. Yumruğu adamın elmacık kemiklerini içeri göçertecek kadar sertti, öyle sertti ki dikildiğim yerde sıçratmıştı beni. Tugay yere yığıldığında kıpırdamadı, bilincini kaybetmişti. Efes dönüp Polat'ın yanındaki adamlara başıyla Tugay'ı işaret ettiğinde ben adamın o yumruktan sağ çıkamadığını düşünüyordum. "Kaldırın götürün şunu elinde kalacak," dedi sıkıntılı bir ifadeyle, ardından Kunt'a döndü ve onu göğsünden ittirdi. "N'oluyor lan sana bu akşam?"

Onu bu kadar delirten adap meselesini gerçekten merak ediyordum ama herhangi bir teori üretemeyecek kadar kanım donmuştu. Kunt'un altın hareli gözleri sokak lambasının yüzüne yansıyan ışığında parlarken yeniden gözlerimiz kesişti. "Eve gidebilir miyiz?" diye sordum araya girerek, üşümüştüm. "Şu adamı da bırak artık, ne derse desin değmez."

"Siz geçin gidin," dedi Kunt, Efes'le Polat'a gözlerini değdirerek. İkisi de kafasını sallayarak Tugay'ı minibüse bindiren adamların arkasından ilerlediler, ağaçlık alanda yalnız kaldığımızda otoparka dönmek üzereydim ki "Onun ağzına laf veren sensin," dedi bir anda, minibüs bahçeden ayrılıyordu. "Sana içme dememe rağmen içtin, ikramlardan aldığını bile gördüm. Adam zaten siktiğimin gözlerini üzerinden ayırmıyordu, tek yapman gereken bir bahaneyle sana arkaya kadar eşlik etmesini istemekti. Bar tezgâhına oturup birlikte içmek de ne oluyor?"

"İçtiğim şeyin içinde alkolden çok soda ve limon vardı," dedim Kunt karşıma dikildiğinde. "İkramlıklardan da yemedim. Sen söylemediğin için içinde ne olduğunu Rabia'ya sordum, esrarlı olduklarını bilmiyordum. Bir dahakine bir şeyleri yapmamamı söylerken neden yapmamam gerektiğini de eklersen daha ikna edici olur. Ayrıca otoparka çek dedin, nasıl çekmem gerektiğini söylemedin... Neden hâlâ bunu tartışıyoruz?"

"Bilmiyorum!" diye bağırdı bir anda, elini saçlarından geçirirken.

Boş vermem gerektiğini, belki de Erhan'la konuşurken o masada sinirlerinin fazla gerildiğini düşünüyordum. Derin bir nefes çektim içime, hava çok soğuktu. "Ne kadar içtin? Arabayı sürebilecek misin?"

"O kadar içmedim, sürerim," dedi seslice nefes verirken, ardından "Gidelim," diye ekledi. Otoparka giden toprak yolda hiçbir şey söylemeden yan yana yürümeye başladığımızda etraf sessizdi. Kırmızı ruj dudaklarımda kurumuştu, yüzümdeki makyajla birlikte söküp atmak istiyordum her şeyi üzerimden. Etek giymekten nefret ederken bir de bu akşam kendimi soktuğum pozisyonun psikolojisi ağır gelmeye başlamıştı birden zaten benim huyum buydu; kalabalıkken gizlediğim duygular yalnız kaldığım dört duvar arasında duvarlarla birlikte üzerime yıkılırdı. İnsan söz konusu kendi güvenliği olunca mimar oluyor, en sağlam taslağı çiziyordu; sonra mühendis kesiliyor, kendi duvarlarını kendi inşa ediyordu. Ardında herkesin alkışladığı cesaretin, o duvarların içinde sonuçlarıyla birlikte boğazına sarılıyor; ayak bileklerini prangalıyordu.

Tugay'ın ya da onun gibi pisliklerin bana ne söylediği umurumda değildi, bana kalırsa Efes, Kunt'u durdurmasa da olurdu hatta; bu adam beni cinsel bir obje olarak görmekten daha öteye giden suçlar işlemişti, kimbilir kimleri zehirlemişti... Efes'in ona ne yapacağı zerre umurumda değildi.

Arabanın içi sıcaktı. Emniyet kemerimi taktıktan sonra ellerimi bacaklarımın arasına sıkıştırıp başımı camdan dışarıyı görebilecek şekilde geriye yasladım. Bir süre sonra klimadan sıcak hava gelmeye başlamıştı çıplak bacaklarıma doğru. Başımı Kunt'a çevirdim, yola odaklı olduğu için profilden görebiliyordum onu yalnızca. Direksiyondaki sağ eline baktığımda kardelen çiçeği işlemeli yüzüğünün metali gözümü almıştı. Gözlerim ellerinden, yüzüne çıktığında sokak lambalarının yüzüne yansıyan ışığıyla belirginleşen koyu kahve kirpiklerini süzdüm; ela gözlerinin altın hareleri bir belirginleşiyor, bir yok oluyordu. Kemerli burnunun altında, belirgin sus çizgisinden başlayan kalın dudakları bir nefes için aralanıp kapandığında parmaklarımın kendi dudaklarımın üzerinde olduğunu fark etmemiştim bile.

Önüme döndüm parmaklarımı dudaklarımdan çekerken. Bu adam beni öpmüştü. Bu adam hiç beklemediğim bir anda elleriyle yüzümü kavrayarak dudaklarımı o iki kalın dudağının arasına almıştı. Viskiyle karışık tadını hâlâ hissedebiliyordum. İnsan kafası karışık olduğu için, anın öfkesiyle birini öper miydi? Gözlerimi kapatıp sertçe yutkundum; sanki o ana geri gitmiştim, tansiyonum yükseliyordu.

Elim istemsizce boynumdaki kolyeye gitti. Sağ elimle, boynumdaki zincire asılı yüzükle oynarken Kunt'un bakışları birkaç saniyeliğine üzerime dönmüştü. Açık boynumdan gözlerime çıkan gözlerini bana fazla bakmadan tekrar yola çevirdiğinde, "O yüzük kimin?" diye sordu.

"Benim," dedim. "Bunu yılbaşı gecesi de sormuştun."

"Bir kere daha soracağım."

Kaşlarım çatıldı istemsizce, anlamadığımı teyit etmek istercesine yüzüme baktığında hiçbir ifade taşımıyordu kemik suratı. Böyle bir yüze sahip olmak da onun savunma mekanizması olmalıydı çünkü işe yarıyordu.

Çevreyoluna çıktığımız sırada camdan dışarı kayan bakışlarım aynaya sabitlendiğinde arkadaki büyük *Jeep*'i fark ettim. Bir anlığına *SUV* olduğunu düşünmüş, Efesler'in arkamızdan geldiği sonucuna varmıştım ama *SUV* değildi, başka bir arabaydı. Birkaç metre gerideydi ama sabit bir hızla arkamızdaydı. Dikiz aynasından arkayı kontrol ettim, herhangi bir işaret yoktu arabanın bizi takipte olduğuna karşı ama yine de canım sıkılmıştı bu duruma. Geç bir saatti ve yollar boştu.

Dudaklarımı ıslatarak Kunt'a baktım. Gözleri sürekli çevrildiği aynadan yola odaklandığında direksiyondaki parmaklarını çıtlatmıştı. Farkındalıkla "Yok artık," diye bir şaşkınlık nidası kaçtı ağzımdan; benim için yalnızca bir teoriydi ama Kunt biliyordu. "Takip ediliyoruz."

"Evet," dedi Kunt. "Eşik'in çıkışından beri peşimizde. Muhtemelen ayrılmamızı bekliyordu."

"Kim?" Koltuğun arkasından tutunarak arka camdan yaklaşan arabanın ön koltuğunda kimin oturduğunu görmeye çalıştım ama bu mesafeden görünmüyordu. "Tugay'ın çalıştığı tefeci Kör Salim, adamı için bizim peşimize araba takmış olamaz değil mi? Ama nereden haberi olacak ki? Dikkat çekmemek için onca şey yaptık... Hem Tugay bile kendisinin önemsiz olduğunu söylemişti. Zaten adam bizimle de değil, minibüse bindi..." Kaşlarım çatıldığında yan döndüğüm koltukta Kunt'un gayet rahat ifadesine baktım. Bir an göz göze geldik, yüzümdeki aydınlanmayı görmüştü. "Bu başka bir şey," diye fısıldadım.

"Önüne dön, emniyet kemerini düzelt," dedi Kunt düz bir sesle. "Eve biraz rötarlı gideceğiz."

Son hızla köprüye girdiğinde yutkunarak önüme döndüm ve emniyet kemerimi düzelttim. "Nereye gidiyoruz?"

"Biraz dağ havası alacağız."

"Kayradağ'a mı?"

"Şehrin dışına sürüp izimizi kaybettireceğiz, o kadar," dedi Kunt. "Amacı korkutmak, her an her hareketimizden haberdar olduğunu belli etmek. Amacı, adamı germek." Gömleğinin yakalarını bir eliyle gevşetti, içerisi sıcak olmuştu.

"Kim ki o?"

"Biri işte," diye mırıldandı. "Canımı sıkan biri."

Aklıma gelen ihtimalle "Şu Tasmas olayı mı?" diye sordum kuruyan dudaklarımı ıslatarak, bir yandan da girdiğimiz yolu takip ediyordum. Kunt boş yolda radara yakalanmayı umursamadan 120 kilometre hızla gidiyordu ve önümüzde gişeler vardı. Bana bir cevap vermemişti ama cevap vermeyişi sorumu onaylar nitelikteydi. Gişeleri geçtiğimizde arkamızdaki araç aramızdaki mesafeyi kapatmak istercesine hızlandı, aynı şeritte ilerliyordu ısrarla. Üstelik yağmur yağmaya başlamıştı.

"Çok saçma, başka bir amacı daha olmalı," diye mırıldandım arkaya bakarken. "Sadece takip edildiğimizi hissettirmek istiyorsa neden..."

Bir anda aracın dışından gelen metalik bir sesle başımı eğdim. Nefes alış verişlerim sıklaşırken sonuna kadar açtığım gözlerimi oturduğum koltuğa sinmişken aynaya çevirmiş, araca bakıyor, ne olduğunu anlamaya çalışıyordum. "Ateş etti," dedi Kunt, dikiz aynasıyla yol arasında gidip geliyordu gözleri. "Belki de amacı bu. Bizi şehir dışına çekip kaza yaptırmak."

Aynı metalik ses bir kez daha geldiğinde başımı eğdim hızla, ellerimi kafamın üzerine yaslamıştım. "Nasıl bu kadar sakin olabilirsin?! Çeksene kenara bir yere!"

"Olmaz, açık havada savunmasız kalırız, böyle daha iyi. *Ferrari* bu akşam için iyi bir tercihti," dedi düz bir sesle. Başımı kaldırdığım sırada çatık kaşları dikiz aynasından arkaya odaklanmıştı, bir an şaşkınlıkla başını geriye çevirdi; ardından eli başıma uzandı ve "Başını kaldırma!" diye bağırdı, o sırada patlayan camın sesine karışmıştı öfkesi. Tiz bir çığlık boğazımdan koptu, Kunt arabanın lastiklerini kulakları sağır eden bir manevrayla kaydırdığında araba yalnızca saniyeler süren bir frenlemeden sonra kayarak durmuştu.

Kafamı dizlerime kadar eğmiş, kollarımı başımın üzerine yaslamıştım. Aldığım ağır nefeslerin arasında titrediğimi hissediyordum, durduğumuzu idrak edememiştim. Kunt'un eli saçlarımın arasında değildi artık, neredeydi, ne hâldeydi bilmiyordum ama arkadaki camın patladığını biliyordum. Bir elimle kapıya tutunarak ne olduğuna bakmak için başımı kaldırdığımda *Jeep*'in yanımızdan son hızla geçip gittiğini gördüm, ön koltukta elinde silahla pencereye çıkmış adam koltuğuna oturuyordu ve siyah filmli cam kapanıyordu onlar geçerken yağmur hızlanmıştı.

"İyi misin?" diye sordu Kunt, dağılmış ifademle ona döndüğümde gözlerini kırpmadan bana baktığını fark ettim. Emniyet kemerini çözüp bana döndü ve yüzümün önüne gelen saçları geriye itti. "Bir yerine cam falan geldi mi?"

"Hayır, hayır iyiyim..." Yutkunarak arkaya baktım, arka cam komple inmişti. Emniyet kemerimi çözerek kapıyı açtım, bir tarlaya girmiştik ve toprak üzerindeydik. "Sen?" diye sordum, Kunt da benimle aynı anda dışarı çıktığında ay ışığının altında bir ayçiçek tarlasının girişindeydik ve üzerimize yağıyordu yağmur.

"İyiyim," dedi yolun başına ve sonuna bakarken. Arabanın arkasında buluştuğumuzda ikimiz de atılan üç kurşunun da nereye isabet ettiğini kontrol ediyorduk. İkisi arkaya gelmiş ama demiri yalnızca bükmüş, sekmişti. Diğeri neredeydi? Üçüncüsü arka camı patlatarak içeri girmişti.

"Amacı kendini belli etmek değilmiş," diye mırıldanarak ona dönerken sağ elinden aşağı süzülen kanı gördüğümde şokla üzerine atıldım. "Koluna ne oldu?" Kunt, ben sağ kolunu tuttuğumda yüzünü buruşturmuştu. Arabanın yanan arka farlarının ışığında kolunu boydan boya kontrol etmeye çalıştım hızla, omzuna yakın bir yerden sıyırmıştı kurşun. Kabanının delinmiş ve kurşundan dolayı yanmış kumaşı elime gelmişti, parmaklarımı da kırmızıya boyamıştı. "Nasıl iyiyim diyebiliyorsun ya?" Uzanıp kabanını omuzlarından aşağı indirmeye çalıştığımda sağlam eliyle bileğimden yakaladı.

"Gerek yok, sıyırdı zaten," dedi düz bir sesle. "Eve dönelim."

Yağmur damlalarının yüzlercesi yüzümden akıp giderken "Sıyırıp geçtiğini ne biliyorsun?!" diye parladım panikle, bir yandan da hızlanan yağmurda sesimi duyurmaya çalışıyordum ona. "Sen bir boksörsün farkındasın değil mi? Kolundan yaralanmış bir boksör! İki ay sonra çok önemli bir maçı olan bir boksör! Antrenmanların var! Fuat Hoca ne diyecek?!"

Sıkıntıyla nefes verdi. "Karaca, bu yağmurda bu tarlanın ortasında ne yapabilirsin ki?"

Saçlarımı ellerimle geriye iterken bir kafe, restoran, kapalı bir yer görmek umuduyla asfalt yola koştum. Yağmura karşı ellerimi tutarak, kıstığım gözlerimle etrafa bakarken bir pansiyonun renkli tabelası gözüme çarpmıştı. "Şurada bir yer var! Pansiyon galiba!" dedim sesimi ona duyurmak için bağırırken, ileriyi göstererek. Yolun kenarındaydı ve hiç de uzak değildi. "İlk yardım çantaları vardır en azından!"

"Arabaya dönsek..."

"Arabaya falan dönmüyoruz!" Suçlu hissediyordum, suçluydum. Başımı kaldırmasaydım dikkati dağılmayacaktı, kolunu koltukların sığınağından çekip başımı eğmeseydi kurşun da omzuna gelmeyecekti. Kimbilir yarın sabah Fuat Hoca ne diyecekti? Kunt'un adımları arabadan uzaklaşarak yanıma yöneldiğinde "Arabaya dönmüyoruz, kapıları kilitle," dedim lafımı tekrar ederek. Yanıma geldiğinde gösterdiğim pansiyona bakıyordu.

Gözlerim sağ elinden akan, yüzük parmağındaki yüzüğü dahi boyamış kana bakarken kalbim deli gibi atıyordu. Ne kadar kötüydü yarası? Ne kadar kanamıştı? Bu hâlde bir de benim iyi olup olmadığımı mı sormuştu? Ben sorunca da iyiyim demişti. Ne haltına yalan söylüyordu ki? İyi falan değildi!

"Tamam," dedi Kunt sonunda, başıyla pansiyonu işaret ederek. "Kenardan yürü, dikkat et."

Pansiyon birkaç dakikalık yürüme mesafesindeydi ama yağmur sayesinde sırılsıklam olmamız saniyeler bile almamıştı. Önden geçip pansiyonun cam kapısını açtım, Kunt içeri girerken gözlerini önce yüzüme değdirmiş ardından içeriye çevirmişti. Girişte büyük bir kabin vardı ve içeride bir adam at yarışı seyrediyor, çay içiyordu; kare bölmeden görebiliyordum. Kunt sol eliyle bölmenin kenarındaki camı tıklattığında adam burnuna kadar inmiş gözlüklerinin üzerinden bize bir bakış attı, ardından tekerlekli sandalyesiyle bölmeye doğru kaydı ve "Tek kişilik yataklı gecesi 50 lira, tek kişilik çift yataklı yok, çift kişilik büyük tek yataklı oda var o da 75 lira," dedi mekanik bir sesle. Ardından "Gecesi," diye ekledi, gözlerini üzerimizde gezdirirken.

"Tamam, çok kalmayacağız zaten, yağmur dinsin bir de yarana bakayım yeter," diye mırıldandım Kunt'a doğru.

"Yara mı?" Bölmenin içinden kafasını çıkardı adam. En fazla altmışlarındaydı. Gözlüklerini ittirip Kunt'u baştan aşağı süzdü. "Polis peşinizdeyse tek kişilik yataklı oda için dört ve çift kişilik büyük tek yataklı oda için fiyat beş katı artar yoksa mesuliyet..."

"Abi sen bize bir oda ver, polis falan yok peşimizde," dedi Kunt adamın soluksuz konuşmasını keserek, kabanının iç cebinden cüzdanını çıkarmış ve bir yüzlük bırakmıştı önüne.

Adam huysuz bir mırıltıyla parayı aldı ve arkadan bir anahtara uzandı, eskimiş yeşil plastiğinde yüz üç yazan demir anahtarı bölmenin önündeki küçük tezgâha bıraktığında Kunt anahtarı almıştı.

"İlk yardım çantası gibi bir şey var mı? Ecza dolabı ya da?" diye sordum eğilip bölmeden içeri bakarken.

"Yok ama..." Gözlüklerinin üzerinden fırıl fırıl gözlerini Kunt'la aramda gezdirdi adam. "Yan taraf eczane. Anahtarı var bende. Ama açmam."

Şaşkınlıkla kaşlarımı çattım. "Açamayacaksanız neden söylüyorsunuz ki?"

"Açmam," dedi adam. "Açamam demedim."

Bir anda tezgâhın önünde iki yüzlük atıldığında doğrularak Kunt'a baktım, suratında yaprak kımıldamaz bir ifadeyle adama bakıyordu. Adam bunu bekliyormuş gibi sarı dişlerini göstererek sırıttığında parayı kaptığı gibi geri çekildi, birkaç saniye sonra elinde bir deste anahtarın olduğu bir anahtarlıkla kabinden dışarı çıkmıştı. Boyu en fazla 1.50'ydi.

"Aldıklarınızın parasını da vereceksiniz ama," dedi dükkânın kapısını açıp dışarı çıkarken. Adam çoktan yan tarafa geçmiş, eczanenin kepenklerini kaldırıyordu.

Peşinden kapıyı tutup geçerken dönüp Kunt'a bir bakış attım. "Senin yüzünden."

"Ne benim yüzümden?"

"Gösterdin parayı kokusunu aldı şimdi durmaz. Zaten oda için verdiğinin üstünü de vermedi."

Gülercesine gözlerini kaçırdı Kunt. "Sen istedin gelmeyi buraya."

"Ben kazıklanalım demedim," diye söylenerek adamın peşinden ilerledim. Kepenkleri kaldıran adam, eczanenin kapısını da açmıştı. Floresanları açtığında kesişen iki cam tezgâhı gördüm, arkasındaki dolapların rafları ilaç doluydu. Direkt tezgâhın arkasına geçtim ve alkol, sargı bezi, ağrı kesici krem ne varsa bulduğum bir poşetin içine doldurdum. Adam kasayı açmış, koltuğa oturmuş, poşetin içine koyduklarımı geçiriyordu. Sonunda kasada 56 lira hesap çıktı. "100 kâğıt."

"Yuh siz de alıştınız he," diye söylendim kasanın önünde. "Ayrıca ağrı kesici kremi iki kere geçtiniz!"

"Gecenin bir yarısı kepenk açtım bir zahmet aradaki farkı da alayım küçük hanım," dedi adam gayet gururlu bir ifadeyle. Kunt'un masanın üzerine bıraktığı paranın üzerine damlayan kanı gördüğümde adam parlayan gözlerle tezgâha uzandı ama ben çattığım kaşlarımla Kunt'un buruşan yüzüne dönmüştüm. Poşeti aldıktan sonra sol kolundan tutup eczaneden çıkarttım onu, pansiyondan içeri girdiğimizde merdivenlerden çıkmaya başlamıştık. Her katta birkaç oda vardı ve kapılar ahşaptandı, açık TV'nin sesi bile çok net geliyordu. Yüz üç numaralı odanın kapısını açıp içeri geçtiğimizde ışığı yaktım, odanın havası aşırı boğucuydu.

"Ay inanamıyorum ya, 100 kâğıt aldı tek kişilik odanın anahtarını vermiş," diye söylendim poşeti yatağa atarak. "Şimdi ben gidip o adamı..."

"Karaca," dedi Kunt, kolumdan yakalayıp durdurmuştu beni. Yutkunduğunda aslında canının acısını sakladığını fark etmiştim. "Uzatma zaten kalmayacağız."

"Amma meraklısın sen de kazıklanmaya," diye söylendim ona ters bir bakış atarken. Çatık kaşlarımı düzeltmeye çalışıyordum ama yüz kaslarım emrimi dinlemiyordu. Biraz hava gelmesi için pencereyi araladıktan sonra üzerimdeki sırılsıklam olmuş kabanı çıkardım, saçlarımı kulaklarımın arkasına iterken odanın ışığı gelip gitmeye başlamıştı. Poşeti kapıp yatağın üzerinde ters çevirdiğimde her şeyi çıkardım, o sırada da elektrik tamamen gitmiş ve oda karanlığa bürünmüştü. "Şaka gibi," diye homurdandım tavandaki avizeye dik dik bakarken. Odaya geri döndüğümde Kunt yatağın karşısındaki eski televizyon ünitesinin çekmecelerini karıştırıyordu. Bir şey bulmuşçasına elini en üstteki çekmeceden içeri daldırdığında iki mum çıkardı, mumları koymak için mumluklar bile vardı. "Sen geç otur," dedim birkaç adımda yanına geçip mumları elinden alırken, ardından cebinden çıkarıp uzattığı çakmağı da aldım ve yatağın başındaki komodinin üzerinde yaktım ikisini de.

"Alt tarafı kurşun sıyırdı, kolum kopmuş gibi davranmana gerek yok," dedi Kunt yatağın üzerine otururken. Ona ters bir bakış attım elbisemin kollarını sıyırarak, ardından üzerine eğilip kabanını çıkarmasına yardım ettim. O, kabanını yatağın arkasına bırakırken ben ceketini sıyırmıştım bile, çıkardığında kabanın üzerine attı. Sağ kolu omzundan itibaren kan olmuştu, "Sana ne benim kafamdan?" diye sordum agresif bir şekilde gömleğinin düğmelerini çözerken. Bana yardım etmeyi bırakmış, başını kaldırmış, yüzüme bakıyordu. Böyle bir pozisyonda gömleğinin kolu kanlı olmasa çok yanlış düşüncelere kapılabilirdik çünkü resmen agresifçe adamı soyuyordum. "Eğsem ne eğmesem ne? Koltuk korumuyor mu? Niye açıkta bırakıyorsun kolunu?" Gömleğin son iki düğmesini çözmeyi unutup bir anda yırtarcasına çektiğimde bir düğme aramızdan fırlayıp halının üzerine uçtu. Şaşkınlıkla göz göze geldiğimizde, mum ışığında altın hareleri parlıyordu.

"Sonra şey ederim ben onu... Alır dikerim," dedim şaşkın bir ifadeyle. Kunt gözlerini devirerek gülmüştü.

Yanına geçip bir bacağımı altıma alarak oturduğumda kanlı gömleği sol omzundan tamamen sıyırmıştım. Telefonuma uzanıp feneri açtım, ardından kanlı yaraya baktım. "Doku yaralanması gibi duruyor, sinirlere gelecek kadar boynuna yakın olmadığına şükretmelisin. Derin de değil pek... Gibi... Offf," diye homurdandım telefonu yatağın üzerine bırakırken, eldivenlere uzanmış elime geçiriyordum agresifçe.

"Neye offf?" diye sordu Kunt, sakin bir sesle.

"Çok kan kötü bir şey." Dik dik baktım yüzüne. Maraton koşmuş gibi şiddetle inip kalkıyordu göğsüm, gergince dudağımı ısırıyordum içeriden. "Kimdi o adamlar Kunt?"

Gözlerini kaçırarak önüne döndü, derin bir nefes alırken boş bakışları karanlık duvara sabitlenmişti. Kullanacağım ürünlerin paketini açıp yanıma hazır ederken omzuna daha yakından bakma maksatlı ona yaklaştığımda, çıplak bacağım yatağın üzerine koyduğu elinin üzerine denk gelmişti ama kaldırırsam nereye koyacağımı bilmediğimden sesimi çıkarmadım. O da elini çekmedi. "Kötü adamlar," dedi düz bir sesle.

"Çok açıklayıcı oldu, ben de ellerinde silahla üstümüze kurşun yağdırırlarken aslında yarın saat beş çayına gelmek istediklerini düşünmüştüm, yanına neyli kek yapsam karar veremiyordum sadece. Patlamış cam aromalı nasıl olur?"

"Karaca," dedi Kunt, ismim ağzından bir nefes gibi kaçmıştı. "Başka bir gün."

"Neden bugün değil? Mesela çok değil yirmi dakika önce az kalsın ölecektim," diye mırıldandım bir elimle pazılarından tutmuş, diğeriyle koluna bulaşmış kanı temizlerken.

"Kılına bile zarar veremezler."

"Senin omzuna kurşun değdirdiler ama."

"Dikkatim dağılmasaydı şimdiye evdeydik."

Dudaklarımı birbirine bastırdım, buna cevap vermeyecektim çünkü haklıydı. Dikkatini dağıtan bendim. Eşik'te Tugay'la fazla yakınlaşan, oyalanan da bendim, arabada başımı kaldırıp Kunt'un yaralanmasına sebep olan da. Hafifçe doğrulup omzunun üzerini temizlemeye başladığımda yaraya değen alkol yüzünden canı yanıyor olmalıydı ama gıkı çıkmıyordu. "Dikeceğim," dedim lokal anestezi uygulamak için enjekte iğnesini uyuşturucu sıvının olduğu küçük tüpün içine batırırken. "Kapatmak yetmez."

Kunt kafasını salladı. Doğrulup uyuşturucu maddeyi yaranın etrafına uyguladım birkaç saniye boyunca, ardından şırıngayı bırakıp paketten steril iğneyi çıkardım ve ayağa kalkıp mumun alevine tuttum ucunu. Önünde diz çöktüğüm için tam gözlerimin hizasına geliyordu alev. Derin birkaç nefes aldım iğneyi geri çekerken, ardından elimi kaldırıp mumun alevine tutar gibi oldum ama plastik eldivenler giydiğimi hatırladığım gibi çekmek zorunda kalmıştım.

Kunt "Ne yapıyorsun?" diye sordu.

"İğnenin ucunu ısıtıyorum."

"Onu anladım," dedi dudaklarını ıslatırken. "Avucunu ateşe tutmaya çalışıyordun."

"Kaç saniye tutabiliyorsun?" diye sordum merakla. Kaşlarını kaldırarak baktı bana, bunu sormamı beklemiyor gibiydi. "Küçükken elektrikler gittiğinde akşamları annem mum yakardı. Mum alevine avucunu en uzun tutan o akşam yarıya bölünecek gofretin tamamını tek başına yerdi, abimle yarışırdık."

Merakla bana baktı, ardından gözleri mum alevine çevrildi, sol elini kaldırıp aleve yaklaştırdığında neredeyse teni ateşe değecekti. *Bir, iki, üç, dört, beş, altı... Yedi... Sekiz... Dokuz...* Kunt elini dokuzuncu saniyede çektiğinde avucuna baktı. Kıkırdayarak ayağa kalktım. "Yaktın değil mi? Yanık et kokusu geldi."

"Kazandım mı?" diye sordu merakla, başını kaldırdığında altın hareler beni izliyordu. Yine aynı şekilde yanına oturduğumda omzunun üzerinden bakmaya devam etti.

"Biraz şu tarafa dön, yeterince ışık gelmiyor," diye mırıldandım ellerimi kollarına yerleştirerek onu biraz daha mumlara doğru çevirirken. Ardından işe yaramayacağını düşünerek telefonumu alıp feneri yeniden açtım ve eline verdim tutması için, tam ihtiyacım olan pozisyonda kaldırmıştı.

Derin bir nefes alıp temizlediğim yaraya ilk dikişi attım. Hocalarım elimin hızlı olduğunu ve ileride bunun çok işime yarayacağını söylemişlerdi, dikiş çalışmayı seviyordum. Evde bulduğum ipleri dikiş atıyormuş gibi yatak başlığıma bağlayarak düğüm çalışırdım geceleri uyuyamadığımda. "Dokuz saniye için dokuz dikiş attım, ödülün," dedim geriye çekilirken. Bandajı paketinden söktüğüm gibi üzerine yapıştırdıktan sonra ayağa kalkmış, eldivenlerimi çıkartıyordum.

"Kazandım yani," dedi kaşlarını kaldırarak.

"Niye şaşırdın buna bu kadar?"

"Sen kaç saniye tutabiliyorsun?"

"Dört," diye mırıldandım çöpleri toplayıp torbanın içine atarken.

"Bu oyunu oynayabiliriz arada."

"Hep sen kazanasın diye mi?" diye sordum alayla gülerek. "Kalsın."

"Belki bahis öyle bir şeydir ki benim kazanmamı istersin."

"Bahis ne olursa olsun hep kendim kazanmak isterim, fark ettin mi bilmiyorum ama aşırı mücadeleci biriyimdir. Kalabalık bir mahallede büyüdüm ve zayıf, kısa boylu olduğum için hep kuru fasulye ilan edilirdim, diğer çocuklar daha oyunların başında beni yenilmiş saymasın diye kırk fırın ekmek yemek zorunda kaldım."

"Kuru fasulye?" Dudakları her ne kadar kapalı olsa da dudakları kıvrılmıştı. "Sen?"

"Evet, niye?" Yatağın üzerindekileri toplayıp TV ünitesinin üzerine bıraktıktan sonra yatağın ucuna oturmuştum yine. "Bir dakika, bu tepkiyi alıyorsam yaptıklarım işe yaramış demektir..."

"Boyun kaç?"

"1.75 falan."

"Kuru fasulye," diye mırıldandı gülerek önüne dönerken, bir yandan da kafasını sallıyordu.

"Anestezi iğnesi kafa yaptı galiba?"

"Yooo, iyiyim ben gayet," dedi keyifli bir ifadeyle. "Kuru fasulye."

"Çok komik, iyi ki bir söyledim," diye homurdandım gözlerimi devirerek. "Sana ne diyorlardı? Sırık? Merdiven? Uh ah dev adam?"

"Merdiven?" Dudaklarını birbirine bastırarak *anlıyorum* manasında kafasını salladı. "Sırık..." Ne düşünüyordu bilmiyordum ama dalga geçiliyormuş gibi hissediyordum. "Dev adam..."

"Anestezi iğnesi kafa yapmış," dedim seslice nefes vererek ayağa kalkarken. Pencereyi kapatmak için perdeleri aralamıştım ve bir umut yağmurun dindiğini görmek istemiştim ama şiddetinden hiçbir şey eksilmemişti.

"Kısaydım ben de," dedi Kunt bir anda, pencereden dışarı otobandan geçen tek tük arabaları izlerken ona dönmemi sağlayarak. "Liseye kadar. Abim dalga geçiyordu hep."

Ağzım bir karış açık kaldı önce, ardından istemsizce güldüm. "Yani ne kadar kısa olabilir ki?"

"Kuleli'ye alınmıyordum neredeyse."

Ağzım açık "Nasıl yani?" diye sordum şaşkınca. "Bayağı... Kısaydın o zaman?" Elimi ağzıma kapattım refleks olarak. "1.50 falan..." Kahkaha attım.

Seslice nefes verdi. "Aynen öyle bir şey... Sonra boy sınırını sınava birkaç ay kala fark ettim zaten basketbol oynuyordum ama başka bir şeyler yapmam gerekiyordu. Zayıflıktan olduğunu düşündüğümden araştırıp daha fazla yemek yemek için bir sürü şey yaptım. Gerçekten aç değilken kendini yemeye zorlamak çok can sıkıcı bir şey ama işe yaradı, sınava kadar aylar içerisinde 10 cm uzamıştım, sonra Kuleli'deyken uzamaya devam ettim."

"Genetik ama değil mi? Yani abini falan görmedim ama..."

"Genetik," dedi. "Babam 190 cm, annem 1.78 falandı."

Babası 1.90. Annesi 1.78 falandı. Babası yaşıyorken annesinin çoktan bu dünyadan gitmiş olması bir yana, babasının silahından çıkan kurşunun annesini bu dünyadan koparan şey olması başka bir yanaydı. Babasından bu kadar kolay bir şekilde bahsetmesine şaşırmış olsam da renk vermedim, her ne kadar deli gibi merak ediyor olsam da sormayacak ve onun anlatmasını bekleyecektim, o da eğer isterse. Kimsenin acısını deşmeye hakkım yoktu, biliyordum ki tekrar tekrar anlatmak demek; o anılara her seferinde geri dönmek ve aynı acıyı hissetmek demekti.

Uzaktan gelen bir kadın çığlığı odada yankılandığında Kunt'la göz gözeydik, onun kaşları çatılırken benim gözlerim fal taşı gibi açıldı. Saniyeler içerisinde kadın bir çığlık daha attığında "Ne oluyor?" diye sordum kapıya yönelerek. *Bu bir yardım çığlığıydı.* Köşedeki uzun ve ağır TV kumandasını kaptığım gibi koridora çıktığımda Kunt da peşimden ayağa kalkmıştı.

"Karaca!" diye seslendi bana, ben ise karanlık koridorda sesin nereden geldiğini çözmeye çalışıyordum. Gergince içime çektiğim nefeslerin arasında Kunt odadan çıktığında koşar adımlarla merdivenlere yöneldim, ses yukarıdan geliyordu. Tahta ve dik merdivenleri tırabzanlara tutunarak tırmandım, ardından bu kattaki dört odanın kapısına ilerledim bir ses daha duymak istercesine. Kadının boğuk çığlığı yeniden zihnime dolduğunda sondaki tahta kapının önünde durmuş, açmaları için yumruğumu ardı ardına kapıya geçirmeye hazırlanıyordum ki bir anda kolumdan çekildim ve alıkoyuldum. Kunt kapının hemen yanındaki duvara sırtımı yasladığında "Ne yapıyorsun? Neden engel oluyorsun?" diye sordum şaşkınlıkla başımı kaldırıp, yaralı olduğunun bilincindeydim ama yine de beni duvarla arasına kıstırmıştı ve kurtulmam gerekiyordu. "Kadına bir şey..."

"Yanlış anladın," dedi gözlerimin içine bakarken, iki eli de kollarımın üzerindeyken yüzüme eğilmişti. "Sakin ol," dedi fısıldar bir sesle, nefesi yüzüme çarparken. "Dinle."

Kadının boğuk çığlığı yeniden koridorda yankılandığında bu sefer Kunt'un kararmış ela gözlerine odaklı olduğumdan derin nefesler alıyor, nefes alış verişlerimi düzenlemeye ve sese odaklanmaya çalışıyordum. Daha sonra bir yatak sallanıyormuşçasına gelen seslerin arasında kadın *"Daha hızlı! Daha hızlı!"* diye hırıltılı bir tonda bağırdı. *"Daha sert!"*

Gözlerim fal taşı gibi açılırken kumanda elimden düştü, iki elimi birden bir karış açık kalan ağzımın üzerine kapatmış başımı da duvara yaslamıştım. Ben bir kadının yardım isterken atacağı çığlıkla duyduğu haz sırasında atacağı çığlığı nasıl karıştırabilirdim? Nasıl bu kadar saldırı odaklı düşünmüş olabilirdim? Gözlerimi sımsıkı kapatırken ölmeyi diledim o an, hemen yanımızdaki kapının arkasında bir çift sevişiyordu ve ben neredeyse kapılarına elimde televizyon kumandasıyla dayanmış açmaları için bağıracaktım...

Kunt'un gülmemek için kendini zor tutan ifadesini fark ettiğimde elimi kaldırıp oldukça kısık bir sesle "Lütfen tek kelime etme," diye fısıldadım bakışlarımı kaçırırken, eğilip kumandayı da aldığım gibi merdivenlere koşturmuştum. Çıkan sesi umursamadan topuklu botlarla yüz üç numaralı odadan içeri girdiğimde başımı nereye sokacağım hakkında bir fikrim yoktu. Utanmıştım. Parmak uçlarımdan saç diplerime kadar utanç doluydum, iyi ki ışıklar yoktu da boynumu basan ve pek muhtemel yüzümde de hâkimiyet kurmuş kızarıklık belli olmuyordu.

Birkaç saniye sonra koridordan gelen adım seslerini duyduğumda telefonumu kaptığım gibi feneri açmış, banyo olduğunu bildiğim kapının ardına atmıştım kendimi. Yüzümü sökmek pahasına akmış makyajımı çıkaracak ve biraz olsun soğuk suyla serinleyecektim, bu sırada da son beş dakikayı unutmayı diliyordum.

Kupaya doldurduğum çayın buharı elimi nemlendiriyordu. Annem olsa kızıp *"Nereden alıştınız kızım siz bu koca koca kupalara? Çay dediğin ince belli bardakta içilir,"* derdi. Çayının soğumasını sevmiyordu, ince belli bardaktan içtikçe kalkıp sıcağını doldururdu. Her hafta çayın içine başka otlar karıştırırdı aktardan aldığı, abim de sızlanırdı çayın değişen tadı yüzünden. Sevmezdi o değişikliği. Bazen çayı kimin demlediğini bile anlardı bir yudumda. *"Annem gibi yapamıyorsun işte kızım, bı-*

rak sen bu işleri, senin kafan matematiğe basıyor anca," derdi. Haklıydı, benim kafam komple mutfak işlerine çalışmıyordu.

Üzerinden duman tüten kupayı alıp ankastrenin ışığını kapattıktan sonra küçük adımlarla salona yürüdüm, Tosbik de beni takip ediyordu. Saat sabahın beşiydi ama henüz her yer karanlıktı, belki de bunun sebebi tüm gece gökyüzünde kalan ve şehre fırtınayı getiren koyu gri bulutlardı. Şüphesiz bu gecenin kazananı pansiyondaki işletmeciydi; yalnızca bir saat kaldığımız bir oda için bir servet kazanmıştı. Kunt çok geçmeden evi arayıp çocuklardan birine adresi vermişti, bu sayede eve gelmiştik. *Ferrari*'nin arka camı patladığından çekici çağırılmıştı ve muhtemelen servise gidecekti. Yol boyunca arka koltukta gözlerimi kapatıp uyumuştum ama eve geldiğimizde ve tek kelime etmeden odama çıktığımda bir türlü uyumaya ikna edememiştim kendimi. Bu yüzden eşofmanlarımı çekmiş, ses çıkarmadan merdivenlerden inip mutfağa geçmiş ve çay demlemiştim.

Arka bahçeye açılan cam kapıların önüne bir yastık atıp üzerine oturduğumda Tosbik kupamın içindeki çaya uzanmaya çalışıyordu, "O senin için değil," diye fısıldadım kısık bir sesle, evde Kunt'tan başka biri yoktu ve o da muhtemelen şu an üst katta uyuyordu ama yine de sessizliğin içinde daha da sessiz olası geliyordu insanın. "Ayrıca çok sıcak. Bak yapma dökersin, ikimiz de yanarız..." Bacaklarımı kendime çekmiş, sırtımı hafif geriye vermiş, kupayı tutan elimi Tosbik'ten uzak tutmaya çalışıyordum. Ön patilerini karnımın üzerine koyarak doğrulmuş ve kafasını uzatmıştı.

"Miyav..."

"Miyav falan yok, senin maman da suyun da yukarıda. Çok istiyorsan git ye iç," diye homurdandım. "Zaten açım. Seni yerim bak karnındakilerle birlikte, kışkırtma beni."

"Miyav..."

Tosbik alınmış gibi bir ifadeyle daha tiz miyavlayarak kucağımdan indiğinde beni anladığını düşünmemem için hiçbir sebep yoktu. Bir kolumu bacaklarımın etrafına sarıp çenemi dizlerime yasladığımda Tosbik ayaklarımın üzerine çökmüş, oraya konuşlanmıştı. "Seni atmayayım diye buz kesmiş ayaklarımı mı ısıtıyorsun? Vay uyanık," diye fısıldadım tüylerini severek. "Aferin. Bu devirde böyle açık göz olacaksın. Bebeklerin doğsun onlara da öğret. Yavşasınlar sahiplerine. Size yavşamak serbest. Kedi dediğin yavşak olacak." Gülüyordum bir yandan da. "Efes Abi'ne de yavşa, seni attırırsa o attırır bak... Ama çok da abartma yazık, alerjisi varmış ağlıyor sonra..."

Tosbik tüylerini okşadığımdan zevkten dört köşe hırlamaya başlamıştı. "Kaç tane bebeğin var senin?" diye sordum çayımdan bir yudum aldıktan sonra kupayı yanıma bırakırken. "İsimleri ne olsun?" Bir elimle tararcasına sırtındaki tüyleri, diğer elimle çenesini seviyordum. "Acaba iyiler mi? Kaç taneler acaba? Acaba... Ne zaman doğuracaksın acaba?" Aklıma gelen çocukluk anımla sırıtmaktan alıkoyamamıştım kendimi. "Nasıl yaptın kız bu bebekleri?" diye sordum, neredeyse kahkaha atacaktım. "Çocukken tişörtümün altından yastık sokardım, hamile numarası yapardım evde. Bebeğim olsun istiyordum. Böyle senin gibi açgözlü de değilim ben Tosbik, bir tane olsa yeterdi. Sonra annem nasıl bebek yapıldığını anlattı. Evlenince Allah veriyormuş..." Bu sefer gülmekten alıkoyamamıştım kendimi ama sesim çok çıkmasın diye elimi ağzıma kapatmıştım. "Kafaya koymuştum, bebeğim olsun istiyordum. Anasınıfındaki bütün herkese evlenme teklifi ettim o gün kızlı erkekli. Yarısı kabul etti. Çok kişiyle evlenirsem çok bebeğim olur diye aralarından birini seçmek zorundaydım. Sonra sınıftan bir çocuk çıkıp dedi ki herkese, evlenince olmuyor dudaktan öpüşünce oluyor bebek..."

"Eee sonra?"

Bir anda geriye doğru sıçrayınca Tosbik yattığı ayaklarımın üzerinden kalkıp gitti, başımı çevirdiğim gibi arkasında yere çöküp oturduğum koltuğa oturmuş Kunt'u fark etmiştim. Bahçenin loş ışığı yüzüne vuruyor, uykusuzluktan kısılmış gözlerini ve yüzünü bütün hatlarıyla açığa çıkarıyordu. "Senin orada ne işin var? Ne zaman geldin?" diye sordum şaşkınlıkla.

"Ben hep buradaydım, sonradan gelen sensin," dedi.

"Orada mıydın?" Gözlerimi kırpıştırarak çattığım kaşlarımla birlikte başımı yere çevirip hesap kitap yapmaya çalıştım.

Ben salona girdiğimde içeride birinin olup olmadığını kontrol etmiş miydim? Yani, en azından, koltukta birinin yatıyor olup olmadığına bakmadan direkt teras kapısının önüne çöküvermiştim. Farkındalıkla omuzlarım çöktüğünde oturduğum yerde bağdaş kurup çay dolu kupamı avuçlarımın arasına aldım. *Ben bu gece utanmaktan çok yoruldum ya.*

"Niye odanda uyumuyordun?" diye sordum başımı kaldırıp ona bakarken. Koltuktan kalktığında dolanıp yanıma yürüyordu. Üzerinde gri bir eşofman ve siyah kısa kollu bir tişört vardı, saçları dağılmıştı.

"Uyuyamadım," dedi düz bir sesle, benim gibi yere bir yastık atıp oturduktan sonra sırtını koltuğa yaslamıştı. "Efes'ten telefon bekliyordum, Erhan'ın anlattıkları da var... Uyku tutmadı."

"Efes aradı mı?" diye sordum kaşlarımı kaldırarak. "Erhan ne dedi peki?"

"Tuvaletin önünde herifi dinliyorduk ya, uzun zamandır görüşmedim tatile falan çıkmıştır diyordu hani, Kör Salim'den bahsediyormuş. Adamın öldüğü dedikoduları dolanıyormuş ortalıkta." Kunt bir dizini kaldırmış, kolunu dizine yaslayarak elini ileri uzatmıştı. "Erhan da işte... Teklif almış mafyadan, maçlar için. Para iyi diye arada kalmış, onun müsabakaları da var bu yıl. Sen girersen ben de girerim dedi."

"Teklif almayan giremiyor sanıyordum," diye mırıldandım.

"Teklif almadığımı söylemedim."

Kaşlarım havalandı. "Altın zarf sana da mı gelmişti?"

Kunt kafasını salladı ağır bir ifadeyle. "Yırtıp atmıştım, ilgilenmiyordum. Daha sonra tekrar göndermediler, gönderseler de cevabım değişmeyecekti. Belki de bunu bildiklerinden uğraşmadılar."

"Ne yapmayı düşünüyorsun?"

"Bahis oynayacağım, ismimi gördüklerinde tekrar iletişime geçmek isteyeceklerdir benimle," dedi düz bir sesle. İyi bir fikirdi.

Bir saniye. Dudaklarım şaşkınlıkla aralanırken kupayı kenara bırakıp ona doğru döndüm, dizim dizine değdiğinde önce dizlerimize baktı, ardından bakışlarını yüzüme çıkardı. "İletişime geçtiklerinde ne olacak? Dövüşmeyi mi düşünüyorsun? Orada?"

Yüzünde onaylar bir ifade vardı. "Maskeyle dövüştüklerini duymuştum, kimlikleri belli olmasın diye. Lakap falan kullanıyorlar. İllaki yukarıdan birilerinin ilgisini çekerim, abinde de böyle olmuş olmalı. Tanışmamız lazım. Gölgede duruyorlar, güneşe çıkmayacaklardır. O zaman bizim gölge tarafa geçmemiz lazım."

"Birincisi yaralısın," dedim omzunu işaret ederek. "Daha nisandaki maç için antrenman yapacak hâlde değilken bahis oynayıp..."

"Karaca." Bir elini yere dayayıp yüzüme yaklaştığında lafımı kesmişti. "Ne zamandan beri benim sağlık durumumu işimizin önünde tutuyorsun?" Gözlerini kıstı. "Çünkü yalnızca birkaç saat önce Eşik'teki koridorda bana işi her şeyin önüne koymamız gerektiğini söyleyen sendin. Hiçbir şey umurunda olmasın, bu olsun dedin."

Dudaklarımı birbirine bastırdım. Tugay'ın benim hakkımda söylediklerine öfkelenip adamın artık umurunda olmadığını söylediğinde ben her şeyin benim çok umurumda olduğunu ve onun da olması gerektiğini söylemiştim, *o beni öptükten hemen sonra*. Gözlerim istemsizce ela gözlerinden kalın dudaklarına kaydığında kaşlarım hafif çatılı, burnumdan soluyordum. Bakışlarımı yeniden yukarı kaldırdım. "Ben sadece düşünmeden hareket etmememiz gerektiğini söylüyorum. Yaralı yaralı maça çıkarsan kaybedersin, o zaman da kimsenin ilgisini çekemezsin. Plan yatar."

"Bahisler birkaç güne oynanacak, o zamana dek dikişler kaynar. Antrenmanlara devam ederim. Zaten zarfın ne zaman geleceği belli olmuyor, gelse de ertesi günün tarihi yazmıyor içinde," dedi geriye çekilirken, yeniden sırtını koltuğa yaslamıştı. "Kör Salim gerçekten öldüyse ki Hilmi Hoca ya da diğer öğrencilerden bir şey çıkmayacak gibi duruyor; şimdilik tek odağımız bu maçlar olacak."

"Adama bak ya, tam da bizim onu aradığımız haftayı mı

bulmuş ölecek?" diye söylendim gözlerimi kaçırırken. "Kesin değil ama değil mi öldüğü? Kaçmış da olabilir. Tefeci sonuçta, bir sürü pis işe bulaşmıştır. Bir sürü düşmanı vardır."

"Kesin değil öldüğü, o iş Efes'te."

Kafamı salladım. Dışarıda yağmur yağıyordu ve hemen yanımızdaki kapıların camına vuruyordu damlalar. Bir şimşek salonu bir saniyeliğine aydınlattığında, hemen ardından gök gürledi. "Efes'le Kuleli'den mi tanışıyorsunuz?"

Başını geriye yaslamışken dudaklarını ıslattığında basitçe "Hayır," dedi. "Efes..." Derin bir nefes aldı. "Benim teyzemin oğlu. Melisa da teyze kızı."

"O zaman gözleme evindeki kadın senin teyzen..." Ufak bir aydınlanma yaşıyordum. Daha Efes'in Melisa'nın abisi olmasının şaşkınlığını üzerimden atamadan bir de bu ikilinin Kunt'la kuzen olduklarını öğreniyordum, üstelik gözleme evindeki ürkütücü kadın Kunt'un annesinin kız kardeşiydi. *Lalifer*.

Kunt'un yüzünde onaylar bir ifade vardı. Ben kafamın içinde parçaları birleştirirken Tosbik koltukların arasından çıkageldiğinde ufak adımlarla Kunt'un yanına yürüdü, dizine yaklaşıp kafasını Kunt'un eşofmanının kumaşına sürmeye başladığında bir anda sırtüstü yatıp patilerini havaya kaldırarak miyavlamıştı. Benim hamile kedim az önce Kuntadam'a mı yükselmişti? "Yavşak," diye fısıldadım gözlerimi kısarak Tosbik'e bakarken.

Kunt kapalı dudaklarındaki tebessümle uzanıp Tosbik'in karnını sevmeye başladığında gözlerini üzerime çevirmişti. "Şu gittiğin veteriner, ne oldu orada tam olarak?"

Bacaklarımı kendime çekerek kollarımı etrafına doladıktan sonra çenemi dizlerimin üzerine yasladım. "Tosbik'in hamile olduğunu söyledim, o da değil dedi. Odada aşılarının yapılması için bırakıp danışmada karne çıkartıyordum, o sırada röntgen çekmiş. Kan değerleriyle birlikte getirdi. Sonra da bir yanlış anlaşılma olduğunu söyledi, özür diledi. Tosbik sağlıklıymış. Karnındakiler de. Ama radyasyondan etkilenmiş olabilirler, bebekler sendromlu doğabilir ya da ölebilirler karnında, ondan korkuyorum."

"Bir veterinerin, kedinin sahibi ısrarla hamile olduğunu söylerken röntgen çekmesi rastlanır bir durum değil," dedi Kunt, uzanıp Tosbik'i havaya kaldırdığında kedi miyavlamıştı. Ardından yanına bıraktı Tosbik'i, Tosbik bıraktığı yere kıvrılıp gözlerini kapattı. "Neden tek gittin oraya? Daha bir önceki gün bıçakla saldırıyla uğramışken."

"Taksiyle veterinere gitmenin bir tehlike teşkil etmediğini düşündüm. Zaten Polat da diğer korumalar da ben bahçeden çıkarken dik dik baktılar. Bir şey yapsak mı yapmasak mı diye kendi kendileriyle tartışıyorlardı herhalde, bilmiyorum..."

"Polat seni takip etti o gün," dedi Kunt soğukkanlı bir sesle. "Beni aramış, müsait değildim. Uzaktan gözetlemiş sen eve dönene kadar. Ters bir durum olursa diye."

Ona yüzüme yerleştirdiğim *ciddi misin* ifadesiyle bakıyordum. "Bu kadar büyütülecek bir şey olduğunu düşünmemiştim..."

"Düşün," dedi Kunt tok bir sesle. "Bundan sonra düşün." Hafiften aydınlanmaya başlayan sabahla birlikte bahçenin loş ışıkları kapandığında, pencerelere vuran yağmurun sesi kulaklarımdaydı. Kunt bana yüzündeki sert ifadeyle bakıyordu durumun ciddiyetini anlatmak istercesine. "Bu geceki silahlı saldırıda hedefin ben olmama ihtimali var."

"Ne demek istiyorsun?"

"Basına fotoğrafımız düştü, yüzünü biliyorlar. Kaldı ki Eşik'teydik, Erhan olsun Rabia olsun onun plastik arkadaşları olsun birçok kişiyle tanıştın, ortalıkta göründün. Hedef alınman kolaylaştı," dedi başparmağı kalın dudağına sürtünürken, dirseğini dizine yaslamıştı. "Arabada benimleydin, bunu da biliyorlardı. Sadece takip edildiğimizi bilmemizi istemediler, aynı zamanda tehdit de edildim ben bu gece. *Seninle.*"

Seninle. Kunt Vidar Karyeli, *benimle* tehdit edilmişti. Hayır, benimle değil... Nihayet yüzünü görebildikleri *nişanlısıyla.* "Anlamıyorum, kim bunlar? Neden tehdit etsinler seni? Neden İstanbul'a döndüğümüzde selam gönderdiler mesela? Amaçları ne?"

"Karyeli ailesi pek de huzur dolu temiz bir geçmişe sahip

değil Karaca, bunu dağın başına yerleşen teyzemden ya da İspanya'daki kardeşlerimden anlayabilirsin. Ortalık karışık. Hep karışıktı," dedi Kunt, öne eğdiği kafasının üzerinde, saçlarının arasında gezdiriyordu ellerini; ensesine indiğinde seslice bir nefes verdi.

"Abin peki? O burada değil mi?"

"Burada," dedi kafasını sallayarak. "Zaten biz bir yaşıyorsak, o beş yaşıyordur."

"Anladım... Aile meselesi." Lalifer Hanım'la Melisa'yı sorduğumda da böyle söylemişti, ne zaman bu konuyu kurcalayacak bir şey sorsam bunu söylüyordu. Bir şey bu aileyi parçalamıştı. Kunt'un babası, annesini öldürmüştü. Kunt, Efes, Polat... Kuleli'yi kazanırken çizdikleri yolu değiştirmek zorunda kalmışlardı, hayır; bırakmak zorunda bırakılmışlardı.

Kuntadam'ı parçalayan bir geçmiş vardı.

"Bu yüzden gitmeni umuyordum," dediğinde başımı kaldırdım, göz göze geldik. "Yanımda bana inanırken tehlikede olmandansa dışarıda bir yerde katil olduğumu düşünerek güvende olmanı tercih ederim."

Sözleri içimde bir yerlere dokunduğundan istemsizce gözkapaklarım gözlerimin üzerine örtüldü. Kunt katil değildi. Benim abimi öldürmemişti. Bir maça çıkmışlardı, abim maçtan sağ çıkamamıştı. Bu kadardı. Abimi tanıyordum, biliyordum; en az Kunt kadar sağlam bir adamdı. Kunt nasıl ölmediyse abimin elinde, abim de Kunt'un elinde ölmemeliydi. Bir terslik vardı. Bir boks maçı adam öldürmezdi. Kunt benim abimi öldürmezdi. *Kuntadam benim abimi öldürmez.* Öfkeyle saldırmıştım ona mezarlıkta, dava açmıştım, Fuat Hoca bas bas yanlış yaptığımı yüzüme vururken kalkıp peşinden Kayradağ'a gittiğimde bile her fırsatta yüzüne vurmuştum her şeyi. Melisa, bizim tanıştığımızı bilmeden aynı masaya oturttuğunda Kunt'la beni, yine üzerine gitmiştim. "*Kendinizi suçluyor musunuz? Rakibiniz öldü sonuçta.*"

"*Her zaman,*" demişti Kunt. Bu beklenmeyen yanıtı duyduğumda dumura uğramıştım çünkü bunun maçlar sırasında gerçekleşebilecek komplike durumlardan biri olduğunu söyleyeceğini düşünmüştüm, kendini savunmayacak ama yine de suçsuz olduğu yargısına ulaşılacak bir şeyler söyleyeceğini... Söylememişti. *Her zaman,* demişti sadece. Basit ve öz bir cevaptı. *"Birini öldürsen de öldürmesen de yakını gelip gözlerinin içine bakarak sen katilsin dediğinde ağzından çıkacak hiçbir sözün değeri yoktur. Sana ne dersem diyeyim bana hep bu gözlerle bakacaksın,"* demişti dağ evinde. Sert konuştuğunda vurmak istemiştim ona, bir refleks gibi yakalamıştı bileğimi. Bana izin verdiği için vurabildiğimi söylemişti ona önceden, o gün orada hakkım olmadığını. Öyleyse birkaç saat önce beni Eşik'in karanlık koridorlarında öptüğünde attığım tokadı atabilmiştim çünkü bunu kabul etmişti.

Abimle önceden tanıştıklarından da bahsetmemişti. Bunu Efes'e söylediğimde *"Söylemez piç,"* demişti. *"Söylemez çünkü sen, maça çıktığında ringde ölen rakibinin kız kardeşisin ve katil gözüyle bakıyorsun ona. Sana karşı bu tarz söyleyebileceği herhangi bir şeyi yanlış algılama potansiyelin yüksek. Kunt öyle bir adam değil, bunlarla uğraşmaz."*

Gözlerimi açtığımda, belki de o günden beri ilk defa Kunt'a *öyle* bakmıyordum. "Sen katil değilsin," dedim kurumuş dudaklarımı ıslatırken, altın hareler kara gözlerimdeydi. "Sen rakibin sahada düşüp kalkmadığında bunu sorgulayıp peşine düşecek kadar zeki bir adamsın, yaralıyken ve zaten önünde önemli bir maç varken sakatlanma uğruna mafya belasını başına alıp illegal maçlara çıkmak için bahis oynayacaksın. Sen katil değilsin," diye tekrar ettim gözlerimi kırpmadan yüzüne bakarken, başımı iki yana sallamıştım. Eve ilk geldiğimde Fuat Hoca ve Efes'le salonda konuşurlarken duymuştum, ben Kayradağ'a gitmesem bile o İstanbul'a dönecek ve bu işin peşine düşecekti. "Abim burada olsa bana kızardı," dedim yutkunarak. "Üç katı kızardı. Önce seni suçlayıp bu işe sürüklediğim için, sonra kendimi bu olayların kucağına bıraktığım için, en son da 30 Eylül'de arenada onu gördüğüm an asansörü durdurup kollarına koşmadığım için kızardı. Altı yıl sonra o başka bir adama dönüşmüş olsa bile."

"Karam'ı biraz olsun tanıdıysam sadece bana kızardı," dedi

Kunt önüne dönerken alnını ovalayarak. "Ve o asansör olayı... Bok gibi tavsiye ama düşünmemeye çalış, en büyük pişmanlığın olmasın," diye devam etti. Yeniden gözlerini üzerime çevirdiğinde yükü biraz olsun hafiflemiş görünüyordu. "Büyük pişmanlıklar insanları büyük mahveder."

Büyük mahvolmak. "Büyük bir pişmanlığın varmış gibi konuştun."

"Var," dedi. "Eskiden yoktu. Artık var."

"Tosbik'i eve almak mı yoksa?" diye sordum alayla. Bu onu biraz da olsa güldürmüştü. "Kusura bakmayın ama ben kedimi dışarı attırmam. Kedime de karnındaki çocuklarına da bakacaksın. Yedikleri önlerinde, yemedikleri de önlerinde olacak."

Küçük bir kahkaha attı. "Kaç boğaz olacaksınız başıma?"

"Valla bu beni hiç ilgilendirmez. Sen onu çocuklarının rızkını pansiyon başında at yarışı izleyip çay içen adamların önüne yüzlükleri bırakmadan önce düşünecektin. Bak geldi aklıma yine, tek yataklı odayı verdi para üstünü vermedi ya! 50 lirayı cebine indirdi! Eczanede kremi iki kere geçişini saymıyorum bile... Hesaplamak istemiyorum kaç lira indirdiğini cebe..."

"Pek tekin bir yer değildi," dedi Kunt. "Adamın yaralı olduğumu öğrendiğinde polis sormasından bile anlaşılıyor."

"Dolandırıcı, ahlaksız herif," diye söylendim gözlerimi kısarak. "Gidecek bahis oynayacak o parayla... Boyu da 1.50... Kazanamaz da. Türk Jokey Kulübü'ne bağış yapmış oldun yani."

"Bu fikir daha katlanılabilir herhalde senin için," dedi Kunt alayla.

"Atlara yem almış olsa bari."

"Sen öyle olduğunu düşün, başını yastığa rahat koy."

"Ya o parayla içki alıp içip içip sarhoş olup çocuklarını karısını döverse?"

Kunt'un kaşları hayretle havalandı. "Bu beni en az bir haftalık uykumdan eder."

Gülerek kafamı salladım. "Tamam sustum. Ama öyle olsa bile senin bir suçun yok, sonuçta bu onun şerefsizliği haysiyetsizliği olur."

"At yarışı oynayıp pansiyon işleten her dolandırıcı, şerefsiz çıkacak diye bir şey de yok..."

"Bir noktada haklısın çünkü bu ülkede her sabah üzerine jilet gibi takım elbise çekip düzgün aile babası imajı çizerken yüzbinlerce insanın hayatıyla oynayan şerefsiz çok," dedim manidar bir tebessümle. "Neyse..." Esneyeceğimi hissettiğim an elimi yasladım ağzıma. "Uyumayacak mısın sen? Gerçi sabah oldu ama..."

"En azından birkaç saat göz dinlendirsem iyi olur, Fuat Hoca olanları duymadı daha alarmı çalmamıştır onun. Uzun bir gün olacak," diye mırıldandı Kunt benimle birlikte kalkarken. Yastıkları koltukların üzerine attık, Tosbik kıvrıldığı yerde huzursuzlanıp başını kaldırdıysa da kalkmamıştı. Boş kupayı mutfağa bırakıp merdivenlere yöneldiğimde Kunt birkaç adım önümdeydi. Koridora çıktığımızda odalara yönelmiştik ki kapımı açmadan önce yeniden ona döndüm.

"Acaba kapını mı kilitlesen sen?"

Alaylı bir tebessümle bana döndü. "O nedenmiş?"

"K9'luk yaparsam yine diye."

"Merak ediyorum geldiğin şey yatağım mı yoksa başka bir şey mi diye, sadece merak," diye mırıldandı ela gözleri düşüncelerimi okumak istercesine yüzümde gezinirken. "Sen neden kilitlemiyorsun kapını?"

"Ben açabilirim uyurgezerken ama yine de kilitleyeceğim."

Önüne döndü, kafasını sallamıştı. "Tamam, kilitlerim," dedi kapısını açıp içeri geçerken, kapıyı kapatana kadar başını çevirmemişti. "İyi uykular."

"Sana da."

"Bekle," dedi kapıyı sonuna kadar açarak. "Sonra ne olduğunu anlatmadın."

Kaşlarım çatıldı. Neyi anlatmamıştım? "Neyin sonrasında?"

"İşte biri demiş ya sınıftan, nasıl bebek yapıldığını..." Kunt kollarını göğsünde birleştirmiş, kapının kenarına yaslanmıştı ve öğrenmeden gitmeyecek gibi bakıyordu. "Sonra ne oldu? Şu birkaç günde seni biraz olsun tanıdıysam denemişsindir."

Gülmemek için dudaklarımı birbirine bastırarak kafamı salladım. "Sonra... İşte... Seçtiğim çocuğa hiçbir şey sormadan gittim, böyle yüzünü ellerimin arasına alıp kafamı gömdüm," dedim dudaklarımı ıslatarak. "Öptüm yani çocuğu. Sonra eve gittim, hiçbir şey söylemedim anneme, yemek sofrasına oturduk. Dedim ki anne ben hamileyim, bebek olacak. Nasıl yapıldığını biliyorum yaptım ben dedim..." Yüzümü sertçe sıvazlıyordum bir yandan da. "Annem şok oldu, anlamadı, öğretmenimi aramış hemen. Öğretmen de kafayı gömdüğüm çocuğun annesi gelip onu alana kadar ağladığını anlatmış, sınıftakilere teker teker sorup öğrenmişler yediğim haltı. Annem çocuktan zorla özür diletti, ben bilmem kaç bardak su içmişim göbeğim çıkmış gibi davranıyorum karşısında... Of ben bunu niye sana anlatıyorum ki ya," dedim bir anda ellerimi yüzümden indirerek, Kunt'un yüzünde öyle bir ifade vardı ki dudakları kapalı olsa bile kahkahalarla gülüyordu. "Gidip yatar mısın? Zıbarıp yatar mısın lütfen? İyi uykular, git yat lütfen."

Kapıyı kapattım.

Yorganı üzerinden kaldırıp doğrulduğunda sabah saatleriydi. İki yanına baktı, odayı süzdü; içerisi boştu. Ayağa kalktığında kapının önüne patilerini vuran kedinin çıkardığı tok sesi duydu ama herhangi bir tepki vermedi, kapıya ilerleyip kolu indirdi ama kapı açılmamıştı; kaşları çatıldı. Hemen sağındaki masanın üzerinde anahtar vardı. Uzanıp anahtarı aldığında zorlanmadan kapının kilidine geçirdi ve çevirdi, kapıyı açtığında ayaklarının arasından geçip söylene söylene içeri koşturmuştu benekli kedi.

Koridora çıktı. Aşağıdan, mutfaktan çatal bıçak sesi geliyordu. Biri kahvaltıyı hazırlıyor olmalıydı. Adımları doğruca karşısındaki odaya ilerledi, kapı kolunu indirdi ve içeri girdi. Henüz toplanmamış yatak gözünün önündeydi, oraya uzanıp uyuması gerekiyordu. Koyu gri çarşafların arasına girmeliydi.

"Öğlene kadar uyursun sanıyordum."

Kapı kolunu bırakıp yatağa doğru adımladı. Odanın içindeki genç adam üzerine ince, siyah bir kazak geçiriyordu.

"Karaca?"

Bir dizini yatağa yasladı, ardından dönüp oturdu ve sağ omzunun üzerine uzandı. Bacaklarını kendine çekip ellerini yanağının altında birleştirmiş, gözlerini kapatmıştı. Artık uyuyabilirdi. Artık karanlık değildi.

"Beni duymuyorsun değil mi?" diye sordu genç adam kendi kendine, elini nemli saçlarından geçirirken yatağa yaklaşmıştı. Rahatsız etmeden yorganı kaldırıp genç kızın üzerine örttü, ardından duru yüzüne düşmüş koyu kahve saç tutamlarını çekti eliyle. "Kış güneşi, karın kışın ortasında bir görünür bir kaybolur. Ellerinin donu çözülür gibi olur ama aslında bir etkisi yoktur. Tatlı, hoş bir his bırakır üstünde, sonra çeker gider... Aldatıcıdır. Aldanırsın." Doğruldu genç adam ama gözleri hâlâ kızın uyuyan çehresinin üzerindeydi. "Ben kadere inanmam Karaca... Zaten böyle kader olmaz olsun. Ama demiştim ki, bir kere daha çık karşıma, inanacağım." Başımı kaldırıp derin bir nefes çekerken içine, kirpikleri birbirine geçmiş, gözkapakları kapanmıştı. "Keşke sen çıkmasaydın, ben de inanmasaydım."

15

AYKIRI ÇİÇEK

Karanlık çekicidir, cezbedicidir; konfor alanı gibi görünür kendinden olanı göstermediğinden. Karanlık bir barikattır ama karanlık yok eder; karanlık iyi bir dost ama kötü bir düşmandır. Çünkü karanlık seni gizler; seni bile, senden bile ve bile bile...

Bir kimliğin, bir vesikalık fotoğrafın vardır kimlik kartının üzerinde; adın, yaşın, doğum yerin yazar üzerinde... Devlet tarafından nereye, hangi haneye ait olduğun bilinir. Kendi kafanın içinde ise ölene dek ait olduğun o yeri aramaya mahkûm, gurbet yorgunu misali dolanır durursun memleketinin topraklarında. Bilemezsin. Bilememişsindir. Belki de hiç bilemeyeceksindir.

Bilinmezlik, geleceğinin sıfır çarpanıdır. Bazıları bunu bir lütuf olarak görür, yol alır; bazıları takılır düşer, düştüğü yerde kalır.

Düştüğüm yerde kaldığımı hissediyordum. Yılların, ayların, günlerin arasında saatlik hesap yapıyor; ertesi sabahı geç görmek için geceleri biraz daha uyanık kalıyordum. Derler ki hayatı yavaş yaşadığın günler duyguların boğazlar seni, hızlı geçen günlerin arasında ise düşünceler içinde kaybolursun. İşte ben duyguların idam ipini boğazına geçirip kendini astığı o yerdeyim; düşünceler sessiz, kafamın içi hiç olmaması gerektiği kadar durgun.

Benim abim öldü. Mercimek çorbasını kim daha hızlı içecek yarışması yapıp ayağında sektirdiği topu almak için sokaklar boyunca peşinden koştuğum, beni oyunlarına katmayınca bir köşede öfkeyle ağladığım ama sert rüzgârların penceremi tıngırdattığı her gece tereddütsüz kalkıp yanına yattığım, sarılarak uyuduğum abim yok. Üç ay oluyor defnedeli, altı yıl üç ay oluyor sesini duymayalı, yirmi bir yıl oluyor kucağına doğalı ama gün geçmiyor ki ilkokulda matematik problemlerini anlamadığımda bir köşede *"Aptalım ben,"* diye ağlarken odanın bütün duvarına çarpım tablosunu yazdığı günü unutayım. Gün geçmiyor ki geçsin acısı. Gün geçmiyor.

Gözlerimi açtığımda boş bakışlarla aralık perdeden sızan güneş ışığını izliyordum. Perdeler kapalıydı ama bir sızıntı vardı iki tarafının kesiştiği yerdeki eski bir tablonun asılı olduğu duvara vuruyordu. Oda hiç istemediğim kadar tanıdıktı; farkındalık dalgaları ise acımasızca çarpıyordu kıyılarıma. *Ben seni anlamıyorum uyurgezer Karaca, senin burada ne işin* var? Neden buraya gelip duruyorsun? Kollarımın arasına alıp kafamı gömdüğüm koca yastıktan başımı kaldırıp doğrulduğumda saçlarım dağılmıştı. Gözlerimi ovalayarak yataktan kalktım. Dört bir yanım onun kokusuyla sarmalanmıştı ve ben yatakta kaldığım her saniye ayrılmanın daha da zor olacağını düşünüyordum bu yüzden. Peki neden? Onunla ilgili bir şey vardı, tanımını yapamıyordum. Ona güvenmeye başladığımı biliyordum ama devamı yoktu. Daha tanışalı ne kadar olduğunu bilmediğim bir adamın yatağında açıyordum gözlerimi evine misafir geldiğimden beri, bu devam edecekse kendimi yatağa kelepçelemeyi ciddi ciddi düşünmeye başlamanın vaktiydi.

Kapıyı açtığımda uzaktan gelen bir kadının sesi kulaklarıma doldu. Eski bir plaktan yükseliyormuşçasına tüm evi kaplayan bu müzikten başka herhangi bir ses yoktu etrafta. Banyoya elimi yüzümü yıkamak için girdiğimde kapıyı kapatamamıştım şarkının sesini duymak için, kurulanıp çıktığımda ise odama gitmek yerine merdivenlere yönelmiştim istemsizce. Bu saatte, bu müzik sesi nereden geliyordu? Kim açmıştı ki? Ayşen Abla olabilir miydi? Merdivenlerden indikten sonra mutfak kapısından içeriye bir göz attım ama kimse yoktu. Büyük holde şarkının kaynağını çözmeye çalışırken gözlerim kapılarda ve koridorlarda geziniyordu. Salon boştu, her ne kadar yaklaşsam da ses oradan gelmiyordu. Mutfağın yanındaki kapıyı araladığımda boş odanın içinde gezinen gözlerim, odanın hemen dışındaki cam kapılara çarptı; sesin kaynağını bulmuştum. Adımlarım öğlen güneşinin vurduğu odada ilerledi, sonunda camdan kapılara geldiğimde içeriyi görebiliyordum.

Burası büyük bir kış bahçesiydi. Tamamı camdan duvarları dıştan sarmaşıklar sarmalamıştı; içeride bir şömine, masa ve sandalyeler, L şeklinde şöminenin karşısına denk gelecek şekilde yerleştirilmiş bir koltuk ve eski, büyük bir pikap vardı hemen aralık kapının yanında. Kunt masanın başındaki sandalyede rahat bir pozisyonda oturuyordu; kollarını göğsünde birleştirmiş, uzun bacaklarını ileriye uzatıp çaprazlamış, durgun ela gözleri belli bir noktaya odaklanmıştı. Baktığı yerde bir şey yoktu ama o kafasının içinde çok şey görüyormuşa benziyordu. Üzerinde bir pantolon, ince bir tişört ve omuzlarını saran büyük ve kalın bir hırka vardı. Şömine yanıyordu. Patlayan ateş sesine karışmıştı artık eski plaktan gelen kadının sesi.

Bölmek istemediğimden kapının önünde omzumu duvara yaslayarak bekledim bir süre, kış bahçesi soğuk olduğundan biraz üşümüştüm de ama biliyordum ki şarkı bitmeden içeri girersem bir şeyleri bölmüş olacaktım.

Fakat kayıt kısaydı. Çok geçmeden şarkı bittiğinde, Kunt pikaba dönmüştü ki cam kapının üzerinden göz göze geldik. Doğrulup ifademi toparlarken kapıyı çekip içeri girdim. "Günaydın."

"Öğlen oldu," dedi önünden geçişimi izlerken. Derdim şöminenin önüne oturmaktı.

"Neden uyandırmadın?"

"Ben uyandığımda sen uykuna devam etmek için başka bir yer seçmiştin bile, ayrıca biraz araştırma yaptım da... Uyurgezerleri uyandırmak pek de iyi bir fikir değilmiş," dedi alaylı bir tonla, oturduğu yerden kalkmış, pikabın sesini kısmış, koltuğa yürüyordu. Şöminenin önüne oturup bağdaş kurmuş, ateşinde ısınmaya çalışmakla meşguldüm. Koltuğa oturduğunda geriye yaslanıp bir kolunu koltuğun sırtı boyunca uzattı.

"Neden kapını kilitlemedin?" diye sordum avuçlarımı şöminenin ateşine tutarken.

"Kilitlemiştim ama sonra mutfağa su içmeye indim."

"Birkaç gece başka bir yerde mi uyusam ben?" Yüzümü buruşturarak sordum. "Çünkü bu hareketlerim hiç normal değil. Mantıksız da. Efes'in dediği gibi başka şeyler de yapabilirim uyurgezerken, bilinçaltımı kontrol edemem..."

"Benim açımdan bir sorun yok, istediğin yerde uyuyabilirsin," dedi Kunt derin bir nefes alırken. "Evin içinde yani... Başka bir yere gitmen mümkün değil, hele ki dün gece yaşananlardan sonra bu söz konusu bile olamaz." Öne eğildiğinde dizlerine yaslamıştı kollarını. "Eğer göz önüne çıktığın ilk geceden nişanlım olduğun için bir hedef tahtasına döndüysen, belki de parmağına yüzüğü takmakla hiç iyi bir şey yapmamışımdır."

Bacaklarımı kendime çekip kollarımı etrafına doladığımda istemsizce gözlerimi kaçırmıştım. "Bana kapılar açılsın, kimliğim sorgulanmasın diye yaptık bunu. Eğer senin düşmanın bu yüzden benimle uğraşacaktıysa bunu da sen düşünmeliydin."

"Beren'de sorun olmamıştı."

"Beren'in adı sanı yoktu ortada."

"Biliyorum," dedi tok bir sesle. "Dikkatsiz davrandık."

"*Dık* mı? Sen dikkatsiz davrandın."

"Cenaze günü mezar başında Hilmi Hoca'yla öğrencilerine ilan etmişsin Karam'ın kız kardeşi olduğunu," dedi Kunt, gözlerini kaçırarak. "Bence *dık* gayet uygun oturdu yerine. Hilmi Hoca'dan da öğrencilerinden de o günden beri haber yok. O takımdan biri ağzını açarsa bütün foyamız çıkar ortaya."

"Ben nereden bileyim abimin soyağacından kendini sildirdiğini? Böyle bir şeyin mümkün olduğunu bile bilmiyordum!" Kaşlarım çatıldı. "Bir dakika ya... Sen nereden biliyorsun bunu? Sen sonradan geldin, herkes gittikten sonra? Öyle olmadı mı?"

"Başından beri oradaydım," dedi düz bir sesle, yüzüme bakmıyordu. "Herkes gidince kendimi gösterdim sadece. Federasyon gönderdi diye bildiğin o siyah minibüsü de Fuat Hoca ayarlamıştı, bütün avukatlar devreye girdi bağlantınız ortaya çıkmasın diye. Hilmi Hoca'yla takımdakilerin orada olacağını biliyorduk ama senin açık açık konuşmana engel olamadık."

"Neredeyse Hilmi Hoca'yla öğrencileri sizin ortadan kaldırdığınızı düşüneceğim sırf şu aile bağımız ortaya çıkmasın diye abimle," diye söylendim umursamazca ama bu şu durumda anlamsız olurdu. "Yani federasyon huyuma gitmeye çalışmıyordu davayı düşürmem için?"

Kafasını iki yana salladı. "Federasyon yöneticileri parasına bakar. Bir maçın yeterince ses getirmeyeceğini düşünüyorlarsa magazine rüşvet verir skandal yaratırlar, sırf bunun için tuttukları adamlar var. Kaybettikleri bir sporcu onlara para getirmez, belki popülarite kazandırır ki bu yüzden Karam'ı gündemde tuttular, oklar benim üzerime çevrilsin diye. Yoksa ne davası açılmış, kim kime açmış, neden açmış... Umurlarında olmaz."

"Peki ya Hilmi Hoca ya da takımdakilerden biri bir gün ortaya çıkıp bu bilgiyi satarlarsa? Aradığımız adamlar duyarlarsa bizim işbirliği içinde olduğumuzu? O zaman ne olacak? İllegal maçlara çıkmak istiyorsun mafyayla iletişime geçmek için, mafya bunu öğrenirse amacını anlar. Ringe çıkmadan nakavt olan ilk boksör olursun."

"Hilmi Hoca oralarda bir yerlerde, bir gazete sayfasını çevirirken çıkan haberimize denk gelmiş ve her şeyi anlamıştır ama bilgi satacak bir adam olduğunu düşünmüyorum. Öğrencilerinin de bunu yapmasına izin vermez. Kaldı ki hepsi abinin yakın arkadaşlarıydı. Karam kendi takımına ve hocasına da popülarite kazandıran bir adamdı; bizim akademide yetişenler yediği kaba pislemez."

"Hilmi Hoca'ya güveniyorsun," dedim şaşkınlıkla. "Fuat Hoca 29 Aralık'ta beni yanına göndermeden önce Hilmi Hoca'ya bok atmıştı aklıma şüphe tohumları ekmek için..." Gözlerim kısıldı. "Ama bu bir oltaydı değil mi? Olay hiçbir zaman Hilmi Hoca'yla takımdakilerin kaybolması değildi. Suçlu olduklarından değil, çok şey bildiklerinden; konuşmasalar bile konuşma ihtimalleri olduğundan, sonsuza dek susturulmamak için bir köşeye çekildiler."

"Şıp diye anlıyorsun, teker teker anlatmak zorunda olmamak büyük nimet," dedi Kunt şaşkınlıkla histerik bir gülüş takınırken. "Ama Hilmi Hoca ve öğrencilerini her türlü arıyoruz. Eğer ihtiyaçları olan şey güvenlikse bunu onlara sağlayacağız. Sırf bunun için bile açmazlar ağızlarını. Eğer açarlarsa desteğimi kaybedeceklerini biliyorlar, karşı tarafın insafına bırakmak istemeyeceklerdir kendilerini. Bir diğer deyişle, bildikleri şey altın değerinde ve bu altını yalnızca Karyeli döviz bürosunda bozdurabilirler. Tam da bu yüzden sessiz kalmak zorundalar."

"Hayalet antrenörle ilgili birçok şey biliyorlardır, her şeyi biliyor bile olabilirler," dedim şüpheyle aydınlanan bir surat ifadesiyle Kunt'un altın harelerine bakarken. Yüzüne yansıyan ateş, harelerini kızıla çalıyordu. "Ne olursa olsun ortaya çıkmak zorundalar."

"Onlar çıkmazsa, biz çıkartırız," dedi Kunt geriye yaslanarak, bir dirseğini koltuğun arkasına yaslamış alt dudağına sürtüyordu başparmağını.

"Aklında ne var?"

Gözlerini yüzüme çevirdi bir anlığına, ardından dudaklarını ıslatarak yeniden kaçırdı. "Henüz bir şey söylemek için erken, tek bildiğim şu bir haftanın kritik olduğu."

Kafamı sallarken gözlerimi önüme çevirmiştim, şöminenin ateşinin sıcağında ısınmıştım yeterince. Plak yeniden aynı şarkıya döndüğünde kafam, Kunt ve Fuat Hoca'nın arka planda çevirdikleri yüzünden karışıktı. Hilmi Hoca ve öğrencilerinin tehdit olmadığına, suçlu olmadıklarına karar vermişlerdi ve mantıklı konuşuyordu Kunt ama benim içime serpilen şüphe tohumları çoktan filiz vermişti o 29 Aralık günü Fuat Hoca'nın sözleriyle; Hilmi Hoca ve öğrencileri bulunana dek de kökünden söküp atamayacaktım. Dert edebileceğim kadar çok şey bildiklerini düşünüyordum.

"Adı ne bu şarkının?" diye sordum bacaklarımın etrafındaki kollarımı sıkılaştırırken.

Kunt'un altın hareleri üzerime çevrildi, sanki şarkının isminin sorulması bile onu durgunlaştırıyordu. "*Hasret,*" dedi kuru bir sesle. "Seyyan Oskay."

"Eski bayağı," diye mırıldandım.

"Altmışlar kaydı," dedi düz bir sesle. Altın hareler pikabın üzerinde geziniyordu, dudaklarını ıslatarak gözlerini kapattı bir müddet. Ardından birbirine geçmiş kirpikleri aralandı. "Annemin gençliğinde çok sevilen, nezih bir sanatçıymış; bütün plaklarını toplayıp koleksiyon yapmıştı. Sesi anneme benzer. Ben benzetirim yani."

Çenemi dizlerimin üzerine yaslayıp alttan baktım ona. "Annen de şarkı söylemeyi seviyordu sanırım."

"Seviyordu," dedi Kunt yutkunarak. "Kasetleri var."

Kaşlarım havalandı. "Öyle mi? Dinliyor musun?"

"Hiç dinlemedim."

Dudaklarımı birbirine bastırarak bakışlarımı yere çevirdim. "Bir şey sorabilir miyim? Ama istersen cevap verme."

"Sor," dedi Kunt tok bir sesle.

"Baban..."

"Görüşmüyorum," dedi lafımı ortadan ikiye kestirip atarak. Göz göze geldik. "Eğer soracağın buysa, yaşıyor evet ama görüşmüyorum."

"Anladım..." Belki bir huzur evinde, belki bir sokak köşesinde, belki sessiz bir evde yaşıyordu babası. Abisi ve kardeşleri için de durum aynı mıydı bilmiyordum ama Kunt'un babası konusunda net görüşlü olduğunu biliyordum, bunu dağ evinde konusu açıldığında da anlamıştım. Bir babası olduğunu reddetmiyordu çünkü pansiyon odasında boyundan konuştuğu sırada babasının boyunu da söylemişti ama babasının kendisiyle kişisel problemleri vardı. "Abim mektupta babamdan da bahsetmiş," diye mırıldandım, Kunt'un bana özel hayatını açtığı her mesele için ben de kendi içimde halledemediğim bir meseleyi borçlu görüyordum ona. Başımı kaldırıp da ona bakmadım ama gözlerini üzerimde hissediyordum. Plak başa sarıp duruyordu. "Karaköy'de bir fırın işletiyormuş babam, yolun düşerse uğra dedi abim. Poğaçaları çok lezizmiş, ben severim dereotlu peynirli poğaçayı; abim de her pazar sabahı rıhtıma inip alıyormuş iki tane. Birkaç kere konuşmuşlar, iyi bir adammış. Tabii tanımıyor abimi... Küçük bir kızı varmış, karısı da yanında çalışıyormuş. Çok mutlularmış. Abimin içine dokunmuş." Yutkundum, kendi hislerimi katmadan abimin sözleriyle anlatabilmiştim. "Ben annemin karnındayken, abim küçük bir çocukken terk etmiş bizi babam. Annemle ayrılmışlar ama annem bir dönem maddi sıkıntıya girip satana kadar çıkarmamıştı yüzüklerini elinden. Babam hakkında da tek kötü kelime konuşmadı bize. Büyüyüp bir şeylerin farkına vardığımda çok kızmıştım anneme bizi terk edip giden adama bir yazıklar olsun bile demediği için. Abim... Abim babamı unutmadı hiç. O da annemin tarafını tuttu hep. Elinden çıkan poğaçayı yiyebilmesi ya da gidip onunla müşteriymiş gibi sohbet edebilmesi kanıtlıyor fikrinin yıllar içinde değişmediğini. Benim umurumda değil kızı ya da karısı, her ne kadar masum olsalar da... Ben o fırından içeri girsem o adamın suratına tükürürüm."

Başımı kaldırdığımda Kunt'un altın hareleri omuzlarımdan aşağı dökülen uzun saçlarımda geziniyordu. Gözlerini yüzüme çıkardığında bir kez daha göz göze geldik. *"Dil söylemez yüreğin harbini,"* dedi tanıdık bir şarkıdan alıntı yaparak. Dudakları düz bir çizgi hâlindeydi. "Baba tarafından gülmemiş yüzümüz."

"Her şey eksik," dedim gözlerimi kısarak.

"Her şey tamam," dedi.

Sol elimdeki parmaklar istemsizce sol elimin yüzük parmağındaki kardelen işlemeli yüzükle oynuyordu. Belki aykırı çiçek, kardelendi. Donan toprağa rağmen kar örtüsünü delip açan çiçek... Karyeli ailesinin sembolünü kimin belirlediğinin merakı zihnimi kuşatmışken devam ettirdiğim alıntıya verdiği cevap beni gafil avlamıştı, tahmin edilebilir olsa bile. Bana göre her şey eksikti ama ona göre tamamdı; o böyle iyiydi, ben değildim. İçimde küçük bir kız çocuğu vardı ve o küçük kız çocuğu hâlâ okul kapısında babasının gelip onu omuzlarına almasını ve birlikte elma şekeri yemeyi bekliyordu.

"Ütüsü bozulacak çabuk seç," dedi Efes, birden Kunt'la aynı anda başımızı sesinin geldiği yere; kapıya çevirmiştik. Efes iki elinde *giysi kılıfının* fermuarlarını açtığı takım elbiselerle dikiliyordu. Biri siyah, diğeri beyazdı. "Hangisini giyeyim akşam? Siyah mı beyaz mı daha iyi gider?"

"Lan damat sen misin? Beyaz niye?" dedi Kunt beyaz takım elbiseye kaşlarını kaldırarak. "Giy siyahı git, manyak mıdır nedir bir de iki tane taşımış buraya ya..."

"Ama *Instagram*'daki takipçilerim beyaz giy dediler, sarı saçlarım ve mavi gözlerimle çok iyi gidermiş..." Efes bunu söylerken beyaz takım elbiseyi üzerine tutmuş, bir heykel gibi başını kaldırarak poz vermişti. "Ayrıca damadın giydiği beyazdan bana ne amına koyayım! Gelinden, damattan başkası beyaz giyinemez mi bir düğünde?"

"Düğün mü var?" diye sordum şaşkınca.

"Yazık lan kıza, daha söylemedin mi? Yuh abicim yalnız, beş dakikada mı hazırlanacak bu kız? Melisa sabahtan beri kuaförde," dedi Efes alaylı bir kahkaha atarak, arka planda çalan pikabı durdurmuştu. "Yakın arkadaşımızın düğünü, Çırağan Sarayı'nda olacak."

"Karaca gelmiyor," dedi Kunt düz bir sesle.

Efes'le aynı anda kaşlarımızı çatarak Kunt'a baktık. "O niye?"

"O nedenmiş?" diye sordum.

"Dün gece olanlardan daha iyi bir neden mi var?" Kunt'un suratındaki ifade bir kaya gibi sertti, kararını vermişti. "Tasmas'ın Karaca'yı hedef alabileceğini düşünmemiştik ama gördük ki benim nişanlım gölgeden çıktığı ilk an hedef tahtası oldu o kansıza. Üzerimize kurşun yağdı bizim, yoldan çıkıyorduk neredeyse kaza yapabilirdik. Frene abandım, emniyet kemeri bağlı olmasa ön camdan uçabilirdi. Cam patladı, parçaları üzerine saplanabilirdi. Tek bir gece göründü ve bedeli buydu Efes. Dün gece sadece niyetlerini belli ettiler, niyetlerini işleme koyduklarında neler olabilir tahmin edebiliyor musun? Bundan sonra daha dikkatli olmalıyız. Böyle bir gecenin ardından ertesi gün kızı asker düğününe götürmeye gerek yok, bir sakatlık çıkabilir." Doğrudan Efes'le konuşuyordu.

"Asıl o kadar adamın arasında ne yapabilirler ki Kunt? Saçmalama, adam bir kere evleniyor. Nişanın bu kadar duyulmuşken yalnız başına gidersen milletin ağzına laf vermiş olursun, başka bir şey değil."

"Millet istediği siki konuşabilir beni de nişanlımı da bağlamaz. Karaca'nın güvenliği daha önemli."

"Bana söz hakkı vermeyi düşünüyor musunuz acaba?" diye sordum araya girerek, ikisinin gözleri de üzerime çevrilmişti. Doğrudan Kunt'a baktım. "Sen nereden biliyorsun benim hedef alındığımı? Aracın üzerine kurşun yağdırılırken bir şekilde amaç senin yaralanman da olabilirdi, siz değil misiniz Rus maçı önemli diyen? Devlet başkanlarının bile haberi var, yemek verecekler. Adamları plakadan tanımıyorsan, sıktıkları kurşunun markasından tanımıyorsan ne biliyorsun dün gecekilerin Ruslar olmadığını? Yaralanırsan antrenman yapamazsın, antrenman yapamazsan nisandaki maçı kaybetme ihtimalin doğar ki yaralısın da ayrıca, dokuz dikiş attım dün gece, hatırlatırım. Bir haftalık programın kafadan iptal."

"Ağzını yiyeyim konuş da!" dedi Efes takım elbiseleri masaya bırakıp alkış tutarak. Kunt anında kaşlarını çatarak Efes'e dönmüş, adamın yüzündeki geniş sırıtışı parçalamıştı. "Yani yemeyeyim niye yiyeyim ki ben senin ağzını sadece çok mantıklı demek istemiştim ben. Niye başka türlü anlıyorsunuz ki fesat mısınız ki..."

"Ruslar değil," dedi Kunt düz bir sesle, altın harelerini üzerime çevirerek Efes'i görmezden gelip. "Rusların böyle bir niyeti olsa açık açık iş yapmazlar, sessiz hallederler. İstanbul'un orta yerinde takibe alıp Bolu gişelerini geçtiğimiz an ateş açtılar, başımıza bir iş gelseydi yarın sabaha son dakika haberiydik. Çok bariz olurdu. Ayrıca ölmemizi isteseler tararlardı, iki üç rasgele kurşun sıktılar sadece. Tasmas bu, eminim."

Analizi basit ama zekiceydi. Düşmanını iyi tanıyordu, her ikisini de. Vladimir tarafını da Tasmas'ı da. "Bu Tasmas, Çırağan Sarayı'nın ortasında ne kadar ileri gidebilir? Sırf biz orada olacağız diye..."

"Olay sadece bizim gitmemiz değil, olay herkesin orada olacak olması," dedi Kunt, elini saçlarından geçirmişti öne eğildiğinde. Ensesini ovaladı. "Damat asker, özel harekatçı. Misafirlerin yarısı da asker ve emeklilerden oluşuyor olacak. Tasmas dediğimiz adam iş adamı maskesi takmış günümüz modern teröristlerinden, vatan haini. Sence bu fırsatı kaçırır mı?"

"Çırağan Sarayı'ndan bahsediyoruz Kunt, İstanbul'un orta yeri. Böyle bir şeyi o bile yapamaz," dedi Efes araya girerek. "Ayrıca düğüne katılacak üst kademeli subaylardan dolayı güvenlik üst seviyede olacak. Bu gece Karaca'dan daha çok korunması gereken insanlar olacak orada, Tasmas'ın çıkarabileceği en büyük olay kapının önündeki çöp konteynırını patlatmak olur."

"Bu adam kendi adını temize çıkarmak için kendi öz kardeşini Türk İstihbaratı'nın önüne attı amına koyayım. Bu adam oğlunu kaybetti Efes. Bu adam, oğlunu kaybettiği gece karısını da kaybettiğini öğrendi. Verdiği bütün savaş ailesi için değil miydi bunca zaman? Şimdi ailesi yok. Sik gibi kaldı ortada. Sence sağlıklı düşünebiliyor mu o pezevenk şu an?"

"Aile meselesi olduğunu zannediyordum, ne ara konu vatan hainliğine geldi?" diye sordum şokla.

Sorumu duymayan Kunt'un sert bakışları Efes'in üzerindeydi. "İsterlerse metrekare başı duvar kâğıdı gibi adam dizsinler saraya, kırk helikopter bekletsinler havada kırkı da içeriyi gözetlesin umurumda değil! Karaca gelmiyor."

"Melisa'yı güle oynaya vurulmaya mı gönderiyorum o zaman lan ben? Birini hedef alacaklarsa senin aylarca gölgesini sakındığın nişanlına değil kuzenine saldırırlar! Gider İspanya'nın meydanlarında apaçık korumasız dolaşan kardeşlerine bulaşırlar! Bu adamlar Beren varken nişanın sahte olduğunu biliyorlardı Kunt."

"Melisa'nın kendini koruyabileceğini ikimiz de biliyoruz," dedi Kunt ölümcül bir sesle. "Ayrıca kuzenime ya da kardeşlerime saldırmak isteseler şimdiye kadar bolca vakitleri vardı. Anneannem yüzünden nişanın sahte olduğunu bilsinler bilmesinler, dün gece göreceğimi gördüm ben."

"Bırak abicim, bırak ya!" Efes'in sesi gür çıkıyordu. "Sen şuna babamı araya karıştırmak istemiyorum desene!"

"Babam düğüne gelmez," dedi Kunt, sesi sertti ve kelimelerin üzerine bastırarak konuşmuştu. "Benim gideceğimi bilir, gelmez."

"Baban düğüne gelmezse Tasmas da avucunu yalar, üç beş asker için zahmete girmez," dedi Efes ekşimiş bir suratla. "Aman be derdimi sikeyim bana ne Karaca geliyormuş da gelmiyormuş da! Ne hâliniz varsa görün! Adam kalkmış düğün için komplo teorisi kuruyor ya bir huzurla everttirmeyecek devremi!" Ardından dingin bir ifadeye bürünüp takım elbiseleri masadan kaldırdı ve bana döndü Efes. "Sana sormadım. Sence hangisi Karaca? Seçmediğin takımı Polat'a vereceğim giysin diye onu da düşün, he bir de benim göz rengimi de hesaba kat ona göre seç... Üff... Ay *delirdim* amına koyayım *iki dakikada sinir krizinin eşiğine geldim...* Boş ver sana ne ben kendim seçerim ben giyeceğim sonuçta!" Bağırdığı gibi aksi bir tavırla takımları da alıp kapıdan girdiği gibi çıkıp gitti.

Ağzım açık Kunt'a döndüğümde, dirseklerini dizlerine yaslamış, birleştirdiği ellerini çenesinin altına dayadığını gördüm. Göz kırparak "Sorunları var," dedi Kunt kısık bir sesle.

"Sorunum sensin benim davar herif! Sus konuşma arkamdan!"

"Kapıyı da kapat, kapıyı!" diye bağırdı Kunt, içeriden sesi gelen Efes'e doğru. Kapının sertçe kapanış sesi bütün odada yankılanmıştı.

Oturduğum yerden kalkıp koltuğun köşesine geçtim, kafam karışmıştı ve sormak istediğim sorular vardı ama aynı zamanda sormaya çekiniyordum da. Belki de hayatımda ilk defa, ortada hayatta olmayan bir anne söz konusu olduğu için soru sormaya çekiniyordum. "Kafam karıştı," dedim dürüstçe, yutkunarak. Kunt hemen yanımda, L şeklindeki koltuğun diğer uzantısında oturuyordu.

"Kafanın karışması normal. Her şey birbirine girdi." Seslice nefes vererek geriye yaslandı, başını geriye atıp gözlerini tavana diktiğinde uzun boynundaki âdemelması gözler önüne serilmişti. Gözkapaklarını kapattı ve yutkundu. "Bir şey sormasan olur mu? Gerçekten durulmaya ihtiyacım var."

"Aile meseleni deşecek değilim ama işin içine Türk Silahlı Kuvvetleri de giriyorsa bu ülkeyi de ilgilendiren bir durum demektir." Tasmas demiyorlardı yalnızca, arada Tasmaslar da diyorlardı. Yani birden fazla kişi vardı ve muhtemelen bu onların takma adı ya da soyadlarıydı. İşadamı lafı geçtiğine göre, bu ismi *Google*'da aratırsam belki bir şeylere ulaşabilirdim tek başıma. "Nasıl bu kadar hem askeriyenin içinde hem de alakasız durabilirsin anlamıyorum."

"Ben zaten son zamanlarda hayatımda ne oluyor hiçbir bok anlamıyorum Karaca," dedi Kunt, başını kaldırıp gözlerini üzerime çevirmişti. "Ama anlatacağım, şu akşamı atlatalım da bir... Anlatacağım."

"İyi," diye mırıldandım ayağa kalkarken. "Ben de Tosbik'le oturur film izlerim."

"Ayşen Abla da kalsın bu gece istersen."

"Gerek yok, çocuk değilim korkmam."

Yanından geçtiğim sırada bileğimden yakaladığında dönüp omzumun üzerinden ona baktım. "Gelmek ister miydin? Düğüne? Saray düğünü sonuçta."

"Ne yapayım ben düğünü? Zaten çok saçma, alt tarafı iki evet lafı duyacaklar diye herkesin süslenip püslenip oturup masalarda bayat pasta yemesi falan. İlber Ortaylı'yı dinlesinler, düğün müğün yapmasınlar gitsinler harcayacakları parayla dünyayı gezsinler."

Dudaklarını birbirine bastırarak güldü. "Sen öyle yapardın herhalde?"

"Aklım var şükür, evet öyle yapardım."

"Bu düğün öyle bir düğün değil. Zaten evlendiler gizlice bir ay önce, sadece tanıdıklarla toplanıp eğlenceli bir gece geçirmek amaçları. Nikâh olmayacak yani. Bayat pasta da."

"Gelmeyi istememi mi istiyorsun? Çünkü az önce bana fikrimi sormadan kararını verdiğini bas bas bağırdın da," diye söylendim elini bileğimden çekerken kollarımı göğsümde birleştirerek. "Sırf nişan sahte, yüzük sahte diye aile işlerine karışmamayı doğru buluyorum, yoksa adıma karar verebilmen mümkün değil hiçbir konuda haberin olsun." Sağ elimi kaldırıp yüzüğü gösterdiğimde gözleri parlak metalin üzerine çevrilmişti.

"Yüzük sahte değil," dedi kaşları çatılırken. "Nişan sahte olabilir ama yüzük değil."

"Ne anlamı var? Yüzüğün bir önemi yok," dedim elimi indirirken. Ne söylemek istediyse anlamamıştım. "Her neyse. Bu konunun abimle bir ilgisi yok, istersen anlatma da önemli değil. Özel hayatın sonuçta."

"Özel hayatım sonuçta?" Kaşlarını kaldırarak sordu. "Sen bu hayatın neresindesin peki Karaca?"

"Senin hayatın benim abimin öldüğü gece durdu," dedim soğuk bir sesle. "Bir köşesinde olabileceğim bir hayatın yok, her şey ortaya dökülene kadar da olmayacak. Biz seninle aynı yolda yürüyen iki yabancıyız Kunt, paralel yürüyoruz kesiştiğimiz bir nokta yok. Sen söyledin. Yirmi bir yaşında tıp öğrencisi bir kızın benim hayatımda yeri ne ki dedin, sen kimsin ki dedin. Bu yüzüğü bu yüzden bana verdin. Diğerleri de bu şekilde sorgulamasın diye. Çünkü bu yüzüğün görevi bu ama sadece bu."

"Haklısın," dedi ayağa kalkıp karşıma dikilirken. "Bu yüzüklerin anlamı sadece söylediklerinden ibaret, fazlası değil ama benim başımı ağrıtan bela sana da bulaşıyorsa işin rengi değişir Karaca, ben ne kapımın önündeki adamı ne mutfağımda çalışan kadını ne de seni sokakta bulmadım. Başınıza bir şey gelmesine izin veremem, vermeyeceğim. Tam da bu yüzden anlatmak için dil döktüğün bütün anlamlar benim dudaklarımın arasından çıkacak tek kelimeyle yok olur, hepsi baştan yazılır. Yani bana nerede durmam gerektiğini söyleme çünkü ben oraya gelmeden çoktan durmuş olacağım."

"Eşik'te de durmuş muydun?" diye sordum çatık kaşlarımla, çenemi kaldırmış doğrudan gözlerinin içine bakıyordum. "Sence dün gece o koridorda durman gereken yer orası mıydı?"

Cevabı neydi buna? Merak duygusu zihnimi eşeliyordu. Dudaklarından dökülecek bir kelimeye, bir cevaba muhtaç ama emreder bir ifadeyle bakıyordum gözlerinin içine. İçini okuyamıyordum. Ne düşünüyordu bilmiyordum. Dün gece de bilememiştim. Belki o da bilmiyordu. Onun da kafası karışıktı. Böyle düşünmüştüm dün gece de. Altın hareleri kapandı, dudaklarını ıslatırken gözlerini kaçırmıştı.

"Abi," dedi bir ses, kış bahçesine açılan odanın kapalı kapısının ardından geliyordu. Kapı sertçe tıklatılmıştı. "Müsait misin?"

Kunt yanımdan geçip odaya girerken seslice bir nefes aldım ve ardından arkasından yöneldim. Kapıda Fevzi vardı. Kunt kapıyı açtığında hemen karşımızda dikiliyordu. "Bir kız geldi, Karaca Hanım'ı soruyor. Bahçeye aldık."

"Öktem mi?" diye sordum şaşkınca bakışlarımı Fevzi'yle Kunt'un arasında gezdirirken, ardından kapıdan sıyrılıp çıktım ve dış kapıya yürüdüm. Kunt Fevzi'yle konuştuktan sonra adımlarını peşim sıra atmıştı. Kapıyı açtığımda uzakta, bahçe kapısının önünde hardal rengi montuna sarılmış bol bir kot pantolon ve kalın taban botlarla dikilen, saçlarının önleri boyalı kızı gördüm; yanında iki koruma vardı ve onlara kötü kötü bakıyordu.

"Öktem!" Adını seslendiğimde bakışları buraya çevrildi. "Karaca?" diye sordu ama sesi yüksek değildi ki duyamamıştım.

"Ev arkadaşın Öktem değil mi?" diye sordu Kunt, hemen yanımdaydı. "İçeri al, bahçede kalmasın." Ardından içeri dönüp gitti.

İnce eşofman üstümle bahçeye çıktığımda hava buz gibi esiyordu. Öktem korumalara ters ters bakarak yanlarından ayrıldığında büyük adımlar ve gergin bir suratla yanıma yürümeye başladı, sırtında her zamanki ağır sırt çantası vardı. "Kızım sen neredesin ya?! Delirdim, yemin ederim delirttin beni!" diye bağırdı Öktem, yarı yolda buluştuğumuzda. Normalde sarılırdı, bu sefer sarılmamıştı. Ben de üşüdüğüm için ellerimi kollarıma sarmış sıvazlıyordum. "Gecenin körü bir fotoğraf düşüyor mail kutuma, baş editör diyor ki al bu haberi düzenle sabaha baskıda olacak. Fotoğrafa bir bakıyorum, daha düne kadar bu adam abimin katili diye gazete kupürlerindeki fotoğrafını karaladığın adamla dip dibesin; yetmemiş gibi bir de editör nişanlı olduğunuzun altını çizmemi istemiş! Yalanlayayım diyorum, o kız benim ev arkadaşım yok öyle bir şey diyeyim diyorum ama işimi kaybetmek de istemiyorum! Bir geliyorum eve eşyalarının çoğu yok, gitarın yok be gitarın! Şampuanına, duş jeline varana kadar almışsın! Arıyorum açan yok, mesaj atıyorum cevap yok... İyi bir araştırmacı olmasam bu evi de bulamazdım, aylar sonra aklına gelirdim herhalde!"

Sıkıntılı bir nefes alırken "Biliyorum, oradan çok kötü görünüyor," diye mırıldandım. "Lütfen içeri geç de konuşalım..." Dilini damağına yapıştırıp tok bir ses çıkartırken benimle birlikte açık kapıya yöneldi. Bir yandan da dış cepheye ve bahçeye göz atıyordu. Kaşlarını çatarak içeri girdiğinde mutfak kapısının kapandığını duydum. Muhtemelen Ayşen Abla böyle durumlarda yapması gerekenin, kendini kendi alanına kapatmak ve istenmediği sürece çıkmamak olduğunu düşünüyordu. Öktem'i salona yönlendirdiğimde içeride kimse yoktu. Salonun ortasında bana döndüğünde yüzünde karmakarışık bir ifade vardı. "Diyorum ki bu kız kaçırıldı mı acaba? Ama belli kendi eşyalarını kendin toparlamışsın. Tehdit edilme ihtimalinin üzerinde duruyorum kapıdaki adamları da hesaba katarak ama o zaman da parmağındaki yüzüğü açıklayamıyorum Karaca!" Koluma sardığım sağ elimdeki yüzüğü gösterdi. "Allah aşkına bana aklımı kaçırmamam için bir şey söyler misin? Çünkü ben kendi kendime kafamda hikâyeler uydurmaktan yorgun düştüm iki günde. Alevhan kırk kere aradı, en sonunda patladı söyledi o adamla hastaneye geldiğini! Köpek saldırmışmış, aşı olmuşsun kuduz aşısı. Sen Bolu'ya annenin yanına gitmedin mi Karaca? Biz seninle mesajlaşmadık mı? Her şeyden öte, sen abini öldürdüğünü söylediğin adamın evinde ne yapıyorsun parmağında yüzükle?"

"Öncelikle şunda bir anlaşalım, Karam'ı ben öldürmedim." Öktem'in tansiyon yükselten sözlerinin hemen ardından Kunt salona girdiğinde koridorda attığı adımları duymuştum fakat fazlasıyla Öktem'e odaklı olduğumdan bir şey düşünememiştim. Kunt'un elleri cebinde, surat ifadesi dümdüzdü. Öktem arkasını döndüğü gibi göz göze geldiler. "Ama öyle düşünüyoruz ki, kendi kendine de ölmedi." Kunt adımlarını benim dikildiğim yere kadar attı, ardından benim yanıma, Öktem'in ise karşısına dikilmişti. "Biz de kendi araştırmamızı yaparken, dikkat çekmemek için ufak bir oyun oynamak durumundayız. Toparlayıp anlatmak gerekirse olay bu."

"Adli tıp raporuna göre aldığı darbeler yüzünden beynine pıhtı attığını söylemişlerdi," dedi Öktem şaşkınlıkla bana dönerken, ağzı bir karış açık kalmıştı. "Bu nasıl mümkün olabilir? Kim neden abini öldürmek istesin?"

"Adli tıp raporunu değiştirmek zor bir şey değil Öktem. Hatırlarsan birkaç ay önce kalp krizi geçirdiği sanılan bir işadamına aslında potasyum klorür verildiği mezarı sonradan açıldığında yapılan tarafsız otopside ortaya çıkmıştı, haberi sen yazmıştın," dedim tok bir sesle. "Beyin pıhtısına sebep olabilecek bir sürü bileşen var. Boks maçının ortasında alınan darbe ne kadar sert olursa olsun beyin pıhtısına yol açabilecek kuvvette olamaz, olsa bile yumruklar buna sebep olabilecek yere atılmıyor. Yasak."

"O zaman mezarını açın, tarafsız otopsi yapacak birini bulun?" dedi Öktem karışık bir ifadeyle.

"Mezar açtırmak kolay değil, hele de Karam kadar ünlü birininkini. Savcılıktan izin alınması lazım," dedi Kunt. "Savcılığın izin vermesi için de delil lazım."

"Ben mi kıt beyinliyim yoksa siz gerçekten samanlıkta iğne mi arıyorsunuz?"

"Pek sayılmaz," diye mırıldandım seslice nefes verirken. "Abim karanlık işlere bulaşmış Öktem, masum biri değil... Yani öyle gibi duruyor..." Yutkundum. "Hiçbir şey bilmiyoruz ama çok şey olmuş. Öylece durup hayatıma devam edemem. Zaten komite okulumu dondurdu, deli raporu verdiler resmen bana hastaneden. Hayatım durdu."

Yüzünü sıvazlayarak etrafında bir tur attı Öktem, ağır çantasını çıkartıp yere bıraktığında sıcaklamış olmalıydı ki montunun fermuarını indirmişti. "İnanamıyorum ya... İnanamıyorum. Çok basit görünüyordu her şey, hepsi bariz ortadaydı." Kunt'a döndü. "30 Eylül baskısını da ben hazırlamıştım matbaaya, haberi ben yazmıştım o gece sabaha kadar oturarak," diye devam etti Öktem lafına. "Rakibin maçın ortasında düştü, yığıldı kaldı, ringde öldü. Oklar senin üzerine çevrildi ama maçı izleyen herkes her zamanki gibi dövüştüğünü biliyordu, oklar senin üzerine çevrilse de etkisi uzun sürmeyecekti ama bu kız her şeyi öğrendiği an kahroldu. Dedim ki tüm dünya bu adama suçun yok dese bu kız tek başına çıkar karşısına başka bir dünya olur." Kıstığı gözlerini aşağı indirip ikimizin de yüzüklerine bakmıştı. Bakışlarını kaçırıp nefes almak için arkasını döndüğünde birkaç küçük adım attı. "Bir de sahte nişanınız gerçek olsun da inme insin bari bana, bir o kaldı çünkü şu an duymadığım, görmediğim..."

"Saçmalama Öktem!" İstemsizce sesim yükselmişti, ona doğru bir adım attığımda bana döndü. "Bizim yan yana dikilmemizin tek sebebi abim! O katil etiketi üzerinde kalsın istemiyor, ben de adalet istiyorum!"

"Adaleti çok yanlış bir ülkede arıyorsun Karaca, bir sonraki hayatında belki en azından yüzdelik dilimde rengi görünen başka bir ülkede doğarsan o zaman peşine düşmek uğruna vazgeçeceklerinin bir anlamı olur."

Kunt'un yüzünde alaylı bir ifade vardı. "Yoksa sen de köşene çekilip payına razı gelenlerden misin?"

"Güç lazım, güç," dedi Öktem. "Benim sevgilim trafik kazasında öldüğünde yaya geçidinde yeşil yanıyordu. Zengin piçin teki gecenin bir yarısı boş caddelerde arkadaşlarına hava atacak diye fren pedalının varlığını unuttu, mahkeme kaza dedi biz cinayet! Ne hikmetse kamera kayıtları kayboldu, olayın saati ispat edilemedi, sevgilim de bir hafta can çekiştikten sonra öldü! Hayat o kadar adaletsiz ki, oracıkta almadı Azrail canını, bir hafta hastanede süründürdü. İfadesi geçerli sayılmadı ilaç tedavisi altında olduğundan. Tanıklar susturuldu, anne babası susturuldu, ben tehdit edildim canımla ama ispatlayamadım! Sence ben yeterince savaşmamış mıyım? Köşeme çekilip payıma razı mı gelmişim?!"

"Gelmeyi öğrenmişsin," dedi Kunt, anlayışlı bir sesle. "Verdiğin kaybın acısını çıkaramamışsın, acın üzerine kalmış sen de tek başına kalmışsın. Şimdi arkadaşının da aynı yollardan geçeceğini ve zarar göreceğini düşünüyorsun, değmeyeceğini söylüyorsun. Haklısın; belki aynı yollardan geçecek, belki zarar göreceğiz çünkü biz bunu kabul ederek çıktık bu yola ama sana katılmadığım bir nokta var, o da değmeyeceği hususu. Ben en büyük intikam iyi bir yaşamdır lafına inanmam, karşı tarafa değmez ucu. Bence en büyük intikam karşı tarafı iyi bir yaşamdan alıkoymaktır. İşini öteki dünyaya bırakmamış olursun."

Öktem'in çok sevdiği sevgilisinin başına gelenleri biliyordum, bunu bana anlatmıştı. Gazeteci olarak bölümüne canla başla sarılmasının en büyük sebebiydi bu, bir gün üzeri kapatılan tüm suçların ortaya çıkması için halkın içine şüphe tohumlarını ekecek ve bunu gözünü kırpmadan yapabilecek statüye erişmek istiyordu. Gerekirse kendi sokağa çıkıp yapacaktı. Halkın içine şüphe tohumu ekilince, suçlular ne kadar güçlü olurlarsa olsunlar bir şekilde, eninde sonunda yargılanıyorlardı. "Bir masumun attığı çığlık olmak zorundasın, bir suçluyu da sen ait olduğu yere tıkacaksın," diye mırıldandım Öktem'in gözlerinin içine bu lafı bana ettiği geceyi hatırlatmak istercesine. "Öktem bak, Alevhan benim yakın arkadaşım ve abimi hiç bilmiyor. Ondan bir şekilde her şeyi saklamak zorundayız. Aybars Abi de İstanbul'a gelmiş, görüşmek istiyor uygun bir zamanda. Ona da ne söyleyeceğimi bilmiyorum. Lütfen benim tarafımda ol, bana yardım et."

"Kızım saçmalama tabii ki senin tarafındayım başka nerede olacağım?" dedi Öktem yanıma yürürken. "Alevhan salağını hallederiz ama Aybars Abi'ye ne söylersin inan bilmiyorum. Yine de ekimde mezar ziyaretine geldiğinde onunla görüşememiş olman iyi oldu, olaylara hangi gözle baktığını ve ne durumda olduğunu bilmiyor. Şanslıysak nişan muhabbetini yer, sonra da Londra'ya geri döner." Seslice nefes vererek Kunt'a döndü ardından. "Ya cidden merak ettiğim bir şey var ama benim, magazin okuduğumdan değil ama o kadar ünlüsün ki hakkındaki herhangi bir şey direkt ilk sayfaya manşet konuyor. Sen zaten nişanlı değil miydin? Gerçek nişanlın ne dedi bu duruma?"

"Beren," dedim istemsizce. Kunt'la göz göze geldik.

"Beren kim?"

"Sahte nişanlımın eski sahte nişanlısı," diye mırıldandım önüme dönerken. Kunt göz devirmişti.

Annemden ayrıldıktan sonra yalnız kaldığımda, bu hayatta hiç kimseye ihtiyacım olmadığını düşünmüştüm. Ne yurttaki kızlarla anlaşabiliyordum ne de aynı sıralarda ders gördüğüm insanlarla; sessiz kalıp kimseye değmeden yaşamayı öğrenmiştim. Üç yılın sonunda Öktem'i bir ev arkadaşı ilanının önünde bulmak benim için bir hediyeydi. Saçlarım ıslak dışarı çıkacağım vakit kızıyordu, parmak ısırtacak kadar lezzetli yemeklerle doldurabiliyordu buzdolabını ve en önemlisi de derdini anlıyordu. Kuşkusuz Öktem dışarıdan bakıldığında tarzı dolayısıyla yargılanan bir kızdı ama normal görünen ve hayatı darmadağın olan herkesten daha iyi derleyip toplamıştı yaşamını.

Kısa bir sohbetin ardından bahçe kapısından onu yolcu etmek istediğimde Polat siyah bir arabanın önünde Öktem'i gideceği yere bırakmak için bekliyordu, muhtemelen bunu ondan Kunt istemişti ama Öktem diken üzerinde yaşadığından taksi çağırmakta ısrar etmişti. "Kunt hakkında ne düşünüyorsun?" diye sordu, dışarıda dikiliyorduk ve bu sefer dışarı çıkarken üzerime montumu almayı akıl edebilmiştim.

"Ne gibi?"

"Beni biliyorsun Karaca, sertimdir. Erkeklerin ağzının suyunu akıtan kızlardan olmadım hiç. Sen de öyle değilsin biliyorum ama yine de duyduğumdan beri kurcalıyor bu aklımı. İçerideki adam yirmi altı yaşında dünyaca ünlü bir boksör ve kabul etmek gerekir ki ortalamanın üstü yakışıklılığıyla göz dolduran bir adam. Dikkat çekmemek için nişanlı rolü yapacaksınız, istemsizce yakınlaşacaksınız," dedi. Sanki devam etmek için benden bir cevap bekliyordu.

"O bana yardım eden bir adam Öktem, kalanı umurumda değil."

"Şimdi umurunda değil ama birkaç haftaya olur merak etme."

"Ne demek istiyorsun?"

"İki ile iki dört eder Karaca, çarpsan da toplasan da," dedi Öktem, sokağın başından dönen taksiye çevirmişti gözlerini. Elini kolumun üzerine koyup hafifçe sıktı. "Kendine çok dikkat et olur mu? Konuşalım sürekli. Ev çok sessiz olacak bir süre ama sabredeceğim. Bir yardıma ihtiyacın olursa da direkt ara beni."

Gülümseyerek kafamı salladım. "En üzüldüğüm şey de ne biliyor musun?" diye sordu. "Artık yemekleri tek kişilik yapacağım. Önceden üç kişilik yapıyordum, sen iki kişilik yiyorsun diye..."

Omzuna vurduğumda kahkaha attı. "Tamam tamam kızma benim küçük oburum... Şimdi sen burada stresten üç katı yiyorsundur ama şu içerideki kas kütlesiyle birlikte spor salonuna git bari..."

"Elli dört kiloyum ben, elli dört!" diye bağırdım arkasından, yolun karşısında durmuş taksiye ilerliyordu. "İstediğimi yerim! Sinirimi bozma benim, seni de yerim!"

"Yamyam karıları başımıza doktor yapacaklar... Yandık!"

Taksiye binip kapıyı çektiğinde, hareket eden aracın içinden camı açıp el salladı bana gülerek. Bir yandan Öktem'e her şeyi anlattığımız için gergin, diğer yandan da omzumdan bir yük kalktığı için huzurluydum sanırım. Polat'la birlikte içeri geçtiğimizde o bahçenin arkasına doğru ilerledi, ben ise eve girdim. Kunt üst katta telefonla konuşuyordu, koridorda olduğundan sesini duyabiliyordum. Merdivenlerden çıkmaya başladığımda pencereden dışarı bakıyordu, sırtı bana dönüktü. "Neyse hadi kapat oğlum çenen açıldı senin de akşama görüşürüz," dedi geldiğimi fark etmişçesine arkasını dönerken. Göz göze geldiğimizde duvara yaslanmıştı. "O biraz... Rahatsız, gelemeyecek, tebrik ediyor ama," diye devam etti lafına, keyifli yüz ifadesi asılmıştı. "Daha sonra yemeğe çıkarız, tanışırsınız."

Yanına yürüdüm küçük adımlarla, pencerenin diğer köşesindeki duvara yaslandığımda gözlerim gözlerindeydi. Damatla konuşuyordu. Kunt telefonu kapattığında, aşağıdan bir kapı çarpma sesi geldi. Topuklu ayakkabıların zeminde bıraktığı tok ses eve yayıldığında "Abi!" diye bağırdı bir kız sesi, Melisa. "Neredesin çık ortaya!"

Kunt merdivenlerin başına yöneldi. "Ne bağırıyorsun cırcır böceği?"

"Dün sen dedin diye altını üstüne getirdim Nişantaşı'nın,

ayaklarım koptu elbiseler alacağım diye nişanlına! Şimdi ne demek Karaca gelmiyor?!"

Melisa topuklu ayakkabısıyla merdivenleri bir hışım çıkarken ben de pencerenin yanından ayrılmış, merdiven başına yürümeye başlamıştım. O elbiseleri Melisa'ya mı seçtirmişti Kunt? Melisa bir peri kızı -hırçın bir peri kızı- gibi bebek mavisi elbisesinin eteklerini toplamış yukarı bakmadan söylene söylene çıkıyordu merdivenleri. Dalgalandırdığı sarı saçları omuzlarına dökülüyordu, elinde küçük abiye bir çanta vardı. Başını kaldırdığında pembe tonlarında yaptığı sade makyajını incelemeye başlamıştım, yüzünde kızgın bir ifade vardı. "Aaa Karaca da buradaymış..."

"Güvenli değil Melisa, dün gece olanları biliyorsun," dedi Kunt sabırla bir nefes çekerken içine, ardından dönüp odasına yürüdü.

"Kuntcuğum, Vidarcığım, Karyeliciğim, abicim sen deli misin? Koskoca Çırağan Sarayı'nda yapılacak düğün, ayrıca davetliler arasında çok önemli isimler var. Sence biri bir şey yapabilir mi orada ona? Biz varız üstelik yanında!" Melisa bana mahcup bir tebessüm fırlattıktan sonra hiç tereddüt etmeden Kunt'un ardından odasına daldığında şaşkınlıkla adımlarım onları takip etti. Kunt banyo kapısına yürürken hırkası üzerinde yoktu, tişörtünü de elini sırtına atarak tek seferde çıkardı. "Dün gece olanları biliyorum ama bence bu gece Karaca'yı bu evde tek başına bırakmak daha tehlikeli."

"Ya bir şey olursa Melisa?" diye sordu Kunt, banyonun önünde durduğunda tişörtün bir kolu kolundayken konuşmuştu. Dağılmış saçlarından elini geçirip dudaklarını ıslatarak tekrar sordu. "Ya bir şey olursa?"

"Bir şey olacak diye kızı böyle her seferinde eve mi kapatacaksın?"

"Tamam ya abartmaya gerek yok," dedim araya girerek, Melisa'nın da Kunt'un da dikkati üzerime çevrilmişti. "Alt tarafı bir düğün, otururum evde film izlerim ne var?" Aslında şey demek istemiştim, adamın arkadaşının düğünü, ben de formaliteden nişanlısıyım. Gitmemi istemiyorsa gitmem. Gerek yok aile gördüğü kişilerle tanışmama.

"Ya sen nasıl buna okey verebiliyorsun ya?!" diye bağırdı Melisa bıkkınlıkla. "Adamı bir dünya yavşak kızın arasına göndereceksin bir de bu taraftan bak! Dans ederler illaki sever Kunt abim *Vals*'i mesela!"

Kunt'la göz göze geldiğimizde Melisa'ya ne söylemem gerektiğini düşünüyordum, Kunt ise gözlerimin içine ben biliyorum neden, ifadesiyle bakıyordu. Çünkü şu an söylemek isteyip de söyleyemediklerimi kış bahçesinde yüzüne çarpmıştım, önceden duymuştu.

"Tamam," dedi Kunt bir anda. Gözlerimi kırpıştırarak, şaşkınlıkla gözlerimi belerttim ona. Melisa bile ağzı açık bakıyordu. "Bir saatin var," dedi bana bakarken, saatini kontrol etmişti. "Hazırlanın."

İfademi toparlarken kaşlarım çatıldı. "Süper!" dedi Melisa el çırparak, sevinçle bana dönerken. Bir anda koluma girip beni odadan çıkarttığında arkamı döndüğüm an Kunt'un banyoya girdiğini görmüştüm. "Saçınla makyajını ben yapayım mı n'olur... Elbise seçtin mi peki? Benim gözüm kırmızı elbiseye takılmıştı ama o zaman alırken kime aldığımı bilmiyordum... Şimdi senin üstünde düşününce bir fena oldum..." Durdu. Koridorun ortasında durmuştuk. Bir çıkarken kapısını kapattığımız Kunt'un odasına, bir de koridora baktı. "Bir dakika ya, sen nerede kalıyorsun o zaman?"

"Efes sana ne kadarını anlattı?" diye sordum kolundan çıkıp eşyalarımın olduğu odanın kapısını açarken. Tosbik içeride uyuyordu ve eşyaları odanın balkonuna taşınmıştı, kapıya ise kedi kapısı yaptırılmıştı.

Melisa arkamdan odaya geçtiğinde içeriyi kaşları çatık süzüyordu. "Ay anlatırım da başından anlatmam gerekir benim, kronolojik anlatmakla ilgili rahatsızlıklarım var ondan... Bu oda niye ya? Aynı evin içinde niye başka odalarda kalıyorsunuz?"

"Burada uyumuyorum," dedim, yalan söylüyor sayılmazdım. "Burada sadece eşyalarım var."

"Hıım... Anladım." Melisa geçip elbiselerin asılı olduğu askıları karıştırmaya başladığında bulduğu kırmızı elbisenin askısını çekip çıkardıktan sonra üzerime tuttu. "Bak bu, aslında kısa olan da çok güzel ama bu geceye uygun bu tam. Ay ne zevkli insanım ya!" Elbise askılıydı ve göğüs kısmı biraz dekolteydi. Uzun olmasına rağmen derin bir yırtmacı vardı. "Sen bunu giy kesin, Kunt abim de kudursun. Bu adam yemin ederim gerçekten nişanlanınca kıro oldu ya böyle değildi! Gayet moderndir benim abilerim... Sanki başımız beladan kurtuluyormuş gibi bir de paranoyak olmak niye? O zaman yaşanmaz ki hayat..."

"Deneyeyim," dedim askıyı alırken. Melisa "Tamam ben arkamı dönüyorum o zaman sürpriz olur hem," diyerek yatağa ters oturduğunda kapıyı kapatmış, kapalı perdelerin önünde üzerimi çıkarmaya başlamıştım.

"Neyse anlatayım o zaman ben de bir yandan... Anneannem nefret ediyordu Alara'dan, Alara'nın da abimi kullandığını biliyordu. Bu yüzden Kunt abime dedi ki bak benim bir ayağım çukurda, geldin yirmi altı yaşına, en azından aile yadigârı yüzüğü taktığını göreyim, mürüvvetini göreyim, gözüm açık gider, mezarımda ters dönerim dedi. Anneannem biraz fena bir kadındır," dedi Melisa kıkırdayarak. "Bu arada aile yadigârı yüzük dediğim elindeki nişan yüzüğü oluyor, kardelen işlemeli. Karyeli soyadını taşıyan tüm aile üyeleri için özel yaptırılır." Bir an üzerimi çıkarmayı bırakıp şaşkınlıkla elime baktım. "O dönem Kunt abim, anneanne kadınım istiyor diye Beren'le nişanlandığında düz yüzük takıyorlardı. Gerçi Kunt abim pek takmıyordu onu da. Kardelen işlemeli yüzük siparişini vermişti ama Beren'e hiç vermedi. Neden bilmiyorum. Sonra işte zaten 30 Eylül'deki maçından sonra kavga mı etmişler ne olmuş ben bilmiyorum ama Beren atmış nişanı, bir tek onu biliyorum."

"Anneannesinin soyadı farklı değil mi? Karyeli değil yani...

Babaannesinin böyle şeylerde ısrarcı olması gerekmez miydi?"

Elimdeki Beren'in yüzüğü değildi.

Yüzük sahte değil.

Böyle demişti öğlen, kış bahçesinde.

"Kunt abimin babaannesiyle, anneannemiz çok yakınlardı. Babaannesi vefat edince, anneannem ailenin tek büyüğü olarak söz hakkını almış oldu. O yüzden. Hem zaten Kunt abim anneannesine çok düşkündür, bir lafını iki etmez. Aliye Teyze'mi kaybettikten sonra anneannemize daha bir sarılır olduk." Seslice nefes verdi Melisa lafına devam etmeden önce. "Neyse işte... Anneannem hastanede hâlâ, açmadı gözünü o maç gecesinden beri."

"Maç gecesi..." Yutkundum. "Ne oldu?"

"Kalp krizi geçirdi," dedi Melisa. "Kunt abimin karşısındaki adam birden yere yığılınca arena dışına toplanmış yüzlerce insan güvenliği aşıp izdiham çıkardı, herkes şok olmuştu. Kaos ortamıydı. Anneannemin doktoru maçı izlemesini yasaklamıştı kalp rahatsızlığı yüzünden ama anneannem hiç dinler mi?" Melisa'nın sesi çatlamıştı, üzüntüsü kelimelerinden akıyordu. "İşte Beren de yüzüğü atınca... Neyse işte siz tanışmışsınız onu anlattı abim, anneannem gözünü açar her an diye de yüzük takmışsınız. Tam da Kunt abimin yapacağı hareket. Nasıl evlenme teklifi etti inan çok merak ediyorum. Peki sen nasıl üç aydır tanıdığın bir adamın teklifine evet dedin? Yani kabul Kunt abimi biliyoruz hayır diyecek kadın yok... Ve ben de mutlu oldum yani shipim tuttu resmen manyak *fangirl*ler gibiyim şu an ama..."

"Ama hızlı oldu, değil mi?" diye sordum elbisenin fermuarını çekerken. "Dönebilirsin, giyindim."

Melisa kafasını sallarken bana dönmüştü. Hüzünlü bakan gözlerinin ardında bir anda gözkapaklarını zorlarcasına açtı ve ayağa fırladı. "Şu an hiçbir tereddüdüm kalmadı Kunt abimin de neden bu kadar hızlı davrandığını çok iyi çok çok çok ve çok iyi anlamış bulundum..."

Kahkaha atarak boy aynasına döndüm. Ayağımdaki siyah çorapları da çıkarsam tam olacaktı ama onun dışında tam oturmuştu elbise üzerime. "Bunu giyiyorum o zaman?"

"Kesinlikle!"

On beş dakikalık hızlı bir duşun ardından Melisa bütün makyaj malzemelerimi masanın üzerine döktüğünde ben fişi takmış saçlarımı kurutuyordum. Yüzümü nemlendirdikten sonra biraz kapatıcı sürdü, çok bir şey yapmayacağı kenara ayırdıklarından belli oluyordu. Dün sürdüğüm kırmızı ruju eline aldığında "Kırmızı elbiseyi kırmızı rujla taşıyamayacak kadınlar vardır, biz bu kombinin üzerine kırmızı şapka eklesek sen onu bile taşırsın... Düşün daha sadece kırmızı elbiseyi taşıyamayanlar var," dedi gülerek.

"Abartıyorsun." Aynaya bakıyordum. Gözlerime hafif kalem, far ve rimel geçmişti sadece. Dün benim yaptığım gibi yüzümü sade bırakıp dudaklarıma odaklanıyordu.

"Az bile söylüyorum yengeciğim," dediğinde "Lütfen yenge deme," diye lafını kestim hızlıca.

"Niye? Kıroca mı?"

Sadece garip hissettiriyordu. "Bakarsın anneannen uyandıktan bir müddet sonra anlaşamayız, ayrılırız."

"Bir şey söyleyebilir miyim? Bu adam az önce siksen seni götürmeyeceği yere götürmeyi kabul etti, sen onu oradaki kızlardan zerre kıskanmadığın için ayar olduğundan sana. Sence böyle biri seninle ayrılacak kadar ileri götürür mü herhangi bir konuyu, anlaşmazlık çıkarır mı?"

"Kıskanmadığımı söylemedim..."

"Karaca, Allahın lütfu öyle güzel bir yüzün var ki ne yalan söylesen oturuyor üzerine. Eğer kıskandıysan ve kıskanmadığını söylüyorsan bir şekilde, karşı taraf buna inanır. Çünkü yüzünden belli, iyi bir oyuncusun sen, duyguları saklamak konusunda ustasın."

Öyleydim. Bunu biliyordum. Bunu sürekli kendime hatırlatıyordum da. "Kunt buna ayar olduğundan kabul etmemiştir, başka bir plan vardır kafasında ya da sen sözlerinle rahatlatmışsındır onu."

"Kuntcuğum, abiciğim kimsenin lafına göre iş yapmaz. Bazen duygularının onu kontrol etmesine izin verir çünkü aksi elinden gelmez, o kadar," dedi Melisa tok bir sesle, elinde valizimle birlikte getirdiğim düzleştiricim vardı ve saçlarıma dalgalar veriyordu. Bir süre sonra işimiz bittiğinde ben bornozu çıkartıp elbiseyi giydim, ardından Melisa altına uygun seçtiği topuklu ayakkabıları denememi istedi. Kutuların birinden kendinin gururla seçtiğini belirten bakışlar atarak çıkardığı küpe-kolye setini takmam için önüme bıraktığında bu gece kolyemi çıkarmam gerektiğini biliyordum. Yine de kolyeyi çantamın içine koydum. Seti taktım. Tam bir saat dolarken üzerime siyah uzun kabanı alıp belindeki kemeri bağlamış, küçük siyah zincirli kadife çantayı da omzuma asmıştım.

"Hazırsan abimin selasını okuyorum," dedi Melisa kapıyı açarken. Ben ona göz devirdiğimde o kahkaha atarak koridora çıkmıştı. Merdivenlerden birlikte indik, Tosbik de arkamızdan pat pat iniyordu aşağı. Melisa köşeye bıraktığı beyaz kürkünü omuzlarına astıktan sonra koluma girdi, ellerim ceplerimdeydi; Kunt ve Efes ise salonda.

Efes'in üzerinde koyu gri bambaşka bir takım vardı, içine siyah gömlek giyinmişti. Kolunda ise siyah bir kaban taşıyordu. Kunt'un arkası dönüktü, topuklu ayakkabı seslerini duyduğunda bize döndü. Papyon takmış. Beyaz gömleği hariç siyahlar içindeydi ve bu, koyu kahve saçlarıyla altın hareli ela gözlerini ortaya çıkarıyordu her seferinde. Yutkundum. Üzerimde siyah kaban olduğu için elbisenin çoğunu göremiyordu ama gözleri gözlerimden dudaklarıma kaydığında sıcak basmıştı.

"Hadi gir koluma abiciğim önden gidelim biz," dedi Melisa kolumdan çıkarken elini abisinin koluna uzatarak, Efes telefonuyla uğraştığından başını kaldırmamıştı bile. Melisa'nın koluna girip birlikte kapıdan çıktıklarında Tosbik salona giriş yaptı.

"Bilerek mi yapıyorsun?" diye sordu Kunt gözlerini kısarak, hemen yanımda durmuştu.

"Neyi?"

Gözlerini kaçırdı. "Boş ver," dedi düz bir sesle. "Gidelim."

"Gidelim," diye tekrar ettim onu seslice nefes vererek. Eğilip Tosbik'in kafasını sevdim, biraz mıncıkladım onu, ardından Kunt'la birlikte bahçeye çıktık. *SUV* kapının önündeydi, arkasında başka bir siyah araç daha vardı ve Polat, Fevzi ve başka bir adam daha içeride oturuyordu. *SUV*'nin şoför koltuğunda Efes, yanında da Melisa vardı. Kunt geçmem için arka kapıyı açtığında elbisemin eteğini toplayıp içeri geçtim ve cam kenarına oturdum. Kunt yanıma bindiğinde kapıyı kapatmıştı.

Efes elini açık camdan dışarı çıkarıp arkadakilere gidiyor olduğumuzu belli ettiğinde Polat'ın aracı öne geçti. Efes camı kapatıp motoru çalıştırdığında "Allem ettin kallem ettin ikna ettin demek he adamı," dedi arkaya, bana bir bakış atarak.

"Ben bir şey yapmadım," dedim gözlerimi camdan dışarı, karanlık sokak manzarasına çevirirken.

"Sen var ya sen, çok sinsisin sen," dedi Efes. Melisa önde sessizce gülüyordu.

Gözlerimi devirmek istiyordum. Geriye yaslanıp kollarımı göğsümde birleştirdiğimde yapmıştım da. "Sen bugün bir şey yedin mi?" diye sordu Kunt.

Yememiştim. Dönüp ona baktığımda cevabını almışçasına kafasını iki yana sallayarak önüne döndü. "Sahilden balık ekmek alsak da ağzın soğan koksa yeri mi değil mi şimdi?"

"Yok artık," diye homurdandım. "Uyandığımdan beri nelerle uğraştığımı biliyorsun. Yemek yemeye vakit kalmadı."

"Hem kırmızı ruju gider, yemesin şimdi orada atıştırır bir şeyler," dedi Melisa arkaya eğilerek.

Kunt'a döndüğümde kaşlarını çatmış boş boş önündeki koltuğa bakıyordu.

"Kurumuş boğazım," dedi Efes.

Yolun kalanı boyunca camdan sahil manzarasını izledim. Biraz trafik vardı ve Efes'in trafikten nefret ettiği ürettiği yeni küfür tamlamalarından belli oluyordu. "Sana ehliyet veren kurs hocasını aha şu dört tekerin üzerine bindirsinler ya, hayvan gibi sürüyorsun rezil piç," diye bağırmıştı mesela camı açarak. Sonra da adamın sürdüğü arabanın yanından geçerken yavaşlamış, camı indirmesi için hareket yapmıştı. Adam camı indirince *SUV* yüksek olduğundan eğilmiş, "YÜRÜ LAN DÜLDÜL, ARABA SENİN NEYİNE!" diye bağırıp gazlamıştı. Adam trafiğin içinde sinirlenip peşimize takılınca da Polat arkamıza geçip adamın öfkeli manevralarını önlemek zorunda kalmıştı.

Çırağan Sarayı'nın önünde durduğumuzda hep birlikte indik, Efes anahtarları valeye teslim ederken Melisa söyleniyordu. "Aha bu son binişimdi senin sürdüğün arabaya. Bir kere de rezil etme tut sinirini ya!"

"Hadi kızım hadi, çok gördük bu lafları, sen önce gecenin bir yarısı içip içip sarhoş yakalanma direksiyon başında da ondan sonra konuşursun," dedi Efes kaşlarını kaldırmış, gözlerini kısmış kafasını sallarken.

Melisa onun koluna girdi gözlerini devirerek. "Sarhoş değildim ben, gayet aklım yerindeydi. Düzgün de sürüyordum. Şansıma her arabayı kontrol ettiler..."

Çırağan Sarayı'nın sarı aydınlatmaları, boğaza karşı kurulmuş bu tarihi yapıyı öyle görkemli kılıyordu ki orada dikilmiş öylece yapıyı izlediğimi Kunt eğilip kulağıma fısıldayana kadar fark etmemiştim. "Koluma gir ya da elimi tut."

Omzumun üzerinden başımı çevirip ona baktığımda yüz yüze geldik, üzerime eğilmişti. Etrafımızdan geçip girişe yürüyen insanların gözlerinin üzerimizde olduğunu fark ettiğimde ceplerime soktuğum ellerimi çıkardım, ardından sol elimi Kunt'un sağ elinin içine kaydırdım. Ben bu insanların gözünde onun nişanlısıydım. Kunt'un parmakları parmaklarımın arasına yerleştiğinde "Gel," diye mırıldandı, birlikte girişe yürümeye başladığımızda benim gözlerim bir boğaz manzarasında, bir de yapının ışıklandırmalarında geziniyordu. Kırmızı halı serilmiş merdivenleri çıkmaya başladığımızda kabanımın içinden elimi sokup eteğimi topladım, büyük işlemeli kapıların ardında vestiyer vardı. Ellerimiz ayrıldığında kabanımı çıkartıp saçlarımı düzelttim, ardından vestiyerde görevli kadına uzattım. Elim boş kalır kalmaz Kunt yeniden tuttuğunda yüzüğünün soğuk metali parmaklarımın arasına değiyordu. "Elbiseyi Melisa seçti değil mi?"

"O almış ya zaten," dedim yanında yürümeye başladığımda. Bir anda beni vestiyerin önünden öyle çektiğine şaşırmıştım. Büyük çift kanatlı kapıların ardında koca bir balo salonu vardı ve içeride büyük bir orkestra, canlı müzik çalıyordu. Altın işlemeli duvarlar ve tavandaki büyük avizenin ihtişamına gözlerimi alıştırmaya çalışırken nutkum tutulmuştu. "Beğenmedin mi?" diye sordum ardından ona dönerek, alaylı bir tonla. Girişte durmuştuk. "Kırmızıya zaafın var falan sanıyorum, dün geceden sonra yani... Cevap da vermedin, o yüzden kendi cevabımı kendim üretme hakkına sahibim."

"Beğendim," dedi hiç beklemediğim bir anda boştaki elini uzatıp bir tutam saçı kulağımın arkasına sıkıştırırken, yüzüme doğru eğildiğinden altın hareleri aydınlatmanın da etkisiyle parıldıyordu. "Ama sen ben beğeneyim diye giymedin, bunu isterdim." Eli saçlarımın arasından kayarken bir anlığına çeneme dokunmuş, gözlerini dudaklarıma kaydırmış ve elini çekerken yeniden gözlerimizi kesiştirmişti. "Ve cevap vermiyorum değil Karaca, sorduğun soruyu havada bırakmam ben senin. Sadece verecek bir cevabım yok. Cevap bu. Bilmiyorum."

Yutkunarak gözlerimi kaçırdım. Bilmiyorum. Cevap bu. Kunt Vidar Karyeli'nin cevabını bilmediği sorular mı vardı? İnsan nasıl kendi hareketinin sebebini bilmezdi ki? Karşımdan çekilip yürümeye başladığında derin bir nefes alarak gözlerimi etrafta gezdirdim, orkestranın önündeki geniş alan dışında her yerde masalar vardı ve herkes lüks giyimliydi. Melisa'yla Efes'i bir masanın başında Fuat Hoca'yla birlikte gördüğümde oraya ilerliyor olduğumuzun da farkına varmıştım, ellerinde şampanya bardakları vardı.

"Karaca," dedi Fuat Hoca kaşlarını kaldırarak bir şaşkınlık nidasıyla. "Planlar mı değişti de benim haberim yok? Gelmeyeceksin sanıyordum." Masanın başına varır varmaz garsonlar önümüze şarap ya da şampanya kadehleriyle dolu tepsiler sunmuşlardı. Şarap sevmeme rağmen şampanya bardağına gitti elim, ardından masanın üzerine bıraktım kadehi.

"Kuntcuğum, abiciğim bir geceliğine paranoyaklığı bırakmaya karar verdi, hepimizi mutlu eden bir karar," dedi Melisa gülerek şampanyadan bir yudum alırken.

"Sus sen evlilerin işine karışma," dedi Efes.

"Abi sen gidip karı kız kessene ya niye böyle dikildin benim başıma..." Melisa omuzlarını düşürerek burnundan nefes verdiğinde, Efes ona ters bir bakış atmıştı.

"Ne evlisi ya?" diye sordum kaşlarımı çatarak, dudaklarım bir çizgi hâlinde.

Kunt "Son anda planlar değişti," dedi Fuat Hoca'ya, düz bir sesle. Etrafta gezdiriyordu bir yandan da gözlerini. Bir süre sonra Fuat Hoca ile Kunt konuşmak için kenara çekildiklerinde Melisa koluma girmiş, beni farklı ikramların servis edildiği kat kat rafları olan masalara götürüyordu. "Bak canım benim burada herkes şirrettir, şimdi sana iki katı şirretlik yapar bunlar ayartmaya çalıştıkları adamın nişanlısı olduğun için," dedi bir ikram masasının önünde durduğumuzda, küçük tatlılardan birini ağzına atarken. Hiçbir şey yememiş olmama rağmen iştahım kaçmıştı çünkü ne tarafa dönsem üzerimde göz hissediyordum.

Elimdeki şampanyadan bir yudum aldım, başım ağrıyordu. Çantamda ağrı kesici vardı. Eğer midemden birkaç bir şey geçirmeyi başarırsam şampanyayı bırakıp ağrı kesici içebilirdim. Bu fikir beni cezbettiğinde bardağı yanımdan geçerken boşları toplayan bir garsonun tepsisinin üzerine bıraktım, ardından rujumu bozmayacak bir parça bir şey attım ağzıma.

"Melisa! Burada mıydın?" dedi bir kadın sesi, neredeyse kahkaha atıyordu ama pek samimi gelmemişti. "Ah canım ben de sana bakınıyordum," diye devam etti kadın önüme geçip Melisa'ya elleri havaya sarılarak iki yanağına havada kalan öpücükler bırakırken. Kadının üzerinde kısa, siyah bir elbise vardı ve sapsarı saçları dalgalar hâlinde beline dökülüyordu.

"Beni nerede bulacağın belli Gizemciğim, yemek nerede ben orada," dedi Melisa dudakları kapalı gülümseyerek ama ısrarla karşımda konuşan bu bebek mavisi elbisesi içindeki kızın yalnızca birkaç saniye önceki Melisa oluşunu reddediyordum çünkü aşırı yapmacıktı. Belli ki kadını sevmiyordu.

"Bu güzelimiz kim?" diye sordu Gizem, geriye çekilerek bana dönerken. Baştan aşağı süzülmüştüm.

"Güzelimizin adı Karaca, canım benim, Kuntcuğum, abiciğimin nişanlısı olur kendisi, müstakbel eşi diyelim." Melisa'nın yüzünde muzır bir gülüş vardı, istemsizce kadına gıcık olduğunu ve beni ileri sürerek kendini tatmin ettiğini düşünmüştüm.

"Vidar?" diye sordu Gizem, kaşlarını kaldırarak şaşkınlıkla. Ardından aynı pörtlek gözlerle bana döndü, elinde bir kadeh şampanya vardı ve sürekli yudumluyordu. "Kapıldı demek ha..."

Kadın yanımızdan gittiği ilk an ağrı kesicimi yutup Melisa'ya "Neden herkes Kunt'a ikinci ismiyle sesleniyor?" diye sordum. "Eşik'te de Vidar dediler hep. İkinci ismini kullanıyor da ben mi ısrarla Kunt diyorum?"

"Abim yabancılardan hoşlanmaz," dedi Melisa kollarını göğsünde bağlayıp yanıma yanaştığında, mekânı süzerek. "Yabancılar ona kullanmadığı ikinci ismiyle seslenir. Birine kendini Vidar diye tanıştırıyorsa arasına mesafe koymuştur ve koyacaktır. O yüzden biri ondan Vidar diye bahsediyorsa bil ki o kişinin abiciğimin hayatında yeri yoktur."

Kaşlarım havalandı. İstemsizce dudaklarım da kıvrılmıştı. O bana kendini tanıştırmamıştı ama ben ilk günden beri ona Kunt diyordum ve düzeltmemişti. Elbette bunun daha o zamandan bütün planın kafasında oluşuyla ve benim de o planda bir yerimin olmasıyla ilgisi vardı ama yine de başkalarıyla arasına bu şekilde mesafe koyması... Hoş bir hareketti.

Çok geçmeden içeriye gümüş işlemeli beyaz, düşük omuzlu bir elbise giyen ve yüzü gülen, uzun kumral saçları aşağıdan modern bir şekilde topuz yapılmış bir kadın girdi; beyaz smokin giymiş uzun boylu bir adamın elinden tutuyordu sıkı sıkı. Yanlarına yanaştığı ve kısa sohbetler ettikleri insanlarla kahkahalar atıyorlardı.

"Gelin Hanım oluyor kendisi," dedi Melisa. "Çok tatlı bir kadındır, adı Reyhan. Asker abimin adı da Adem, damat yani. Gel bizim masaya geçelim de tanışalım..."

Kunt'un yanında Fuat Hoca'dan başka büyük bir adam daha vardı, Efes de Polat'la birlikte yanlarındaydı. Polat'ın içine giydiği gömlek bile siyahtı ve Efes'i dinlerken hiç kırpmadığını düşündüğüm gözlerini etrafta gezdiriyordu sürekli. Melisa'ya Fuat Hoca'nın yanındaki diğer büyük adamı soramadan Kunt iki yaşlı adamın arasından çıkıp yanıma yürüdüğünde Melisa abisinin yanına ilerledi. Bir anda Kunt'un elini belimde hissettiğimde, gözlerimi aşağı çevirerek kumaşın üzerine değdiği yere baktım. Erkeklerin dokunuşundan nefret ederdim, ama Kunt'unkiyle hiçbir sorunum yoktu.

"Ooo Kunt, kardeşim," dedi beyaz smokinli damat ve asker olan Adem, uzanıp kısaca Kunt'a sarıldığında gelin, yani Reyhan'ın gözleri de benim üzerimdeydi.

"Merhaba, bizim Bolu Kont'unun ısrarla gözlerden sakındığı güzel nişanlısı sen olmalısın," dedi parlayan gözlerle, kollarını havaya kaldırdığında istemsizce hareketine karşılık vererek ona sarıldım. Bolu Kont'u mu?

Reyhan zarif bir kadındı. Adem iyi bir adam. Hikâyenin sonu... Davetliler kalabalıklaşan salonla birlikte teker teker birbirlerini dansa kaldırmaya başladıklarında biz gelin ve damatla aynı masada oturuyorduk, Kunt her ne kadar bir köşede Efes'le birlikte Adem'le sohbet etse de gözleri üzerimdeydi. Reyhan'ın ise kendini rahatsız hissettiğini düşünüyordum bir şekilde.

"Elbisen çok zarif," dedim gözlerimi gümüş işlemesinde gezdirirken. Göğüs hizasından başlayan işlemeler yere değen etek kısmına doğru genişleyerek uzanıyordu. "Çok güzel bir gelinsin, her şey çok güzel, neden gergin bakıyorsun etrafa?"

"Öncelikle darısı senin başına diyerekten," diye lafa girdi Reyhan kocaman gülümseyerek, ardından seslice bir nefes verdi. "Tüm aile bana küs. Çünkü kına yapmadık bir şey yapmadık, pat diye evlendik iki şahitle bir nikâh dairesinde ansızın. Ve bunu ben istedim. O yüzden kendimi biraz dışlanmış hissediyorum..."

"Kendi düğününde dışlanmış hisseden gelin mi olur?"

"Olur olur, öyle bir olur ki... Özellikle Adem'in annesi çok kızgın. Bak köşede davetlilerle konuşan mavi elbiseli kadın var ya, o," dedi Reyhan ileriyi işaret ederek çenesiyle. Gözlerim ilk çevrildiği köşede kahkahalar atarak masadakilerle sohbet içerisinde olan, uzun mavi elbiseli, kollarından süslü bir şal sarkan kadını yakalamıştı. "Ne yapsam da affettirsem kendimi bilemiyorum, sürekli bunu düşünüyorum... Adem kasma dedi, zamanla geçer kızgınlığı ama yok, rahatlatamıyorum ben kendimi bir türlü. Benim annem yok, babam da yok. Kimsem yok.

Bilmiyorum kınaydı düğündü, geleneksel şeyler bunlar... Benlik değil... Bilemedim. Cahilim desem, karşısına çıkıp ayaklarına kapansam yine beni sever mi acaba?"

Gülerek gözlerimi onun parlayan kahve gözlerine çevirdim. "Üzülme, hallolur bir şekilde... Bu günler geçer unutursun ama bugün senin düğün günün ve bir günü sonsuza dek hatırlayacaksan bugünü hatırlayacaksın. O yüzden mutlu olmaya bak."

Bir tebessüm yerleşti Reyhan'ın yüzüne. "Ne güzel sözler bunlar... Bak sen ya, ben de seni soğuk nevale sanmıştım uzaktan, önyargımdan dolayı utandım doğrusu. Kusura bakma."

Seslice nefes vererek kucağımdaki ellerime çevirdim bakışlarımı. "Biliyorum, öyle durabiliyorum ben... İstemsizce."

"Yaaa, üzülme," dedi Reyhan saçlarımı düzelterek. "Sana bir sır vermemi ister misin?" diye fısıldadı ardından, önüme doğru eğilerek.

"Ne sırrı?"

"Şşşt," dedi işaret parmağını dudaklarının üzerine bastırarak. "Ortada bir sır olduğunu bile kimse bilmemeli. Hiç kimse." Ardından elimi aldı ve masanın arkasından karnına yasladı.

Gözlerim ve ağzım aynı anda sonuna kadar açıldığında şaşkınlık içerisindeydim. "Sen hamilesin," dedim fısıldar bir sesle, kimse ağzımı bile okuyamasın diye başımı çevirmiş Reyhan'a bakıyordum yalnızca. "Gerçekten mi?"

"Gerçekten," dedi elimi bırakırken. "Çok uğraşmıştık bir bebek için ama olmuyordu. Geçen hafta öğrendim, bu gece Adem'e sürpriz yapmak istiyorum. Gece bittiğinde söyleyeceğim. Nasıl düğün hediyem?"

"Kimse bilmiyor mu?"

Kafasını iki yana salladı. "Sadece sana söyledim."

Kahkaha atarak başımı çevirdiğimde elim ağzıma kapanmıştı istemsizce, ilk öğrenen olduğuma inanamıyordum. Reyhan'la tanışalı kaç dakika oluyordu ki? Gülen gözlerimi Reyhan'ın gülen gözlerine çevirirken, masanın diğer ucunda oturup arkadaşlarıyla sohbet eden Kunt'la göz göze geldiğimde birkaç saniye ifadem havada, gözlerim gözlerinde asılı kaldı. Acaba duymuş muydu? Duyması imkânsızdı ama dudaklarımı okumuş olabilir miydi?

"Abi bir sorun var," dedi garsonlardan biri koşarak masaya geldiğinde, Adem direkt ayaklanmıştı.

"Ne oldu?"

"Abi sanatçı bey geldi ama tuttuğunuz piyanist rahatsızlanmış, piyanoyu çalacak kimse yok. Programa göre beş dakika sonra *Vals* yapmanız gerekiyor gelin hanımla," dedi garson çocuk.

"Yapma ya," dedi Adem sıkıntıyla elini ensesine atarken. Reyhan direkt yanımdan kalkmış, kocasının yanına ilerlemişti. "Önemli değil, açtırabiliriz de karaoke olarak, sorun olmaz," dedi Reyhan kollarını Adem'in beline sararken.

Ben de ayağa kalkmış, Kunt'la Efes'in sandalyelerinin arasında dikiliyordum. "Hangi parçayı çalacaktı bu piyanist? Ve hangi sanatçı burada?"

"Sanatçı sürpriz hanımefendi," dedi garson çocuk.

"Lan oğlum tamam git sen," dedi Adem, ardından kafasını sallarken gülerek bana döndü. "Mabel Matiz burada. Halamın akrabası olur, rica ettik kırmadı."

"*Evgeny Grinko*'nun *Vals*'i çalınacak o zaman..." İstemsizce gülümsemiştim. "Ben çalabilirim."

Kunt ayağa kalktığında hemen yanımda durduğum sandalye hareket etti. "Bu da nereden çıktı?" diye sordu hafif gülümser ama kaşları çatık bir ifadeyle. "Sen piyano çalmayı biliyor musun?"

"Ve gitar da," dedim kafamı sallayarak. "Gitarı ortaokulda, piyanoyu lisede öğrenmiştim. Bahsedilen parçayı gözüm kapalı bile çalarım, çok sevdiğim bir bestedir."

"Gerçekten mi?" Reyhan, Adem'den çekilerek bana uzandığında bir anda kollarını boynuma doladı. Şaşkınlıkla ellerim havada kalmıştı, Kunt ise kaşlarını kaldırmış dudak büzmüş bir şekilde bakıyordu bana. Ona kaşlarımı çatarak Reyhan'ın sırtını sıvazladım hafifçe, geriye çekildi. "Çok teşekkür ederim! İyi ki gelmişsin! Kunt rahatsız olduğunu söylemiş Adem'e ama şimdi daha iyisin sanırım, umarım kendini zorlamıyorsundur..."

"Hafif bir baş ağrısıydı," dedim kestirip atarak. "Hiç önemli değil."

Reyhan'ın gülümser keyifli bakışları, Adem'in eşinin elinden tutarak onu kendine çekmesiyle arkasına döndüğünde birlikte orkestranın olduğu kısmı işaret etti. "O zaman biz hazırlanalım hayatım, gel... Teşekkürler Karaca," dedi Adem son iki kelimede bana dönerek aradan. Kafamı hafifçe yana yatırıp gözlerimi kapatarak bir tebessümle cevap verdim ona.

"Şu kadının burada ne işi var?"

Melisa'nın sesi telaşlı ve öfkeliydi. Bir anda arkadan çıkıp koşar adım geldiği sıklaşmış nefes alış verişlerinden belliydi. Herkesin bakışları çift kanatlı kapıya çevrilirken adını bilmediğim yaşlı adam Fuat Hoca'ya dönerek "Fuat, bu ne iş?" diye sordu. Gözlerim kapının ortasında etrafına yabancı bir ortama girmiş, ne yapacağını bilemez bakışlar atan orta yaşlı kadına çevrilmişti. Üzerinde su yeşili, yere kadar uzanan kabarık etekli bir elbise vardı ve omuzlarında da aynı renk bir şal taşıyordu. Gri saçları geriye yatırılmış, omuz hizasında küt kesilmişti ve koyu renk bir ruj sürmüştü kadın. Sanırım ellilerindeydi.

Fuat Hoca içkisini bırakıp apar topar kalktığında kalabalığın arasından çıkıp kapıya ilerleyişini izledim, kadını kolundan tuttuğu gibi bize kör kalan bir noktaya çekiştirdi. "O kadın kim?" diye sordum Melisa'ya eğilerek. Kunt'la Efes de yanımızda olduğundan duymuşlardı.

"Mama," dedi Melisa. "Kadın pazarlayan kadın yani. Bir dönem Fuat Hoca'yla ilişkileri vardı, hiç evlenmemelerine rağmen uzun soluklu bir ilişkiydi. Neredeyse evleneceklerdi. Kadın ne iş yaptığını son ana kadar Fuat Hoca'dan saklamayı başarmış."

"Birçok davete Fuat Hoca'yla katılmıştı, ortak listede adı olduğundan içeri girebilmiş olabilir," dedi Efes temkinli bir ifadeyle. "Fuat Hoca atar şimdi o kadını dışarı. Gerçi atması gereken yer hapishane ama neyse..."

"Gel biz seninle orkestranın yanına geçelim, birazdan *Vals* başlar," dedi Kunt üzerime eğilerek, kolunu belime sarmıştı.

Ayakta dikildiğimiz masanın önünden geçene kadar temasını kesmedi, ardından elini elimin içine kaydırdı ve dans eden insanların arasında ilerlemeye başladık.

"Melisa senin *Vals*'i sevdiğini söylemişti, dans etmeyi yani. Dans edecek misin?" diye sordum, piyano orkestradan ayrı bir platform üzerindeydi ve doğruca oraya ilerliyorduk.

"Hayır," dedi Kunt tok bir sesle, piyano platformuna çıktığımızda piyano taburesini benim için çekmişti.

"Neden?"

"Bu gece burada dans edebileceğim tek kadın piyano başında olacak."

Geçip tabureye otururken bir an hareketlerim duraksadığından birkaç saniye boş boş piyano tuşlarına baktım. Ardından çatık kaşlarımla birlikte kaldırdığım gözlerim hemen yanı başımda dikilen Kuntadam'ın üzerindeydi. Dudaklarımı ıslatarak yutkundum, gözlerini üzerime çevirdiğinde göz göze geldik. "Niye ki? Burada dans edebileceğin bir sürü genç kadın var..." Bakışlarımı etrafa çevirdim. "Kavalyesi olup da dans edenlerin bile gözü senin üzerinde."

"Benim gözüm onların üzerinde değil."

Bu cevabı istemsizce dudaklarıma bir tebessüm yerleştirmişti ama bir anda aydınlatma aşırı loşlaştığından tebessümümün karanlıkta kaybolduğuna emindim. Kunt platformdan indi, müzik kesildiğinde dans pistindekiler de kenara çekilmişti. Önümdeki sayfaları düzeltip hızlıca besteye göz attım, parmaklarımı çıtlattım, duruşumu dikleştirdim, ardından piyano platformunun arkasındaki kapıdan salona giriş yapan, siyah beyaz bir smokin giymiş adama döndüm; adımları orkestranın önüne, ait olduğu yere, mikrofonun başına yöneldi. İçerisi oldukça sessizdi. Adem'in eli havada, Reyhan'ın elini zarif bir şekilde tutuyordu, sahnenin ortasında belirmişlerdi bir anda ve tek bir ışık onların üzerindeydi. Reyhan'ın bir kolu Adem'in omzunda, diğer eli ise kocasının eliyle bir olmuştu.

Orkestra şefinin bakışlarıyla karşılaştım ardından, başlamam için işaret verdi.

Mabel Matiz & *Evgeny Grinko, Vals* ♪

Derin bir nefes, bir yutkunuş, gözkapaklarımın arasından görebildiğim kadardı yine dünya; tuşlar parmaklarımın ucunda, başladım çalmaya. Salona piyanonun tok sesi yayıldığında başımı kaldırmıyordum ama Adem'le Reyhan'ı pistte, sahne ışığı üzerlerindeyken *Vals* yaparken hayal edebiliyordum.

Daldığı derinden çıktı çöl rüyam
Kalbimin serabı
Bir kader gibi, çöktüğü zaman
Bak deliklerimden, sır ağır değil
Çınlayan bir çocukluğun korkularıyla
Bak, bitti son duam

Tek başına bir vals bu
Her daim çalmaz

Gözlerimi kapattım. Bu parçanın tamamını ilk çalabildiğim günü hatırlıyordum, bir müzik odasındaydım ve yanımda hocam vardı. Bu kadar kısa sürede tamamını eksiksiz çaldığım için sevinçten alnımdan öpmüştü kadın, ardından okul töreni programını yeniden ayarlamak için müdür yardımcısının odasına gitmişti. Çalabilmiştim çünkü içimdeki duygu yoğunluğuna yön verebildiğim tek an müzikle uğraşırken ya da ders çalışırken geçirdiğim zamandı, başka türlü deliriyordum dört duvar arasında. Abim yoktu, annem zihnen burada değildi artık... Yapayalnızdım.

Bak Karaca, bir başına kaldın gördün mü? Hiç beklemediğim yerden gelmişti darbe, karşılık vermeye gücüm değil vicdanım yetmemişti; beni kendi arkadaşlarım gömmüştü o okula, o okul da benim mezarım olmuştu. Hayal kırıklıklarım can bulmuş, ayak tabanlarıma batıyordu sanki yürüdüğüm her an, oysa ben koşmayı istemiştim... Bir gün, bir gece koşmuş da kendimi sahilden denize atıvermiştim. Ben ateştim ama Kunt haklıydı, ateş yanarken kendini de yakıyordu ve ben acıyla baş edemediğim zamanlar acının kaynağını yok etmek uğruna aklımı kaybediyordum.

Kaldı gözlerimde, bir avuç hayal
Gelmiyor sabahım, geçmiyor zaman
Kaldı gözlerimde, bir avuç hayal
Gelmiyor sabahım, geçmiyor yaram

Gözlerimden aşağı bir damla yaş süzüldü, öyle o anda değildim ki spot ışıklarından birinin de kendi üzerime çevrildiğini son ana dek fark edememiştim. Kendime bile açamıyordum kendimi, kendime anlatamıyordum derdimi... Bas bas bağırmak istediğin her an tek kelime etmedin, şimdi sonsuza dek susmaya mahkûmsun. Öyle miydim sahi? Bir sokak köşesinde terk edilirken, kandırılırken, aldatılırken, bunca zaman dört bir yanımın yalancılarla dolu olduğunu ve aslında olduğumu düşündüğüm kişi olmadığımı fark ettiğimde tüm dünya başıma yıkılır sanmıştım. Sanmıştım abi, sen bilmezsin. Uzaktan çözememişsin ya hani gözümün ferini söndüreni... Sönen gözümün feri değil, içimde yanan ateş olsaymış keşke. Omzundan attığım yük belime binip kamburumu çıkarmasaymış keşke. Sen gitmeseymişsin, ben de iki üç yabancının elinde yalanlara kanmasaymışım keşke. Çünkü sen gittin, ben yalnız kaldım abi. Sonra sen bir daha gittin, öyle bir gittin ki bunun geri dönüşü yok... Annem de böyle biliyordu belki, babam hakkında "Bazı gidişlerin geri dönüşü olmaz," demişti. Yalanmış. Babam dönebilirmiş. Ama şimdi babam dönse, sen dönemezsin abi. Ve ben ilk defa babamı değil, seni istiyorum...

Son nota çıkışımla birlikte şarkı tamamen bittiğinde alkışlarla birlikte ayağa kalktım, orkestra şefi ve sanatçı da dönüp teşekkür edercesine selamlamıştı kalabalığı. Ben platformdan inerken, gözüm hiçbir şeyi görmüyordu. Kenardan koşar adımlarla salonu terk etmek için attığım adımlardan birinin arasında bir el kolumu yakaladığında salonun girişindeki uzun koridorda, merdivenlerin önünde çarpışmıştık. "Ne oldu?" diye sordu

Kunt, eğilerek benimle yüz yüze gelmiş, gözlerimi yakalamaya çalışıyordu. "Neyin var?"

"Başım döndü bir an, spot ışıklarından ya da adrenalinden," diye mırıldandım gözkapaklarımı sıkarak, gözlerimi açıp kapatırken derin nefesler alıyordum. "Lavabo nerede?"

Kunt'un elleri çıplak kollarımdaydı. "Tamam, şurada," dedi koridor sonunu göstererek. Koridor aydınlıktı ve kapılar görünüyordu. "Seninle gelmemi ister misin?"

"Kadınlar tuvaletine mi?" Alayla gülerek ellerinin altından çekildim. "Sen salona dön, ben geleceğim..."

"Burada bekliyorum."

"İyi, tamam. Burada bekle o zaman." Omuz silktim. Koridora girdiğimde midem ağzımdaydı. Yediğim iki üç atıştırmalık mı mideme dokunmuştu, hatıralar mı midemdekileri ayağa kaldırmıştı bilmiyordum. Kapıyı açıp içeri girdiğimde kabinleri ve işlemeli kenarları olan aynaları gördüm, sarayın tuvaleti bile saray tuvaletiydi... Lavabonun başına ellerimi yasladığımda sıcak avuçlarım soğuk mermere değdi, birkaç saniye gözlerimi kapatarak yutkundum sakin nefesler eşliğinde. Ben iyiydim, sadece bir an geçmişe gider gibi olmuştum. Orada gitmek istemiyordum. Orası kötü bir yerdi. Bugünüm çok güzel demiyordum ama geçmişi istemiyordum işte... Keşke bir büyü olsaydı da hafızamın istediğim kısımlarını kesip biçebilseydim.

Önceden fark ettiğim tok bir topuk sesi tuvalette yankılandığında hızla gözlerimi açtım. Birkaç metre uzağımdaki duvara yaslanmış, kızarmış gözlerini silen, su yeşili elbisesinin içinde bir kadın vardı ve elinde topak etmişti bir peçeteyi. Mama. Kadın pazarlayan kadın. Melisa bu kadını gördüğü an şok geçirmişti, Fuat Hoca'nın onu dışarı atacağını söylemişti ama kadın buradaydı, tuvalette.

"İyi misiniz?" diye sordum nezaketen. Buradan çıkıp gitmeliydim belki de ama kadın gözlerini üzerimden çekmemişti bir türlü.

"İyi olmayı isterdim diyelim," dedi kadın, çatlak bir sesi vardı. Seslice derin bir nefes çekti ciğerlerine. "Ne kadar şanslısın. Geçsin, güzelsin... Yakışıklı bir nişanlın var. Her şeyin var. Senin yerinde olmayı isterdim."

Ben aynı şeyi söyleyemezdim.

"Beni tanıyor musunuz?"

"Seni herkes tanıyor tatlım, yapma," dedi kadın histerik bir gülüşle, dudakları kıvrıldığı an teninde kurumuş fondöten kabuklaşmıştı. "Mütevazi olmana gerek yok... Asıl bizim mütevazi olmamız gerekiyor karşında. Huyuna gitmemiz gerekiyor... Karyeli olacak bir kadını karşımıza almak istemeyiz."

"Neyden bahsediyorsunuz anlamıyorum," dedim düz bir sesle, ardından yıkadığım ellerimi kurulayarak kapıya yöneldim.

"Bence o kapıyı açmak istemezsin."

Kaşlarım çatıldı, çarpıntım başlamıştı. Omzumun üzerinden kadına döndüğümde, açık yeşil gözlerine baktım doğrudan. "Beni tehdit mi ediyorsunuz?"

"Affına sığınarak, evet," dedi kadın, yaslandığı yerden doğrulmuştu ve topuklularının tok sesi zeminde yankılanıyordu. "Bak bende ne var..." Peçeteyi kenara attı, ardından elbisesinin kabarık eteklerini kaldırdı; bir şok dalgası tüm bedenimi ele geçirirken ellerim dudaklarımın üzerine kapandı o an. *Kadının bacakları boydan boya patlayıcı bomba ile kaplıydı.* "Şimdi buradan çıkacaksın, koridorda ilerleyecek ve o yakışıklı nişanlına hiçbir şey belli etmeden salona döneceksin. Garsonların kol düğmelerine dikkat et, çünkü her biri seni izleyen bir göz olacak bu gece. Bunu süs olsun, heyecan katsın diye söylemiyorum... Gerçekten izleniyorsun. En ufak bir hareketinde, en ufak bir yanlışında boğazda saraya yakın gezinen teknedeki keskin nişancımız gelini kafasından vuracak." Elbisesinin içinden çıkan küçük, siyah kutuyu açtığında iki küçük cihaz düştü avuçiçine. Birini kendi koluna taktı, diğerini ise bana uzattı. "Al tak bunu kulağına, seni böyle duyacağız."

Dilim lâl olmuştu, dizlerim titriyordu korkudan. Bu kadın neler söylüyordu böyle? Beni kıstırmayı mı bekliyordu, bunun için mi gelmişti buraya? Bomba vardı. Elbisesinin altı patlayıcı doluydu. Bu kadın bir canlı bombaydı. Bütün gün bu tuvalette saklanıp istediği an kendiyle birlikte tüm sarayı patlatabilirdi. Bombanın gerçek olmama ihtimali var mıydı? Boğazda gezen teknedeki keskin nişancı? Nefesim sıkıştı. Kadın uzattığı böceği almayacağımı anladığı gibi saçımı çekip kulağımın içine ittirdi aleti.

"N... Ne yapmamı istiyorsun?"

"Biraz dolan, hava almaya çıkacağını söyle. Seni bekleyen bir garson olacak ön tarafta, aracımıza yönlendirecek."

"Sizinle mi geleceğim?!"

"Kes sesini, bağırma," dedi kadın, sesi aynı zamanda kulağımın içinde de yankılanıyordu. "Evet, bizimle geleceksin."

Dehşetle gözlerim açıldı, göğsüme çöken ağırlıkla tutunmak istercesine bir yer aradım ve duvara yaslandım o sırada.

"Sakin ol, ölmeyeceksin merak etme," dedi kadın gülerek.

"Sen bir kadın pazarlayıcısısın, senin eline düşmektense ölüm cennettir eminim..." Yutkunmaya çalışıyordum ama tükürük bezlerim işe yaramıyordu. Midem bulanıyordu. "Neden yapıyorsun bunu?"

"Seni ilgilendirmez," dedi kadın sert bir sesle. Ardından burnunu çekti, az önce ağlıyor olduğu açık ve kesindi fakat bunun tuvalete girmek için bir numara olduğunu düşünüyordum. "Hadi git. Çabuk ol."

"Direkt çıkabilecekken neden içeri dönmemi istiyorsun?" diye sordum titreyen sesimle. Titriyordum. İstemiyordum. Ne yapacaktım? Ne yapmam gerekiyordu. Reyhan hamileydi. Keskin nişancı gerçek miydi? Ya kol düğmelerindeki kameralar? Kadın canlı bombaydı.

"Şüphe çekmemen için yarım akıllı. Az önce zırlaya zırlaya buraya kaçtın, piyano çalıyordun içeride değil mi? Üstelik hava almaya dışarı çıkmak için zemin hazırlaman lazım. Ayılıyor musun bayılıyor musun bilmiyorum, tek başına çıkacaksın buradan. Beş dakikan var." Köşeye çekildi, kapı açıldığında görülmek istemiyordu koridorda dikilen biri tarafından. Mesela Kunt tarafından.

Yutkundum. Yutkunamadım. Derin bir nefes çektim içime. Çekemedim... Keşke ölseydim. *Ölemedim.*

Titreyen elimi kapının koluna attığımda kendimi toparlamam gerektiğini biliyordum, gri saçlı kadın "Toparla kendini salak mısın? Her şeyi belli edeceksin," diye söylendiğinde gözlerimi kapatarak kapı kolunu sıktım. Düşünmek istemiyordum. Düşünürsem bir hata yapardım. Yüzlerce kişinin hayatı, Reyhan'ın ve kimsenin bilmediği bebeğinin hayatı benim ellerimdeydi. Kapıyı açtığımda gözkapaklarım da aralandı, Kunt'u Kayradağ'da bembeyaz karların arasında, simsiyah gördüğüm o ilk anı hatırladım önce; Karayel beni kurtarmıştı ama birazdan elimdeki mutfak bıçağını ona doğru fırlatacaktım çünkü henüz bir kurt saldırısından kaçmıştım. Biraz daha geri gittim... 30 Eylül, maç gecesi. Revire girdiğim an tarifsiz bir his kaplamıştı içimi, aynı anda hem olmam gereken yerde hem de arkama bile bakmadan kaçmam gerekiyormuş gibi hissetmiştim o gece. Sonra Fuat Hoca'yla Kunt tartışırken girmişlerdi içeri, başta beni görmemişlerdi. Kunt gerginlikten kalçasındaki kesiği göstermek yerinde kolsuz tişörtünü fırlatıp atmıştı. O gün o çağrıyı duymasam ya da yapmam gereken şeyi yapıp hastanede kalsam ne değişirdi? Belki bugün burada olmazdım. Abim yine ölürdü ama bizim yollarımız kesişmezdi belki de.

Kesişirdi. Kunt mezarlığa yine gelirdi. Anneannesi kalp krizi geçirir komaya girerdi. Ben sinir krizi geçirirdim, komite okulumu dondururdu, kendimi spora verir depresyona girerdim, sonra Fuat Hoca karşıma çıkıp şüphe tohumlarını ekerdi zihnime, yine gider yine mahsur kalırdım Kayradağ'da Kunt'la, sonra İstanbul'a dönerdik ve her şey başlardı...

Belki o gün asansörü durdurup koşsam abimin kollarına atlasam ölmezdi abim... *Ölür müydü yine de?*

Koridorun aydınlatması loştu. Sağlıklı düşünmem gerekiyordu. Yanlış bir hareket ya da sözümün bedeli çok ağır olacaktı. İzleniyor ve dinleniyordum. Beni istiyorlardı. Neden beni istiyorlardı? Her şeyin suçlusu gerçekten elimdeki yüzük olabilir miydi? Kunt'un köşede, bir kadınla konuştuğunu gördüğümde nefes alış verişlerimi düzenlemeye çalışıyordum, kadının üzerinde mini krem rengi bir elbise vardı ve saçları küt kesim, simsiyahtı. Kunt karşısında kolları göğsünde dikiliyor, kadının yüzüne bile bakmıyordu. Kadının yüzünde ise karşısındaki cezbetmeye çalıştığını belli eder bir ifade vardı. Daha da midem bulanmaya başlamıştı.

Kadın bir an Kunt'un dudaklarına uzandığında adımlarım durduğum yere çakıldı. Yavaş çekimde Kunt geri çekilmiş ve kaşlarını çatarak başını yana çevirmişti. Çevirdiği köşede beni gördü; göz göze geldik, kolları çözülürken ifadesi gevşemişti. Kadına bir şeyler söyledikten sonra adımları bu tarafa yöneldi, yeniden adım atabildiğimde ortada buluşmuştuk.

"O kadın kimdi?" diye sordum çatık kaşlarımla, bir an içeride bir canlı bomba tarafından yüzlerce insanın canıyla, gelin ve bebeğiyle tehdit edilmemişim gibi sinirlenmiştim. Bir an bile olsa korku dışında başka bir şey hissedebilmek rahatlatıcıydı ama ben rahatlayabileceğimi düşünmüyordum bir süre.

"Boş ver, gereksiz," dedi Kunt gözleri yüzümde gezinirken. "Karaca düzelmek için tuvalete gittin ama betin benzin atmış bir hâlde döndün, yanlış bir şey mi var?"

"Hayır yok." Kafamı salladım iki yana. "İçeri geçelim mi?"

Kunt kafasını salladı. Ben bir şey söylememiştim ama yan yana geldiğimiz ilk an elini elimin içine kaydırmıştı. Bu sefer benim kardelen yüzüğüm onun parmaklarının arasındaydı. Salonda ilerlerken gözlerim istemsizce ellerimize kaydı, o önden gidiyordu ve ben arkasından takip ediyordum yalnızca; gözüm başka hiçbir şey görmüyordu... Garsonların kol düğmeleri mesela ya da teknedeki keskin nişancı... *Reyhan.* Başımı kaldırdığımda Efes'le Melisa'nın bir masada gülüştüğünü gördüm, Polat yanlarında put gibi dikiliyordu. Fuat Hoca bir smokinin içinde köşede içiyordu yaşlı arkadaşıyla. Yolumuz dans pistinin ortasında kesildiğinde dans eden Adem'le Reyhan'a rastladığımızı Adem konuşana dek fark etmemiştim.

"İnsan nişanlısını bir dansa kaldırır be kardeşim," dedi Adem, Reyhan'la ayrılmışlardı ama eli eşinin belindeydi. Belinin altında, karnında bir bebek taşıdığından haberi yoktu henüz. Eğer ben dikkat etmezsem de bunu bilmesinin bir anlamı kalmayacaktı...

"Karaca pek iyi değil, biz otursak daha iyi olur," dedi Kunt.

"Edelim," dedim.

Adem'in kaşları havalanırken Kunt'un şaşkın bakışları bana dönmüştü. "Ne?"

"Edelim," dedim. "Dans edelim..." Çalan şarkı neredeyse bitiyordu. Bütün pist doluydu. Hoş ve sakin bir ortam vardı.

Sezen Aksu, *Aykırı Çiçek* ♪

Elimi elinden çektiğimde karşısına geçtim, başımı kaldırmış gözlerinin içine bakıyordum. Topuklularla çenesine geliyordum. Dudaklarımı birbirine bastırarak derin bir nefes çektim içime, ardından gözlerimi gözlerine çıkardım; ellerini tutmuş, belime yerleştirmiştim. Sezen Aksu'nun sesi tüm salonda yankılandığında ışıklar daha da kısılmıştı. "Beni korkutuyorsun," diye fısıldadı Kunt bir adım atıp aramızdaki mesafeyi sıfıra indirdiğinde. Belim ellerinin arasında *bir karış* kalmıştı sanki. "İyi olduğuna emin misin sen?"

Kafamı salladım başımı eğerken, gözlerimi kapatmıştım. *Sen haklıydın,* dedim ona içimden. Kuntadam, sen haklıydın. Ben buraya hiç gelmemeliydim. Paranoyak değildin, temkinliydin. Sen haklıydın. Haykırmak istedim. Sen haklıydın! Ben buradan çıkıp gidersem onlarla, bana ne olacağından çok kalanlara ne olacağını merak ediyordum. Mesela sabah gelsin diye tutturan Efes'ten önce Kunt'un ikna olduğu saniyeler içerisinde yine gelmem için savaşan Melisa'ya ne olacaktı? Reyhan bu gece söyler miydi yine Adem'e bebekleri olacağını? Belki de o an için gitmem gerekiyordu. Bir şeyi yapman gerektiğine inandırırsan kendini, tüm yolları kendine döndürür gidersin ya yine... Benim yaptığım bundan farklı değildi. Korkuyordum, çöküp çığlık çığlığa ağlamak istiyordum... Şarkı bitecekti ve ben gidecektim. Bu muydu? Bu kadar mıydı?

Yanlış yapmıştık. Bilememiştik. Bilmiyordum. Anlamıyordum. O kadın kimdi? Fuat Hoca'nın eski sevgilisinden öte kötü bir kadındı. Kiminle çalışıyordu? Benimle ne yapacaklardı? Nereye götüreceklerdi? Gitmek istemiyordum. Kollarının arasından çıkmak istemiyordum. İstemiyordum. Eve gitmek istiyordum. Tosbik'in karnını sevmek istiyordum. Ankastrenin ışığını açıp çay demlemek istiyordum yine sabahın beşinde yaptığım gibi bugün. Kendi odamda gözlerimi kapamak, açtığımda onun yatağında olmak... Keşke burada, başımı göğsüne yaslayıp uyusaydım, sonra ben uyurgezerken ne olacaksa olsaydı.

Olamazdı. Reyhan'ın bebeği... Reyhan'ın düğünündeydik. Yüzlerce insan... İçerisi doluydu. Bombaların sahte olma ihtimalini bile sorgulayacak bir konumda değildim...

Gücümün çekildiğini hissettim, bedenim kabuklaştı ve ruhum içine sıkıştı sanki o an. *Şimdi sade kahve kıvamında, her şey eksik her şey tamam...* Dedi Sezen Aksu. "Benim annem de en çok Sezen Aksu dinlerdi," diye fısıldadım alnımı göğsüne yaslarken, bir anda bayılır gibi göğsüne yaslandığımda kolunu belime dolamıştı.

"Annen yaşıyor Karaca," diye fısıldadı Kunt, çenesi saçlarımın üzerindeydi. Geçmiş zamanlı konuştuğum için böyle söylemişti.

"Annemin bedeninin içinde annemin ruhu yaşamıyor benim Kunt."

"O..." Yutkunduğunu hissettim. "Hasta mı?"

Kafamı salladım, yüzüm gömleğine sürtmüştü hafifçe. "Anneme bakıyorum... Her şey eksik, her şey tamam. Çünkü herkes gitmiş, kalan da ona yetmemiş." Herkes annemden gitmişti, annem de benden gitmişti. Kalan bendim. "Sence Sezen Aksu kime diyor aykırı çiçek diye?"

"Kalana besbelli," diye fısıldadı Kunt.

"O zaman gitmek icap eder."

"Herkes gitmiş diye gidilir mi?"

"Herkese inat kalınır mı?" diye sordum bir mırıltıyla, kaşlarım da çatılmıştı. Kokusu gerçekten uykumu getiriyordu. "Ben kardelendir diye düşünmüştüm... Aykırı çiçek yani. Diğer çiçekler donarken kar örtüsünü delip soğuğa inat açtığı için." Yutkundum. "Kim seçmiş aile sembolünüzü?"

"Eskiler," dedi Kunt. "Ama annem çok severdi kardelenleri. Kayradağ'da çok açar."

"Babanın silahından çıkan kurşun niye almış ki anneni?"

Kunt'un benimle ağırdan sallanan bedeni durduğunda kaskatı kesildiğini hissettim. Ellerimden biriyle ceketinin kenarından tutunuyordum, diğeri ise kolundaydı. Bugün ölebilirim. Tartamıyorum ağzımdan çıkan lafları. Affet.

"Gidesi varmış annemin," dedi bitmek bilmez saniyelerin sonunda. "Bir kurşunla gidesi varmış."

"Belki abimin de bir yumrukla gidesi gelmiştir."

"Hayır," dedi Kunt sert bir sesle.

Dudaklarım kapalı, histerik bir şekilde kıkırdadım istemsizce. Güçsüz ve sessiz çıkmıştı yine de. "Biliyorum, hayır..." Dudaklarımı ıslattım. O kadın bunları dinliyor olmalıydı ama tek kelime etmiyordu. Beni yalnızca Kunt'un nişanlısı olarak tanıyordu, sözlerimde bir anlam aramayacağından emindim.

"Sen sarhoş musun?" diye sordu Kunt, meraklı bir sesle.

"Olsam ne yapardın?"

"Su ister misin?"

Güldüm. Başımı göğsünden kaldırdığımda ayaklarımızı izlemeyi bırakmıştım. Başımı kaldırıp gözlerine baktığımda yüzlerimiz hiç olmadığı kadar yakındı. "Suyla söner mi sandın ateşim? Benim içimde hektarlarca orman yanıyor."

"Ateşle, yanmakla ilgili konuşmayı bırak," dedi Kunt kaşlarını çatarak.

"Neden? Kötü anıların mı var?"

"Var."

İşte bu, beklemediğim bir cevaptı. Kaşlarım çatıldı. Kurumuş dudaklarımı ıslatarak bir adım geriye çekildim, derin bir nefes aldım; şarkı bitmişti. Bu kadardı. Gidiyordum. Gidecektim. Gitmeliydim. Gitmek zorundaydım. Gitmek istemiyordum. *Beni kurtar. Beni kurtar.*

Bir mucize.

"Kapının önüne çıkabilir miyim? Yalnız başıma," diye sordum düz bir sesle. "Altını çiziyorum, yalnız başıma. Düşünmeye, temiz hava almaya ihtiyacım var."

"Benim yanımda da temiz hava alabilirsin."

"Senin yanında yangından çıkan kara dumanlar yüzüme esiyor, boğuluyorum." *Boğulmuyorum, nefes alıyorum.* Sen kara duman değilsin, oksijensin ama beni bırakmalısın. Yoksa ölürüz. Sen, ben, köşede abisiyle gülüşen Melisa, kaşlarını çatıp etrafı süzen ama hiçbir şeyin farkında olmayan Polat, bir duvara dayanmış içen Fuat Abi, yanındaki dostu, kol düğmelerinde kamerayla dolaşan garsonlar, bir bebeğinin olacağından habersiz karısıyla pistte dans eden Adem ve alnına nişan almış keskin nişancının varlığından bihaber kahkahalar atan Reyhan... *Ölürüz Kunt.* Bazı gidişlerin geri dönüşü olmaz. *Lütfen benim olsun.*

"Peşimden gelme," diye tekrar ettim lafımı, Kunt'un kollarının arasından çıkarken geri geri yürüyordum kapıya doğru. Orada, pistin ortasında öylece kalakalmıştı. Çift kanatlı kapıyı geçtiğim an vestiyere bir kez olsun bakmadan eteğimi topladım ve merdivenlerden aşağı koşturdum. Köşede gözlerini üzerime dikmiş bakan, garson kıyafetli bir adam vardı. Başıyla sağ dönemeci işaret ettiğinde gözlerimden yaşlar akıyordu, yolumu göremiyordum. Adam benimle birlikte otoparka koşmaya başladıktan saniyeler sonra siyah bir minibüs durdu önümde, garson kılıklı ön koltuğa atlarken açılan sürgülü kapıdan içeriye çekildim ve başıma siyah bir örtü geçirildi.

Karanlık.

Bak Karaca, başladığımız yerdeyiz.

16

KANBEYAZ

Mahallemizden üç çocuğun kaçırıldığı yaz, henüz ilkokula başlamıştım. Okula gitmenin en güzel yanı birçok arkadaş edinmenin yanı sıra okuldan sonra sokakta toplanıp birlikte oyunlar oynayabilmekti kuşkusuz, öyle kalabalık olurduk ki saklambaç oynarken bir turun bitmesi bazen bir saati alırdı ve biz göz açıp kapayıncaya kadar akşam on olurdu saat. O gün Ali saklandığı yerden çıkmadı, rekabetçi bir çocuk olduğu için çok iyi saklandığını düşünüyorduk; ebe bendim ve onu bulamıyordum, abim bile dalga geçiyordu benimle. Bir süre sonra hepimiz ebe olduk onu sobelemek için aramaya başladık, ismini bağırdık yine de çıkmadı ortaya. Annesi çağırmıştır eve gitmiştir diye düşündük, ertesi gün oldu yine sokaklara döküldük yine saklambaç oynadık... Ama Ali saklandığı yerden hiç çıkmadı.

Annesini pazardan annemle dönerken sokak köşesinde polislerle birlikte gördüğümde, başını taşlara vurarak şiddetlice ağlıyordu, kadının hâlini bugün bile unutamıyorum daha. O akşam anneme *"Anne Ali niye hâlâ çıkmıyor saklandığı yerden? Sobelenecek diye mi korkuyor?"* diye sormuştum, annem Ali'nin annesiyle telefonda konuşuyordu ve yan odadaydı. Ağlamış besbelli gözlerinden ama gözyaşlarını silip de gelmişti yanıma. *"Ali sobelenmekten çok korkuyor Karaca'm,"* demişti annem. *"Bir daha oynamak istemiyormuş."*

"Gözde'yle Onurcan da mı oynamak istemiyor? Onlar da gelmiyorlar." Arkadaşlarımın neden oynamak istemediklerini merak ediyordum, yanlış bir şey mi yapmıştık onlara? Gözde

mesela, yakantopta ilk elenen olurdu. Oyunlarda pek başarılı değildi, mızıkçılık yapardı hep. Sinir olurdum ona, kafasına top atardım bilerek. Onurcan da çok kaba bir çocuktu, bir keresinde bana çelme takmıştı ve yapmadığını söylemişti. Yalancıydı. Bana neydi ki. Gelmesinlerdi.

Gelmesinler derken, hiç gelemesinler demek istememiştim. Bir daha hiç oynayamasınlar da demek istememiştim. Ben aslında hiçbir şey demek istememiştim. Keşke demeseydim çünkü bilmiyordum ki o yaz; Ali de Gözde de Onurcan da büyümeyi bırakmıştı. Sokakta oyun oynayan küçük çocuklar olarak kalmışlardı. Sıraları boş kalmıştı. Yatakları soğuk kalmıştı. Ailelerin oturduğu yemek sofralarının tadı kaçmıştı.

Güvenli bir mahallede yaşamıyorduk. Ben de olabilirdim o yazdan sonra yaş almayı bırakan... Gayet de olabilirdim. Ali hep bana yakın yerlere saklanırdı mesela, ikimiz de çok iyi oyunculardık ve bazen birbirimizin arkasını kollardık. Eğer o gün Ali'ye trip atıp peşimden gelmemesini söylemeseydim onunla aynı yere saklanırdım, beni de kaçırırlardı belki. O zaman ne olurdu? Abim annemi bırakıp da gitmezdi eminim ya da annem delirmezdi. O zaman abim ölmezdi de yaşıyor olurdu. Ha, bir de... Ben de tehlikeli bir adamın nişanlısı olduğum için kaçırılmamış olurdum, değil mi?

Başıma geçirilmiş torba, nefes aldığım alanı kısıtlarken yanlış bir hareket yapmamam için alnıma dayanmış silahın namlusunu birkaç dakikadır hissediyordum, kurşun yememek için ağzımı bile açamıyordum. Ellerim arkamda birleştirilmiş, sıkıca iplerle bağlanmıştı. Düşünmeme engel oluyordu tüm bunlar, nefes bile almak zordu. Ben ne yapmıştım? Yapmam gerekeni yapmıştım, tehdit edilmiştim ve başka bir çıkış yolu yoktu. Eğer Mama'nın söylediklerine itaat etmezsem kendini patlatacaktı, eğer aksi bir hareket yaparsam Reyhan ölecekti. *Neden?* Bu sorunun cevabı almayı istediğim tek şeydi. Beni alınca ne olacaktı? O kadın ölmeyeceğimi söylemişti ama beni ölmekten beter bir hâle getirebilirlerdi. Eğer birkaç saat dayanabilirsem kaçmak için bir çözüm yolu üretmek zorundaydım.

Araç durduğunda iki tarafımdaki kapıların da açıldığını

duydum, ardından iki yanımdaki adamlar aynı anda indiler. Sağ tarafımdaki, başıma torbayı geçirip kolumdan sertçe çekiştirirken sert bir sesle "Yürü," talimatı verdiğinde neredeyse tökezleyerek çıktım arabadan, taşlı bir yoldaydık. Bir demir kapının gıcırtısını duydum, yanında yürüyor olmama rağmen beni çekiştiriyordu. Başıma dayanan silahın ortadan kayboluşunun da verdiği cesaretle "Yürüyorum zaten, çekiştirip durma," diye homurdandım sert bir sesle.

"Konuşma! Ne diyorsam onu yap." Adamın sesi çatallıydı, muhtemelen akciğerleri berbat bir hâldeydi. Benim sert çıkışımla daha da çekiştirmeye başladığında önümdeki merdivenleri göremediğimden bir anda tökezledim, kolumu bıraktı; çok hızlı bir şekilde yüzüstü merdivenlere kapaklandığımda ellerim arkadan bağlı olduğundan düşüşümün sertliğini engelleyememiştim bile. Dizlerimden öte, kaburgamın sağ tarafından vücuduma yayılan acı az önce nur topu gibi bir eziğimin olduğunun habercisiydi.

"Hayvan herif." Bunu sesimi falan kısmadan, dümdüz, küfredercesine söylemiştim.

"A-a," dedi bir kadın sesi, bu onun sesiydi; o kadının. Tuvaletteki canlı bombanın. Mama'nın. Ali Fuat Dinçer'in eski sevgilisinin. O da arabada mıydı? Olamazdı ama etrafta en az bir arabanın daha lastiklerinin taşları ezerken çıkarttığı tok ses yankılanmıştı biz indikten sonra, başka bir arabayla gelmiş olmalıydı. Patlayıcılar hâlâ üzerinde miydi? "Bunu yapmak istemezsin," dedi kadın, benim göremediğim bir şeye engel olmuştu. Beni çekiştiren adamla konuştuğunu düşünüyordum.

"O niyeymiş?" diye söylendi adam, hemen yanı başımdaydı. Kaburgalarımdaki acıyı yutup dizlerimin üzerinde doğrulmaya, ayağa kalkmaya çalıştım o an; birkaç saniyelik zorlanmanın ardından kalkabilmiştim. "Karyeli siksen bulamaz onu bu dağın başında. Yarın bir gün işe çıkacak, geri dönüşü yok. Hiçbir değeri yok bu kadının."

"Siz erkeklerin işlediğiniz günahların cezasını her zaman bir kadın çekiyor, midemi bulandırıyorsunuz," dedi kadın iğrenir bir tonlamayla konuşarak. "Bu genç kadının sizin gözünüzdeki tek suçu düşmanınızla nişanlanması ve sırf bunun için aşağılanıp satılmayı mı hak ediyor? Düşünüyorsunuz ki kadınını orospu yaparsam adamı aşağılamış olurum ama bu yalnızca ve sadece kadını cezalandırmak olur. Karyeli yoluna devam eder. Yalnızca daha da öfkelenir. Bir gram beyniniz yok..."

Bir iki adım ötemdeki adamın hareketini taşların üzerinden gelen adım sesiyle fark ettim, silahın emniyetini kapatışının metalik sesi kulaklarımda çınladığında ise kafam siyah bir torbanın içinde olduğundan kimsenin göremediği dehşet dolu bir ifadeyle titriyordum. Hava zaten soğuktu ama soğuktan daha şiddetli titretiyordu korku denen duygu. Kadının acı dolu çığlığı boş alanda eko yaptığında "Bırak saçımı," inlemesini duydum, muhtemelen adam kadının saçlarını çekmiş, silahın namlusunu da şakağına dayamıştı.

"Konuşma orospu, bunlar senin geçtiğin yollar değil mi? Hangi namusla kiminkini savunuyorsun sen?" Adamın sesini bir daha duymamak için kulaklarımı kestirmek istiyordum o an. "Sözümüze itaat ediyorsun diye çekip şurada seni vuramayacağımı sanma, leşini iki adım öteye gömerim beş dakikaya daha kirli cesedin soğumadan. Bizim derdimiz kızla değil ama bunlar verilmesi gereken ayarlar. Sen sanıyor musun Karyeliler'in derdi Batuhan'laydı? Ama Batuhan şimdi nerede? Yok. Onu bizden aldılar. Biz bu kızın yaşamasına izin veriyorsak dua etmeliler. Şimdi bana gavat sevgilini savunmayı bırak da işe koyul, biz ne dersek o. Yoksa oğlun ölür."

Batuhan kimdi? Bu adamın Karyeliler'le bir derdi varsa Tasmas'ın adamı olmalıydı. Efes de Melisa da bu adamı çok hafife almışlardı. Kunt bir anlık gaza gelip Çırağan Sarayı'na götürmeseydi beni, şu an Tosbik'le film izleyip limon kemiriyor olur muydum gerçekten? Öte yandan, bu kadının da tehdit edildiğini düşünmeden edemiyordum. Kim canlı bomba olmak isterdi ki? Bu kadın da oğluyla tehdit ediliyordu. Derin bir nefes aldım, ardından adamın üzerime yönelen hızlı adımlarını yutkunarak dinledim. Beni kolumdan tuttuğu gibi merdivenlerden çıkardı, ardından açık bir kapıdan içeri, sıcağa girdik. "Götürün şunu yukarı kilitleyin," dedi beni ittirirken, başka biri kolumu devraldığında kolum kopacakmış gibi hissediyordum.

Evin içindeki merdivenlerden yukarı çıkartılırken kadının topuklu ayakkabılarının sesini duydum uzaktan. "Onun için söylemedim aslında," dedi adama. "Erkekler birlikte olacakları kadınların bedenlerinde iz görmek istemezler, şiddet izi. Herhangi bir yara, morluk... Eğer ona böyle hor davranırsan para etmez. Para etmezse de benim işime yaramaz."

Bir kapı açıldı, ileri itildim, kapı üzerime kapandı ve kilitlendi. Öne doğru sarsılarak düşmekten kurtulmuştum ama insanlar hakkında yanlış düşüncelere kapılma özelliğimden bir türlü kurtulamıyordum. Bir kadın her ne kadar oğluyla tehdit ediliyor olsa bile başka bir kadın hakkında bir mal gibi konuşmamalıydı. Bu kadın da en az o adam kadar kötüydü.

Bileklerimdeki ipleri olabildiğince ileri ittirdiğim saniyelerin sonunda yere oturup topuklu ayakkabılarımı çıkardım. Ardından ayağa kalkıp arkamda bağlanmış kollarımı bacaklarımın altından geçirdim, artık bileklerim önümdeydi. Başımdaki torbayı attığım an etrafı görmeye çalıştım ama içerisi karanlıktı ve buna alışmam için birkaç saniye geçmesi gerekiyordu. Nefes nefese kalmış bir şekilde dişlerimi kullanarak düğümü çözmeye başladığımda ise bir yandan da aralıklarla başımı kaldırıp etrafı süzüyor, sakin olmaya çalışıyordum.

Beni satamazlardı. Bana böyle bir şey yapamazlardı. Dağın başında bir odaya kilitlenmiş bir hâldeyken bunu nasıl söyleyebiliyordum bilmiyordum ama en azından başımdaki torbadan ve bileklerimdeki iplerden kurtulmuştum. Kadın burada olduğuna göre düğünün patlama ihtimali ortadan kalkmıştı, teknedeki nişancı hakkında bir şey bilmesem de şu an kaçmam gerektiğini hissediyordum. Kunt zeki bir adamdı, şimdiye çoktan fark etmiş olmalıydı bir terslik olduğunu. Beni bulabilir miydi? Hiçbir şeyim yoktu, üzerimde yalnızca kırmızı ve askılı bir gece elbisesi, topuklu ayakkabılar, kolye, küpeler ve nişan yüzüğü vardı. Bu kadardı. Çantamı masada bırakmamam gerekiyordu ama onu yanıma alsam bile şu an bende olmazdı. Başım ağrıyordu. Ağrı kesiciye ihtiyacım vardı. Sadece bunun için de olsa çantamın yanımda olmasını diliyordum...

Odada üç kapaklı aynasız düz bir dolap, beyaz çarşaflı tek kişilik bir yatak ve üzerinde saksı olan bir masa vardı sadece. Pencerelerin kolları çıkartılmıştı, açılmıyorlardı. Dolabın içi bomboştu. Işıkları açmıştım. Bir süre sonra kapının önünden birinin sesi geldiğinde ayağa kalkıp kapıya yaklaştım, kapının kilidi açıldı; o kadın buradaydı. İçeri girerken beni fark ettiğinde, muhtemelen kapının önünde bekleyen adam beni göremesin diye girdiği gibi kapıyı kapattı ve şokla üzerimi süzdü. "Senin ellerin bağlıydı arkadan, nasıl açtın?"

Gözlerimi devirerek kenara attığım ipi aldım, ardından bileklerimi yan yana ona uzattım. "Bağlamak istiyorsan bağla."

"Hayır," dedi yutkunarak, arkasına baktı sanki dışarıdakiler kapının içinden odayı görebiliyormuş gibi. Ardından ipi eline aldı ve köşeye bıraktı. "Bu tarz düğümleri açabiliyorsan bunları bilmelerine izin verme. Bir dahakine daha büyük sorun çıkartırlar."

"Neden umurunda ki bu senin?"

"Sessiz konuş, dinliyorlar," dedi fısıldar bir sesle.

"Patlayıcıyla nasıl güvenliği aşıp saraya girdin?"

Histerik bir nefes verdi gülercesine, ardından "Çırağan Sarayı'nın inşa edildiği dönem yapılan ama şu an kapalı tutulan tünelleri vardır, doğrudan koridorlara açılır kapıları. Girmek zor değildi," dedi tok bir sesle. "Zor olan seni oradan çıkarmaktı. Ama artık adama ne dediysen dans pistinde, fark etmedi bile senin giderken ne hâlde olduğunu."

"Kunt fark etmedi mi?" Şaşkınlıkla göğsüme çöken ağırlığın verdiği his, bunca sözün ardından taşıyamayacağım tek şeydi belki de. Eğer Kunt fark etmediyse şimdiye dek, işte o zaman endişelenmeye başlamamın tam vaktiydi.

Kadın kafasını iki yana salladı, ardından kollarını göğsünde birleştirdi. Üzerini değiştirmişti. Bir kot pantolon ve kalın, boğazlı, lacivert bir kazak vardı üzerinde. Elinde taşıdığı poşeti, kollarını göğsünde birleştirmek için yatağın üzerine atana dek fark etmemiştim. "Al, giy bunları değiştir üstünü. İtiraz etmeye kalkma, üzerindeki elbise çok iddialı, dışarıdaki adamların da ne kadar şerefsiz olduklarını şimdiye anlamışsındır. Birinin dikkatini çekersen zaten geneleve satılacaksın kafasıyla üzerine çullanırlar."

"Kes şunu," dedim dişlerimi sıkarak. "Midemi bulandırıyorsun."

"Miden bulanıyor, evet," dedi kadın, gözleri uzaklara dalmıştı. "Ama alacağın parayı düşünüyorsun, paraya ne kadar ihtiyacın olduğunu düşünüyorsun ve sana yapacağını yapıp gitmesini istiyorsun, gözlerini kaparsan daha katlanılabilir oluyor."

"Sus!" Vücudum karıncalanıyordu, çıplak kollarımı birbirine sararak duvar kenarına yaslandım; sanki kadından ne kadar uzaklaşabilirsem o kadar güvende olacaktım. "Çık buradan! Çık! Git! Defol!"

Kadının kapıyı açtığı gibi çıktığını, kapının sertçe kapanış sesinden anladım. Ardından bir kilit sesi geldi; dizlerimin üzerinde çökmüş, yüzümü duvar köşesine dönmüş ve kollarımı kafamın üzerine kapatmıştım. Nasıl böyle kolay konuşabiliyordu? Nasıl yaptığı şey normalmiş gibi karşımda dikilip bir de gözlerimi kapatınca daha katlanılabilir olacağından bahsediyordu? Bu... Bu... Bu düpedüz...

Karanlığın hissiyatı, asırlarca yaşasam; bir ömür göğüs kafesi kabrimden defedemeyeceğim kadar güçlüydü. Anıları unutabilirdiniz ama o anıların size nasıl hissettirdiğini unutmak mümkün değildi. Yağmur yağardı yine o ıslak kaldırımlara takılırdı gözünüz, hemen sağınızdaki sokağın kısa yol olduğunu bile bile yolunuzu uzatır caddeden yürürdünüz, sokak lambaları bile yeterince aydınlatıyormuş gibi gelmezdi etrafı geceleri; dört ampul taktığınız avizenizde gözünüz, evde tekken karanlık koridora girip tuvalet ihtiyacınızı gidermeye korkar olurdunuz. *Miden bulanacak. Yapacağını yapıp gitmek istiyorsun. Gözlerini kaparsan daha katlanılabilir oluyor.* Öğürdüm, avuçlarım yere yaslanırken midem ağzımdaydı. O kadar genişti ki bu oda, o kadar aydınlık ama o kadar karanlıktı ki artık; kendimi kontrol altına alabilmek için bir kutuya ihtiyacım vardı.

Kalkıp dolabın kapaklarını açtım, ayakkabılarımı çıkartıp içine girdim, kapağını üzerime kapattım. Kapakların arasından sızan ışık yeterliydi, panik atağımı kontrol altına alabilmek için ise biraz daha zaman gerekiyordu. *Terzi kendi söküğünü dikemez derlermiş.* Anlamıştım, buradan bir an önce kurtulmam gerekiyordu. Belki bir şekilde pencerenin camını kırarsam aşağıya atlayabilirdim, ayağımı sakatlama ihtimalim yüksekti ama bu riski alacak kadar gözüm dönmüştü. Tek sorun aşağıdaki adamlardı. Ayağımı sakatlamasam bile iki adımda beni yakalarlar ya da ateş ederlerdi. Her türlü zarardaydım.

İki saat, belki de daha fazlası geçmişti o sarayın kapılarından koşarak çıkışımın üzerinden. Etraf sakindi, ben de kendimi sakinleştirmeyi başarmıştım. Dolaptan çıktığımda yatağın üzerindeki poşeti ters çevirip içindekileri çıkardım. Kalın siyah bir kazak, kot pantolon ve beyaz spor ayakkabılar vardı içinde. Kime aitti bilmiyordum ama daha fazla bu elbiseyle kalmak istemiyordum, çıplak hissediyordum artık. Işıkları söndürüp bir köşede hızlıca üzerime geçirdim kazakla pantolonu, ardından ayakkabıları giydim. Elbiseyi yırtarcasına poşetin içine atmış, poşeti de bir köşeye fırlatmıştım.

Bir anda kilit çevrilip kapı kırılırcasına açıldığında içeriye dalan adam, takım elbiseli kırklı yaşlarında kirli sakallı bir adamdı. En fazla 1.80'di, aşırı öfkeli görünüyordu. "O kadın mı çözdü seni?" diye söylendi burnundan solurken. Bu o adamdı. Beni itip kakan, bahçede iğrenç sözler eden...

"Başka türlü nasıl üzerimi değiştirebilirdim?" diye sordum korkmadan. Korkmuyordum ondan, karşısında sessiz ve pısırık birini göremeyecekti.

Bir anda üzerime doğru yürümeye başladığında kaşlarımı çatarak geri adımladım ama bileğimden yakaladığı gibi kapıya çekiştirdi. "Yürü!"

"Çekmesene be!"

"Bana bak," dedi hırıltılı bir sesle, koridora çıktığımız an etrafa bakma şansım olmadan saçlarıma asıldığında beni duvara yaslamıştı yüzüstü. İğrenç nefesini ensemde hissettim, ellerimi arkamda birleştirmiş tek eliyle bileklerimden tutuyordu ve aşırı güç uyguluyordu. "Aşağı ineceğiz, önemli bir misafir geliyor. Ona yardımcı olacaksın. Yanındayken tek kelime edersen burada zorla durduğuna karşı, ellerine veda edersin doktor hanım," diye devam etti lafına; sol elimi aldığı gibi hemen başımın yanımda duvara yaslamış ve belinden çıkardığı silahı elimin üzerine bastırıyordu sertçe. Bunu nasıl öğrenmişti? Tıp okuduğumu biliyor muydu? Başka ne biliyordu?

"Bak sen şu işe," diye mırıldandı, gözleri yüzüğümün üzerindeydi.

"Sadece bir yüzük," dedim dehşetle yutkunurken, dışarıya bir şey belli etmemek adına ifademi kontrol altında tutmaya çalışıyordum.

"Kardelen işlemeli," dedi bileğimden tuttuğu elimi duvardan çekerken. Bir anda yüzük parmağımı koparırcasına yüzüğü çektiğinde elimi ittirmiş, beni bırakmıştı. Parmaklarında çevirip işlemesinde gezdirdi gözlerini. "Karyeli sembolü bu. Nişan yüzüğün bu senin."

"Geri ver," dedim ciddi bir sesle.

"Bu bende kalacak."

"Geri ver onu bana!"

"Bana bak kadın, benim sinirimi tepeme çıkarma tersim çok fenadır, hiç olmadığım bir adama dönüşür şuracıkta iki paralık ederim seni. Yüzük bende kalacak diyorsam, bende kalacak!" Yüzüğü cebine attı, ardından tekrar kolumdan yakaladı ve merdivenlere iteledi. "Yürü, düş önüme!"

Kolumu bırakması için elini çekiştiriyor, elinden kurtulmaya çalışıyordum çünkü canımı o kadar acıtıyordu ki öylece razı gelemezdim. Sanki bana ayrı bir nefreti vardı ya da nasıl bir nefreti varsa bu onu bir şekilde besliyordu. Merdivenlerden indikten sonra dışarıya açılan kapının hemen köşede olduğunu ve salonun duvarları olan bir odadan ziyade, açık olduğunu fark ettim. Kapıdan girdiğinizde, salona girmiş oluyordunuz. Sağımda loş bir koridor ve iki kapı daha vardı. Salonda birkaç takım elbiseli koruma ayakta dikiliyordu, simsiyah saçları ve kirli sakalı olan koyu gri takım elbise giymiş bir adam ise koltuğa oturmuş, sol kolunu ceketten çıkarmış, kana boyanmış gömleğinin üzerinden bir kumaş parçası bastırıyordu omzuna. Yaralıydı. En fazla otuzlarının başındaydı.

"Şanslısınız Sergen Bey," dedi kolumdan sertçe tutan adam, salona yürürken artık kolumu bırakmıştı. "Mama'nın yeni getirdiği kızlardan biri tesadüf buradaydı, tıp fakültesinde okuyormuş, yaranızla ilgilenecek."

Sergen denen adamın çatılan kara kaşları, yanımda dikilen kaba saba adamın üzerinden bana çevrildiğinde beni baştan aşağı süzdü kısaca. Ardından çatık kaşlarını yanımdaki mahlukata çevirdi. "Bir eskort, tıp fakültesinde mi okuyor Ahmet?"

Ahmet. Demek adın bu. Ahmet'in tehditkâr gözleriyle karşılaştığımda, sakat bir hareket yapıp yapmayacağımı merak ediyordu. Bu Sergen denen adam kimdi ki karşısında dökülmemden korkuyordu? Ve yarasının ne gibi bir aciliyeti vardı ki beni karşısına çıkarmak durumunda kalmıştı? "Harçlık olsun diye herhalde. Eskortların işe çıkma sebebini ne zamandan beri sorguluyorsunuz?"

Sergen denen adam geriye yaslanırken ağzından çıkan acı dolu bir inleme, Ahmet'in beni ileri doğru iteklemesine yol açmıştı. Tökezleyerek doğrulduğumda, Ahmet'e dönüp ters bir bakış attım. Dişlerimi sıkıyordum artık. İtilip kakılmak beni öfkelendiren bir şeydi. Başka zaman olsa kesinlikle bu adama tekmeyi savururdum sıfır tereddütle ama etrafımda sürüyle silahlı adam varken ve Sergen denen herif gittiğinde olabileceklerin ihtimali beni aksi bir tavır sergilemekten alıkoyuyordu.

Masanın üzerine hazırlanmış türlü ameliyat gereçlerine göz attım. Bütün bunları dağ başında nereden bulmuşlardı? Belki de hazırda taşıyorlardı ve böyle durumlara alışkınlardı. Eğer adamın yarasını tedavi etmeyi reddedersem ne olacaktı? Böyle bir şansım yoktu. Ama belki şansımı zorlayabilirdim. "Yüzüğümü ver," dedim tüm gözler üzerimdeyken, masanın biraz gerisinde dikilen Ahmet'e dönüp. "Önce yüzüğümü ver."

Sergen'in meraklı bakışları benim üzerimden Ahmet'e çevrildi. "Ne yüzüğünden bahsediyor Ahmet?"

"Saçmalama, yeri mi şimdi?" diye söylendi Ahmet, sanki çok dostane bir sohbetimiz varmış gibi. Ardından Sergen'e döndü. "Bir yüzük araklamış, bayağı ederi var da... Ondan bahsediyor."

"Ver kıza yüzüğünü," dedi Sergen. "Çalmış olsa da fark etmez. Ona ait."

"Tamam," dedi Ahmet ikiletmeden, şaşırmıştım. Verecek miydi? Eli cebinde, karşıma yürüdüğünde kulağıma eğilirken "Geri alamayacağımı mı sanıyorsun?" diye fısıldadı. "Bu hiç iyi olmadı senin için. Şansını fazla zorluyorsun." Gözlerim birkaç saniyeliğine sımsıkı kapandı, öfkeleniyordum. Öfkeme sahip çıkamazsam doğru hareketler yapmayacağımı biliyordum ama kendimi kontrol edemiyordum da. "Yukarıda bırakmışım," dedi Ahmet geri çekilirken, cebinden bir şey çıkarmamıştı. "Şu işi bir halledelim de çıkınca alır." Çekilirken bana aynı tehditkâr bakışı atmayı unutmamıştı. Çenesiyle adamı gösterdi. "Hadi."

Sıkıntıyla adama doğru döndüm, yüzüğü geri almayı başaramamış üstüne bir de adamı sinirlendirmiştim. Aklım almıyordu, ben nasıl böyle bir duruma düşebilmiştim?

Adama çok yaklaşmamaya çalışarak dizlerimin üzerinde koltuğa oturduğumda, ceketini çıkarmıştı. Beyaz gömlek kan içindeydi. "Gömleğinizi çıkarır mısınız?" diye sordum düz bir sesle, gözlerim koltuk kumaşının üzerindeydi. Sergen denen adamın bana baktığını hissedebiliyordum ama yalnızca çatık kaşlarımı ve kaskatı surat ifademi görüyordu muhtemelen. Her kimse, Ahmet'in saygı ifadesiyle seslenmesi gerektiği bir adamdı ve bu da onun önemli biri olduğunu gösteriyordu.

Sergen acı içinde, sık sık derin nefesler alıp burnundan soluyarak gömleğini çıkarabildiğinde köşedeki makası görmemiş gibi davranmaya çalışıyordum çünkü adamın gömleğini kesebilir ve onu bu acıdan kurtarabilirdim de sadece yapmamayı tercih etmiştim. "Çok garip," dedi Sergen dik dururken, masaya eğilmiş eldiven kutusundan bir çift eldiven çıkarıyordum. Belki etraftakilerin dikkatinin yeterince dağılacağı bir durum yaratabilirsem masa üzerindeki keskin aletlerden birini kendimi savunmak için kazağımın kolunun içine sokabilirdim. Daha sonra malzeme sayımı yapacak kadar akıllıya benzemiyorlardı.

"Daha gömleğini çıkaran bir adamın çıplak göğsüne bakamıyorsun, nasıl eskort olacaksın sen?"

"Bakamıyorum değil, bakmamayı tercih ediyorum," dedim bakışlarım eğik, eldivenleri giyerken. Daha sonra bir parça gazlı bez kopardım ve üzerine alkol solüsyonu döküp kanlı bölgeyi temizlemeye çalıştım. "Bu bir kurşun yarası, çıkışı yok. Demek ki kurşun hâlâ içeride, çıkarmamız gerekecek." Gözlerimi yeniden masanın üzerine çevirdim, aradığım şey orada yoktu. Başımı kaldırdığımda Ahmet'le göz göze geldik. "Uyuşturabileceğim herhangi bir madde yok." Bıçağa uzandığım için kaşları çatılmıştı. "Çakmak var mı?"

"Fark etmez, uyuşturmadan yap," dedi Sergen eli ceketinin cebine giderken. Bir *Zippo* çıkartıp uzattığında, aklıma istemsizce Kunt'un parmaklarında mekanik hareketlerle çevirip kapağıyla oynadığı altın *Zippo*'su gelmişti. Yeni fark ediyordum ki, o *Zippo*'nun üzerinde de kardelen çiçeği sembolü vardı. *Zippo*'yu elime alıp ayağa kalktım, ardından bıçağın ucunu ısıtmaya başladım ateşiyle. "Onu tutmanız gerekiyor," dedim çatık kaşlarımla Ahmet'e bakıyorken. Ahmet sıkıntılı bir nefes verdi, ardından pencere kenarındaki iki adama başıyla Sergen'i işaret etti.

Adamlardan biri koltuğun arkasına, diğeri Sergen'in öbür yanına geçtiğinde bıçağı yeterince ısıtmıştım ama otururken *Zippo*'yu kazağımın kolundan içeri attım, kazak modeli dolayısıyla bileklere doğru darlaştığından düşmesi imkânsızdı. Kimse görmemişti. Dizlerimin üzerinde koltuğa oturup ışığı engellemeden omzuna eğildim; kurşunun saplandığı yer ve hâlâ içinde oluşu, uzak mesafeden ateş edildiğine işaretti. Hastaneye gitmeyip buraya gelmiş oluşu pek de iyiye alamet değildi. Sergen gömleğini katlayıp dişlerinin arasına aldığında adamlar onu tutup koltuğa çivilediler, biri üzerine dahi eğilmişti. Bıçağın ucunu yaranın girişine soktuğumda bir anda kıpkırmızı kesildi, gözleri yuvalarından fırlayacakmış gibi olmuştu. Boğuk bir çığlık boğazına hapsolduğunda nedense tüm öfkemi bu adamdan çıkarmak istiyor, oyalanıyordum.

"Bul şu kurşunu!" diye bağırdı Ahmet. "Allah kahretsin adam ölecek!"

Ama ben bir katil değildim. Üstelik bu odada birini öldürecek olsam, bu Sergen olmazdı. Ahmet olurdu kuşkusuz. Keşke yaralı olan o olsaydı de elime düşseydi. Kurşunu çıkardığımda parmaklarımla almak zorunda kalmıştım, masanın üzerine attım. Ardından gazlı bezle yaranın üzerini kapattım. "Bunu bastırın," dedim gözünden yaş gelmiş, suratı kıpkırmızı olmuş Sergen'e. Yarı baygınlık geçiriyordu. Adamlardan biri onun yerine sargı bezini yarasına bastırdığında "Şimdi ne yapacağız?" diye sordu Ahmet.

"Dağlayacağız yarayı," dedim.

Ahmet şokla "Ne diyorsun lan sen?!" diye bağırdı. "Adam kurşundan ölmediyse acıdan ölecek!"

"Bir şey olmaz merak etme, bayılır en fazla," dedim doğrulurken. Doğrulurken köşedeki yanmayan şömineyi yeni fark ediyordum. Ahmet adamlardan birine odun getirmesini emrettiğinde adam dışarı çıktı, o çıkarken dışarıyı birkaç saniye görebilmiştim; karanlık orman ve dağlar görünüyordu sadece. Çok uzaktaydı şehrin ışıkları. Bir süre sonra odun geldi ve şömine yakıldı. Ucu yassı bir demiri ateşte ısıttım, ucundan kalın bir bezle tutuyordum ve eldivenlerim kan olduğundan beze de bulaşmıştı. Sonunda terleyen ensemi kazağın koluyla silip doğrulduğumda, Sergen ayık bir şekilde elimde demirle ona doğru yürüyüşümü izliyordu.

"Böyle şeyler yapabilen bir kadın eskortluk yapmamalı," dedi Sergen sağlam kolunu kaldırmış, elindeki kumaş mendille alnından ve boynundan akan terleri silerken. "Fakültene devam et. Yarama baktığın için sana burs sağlayacağım."

İçeride şaşkındım, dışarıdan ise yalnızca kaşlarımı çatıyordum. Bakışlarım Ahmet'e döndüğünde onun da öfkeli olduğunu gördüm, işlerin karıştığının farkındaydı. "Yaranı dağlasın sonra git Sergen. Senin karışabileceğin bir konu değil bu," dedi Ahmet sert bir sesle. Artık saygı ifadesini bırakmıştı.

"Benim merak ettiğim, sen niye bu kızın yerine cevap veriyorsun her seferinde?" diye sordu Sergen, acısına rağmen başını kaldırmış, tehditkâr bir ifadeyle Ahmet'e bakıyordu. "Çünkü ben sana sormuyorum. Onunla konuşuyorum."

Ahmet denen herif, Sergen'i kandırsam bile beni buradan götürmesine izin vermezdi bunu biliyordum. Ve eğer karışmazsam, Sergen gittiğinde başıma kötü şeyler gelebilirdi bu yüzden akıllı davranmaya çalışarak "Ahmet Bey haklı, bu sizi ilgilendirmez," dedim yarasına bez bastıran adama çekilmesi için başımla işaret verirken. Ardından bir saniye bile beklemeden doğru noktaya bastırdım demiri. Sergen'in ağzına gömlek kumaşını geçirmesi anlık olmuştu. Suratı patlayacaktı biraz daha zorlanırsa, öyle çığlıklar yutuyordu ki ve öyle terliyordu ki kendi terinde boğulacak gibiydi eğer acıdan kurtulursa.

Her şey bittiğinde Sergen baygındı. Ahmet, bunca zaman Sergen'i tutan adamlara "Düzgünce koltuğa yatırın adamı, uyanınca gider," dedi ve yanı başındaki bir başkasına döndü. "Sen de şu Mama'yı getir de alsın kızı götürsün şu herif uyanmadan, başımıza bela olacak belli. Balkonda sigara içiyordu en son."

"Nereye gideceğim?" diye sordum eldivenlerimi çıkartıp masaya atarken.

Ahmet sorumu duymazdan gelerek gözlerini koridora çevirmişti. İçeriden kolunda bir kaban ve çantayla Mama denilen kadın, onu çağırmak için ayrılan adamla birlikte geldiğinde "Tamam mıyız?" diye sordu Ahmet'e, Ahmet başını salladı.

"Arabaya götür kızı geliyorum."

"Sen neden geliyorsun?" diye sordu Mama. "Al dedin kızı aldım. Kaçırmayacağım merak etme."

"Sana güven olmaz," dedi Ahmet.

"Oğlum elinizde," dedi Mama. "Bana güvenmelisin. Oğlum söz konusu."

Ahmet bir bakış attı kadına ama cevap vermedi. Başıyla dışarıyı işaret ettiğinde Mama daha fazla itiraz edemeyecek gibiydi. "Gel kızım," dedi yanıma yönelip kapıyı işaret ederek, şimdi sorun çıkarmam akıllıca bir hareket olmazdı bu yüzden kadını takip ettim. Ahmet de kabanını getiren iki korumayla birlikte kapıya çıktığında, korumalar iki yanımda dikiliyordu kaçarsam engel olmak için. Bahçenin etrafında çitler vardı, burası bir çiftlik eviydi. Köşede gezinen atları görebiliyordum. Ama onlardan başka görebildiğim bir şey yoktu çünkü etraf çok karanlıktı. Kapıları açık, siyah minibüse yönlendirdiler. Önce Mama bindi, ardından beni ittirdiler; geçip Mama'nın yanına oturmak zorunda kalmıştım. Korumalardan biri öne şoförün yanına, diğeri de karşıma geçen Ahmet'in yanına oturduğunda kapılar kapandı.

Önüme siyah bir kumaş uzatıldığında dışarıyı izliyordum, başımı kaldırdığımda ise Ahmet denen adamı gördüm; "Bağla," dedi düz bir sesle. Bakışları, bağlamazsam olabileceklerin fragmanı gibiydi bu yüzden kumaşı alıp gözlerime bağladım, her ne kadar dışarıyı görebileceğim bir aralık bırakmak istesem de bunun karşımdakini aptal yerine koymaktan farkı yoktu ve fark edince öfkelenebilirlerdi, sakata gelmek istemiyordum.

"Yüzüğümü ver," dedim son bir kez daha.

Ahmet güldü. "O yüzüğe artık ihtiyacın olmayacak. Olacaklardan sonra elimizden kurtulsan bile yüzüğü takabilecek yüzün kalacağını zannetmiyorum. Gerçi sen taksan bile, Vidar böyle bir kadınla evlenmez."

"Senin karın, çocuğun yok mu?"

"Yok," dedi Ahmet tok bir sesle.

"Besbelli," dedim. "Bir koca ya da baba olmadığın, besbelli. Hiç tanımadığın bir kadının karşısına geçmiş iffetiyle bir malmış gibi dalga geçebiliyorsun. Sende yürek yok, sen insan değilsin."

"Bırakmadılar."

Sakinliği konusunda bozguna uğramıştım, daha çok öfkelenir zannediyordum. Mama denilen kadın durmamı istercesine elimin üzerine elini koyduğuna ateşe ellemiş gibi çektim elimi. "Ne yaşamış olursa olsun, bir kadına bunu yapamazsın. Yaptıramazsın."

"Sana bir şey yapmıyorum ben," dedi Ahmet. "Şimdi kes sesini otur oturduğun yerde, gece gece başıma ceset torbası çıkarma benim."

"Beni öldüremezsin, bana ihtiyacın var."

"Yirmi dört saat içinde ihtiyacım olmayacak, o zaman öldürsem uyar yani sana?"

"Lütfen dur," dedi Mama, kısık bir sesle. Onu ne ilgilendiriyordu?

"Vidar sana ne yapar, biliyor musun?" diye sordum sakin bir sesle, Mama'nın ikazını duymazdan gelerek. Nasıl olsa hiçbir şey görmüyordum, beni şu an vursa bile öldükten sonra haberim olacaktı. Gerçi ellerime ateş etmekle ilgili tehdidini ettiği anı kafamın içinden çıkaramıyordum, bu da bir seçenekti onun için ama umurumda değildi o an.

Seslice bir nefes çekti içine Ahmet, nedense sıkıntılı hissettiğini düşünüyordum. Belki biraz daha üzerine gidersem insafa gelirdi. *Çıkar at gözlüklerini Karaca.* En azından yüzüğümü verse? "Armut dibine düşermiş. Ama eline geçmeyeceğim için bir sorun yok."

Armut dibine mi düşermiş? Bu adam bariz, Kunt'un babasından veya abinden bahsediyor olmalıydı ama hangisini kastettiği hakkında hiçbir fikrim yoktu ve eğer yanlış bir şey söylersem bilmediğimi anlardı. Kunt Vidar Karyeli'nin nişanlısı nasıl olurdu da aile işlerini bilmezdi ki? Böyle bir ihtimal yoktu ama ben bilmiyordum. Bilmediğim işler için bu arabadaydım, o da ayrı bir ironiydi. "Seni bulacak," dedim düz bir sesle. "Seni bulur."

Ahmet bir şey söylemedi. Koskoca adam, nedense yediği haltın bedelini ödeyeceği düşüncesini aklına getirmek istemiyordu çünkü korktuğunu itiraf edemiyordu. Bu gerçeğin verdiği rahatlık biraz olsun içime su serperken aslında su serpilecek bir durum olmadığının farkındaydım ortada. Bir süre sonra araç durduğunda sürgülü kapı açıldı, Mama koluma girmiş ve inmemi sağlamıştı. Asfalt yolda döndük, bir kaldırımın üzerine çıktık. Ardından otomatik kapının açılış sesi geldi, apartmanın içinde atılan adımların tok sesi yankılanıyordu. "Eve kadar gelecek misin?" diye sordu Mama, Ahmet'le konuşuyordu. Arkamızdan geldiğini biliyordum.

"En yakın iş ne zaman?"

Yumruğumu sıktım, tırnaklarım avuçiçlerime battı. Kumaş hâlâ gözlerimi kapattığından bir şey göremiyordum.

"Yarın akşam bir yat partisi var. Oraya gideceğiz kızlarla. Ama onun için henüz erken."

"Erken falan değil, bu kız da işe çıkacak," dedi Ahmet. "Yarın sizi almaya geleceğiz. Daha büyük bir minibüs ayarlarım. Kendim götüreceğim bizzat. Göreceğim de."

"Delirdin mi sen? Anlaşmamızda bu yoktu. Ben kızı alacaktım o kadar."

"Sana güvenim yok. Oğlun elimizde olsa bile."

"Fuat'la uzun zaman önce ayrıldığımızı ve yaptığım işi öğrendiği an beni terk edenin o olduğunu biliyorsun değil mi? Bizim şansımız yok. Neyden şüpheleniyorsun daha?"

"Geçmişini biliyorum, sana güvenmiyorum," dedi Ahmet. Bu sırada iki kat merdiven çıkmıştık. "Şimdi girin içeri, apartman çevresine adamlar koyacağım herhangi bir duruma karşı. Kız sorun çıkarırsa haberim olacak. Kimse yarın akşama kadar evden çıkmayacak. Çıkmak isterseniz de kapının önündeki adamlardan istersiniz ne istiyorsanız."

Yani beni bir cehennemden çıkarıp bir başkasına koyuyordu.

"Tamam," dedi Mama. "Yarın akşam görüşürüz öyleyse."

Bir kapının kilidinin çevrildiğini duydum, içeriden müzik ve birçok kadının birbirine karışmış sesi geliyordu. İçeride birileri vardı. Mama beni içeri soktuğunda "Ayakkabılarını çıkar, gözündeki kumaşı da indir," dedi kapıyı kapatırken. Ben kumaşı indirdiğimde demir kapıyı kapatmış, her yerden kilitliyordu. Anahtarı cebine attı. "İçeri gel."

Ayakkabılarımı çıkardım, gözüm ışığa alışana dek kısmıştım bakışlarımı. Geniş bir koridorda ilerledik, birkaç odanın önünden geçtik; koridorun sonunda geniş bir salon vardı ve koridor sağdan devam ediyordu. Üstelik burası dubleks bir daireydi, yani üst katta da odalar vardı. Eskort kadınlarla birlikte burada mı yaşıyordu? Salondan içeri girdiğimizde ilk gözüme çarpan şey beyaz koltuklara yayılarak oturmuş, eşofmanlar içinde eline oje süren yirmilerinin sonundaki sarışın kadın oldu. Televizyon açıktı ve bir film oynuyordu. Koltuklar genişti ve birkaç kadın daha oturuyordu, hiçbiri otuzlarını geçmiş gibi değildi.

"Bahsettiğin kız mı?" diye sordu oje süren, uzanıp kumandayı almış ve televizyonun sesini kapatmıştı. Arkamızdan bir kadın daha girdi, o da herkes gibi eşofmanlar içindeydi. Salonda Mama dahil sekiz kişi vardı, benimle birlikte dokuz kişi ediyordu.

"Geç otur," dedi Mama ama oturmak istemiyordum, kapıya koşup merdivenlerden aşağı atlamak ve kaçmak istiyordum.

"Şeyma ben," dedi oje süren kadın. Ardından diğerlerinin üzerinde gezdirdim gözlerimi.

"Pelin."

"Seda."

"Ayşenaz."

"Ceren."

"Aysel."

"Zehra."

Hepsi salonun bir köşesinde oturuyordu ve akşamları evlerinde rahatça eşofmanlarıyla dolaşan kadınlara benziyorlardı, görünüşlerinden veya tarzlarından belli olmuyordu ne iş yaptıkları. Yutkunarak Mama'nın gösterdiği ikili koltuğun köşesine oturdum, Mama denilen kadın da yanıma oturmuştu. Hâlâ ismini bilmiyordum.

"Kaç yaşındasın?" diye sordu Şeyma.

"Yirmi bir."

"Çok gençsin be," dedi Pelin. "Yapma yazık edersin... Gerçi buraya kadar geldiysen kararını vermişsindir."

"Gençliğini vermeye değmez kazanacağın para," dedi Ayşenaz. "Zaten kirli para durmuyor elde."

"Bir şey yapacağım yok," dedim gözlerim halının üzerinde, işlemeye odaklanmışken. Başımı kaldırmak istemiyordum. "Kendi isteğimle burada değilim."

"Kocan mı istiyor yapmanı baban mı?" diye sordu Şeyma.

"Asla," dedim öfkeyle başımı kaldırırken. Ardından gözlerimi Mama denilen kadının üzerine çevirdim; geriye yaslanmış, bir bacağını kendine çekmiş, dirseğini koltuk kenarına dayamış çenesini yumruğunda dinlendiriyordu. "Burada çok kalmayacağım ben."

"Anlamadım," dedi Şeyma kaşlarını çatarak meraklı bir ifadeyle yanımdaki kadına dönerken. "Ne demek istiyor bu kız?"

"Adın ne?" diye sordu o an Aysel, arkamdaki geniş yemek masasının bir sandalyesini çekip oturmuştu.

"Karaca düzgün düşünemiyor, şimdilik konuşmasanız iyi edersiniz. Bundan sonra nasıl olsa bol bol vaktiniz olacak sohbet etmek için," dedi Mama ellerini kaldırıp garip hareketler yaparken. "Yarın akşam yat partisine gideceğiz, onun için de bir kombin hazırlayın, yardımcı olun kıza." Bu kadın elleriyle ne yapıyordu?

Şeyma şaşkınca gözlerini pörtletirken kaşlarım çatıldı. "Ne diyorsun sen be?"

Şeyma bir anda ojeyi bırakıp *şşşt* dercesine işaret parmağını dudaklarının üzerine yasladığında dengem iyice şaşmıştı. Mama'ya karşı ellerini kullandığında işaret diliyle konuştuklarını anca fark edebilmiştim; ne söylüyordu? Neden işaret dilini kullanıyorlardı? Diğer kızlar aralarında fısıldaşırken Şeyma bir anda ayağa kalkıp "Geç oldu, uyuyalım," dedi televizyonu hepten kapatarak. "Yarın erken kalkacağız. Duşlarınızı şimdiden alın sabah sıra oluyor."

Şeyma beklememi işaret ederek kızları odalarına uğurlarken salonda bir tek o, Mama ve ben kalmıştık. İşaret dili bilmemenin eksikliğini bu denli çekeceğimi bilmiyordum, buradan kurtulduğumda ilk boş vaktimde çalışmaya başlayacaktım. Bariz oda dinleniyordu, bu yüzden konuşmuyorlardı. Mama ayağa kalktığında birbirlerine iyi geceler dilediler ama birlikte çıktık üst kata, ışıkları kapalı bir çatı katı odasına geçtiğimizde Şeyma teras kapısını açtı. Üçümüz de dışarı çıktığımızda kapı arkamızdan kapatılmıştı. Dışarısı dehşet soğuktu ve esiyordu.

"Ne oluyor?" diye sordu Şeyma bir sigara yakarken. "Sen bize yeni kız geliyor dedin, biz de işe başlayacak sandık. Bu kız zorla mı burada? Ne iş?"

"Ne konuştunuz içeride?" diye sordum şaşkınca. "Dinleniyor mu bu ev?"

"Ahmet pimpirikli bir adamdır, bana güvenmediğini kendi ağzıyla da söylüyorsa evin dinleniyor olması yüksek ihtimal," dedi Mama, ardından Şeyma'ya döndü. "Durum çok kötü Şeyma. Çok kötü. Oğlumu kaçırdılar."

Şeyma şokla ellerini ağzına kapadı. "Ne diyorsun sen? Kimler kaçırdı?"

"Orasını bilmesen daha iyi. Karaca'yı işe başlatmamı istiyorlar, yarınki yat partisinde bize eşlik edecekler. En ufak bir yanlışımızda başımıza büyük bela açılır, diğer kızları da tembihlememiz lazım."

"Neden bu kızı işe başlatmanı istiyorlar? Dertleri ne?"

"Ne olacak dertleri? Kızın gireceği ailenin adına leke sürmek, buna leke sürmek de denilirse," diye söylendi Mama. "Düpedüz tecavüz. Bunun olmasına izin vermeyeceğim. Oğlum Allaha emanet, iki tarafı da kurtarmaya çalışacağım Şeyma. Yoksa bir anne olarak içim rahat etmez."

"İçin rahat etmez?" Ağzım bir karış açık kalmıştı. "Sen burada bu kadınları pazarlamıyor musun? Buna için rahat mı?"

"Rahat," dedi Mama hiç tereddütsüz. "Buradaki kadınların hepsi isteyerek başladılar, para için yapıyorlar. Gerek çocuklarına gerek daha iyi yaşam şartları için. Ben sadece bir aracıyım."

"Böyle bir işi yapıp da nasıl daha iyi bir hayat sürebilirler? Çocukları harçlıklarının nereden geldiğini bilse o parayı kabul ederler mi sanıyorsun?" dedim dehşetle. Bunun kaldırabileceğim hiçbir yanı yoktu, konusu bile içimde bir yerlerde travma yaratacak güçteydi.

"Sen ne bilirsin buradaki kadınların başından geçenleri?" Mama'nın yüz ifadesi kaskatıydı, kollarını göğsünde birleştirmiş bana dönmüştü.

"Gerek yok bu tarz konuşmalara," dedi Şeyma. "Mama'mız isteğimiz dahilinde iş buluyor bize, madem yerin burası değil senin söz hakkın da yok bu konuda Karaca. Yoruldum bu konuların açılmasından. Ayrıca kadın karşına geçmiş seni kurtaracağını söylüyor, ona ters davranırsan vazgeçmesinden korkmuyor musun?"

"Ben daha çok ne halt yediği ortaya çıkınca ihanet ettiği insanların keseceği cezayı hafifletmeye çalıştığını düşünüyorum," dedim dürüstçe.

"Sen nasıl..."

"Boş ver Şeyma, öyle bilsin," dedi Mama o an, neredeyse inanacaktım niyetine ama saray tuvaletinde beni sıkıştırdığındaki tavrı ve beni Ahmet'ten koruduğunu sandığım an aslında fiyatımı düşündüğünü itiraf ettiğini unutamıyordum.

"Yardım etmek istiyorsan bana bir telefon ver," dedim kollarımı göğsümde birleştirerek.

"Sevgilini mi arayacaksın?" diye sordu Mama. "Sence Vidar'ın haberi yok mu şu an olanlardan?" Güldü. "Kunt Vidar Karyeli'nin nişanlısı, asker arkadaşının düğününden kaçırılacak, Karyeli de buna ayılmayacak öyle mi?"

"Kimin nişanlısı kimin?" Şeyma'nın içine çektiği sigara dumanı soluk borusuna kaçtığında, eğilerek şiddetle öksürmeye başladı.

Üşüyen ellerimi ısıtmak amaçlı kazağımın kollarını parmak uçlarıma kadar çektiğimde başım ağrıyordu. Bu kadın ne demek istiyordu? "Yani haberi var mı?"

Tekrar güldü Mama. "Niye gülüyorsun?!" diye sesimi yükselttim, neden sürekli gülüyordu? Komik bir şey mi vardı?

"Saray'dan ayrıldıktan sonra seni götürdükleri çiftlikte konuştum onunla. Eve varışımızın üzerinden beş dakika ya geçmiş ya geçmemişti. Bu da demek oluyor ki daha kırk beş dakika önce sen o salondaydın ve kırk beş dakika içinde bana ulaşabildiler. Yani evet, sen çıktıktan hemen sonra fark etmiş."

"Ne konuştunuz?"

"Yarın akşamki yat partisinde olacak," dedi Mama rahat bir nefes vermemi sağlayan sözcükleri bir araya getirerek. "Ama bu kadar. Pek bir şey bilmiyorum. Zaten bir dakika konuştuysa elli beş saniyesi küfür ve tehditti."

"O Ahmet denen adam da orada olacak?"

Kafasını salladı. "Bu yüzden zor bir gece olacak. Biraz uyusan iyi olur." Gözlerini kaçırdı. Muhtemelen oğlu için endişelenmeye başlamıştı. "Şeyma benim paketi getirsene, içesim geldi birden."

"Abla senin buradaki paketler bitti ya," dedi Şeyma sigarasını mermerin üzerindeki küllüğe söndürürken, şaşkınlığını henüz üzerinden atabilmiş değildi. "Mahalledeki çocuklardan birine para atayım da alsın."

"Kapıda adamlar var söyle alsınlar."

Şeyma kafasını sallayarak içeri geçti, birkaç saniye sonra iki kalın montla geri gelmiş ve bize uzatmıştı. İçeri girmek istemiyordum ama teras da çok soğuktu bu yüzden montu sorgulamadan giymiştim. Konuşulanların şokundan ne kadar üşüdüğümü fark etmemiştim bile, resmen donuyordum burada ama içeride böcek olabilirdi, dinleniyorduk. Bunu aklımdan çıkarmamam gerekiyordu. *Demek bu kadın, Kunt'la konuşmuştu?* "Çocuğun onların elindeyken nasıl Kunt'un sözlerine ikna oldun?"

"Kimsenin sözlerine ikna olmadım. Beni aradığında yarın akşam kızları yat partisine götüreceğimi biliyordu, seni de oraya götürmemi söyledi. Bu kadar. Ahmet de aynı şeyi isteyince ben de otomatikman Karyeli'nin sözüne gelmiş oldum. Oğlum, Ahmet'in elinde. Ahmet ne derse onu yaparım. Ama bilmediği bir şeyi gidip de ona söylemem, sorması gerekir. Soracak kadar bilgi sahibi değil."

"Sorsa söylersin yani her şeyi?" Kunt bütün bunları bu kadar kısa sürede nasıl öğrenebilmişti?

"Söylerim."

"Kötü bir kadınsın sen," dedim düz bir sesle.

"Kötü bir kadınım, evet." Tırabzanlara arkasını vererek yaslandığında, ellerini üzerindeki kahverengi kürkün ceplerine soktu.

"Ahmet'le iş yapıyorsunuz ama sana evini dinleyecek kadar güvenmiyor, Fuat Hoca'yla olan geçmişin yüzünden mi?" diye sordum yanına geçip aynı pozisyonla tırabzanlara yaslanırken.

"Yalnızca o değil," dedi kadın, gözleri önündeki duvara sabitliydi. "Empati kurup seni salacağımı düşünüyor."

"Kiminle empati kurup?"

"Seninle."

Çatılan kaşlarımın altındaki gözlerimi ıslak teras fayanslarından yukarı çıkardım, ayaklarımda terlikler vardı. İstemsizce başımı çevirip yanımda duran Mama'ya bakmıştım, kadın pazarlayan kadına. "Nasıl empati kurabilirsin ki sen benimle?

Nişanlısı olduğun adamın düşmanı seni de mi kaçırıp eskort yapmaya çalıştı?"

Alayla güldü kadın, gözleri kısılırken bakışları eğilmişti. Yüzünde hafif bir tebessüm vardı. Seslice derin bir nefesi kuru dudaklarından dışarı verdiğinde sıcak hava buharı yukarı yükselmişti ağzından. Şeyma teras kapısını tıklattı, elinde iki paket sigara ve bir çakmak vardı. "Abla bunları buraya bırakıyorum, ben yatmaya gidiyorum saat çok geç oldu."

"İyi geceler Şeyma, sağ ol," dedi Mama, Şeyma kapıyı kapatıp giderken ilerleyip kenara bıraktığı paketlerden birini ve çakmağı alıp geri dönmüştü. "Alsana," dedi paketi açıp dudaklarının arasına bir dal sıkıştırdıktan sonra, paketi önüme uzatmıştı. "Ağır değil çok."

Bir dal aldım, çakmağı uzattığında hâlâ kazağımın kolunun içinde olan ve Sergen denen adamdan aşırdığım *Zippo* aklıma gelmişti. İşime yarar diye ceplemeyi seçtiğim alet bir *Zippo* olmuştu ama gerek kalmamıştı çünkü on dakika sonra çiftlikten çıkmıştık.

"Tunceliliyim ben. Tunceli'de köyüm, orada büyüdüm," dedi kadın, sigaradan bir nefes çekerken içine. "Tek çocuğum, annem ölmüş beni doğururken. Babam olacak hayvan da başka bir kadını almış yanına, üç erkek çocuk verdi ona o kadın. Ben dış kapının mandalıydım yanlarında. On üçüme gelince kadın oldun sen dedi babam, evleneceksin. Yol bilmem iz bilmem. Aldı beni köy okulundan, pisliğin tekine sattı birkaç koyuna. Herifin adı Murat. Evlendik. Gerdek gecesi, tarifsiz bir acı. Ertesi gün oldu. Yemek senin, çamaşır senin, temizlik senin. Tuzluk eksik sofrada, dayak. Yumurtayı fazla pişirmişsen, dayak. Canı sıkıldı gözüne mi gözüktün? Dayak. Komşuların kocaları hâli duyunca ayaklanmışlar, haberim yoktu. Jandarma gelecekmiş o sabah meğerse. Kalk dedi gidiyoruz. Nereye dedim, İstanbul'a dedi. İki valiz, bir bohça otobüse bindik, geldik İstanbul'a. İstanbul büyükşehir... Bizim etimiz ne budumuz ne? Tuttu bir kapıcı dairesi, yerleştik. Bir yıl dayandım, iki yıl dayandım, üçüncü yıl kaçtım. Buldu. Dövdü polise gittim, polis aldı kocama götürdü beni aile içi anlaşmazlıkmış, karı kocaymışız biz halledermişiz. On sekizimi geçince çalışacaksın dedi. Apartmanda çalışıyorum ya dedim, yetmiyor senin boğazına dedi. İçkiye para lazım demedi. Kumar oynayacağım demedi. Benim yediğim bir zeytin bir kuru ekmekti."

Sigara iki parmağımın arasında yanarken bütün vücudum kaskatı kesilmişti duyduklarımdan dolayı, hareket edemiyordum. "Tuttu kolumdan geneleve götürdü, para almadan gelme eve dedi. Orada bir pezevenkle anlaşmış. Ucuz bir otel odasındaydım ama bol bol içki vardı. Dayadım durdum şişeleri, hatırlamıyorum bile o geceleri. Perperişan hâlde ama cebimde parayla döndüm eve. Param bile olsa nereye kaçacağım ki! Evliydik, cahildim. Bir kadın buldu beni, pezevengimden aldı, Mama. Durumumu anlattım, destek çıktı. Kocama para verdi, belgeleri imzalattı, boşandım. Bir daha istemediğin kimseyle birlikte olmayacaksın dedi, işi öğretti. Başta telefonlara bakıyordum, sonra reklamları vermeye de başladım. Sonraları işin başına geçmiştim. Kırk yaşında hamile kaldım. Bunun o yaşta mümkün olduğunu bile bilmiyordum. Bir oğlum oldu, babası erkek arkadaşımdı ama ayrıldığımızdan söylemedim. Kendi de sorumluluk almayacak, söylersem para istediğime kadar lafı çarpıtabilecek biriydi. Bir oğlum olana kadar defalarca kez ölmeyi denemişken, ilk defa yaşamayı ister olmuştum. Ali Fuat'la birkaç yıl sonra tanıştık, hocalık yaptığı bir boksörün maçına biletim vardı. Birlikte iş yaptığım insanlarla gittiğimden *VIP*'ydim. Onunla tanıştıktan sonra bırakmak istedim her şeyi, bırakmayı denedim, bıraktım sandım da. Ama kadınları bırakamıyorsun. Ne kadar çaresiz durumdalar bilmiyorsun. Ölebilirler bile. Erkekler bunu hak ettiklerini düşünüyorlar, daha geçen yıl bir kızın kafası koparılıp siteden dışarı atıldı poşetle. Üstünü kapattılar. Niye? Kadın fahişe, kadın eskort. Ona bunu yapan piç kurusu dışarıda başka kadınlara daha fazlasını bile yapabilir ama durumu kadına atfetmek kolay. Tesadüf, bir gün baskın yedik, tutuklandım. Polise çalıştığımı söyledim, pazarladığımı söylersem dört-beş yıl yatarım ama yaptığımı söyleyince salıyorlar. Fotoğrafların çekildiğini bilmiyordum, eve döndüğümde Ali Fuat'ın önünde açıktı haber sayfası. Yapmadığımı,

Mama'ları olduğumu söylemek zorunda kaldım. Her şeyi anlatmak zorunda kaldım. Babamın kocama, kocamın geneleve satışını anlatmak zorunda kaldım. Git dedi. Gittim." Sigara dalı bitmişti, yeni bir tanesini ateşliyordu. "Sarayın tuvaletlerinde sana yerinde olmak istediğimi söylediğimde alay etmiyordum, ciddiydim Karaca. Senin hayatında gözlerinin içine aşkla bakan, sana dokunurken kırılgan bir eşyaya dokunuyormuş da zarar verecek diye ödü kopuyormuş gibi dokunan bir adam var. Dans ederken konuştuklarınızı dinledim. Aynı dili konuşuyorsunuz. Böyle bir şeye herkes sahip olmuyor hayatta ya da bulsa bile aşkı... Kaybediyor. Sanki aşkta kazanmak yokmuş, herkes kaybedilmeye programlanmış gibi."

Abimden bahsettiğim kısmı tahmin ettiğim gibi anlamamıştı. "Yaptığın işi desteklemiyorum ama yaşadıklarının zorluğu göz ardı edilemez. Ben kendimi öldürürdüm. Bir arabanın önüne atlardım, o otel odasından aşağı atardım kendimi ya da mutfak bıçağıyla bileklerimi keserdim. Başarırdım ölmeyi."

Gözkapakları kapandı kadının, başını salladı ağırca. "Haklısın. Ölemedim. Ölmeliydim."

"Öyle söylemek istemedim."

"Yooo hayır, haklısın. Psikolojisi zor. Her şey zor. Sana o çiftlik evindeki odada söylediklerime bile dayanamadın, kriz geçirdin. Ne kadar hassas olduğunu fark ettim," dedi kafasını sallayarak.

"Ben..." Dudaklarım birbirine mühürlendi o an, karşımda birden fazla kez tecavüze uğramış ve üzerine para atılmış, o parayı kocasının içki ve kumara yatırması için eve götürmüş bir kadın vardı çünkü başka ne yapacağını bilmiyordu o zamanlar. Kaçmıştı, kocası bulmuştu. Devlete sığınmıştı, yarı yolda bırakılmıştı. Tutmuşlardı kolundan, yardım etmek yerine cehennemine geri atmışlardı kaçtığı yerden. *İnsanların anlattığı ağır şeylere karşılık kendi acılarını ortaya dökmeyi borç görmemelisin Karaca.* Bitmiş sigarayı küllüğe bastırdım, ardından tırabzanın başladığı mermer taşa yaslanarak oturdum. Kan. Karanlık. Kötü. Karaca. Karam. Koralin. Kunt. Karyeli. Karayel. K9. Kırmızı. *Kan.* Kırmızı... *Kan...*

"Sen iyi misin?" diye sordu kadın, dizlerinin üzerine eğilmiş, elini mermere yaslamıştı. "Ahmet ne yaptı sana ben yokken? Bir adamın yarasıyla ilgilendiğini biliyorum sadece."

"Yüzüğümü aldı şerefsiz..." Sağ elim o kadar boş geliyordu ki gözüme, kucağıma çekip diğer elimle sarmaladığımda parmağımdaki yüzüğün yokluğu bir alev yakıyordu tenimde. "Ellerime ateş etmekle tehdit etti. Tıp öğrencisi olduğumu nereden biliyordu?"

"Ben söylemiştim," dedi sıkıntıyla nefes verirken. "Allah kahretsin. Ben söyledim. Seni araştırmıştık. İzbe bir mahallede annenle yaşıyormuşsun eskiden, annen ölmüş. Baban yok. 1999 doğumlusun, tek çocuksun. Tıp fakültesinde okuyorsun. Bütün bunları ben söyledim."

Abimi gerçekten bilmiyor oldukları gerçeği içime su serperken annemi ölü bilmeleri kaşlarımı çatmama sebep olmuştu ama bir şey belli etmemiştim. Böylesi daha iyiydi. Belki de annemin güvende olması için abim yapmıştı bunu. "İçeri geçelim, dinlen biraz," dedi kollarımdan tutup beni kaldırırken. "Yarın uzun bir gün olacak..."

Salondaki üç kişilik geniş koltukta bir yastık ve bir battaniyeyle uyumaya çalışmıştım bütün gece ama olmuyordu, gözlerimi kapatamıyordum. Dalsam uykuya, yine kalkıp Kunt'un yanını bulmaya çalışır mıydım acaba? İnsan bütün gece uyumayınca, düşünecek bol zamanı oluyordu. Arena revirindeki ve mezarlıktaki karşılaşmamızı saymazsak Kunt'la Kayradağ'da tanışmıştık, bana ağaçların arasındaki kızıl tilkiyi göstermeye çalışırken ciğerlerime dolan kokusunu çok net hatırlıyordum. Aynı günün akşamı kavga etmiştik ve ormana dalıp bir kurt tarafından kovalanmıştım, eğer hayal görmediysem altın postlu bir kurttu beni kovalayan; daha sonra buz tutmuş göl üzerine çıkmıştım, buz çatlamıştı, suya düşmüştüm. Karanlıktı. Abimin gidişine inat söndürdüğüm lambamın ışığına ihtiyaç duyduğum ilk geceydi o gece çünkü yine uyuyamamıştım. Şöminenin başında oturmuştum sabaha kadar. İstanbul'a dönmüştük, ilk o gece uyurgezerliğim tekrar etmişti. Başka bir yere değil, gidip onun yatağına yatmış olmam tesadüf müydü? Hayır. Kunt bana güven veriyordu. Bilinçaltım onun ışık olduğunu düşünüyordu ben de her karanlıktan korkan çocuk gibi ışığa gidiyordum.

Burası da karanlıktı, çok daha karanlık... Aramızda hep bir karış olacak demişti ama şimdi bir karıştan daha fazlası vardı. Ve ışık yakında değildi, hiç yakında değildi hem de...

Saat öğlen on ikiyi vurana kadar kimse çıkmadı odalarından, salonun kapısını kapatıp televizyonu açtığımda bir magazin programı vardı ilk açılan kanalda. Bir sarışın bir esmer kadın, arkalarındaki koca ekrana yansıtılan fotoğraflarla ünlülerin hayatıyla ilgili gereksiz yorumlarda bulunuyorlardı. Bir süre yeni doğan bebeklerinin yüzünü saklayan oyuncu bir çifti geçmişleriyle yargılayışlarını dinledim, kulağım onlarda değildi; Mama'nın anlattıklarını düşünüyordum. Bir yandan da düşünmek istemiyordum da... Düşünmesi bile zorken, hayal etmesi imkânsızken, içerideki kadın tüm bunları yaşamıştı. Oğlunu kaçırmışlardı; canlı bomba yapmışlardı onu, beni tehdit etmesi için.

Ekrana bir video yansıdığında şoktan elimdeki kumanda düştü yere. Ayağa kalkıp yakından bakmak için televizyona yaklaştım; biri Çırağan Sarayı'ndaki düğünde Kunt'la dans ederken videomuzu çekmişti. Ben kollarımı beline dolamış, alnımı göğsüne yaslamıştım; çenesi başımın üzerindeydi, elleri belimde. Dizlerimin üzerinde yere çökerken gözlerim doldu, bu nasıl bir şeydi böyle? Sarıldığı kadın bendim ama o an o kadar odaklanmıştım ki keskin nişancıya ve canlı bombaya, ne kadar yakın olduğumuzun farkına varamamıştım bile. Ne konuşuyordum ona o an? Acımasızca annesini mi soruyordum, yoksa beni boğan kara bir duman olduğunu mu söylüyordum? Video kısaydı, muhtemelen düğünün içinden görüntü almak yasak olduğundan gizlice bir davetlinin telefon kamerasından çekilmişti. Programı sunan kadınlar aralarında elbisemden saçıma kadar her şeyimi eleştiriyorlardı hararetle, kötü değildi yorumları beğenmişlerdi ama bariz bir kıskançlık akıyordu sözlerinden. Konu değiştiğinde ekranı kapattım.

Şeyma'yı Mama tembihlemiş olmalıydı ki Kunt hakkında ismini duyduğu an şaşkınlıktan küçük dilini yutsa da bir daha konusunu açmamıştı. Salondaki masaya bir kahvaltı sofrası kurulmuştu, kızlar benimle konuşmuyor; gözlerini bile değdirmiyorlardı. Mama'nın ismini merak ediyordum çünkü bir lakap olduğunu biliyordum Mama isminin ama ev kalabalıktı ve yalnız kalamıyorduk hiç. Saatler geçiyordu, ben yalnızca Kunt'un ne yaptığını merak ediyordum. Efes'e kızmış mıydı? Çünkü Melisa'ya çok kızdığını tahmin edebiliyordum. Fuat Hoca ne düşünüyordu eski sevgilisinin beni kaçırması hakkında?

Vakit geldiğinde bana mini bir etek ve kısa bir kazak ayarlamak istemişlerdi, ısrarla etek ya da elbise giymek istememiştim. Ahmet denen şerefsizle yeniden karşı karşıya gelecek olmak beni yeterince zorlamayacakmış gibi bir de tenimi açıkta bırakan şeyler giymek istemiyordum, her ne kadar kurtulacağımı bilsem de eskortların erkek avına çıkacağı bir partiye götürülüyordum ve bunu bilmek zordu. *"Malı göstermen lazım biraz ki adam gelsin,"* demişti kızlardan biri, sanırım adı Seda'ydı. Şeyma o an beni başka bir odaya götürüp beş dakika sonra siyah deri, boru paça bir pantolon ve beyaz kısa bir kazakla geri dönmüştü. *"Kazak kısa ama bulabildiğim en kapalı ve bol şeyler bunlardı,"* demişti. *"Kızların söylediklerini takma, tavsiye verdiklerini düşünüyorlar. Durumdan habersizler."*

Canım yanmıştı kazağı giyerken. Sol kaburgamın kenarında bir morluk vardı, dün gece merdivenlerde beni bilerek düşürdüğünde çarpmıştım kenara. *Hayvan herif.*

Çok kötü hissediyordum. Sırf para için, toplumda kendine yer bulamamış kadınların bu yola düşmesi fikrine bile dayanılmaz bir durumdu ama biliyordum ki yaşamaktan vazgeçerdim, gururumdan asla. Yine de başkalarını tercihleri için yargılayacak değildim. Makyaj yapmadım, yapmak istediklerinde de izin vermemiştim. Kendimi banyoya kapatıp elimi yüzümü yıkamış, dün geceden kalma tüm makyajı sökmüştüm yüzümden. Ardından saçlarımı parmaklarımla taramıştım uzun uzun aynaya bakarak; belime geliyordu koyu kahve tutamlar, gürdü saçlarım. Ben uğraşamazdım ama annem kestirmeye kıyamamıştı hiç, kendi uçlarından kesmişti sadece dönem dönem. Kendi saçına da kıyamaz uzatırdı hep. Örerdi arkadan sımsıkı, duştan duşa çözerdi... Bana hep süt kokulu şampuanlar, sabunlar alırdı; kundaktan çıkmış bebek gibi görüyordu herhalde, süt kokum gitmesin istiyordu. Alışkanlık olmuştu bende süt. Kahveyi sütlü, tatlıyı sütlü, duş jelini sütlü, kahvaltıda süt, hep süt... Laktoz midemi çok ağrıtmadığı için şanslıydım... Ama annem saçlarımı örmediği için artık, belki örmeyi bile hatırlayamadığı için; asla şanslı olduğumu hissedemeyecektim.

Yüzümü kâğıt havluyla kuruladıktan sonra banyodan çıktığımda kızlar kapıda ayakkabılarını giyiyorlardı. Şeyma ayak numaramı sorduktan sonra bilekte biten parlak, kalın topuk siyah botları vermişti elime, üzerime ise bir ceket. Merdivenlerden aşağı inerken kapı önünde ve aşağıda adamlar dikildiğini fark ettiğimde gerilmiş, başımı kaldırmış önümde yürüyen Mama'ya bakıyordum sürekli; leopar desenli bir kürk ve kalem etek giymişti Mama, önden ilerliyordu. Kürkü omuzlarındaydı ve griye boyanmış, aralarında beyazlar olan saçlarına fön çekmişti. Apartmandan dışarıya adım attığım an önüm kesildiğinde kolumda hissettiğim baskıyla ayrı bir yöne sürüklendim. "Sen bu arabada geliyorsun," dedi kaba saba bir adam. Yönelttiği araba büyük, siyah bir cipti ve ön koltuğun açık camından içeride oturan Ahmet şerefsizini görebiliyordum. Camdan içeri yüzüne tükürmek istiyordum.

"Abla?" diye sordu Şeyma, kızlar servis arabasına binerken durup Mama'ya dönerek. Mama, Şeyma'ya "Sen kızlarla kal, ben Karaca'yla gideceğim," demiş ve yanıma yönelmişti. Arabanın arka kapısından içeri geçtim, ardından Mama yanıma oturdu. Kapılar kapandığında şoför gaza basmış, servis aracının önüne geçmişti.

"Sen niye geldin?" diye sordu Ahmet dönüp Mama'ya bir bakış atarak. "Kızlarla kalsaydın. Biz bu kızı başka bir yere götüreceğiz."

"Ne?" Mama şokla, iki koltuğun kenara ellerini koyarak

öne kaydığında şoför ve yolcu koltuğunun arasına girmişti. Kalbim göğüs kafesime baskı uygulamaya başladı Ahmet'in sözlerinden, tırnaklarımı avuçiçlerime geçirdim ve nefes alış verişlerime hâkim olmaya çalıştım. Ani hareketler benim yararıma olmazdı.

"Karyeliler'e gelin olacak kadını yat partisine salacağımızı düşünmüyordun herhalde. Çok zengin ve güçlü bir iş adamı duymuş meseleyi, Halit Bey'den ricada bulunmuş. Kıramadık," dedi Ahmet önüne dönerken. Halit kimdi? Sanki arabasını kiralıyordu herif! "Limana gidiyoruz zaten ama bahsedilen partiden uzakta olacak, orada ayrılırız. Adamın yatına gideceğiz biz direkt."

"Kim?" diye sordu Mama dehşetle. "Kim ister, kim yapar böyle bir şeyi? Bu ne cüret! Biliyor mu bir de kim olduğunu kızın?"

"Enis Taşovalı. Taşaklı adamdır, günahı kadar sevmez Karyeliler'i. Geçen yıl Baran Karyeli hisselerde binmiş bu adamın ensesine, kin beslemiş bu da şirketi iflasın eşiğine gelince. Tam ihtiyacımız olan adam."

Nefes almaya çalışıyor, camdan dışarı bakıyor; arada kapı koluna bir bakış atıyordum. Şimdi kapıyı açıp kendimi trafiğe atsam ezilerek ölmek, tüm bunlardan daha katlanılabilirdi. Sesler boğuklaştı, görüntü de öyle... Kesik kesik gelen parçalardan göğsüme yayılan korku sırtımı kamçılıyordu, güpegündüz karanlığın ortasına bırakılıyordum; eğer bu olursa, eğer başıma bu belayı açan Kunt -Allahın belası Vidar Karyeli- beni kurtarmazsa onu asla affetmezdim. Ondan önce ben kendimi ucunda ölmek de olsa kurtaramazsam, kendimi de affetmezdim. Kendimi iki kere affetmezdim; bir, kendimi kurtaramadığım için; iki, abimin başına gelenleri çözemeden öldüğüm için.

Araba durduğu an kapıyı açıp çimenlerin üzerine attım kendimi, saçlarımı geriye çeker çekmez midemde çalkalanan ne varsa toprağa akmıştı ağzımdan. "Git su getir!" diye bağırdı Ahmet, arabadan fırlarken. Mama yanıma eğilmiş saçlarımı tutuyor, sırtımı sıvazlıyordu. "Leş gibi koktun! Herif kıllanırsa ödetirim sana bunu!"

"Bir sus be, bir sus Allahın belası!" diye bağırdı Mama o an doğrularak. "Yapacağın kansızlığın farkında mısın sen? Gebersen mezarından çıkaracaklar, diri diri yakacaklar seni bir bir hesap sorarken! Ölmeye yakın su serpecekler üstüne, yaraların iyileşmeden bir daha ateş basacaklar! Allah belanı versin senin..."

Duyduğum tokat sesiyle tükürdüm yere, ardından elimin tersiyle ağzımı silerek ayağa kalktım. Gözlerimde korku yoktu, gözlerimde sadece öfke vardı. Buzdan bakışlarımı az önce yanımdaki kadına tokadı basan Ahmet şerefsizine çevirdiğimde, çenemi kaldırmış karşısında dikiliyordum. "Yarandan vursunlar seni istiyorum," dedim ölü bir ses tonuyla. "Ölmeyi dile, yalvar Allaha ama ölme. Şimdi kime kulluk yapıyorsan ondan af dilersin sen, bir tek ona yüzün kalır ama eminim o da cayır cayır yanıyor olur cehennemin en dipsiz kuyularında. Sana öl demiyorum, sakın ölme. Yaşayarak çek cezanı. Her nefes ciğerlerine yangın olsun. Ahımı aldın sen benim. Ah yerde kalmaz."

Ahmet'in yüzü kaskatıydı, dişlerini sıkıyordu ve çenesi kasılmıştı ama bir tokadı da bana basacak cesaretinin olmadığını okuyabiliyordum gözlerinden. "Al şu kızı gözümün önünden," dedi şoför koltuğundan inen adamına. Adam yanıma geldiği gibi beni kolumdan çekmiş, liman kıyısına yürütüyordu. Karşı koymadım. Başımı kaldırdığımda liman şeridini ve kıyıya bağlanmış tekneleri, yatları görebilmiştim ama etraf çok sessizdi. Fazla sessiz. Kunt neredeydi? Alsaydı ya beni buradan? Çünkü o beni buradan almazsa, ben kendimi bu dünyadan gönderecektim. Yata binip kendimi atsam, derine yüzsem mesela, boğsam kendimi... Yapabilirdim. Bunu yapabilirdim. *Yapabilirim. Yapabilirim. Yapabilirim. Abimle buluşurum. Abimle buluşmuş olurum. Belki de bana yardım eden adam için ödemem gereken bir bedeldir bu. Ben gittikten sonra Kunt, abimin başına gelenleri çözer, gelir mezarımın başında bir bir anlatır bana. Pişman olmuş mudur kardelen işlemeli yüzüğünü benim için kutudan çıkardığına? Gerçekten evleneceği kıza takmalıydı ilk kez onu. Şimdi yüzük Ahmet denen şerefsizde. Beni bulduğunda, cesedim kıyıdan çıkartıldığında elimin boş olduğunu görüp sorar mı hâlâ adını bilmediğim Mama kadına? Öğrenir, sonra gider alır mı? Bir daha takamaz ama elime.*

Annem. Annemi yalnız bırakamazdım.

Lüks yata bir adım attığım an kendimi kolumu tutan adamdan kurtarıp denize atmadıysam sebebi annemdi. Ne yapacaktım? Öteki türlüsü de olmazdı. Hayır, hayır, hayır... Annem için de olsa yapamazdım. Tam yatın girişine geldiğimizde adamdan kolumu kurtarıp belindeki silahı çektim ve emniyetini kapattığım gibi namluyu çeneme dayadım. *Anne beni affet. Yapamam.*

"Lan!" diye bağırdı Ahmet limandan, Mama ile birlikte buraya koşuyorlardı. "Bırak lan o silahı!"

"Yapma," dedi kolumdan tutup beni yata kadar getiren adam, birkaç adım ötemde elini bana doğru kaldırmıştı ama ona silahını geri vermeyecektim.

"Kapa çeneni geri zekâlı! Sana ne!" diye bağırdım silahını aldığım adama doğru. "Geri git! Bas git!"

"Abi bir anda oldu," dedi adam, Ahmet yata adımını atınca. Yukarıdan adım sesleri geliyordu. Ahmet, adamını öfkeyle ittirip "Yapacağınız işi sikeyim!" diye bağırdı, indiğimiz aracın arkasında duran başka siyah bir araçtan inen adamlar da arkamızdan gelen Ahmet'in adamlarıydı ve durumu gördükleri an buraya koşmaya başlamışlardı.

"Kuzum yapma!" dedi Mama. "N'olursun yapma! Değmez!"

"Ben senin gibi değilim!" diye bağırdım. "Bununla yaşayamam! Bunun başıma gelmesine izin veremem! Değer inan! İnan ki değer!" Ahmet de Mama da üzerime gelmeye çalışıyorlardı. "Yaklaşma!" İki elimle birden sıkıca kavramıştım silahı ve bir parmağım tetiğin üzerindeydi. Yatın koltuklarının köşesine kadar geri gittim, arkamı yasladığım kısımdan sonrası denizdi, dalgalardı, *özgürlüktü. Bir daha karanlık tenine dokunamayacak Karaca ya atla ya vur kendini. Sonra özgürsün.*

"Karaca Hanım?" diye bir ses geldi kenardaki merdivenlerden, tırabzanları dönen, 1.85 boylarında, boğazlı kahverengi bir kazak ve pantolon giyen otuzlarındaki bir adam ellerini kaldırmış, yavaş adımlarla buraya yürüyordu. Enis Taşovalı o muydu? "Ne yapıyorsunuz? Lütfen indirin o silahı," dedi gözlerini bile kırpmadan, nedense gözünün içinde bariz bir korku görüyordum. "Bunu konuşabiliriz..."

"Neyi konuşacaksın şerefsiz!" diye bağırdım yüzüne karşı. "Utanmıyor musun seni istemeyen bir kadınla zorla birlikte olmaya çalışmaya! Ahlaksız, haysiyetsiz! Nişanlıyım ben!"

"Karaca Hanım!" diye bağırdı Enis Taşovalı. "Siz beni çok yanlış anlamışsınız! Ben oturup konuşmak istiyorum sadece sizinle!"

"Yalan söyleme!" Sesim çatlamıştı. "Yalan söyleme bana! Silahı atayım diye yalan söylüyorsun! Sana inanmıyorum! İhtimallere de güvenemem!"

"Bir şey yapın amına koyayım!" diye bağırdı Ahmet, adamlarına. "Kız ölemez!"

"Seni öldürsem o zaman!" Bir anda silahı çenemden indirip Ahmet'e doğrulttum. "Doktor olacağımı öğrenince ellerime sıkmakla tehdit ettin ya beni, sıkıştırdın ya o köşede, gecelerimi gündüzlerime katıp anatomi çalıştığım haftaların acısını çıkarırcasına öyle bir ateş ederim ki bileklerine ellerin kopar, dikemezler! Yapsam mı?!"

"İndir o silahı," dedi Ahmet, bir elini kaldırmış, tehditkâr ifadesinden bir şey götürmemişti tehdidim. "Sen burada benim ister ellerimi kopar ister öldür, anında üzerine çökerler. Kaç kişiyiz görmüyor musun?" Yatın girişinde hazır bekleyen adamları gösterdi. "Ölmekten beter ederler seni. Ben ölürüm belki ama senin ölmene izin vermezler, canın yanar!"

"Senin gibi bir pislikten arınacaksa dünya, önce seni sonra kendimi öldürürüm! İkimiz için de yeterince kurşun var!"

"Hani yaşayarak ödeyecektim ben bedelimi?!" diye bağırdı. "Ölürsem ahın yerde kalır!"

Boğazım parçalanmıştı bağırmaktan, gözlerimden yaş geliyordu. "Yapmayın," dedi Enis Taşovalı, elleri hâlâ havada, içeriye açılan kapıların önünde bekliyordu şaşkın bir suratla. Bu niye hâlâ susmuyordu? Önce onu, sonra Ahmet'i, sonra kendimi mi vursaydım? Belki Mama da ölmek isterdi. Onun yaşadıkları da az değildi. Ama onun oğlu vardı... Benim kimsem yoktu. Babam yoktu. Abim yoktu. Annem vardı ama varlığıyla yokluğu birdi. Ben yapayalnızdım. Gidebilirdim.

Kafamın dağıldığı ne düşüncelerimi ne de hareketlerimi yönetebildiğim bir saniyede Ahmet'in belindeki silaha davrandığını gördüm; bir silah sesi duydum, hemen Ahmet'in ayaklarının önünden yere isabet etmişti kurşun, sekip fırlamıştı denize. "İndir o silahı orospu çocuğu!" diye bağırdı tanıdık bir ses; öyle öfkeli, öyle derinden çıkmıştı ki neredeyse tanıyamayacaktım. Başımı kaldırdım, Kunt yukarıdaydı ve bir anda Efes dahil birçok adam arkadan fırlamıştı. Silahlar çekilirken Ahmet koltuğun arkasına atladı, ellerinin üzerine düşeceğini sandığım saniyelerde üzerime koştuğunu fark ettiğimde gözlerim sonuna kadar açılmıştı. Bir anda elimdeki silah çenemin altına dayandığında tetikte benim elim vardı ama bileğimi yönlendiren bir başkasının eliydi; *Ahmet.* Arkamdaydı. Beni yakalamıştı.

Buradaydı. Gelmişti. Biliyordu. Burayı biliyordu. *Evet.* O ayarlamıştı. Enis Taşovalı'yı o ayarlamıştı. Siyah yelekler giymiş, bereli adamlar onun tarafında olanlardı; takım elbise giyenler ise Ahmet'in kuyrukları. Herkes birbirine, Ahmet bana silah çekmişken Kunt aşağı atladığında 2 metre önüme bastı ayakları, yüzüne yansıyan ışık denizin dalgalarına yansıyan yatın beyaz ışıklarından geliyordu. O da herkes gibi simsiyahtı; beyaz boğazlı ince bir kazak üzerine bir sürü cebi olan, kurşungeçirmez bir yelek giymişti. Kemik suratı çenesini sıkınca daha bir karanlıklaşıyordu. "Buradan sağ çıkamazsın Çevik, sana yemin ederim çıkamazsın," dedi Kunt, alev alev yanan gözleri hemen arkamda bedenimin arkasına saklanmaya çalışan ve çeneme silahın namlusunu dayamış Ahmet'in üzerindeydi. *Ahmet Çevik.*

"Bana dokunursan kızı unut," dedi Ahmet Çevik, gerildiğini titreyen elinden hissedebiliyordum. Korktuğu başına gelmişti. Kunt karşısındaydı. "Sana yemin ederim vururum Karyeli! Elinize düşeceğime, öleceğime, vururum kızı!"

"Saçının teline zarar gelsin, Allah şahidim olsun ki son nefesime kadar sana cehennemi yaşatırım Çevik. Yaşarsın, yaşatırım seni, ölmek için ayaklarıma kapanırsın, ölmezsin! İndir o silahı!"

"Çekil!" diye bağırdı Ahmet Çevik. "Geçmemize izin vereceksin. Çekil!"

"Nereye kaçacaksın orospu çocuğu nereye?!" Kunt kollarını açarak geriye çekildiğinde, yattan çıkmak için tek yol hemen solumdan rıhtıma çıkmaktı.

"Yol ver!" dedi sola doğru bir adım atarak, *hayır, hayır, hayır, hayır...* "Yandaki tekneye geçeceğiz! Sadece kızla ben!"

"Hayır!" diye bağırdım çeneme yaslı silahın namlusuna rağmen. Tetikte benim parmağım vardı ama engel oluyordu; en ufak bir kasılmada ya da ensemdeki şerefsizin en ufak bir baskısında emniyeti kapalı silah ateşlenirdi ve beynim dağılırdı. "Sırf yaşayayım diye beni onunla gönderemezsin!" Doğrudan Kunt'un gözlerine bakıyordum, dermanım kalmamıştı. Kunt bana bakmıyordu. Kuntadam benim gözlerime hiç bakmamıştı. "Hayır dedim!" Ahmet'e vurmaya çalıştım, ayağımla dizine vurmaya çalıştım ama beni kıstırmıştı. "Vur beni! Duydun mu şerefsiz! Vur!"

"Rahat dur!" diye bağırdı Ahmet, kulağımın dibinde. "İkimizi de öldürteceksin!"

"Geber!"

Namluyu öyle sert ittirdi ki çeneme, öyle canım yandı ki izinin kalacağın emindim acısının. İnleyerek başımı geriye attığımda beni hâlâ sol tarafa ittiriyordu. "Kunt!" diye bağırdı Efes, merdivenlerden inmişti ve aşağıdaydı. "Abi, gitmesine izin mi vereceksin gerçekten?!"

"Kızın yaşaması için izin vermek zorunda," dedi Ahmet, beni yattan indiriyordu zorla. Liman boştu, bütün adamlar yattaydı. "Beni ele geçirmek için bile kızın zarar görmesini göze alamıyor," diye devam etti, ayaklarımızı limanın betonuna basarken. "Yatından elimi kolumu sallaya sallaya iniyorum Karyeli!" Bu adam şansını fazla zorluyordu. "Sevgilini kaybetmeyi göze alamıyorsun demek ha? Halit'e selamını iletirim!" *Halit kimdi anasını satayım?! Biri bir şey söylesin artık!*

Hemen yanda bir tekne vardı, takım elbiseli adamlardan biri Ahmet'in işaretiyle tekneye atlayıp motor kısmına ilerlediğinde "Bin!" dedi bana, öfkeli bir sesle. "Yanlış bir hareket yapma, ölürsün!" Yanlış bir hareket yapmak ve ölmek istiyordum. Ama bunun yerine başımı kaldırdım ve yata baktım; herkes donmuş bir vaziyetteydi, silahlar havadaydı ve üzerine namlu çevrilmiş herkes düşmanının gözünün içine bakıyordu. Mama, Kunt'un birkaç adım ötesinde, ellerini yüzüne yaslamış hüngür hüngür ağlıyordu. Efes'in sağ gözü mosmordu, bunu yeni fark ediyordum. Kunt ise... Kunt *bana* bakıyordu. Geldiğinden beri ilk defa, benim üzerimdeydi gözleri. Ona öyle bir baktım ki, beni öldürmesine izin vermediği için, sırf yaşayayım diye gönderdiği için nefret ediyordum ondan. Bağırmak istiyordum, sesim yoktu; ölmek istiyordum, vuran yoktu. Yokluğun içinde var olayım istiyordu. Ben yokluğun içinde bile yoktum ki.

Tekneye bindiğimde, Ahmet hemen arkamdaydı ve namlu çeneme büyük bir kuvvetle baskı yapıyordu. Motor çalıştığında gözkapaklarım kapanmıştı istemsizce, artık ağlamak istemiyordum. Ben ağlamıyordum da üstelik, gözlerimden yaş akıyordu sadece. *Bana kara gözlerinle öyle bakma,* demişti Kuntadam bir keresinde. Ona kara gözlerimle, çok daha fena bakıyordum artık.

Motor çalıştığında artık umudum kalmamıştı. Bir kez daha gidiyordum. Reyhan'ı da bebeğini de kurtarmıştım, bir saray dolusu insanı kurtarmıştım ama kendimi kurtaramamıştım. Kimse kurtarmamıştı da beni. Gözlerimi açmadım, dalgaların seslerini duyuyordum. Atlamak istiyordum. *Atlayacaktım.* Gözlerimi açtım. Yattan birkaç metre uzaklaşmıştık sadece, arka tarafı görünüyordu; Kunt arkada, hemen uçta; bir uçurumun kenarında dikiliyor gibiydi o an. Ayakları sağlam basıyordu yine de yere. Yüzündeki öyle bir ifadeydi ki, kör olasım gelmişti görmemek için.

"Durdur motoru," dedi Ahmet, o an namluyu çenemden çektiğinde bile baskısını hissetmeye devam etmiştim. Motor durduğunda tekneyi deniz suyu taşıyordu. Bir anda başımdan aşağı su döküldüğünde çığlık attım, daha sonra kokusu burnuma geldi; *benzin.*

"Sevgilini yanıma almak büyük risk Karyeli!" diye bağırdı Ahmet, sesi liman boyu yankılanmıştı. Kunt'la aramızda kaç metre vardı? Soğukta tir tir titrerken ölçmeye çalıştım; 1 metre bir dalga etse, 2, 3, 4, 5... 6, 7... 8... 9... 9 metre vardı. 9 Eylül gibi. Eylül gibi. Eylül için 9 metre. Dokuzuncu ay. Karaca için 9 metre. Kunt için dokuz saniye. "Ne diyorsun?" diye sordu, başımı kaldırdığımda elinde üzerime döktüğü benzinin boş varilinin olduğunu gördüm. "Sende var mı babandaki yürek?!" diye bağırdı Ahmet, varili denize attı. "Acı çekmesin ölürken diye vurabilir misin sevdiğini?!"

"AHMET!" Kunt'un sesi, aramızda değil 9 metre, 9 kilometre de olsa hemen yanımızdaymış gibi hissettirecek kadar gürdü; durmadan kapanan gözlerimi bana son bir kez açtıran da buydu sanırım. "SEN BENİM ELİME DÜŞECEKSİN!"

"Belki öbür dünyada, Karyeli!" diye bağırdı Ahmet. Bir çakmak sesi yankılandı kulaklarımda. Dönüp bakmaya, gözlerimi açmaya korkuyordum. *İstediğin bu değil miydi Karaca? Ölmeyi diledin, öleceksin işte!* Yanarak mı? *Sende var mı babandaki yürek? Acı çekmesin ölürken diye vurabilir misin sevdiğini?* Kunt'un babası, annesini böyle mi vurmuştu? Annesini öldüren babasının silahından çıkan kurşundu da babası değil miydi?

"Karaca gözlerini aç!" diye bağırdı Kunt. "Gözlerini aç!" Kafamı iki yana salladım. "AÇ!" *Hayır, görmek istemiyordum.* İstemiyordum. Teknenin önünde, kollarımı kendime dolamış bir şekilde dikiliyordum ve baştan aşağı benzin dökülmüştü üzerime. Çakmağın alevini üzerime değdirdiği an yanarak ölecektim. Belki Kunt insaflı davranır ve beni vururdu alnımdan. Bu kadar uzak mesafeden ateş edebilir miydi? *Ateş olacaktım. Ben ateşim,* demiştim ona. *Ateşin yanarken, kendini de yaktığını duydum.* Artık sadece duymuş olmayacaktı, gözleriyle tanıklık edecekti.

Gözlerimi açtım; başımı arkaya çevirdiğim saniyelerde zaman yavaşlamıştı. Ahmet'in elinde metal bir *Zippo* vardı ve kapağını açtığı gibi yanıyordu, alevi bana doğru uzatırken korkuyla başımı önüme çevirdim ve işte o zaman Kunt'un elindeki silahı gördüm; bir nişancı tüfeğiyle pozisyon almıştı, ateşlemişti bile belki de. Hemen yanında Efes dikiliyordu ve gergin suratının ardında korkuyu giydirdiği suratı vardı, bir elini saçlarına geçirmişti. Kunt silahı yere attığı gibi "ATLA!" diye bağırdı tüm gücüyle. "Karaca, suya atla!"

Teknenin ucuna çıktım bir refleks, hemen arkamda bir sıcaklık vardı ama kendimi dalgaların arasına bıraktığım an tek hissettiğim soğuk oldu. Buz gibiydi. Etrafımda kabarcıklar oluşmuş, derin deniz karanlığıyla sarmalamıştı beni. Başımı kaldırdığımda atladığım teknenin yanına yaklaşan başka bir tekneyi fark ettim, yüzeye yüzdüm; başımı çıkardığım gibi oksijen ihtiyacıyla buruşmuştu ciğerlerim. Polat'ın yüzünü gördüğüm için bu kadar mutlu olacağımı söyleseler önceden, kuşkusuz inanmazdım ama onun meymenetsiz bakışlarını bile özlemiştim. Deniz motorunun ucundan bana eğilmiş, elini uzatıyordu. Hızla, donarken, dişlerim şiddetle birbirine çarparken bir elimi motorun kenarına yaslayarak tutundum ve Polat'ın elini tuttum; hiç zorlanmadan beni içeri çektiğinde kendimi son bir güçle bir köşeye atmıştım. Gözlerim karardı bir an, avuçlarımın üzerinde nefes almaya çalışırken bile yan taraftaki teknede ne olduğuna bakmaya çalışıyordum; Polat'ın birlikte geldiği iki adam, biri omzundan vurulmuş Ahmet Çevik'i diğeri de onun adamını yakalamıştı.

Polat üzerime kalınca bir battaniye verdiğinde tek kelime laf edemeyecek kadar üşüyordum, limana kadar fark edebildiğim tek şey yönümüzü 180 derece değiştirdiği olmuştu. Diğer adamlar Ahmet Çevik'le ilgilenirken beni geri götürüyordu. Öksürerek alnımı zemine yasladığım kolumun üzerine yasladım, nefes almaya çalışıyordum. Dakikalar geçti, üzerimize kar yağmaya başlamıştı. Dalgalardan da buz gibi su sıçrıyordu sürekli. Limana yaklaştığımızda Polat ilk halatı limana bağlamak için harekete geçti, ben ise o sırada liman betonuna tırmandım ve kendimi yukarı attım. Ayaklarımın üzerinde kalktığımda, dakikalarca soluklanmama rağmen nefes alış verişlerimi düzene sokamamıştım bir türlü. Olmuyordu. Çarpıntım gitmiyordu.

"Karaca!" diye bağırdı Kunt, sesi uzaktan gelmiyordu, belki de bana yaklaşıyordu, bilmiyordum... Kafamı kaldırıp ileriye bakana dek görmedim onu; ardından gördüm, oradaydı... Yattan uzaktaydık ama Kunt artık yakındaydı. Polat rıhtıma çıktığında "Ben şu herifi halledeyim abi, yattayız," deyip yata doğru koşar adım ilerlemeye başladı. Yaklaşırken Kunt'u es geçmişti.

Kunt bir anda bana çarparcasına bedenimi kollarının arasına aldığında battaniye omuzlarımdan düşer gibi oldu ama tutup yeniden omuzlarıma çıkardı, battaniyeyi bana sarmalamış beni de kendiyle sarmalıyordu. İçimden gelmiyordu sarılmak, onca korkuya onca sevince rağmen... Geri çekildiğinde yüzümü ellerinin arasına aldı, "İyi misin? Bir şey oldu mu bir yerine?" diye sordu, bir yandan da gözleri yüzümün her bir noktasında geziniyordu. "Cevap ver bana!"

"Gönderdin beni onunla!" diye bağırdım ses tellerim el verdiğince. Sesime yansıyan öfkem, Kunt'un ellerini yüzümden omuzlarıma düşürmüştü. Bir adım geri çekildiğinde göz temasını kesmemişti ve yüzündeki dehşeti okuyabiliyordum. "Onunla gideceğime ölürüm dedim, öldür beni dedim, yaşayayım diye gönderdin! Yaşayayım diye cehenneme gönderilir mi?!"

"Ya sen nasıl ölmeyi dilersin benim aklım almıyor zaten Karaca!" Bir anda ellerini kollarımdan çektiğinde, kar tanelerinin düştüğü saçlarının arasına daldırdı ve öfkeyle çekiştirdi. "Nasıl silah çekersin kendine! Ne yapacaktın öldürecek miydin kendini?! Ölecek miydin Karaca?! Gidecek miydin?!"

"Ölürüm! Öldürürdüm!" dedim hiç tereddütsüz. "Bilmiyorsun! Nasıl bir şey bilmiyorsun!"

"Neyi bilmiyorum?!"

"Bilmiyorsun!" diye bağırdım onu ittirirken, battaniye omuzlarımdan yere düşmüştü ama umurumda değildi soğuk. "Gönderdin beni, onunla gönderdin!"

"Gitmene izin verir miyim sandın?"

Bir çığlık yardı aramızda büyüyen sessizliği, buğulanmış gözlerimin arasından dünyaya bakar gibi baktım gözlerine; altın hareleri solmuş ela gözlerin içinde hayret vardı, dehşet vardı, öfke vardı, endişe vardı, korkular vardı. *Gitmene izin verir miyim sandın?* "Verdin," diye fısıldadım çatık kaşlarımın altında gözümü bile kırpmadan bakarken yüzüne. "Verdin!"

"Vermedim," dedi mesafeyi kapatırken, başparmaklarıyla gözyaşlarımı silerken bir anda saçlarımın arasına dudaklarını dokundurduğunda bedenim kaskatı kesilmişti. "Gardını düşürmesi için verdiğimi düşünmesini istedim. Polat çoktan açıklarda geziniyordu, silahlıydı. Çevik'i indirecekti. O indirmeseydi, geç kalacak olsaydı ben davranacaktım silahıma, davrandım da. Vermiş miyim?" diye sordu yüzünü yüzümle eşitlerken. "Bak, buradasın. Yanımdasın. İzin vermiş miyim?"

"Vermemişsin," diye fısıldadım gözyaşları içinde, yapamıyordum; dayanamıyordum, çarpıntı çok kötüydü. "Vermedim," diye tekrar etti Kunt bir kez daha, bu sefer kollarını etrafıma dolayıp ıslak bedenimi önemsemeden beni göğsüne yasladığında ben de beline dolamıştım kollarımı. "Vermem."

Kunt sıcaktı. Sıcak-soğuk oynasak yine, Kunt sıcaktı. Ve ben bir gün yine oynayacağımızı biliyordum, ne tarafa dönse onun için sıcak olacaktı. Bir adım dahi olsa atmaya mecalim yoktu, başımı bile göğsünden kaldıramıyordum. Kunt bunu fark etmiş gibi, belindeki kollarımı kaldırıp boynuna doladığında bir kolunu sırtımdan, diğer kolunu bacaklarımın altından geçirdi ve beni kucağına aldı. Buna bir itirazım yoktu, buna *ihtiyacım* vardı. Adımları döndüğünde yata yöneldiğimizi anlamıştım ama başımı göğsünden kaldıracak gücü bulamıyordum kendimde, burası iyiydi. Burası sıcaktı. Burası güvenliydi.

Üzerimize kar taneleri yağıyordu, yata geldiğimizi sertçe emir veren Efes'in sesinden anlamıştım. Avucumu Kunt'un ensesine yaslayıp gözkapaklarımı araladığımda Ahmet'in bütün adamlarının ellerini enselerinde birleştirmiş bir hâlde limanda diz çöktürülmüş olduğunu gördüm, Kunt onları geçip yata çıktığında az önce orta yerinde kendimi ya da birini vuracağım güverteyi geçip içeri girmişti. Mama merdivenlerin bir köşesine oturmuştu, elinde bir su şişesi vardı ve eli titriyordu. Kunt, mutfakla birleşik olduğunu fark ettiğim masalı odanın kapısının önünde durduğunda içeride kimin olduğunu biliyordum.

Köşedeki koltukların üzerine bıraktığında beni, elleri üzerimden çekildi. "Burada kal, tamam mı?" Geri çekildiğinde bir köşede kalın battaniyeler vardı. Birini alıp açtıktan sonra omuzlarımdan geçirdi ve önümde birleştirdi. Ardından ela gözler bir kez üzerime değmiş, sonra da dönüp odaya yönelmişti.

Burada kalamazdım. Yüzüğüm hâlâ o şerefsizdeydi. Battaniyeyi kollarımın arasına alıp peşinden ayağa kalktım, Kunt'un henüz kapatıyor olduğu odanın kapısına elimi koyduğumda göz göze gelmiştik. Omuzları çöktü beni gördüğünde, lafını dinlemeyeceğimi tahmin etmiş olmalıydı.

"Ne o, bedduanı bizzat işleme sokmaya mı geldin?"

Ahmet Çevik'in sıfatı dağılmıştı. Bir yanında Efes diğer yanında ise Polat vardı. Köşede bir adam daha dikiliyordu, Enis Taşovalı. Ahmet'in bana attığı alaycı bakışı görmezden geldim kapıyı kapatırken, gözlerim omzuna sabitlendiğinde kurşun yarasının farkındaydım. Canı yanıyordu ama bunu görmezden gelmeye çalışıyordu.

Kunt bir anda adamın oturduğu masaya eğilip suratına bir tane geçirdiğinde Ahmet Çevik sandalyeyle birlikte geri savruldu ama Efes'le Polat aynı anda davranmış, sandalyeyi de Ahmet Çevik'i de tutmuşlardı. "Konuş," dedi Kunt buz bir gibi ses tonuyla. Ahmet yüzünü buruşturmuştu, omzu acıyordu.

"Ne konuşayım? Müstakbel eşini hangi pazara satacağımı mı yoksa yapmamam için nasıl ayaklarıma kapanıp yalvardığını mı?"

"Öyle bir şey yapmadım!" diye bağırdım yüzüne karşı. Kunt burnundan soluyordu. Belki de istediği buydu, hata yapması için onu öfkelendirmek. Çünkü öfkenin oturduğu masadan ilk akıl kalkardı. "Yüzüğüm onda," dedim gözlerimi Ahmet Çevik'in üzerinden, Kunt'a çevirirken. Kunt şokla, öfkesini kontrol etmek için kapatmış olduğu gözlerini açtığında ben bile korkmuştum karşısında. Masayı es geçtiğinde Efes'le Polat geri çekildiler. Kunt adamı yakalarından yakaladığı gibi yarasını önemsemeden duvara çarptığında öyle hırpalamıştı ki adamı, kemiklerinin kırılmış olabileceğini düşünüyordum. *Kaburgandaki acıyı hatırla, acıma.*

"Derdinizi benimle çözsenize lan! Sevgilime, bir kadına saldırmak adamlığa sığar mı?!" Geri çekip bir kere daha çarptı duvara sırtını, Ahmet Çevik acıyla inledi. "Nerede yüzük!"

"Cebimde," dedi Ahmet, çatlak bir sesle. Acı içinde yüzüyordu. Öksürdü, ardından güler gibi oldu. "Sen aylarca sakla kadını, sonra bir fotoğrafla medyada duyulsun... Yapacağın iş değildi Karyeli ama olsun, oldu, iyi de oldu. Yüzünü de ismini de cismini de biliyoruz artık. Rahat bırakmazlar." Ahmet'in acı dolu bedeni duvara yaslıyken Kunt ceplerini döktüğünde yüzüğü de bulmuştu.

"Düğüne geleceğini nereden biliyordunuz?" Kunt geri çekilip sakinleşmeye çalışırken bir elini saçlarının arasından geçirdiğinde, Ahmet Çevik zorlukla nefes alıyor ve arada öksürüyordu.

"Şansımızı denedik diyelim."

"Taşak geçme benimle!" Kunt yüzüyle adamın yüzünü eşitlediğinde, adam köşeye sıkışmıştı. "Söyle. Nereden biliyordunuz?"

"Aaa insan muhbirini satar mı? Ayıp ediyorsun Karyeli," dedi Ahmet. Korkuyordu ama hâlâ dalga geçecek cesareti de vardı.

"Bizden size köstebek çıkmaz, yalan söylüyorsun. Başka bir şey bu!"

"Sevgilinin elleri çok becerikli Karyeli," dedi Ahmet Çevik o an, konuyu dağıtmaktı amacı ve bunun için iyi bir noktadan giriş yapmıştı. Geçip zorlukla sandalyeyi çekip oturdu, ellerini masanın üzerine çıkarmıştı. "Bizim adamlardan birinin yarasıyla bile ilgilendi. Görmen lazım, kurşunu çıkardı sonra dağladı yarayı falan... Alkışlanacak yetenek, soğukkanlılık... Belli kadının seninle birlikte olduğu... Benim omzuma da baksa ya bir."

Kunt'un altın hareleri o an üzerime çevrildiğinde, yüzünde herhangi bir şaşkınlık ya da hayret ifadesi yoktu. Benim hiçbir şeyi inkâr etmez ya da onaylamaz bakışlarım hayretle Ahmet Çevik'e döndüğünde ise, Kunt'un üzerine çöken sakinliği fark ettim. Kafasının içinde ne vardı bilmiyordum, çözemiyordum onu. Çok başka bir adamdı bu akşam. "Sahi," dedi Kunt tok bir sesle, bana başıyla çıkmamı işaret etmişti; mutfak tezgâhından iki bıçak aldığını yalnızca ben fark etmiştim sanki. Bir de Efes; sert bakışları önündeki duvara sabitli ama Kunt'un ne yapacağını anlamış, zevkten dört köşe bir hâlde arkada dikilen ve gözünün biri mosmor olan Efes. "Kimi ellerine ateş etmekle tehdit etmiştin sen, köşeye sıkıştırmıştın, hatırlıyor musun Çevik?" Kapıya yöneldiğim an, Kunt, elindeki iki bıçağı insan dışı bir kuvvetle Ahmet Çevik'in masanın üzerine yasladığı ellerinin üzerine indirdiğinde, adamın çığlıkları o kadar yüksekti ki gerçekten de kapıyı açtığım gibi kendimi dışarıya atmak zorunda kalmıştım.

"Karaca," dedi zayıf bir kadın sesi, hemen karşımdaki koridorda, yukarı çıkan merdivenlerin basamağında Mama oturuyordu. İçeriden gelen çığlıklar ve acı inlemeleri bütün yatta yankılanıyordu o an. Yaslandığım kapıdan doğrulup merdivenlere ilerledim, ne kadar ıslak ve üşüyor olsam da dışarı çıkmak istiyordum. Temiz hava almaya ve çığlıklardan uzaklaşmaya ihtiyacım vardı.

Ben hızla merdivenlerden çıkarken, Mama da ayaklanmış peşimden geliyordu. "O ses neydi öyle? Ne oldu içeride?"

"Kunt adamın ellerini masaya bıçakladı," dedim az önceki görüntüyü sindirmeye çalışırken. Yatın kenarındaki koridorda, gövdeye yaslandığımda rüzgâr acımasızca esiyordu ve kar yağışı devam ediyordu.

"Seni ellerini vurmakla tehdit ettiği için," dedi Mama, kollarını göğsünde birleştirmiş, berbat olmuş makyajı ve saçıyla sigara içiyordu. "Ben keser direkt diye düşünmüştüm."

"Çok kestiğini gördün herhalde."

"Kesilecek hâle getirdiğini gördüm insanları." Islanmış paketten bir dal daha çıkardı, bana uzattığında reddetmiştim. Lafına devam etmesini istiyordum sadece. "Fuat'la birlikteyken Vidar'ı da sık sık görüyordum. Ailesinde durumların karışık olduğunu biliyorum. Halit Tasmas'ın sağ kolu Ahmet Çevik'i senin üzerine salması durumun ciddiyetini gösteriyor. Ama olay ne bilmiyorum. Pek bilen yok."

"Ne?" Yaslandığım yerden doğrulduğumda, Mama bu bilgiyi bilmiyor oluşuma şaşırmış sigarasını yakıyordu. "Halit denen adamın soyadı Tasmas mı?"

Kafasını salladı Mama. "Hiç konuşmadınız mı bunca zaman? Gerçi onca ay seni herkesten gizlemeyi başardı bir şekilde, nişanını yani, nişanlısını. Yine de bahsetmeliydi. Hadi ben dış kapının mandalıyım ama sen evleneceği kadınsın."

"Halit Tasmas kim?" diye sordum, belki soracağımı düşündüğüm son kişi Mama'ydı.

"Halit Tasmas, Tasmas ailesinin başındaki adam. Güçlü bir yatırımcı, üstelik Türk Boks Federasyonu'nun başı. Milli İstihbarat' la başının belada oluşuyla biliniyor ama adamın piyasadaki işlerine dokunan yok. Zamanında kendi öz abisini ifşa ederek cezaevine yollamış, bu pek bilinen bir şey değil, ben de Fuat'tan duymuştum. Karyeliler'le mevzuları ne bilmiyorum ama kişisel bir meseleye benziyor. İçerideki adam Ahmet Çevik, kan kardeşi. Ama bütün pis işlerini de o yapar. Sana bir şey diyeyim mi?" Bir nefes çekti içine sigaradan, ardından gözleri uzaklara dalarken verdi dumanı dışarıya. "Vidar'ın Ahmet Çevik'i şuracıkta öldürüp denize atması şu an yapılabilecek en iyi şey olur. Dünya bir pislikten kurtulur."

"Yapabilir mi?" Kaşlarım havalanmıştı. "Yapar mı?"

"Bir itirazın mı var?"

"Hayır," dedim yutkunarak. "Ama..."

"Ama, ne?" Kafasını salladı Mama. "Sen gerçekten nasıl bir çukurun içine düştüğünü bilmiyorsun, değil mi kuzu?"

Ahmet Çevik beni teknede yakmak için üzerime benzin dökmüştü, annesiyle babasını ileri sürmüştü. Ahmet bunu biliyorsa Halit Tasmas'la ilgisi olduğundandı. Öyleyse Halit Tasmas, Kunt'un annesi Aliye Hanım'ı ateşe vermişti ve babası onu kurtaramayacak ama acısına son verebilecek bir hâle mi düşmüştü? Bu nasıl bir işti böyle? Halit Tasmas, Federasyon'un başıydı. Kunt, Kuleli'yi bırakmıştı. Efes de. Polat da. Hepsi bağlantılıydı. Her şey bağlantılıydı. Hiçbir şey tesadüf değildi. *Abimin ölümü?*

Kunt'a bu işe benimle birlikte girişmesinin gerçek sebebini sormuştum çünkü başka bir sebepten şüpheleniyordum, onun gibi bir adamın benimle, ringde ölen ve onunla ilgisi olmayan rakibinin cinayetini çözmesi öyle havadan; mümkün değildi. Reddetmemişti başka bir sebebin varlığını ama söylememişti de.

Sen gerçekten nasıl bir çukurun içine düştüğünü bilmiyorsun, değil mi kuzu? Kuzu. Mama bana bilerek kuzu diyordu. Ben av mıydım? Kunt'a. *Bir kurda.*

"Fuat?"

Bir rüyadan uyanır gibi kendime geldiğimde, hâlâ yatın gövdesinde Mama'yla birlikteydim ama sırtı bana dönüktü çünkü bastığı yeri sallayacak kadar şiddetle buraya yürüyen bir adama çevrilmişti bakışları Ali Fuat Dinçer'in üzerinde bir takım elbise ve büyükçe, siyah bir kaban vardı. Başını kaldırıp Mama'ya baktığı an gözlerinden alev fışkırdığını gördüm. "Tek kelime etme!" diye bağırdı içeri yürürken Mama'ya. "Sakın konuşma! Sakın!"

"Yapmak zorundaydım!" Mama izmaritini denize attı, ardından koşarak Fuat Hoca'nın önünde atladı ve onu durdurmak istercesine kollarını etrafına sardı. "Beni dinlemelisin, yapmak zorundaydım! Oğlumu kaçırmışlardı!"

"Yapmak zorunda olduğunu biliyorum, Allah kahretsin ki biliyorum ama canlı bomba olmak? Canlı bomba olmak ne? Bunu nasıl kabul ettin sen? Hadi kendi canını hiçe saydın, oğluna ne olacağını düşünmedin mi hiç?!"

"Yapmazsam da ölecekti! Öldüreceklerdi kuzumu!"

"Bana gelseydin!" diye bağırdı Ali Fuat, Mama'yı ittirirken. Aralarına mesafe koymuştu. "Bana gelseydin ya!"

Mama artık ağlıyordu. Tek yapabildiğim birkaç adım ötelerinde öylece dikilmekti. Aşk, böyle yitiriliyordu demek ki. Yalanlarla. Saklanan gerçeklerle. Edilmeyen itiraflarla. Mama tanıştıklarında Ali Fuat'a her şeyi anlatsaydı ve gerçekten işi bıraksaydı belki de şimdi evlerinde çocuklarıyla birlikte bir akşam yemeği sofrasında olacaklardı. Bu kadın bunu hak etmiyor muydu şimdi? Bitmiş miydi her şey? Sanırım öyleydi...

"Abi!" Koşturarak yata giren Fevzi'yi bu akşam ilk defa görüyordum, Fuat Hoca'yı es geçip içeri daldığında Fuat Hoca da peşinden içeri girdi. Ben Mama'nın yanına ilerleyip onu dikkatlice koltuklara oturttuğumda, uzaktan gelen araç seslerini duyuyordum. Limana girdiklerinde üç *SUV* yatın önünde, diz çökmüş adamların hemen yanında durdu.

Mama gözyaşlarının arasında "Neler oluyor?" diyerek ayağa kalktığında ben gözlerimi bir an olsun çekemiyordum arabadan inen adamların üzerinden. Kunt çıktı içeriden, Efes, Fevzi, Fuat Hoca, Enis Taşovalı; Polat ve Ahmet Çevik içerideydi. Kunt yanımızdan geçerken bakışlarını saniyelik üzerime çevirmiş, "Burada kal," demişti. "Ne olursa olsun burada kal."

Başımı salladım. Herkes yattan inerken dışarıdaki adamlar da saf almıştı. Yalnızca Ahmet Çevik'in adamları diz çökmüş, elleri enselerinde yerde kalmaya devam ediyorlardı. "Kaldı mı böyle muamele Karyeli?" diye sordu arabadan en son inen, 1.80 boylarındaki kaba saba adam. Üzerinde yere kadar uzanan büyük, siyah bir kaban ve kırmızı, örme bir atkı vardı. Kirli sakalı ve saçları gecenin siyahıydı. "Adamlarım fıtık olacak, yazık şu soktuğun pozisyona bak onları... Hastane faturasını yollarım bak."

"Gece gece eceline mi susadın Halit?" Kunt en önde, yüzünde sükûnetten bir öfkeyle dikiliyordu. Halit denen adam buradaydı. Selamı gönderilen, beni kaçıran asıl adam oydu. Kunt'un annesini öldürmüştü. Federasyonun başıydı. *Her yerdeydi.*

"Bunu halledebiliriz, çok basit," dedi Halit. "Adamlarımı ver, ben de hemen yatında, o güzel nişanlının yanında dikilen fahişenin çocuğunun yerini söyleyeyim." Bunu söylerken bakışları yata çevrildiğinde, Mama'nın üzerinde pek durmamıştı ama benim gözlerimin içine bakmıştı. Kapkaraydı. Kara gözlerinin içinde hiçbir şey yoktu, hiçbir şeyden korkmayan bir hayaletti sanki, kurşungeçirmezdi; kendi ayaklarıyla buraya gelebilmişti.

"Tamam, al itlerini," dedi Kunt, başıyla adamlara işaret verdiğinde bunca zaman korkudan diz çökmüş takım elbiseli adamlar ayağa kalktılar ve söylenerek Halit Tasmas'ın arkasına geçtiler.

"Bir tane itim daha var," dedi Halit Tasmas. "Muhtemelen içeride. Umarım yaşıyordur, Karyeli."

Güldü Kunt alayla, başını eğip gözlerini kapatırken iki parmağı arasında sıktı burun kemerini. "Onu vermem. Hesabımız var."

"Ne hesabınız var?" Halit Tasmas şaşkın numarası yapıyordu ve yapaylığı midemi bulandırıyordu. "Ahmet'le hesabı olanın benimle de vardır. Benim hesaba yazarsın."

"Hesabını siktirtme şimdi, al itlerini git," dedi Kunt başıyla arabaları işaret ederken.

"Sen bilirsin," dedi Halit. "O zaman erkek çocuğu ölür... Gerçi şimdiye dayandıysa. Su tankının içinde ve her geçen dakika aleyhine işliyor Karyeli."

"Oğlum!" Mama beni geçip iskeleye koşturduğunda, şaşkınlıkla peşinden baktım ve adımlarım Kunt'un emrine itaatsizlik ederek peşinden yöneldiler. "Oğlumu ver!" diye bağırdı Mama, ben peşinden inerken o çoktan Kunt'la Halit'in arasına geçmişti bile. Halit'in gözlerinin içine bakıyordu artık. "Oğlumu ver! Vereceksin! Vereceğim dedin! Söz verdin!"

"Ben bir şey demedim," dedi Halit. "Söz de vermedim. Hepsini içerideki adamım yaptı, Ahmet. Ahmet'i vermezseniz, ortada bir söz de olmaz."

Efes "Karaca," diye fısıldadı bana, başıyla geriyi işaret ediyordu. Geride durmamı istiyordu. İkiletmeden geriye, yanlarına yürüdüm. Kunt'un biraz arkasındaydım.

"Ver!" Mama bu sefer, kısılmış sesi ve paramparça olmuş ifadesiyle Kunt'un yakasına yapışmıştı. "Allahını seviyorsan ver! Yalvarırım ver Ahmet'i ona! Oğlum ölecek!"

Kunt kafasını aşağı eğmiş, çatık kaşlarıyla Mama'ya baktı o an; ardından kollarını tutup üzerinden çekerek sıkıntıyla nefes verdi ve bakışlarını kaçırdı. Omzunun üzerinden Efes'e döndüğünde, Efes her ne kadar katılmadığını belli edercesine yumruklarını sıksa da başını sallayıp telefonunu çıkardı ve bir numarayı aradı.

Mama yerdeydi, avuçlarının üzerinde yere çökmüştü. Annesini hiç tanımamıştı. On üç yaşında sen kadın oldun diye babası tarafından ağzı içki kokan, eli kumardan çekilmeyen bir dağ ayısına satılmıştı birkaç koyun uğruna. Onu kurtarmak isteyen köylüler olmuştu ama İstanbul'a kaçırılmıştı kocası tarafından. Dövülmüş, tecavüze uğramış, sömürülmüştü. Kaçmıştı, bulmuşlardı. Kaçmıştı, kendi elleriyle kocasına teslim etmişlerdi. Para kazanacaksın demişti kocası, geneleve satılmıştı; bir kadın çıkmıştı karşısına kocasından kurtarmıştı ama o da ona temiz bir hayat vermek yerine işi öğretmişti. Oğlu olmuştu mutluydu; âşık olmuştu kaybetmişti. Tehdit edilmişti, canlı bomba olmuştu. Ve şimdi sahip olduğu tek şeyi de oğlunu da kaybetmek üzereydi.

Polat, Ahmet Çevik'i ensesinden tutup başını eğmiş, kollarını arkasında tutuyor bir hâlde yattan indirdiğinde bu tarafa yürümeye başladılar. Ahmet Çevik'in ellerine kalın kalın kâğıt havlular sarılmıştı, muhtemelen kanamayı durdurmak içindi. Bıçağı hiç çıkarmamaları gerekiyordu halbuki. Polat'ın yüzündeki ifade her zamankinden daha sertti, Ahmet Çevik'i Kunt'un işaretiyle Halit Tasmas'ın önüne attığında yere tükürür gibiydi. Ahmet Çevik, tıpkı beni dün akşam defalarca kez tökezlettiği gibi tökezleyerek yere düşmekten son anda kurtulduktan sonra hiçbir şey söylemeden arabaya yürüdü. Halit omzunun üzerinden kontrol ediyordu. Adamlarından biri arka kapıyı açtığında Ahmet Çevik içeri bindi.

"İyi akşamlar öyleyse Karyeli," dedi Halit Tasmas, cebinden çıkardığı siyah deri eldivenleri giyerken. Ardından kara gözleri üzerime çevrildi, hafifçe başını oynatarak selamlıyordu. "Size de Karaca Hanım. Umarım bir daha yollarımız kesişmez."

Çatık kaşlarımın ardından baktım yüzüne, gözümü bile kırpmıyordum. Çekip gitmesini istiyordum sadece. "Konum atarım Karyeli," dedi Halit Tasmas. "Sözümün eriyimdir biliyorsun." Ardından araçlara döndü, herkes arabalara binmişti; Halit'in yanında yalnızca bir adam vardı. O sırada daha fazla dayanamayıp yerde kriz geçiren zavallı kadının yanına yürüdüm koşar adım, ardından eğilerek omuzlarından tuttum ve kaldırdım. Mama, acı dolu bir sesle "Oğlum..." diye inliyordu.

"Ha bu arada," dedi Halit, Mama'yla birlikte doğrulduğum an elindeki susturucu takılmış siyah silahı gördüm. "Benimle iş yapanın ihanetinin bedeli bellidir. İstisna yok."

Silah patladı, tok bir ses yankılandı hemen kulağımın dibinde; Efes'le Polat silahlarını çekerlerken Kunt'un önüme geçtiğini kapanan görüşümden fark ettim, fark ettiğim bir şey daha vardı... Mama vurulmuştu.

Arabalar geldikleri gibi giderken Efes'in küfürle peşlerinden koştuğunu gördüm ama yetişememişti, Mama sarsılarak yere yığılırken kollarımın arasına aldım bedenini; başı göğsüme yaslandı. Nefes alamıyordum, üzerimize yağan kar her şeyi imkânsız kılıyordu; *çok soğuktu.* Neresinden vurulduğunu anlamak için kürkünü açtığımda üzerindeki beyaz bluzun sol göğüs kısmından yayılan kanın hızla çevresini genişlettiğini fark ettim. Üzerimdeki battaniyeyi çekip göğsüne bastırdım ama kadın nefes almakta zorlanıyordu. Göğsü kan doluyordu. Kalbi delinmişti. Kurşun göğsünü delip geçmişti. Yarasına yağan kar, kan rengine boyanıyordu duraksız. *Kanbeyaz.* Kanbeyaz olduğumuz yerdeydik.

"Ünzile!" diye bağırdı biri, Ali Fuat Dinçer'in sesiydi bu ve Mama'nın gerçek ismi dile gelmişti ilk kez.

Ünzile kaç koyun etmişti şimdi?

Devam edecek...

TEŞEKKÜRLER

Siyam'ı ellerimizin arasında tutmamıza katkı sağlayan herkese teşekkürler. Özellikle desteğini esirgemeyen sevgili okurlarıma ve bir memleket seyahati sırasında arabada Celo Boluz'un *Ala Geyik* türküsünü açan babama.

Siyam, hepimizin hayatlarını etkileyen ve evlerimizde daha çok vakit geçirmemize neden olan pandemi sırasında beni dış dünyadan koparan büyülü bir roman serisi. *Kış Güneşi* ile başlayan maceramız, *Kanbeyaz* ile devam ediyor olacak... Takipte kalın!

Sevgiler,
Beyza